KB033443

그리스와 제주, 비극의 역사와 그 후

그리스 내전과 제주4·3 그리고 미국

그리스와 제주, 비극의 역사와 그 후 - 그리스 내전과 제주4·3 그리고 미국

초판 1쇄 발행 2014년 5월 30일
초판 3쇄 발행 2023년 5월 30일

저 자 | 허호준
발행인 | 윤관백
발행처 | 선인

편 집 | 최진아
표 지 | 박애리
영 업 | 김현주

등록 | 제5－77호(1998.11.4)
주소 | 서울시 양천구 남부순환로 48길 1, 1층
전화 | 02)718－6252 / 6257
팩스 | 02)718－6253
E-mail | sunin72@chol.com
Homepage | www.suninbook.com

정가 52,000원
ISBN 978-89-5933-731-6 93900

· 잘못된 책은 바꿔 드립니다.

그리스와 제주, 비극의 역사와 그 후

그리스 내전과 제주4·3 그리고 미국

허호준

"그들을 기억하라. 그들의 분노와 죽음을 기억하라. 공포로 뒷걸음질 치지 말라.
인간이 인간에게 저지른 비인도의 행위로 절망에 빠지지 말라.
그저 기억하라. 기억한다는 것은 우리가 그들의 죽음을 기리는 것이리라.
망각 속에서 그들을 다시 죽음으로부터 구원하는 것이리니."

(노벨평화상 수상자 엘리 위젤의 〈추념〉 중에서)

제주4·3은 오늘을 살아가는 제주사람들의 삶을 지배한 대사건이었다. 4·3은 제주섬 공동체를 철저하게 파괴했다. 제주섬 어느 곳을 가든 60대 중반 이상 제주사람들의 의식 속에는 4·3이 자리하고 있음을 발견하게 된다. 물론 4·3을 빼놓고도 우리가 살아가는 제주를 이야기하는 것이 전혀 불가능한 일은 아니다. 그러나 조금만 들여다보면 제주의 정치, 사회, 경제, 이데올로기의 문제 어느 대목이든 4·3과 맞닿아있음을 볼 수 있다. 그렇듯 국제적 냉전 질서와 남북 분단의 현실에서 4·3에 대한 역사적 기억은 '반국가적'이라는 강요된 의식과 함께 이데올로기적 색깔로 채색돼 오래도록 제주사회 전반에 영향을 끼쳤다.

한국과 중국, 일본의 한가운데 자리한 '전략적 요충지' 제주도는 바람 타는 섬이었다. 섬의 지정학적 조건은 제주사람들의 운명을 규정지었다. 주변 열강들은 늘 제주도를 엿봤다. 태평양전쟁 당시 일제의 군사기지화, 미국과 일본의 제주도 주변을 둘러싼 각축전, 해방 뒤 한국정부가 미국에 제주도를 미군기지로 제공하겠다는 의사 표명 등이 그것이다. 전략적 요충지로서의 숙명은 언제나 제주도를 따라다녔다. 이러한 숙명론은 제주도와 그 속에 살고 있는 제주사람들을 옥죄었다. 그러나 13세기 몽골의 제주섬 지배도, 17세기 조선정부의 출륙금지령도, 20세기 일제의 강압적 식민통치도 4·3보다 더하지 못했다.

또한 4·3은 미국을 빼놓고 이야기할 수 없다. 미군정 당시 일어난 4·3과 미국과의 관계 규명은 4·3의 진실찾기에 중요한 부분이다. 4·3을 만날 때마다 언제나 풀리지 않는 부분, 그것은 미국이었다. 미국은 4·3의 시작 단계부터 마지막 단계까지 파악하고 개입했다. 4·3은 미국과 어떤 관계가 있는가? 왜 미국은 제주도 상황을 꿰뚫고 있었는가? 왜 미국은 4·3의 전개과정에서 민감하게 대응했는가?

1990년대 국내에 나온 미국자료로는 주한미군사령부 정보참모부의 정보보고서(G-2)가 거의 유일했다. 그러다 1995년 해방 전후의 한국 관련 미국무부 자료 영인본이 국내에서 출간됐다. 이는 정보보고서만 보던 필자의 시각을 크게 확장시켜주었다. 미국무부 자료 속에서 4·3 관련 자료를 찾아낼 때는 시간가는 줄을 모르고 밤을 새웠다. 이날 이후 국내 여러 기관에서 입수해 영인한 미국 문서에서 4·3 자료를 찾는 데 신경을 집중했다. 이런 문서들은 이미 국내에 들어와 있었지만 간과했던 자료들이었다. 서서히 얽히고설킨 실타래가 풀려가는 심정이었다.

2001년 10월 필자는 4·3 때 제주도에 근무했던 미군 고문관들을 만나기 위해 미국행 비행기를 탔다. 애초 9월 12일 비행기를 타기로 돼 있었으나 9·11테러로 공항이 폐쇄되면서 한 달 남짓 늦어졌다. 필자가 이들의 존재를 확인하게 된 것은 아주 우연한 기회에서였다. 막연히 이들이 생존해 있다면 한번 만나 인터뷰하고 싶다는 생각을 하고 있던 차였다. 오하이오주립대 군사사 전문가인 밀레트Allan R. Millett 교수가 쓴 논문 한편이 계기가 됐다. 이 논문의 각주에 나온 미군 고문관 출신 가운데 제주도에 근무했던 고문관들의 이름을 발견했다. 이 대학 인터넷 홈페이지에서 밀레트 교수의 이메일 주소를 찾아 이메일을 보냈고, 그의 도움으로 고문관들의 이메일 주소를 받을 수 있었다.

제주도에 근무했던 고문관 출신들과 여러 차례 이메일과 편지를 주고받았지만 그것만으로는 부족했다. 이들을 직접 만나고 싶었다. 당장 만나지 않으면 영원히 만나지 못할 것 같았다. 마침 제주4·3사건 진상규명 및 희생자 명예회복 위원회의 진상조사반이 미국 매릴랜드주 컬리지파크의 국립문서보관소NARA에서 4·3 관련 문서 발굴 작업에 매달리고 있었다.

미국 현지 조사반과 합류해 오하이오주립대 밀레트 교수 연구실로 달려갔다. 그곳에서 50여 년이 지난 누런 색깔의 영문으로 된 9연대 전투일지를 봤다. 대대별로 수십 명, 많게는 100여 명이 넘는 '적'들을 사살했다는 기록을 볼 때는 마치 할아버지 할머니 삼촌들이 벌떡 일어나는 느낌을 받았다. 국내에서 복사해보던 출처불명의 4·3 관련 사진들도 국립문서보관소에서 직접 확보했다. 플로리다로, 버지니아로, 오하이오로 비행기를 타고, 자동차를 타고 갔던 일들이 새롭다.

버지니아에서 만난 고문관 출신 예비역 대령은 "철썩 철썩 파도치는 서귀포 진주 캐는 아가씨는 어디로 갔나……"라는 노래를 흥얼거렸다. 조명암 작사, 박시춘 작곡의 〈서귀포 칠십리〉를 그는 당시 동료였던 정일권 전 국무총리에게 배웠다고 말했다. 플로리다에서는 최경록 연대장이 선물한 빛바랜 사진첩에서 20살 안팎의 앳된 경비대원 3명이 총살되는 사진들을 보고 충격을 받았다. 마침 플로리다 공항에서 제주시 조천읍 선흘리의 4·3 참상을 알려온 고 김형조 선생의 사진을 포함해 1개 면을 할애해 비중 있게 4·3을 다룬 『뉴욕 타임스』 기사를 볼 수 있었다. 미국에서 4·3 기사를 보는 기분은 묘했다. 당시 만났던 고문관 출신들끼리 이 기사를 보고 서로 전화하는 모습을 지켜보기도 했다. 하지만 짧은 영어 탓에 원하는 성과를 얻지 못했으니 후회되는 부분이다. 이들은 한결같이 모른다고 했다. 초토화 시기에 근무했던 고문관조차도 전투일지를 작성·보고했으면서도 그렇게 많은 사람들이 죽었는지는 모르겠다고 했다. 필자가 만났던 고문관들은 이제 모두 고인이 됐다.

전체적으로 보면 이 책은 그리스 내전과 4·3의 전개과정에서 있었던 미국의 개입에 관한 서술이다. 제주섬에서 일어난 4·3은 지역적·국내적 사건이면서도 제2차 세계대전 종전 이후 미·소의 냉전체제 형성기 국가건설 과정에서 일어난 국제적 의미를 갖는 사건이다. 이러한 맥락에서 4·3은 이 책의 또 다른 연구 분야인 그리스 내전과 맥이 닿아있다. 미군정기 미국은 4·3이 일어나자 제주도 사태를 예의주시하고 미군 지휘관이 직접 진압작전을 벌였다. 트루먼 독트린의 첫 적용무대는 그리스 내전이었다. 비슷한 시기에 일어난 두 사건에서 미국의 개입 양상은 유사했다. 필자는 냉전체제 형성기 트루먼 독트린의 발표와 미국의 봉쇄전략이 양 사건의 전개에 영향을 끼쳤다고 평가한다.

필자가 그리스 내전에 관심을 갖게 된 것은 1948년 5월 『유피』 특파원 제임스 로퍼가 '조선은 희랍사태의 재연'이라는 제목의 기사에서 그리스 내전과 4·3을 비교한 기사를 읽고부터였다. 4·3과 미국과의 관계를 규명하기가 어렵듯이, 국내에서 제대로 소개된 적이 없는 그리스 내전을 연구하는 것은 더욱 어려웠다.

그리스는 한국과는 멀리 떨어져 있지만 지리적, 역사적으로 유사한 경로를 밟아왔다. 20세기 전반 양 국가는 제국주의 침탈을 경험했으며, 이러한 경험은 해방 후 양 국가에서 정치사회적 갈등의 심화와 확대를 가져왔다. 1940년대 초 독일군의 점령에 맞서 그리스 민중들은 민족해방투쟁을 전개했다. 국왕과 정치 지도자들이 외국으로 망명하고 그리스에 남아있던 군과 정치 지도자들이 친독협력정부를 세웠지만 민중들은 무장저항단체를 만들어 점령군에 대항했다. 해방 이전부터 주도권을 놓고 싸웠던 좌·우파 간의 충돌은 해방 이후 더욱 격렬했다. 영국군은 점령 시기부터 그리스의 무장투쟁을 지원했고, 해방 이후 그리스 내전이 격화되자 미국이 영국의 역할을 떠맡았다. 그리스 내전을 계기로 발표된 트루먼 독트린은 냉전체제의 형성을 알렸다. 미국은 경제적, 군사적 지원을 통해 그리스 내전에 깊숙이 개입했다.

그리스 내전 당시 주그리스 미합동군사고문단장이었던 밴 플리트 장군은 한국전쟁 때 미8군사령관으로 부임하면서 그리스에서 게릴라 토벌작전에 참여했던 참모를 데리고 와 빨치산 토벌작전에 투입했다. 밴 플리트는 이승만 대통령과 함께 여러 차례 제주도를 방문했고, 제주도 근대 목축사의 한 부분을 차지할 정도로 제주도와 인연이 깊은 인물이다.

2012년 8월, 그리스를 직접 찾았다. 뜨거운 지중해의 열기 아래 아테네 정치 · 문화의 중심지 신타그마 광장에 서자 그리스 내전을 연구하면서 품었던 의문들이 풀리기 시작했다. 그리스는 고통과 눈물 없이는 볼 수 없는 비극의 땅이다. 찬란했던 고대 문명, 민주주의 발상지 그리스는 필자가 생각하던 그리스와는 달랐다. 번화가에는 노숙자들이 줄을 이었고, 극우정당의 테러에 대한 벽보도 여러 곳에 붙어있었다. 낙서로 어지럽혀진 건물은 가는 곳마다 눈에 띄었다. 15세기 중반 오스만 튀르크의 식민지배에 놓인 이후 그리스는 400여 년에 가까운 오랜 암흑의 시대를 겪었다. 펠로폰네소스의 칼라브리타로 가면서 만난 험한 산간 지형은 그리스가 도시국가로 형성된 이유와 게릴라들의 활동이 활발한 이유를 한눈에 알 수 있게 했다. 아테네의 유대인박물관을 통해 문헌으로만 보던 그리스 내 유대인 홀로코스트를 보다 확실하게 인식할 수 있게 됐고, 많은 박물관과 기념관에서는 그리스의 영광과 고난에 찬 과거를 동시에 확인하는 계기가 됐다.

4 · 3을 본격적으로 만난 지 25년의 세월이 지났다. 『한겨레』 기자로 4 · 3을 취재하게 된 것은 행운이었다. 1989년 기자 생활을 시작할 무렵 제주4 · 3연구소의 4 · 3 유적지 기행에 경찰이 따라다닐 정도였다. 하지만 그 사이 불가능할 것으로 여겨졌던 제주4 · 3특별법이 제정됐고, 접근하지 못할 것으로 보이던 제주국제공항의 유해발굴도 어느 정도 이뤄졌다. 느리지만 차근차근 4 · 3의 진실 드러내기는 한걸음씩 진전됐다.

4 · 3유적지도 많이 바뀌었다. 1990년대 초반 면장갑을 끼고 호미를 들고 가시덤불을 헤치면서 찾았던 4 · 3 유적지와 오름은 골프장으로 바뀌었거나 번듯한 계단이 놓였고, 손전등을 들고 긴장 속에 들어갔던 궤작은 굴와

굴들은 훼손되거나 개발바람으로 접근이 어렵게 됐다. 영남마을과 원동마을 이야기를 빼놓을 수 없다.

1948년 11월 20일께 토벌대가 서귀포의 중산간 영남마을에 난입해 가옥들을 불태우고 피신했던 주민들을 찾아내 학살했다. 산디(밭벼)와 메밀, 감자, 콩을 재배하고, 목축업을 하면서 살아온 16가구 주민 90여 명 가운데 50여 명이 영문도 모른 채 희생됐다.

1990년대 중반 어느 봄날. 뒤로는 한라산의 밀림지대가 병풍처럼 펼쳐져 있고, 앞으로는 바다가 한눈에 들어왔던 마을, 영화 '서편제'보다 더 '서편제스러운' 풍경을 가졌던 마을, 보따리를 맨 학동이 노란 유채꽃이 흐드러지게 핀 돌담 사이로 금방이라도 재잘거리며 나올듯하던 마을이었다. 그러나 마을이 있었다는 흔적만 남긴 채 지금은 모든 것이 사라졌다. 그곳에 있던 커다란 말방아와 돗통시(제주의 옛 화장실)는 사라진지 오래고, 서당길로 이어졌던 야트막한 돌담을 끼고 구불구불했던 올레길은 곧은 길이 되고 말았다.

4·3 유적지 답사 때 반드시 들르던 제주시 애월읍 중산간 마을 원동은 수풀만이 무성하다. 1948년 11월 13일 새벽, 토벌대는 원동으로 몰아닥쳤다. 군인들은 마을에 머무르면서 주민 40여 명과 길 가던 사람들을 포함해 60여 명을 학살했다. 어린아이들과 노인들만이 학살의 와중에서 살아남았다. 마을은 사라졌다. 필자는 1990년 가을 원동에서 억울하게 희생된 부모와 형제자매, 주민들을 위로하는 굿을 취재한 적이 있다. 평화로를 확장하기 전, 원동의 한 구석진 밭에서 치러진 굿판에는 뿔뿔이 흩어졌던 후손들이 참석해 흐느끼고, 또 흐느꼈다. 당시 보았던 할아버지 할머니들의 눈물을 기억한다. 지금은 동향 출신 재일동포가 세운 '원지(院址)'라는 표석만이 옛 마을터였음을 말할 뿐 아무도 찾는 사람이 없다.

긴 터널을 빠져나오는 느낌이다. 책의 출간이 너무 늦어졌다. 이미 발굴된 많은 자료를 이용한 연구서들이 나왔다. 그럼에도 그동안 모아놓은 자료와 논문을 책으로 정리하고 싶은 개인적 욕심으로 부끄럽지만 책을 펴내게 됐다. 이 책은 필자의 석사학위논문(2003)과 박사학위논문(2010)을 재구성한 것이지만 글의 내용과 틀을 상당부분 바꿨다.

개인적으로 4·3 취재·연구의 변곡점이 몇 있었다. 『한겨레』가 '한국현대사 인물'을 연재하던 1990년 '제주도인민유격대사령관 이덕구'를 취재한 일이 있다. 당시 사회부 차장이던 고희범 선배와 함께 이덕구의 생가와 그가 숨었던 장소를 취재하고, 생전과 사후의 이덕구를 만난 장기수 출신 김이완 할머니를 통해 4·3을 만났다.

1992년 4월 제주시 구좌읍 다랑쉬굴에서 11명의 4·3희생자 유골을 만난 것은 충격이었다. 당시 조그만 굴 안 천정에서 떨어지는 희생자들의 눈물 같은 물방울을 맞으면서 온 몸을 관통했던 전율은 본격적인 4·3연구로 이어진 계기가 됐다. 1994년 3월에는 제주시 애월읍 발이오름의 일본군들이 판 조그마한 굴속에서 후배들과 4·3희생자 유골을 찾았고, 유골의 신원을 알고 있던 노인과 인터뷰할 수 있었다.

하지만 고백컨대 필자는 4·3 취재와 연구에 치열하지도, 성실하지도 못했다. 여러 훌륭한 선후배들이 치열하게 현장조사를 할 때도 그렇게 하지 못했다. 언제나 아웃사이더였다.

감사의 말을 해야겠다. 가장 먼저 고마움을 전해야 할 분들은 이 땅에 살면서 당신들의 경험담을 전해줬던 어르신들이다. 4·3 취재와 연구로 제주도 내 곳곳에서 만났던 60~70대의 어르신들은 이제 80~90대가 됐다. 서울에서, 부산에서, 제주의 곳곳에서 만났던 어르신들은 대부분 고인이 됐다. 일제 징병, 4·3, 한국전쟁을 겪으면서 여러 차례 죽을 고비를 넘겼고, 몇 해 전 작고한 외삼촌의 "우리 나인 죽도록 고생만 헌거라"(우리 나이는 죽도록 고생만 했다)는 이야기는 동시대 어르신 모두에게 해당되는 말이다. 그 분들의 경험담이야말로 이 책의 원동력이 됐다. 아무리 자료가 뛰어나더라도 당시를 살았던 경험자들의 증언보다 더한 것은 없다. 그분들의 눈물과 한숨을 보고 같이 코끝을 찡그렸던 경험은 잊을 수 없다.

제주4·3연구소는 또 다른 고향이나 다름없다. 필자는 제주4·3연구소 구성원들의 헌신적인 모습을 오래도록 지켜봤다. 추운 날, 증언채록을 한 날이면 연구소의 조그만 사무실에서 밤새도록 컴퓨터 앞에 웅크리고 앉아 채록을 풀던 선후배들의 모습이 떠오른다. 제주4·3연구소를 만나지 않았더라면 필자는 4·3을 본격적인 연구의 대상으로 삼지 못했을 것이다. 이 책의 출간도 제주4·3연구소의 선후배들 덕분이다.

제주4·3연구소 소장과 이사장을 역임한 강창일 선배는 필자의 시야를 크게 넓혀줬다. 필자가 대만 2·28사건과 중국 난징대학살, 일본 오키나와 전투와 주민학살 등 동아시아에서 일어난 과거사를 알게 된 것은 오로지 강 선배 덕분이다. 필자가 강 선배가 주도한 1997년 대만, 1998년 제주, 1999년 일본 오키나와로 이어진 동아시아평화인권 심포지엄에 참석해 동아시아의 과거사를 공부하고 민간 차원의 국제적 연대를 모색하는 현장을 볼 수 있었던 것은 가슴 벅찬 일이었다.

4·3을 취재하던 필자가 논문을 쓰겠다고 대학원에 들어가 장원석 교수를 만난 것은 행운이었다. 장 교수의 지도와 격려가 없었다면 애초부터 4·3을 학위논문으로 쓰는 일은 불가능했을지 모른다. 장 교수는 필자가 쓴 논문에 펜으로 하나하나 문장을 그어가며 논문의 일관성과 논리적 정치성을 강조했다. 석·박사 논문을 쓰는 과정에서 보여준 장 교수의 학문적 깊이와 철저함, 제자의 논문에 대한 끊임없는 관심이 아니었다면 논문을 작성하는 일조차 쉽지 않았음을 고백한다.

김영범 대구대 교수의 따뜻한 조언과 격려는 이 책이 나오게 된 주요 이유다. 필자의 박사학위논문 심사위원이었던 김 선배는 논문을 통독한 뒤 예리한 평가와 깊은 통찰력으로 논문의 틀을 잡는 데 큰 도움을 줬다. 김 선배는 논문을 다 쓴 뒤에도 필자에게 늘 책으로 발간하라는 애정 어린 말씀으로 용기를 북돋아줬다. 필자는 책을 집필하는 과정에서 제목과 목차, 내용을 여러 차례 바꿔가며 고민했다. 이 과정에서 이 책의 제목과 목차를 정하는 데 김 선배의 도움이 컸다. 김 선배의 격려가 아니었다면 이 책의 발간은 불가능했을 것이다.

이규배 제주국제대 교수는 치밀한 학문적 자세로 필자의 논문을 검토하고, 조언을 줬다. 책을 쓰는 과정에서도 도움을 받았다. 4·3에 대한 남다른 통찰력으로 4·3 연구를 선도하는 박찬식 선배의 조언에도 고마움을 전한다.

두 차례나 4·3을 연구하기 위해 제주도를 방문했던 테사 모리스 스즈키 오스트레일리아 국립대 교수는 귀중한 자료를 제공해줬다. 그 분의 도움으로 4·3관련 자료가 오스트레일리아 국립문서보관소에도 있다는 사실을 확인할 수 있었다. 필자에게 울림을 준 분들 가운데 독일 『디 자이트*Die Zeit*』의 크리스티안 슈미트 호이어 대기자가 있다. 70대 중반이 다 된 나이에도 보름동안 제주도에 머물며 열정적으로 4·3을 취재하고 유럽 사회에 최초로 알린 인물이다. 그에게 고마움을 전한다.

출판을 선뜻 허락한 도서출판 선인 윤관백 대표와 까다로운 원고를 좋은 책으로 만들어준 최진아 님에게도 고마움을 전한다.

필자는 이 책을 그리스와 제주의 국제적 냉전 희생자들과 함께 아버지에게 헌정한다. 필자는 아버지와 좀처럼 대화를 나누지 못했다. 밖에서는 사교적이고 좌중을 압도했던 아버지는 집안에서는 무뚝뚝했고, 자식들과 대화가 단절돼 있었다. 언제나 사회가 돌아가는 모습을 알고 싶어 하던 말년의 아버지에게 필자는 따뜻한 말 한마디 건네지 못했다. 아버지는 당신 시대의 제주사람들이 그렇듯이 일제 강점기, 4·3, 한국전쟁을 온

몸으로 겪은 분이다. 기억력이 뛰어난 아버지는 일제 강점기 고향 근처에 주둔한 일본군 부대의 이름과 노무동원 당시의 기억을 바로 엊그제 일처럼 쏟아내곤 했다. 하지만 아버지의 기억은 일제 강점기와 해방을 지나면 곧바로 한국전쟁으로 이어진다. 유독 4·3에 대해서는 자신의 이야기를 제외하고 말씀하시곤 했다. 4·3연구를 하면서 필자는 어느 발표문에서 형무소 수형자의 명단에 있는 아버지의 이름을 발견했다. 하지만 그것 이외에는 아무 것도 없다. 그 문서도 필자의 부주의 탓으로 지금은 행방을 모른다. 아버지에게 물어봤지만 아무런 대답도 없이 담배만 물었다. 어머니는 아버지가 4·3 때 재판 과정에서 언변이 좋아 구사일생했다고 말씀하셨다. 한국전쟁 참전용사로 화랑무공훈장까지 받은 아버지는 4·3 희생자로 신고하면 오히려 말을 듣게 된다며 손사래를 치기도 했다. 여기저기서 주워들은 것으로 4·3과 아버지의 관계를 추측할 뿐이다. 따뜻한 말 한마디 붙이지 못했던 것이 끝내 필자 자신에게 야속하기만 하다. 찬바람이 부는 날, 그리움과 후회가 목구멍 깊은 곳으로부터 솟아오른다.

2014. 3.

저자.

목차

제1장

그리스와 제주도는 왜 비극의 근·현대사를 품었나

제1절
그리스 내전과 제주4 · 3

20세기 중반 그리스와 한국은 제국주의 침탈 이후 유사한 역사적 경로를 걸어왔다. 그리스는 독일의 침탈을, 한국은 일본의 침탈을 경험했으며, 이러한 경험은 해방 후 양 국가에서 정치사회적 갈등의 심화와 확대를 가져왔다.

제2차 세계대전 종전 이후 냉전체제 형성기의 국가건설과정에서 촉발된 그리스 내전과 제주4 · 3은 공간적, 내용적 차이에도 불구하고 동일한 구조와 논리 속에서 민간인 학살을 야기한 사건이었다. 냉전체제 형성기 그리스와 남한에서는 좌 · 우익 세력이 충돌했고, 미국의 적극 개입과 함께 반공-우익정권을 수립하고 유지하려고 노력했다. 이러한 과정에서 그리스와 남한/제주도에서는 수많은 민간인이 희생됐다. 당시 제주도 인구의 10%에 가까운 2만 5천~3만여 명이 희생된 4 · 3은 지역적 차원의 사건이 아니라 냉전체제 형성기에 일어난 세계사적 사건이었다.

1944년 10월 해방을 맞은 그리스와 1945년 8월 해방된 한국은 아래로부터의 '혁명적 상황'에 노출됐으나, 양국은 외세의 지원에 힘입어 위기를 극복했다. 특히 그리스와 제주도에서 민간인들에 대한 정부–우익단체의 폭력은 유사했다. 게릴라 또는 '무장대'에 의한 폭력도 정도의 차이는 있지만 마찬가지였다. 그러나 평정과정에서 동족을 국가의 정당성에 도전하는, 국민이 아닌 존재로 의제화議題化하고 집단 학살하는 것은 국가권력의 구축과

정이라고 해도 결코 정당화될 수 없다.주1

1940년대의 그리스는 전쟁과 점령, 내전과 학살로 점철됐으며, 재건과 발전은 힘들었고, 심리적 상처를 치유하기에는 상처가 너무 깊었다.주2 2차 세계대전 종전 이후 미국의 대외정책은 미국 주도의 세계경제 및 군사질서를 구축하기 위한 예방적 · 패권적 팽창을 추구하게 됐다.주3 미국의 관점에서 보면, 유럽 대륙의 남동부에 위치한 그리스는 소련의 지중해 진출을 막아야 하는 사활적 이해가 걸린 전략적 요충지였다.

그리스 내전은 트루먼 독트린의 선언과 함께 냉전의 공식화를, 그리고 그 수단으로서 대소봉쇄전략을 가져왔다. 이러한 봉쇄전략은 미국식의 가치와 정치제도를 공유하고 선호하는 국가들을 미국의 동반자로 간주하는 것이었으며, 그 결과 현실적으로 미국의 목표를 달성하는 데 도움이 되는 정부를 지원하게 됐다.주4 트루먼 독트린은 이후 미국의 냉전정책과 제3세계 정책의 모델이 됐다.

그리스 내전에 미국의 개입이 이루어진 시기, 남한 각지에서는 좌 · 우익간의 대립과 충돌이 치열하게 벌어지는 '이데올로기의 전쟁터'가 됐다.

제주4 · 3이 일어나자 주한미군은 제주도를 '동양의 그리스'에 비유하고 주목했다. 외신 또한 1948년 5 · 10선거를 전후한 시기 남한의 정치 · 사회적 사태의 진전을 그리스 내전과 비교했고, 그리스 내전과 4 · 3의 전개과정이 유사하다는 사실에 관심을 표명했다. 미국 의회도 남한과 그리스 상황을 파악하는 데 주목했다. 대소봉쇄정책 입안자인 케난Geroge F. Kennan은 1949년 6월 대한원조법안과 관련해 열린 의회 청문회에서 남한과 그리스 상황의 유사점과 차이점에 관심을 보인 의원들의 질의에 대해 "상황은 다르지 않다. 이들 간에는 상당한 유사성이 있다. (중략) 우리는 주로 원조프로그램과 현지 국민들을 통해 일을 하려고 노력해왔다. 상황이 꽤 비슷하다고 생각한다"고 말했다.주5

케난의 전략은 미국이 군사비용을 증대시키거나 미국인의 생명을 희생시키지 않고도 소련의 팽창에 저항하는 토착세력의 육성을 통해 국제적 안정을 촉진시킬 수 있게 해 준다고 보았다. 군사력의 무조건적인 투입을 공약하지 않고 소련의 도전에 대응할 수 있는 수단을 제공해 준다는 점에서 이 전략은 트루먼 행정부에 영향을 끼쳤다.[주6]

한국전쟁 발발 직후 트루먼Harry S. Truman은 보좌관들에게 "한국은 극동의 그리스"라며 "우리가 충분히 강력하면, 그리스에서 했던 것과 같이 그들공산주의자들에게 맞선다면, 그들은 어떠한 조처도 취하지 못할 것이다"라고 말했다.[주7] 그리스 내전 시기 미합동군사고문단장으로 그리스 정부군을 도와 게릴라 토벌을 지휘한 밴 플리트James A. Van Fleet 장군이 한국전쟁 당시 미8군 사령관으로 부임한 것은 우연의 일치가 아니었다. 밴 플리트는 그리스 게릴라 토벌작전을 벌일 때 고문단 일원으로 공을 세웠던 다즈William Dodds 중령을 지리산 게릴라 토벌을 지휘한 백선엽 장군의 '백야전 전투사령부' 고문단장으로 임명했다.[주8]

그리스 내전은 다음과 같은 성격을 지니고 있다고 할 것이다. (1) 2차 세계대전 종전 이후 미 · 소의 대결구도를 상정하고 냉전체제 형성기 미국의 개입이 있었던 국제적 사건이었다. (2) 국가건설과정에서 '비우익 그리스인=공산주의자'라는 가정 아래 민간인에 대한 국가폭력이 일어났고, 좌익에 의한 민간인 폭력도 가혹했다. (3) 독일 점령 시기 저항운동을 벌였던 좌익 저항세력 대 외세의 지원을 받은 정부군 및 우익무장단체 연합세력 간의 대등한 군사력의 대결구도를 유지했던 '내전'이었다.

제주4 · 3 또한 다음과 같은 성격을 지니고 있다. (1) 2차 세계대전 종전 이후 미 · 소의 대결 구도와 냉전체제 형성기에 미국의 개입이 있었던 국제적 사건이었다. (2) 국가건설과정에서 '제주도민 = 공산주의자'라는 가정 아래 국가폭력이 일어났고, 무장대에 의한 민간인 살상도 발생했다. (3) 게릴라전의 형식을 띤 내전적 상황이었으나 정부군(토벌대)과 무장대게릴라 양 진영은 군사력 측면에서 완전 불균등 관계였다. '제주4 · 3사건 진상규명 및 희생자 명예회복 위원회이하 제주4·3위원회'에 신고접수된 현황을 보면, '토벌대'와 '무장대'에 의한 민간인 피해자는 78.1% 대 12.6%의 비율로 나타났다.[주9]

제2절

트루먼 독트린과 냉전

1. 미국의 봉쇄정책 구상과 냉전 형성

제2차 세계대전 종전 이후 국제질서의 주도세력으로 등장한 것은 미국이었다. 2차 세계대전의 종식과 함께 초강대국으로 등장한 미국은 이전과는 다른 세계체제적 사고를 갖게 됐다. 이는 고립주의 외교정책에서 벗어나 개입주의 외교정책으로의 전환을 의미했다.[주1] 냉전시기 미국 외교정책의 핵심인 대소봉쇄정책의 형성에 가장 큰 영향을 미친 인물로 봉쇄containment라는 개념을 정립한 케난을 빼놓을 수 없다.

미국은 국제정세의 변화에 따라 때로는 경제적, 심리적 수단으로 봉쇄했으며, 때로는 군사적 개입에 초점을 맞췄다.[주2] 미국 관리들은 "미국의 안전은 적극적인 개입에 의해서만 보장될 수 있다", "미국만이 국제체제 개혁의 과제를 달성할 수 있다"고 인식했다.[주3]

미국은 애초 2차 세계대전 종전 이후에도 소련과의 협력을 구상했다. 종전 이후 미국의 군사정책을 처음 밝힌 1945년 9월 19일 3부조정위원회SWNCC의 '미국 군사정책의 공식화를 위한 기초'라는 문서에서는 "세계 평화의 유지는 영국, 소련, 미국 간의 상호 협력에 달려 있을 것"이라고 할 정도였다.[주4]

그러나 1946년 2월 9일 스탈린의 연설에서 표출된 공산주의와 자본주의의 불양립성에 관한 연설은 미국의 대소정책을 이러한 분위기에서 '봉쇄적 분위기'로 전환시켰다. 스탈린은 "2차 세계대전은 실수가 있기는 했지만 (중략) 현대의 독점 자본주의에 토대를 둔 세계의 경제적 · 정치적 세력의 대두가 가져온 필연적인 결과로 일어났다"고 주장했다. 그는 "세계경제의 자본주의 체제는 본질적으로 일반적인 위기와 군사적 충돌을 감추고 있으며, 세계 자본주의의 발전은 매끄럽고 심지어 진보를 통해 나타나는 게 아니라 위기와 전쟁의 파국을 통해 발생하는 것"이라고 밝혔다.[주5] 스탈린의 연설에 미국 관리들이 충격을 받은 가운데 이번에는 소련이 세계은행과 국제통화기금IMF에 불참한다는 정보가 나왔다. 미국은 스탈린의 연설과 소련의 이러한 행동의 근원을 파악하기 위한 작업에 들어갔다.[주6] 이에 따라 당시 소련 주재 미국대사관 대리 대사였던 케난에게 이를 파악해 보고하도록 요청했다.

1946년 2월 22일 케난이 국무장관 번스James F. Byrnes에게 보낸 유명한 '긴 전문'은 이렇게 해서 나왔다. 케난은 이 보고서에서 소련의 전후 대외인식의 특성과 이러한 인식을 갖게 된 배경을 분석하고 대응방안을 찾았다. 케난은 소련의 선전기구를 통한 소련의 전후 대외인식을 다음과 같이 분석했다.

1. 소련은 여전히 적대적인 '자본주의의 포위' 속에 살고 있으며, 결국에는 항구적 평화공존은 있을 수 없다. 1927년 스탈린이 미국 노동자 대표들에게 다음과 같이 언급했다. : "국제적 혁명의 지속적 발전 경로에서 보면, 세계적으로 중요한 두 개의 중심이 출현할 것이다: 사회주의로 나아가는 국가들을 끌어당기는 사회주의 중심, 그리고 자본주의로 경도되는 국가들을 끌어당기는 자본주의 중심. 세계경제를 지배하기 위한 이들 두 개의 중심 간의 전투는 세계의 자본주의와 공산주의의 운명을 결정할 것이다."
2. 자본주의 세계는 자본주의 사회의 특성상 내부 갈등으로 포위된다. 이들 갈등은 평화적인 타협 수단으로 해결할 수 없다. 이들 가운데 최대국은 영국과 미국 간의 갈등이다.
3. 자본주의의 내부 갈등은 필연적으로 전쟁을 야기한다. 따라서 이렇게 만들어진

> 전쟁은 두 가지 종류가 있을 수 있다. 두 자본주의 국가 간의 내부 자본주의 전쟁, 사회주의 세계에 대한 개입전쟁. 자본주의의 내부 갈등으로부터 탈출하지 못한 현명한 자본주의 국가들은 후자 쪽으로 기운다.

케난은 소련의 적대감이 외부의 조건이나 상황에 대한 객관적 분석에 근거한 것이 아니라 내부의 필요성에서 나온 것으로 분석했다. 소련 지도부의 세계정세에 대한 '신경과민적 견해neurotic view'의 기저에는 전통적이고 본능적인 소련의 안보불안감sense of insecurity이 존재한다고 보았다. 따라서 소련은 경제적으로 선진화된 서구와 접촉하게 되면서 보다 경쟁적이고, 강력하며 고도로 조직화된 사회를 두려워했다고 분석했다. 이러한 전문을 보낸 그의 결론은 '악성 기생충malignant parasite'과 같은 공산주의에 대응하기 위해서는 미국 사회의 건강과 활력이 필요하다는 것이었다.

> (중략) 2. 우리 대중은 소련 상황의 실체를 교육받아야 한다. 이의 중요성을 아무리 강조해도 지나치지 않는다. 언론은 이를 홀로 할 수 없다. 이것은 주로 필연적으로 경험과 정보가 풍부한 정부가 해야 한다. 나는 이러한 상황의 실체에 대해 우리 국민들이 보다 더 이해한다면 오늘날 우리나라에서의 히스테리컬한 반소주의는 훨씬 줄어들 것이라고 확신한다. 무지한 자보다 끔찍하거나 위험한 것은 없다. 3. 많은 것들이 우리 자체의 사회의 건강과 활력에 달려 있다. 세계 공산주의는 병든 세포에서만 기생하는 악성 기생충과 같다. 이것이 국내 정책과 대외정책이 교차하는 지점이다.주7

이 전문은 미국이 소련에 대해 취해야 할 방안을 분석함으로써 향후 미국 대외정책의 형성에 커다란 영향을 미쳤다. 트루먼의 특별고문 클리포드Clark M. Clifford는 "미국 외교관이 워싱턴에 보내 온 메시지 가운데 가장 중요하고 영향력 있는 메시지"라고 높게 평가했다.주8 케난의 제안이 현실화된 것은 그가 '긴 전문'을 보낸 지 7개월이 지난 1946년 9월 나온 클리포드 비밀보고서 이후다. 워싱턴주 변호사이면서 해군 보좌관으로서 트루먼의 특별

고문인 클리포드의 보고서는 케난의 보고서에 토대를 두고 있으며, 케난이 작성한 '긴 전문'의 많은 내용이 포함돼 있다.[주9] 클리포드 보고서는 최고의 국가안보 문제로서 미국은 소련을 저지하기 위한 통합정책과 일관된 전략 수립이 시급하다고 주장했다.[주10] '미국이 당면한 가장 심각한 문제를 미·소관계'라고 규정한 클리포드 보고서는 "소련 지도자들은 국가를 궁극적으로 소련의 세계 지배로 나가기 위한 정책을 수행하고 있는 것 같다. 이를 위한 그들의 목표와 정책은 미국민의 이상과 직접 충돌하고 있다. 미국은 아직까지 세계평화와 번영이 소련이 움직이고 있는 방향에 있는 것이 아니라 국제협력과 우호의 반대 방향에 있다는 점을 스탈린과 그의 동료들에게 설득시킬 수 없다. (중략) 소련은 자신들의 통제에 있는 국경선을 넘어 전략적 지역에 침투하려고 시도하고 있으며, 소련 정부의 에이전트들이 타국 정부를 약화·고립시키고 파괴하기 위해 도처에서 활동하고 있다. (중략) 미국이나 우리 안보에 사활적으로 중요한 세계의 여러 지역에 대한 소련의 공격을 억제하는 방법은 협상이 아니라 군사력이며, 이를 위해 소련의 어떠한 공격도 저지할 수 있고, 격퇴시킬 수 있어야 한다"고 결론을 내렸다.[주11]

케난의 '긴 전문'에 이어 나온 클리포드 보고서는 2차 세계대전 이후 소련의 의도를 파악하고 이를 저지시켜야 한다는 방안을 제시했으며, 이는 케난이 1947년 7월 'Mr. X'라는 이름으로 『포린 어페어즈*Foreign Affairs*』에 기고한 「소련 행동의 원천」이라는 논문에서 '봉쇄'라는 용어로 공식화됐다.[주12]

> 소련 외교는 나폴레옹이나 히틀러와 같은 개개 공격적 지도자들의 외교보다 쉽기도 하고 어렵기도 하다. 한편으로는, 소련 외교는 대항세력에 대해 보다 민감하고, 대항세력이 너무 강하다고 생각되면 외교전선의 개별 부문에 비교적 쉽게 양보하며, 따라서 힘의 논리와 표현이 보다 이성적이다. 또 다른 한편으로는, 소련의 적대세력으로서는 단 한번의 승리로 인해 이를 쉽게 격퇴시키고 좌절시킬 수 없다. (중략) 이러한 상황에서 미국의 대소정책의 주요 요인은 소련의 팽창 성향에 맞서 장기적이고 인내심을 갖되 단호하며 신중한 봉쇄정책이어야 한다는 것은 확실하다.[주13]

이처럼 케난의 논문 「소련 행동의 원천」은 제1의 적으로 생각하는 소련을 상대하기 위해서는 '장기적이고 인내심을 갖되 단호하며 신중한 봉쇄정책'의 필요성을 역설하고 있다. 그는 이어 "정치 분야에서는, 소련은 파트너가 아니라 라이벌로 계속 간주해야 한다. 소련의 정책은 구체적인 평화애호와 안정 추구 정책을 반영하지 않고, 사회주의와 자본주의 세계의 항구적인 행복한 공존의 가능성에 대한 믿음도 반영하지 않고, 오히려 라이벌의 모든 영향력과 힘을 파괴하고 약화시키려고 신중하고도 집요한 압력을 가할 것이라는 점을 계속 예상해야 한다. (중략) 미국은 단호한 봉쇄정책에 대한 합리적인 확신을 가지고, 어느 곳에서든지 불변의 대항력unalterable counter-force으로 소련과의 대결을 계획하는 것은 그 자체가 정당한 것이다"라며 소련은 경쟁자이고, 소련의 위협이 나타나면 어디에서든지 '불변의 대항력'으로 대응하는 방안을 제시했다.[주14] 미국의 봉쇄정책 구상은 이후 전개된 미·소 냉전체제 형성의 이론적 토대가 돼 미국의 개입을 정당화했다.

2. 트루먼 독트린과 그리스

그리스 정부는 1946년 12월 게릴라들의 활동이 격렬해지는 가운데 유엔안전보장이사회에서 자국의 게릴라들이 '외부'의 지원을 받고 있다고 강력 비난했다. 유엔은 그리스 정부의 주장을 확인하기 위해 유엔조사단을 파견했다. 유엔이 임명한 유엔발칸위원회의 미국 대표는 『루이스빌 쿠리어-저널*Louisville Courier-Journal*』과 『루이스빌 타임스*Louisville Times*』 편집인 겸 발행인 에스릿지Mark Ethridge였다. 이어 트루먼은 그리스의 경제상황을 조사하기 위해 경제사절단을 보내기로 결정하고, 단장에 포터Paul A. Porter를 임명했다. 포터는 유엔발칸위원회 미국 대표 에스릿지의 친구이기도 했다. 1947년 1월 18일, 아테네에 도착한 경제사절단은 그리스 실업가와 경제학자, 공장

노동자, 농민, 단체 대표들을 만났다. 그들은 그리스의 경제상황이 예상했던 것보다 더욱 악화됐다고 평가하고, 1개월 동안의 조사 결과 그리스가 파산 직전에 있다고 결론을 내렸다. 정부는 임금인상 저지에 실패해 인플레이션을 부채질했고, 암시장, 투기, 모리배의 만연 등으로 곪아있었다. 사실상 정부의 역할은 존재하지 않았고, 부패는 만연했다. 그들은 서구의 기준으로는 그리스에 '국가'가 존재하지 않는다고 평가했다. 포터는 그리스 정부가 "완전히 반동적이며 (중략) 믿을 수 없을 정도로 취약하고 어리석으며 부패하다"고 보고했다.주15

포터는 경제자문 이외에도 트루먼에게 해외원조가 그리스를 파국의 구렁텅이, 즉 공산주의 통제로 들어가는 것을 막는 데 필요하다고 보고했다. 이들은 그리스 주재 미국대사 맥비Lincoln MacVeagh와 함께 활동했다. 미국 관리들은 그리스에 대한 원조는 내정 개입과 함께 이뤄져야 할 것이라고 생각했다.주16

2월 들어 이들은 개별적으로 또는 공동으로 본국에 그리스 사태의 '심각성'을 잇따라 보고했다. 2월 3일 맥비는 "영국이 그리스로부터 군대를, 혹은 적어도 상당수의 병력을 철수시킬 것"이라는 소문을 보고하면서 그리스 원조를 즉각 검토할 것을 건의했다. 미국 물가관리국장 출신인 경제사절단장 포터와 유엔발칸위원회 미국 대표 에스릿지, 그리고 대사 맥비는 2월 11일에는 "이곳그리스의 경제 악화가 곧 전국적 규모의 혁명을 야기할 것"이라고 보고했다. 그들은 이 보고서에서 "그리스가 공산주의 수중에 떨어지면 전 근동과 북아프리카의 일부분도 소련의 영향력 아래 넘겨주는 것이 확실하다"고 덧붙였다.주17 엿새 뒤인 2월 17일에는 에스릿지가 그리스를 '수주일 내 (소련의) 손안에 곧 떨어질 썩은 자두'라는 내용의 전문을 보냈다.주18 2월 19일에는 포터가 국무부에 "우리의 전면적 노력이 없으면 경제적, 정치적 안정을 희망할 수 없다"는 전문을 보냈고,주19 맥비도 포터, 에스릿지와 대화를 나눈 뒤 같은 의견이 담긴 보고서를 다음날 국무부에 전송했다. 맥비는 이 보고서에서 "경제적, 재정적 요소만을 고려한다면 그리스의 현 상황에서 완전 붕괴까지는 수개월이 걸릴 수 있다. (중략) 그러나 공무원들과 군병력들의 사기 악화는 물론 불충분한 수입과 점증하는 게릴라들의 활동에 대한 두려움, 정부에 대한 확신의 결여, 국제공산주의자들에 의한 악용 등으로 여론의 악화는 훨씬 빠른 결말을 가져올 가능성을 만들어내고 있다"고 보고했다.[주20] 이들은 그리스의 상황이 비상상황이라는 데 의견의 일치를 봤으며, "그리스 정부는 위험스러울 정도로 거의 임계점에 다다랐다. 좌익 게릴라 활동으로 손상됐고, 대중적 지지 또한 부패와 비효율, 경제적 혼란으로 인기가 없다"고 언급했다.[주21] 이들이 본 그리스 상황은 경제적, 심리적, 군사적으로 몇주일 안에 완전 붕괴될 위험에 직면하고, 붕괴되면 무장 공산도당들이 장악할 것이라는 공포였다.[주22]

그리스 상황이 긴박하다고 전하는 이들의 전문은 미국 행정부를 놀라게 했다. 국무차관 애치슨Dean Acheson은 2월 21일 "맥비, 포터, 에스릿지의 보고서들은 모두 그리스가 독립을 유지할 수 없을 가능성에 대해 경고하고 있다"며 "그리스에 긴급하고도 즉각적인 지원이 이뤄지지 않으면 정부가 전복돼 극좌 전체주의 정권이 권력을 장악할 개연성이 있다. 미국과 영국의 지원 결핍으로 그리스가 소련의 지배에 무조건 항복하는 것은 궁극적으로 전 근동과 중동, 그리고 북부 아프리카의 손실을 가져올 것"이라고 경고했다.[주23] 그리스 문제를 바라보는 미국 관리들의 인식은 그리스가 소련의 수중에 떨어지면 차례로 근·중동, 북부 아프리카가 소련의 지배하에 들어간다는 도미노 이론의 가정이었다.

1947년 초가 되자, 나치 독일과 일본을 패배시키는 데 경제자원을 소진한 영국은 재정적으로 고갈상태에 놓였다. 1945년 처칠의 후임으로 들어간 노동당 정부의 애틀리Clement Atlee는 영국의 경제를 소생시킬 수도, 유럽과 중동에 대한 소련의 팽창에 맞서 새로운 싸움을 수행할 수도 없었다. 소련과의 경쟁은 경제적, 군사적으로 영국의 능력을 넘어서는 일이었다.[주24] 2월

21일 오후 주미영국대사관의 1등 서기관 시첼Herbert M. Sichel은 비공식적으로 국무부 근동·아프리카 담당 국장 헨더슨Loy Henderson에게 그리스에 대한 미국의 원조를 요청하는 2건의 문서를 전달했다. 2월 24일 오전 마샬George Marshall은 트루먼 대통령과 회동해 지지를 받고, 이날 오후 의회 활동을 위한 건의문을 준비했다. 국무장관 마샬, 육군장관 패터슨, 해군장관 포레스탈은 2월 26일 건의문을 승인했다. 국무부는 건의문에서 "그리스의 상황은 절망적이다. 그리스의 붕괴는 미국의 안보를 위협하는 상황을 만들어낼 것이다. 우리는 그리스에 모든 가능한 원조를, 터키에는 이보다 다소 적은 원조를 확대하기 위한 즉각적인 조처를 취해야 한다"고 밝혔다.[주25]

트루먼 행정부의 그리스-터키 지원결정은 의회의 승인과 함께 원조재원 조달에 대한 의회의 협조를 필요로 했다. 국무장관 마샬은 2월 27일 트루먼에게 타버Taber 하원의원과 면담할 때 참고하도록 다음과 같은 보고서를 제출했다. "가장 중요하고도 절박한 위기가 그리스에서 일어나고 있으며, 터키에서도 어느 정도 일어나고 있다. 이 위기는 미국의 안보에 직접적이고 즉각적인 관련이 있다. (중략) 그리스에서 우리의 관심은 결코 인도주의적이거나 우호적인 충돌이 아니다. 그리스가 내전으로 귀착된다면, 소련 통제하의 공산국가로 출현할 개연성이 충분하다. (중략) 소련의 지배는 중동을 넘어 인도 국경까지 이를 수도 있다. 헝가리, 오스트리아, 이탈리아, 프랑스에도 이와 관련한 영향이 과대평가될 수 없다. 유럽, 중동 그리고 아시아에 대한 소련의 지배를 확장시킬 수도 있는 일련의 위기 가운데 우리가 직면한 최초의 위기라고 말하는 것은 기우가 아니다."[주26] 같은 날 트루먼은 브릿지스Styles Bridges, 반덴버그Arthur Vandenburg, 바클리Alben Barkley, 콘낼리Tom Connally 상원의원과 마틴Joseph Martin, 이튼Charles Eaton, 블룸Sol Bloom, 레이번Sam Rayburn 하원의원을 백악관으로 초청했다. 트루먼은 이들에게 "그리스와 터키에 대한 원조를 확대하기로 결정했다"며 "우리가 이들 정부그리스와 터키를 지원하지 않으면 혼란이 생길 것"이라고 밝혔다. 애치슨은 "동부 지중해의 상황은 첨예하게 됐다"며 "썩은 사과가 상자 속의 사과들에 영향을 미치는 것처럼, 그리스의 부패는 이란에 영향을 미치고, 동구 전체에 영향을 미칠 것이다. 이것은 영국의 호두를 불 속에서 꺼내는 문제가 아니다. (중략) 세계의 3분의 2 지역이 공산주의자들에 의해 조종되느냐의 문제다"라고 말했다. 이러한 말을 들은 의원들은 동요했으며, 어떤 조치가 필요하든지간에 지지하기로 약속했다.[주27]

민주주의의 수호에 초점을 맞춘 그리스와 터키에 대한 원조계획은 사실 미국으로서는 논리적 모순에 빠지는 것이었다. 미국이 보기에 그리스나 터키 정권은 미국의 잣대로 보면 민주국가가 아니었기 때문이었다. 존스Joseph Jones는 회고록에서 "비민주적이고 부패하고 반동적인 그리스 정부에 대한 원조 프로그램을 놓고 반대 주장이 국무부에서 충분히 예견됐다"고 말했다. 그는 "그리스 정부는 부패하고, 반동적이고, 비효율적이고, 극단적인 방법에 만족하는 것으로 잘 알려져 있으며 터키도 진전은 있지만 아직 완전한 민주자치정부를 달성한 적이 없다. 이들 국가에 대한 트루먼 독트린의 적용 논리는 지극히 공격받기 쉬웠다"고 밝혔다.[주28] 이 때문에 그리스에 대한 지원계획은 치밀하게 준비되고 실행됐다.

2월 28일 주미그리스 대리대사 에코노무 - 구라스Paul Economou-Gouras가 국무부에서 헨더슨을 만났다. 헨더슨은 에코노무 - 구라스에게 미국의 경제 · 군사원조 계획을 설명하고, 그리스 정부가 서명해 미국 정부에 전달해 주기를 희망하는 원조요청서를 그에게 보여줬다. 국무부가 작성한 원조요청서 초안은 2차 세계대전 시기 그리스가 황폐화 돼 미국의 원조가 절박하다는 점을 강조했다. 초안은 다음과 같이 작성됐다. "3차례의 침략과 오랜 적군의 점령은 물론 전쟁에 따른 소요를 겪으면서 그리스에 대한 체계적인 파괴, 인구의 급감과 쇠약, 경제 파괴로 인해 불행하게도 추가적이고도 즉각적인 원조가 지극히 중요해졌다. (중략) 적군의 철수 이후 그리스인들에게 남아있는 생존수단들은 고갈돼 그리스는 현재 최소한의 연명에 필요한 기본적인 소비재조차 수입할 자금이 없다. 이러한 상황에서 그리스인들은 재건 문제에 제대로 대처할 수 없다. 따라서 그리스 정부와 국민은 호소할 수밖에 없으며, 이를 통해 미국민들에게 재정적, 경제적, 전문적 지원을 탄원하지 않을 수 없다."주29

마샬은 또 맥비에게도 원조요청서 사본을 보내면서 "그리스 정부가 국무부에 (원조요청서를) 제출할 것을 승인하기를 희망한다"는 내용의 훈령을 보냈다. 마샬은 이어 "의회 지지와 우호적인 미국의 대중 여론은 효율적인 미국의 감독 아래 활용되는 재정적 지원을 확보하도록 하는 데 있다. 그리스 정부가 이러한 요구를 담은 내용의 공개를 보류하고, 우리가 먼저 이를 알리도록 해야 하며 대통령이 의회에서 이를 공개해야 한다. (중략) 이것이 이를 극적으로 만드는 데 일조할 것이며 대중과 의회의 지지를 얻는 데 도움을 줄 것이다"라고 언급했다.주30

3월 3일이 되자 그리스 정부는 미국의 제안을 받아들여 워싱턴에 탄원서 형식의 원조요청서를 그대로 보냈다. 다음날 마샬은 트루먼 행정부가 그리스 정부의 호소를 받아들여 추가 원조를 제공하기 위한 방법과 수단을 강구하고 있다고 밝혔다. 2월 21일의 영국의 비망록에 관한 언급을 피하기 위해 마샬은 그리스의 원조를 갈망하는 호소를 인용했고, 그는 이 문서를 그날 공개했다.주31

그리스에 대한 미국의 장악 필요성은 미국 관리들 사이에서 다양하고 광범위하게 펴졌다. 주그리스 미국대사 맥비는 3월 4일 워싱턴에 자신과 에스릿지, 포터가 미국의 원조가 특정 경제정책과 관련해 "그리스 정부의 수용과 이행이 확실한 필요조건이 돼야 한다는 데 합의했다. (중략) 미국의 목적이 '그리스 내전'에 자금을 지원하거나 민주주의 원칙하에 건전한 경제 프로그램을 발전시킬 능력이 없는 기본적으로 반동정부의 권력을 유지한다는 인상을 주지 않도록 최대한의 주의가 취해져야 한다"는 내용의 전문을 보냈다.주32 반동정부를 유지한다는 인상을 주지 않으면서 지원하도록 하는 것이었다. 트루먼 독트린은 이러한 막후 진행과정을 통해 나타났다.

1947년 3월 12일, 트루먼 대통령은 의회에서 전후 미국 대외정책의 전환점이 된 역사적 연설을 했다. 그는 "미국은 그리스 정부로부터 재정적, 경제적 원조를 위한 긴급 탄원서를 받았다. 그리스에 있는 미국경제사절단과 그리스 주재 대사의 사전 보고들은 그리스가 자유 국가로 생존하기 위해 원조가 절박하다는 그리스 정부의 성명을 확인해준다. (중략) 그리스가 소수 무장세력에 떨어진다면 이웃인 터키가 받는 영향도 즉각적이고 심각할 것이다. 혼란과 무질서가 중동 전 지역으로 확산될 수 있다. (중략) 소수 무장세력이나 외부의 압력으로 시도되는 굴종에 저항하는 자유국민들을 지지하는 것이 미국의 정책이 돼야 한다"고 결론을 내렸다.[주33]

이러한 미국의 그리스와 터키에 대한 개입은 영국이 수행했던 전통적인 세력균형자 역할을 대행하는 것이었다. 트루먼 독트린은 그리스와 터키를 원조한다는 특수한 정책결정에 국한된 것이 아니라 개입을 위한 세계전략 차원의 정책이었다.[주34]

이는 또한 냉전정책의 공식적 선언이기도 했으며, 냉전정책의 핵심은 반공정책이었다. 마조워Mark Mazower는 반공주의가 국내의 적들을 외부세계 적들의 동맹자로 간주하게 했고, 이러한 사고가 적어도 자유세계의 지도자들로 하여금 대량학살을 용인할 수 있도록 했다고 언급했다. 냉전은 세계를 분열시킨 미 · 소 진영 간, 그리고 미 · 소 진영 내의 상호적대감과 편집광적 의구심을 창출하는 데 기여했다.[주35]

미국은 1940년대 후반 중동을 동-서를 연결하는 육 · 해 · 공로의 고속도로로서 이 지역의 거대한 자원의 소유, 풍부한 잠재적 농업 자원의 가치를 인식했다. 미국은 중동에서 소련의 열망이 채워진다면 미국의 이익뿐 아니라 소련과의 일반적인 입장에서도 파국적인 결과를 가져올 것이라고 보고 이 지역에서의 소련의 팽창을 봉쇄해야 한다고 생각했다.[주36] 그리스는 그 관문이었다. 그러나 그리스의 경제적 파탄, 정치적 취약성, 사회적 갈등은 냉전 시기 미국 정부로 하여금 개입주의 정책을 취하도록 내몰았다.

1947년 4월 하순 국무장관 번스와 영국 외무장관 베빈Ernest Bevin은 소련이 루마니아와 불가리아에서 철수하고 그리스에서 권력을 장악하지 못하도록 압력을 가한다는 데 합의했다. 영국과 미국의 관리들은 그리스에서 영국의 철수와 관련한 몇 차례의 의견교환을 통해 미국이 중동과 지중해 지역을 담당해야 하며, 특히 그리스와 터키는 전략적 관점에서 무시할 수 없는 주요 국가들이라는 데 의견의 일치를 봤다. 이들은 1947년 10월 "미국의 대외정책의 기본 목표가 유엔 헌장의 원칙에 따라 세계 평화의 유지에 있기 때문에 미국은 국제적 무장충돌로 전환할 수 있는 어떠한 상황이라도 고려해야 한다. 동부 지중해와 중동은 현재 그러한 상태에 있다"며 "동부 지중해와 중동의 안보가 미국의 안보에 사활적 이익이 달려 있다"고 보았다.[주37]

미국 국가안보회의가 국무부, 육군부, 해군부, 공군부 및 중앙정보부 대표들의 자문과 도움을 받고 1948년 1월 6일 작성한 NSC 5는 1947년 11월경 작성된 '미국백서*The American Paper*'를 인용하고 있다.[주38] NSC 5는 "그리스의 정치적 독립과 영토적 통합을 파괴하려는 소련의 시도를 저지하는 일은 미국의 안보에 사활적 이익이 걸려 있는 전 동부 지중해와 중동의 안보를 유지하는 데 필수적"이라며 "미국은 필요하다면 그리스가 소련의 지배 아래 떨어지는 것을 막기 위해 최상의 방법으로 정치력, 경제력, 군사력을 최대한 활용해야 한다"고 밝혔다. 이 보고서는 또한 "그와 같은 군사력의 사용이 그리스가 직간접적인 공격의 희생자로 떨어지는 것을 막는 데 필요하다면 미국은 그리스나 지중해 어느 지역에든지 군대를 보낼 준비를 해야 한다"고 밝혔다.[주39] 이어 1948년 2월 12일 국가안보회의는 NSC 5/2를 채택했다. NSC 5/2는 "동부 지중해와 중동의 안보는 미국의 안보에 중요하다"면서 그러나 "그리스 정부는 취약한 토대에 의존하고 있고, 통탄할 만한 경제상황에 직면해 있다. 그리스 국민들은 확고한 지원이 없으면 국가가 무한정 소련을 저지할 수 없다는 것을 알고 있으며, 그리스가 그러한 지원을 받을 수 있을지 확신하지 못하고 있다"고 밝혔다. 이에 따라 국가안보회의는 "미국은 그리스가 외부의 무력 공격이나 소련이 지배하는 그리스 내부의 공산주의 운동을 통한 소련의 지배하에 떨어지는 것을 막기 위해 가장 효과적인 방법으로 필요하다면 정치력, 경제력, 군사력을 최대한 활용해야 한다"고 결론을 내렸다.[주40]

전후 미국의 그리스 정책은 미·소의 대결구도 속에서 이러한 인식을 바탕으로 입안됐으며, 냉전의 공식화 선언이나 다름없었다. 그리스는 미국의 봉쇄정책의 최초의 적용 무대였고, 향후 미국의 대외정책의 방향을 결정지었다고 볼 수 있다.

3. 냉전의 확산과 한국

미국의 트루먼 대통령은 소련의 팽창주의를 종전 이후의 국제관계에 있어 주요 요소로 간주했다. 트루먼의 정책은 2차 세계대전 이후 식민지 경험을 갖고 있던 신생국가들의 관심과는 관계없이 미국의 목표를 달성하는 데 도움이 되는 정부를 지원하는 결과를 가져왔다.[주41]

유럽에서 진행된 미·소 냉전은 한국전쟁 이전부터 전 세계적인 범위로 확산되면서 동북아와 한반도에 영향을 미치게 됐다. 냉전의 주전장은 1940년대 후반 유럽에서 1950년 초반 한국을 중심으로 한 동아시아로 확산됐다.[주42] 이처럼 한 지역에서의 사태 발전이 다른 지역에서 발생한 사태와 연계되어 전개된 것은 전후 냉전체제 형성의 주요 요소 가운데 하나였다.[주43]

태평양전쟁 종전 직후 미국의 대일점령정책의 기본 틀은 1945년 9월 6일 대통령 재가를 받은 3부조정위원회의 '미국의 대일본 초기 항복 이후 정책'

이라는 제목의 SWNCC 150/4와 국무부가 9월 22일 공표해 24일자로 일본 내 각 신문에 그 내용이 나온 SWNCC 150/4/A에 명시돼 있다. SWNCC 150/4는 일본과 관련한 미국의 초기 정책의 최종 목적을 첫째, 일본이 다시 미국에 위협이 되거나 세계 평화와 안보에 위협이 되지 않도록 보장하고 둘째, 타국의 권리를 존중하며 유엔 헌장의 이상과 원칙이 반영된 미국의 목적을 지지할 평화롭고 책임 있는 정부를 수립하는 것이라고 규정하고 있다. 미국은 이 문서를 통해 “군사점령의 주요 임무는 무장해제와 비무장화이며, 신속하고도 단호하게 실행돼야 한다”고 강조했다. 또한 “일본군은 연합국군 최고사령부의 요구에 따라 모든 군수물자와 군사시설 등을 처분해야 한다”고 밝혔다.[주44] 이는 미국이 일본군의 무장해제와 처리방향에 대해 입장을 명확히 한 것으로 11월 3일 합동참모본부JCS에서 정식 지령으로 보낸 ‘일본 점령 및 관리를 위한 연합국군 최고사령관에 대한 항복 후 초기 기본지령’JCS 1380/15에 명시돼 있다. 이는 미국의 점령정책을 보다 구체적으로 제시한 것이다. 이 기본지령은 SWNCC 150/4와 마찬가지로, 일본에 대한 군사적 점령의 기본 목적을 일본이 ‘다시 세계 평화와 안보에 위협이 안 되는 것’이라는 점을 강조하고 있다.[주45]

일본을 포함한 미국의 동아시아정책은 1947~1949년 국무부 정책기획국장으로 있던 케난이 1948년 2월 전 세계를 대상으로 미국의 외교정책을 검토해 작성한 PPS 23을 계기로 전환됐다. PPS 23은 “우리가 아시아 민족들에 대해 도덕적, 이데올로기적 세력으로서의 우리 한계를 인식하는 것은 대단히 필요하다. 우리의 정치 철학과 삶의 유형은 아시아인들에게 거의 적용할 수 없다. (중략) 우리는 전 세계 부의 50% 정도를 가지고 있지만 인구는 6.3%에 불과하다. 이런 불균형은 특히 우리와 아시아 민족들 간에 엄청나다. 이러한 상황에서, 우리는 부러움과 분노의 대상이 될 것이다. (중략) 우리는 다가오는 시기에 극동지역에서 우리의 영향력이 주로 군사적, 경제적이 될 것이라고 인식해야 한다. 태평양과 극동 세계의 어느 부분이 우리 안보에 절대적으로 사활적 이익이 걸려 있는 지 신중한 검토를 해야 하며, 이들 지역이 우리가 통제할 수 있거나 의지할 수 있는 수중에 잔류하도록 정책을 집중해야 한다. 우리는 지금까지 그러한 연구를 통해 일본과 필리핀이 태평양 안보체제의 기초가 될 것을 발견하게 될 것이다" 라고 밝혔다.주46

케난은 이러한 목적을 달성하기 위해 (1) 중국과의 관계 청산과 행동의 자유 회복 (2) 소련의 군사적 공격 및 공산주의 침투와 지배로부터 일본의 안보 보장과 태평양 지역의 평화와 안정을 위해 다시 주요 세력이 되도록 국가의 잠재력을 허용하기 위한 정책 고안 (3) 필리핀의 지속적 내정 독립과 미국 안보의 보루로서 필리핀 열도를 보호하기 위한 방법으로 필리핀과의 관계 형성 등 3가지를 제시했다. 그는 이들 3가지 정책 가운데 일본과 관련한 목적을 위해 즉각적인 주의 조처를 취해야 하며 미국의 핵심정책이 돼야 한다고 제안했다.주47 이어 1949년 6월 NSC 49에는 일본에 대한 미국의 안보적 평가가 반영돼 있다. NSC 49는 일본이 극동에서의 미국의 이익에 전략적으로 대단히 중요하다며 이는 북태평양의 무역 항로, 일본해·동중국해·황해의 입·출구, 상하이-우숭 지역을 포함한 아시아 북부지역의 항만과 관련한 지리적 위치 때문이라고 언급했다. 또 일본이 소련의 영향권 안에 들어가면 서태평양, 나아가 동남아시아의 미국 군사기지에 대한 공격거점으로 활용할 수 있는 것도 이유라고 밝히고 있다. 이와 함께 보고서는 군사적 관점에서는 극동에서의 소련과 관련해 궁극적인 미국의 입장은 최소한 현 수준의 아시아 연안 도서지역의 장악을 요구한다고 밝혔다.주48 일본이 더 이상 전쟁을 일으키지 못하도록 하기 위해 비무장화와 민주화를 추진하는 정책에서 봉쇄정책을 위해 재무장화와 경제 복구를 적극적으로 추진하는 '역코스 정책'으로의 전환은 아시아에서 소련을 봉쇄하기 위한 조치였다.주49

세계적 냉전이 찾아오기 전 이미 한반도는 일본의 패망과 해방 직후 미국과 소련의 분할 점령으로 냉전을 예고하고 있었다는 분석도 있다. 냉전사가인 스툭William W. Stueck, Jr.은 1945년 일본이 패망하면서 미 · 소가 상충적 이데올로기로 대립하는 과정에서 냉전이 시작됐다고 주장했다. 스툭은 한국인들이 냉전의 첫 번째 격전지가 되는 데 일정 정도의 책임이 있다며, 1945년 미 · 소가 한반도 분할을 결정하기 훨씬 이전부터 여론은 극도로 분열되어 있었다고 분석했다.[주50] 해방 직후 남한의 상황은 미국 관리의 눈에 '점화하기만 하면 즉각 폭발할 것 같은 화약통powder keg'이라고 불릴 만큼[주51] 남한 내의 좌 · 우, 남 · 북 간의 국내 냉전은 미 · 소 간의 국제적 냉전의 전개보다 빠른 속도로 심화되어 갔다.[주52]

1945년 9월 남한에 수립된 미군정은 세 가지 목표 달성에 주력했다. 이는 첫째, 한반도에서 일본군의 무장해제와 항복을 받고 둘째, 한반도에 친미정부를 수립함으로써 미국의 영향력을 강화 · 지속시키며 셋째, 소련이나 공산주의의 세력의 태평양 진출을 사전에 차단하는 일이었다. 이러한 점에서 미군정은 한국인들의 독립국가 수립의 열망과는 거리를 보여줄 수밖에 없었다.[주53]

트루먼 대통령의 개인특사로 특별임무를 띠고 극동을 순방중이던 폴리Edwin W. Pauley 대사는 1946년 6월 일본 도쿄에서 트루먼에게 남한은 마땅히 받아야 할 만큼의 주목과 고려를 받지 못하고 있다는 내용의 보고를 했다.

> 한국은 작은 나라이고, 미국의 군사력은 극히 부분적 책임만을 맡고 있지만 아시아에서 미국의 성공여부를 좌우할 수 있는 이데올로기의 전쟁터입니다. 한국은 실패한 봉건체제의 도전에 직면해 경쟁력 있는 민주체제가 채택될지, 아니면 다른 체제 즉 공산주의가 보다 강력해질지 여부를 시험하는 장소입니다.[주54]

전후 유럽의 이념대결의 장이 트루먼 독트린의 직접적 계기가 됐던 그리스였다면 동아시아의 이념대결의 장은 남한이었다. 트루먼 대통령은 같은 해 7월 16일 폴리에게 보낸 답신에서 "본인은 귀하가 (남한이) 아시아에서 우리의 전체 성공이 달려있는 이데올로기의 전쟁터라는 데 대해 의견을 같이 한다"고 밝혔다. 또 3부조정위원회에 제출된 한국문제특별위원회의 보고서에는 "미국은 현 시기 한반도가 공산주의 지배로 들어가는 것이 불가피한 상황에서 남한에서 철수할 수 없다. 이에 따른 정치적 반향은 극동뿐 아니라 전 세계에서 '미국의 위신'을 심각하게 침해하고 대내외적으로 공산주의자들의 압력에 저항하기 위해 미국에 의존하는 약소국가들의 의욕을 꺾을 것이다"라고 언급하고 있다.[주55]

이런 인식을 갖고 있던 미국의 대한정책 목표 또한 트루먼 독트린의 기본 방침을 적용한 대소봉쇄였다. 앞서 언급한 1946년 9월의 클리포드 보고서에는 한국을 포함한 유럽과 아시에 대한 봉쇄전략도 담겨있다. 그는 "미국은 소련으로부터 어떠한 형식으로든지 위협을 받거나 위험에 처한 모든 민주국가들을 지지하고 지원해야 한다. (중략) 소련의 침투와 궁극적인 지배를 저지하려 한다면 미국의 입장에서 공들이고 사려 깊은 노력을 기울여야 할 몇몇 분쟁지역이 있다. 예를 들면, 극동에서 미국은 통일되고 경제적으로 안정적인 중국, 재건된 민주주의 국가 일본, 통일독립국가 한국을 유지하기 위한 노력을 계속해서 기울여야 한다"고 밝혔다.[주56]

더욱이 1947년 3월 트루먼 독트린은 외부의 압력이나 무장세력의 봉기가 있는 경우에는 어느 곳이든지 개입할 논리적 근거가 됐다는 점에서 미군정의 정책 또한 냉전에 기초한 정책을 수립해야만 하는 것을 의미했다. 따라서 남한에 주둔중인 미군정의 향후 정책이 반공노선 강화에 초점이 맞춰질 것임을 예고했다.[주57] 더욱이 한반도는 미 · 소 점령군이 직접 맞닥뜨린 세계 유일의 지역이었다. 1947년 9월 9일에는 미국무부 동유럽국 부국장 스티븐스Francis B. Stevens가 정책기획국장 케난과 동북아국 부국장 앨리슨John M. Allison에게 보낸 '한국한반도에 관한 미국의 정책'이라는 제목의 보고서에서 "한국(한반도)은 소련군과 미군이 직접 접촉하고 있으며 한국(한반도)의 행정을 양분하고 있는 세계 유일의 국가이다. 미국은 한국을 독립국가로 건설할 것을 약속했다. 한국은 결과적으로 (미국의) 영향력과 힘을 위한 동·서 간의 투쟁과 아시아인들의 민족주의적 목표를 지원하는 미국인들의 성실성 양자를 지켜보는 세계의 상징이다"라고 지적했다.[주58] 이처럼 미국무부 관리들은 한반도를 미·소 군정이 직접 대면하는 세계 유일의 국가이자 동·서 투쟁의 장으로 인식했다. 트루먼의 의회 연설 1주일 뒤 『뉴욕 타임스』는 사설을 통해 "워싱턴, 아테네, 이스탄불에서 멀리 떨어진 지구 반대편에 있는 한 작은 국가의 미래가 그리스나 터키, 남동부 유럽과 마찬가지로 미국과 세계평화에 중요하다. 바로 한국이다"라고 지적했다.[주59]

봉쇄정책이 미국 대외정책의 중요한 근거가 되면서 합동참모본부는 1947년 4월 전 세계를 대상으로 지역별로 평가하고 우선순위를 매겼다. 이 평가에서 남한은 중국, 일본과 함께 태평양 지역에서 미국의 방어지역으로 분류됐지만 미국 국가안보상의 우선순위에서는 뒤처졌다. 그러나 보고서는 "한국은 38선을 경계로 지난 2년 동안 이데올로기 전쟁을 수행해 오고 있는 지역이다. 이 전투에서 패배하는 것은 미국의 명예와 세계의 안전에 크게 해롭다. 이 전투를 포기한다면 미국이 진정으로 세계를 이끌어갈 지도력이 부족하다는 의심을 받을 것"이라고 밝혔다.[주60]

한반도의 남과 북에 서로 다른 체제가 존재하고 있다는 점을 고려할 때 미국이 한반도를 포기하고 소련에 주도권을 넘겨주는 것은 '미국의 위신'을 해치는 일이었고, "지도력이 부족하다"는 의심을 받는 것은 미국으로서는 받아들일 수 없는 일이었다.

남한은 급속히 악화되고 있는 냉전의 전진기지가 되어갔고,[주61] 미국의 정책은 소련의 한반도 지배를 저지하는 동시에 남한의 공산화를 초래할 세력의 확산을 봉쇄하는 데 초점을 맞췄다. 이를 위해 미국은 대안으로서 미군 철수의 영향을 최소화하면서 남한을 봉쇄 도구로 활용하기 위해 남한만의 단독정부 수립 전략을 독자적으로 추진하게 됐다.[주62] 이승만 또한 이러한 미국의 의지에 부응해 트루먼에게 보낸 서한을 통해 독트린을 지지하면서 "한국은 그리스와 비슷한 전략적 상황에 놓여있다. (중략) 미 점령지역에 과도 독립정부의 즉각적인 수립은 공산주의 진출에 대한 보루를 세우는 일"이라고 주장했다.[주63]

전후 미국 군부는 병력 규모를 급격하게 줄였으며, 의회로부터 추가 감축에 대한 압력을 받고 있었다. 트루먼은 이에 따라 남한에서 안전하게 군대를 철수하면서 약속을 지킬 방안을 모색하도록 국무부와 국방부에 지시했다.[주64] 국무부와 국방부의 논쟁 끝에 1948년 4월 트루먼은 미국이 남한에 군대와 기지를 유지할 전략적 이익이 없다는 국가안보회의의 평가를 수용했다. NSC 8은 이러한 미국의 입장을 보여주는 보고서다. 이 보고서는 결론에서 "미국 정부는 악영향을 최소화하면서 가능한 한 빨리 남한에서 미군 철수가 가능하도록 한국문제 해결에 영향을 끼칠 모든 적절한 수단을 통해 노력해야 한다"고 언급했다.[주65] 이에 따라 미국은 1948년 9월부터 1949년 6월까지 주한미군을 단계적으로 철수시켰다.

트루먼 행정부는 미군 철수가 완료되어 가는 것과 동시에 대한경제원조법안을 의회에 제출했다. 1949년 6월 7일 트루먼이 이와 관련해 미의회에 보낸 교서는 한국에 대한 미국의 인식과 이를 통한 미국의 남한정책을 동시에 보여주고 있다.

> 한국은 공화국이 실행하는 민주주의의 정당성과 실제적 가치가 북한의 국민들에게 강요된 공산주의의 이행에 맞서는 시험무대가 되고 있습니다. 자립적, 안정적 경제를 향한 공화국의 생존과 진전은 (중략) 공산주의 선전에 포위된 남아시아 및 동남아시아와 태평양 제도의 국민들에게 공산주의 선전을 저지하고 거부하도록 고무할 것입니다. 더욱이 공산주의에 대한 저항을 통해 민주주의의 원칙과 완고함을 보여줌으로써 한국은 그들에게 공산 진영의 확산과 장악을 저지하는 북아시아의 국민들에게 횃불로 설 것입니다.[주66]

해방 이후 미국은 대한정책의 결과로서 이승만 정권에 대한 책임을 감당했다. 그리고 실제로 미국의 대한방위공약이 단절된 적은 없었다.[주67] 국무차관 웹은 1949년 6월 16일 하원 외교위원회에서 열린 대한경제원조법안과 관련한 청문회에서 미국의 대한정책 및 계획과 관련해 "보다 중요한 점은 한국과 같이 우리로 하여금 목표 달성에 효과적인 행동을 취할 기회를 허락하는 지역에 대해서는 기회를 최대한 활용해야 한다는 것이다"라고 말했다.[주68] 웹은 이어 6월 28일 상원 외교위원회에서 '대한민국에 대한 경제원조'와 관련한 청문회에도 참석해 경제원조 프로그램은 공산주의를 저지하는 미국의 정책 목표를 달성하는 데 가장 효과적이라고 말했다. 웹은 "한국정부는 경제 없이는 내부의 질서를 보장할 수 있는 군사력을 유지할 수 없다"며 한국인들의 꿈과 복지만이 아니라 미국의 국가이익이라는 견지에서 한국정부에 정치적 지원과 함께 경제적, 기술적, 군사적, 그리고 기타 지원을 계속해야 한다고 밝혔다.[주69] 웹은 이 자리에서 상원의원 펩퍼Pepper가 한국에서 미국이 추구하는 목표가 무엇이냐고 묻자 다음과 같이 답변했다.

> 아시아 국가들이 한국에서의 우리를 지켜보고 있다. 많은 다른 국가에서 발견되는 조건들과 다르게 [한국은] 유엔과 관련한 서방 자유국가들의 총체적인 지도에 따라 공개적으로 수립된 대표 정부다. 이 정부는 유엔에 도전해 비밀리에 세워져 유지되는 정권과 마주하고 있다. 생존할 기회를 갖도록 하기 위해, 그리고 우리의 세계적 의무인 자유의 전초기지를 지원하기 위해 우리 힘이 미치는 한 아무것도 하지 않는다면 수많은 아시아 국민들은 민주주의 원칙의 실질적인 우월성을 의심하기 시작할 것이다. 자유민주정부를 수립하고 경제적 안정을 이루도록 한국인들을 지원함으로써 우리는 동아시아의 수백만 국민들에게 미국이 구축한 민주주의와 원칙에 대한 현재의 신념을 갖도록 고무할 것이다. 우리가 실패한다면 일본에서 인도에 이르기까지 모든 국가의 공산주의 지도자들이 자신들의 명분에 더욱 많은 사람들을 끌어 모을 것이라는 비명을 들을 것이다.

'민주주의의 정당성과 실제적 가치의 시험무대'가 된 한국의 경제적 안정은 '아시아 국민들에게 공산주의 선전을 저지하고 거부하도록 고무'시켜 '횃불'이 되도록 한다는 미국의 대한정책은 소련을 봉쇄하는 미국의 아시아 정책의 일환이었다. 미국의 최종 목적은 '자유의 전초기지'와 '자유민주정부를 지원하고 경제적 안정을 이루도록 지원'함으로써 '미국식 민주주의의 원칙과 신념'을 식재하는 것이었다.

커밍스Bruce Cumings는 미국의 대한정책 목표는 처음부터 반공주의적 동기를 갖고 있었으나 그 동기는 직접 대결이 아니라 적을 다변적 제약 속에 묶어두는 것이었다고 분석했다. 미국은 한국을 공산주의에 대한 방벽으로 만들고자 했으며, 그 근저에는 봉쇄와 대결정책의 노선이 자리 잡고 있었다는 것이다.[주70]

트루먼 독트린이 발표되기 이전부터 반공정책이 미군정에 의해 남한사회에 적용됐으며, 트루먼 독트린의 발표는 미군정에게 반공정책을 강력하게 추진할 수 있는 정당성과 명분을 동시에 부여했다. 또 미군정으로서는 좌파세력을 탄압하는 데 더욱 적극적으로 임할 수 있게 했다.[주71] 이러한 미국의 대한정책은 남한에 반공보루를 구축하는 데 초점이 맞춰졌다고 할 것이다.[주72]

제3절
국가 건설과 민간인 학살

1. 국가 건설과 정치 폭력, 집단 행동

제2차 세계대전 종전 이후 식민국가기구의 붕괴와 함께 나타난 혁명적 근대 국가건설 움직임의 분출은 식민통치 및 점령통치의 직접적인 산물이었다.[주1] 식민과 점령체제의 붕괴에 따른 정치적, 사회적 변동은 새로운 독립국가의 창출을 가져왔다. 패전, 침략위협, 식민지 쟁탈전 등과 같은 국제적 열국체계international states system 내의 상황전개는 혁명적 위기의 발발에 직접 기여했다.[주2] 신생 독립국가에서는 혁명적 욕구가 분출했으며, 이러한 욕구를 얻기 위한 투쟁은 무력충돌화하기도 했다. 미국은 공산주의 정권이 확장될 것을 우려해 이러한 혁명을 진압하는 방법을 모색했다.[주3]

정치폭력과 학살은 국가건설을 둘러싸고 정치세력 간의 폭력 행사가 걷잡을 수 없이 일어나는 시기에 주로 발생했다.[주4] 이러한 국가건설을 논의하기 위해서는 국가의 개념 이해가 선행돼야 한다. 국가는 16세기 초 유럽에서 출현한 중앙집권적 시민통치 형태를 일컫는 데,[주5] 베버Max Weber는 국가를 “주어진 영토 내에서 물리적 힘의 합법적 사용에 대한 독점권을 성공적으로 점유하고 있는 인간 공동체이며, (중략) 국가는 폭력 사용 권한의 유일한 원천으로 간주된다”고 정의한다.[주6] 베버의 국가 정의에 따르면 국가건설과정은 폭력의 독점, 정당성을 다투는 세력의 배제과정을 의미한다.

틸리Charles Tilly는 국가건설을 "국가가 소유권 주장을 한 영토 안에서 경쟁자와 도전자들을 공격하고 제압하는 과정"이라고 정의했다.주7 틸리는 서유럽의 경험을 토대로 통치자들은 근대국가를 건설하기 위한 4가지 관련 활동에 개입한다고 말한다. (1) 통치자들이 치외법권적 경쟁자의 위협을 무력화시키기 위해 전쟁수행war making을 중앙집권화 한다. (2) 통치자들은 국가건설state making에 개입하는데, 이는 자신들의 영토 안에서의 통치를 위해 경쟁자들을 무력화시키는 것으로 구성된다. (3) 통치자는 자신들의 지속된 통치를 지지하는 개인들을 방호protect한다. (4) 수탈은 재산의 철저한 절도, 조세제도의 발전, 또는 공적 채무의 발행 등을 포함한다. 이러한 활동들은 국가건설 과정에서 대대적인 국민 동원을 필요로 하고, 궁극적으로 민족과 공동체의 정체성을 형성한다.주8

그러나 그는 이러한 국가체계를 뒤바꿔 놓은 계기를 2차 세계대전으로 보고, 전후의 국가건설과정은 서구 식민지들이 독립국가로 탈바꿈했다는 점에서 전쟁 전의 국가형성과 다르다고 주장했다. 2차 세계대전 이후 국제질서의 주도세력으로 등장한 미 · 소는 다른 모든 국가 위에 군림했으며, 미국은 자신들의 군사기지와 군사원조계획, 세계 정보시설의 연결망을 확장했다고 말한다. 그는 이러한 예로 미국이 동아시아에서 무장해제된 일본의 군사력을 미국의 군사력으로 대체하고 남한의 군사력을 재편성하고 원조했다고 언급한다.주9

정치폭력이라고 할 때, 폭력은 사회의 제집단, 제계층의 저항에 강압적 수단을 활용해 억압하고 통제하는 국가적 행위로 볼 수 있다.주10 이러한 정치폭력은 기존의 경제적 · 계급적 질서를 폭력을 근간으로 하여 유지하고자 하는 국가의 폭력성과 이에 대항해 기존 질서를 변화시키고자 하는 저항폭력간의 상호작용 속에서 작동하고 있다. 현실적인 형태로 보면 국가폭력제도폭력과 그에 대한 저항저항폭력으로 나타나게 된다.주11 국가폭력과 저항폭력의 상호작용에서 사회의 동의 여부는 중요한 매개요인이 된다. 이는 사회 구성원들의 동의 여부가 폭력과 저항의 발현에 중요한 영향을 미치게 되기 때문이다.[주12] 안청시는 정치폭력을 "정치적 동기에 의하여 주도된 구조적 혹은 물리적 강제력의 명시적 행위"라고 규정했다. 그는 정치폭력을 첫째, 폭력 또는 기타의 물리적 강제력의 사용에 대한 공포심을 자아낼 수 있는 대규모 조직의 존재나 그 동원 및 조달행위, 둘째, 물리적 강제력의 수단을 실제 혹은 잠재적으로 행사하겠다는 협박 행위, 셋째, 물리적 강제력의 실제적 행사행위 등의 전략적 요인 가운데 하나 또는 둘 이상의 요인의 상호결합으로 보고 있다.[주13]

정치폭력의 발현 원인을 상대적 박탈relative deprivation로 규정한 거Ted R. Gurr는 불화, 무질서, 사회적 갈등이 정치적 폭력으로 표출된다고 보았다. 상대적 박탈이란 인간의 가치 기대와 가치 능력간의 차이에서 생기는 불일치로, 이를 경험하는 집단들에 대해 중앙권위체가 징벌을 가할 경우 이 박탈감을 더욱 심화시킨다는 것이다. 거는 정부와 그 반대자 간 강압자원의 균형에 대해 "내전의 가능성은 정부의 강압적 통제에 대한 반대자의 비율이 동등하게 될 때 증가한다"고 말했다.[주14] 제주4·3 당시 제주 공동체에 외부세력이 들어와 억압, 강탈한 것은 제주도민들의 입장에서는 상대적 박탈로 규정된다고 할 것이다.

거는 이러한 관점에서 '정치폭력'을 "한 정치적 공동체 내부에서 정치체제, 그 체제의 행위자들—체제의 집권자들은 물론 경쟁적 정치 집단들을 포함한— 혹은 그 체제의 정책들에 대한 모든 집합적 공격collective attacks을 의미한다. (중략) 이 개념은 일반적으로 폭력을 통해서 성취된 근본적인 사회정치적 변동으로 정의되는 혁명을 포괄한다. 또한 게릴라전, 쿠데타, 반란 및 폭동을 포함한다"고 설명했다.[주15]

"폭력은 집단행동을 만든다"[주16]는 틸리는 "권력의 지렛대를 장악·유지·재편하고자 하는 인간은 그들의 싸움의 방편으로 지속적으로 집단폭력을 행사해왔다. 피억압자는 정의의 이름으로, 특권층은 질서의 이름으로, 그 중간에 끼어있는 자들은 두려움의 이름으로(두려워서) 폭력을 행사했다"며 민중의 직접행동에 수반되는 폭력을 설명했다.[주17] 그는 집단폭력의 특징으로 경찰이나 군대와 같은 강압적인 정부의 대리인들이 깊게 연루되어 있다고 본다. 이러한 과정에서 노동의 분화가 발생하며 진압의 대상이 되는 집단들은 대부분 물건에 손상만을 입히는 반면 억압세력들은 대개 살상을 맡는다.[주18]

집단행동 이론을 개발한 틸리의 동원모델은 지배계급에 억압받는 민중들이 어떠한 과정을 거쳐 도전세력으로 조직되고 집단행동을 전개하게 되는지 분석하는 데 유용하다. 그는 동원자원이나 정치적 절차로 알려진 집단행동이 5가지 요소로 구성된다고 주장한다. (1) 행위자의 이익. 여기서 이익은 다른 주민들과의 다양한 상호작용의 결과로서 주민들이 갖게 되는 이익/불이익이다. (2) 한 집단이 자신의 이익에 따라 행동을 취하는 첫 단계로서의 조직. 이는 개인간 공통적인 정체성과 이들을 통일시키는 구조의 정도이다. (3) 동원. 동원은 경쟁자의 집단적 통제 하에 있는 자원의 범위를 말한다. (4) 집단 이익의 실현에 기여/비기여를 포함하는 기회 (5) 집단행동. 이것은 공통의 목표를 추구하는 경쟁자의 공동행동의 정도이거나 과정으로서 공동행동이다. 여기서 집단행동은 앞의 4가지 요소의 결합에 종속적이거나 이에 따른 결과이다.[주19] 집단행동 범위는 (1) 공유된 이익의 범위 (2) 조직의 응집력 (3) 동원화와 함수관계가 있다.[주20]

틸리의 동원모델에 따라 그리스 내전과 제주4·3을 대입하면 (1) 외세 또는 극우단체의 억압에 대한 공동의 이익/불이익을 바탕으로 한 공동의 정체의식 형성 (2) 개인간 공통의 정체성과 이들을 통일시키기 위한 조직의 형성 (3) 각종 인적, 물적 자원과 외세 또는 극우단체에 대한 반발의 역작용으로서의 충성심의 동원 (4) 공동의 이익을 실현하거나 불이익을 시정하기 위한 집단행동(총파업, 무장투쟁 등)의 전개로 나타났다.

내전의 가능성이 정부와 반대자의 비율이 동등할 때 증가한다는 거의 논리와는 달리 제3세계 해방운동에 영향을 끼친 알제리 민족해방운동의 선구자 파농Franz Fanon은 식민지 민중들을 질식시키는 상황에 맞서기 위해선 식민지 민중들의 폭력만이 가능하며, 긍정적 · 창조적 폭력은 식민지 민중들을 결집시키는 역할을 한다고 주장했다. 이러한 투쟁에서 핵심적인 역할을 하는 것은 농민이다.

> 식민지 나라에서 유일하게 혁명적인 세력은 농민이다. 그들은 잃을게 없고 얻을 건 전부이기 때문이다. 굶주리는 농민은 계급체계의 외부에 있으며, 폭력만이 대가를 얻을 수 있다는 사실을 피착취자들 가운데 처음으로 깨달은 계층이다. 피착취자는 해방을 이루기 위해 모든 수단을 사용하며, 그 중에서도 특히 폭력은 가장 중요한 수단이다.

파농에 따르면 테러는 대항테러를 부르고, 폭력은 대항폭력을 부른다. 원주민이 대항폭력의 방법을 선택한 순간부터 경찰의 보복은 자동적으로 시작되고, 이는 또한 민족주의자들의 보복을 부른다. 파농은 무장투쟁에는 돌이킬 수 없는 시점이 있는 데, 이 시점은 대체적으로 식민지 민중 전체에 대한 전면적인 억압이 자행되는 시기로 인식했다.[주21] 따라서 파농의 폭력투쟁론은 식민지 세력 또는 지배권력이 힘없고 무고한 민중에게 폭행을 자행하고 있을 때 가만히 앉아 당하고 있는 것은 인간의 가치를 포기하라는 말과 같은 것이므로, 남이 부당하게 해치고 억압하면 폭력을 행사해서라도 이에 항거하는 것이 인간으로서의 자존을 찾기 위한 몸부림이라고 주장한다. 이러한 그의 주장은 4 · 3 당시 무장봉기 주도세력들이 가졌던 생각과 유사하다.

콘테-모건Earl Conteh-Morgan은 집단정치폭력의 유형을 (1) 탈식민지 해방투쟁 (2) 초강대국 제국 건설 또는 냉전 충돌 (3) 국가건설 충돌 (4) 탈냉전 충돌의 4가지 유형으로 대별한다. 이 가운데 냉전 충돌은 미 · 소가 자신들이

후견하는 집단들에 의한 '대리전'이라는 특성이 있다. 이념적으로 다툼을 벌이는 지역에서 영향력을 확보하기 위한 미 · 소의 상호 적대감은 주로 게릴라전에 기초한 저강도 충돌로 표출됐다. 그러나 이의 결과는 상호 적대집단들에 의한 민간인 착취는 물론 대규모 난민의 발생과 폭력을 가져왔다. 콘테-모건은 따라서 2차 세계대전 이후 대부분의 폭력적 충돌은 국가건설과정에 기원을 두고 있다고 주장한다. 국가건설과정에서 충돌은 국가의 경계나 정치권의 지향점이 일치하지 않거나 국가나 정치권의 목표와 정책을 재설정하는 데 있어서 불일치 할 때 나타난다는 것이다. 후자의 경우 국가의 목표와 정책에 관한 이데올로기적 차이 때문에 충돌이 일어난다. 따라서 냉전 시기와 탈냉전에 관계없이 개발도상국가에서의 국가건설 충돌은 내부의 충돌에 기원을 두고 있으며, 미 · 소의 대립으로 강화됐다고 볼 수 있다.[주22]

2. 제노사이드의 정의와 유형, 원인

20세기는 창생과 파괴 사이를 방황한 시대였다.[주23] 정권의 형태와 관계없이 20세기에 빈번하게 발생했던 제노사이드의 근원은 권력 독점을 위한 투쟁이었다.[주24] 유엔 제노사이드협약을 기초한 렘킨Raphael Lemkin[주25]은 제노사이드를 "집단 자체를 절멸시키려는 목적 아래 민족 집단들의 삶의 근본적인 토대를 파괴하기 위한 다양한 행위의 통합적 계획"으로 정의했다.[주26]

제2차 세계대전의 처참함을 목격한 유엔 총회는 "제노사이드는 유엔의 지원과 장치에 반하는 국제법상의 범죄이며, 문명세계의 비난을 받는다"고 선언한 1946년 12월 11일의 결의안을 채택했다. 이어 유엔 경제사회이사회의 추가 분석과 검토를 통해 1948년 12월 9일 프랑스 파리에서 열린 유엔 총회에서 56개 참가국의 만장일치로 '제노사이드의 예방과 처벌에 관한 협약Convention on the Prevention and Punishment of the Crime of Genocide·제노사이드협약'을 통과시켰다.주27 전체 19개 조항으로 이뤄진 제노사이드협약에서 핵심 부분은 협약 제2조에 규정된 정의다. 나치의 야만행위의 영향에 기인한 유엔 제노사이드협약은 "제노사이드는 총체적 또는 부분적으로, 민족적, 인종적, 종족적 또는 종교적 집단을 파괴할 의도를 가지고 자행된" 다음과 같은 행위를 의미한다고 언급된다.

(1) 집단 구성원을 살해하는 행위
(2) 집단 구성원의 심각한 신체적, 정신적 피해 유발 행위
(3) 총체적 또는 부분적으로 집단 구성원의 신체적 파괴를 유도하기 위해 그들의 삶의 조건을 의도적으로 파괴하는 행위
(4) 집단의 출산을 저지하기 위해 강요된 행위
(5) 집단의 어린이들을 다른 집단에 강제로 넘기는 행위주28

제노사이드 연구의 최상의 방법을 국가권력과 사회제도의 분석을 통해 가능하다고 주장하는 호로위츠Irving L. Horowitz는 법률적 정의와 역사학적 분류 이외에 구조주의적 측면에서 2가지 사항을 강조했다. 첫째, 제노사이드는 민족 집단, 주로 소수민족을 없애기 위한 장기간에 걸친 체계적인 시도이며 둘째, 시민들에 의한 순응과 참여를 담보하기 위한 근본 정책으로서의 기능이라고 말한다. 그는 제노사이드를 "국가관료기구에 의해 무고한 사람들을 구조적이고 체계적으로 파괴하는 것"으로 정의한다.주29 이러한 제노사이드는 '미래의 생존에 영향을 받을 정도'로 많은 수가 희생되는 특정 주민의 절대적 파괴를 의미한다.주30 호로위츠의 제노사이드 정의를 빌리면, 4·3은 반공-우익정부를 수립하면서 충성심을 확보하기 위해 국가기구에 의해 좌익 또는 좌익 협의자 및 동조자들을 배제했으며, 궁극적으로 민간인 학살을 가져왔다.

역사적으로 제노사이드나 집단학살은 정치적 목적으로 특정 집단을 겨

냥해왔다. 제노사이드의 발생 원인에 주목한 하프Babara Haff는 근대국가 형성 이후 국가의 역할과 그 국가구조 속에서 지배적 지위를 점하는 엘리트 지배에 주목하고, 국가가 제노사이드의 주범이라고 인식한다. 그는 제노사이드를 "집단이나 시민의 학살을 목표로 하는 공적 폭력"으로 정의하고, 제노사이드의 주체는 국가관리군인, 경찰, 나치 행동대 등들이지만 국가권력과 덜 직접적인 사람들도 있다고 말한다. 이러한 제노사이드는 정책결정권자의 의식적 선택의 결과이며 가장 극단적인 정책이라고 주장한다. 그는 제노사이드의 발생원인을 (1) 정치공동체의 급격한 변화를 가져오는 국가적 격변 속에서 나타나는 구조적 변화 (2) 극심한 내부 균열의 존재 (3) 살인정권에 대한 외부세계의 견제의 결핍이나 지원 등 3가지로 분류했다. 하프의 관점에서 보면, 식민지로부터의 해방이나 혁명 직후의 사회는 체제건설 과정에서 경쟁하는 집단들이 주도적 지위를 차지하기 위해 내부적 폭력에 돌입한다. 그는 경쟁하는 집단 사이에 내부의 일체감이 높을수록 상대방에 대한 극단적인 조치를 취할 가능성이 높으며, 양극화는 종교, 가치, 전통, 이데올로기 등의 차이에 의해 심화된다고 보았다.[주31] 이처럼 경쟁자들이 폭력에 돌입하는 것은 배타적 지배를 가능하게 하는 국가기구의 확립과정이며 국가건설 과정의 한 유형이다.

이런 의미에서 제노사이드를 유발하는 주범은 새로운 이데올로기에 순응을 강요하는 신생국가 혹은 신생정권이다. 전통사회와 신생정권간의 갈등이 고조되면 한 사회의 다원적 성격은 가해자와 희생자를 규정하는 사회적 균열을 초래할 가능성이 많다.[주32]

쿠퍼Leo Kuper는 제노사이드에 대한 가해자의 동기를 (1) 종교적, 인종적 차이를 해결하기 위해 계획된 제노사이드 (2) 식민지를 정복하는 과정에서 사람들을 위협하기 위해 계획된 제노사이드 (3) 정치적 이데올로기를 강요하거나 완성하기 위해 계획된 제노사이드 등 3가지로 분류했다. 그는 유엔 제노사이드협약이 보호받는 집단으로부터 정치집단을 제외시킨 점에 대해 문제를 제기하며 개념 정의에서 배제된 두 집단, 즉 정치적 대량학살과 경제적 계급의 희생자들을 거론했다. 스탈린 체제 하의 수천만 명에 이르는 농민, 당 엘리트, 소수인종에 대한 처형, 1965년 인도네시아에서 일어난 반공을 명분으로 한 대량학살, 1970년대 캄보디아에서 크메르루즈 정부가 저지른 수백만 명에 이르는 대량학살 등이 그러한 사례라는 것이다.주33

페인Helen Fein은 민족국가 등장 이후의 제노사이드를 (1) 국가가 지배집단의 도구로서 자신의 존재를 정당화하기 위한 대량학살 (2) 국가가 자신의 영토팽창과 발전을 방해하는 원주민들을 제거하기 위한 학살 (3) 국가가 반역자들을 처형하기 위한 학살 등 3가지 유형으로 제시했다.주34 그의 분석은 경제적 집단에 대한 분석을 제외하고 있지만, 국가의 역할을 강조함으로써 정치적 학살을 제노사이드의 범주에 포함시키고 있다.

제노사이드 연구자들 가운데 이데올로기가 20세기 최악의 제노사이드에 역할을 했다는 사실을 언급하지 않은 연구자들은 거의 없다. 2차 세계대전 종전 이후 이데올로기에 의한 대량학살은 세계 도처에서 일어났다. 남미의 과테말라에서 우파 독재정권이 사용한 '합법적' 국가폭력의 주요 수단은 반공 조작이었다. 1954년 하꼬보 아르벤스 구스만Jacob Arbenz Guzmán 대통령을 축출하고 미국의 후원으로 대통령직에 오른 아르마스Castillo Armas 대령은 반공법을 제정하고 '공산주의자'는 6개월까지 재판 없이 임의 구속이 가능하도록 했다. 당시 공산당 당원수가 4천여 명이었던 데 비해 정부가 공산주의자로 낙인찍고 체포한 사람은 7만 2천여 명에 달했다.주35

발렌티노Benjamin A. Valentino는 유엔 제노사이드협약상의 '제노사이드'라는 용어의 맹점을 피하기 위해 '대량학살'이라는 용어를 사용했다. 그는 대량학살을 '대규모의 비전투원들에 대한 의도적인 학살'이라고 정의하고,주36 '대량학살'이라는 이름을 붙이기 위해서는 첫째, 의도적이어야 하며 둘째, 대규모적이어야 하고 셋째, 비전투원이라야 한다고 주장한다. 그는 "비전투원noncombatant은 조직화된 군사집단의 구성원이 아니며 적군이나 적의 재산에 물리적인 위해를 가하려는 전쟁행위에 적극적으로 가담하지 않은 비무장한 사람들을 일컫는다"고 정의했다.주37

대량학살의 이데올로기적 정당화의 가장 중요한 형태 가운데 희생자들에 대한 비인간화가 있다. 스미스Roger Smith에 따르면, 20세기 들어 대다수 희생자들이 정체성을 이유로 제노사이드의 대상이 됐고, 그들은 강자가 보기에는 살만한 가치가 없는 존재로 간주됐다. 그는 희생자들을 역사적, 상황적, 이데올로기적 관점에서 접근했는데, 희생자들이 도덕적 의무 대상이 아닌 '비인간적 존재'로 규정됨으로써 산발적, 선별적, 무차별적 제노사이드 공격에 노출되었고 살아남은 경우에도 가해자 이상으로 죄의식에 시달렸다고 보았다.주38

쿠퍼의 말을 빌면, '비인간화'란 "희생자들을 동물이나 대상물의 수준, 또는 완전한 도구적 역할로 강등시키는 것이라고 이해될 수 있다."주39 따라서 이데올로기적 정당화를 위해 희생자들을 동물적 수준으로 강등시키고, 살만한 가치가 없는 존재 수준으로 비인간화하는 것은 제노사이드의 발생원인이 된다. 4·3 때 제주 공동체와 신생정권간의 갈등은 사회적 균열을 초래했으며, 이데올로기적 정당성을 확보하기 위해 정권에 비우호적 또는 비협조적, 심지어 소극적 협조세력까지도 비인간적 존재로 규정됨으로써 제노사이드적 공격에 노출됐다고 볼 수 있다.

3. 대게릴라전과 주민

제2차 세계대전 종전 이후 1946년부터 2004년까지 세계적으로 228건의 무력충돌이 일어났으며, 이 가운데 165건이 내전이었다.주40 내전 또는 내전적 상황에서 게릴라들은 '게릴라전guerrilla warfare'이나 '비정규전irregular warfare'의 형태로 무장투쟁을 일으키며, 정부군은 '대게릴라전'이나 '대비정규전'으로 대응한다. 게릴라전은 2차 세계대전 이후 무력충돌의 가장 일상적인 형태가 되어왔고, 대량학살 사태의 추진동력이 됐다.주41

내전은 보통 지역적 문제와 상황에 기인하지만, 일단 시작되기만 하면 국제적 과정이 충돌을 영속화시키거나 전쟁의 강도를 확대시키는 데 중요한 역할을 한다.주42 연구자들은 이러한 내전을 "가장 깊고 가장 극악무도한 지옥"이며 "종종 가장 유혈적이고, 가장 고통에 찬 전쟁유형"이라고 말한다.주43 특히 '이데올로기적' 또는 '혁명적' 내전은 폭력의 최고 수준으로 간주됐다.주44

현대 내전의 비극적 특징 가운데 하나는 민간인 희생자의 비율이 압도적이라는 것이다. 예를 들어 1970년대에는 무장전투로 92만 1천여 명이 사망했다. 이들 가운데 내전 희생자는 90% 82만 명이며, 희생자의 90%는 민간인 희생자들이었다. 크메르루즈가 1975년 캄보디아에서 정권을 잡을 때 그들은 적으로 의심되는 민간인들을 상대로 절멸작전을 전개해 전체 인구 600만 명 가운데 100만 명을 학살했다. 부룬디에서는 1972년 한해에만 후투족과 투치족의 충돌로 10만 명의 민간인들이 학살됐으나 군인 사망자는 1천여 명에 불과했다. 이라크는 쿠르드 분리주의운동을 탄압하기 위해 1961~1970년 10만여 명의 민간인들을 학살한 것으로 추정되지만 군 희생자는 5천 명에 지나지 않았다. 1946~1948년 인도에서는 힌두와 무슬림 간의 상호 폭력으로 80만 명의 민간인들이 희생됐다. 수단 내전에서는 50만 명의 민간인들이 학살됐으나 군대의 희생자는 6천여 명에 불과했다. 에티오피아 정부는 에리트리안Eritrean 분리주의자들의 반란에서 50만 명의 민간인 희생자를 냈다.주45

내전 희생자는 아프리카에서 특히 많아 1980년대에만 200만~300만 명의 민간인들이 희생된 것으로 추정되며, 정부의 제노사이드나 폴리티사이드politicide로 150만~170만 명이 희생된 것으로 추정된다.주46 1994년의 르완다 충돌은 1년도 안 된 기간에 80만 명 이상이 무차별 학살되는 참혹한 결과를 초래했다. 이는 2차 세계대전 이후 일어난 내전 가운데 가장 가공할 만한 사례 가운데 하나로 기록된다.[주47]

대게릴라전에서의 민간인 학살은 고문이나 공개처형과 같은 행위를 포함해 게릴라들이 가하는 위협에 대응하기 위해 고안된 전략 가운데 하나이다.[주48] 민간인들은 게릴라와 정부군 양쪽으로부터 폭력에 노출됐으며, 폭력의 강도는 정부군의 대게릴라전에 의한 것이 훨씬 강력했다. 대게릴라전의 군사교리는 게릴라전의 대항전략으로 고대부터 발전해왔으며, 억압repression과 강압coercion에 기초하고 있다. 대게릴라전 또는 게릴라 토벌작전은 영국과 독일, 프랑스, 스페인 등 유럽 국가들이나 러시아, 미국에서 오랜 전통을 가지고 있으며 대체적으로 강압적인 군사전략에 기초해 있다.[주49]

웨이글리Russell F. Weigley는 "섬멸전략이 미국의 전쟁 방식의 특징이 됐다"고 주장한다.[주50] 에스프레이Robert B. Asprey는 유럽 국가들의 식민지화 과정이 군사적 우위, 상업적 착취, 그리고 정치적 실패로 이어진 것과는 달리 미국의 과정은 군사적 우위와 대량학살로 이어졌다고 말한다.[주51] 아시아에서는 일본군이 조선과 중국을 비롯한 동남아 국가에서 항일무장세력을 토벌할 때 이러한 전략을 채택했다. 게릴라전 또는 내전은 폭력의 '판도라의 상자'나 다름없다.[주52]

국내에서는 정부 수립 시기 정일권 · 예관수가 1948년 8월 펴낸 국방경비대의 교육자료에서 '유격전게릴라전'을 "열세한 세력과 무기를 가지고 우세한 병력 무기에 대항하기 위한 혁명성을 가진 전쟁 형성의 일단계"라고 정의했다. 이들은 유격전을 "정치와 밀접한 관련성을 가지고 전개되고 있다"며 4 · 3을 정치적 측면이 강한 유격전으로 언급하고 있다.[주53]

이러한 게릴라전에 대해 발렌티노 등은 3가지 특징이 있다고 주장한다. (1) 게릴라전은 주로 비정규적, 소규모적이며 고도의 기동성을 갖춘 부대에 의존한다. (2) 정규전을 피하며, 치고 빠지기식의 공격, 암살, 폭탄 테러, 사보타주와 기타 적의 정치적, 군사적, 경제적 비용을 증가시키기 위해 고안

된 작전에 초점을 맞춘다. (3) 게릴라전에서는 전선front lines이 존재하지 않는다. 이는 게릴라 전술과 대량학살간의 인과관계를 만들어내며 대량학살을 가져오는 동인이 된다. 왜냐하면 게릴라 부대들은 종종 직접적으로 식량, 은신처, 보급품, 정보는 물론 추적을 피하기 위해 '인적 위장human camouflage'의 형태로 주민들에게 의존하기 때문이다.주54

연구자들은 '민간인 지지' 없이는 반란군의 운동이 생존할 수 없고, 정부군도 이들의 지지 없이는 승리할 수 없으며,주55 '민간인' 또는 '대중 지지'는 승리의 필수조건이라고 본다.주56 마오쩌둥毛澤東은 유격전에서 '인민의 협력'을 다음과 같이 말한다.

> 유격전과 인민의 관계는 무엇인가? 정치적 목표가 없이는, 정치적 목적이 인민의 열망과 그들의 동정, 협조, 지원을 얻지 못한다면, 유격전은 반드시 실패한다. (중략) 유격전은 기본적으로 인민으로부터 나오고 그들의 지지를 받는다. 그들의 동정과 협조와 분리된다면 유격전은 존재하지도 활발하지도 않는다. (중략) 전자(인민)를 물에 비유할 수 있다면, 후자(유격대)는 그 안에 살고 있는 물고기에 비유할 수 있다.주57

마오쩌둥은 물과 물고기의 관계처럼 유격전은 인민으로부터 나오고 지지를 받기 때문에 인민의 협력과 지지를 얻지 못하면 유격전은 실패한다며 이들의 협력과 지지를 얻기 위한 노력을 기울여야 한다고 강조했다. 이 때문에 정부군과 반란군은 민간인 지원을 끌어내기 위해 경쟁하며, 이 과정에서 가장 큰 피해를 입는 것은 민간인들이다. 정부의 토벌작전은 군사적 방법을 포함한 활용가능한 모든 방법을 동원하며, 민간인, 반란군, 외부 행위자외부 세력를 처리해야 할 3대 표적 집단으로 삼는다.주58 강압적인 대게릴라 작전들은 대부분 게릴라 세력과 대중적 기반 사이의 연결을 공격 목표로 삼아 무차별적인 절멸전략이 채택됐다. 고립, 분산과 추방, 초토화정책, 방화, 수용소 설치, 처형 등의 전략이 그것이다.주59 정부군과 게릴라들은 민간인들의 지지와 협력을 얻기 위해 가능한 모든 수단을 동원하며, 이는 민간인들에 대한 선택적 또는 무차별적 폭력으로 나타난다.[주60] 프랑스의 대게릴라전 이론가이자 인도차이나와 알제리에서 대게릴라전에 참전하기도 했던 트린퀴어Roger Trinquier는 다음과 같이 설명한다.

> 게릴라들에게 거의 날마다 식량을 보급하는 자는 바로 주민들이다. (중략) 게릴라들에게 가끔 탄약을 제공하는 사람들도 주민들이다. 주민들은 게릴라들에게 정보를 알려줌으로써 그들을 보호한다. (중략) 군대의 이동은 주민의 눈을 피할 수 없다. 게릴라들은 자신들에게 가해질 모든 위협에 대해 사전에 연락을 받는다. 때때로 주민의 집은 게릴라가 위험에 처하였을 때 피할 수 있는 은신처이다. (중략) 그러나, 지형과 주민들에게 전적으로 의존하는 것은 또한 게릴라들의 약점이기도 하다. 보다 강력한 힘을 소유하고 있는 우리는 그들의 기반인 주민들에게 영향력을 행사함으로써 게릴라를 굴복시키거나 파괴할 수 있어야 한다.[주61]

이처럼 지방민의 지지가 게릴라들의 가장 큰 힘 가운데 하나일 수 있지만, 이는 또한 취약점이다. 게릴라들에 대한 잠재적 협력과 지지 가능성으로 인해 민간인들은 정부군에 의한 대규모 사회공작social engineering의 표적이 될 수 있다. 그러나 국가는 반란집단에 의한 대량학살보다 더 쉽게 정부에 의한 대량학살을 만드는 동인과 능력이 있는 이유가 있다. (1) 국가의 군사조직은 일반적으로 반란군에 비해 더 크고 잘 무장돼 폭력에 대해 훨씬 큰 대응능력을 갖고 있다. (2) 국가는 반란군보다 자체의 민간인 지지자들을 보호하기 위한 훨씬 큰 자원에 헌신할 수 있다. 게릴라들은 군사적으로 우세한 정부군과의 전투에 직접 노출될 우려가 있기 때문에 특정지대나 인구집중지역의 위치방어를 할 여유가 없다. 이러한 전략은 일반적으로 반란군에 대한 민간인들의 지지를 철회하도록 위협하기 위해 고안된 선택적 테러의 형태를 취한다. 그러나 이는 게릴라들을 지지한다고 의심되는 주민들을 물리적으로 제거하도록 고안된 극단적인 절멸정책으로 변한다.[주62]

제2장

그리스 내전

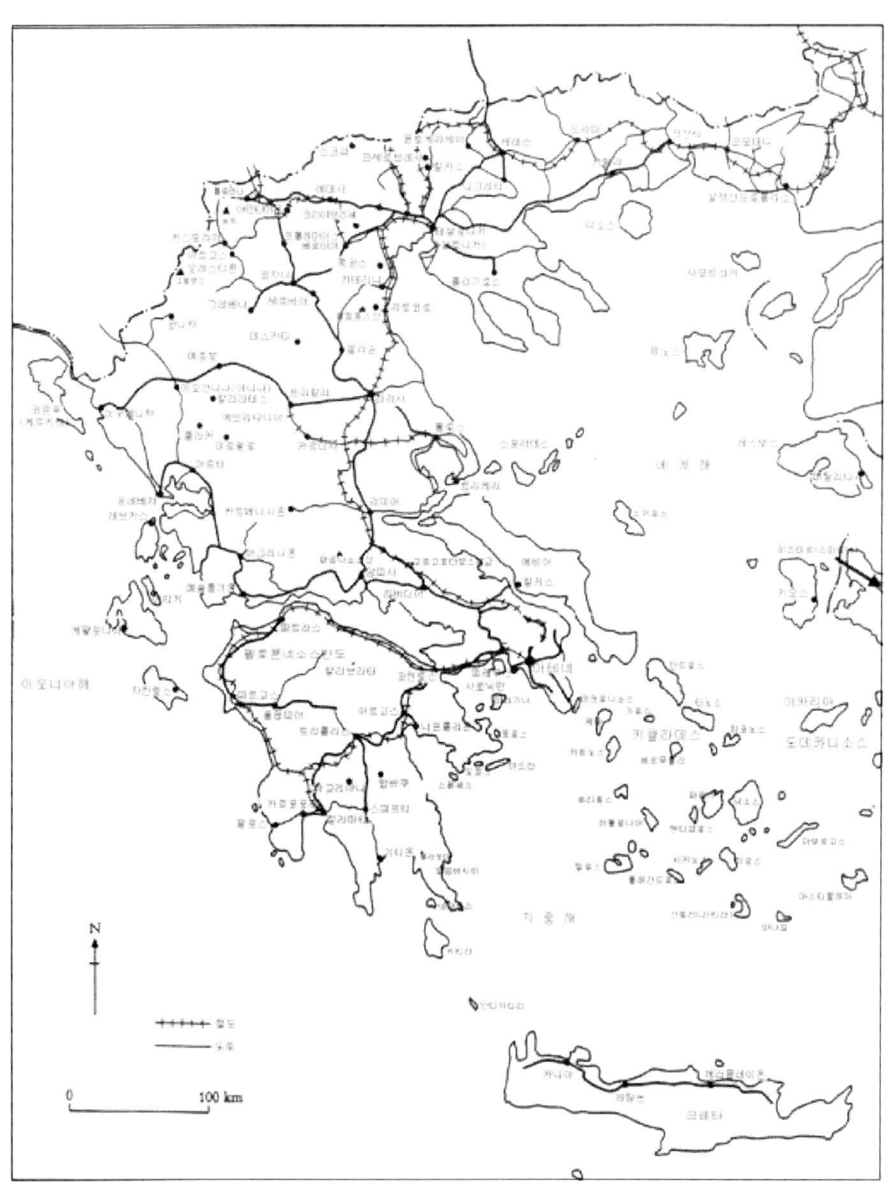

1940년대 철도와 도로가 표시된 그리스 지도

오스만 튀르크의 협력거부로 펠로폰네소스 해안에서 영국 · 프랑스 · 러시아 연합함대가 튀르크-이집트 연합함대를 전멸시킨 나바리노해전(1827년 10월)이 일어났다. 나바리노 해전은 그리스 독립전쟁에 결정적인 승리를 가져오는 전기가 됐다.

1843년 9월 3일 일어난 혁명. 섭정 통치에 불만은 품은 그리스인들이 무혈혁명을 일으켰다.

총리 베니젤로스가 제1차 세계대전 시기인 1918년 마케도니아전선에서 그리스군대를 사열하고 있다. 오른쪽은 모리스 사라일 장군, 왼쪽은 파블로스 쿤투리오티스 제독이다.

1923년 7월 그리스와 터키의 소수민족에 대한 강제교환 조항을 담은 조약을 체결한 로잔회담에 참석한 그리스대표단. 앞줄 왼쪽에서 두 번째가 베니젤로스다.

그리스의 독재자 메탁사스 총리의 군부대 시찰.

1940년 10월 이태리의 공격으로 시작된 전쟁터로 나가는 시민들.

독일군 탱크가 1941년 아크로폴리스 옆을 지나가고 있다.

독일군이 1943년 12월 13일 잿더미로 만든 칼라브리타.

독일군에 맞서 무장투쟁을 벌였던 1944년 10월의 민족인민해방군 제2사단 병사들.

그리스 망명정부 부총리 카넬로풀로스의 승인에 따라 팔레스타인 카프리오나에서 1942년 9월 창설된 그리스 신성부대.

1944년 10월 해방된 아테네에 진주하는 저항단체 전사들.

해방을 맞아 아테네의 아크로폴리스 신성바위에서 총리 게오르기오스 파판드레우를 비롯한 망명정부 인사들이 그리스 국기를 게양하고 있다.

제1절 근대 그리스 국가의 역사적 배경

1. 근대 그리스 국가건설

1) '암흑의 시대'와 독립전쟁

그리스는 유럽의 남동부, 발칸반도의 남단에 위치하고 있다. 삼면이 바다로 둘러싸인 그리스의 동쪽은 에게해, 서쪽은 이오니아해가 있다. 또한 그리스는 가장 큰 크레타 섬을 포함해 6천여 개의 크고 작은 섬으로 이루어졌으며 이 가운데 유인도는 227개이다.[주1] 본토의 60%가 험한 산악지대와 암반지대로 이루어진 그리스는 경작할 수 있는 토지면적이 전국토의 4분의 1이 채 되지 않으며, 광물자원도 부족한 형편이다. 그리스 인구는 최초의 근대국가로 등장한 1829년 100만여 명에 불과했으나, 지속적인 영토 확장에 따른 인구의 흡수와 피난민 등의 유입으로 1930년대에 730만여 명으로 늘어났다.[주2] 현재의 그리스 인구는 1,130만 명2011년으로 이 가운데 100만여 명이 발칸반도와 동유럽, 아시아, 아프리카에서 온 이민자들로 구성됐다. 그리스는 국민의 98%가 그리스 정교회Greek Orthodox를 믿는 정교회 국가이다.

1453년 5월 29일, 그리스 세계의 '성도'로 알려진 콘스탄티노플이 오스만 튀르크에 함락된 것을 시작으로 로도스는 1522년, 키오스와 낙소스는 1566년, 시프러스는 1571년에 합병됐고, 크레타는 1669년에 합병됐다. 그러나 코르푸 섬을 포함한 이오니아해에 있는 대부분의 섬들은 레프카스또는 레프카다를 제외하고는 함락을 피했다.주3 오스만 튀르크는 거대 제국을 통합하기 위해 인종에 근거하지 않고 종교에 근거해 민중들을 밀레트millet라는 단위로 묶었다. 무슬림 밀레트가 최대 규모였고, 그 다음으로는 정교회 밀레트가 있었다. 그밖에 유대계 밀레트, 그레고리안 아르메니아인 밀레트, 가톨릭 밀레트 등도 존재했다. 콘스탄티노플의 총주교는 정교회의 수석주교이자 밀레트의 대표로 그리스인이 맡았다.주4

오스만 튀르크 하의 16~17세기는 그리스인들에게 있어 '암흑의 시대'였다. 그러나 이 시기 이들의 통치에 항의하는 산발적인 반발이 일어나면서 독립전쟁이 움트기 시작했다. 오스만 튀르크는 1571년 10월 7일 파트라스만 들머리에서 돈 후안 데 아우스트리아Don John de Austria가 이끄는 기독교 군베니스, 스페인, 사보이, 교황 피우스 5세, 몰타의 기사들, 이탈리아 국가들과 이오니아 제도과 격전을 벌인 레판토해전에서 패배함으로써 유럽 진출이 좌절됐다. 이는 그리스의 많은 섬에서 봉기를 촉발시켰다. 베니스와 오스만 제국 간의 오랜 전쟁1645~1669년 끝에 크레타가 오스만 튀르크에 함락됐으나 펠로폰네소스에 대한 베니스의 점령1684~1715년은 오스만 제국이 흔들릴 수 있음을 보여줬다.

17세기 후반부터 오스만 튀르크 제국의 영토와 경제는 쇠퇴하기 시작했다. 제국의 쇠퇴는 적지만 영향력 있는 파나리오트Phanariot들을 최고 권력자로 만들었다. 파나리오트들은 상당수가 그리스인들이거나 그리스화된 루마니아아인 또는 알바니아인들이었다. 18세기 말이 다가오면서 처음으로 민족운동이 시작했다. 군사력의 쇠퇴와 군사 기술의 변화 적응 실패로 인해 오스만 튀르크 제국은 오스트리아, 페르시아, 러시아 등 외부의 도전에 직면하게 했다. 오스만 제국은 점증하는 외부의 압력으로 패전으로부터 자신들을 구원해줄 노련한 외교관들을 필요로 했고, 이러한 역할은 파나리오트들에게 맡겨졌다. 그러나 술탄의 권위가 도전을 받게 되자 종교 · 사회 지도자 역할로서 교회 성직자들은 보복의 주요 표적이 돼 1821년 독립전쟁 발발 당시 총주교 그리고리오스Grigorios 5세와 수 명의 종교 · 사회 지도자들이 야만적인 방법으로 처형됐다. 이들에 대한 처형은 유럽 기독교 사회에 공분을 불러일으켰고, 오스만 제국에 항거하는 그리스인들에 대한 동정심을 유발시켰다.[주5]

19세기 초 그리스 사회는 오스만 튀르크 제국에 대한 점증하는 불만을 조직화하기 위한 촉매제를 필요로 했다. 다뉴브공국들몰다비아와 왈라키아의 파나리오트로 정치적 경험을 쌓은 테살리 출신 리가스 벨레스틴리스Rigas Velestinlis 또는 Rigas Feraios는 1790년대 비엔나를 여행하는 동안 프랑스 혁명의 영향을 많이 받았다. 그는 비엔나에서 발행된 '인간과 시민의 권리를 위한 선언Declaration of the Rights of Man and of the Citizen'을 통해 프랑스 혁명의 경험을 상기시키며 발칸혁명을 고무했다. 가장 중요한 인쇄물은 '루멜리, 소아시아, 에게해 제도, 몰다비아와 왈라키아 공국의 주민들을 위한 새로운 정치 헌법'이었다. 이는 비잔틴 제국의 전제정치를 프랑스 모델에 기반을 둔 공화정 체제로 대체하는 것이었다. 리가스의 노력은 오스만 당국과 정교회 성직자들에게 경각심을 불러일으켰다. 그의 운동은 남부 러시아 오데사의 디아스포라 공동체에 있는 크산토스Emmanuil Xanthos, 스쿠파스Nikolaos Skouphas, 차칼로프Athanasios Tsakaloff 등 3명의 그리스계 청년들에게 커다란 영향을 미쳤다. 이들은 오스만 제국에 항거하는 무장항쟁의 자원을 동원하기 위한 계획을 세우고 있었다. 이들이 1814년 결성한 필리키 에타이리아Philiki Etairia·친우회의 목표는 무장항쟁을 통해 오스만 튀르크의 멍에로부터 '조국'을 해방시키는 것이었다. '자유냐 죽음이냐'를 모토로 내건 필리키 에타이리아를 이끈 인물은 러시아의 차르 알렉산더의 부관으로 활동한 파나리오트 입실란티스Alexander Ypsilantis다. 그리스인들의 독립전쟁은 1821년 시작됐다. 입실란티스는 1821년 3월 6일 소규모 군대를 이끌고 러시아 베사라비아몰다비아와 우크라이나에 걸친 지역와 몰다비아 사이의 국경선인 프루스Pruth강을 건넜다. 그는 1821년 6월 드라가사니Dragasani전투에서 오스만 튀르크 군대에 패배해 합스부르크 영토로 탈출했다. 입실란티스가 다뉴브공국으로 들어갔다는 소식이 나온 직후 3월 중순이 되자 펠로폰네소스에서 무슬림에 항거하는 산발적인 사건이 일어났고, 이는 항쟁으로 나아가는 계기가 됐다. 펠레폰네소스의 아기아 라브라 사원에서 독립전쟁 깃발을 든 게르마노스Germanos 대주교의 주도하에 혁명이 선포됐다. 독립전쟁 소식이 서유럽으로 퍼지면서 그리스 애호주의자들 사이에 지원병들이 나타났다. 영국의 시인 바이런이 그리스 독립전쟁에 참전했는가 하면 유럽 전역에서 독립전쟁 수행을 위한 비용과 구호기금 모금운동이 전개됐다.[주6]

2) 외세의 개입과 독립

독립전쟁이 성공을 거두면서 자신들의 장악지역에 대한 통치형태 문제가 제기됐다. 이에 따라 독립전쟁 초기 수개월 만에 3개 임시 지방정부가 구축됐고, 1822년 초에는 헌법이 채택됐다. 이듬해인 1823년 헌법 개정으로 3개 정부가 단일 중앙정부로 통합됐다. 그러나 독립전쟁 과정에서 통일정부의 구축은 파벌투쟁을 가져왔으며, 1824년이 되자 그리스인들 간의 반목은 내전으로 번졌다. 그리스인들끼리 전투를 벌이는 동안 군사적 상황은 악화됐다. 술탄 마흐무트Mahmut 2세는 그리스인들의 독립전쟁을 진압하기 위해 명목상의 속국인 이집트 통치자 무함마드 알리메메트 알리와 그의 아들 이브라힘 파샤Ibrahim Pasha에게 진압을 요청했다. 이브라힘 파샤는 1825년 펠로폰네소스에 강력한 군사력을 구축해 그리스 독립전사들을 괴롭혔다. 이에 그리스인들은 열강국에 의존할 수밖에 없었으며, 이들의 개입을 촉진시켰다. 1827년 7월 6일 그리스 애호주의자인 영국 외상 캐닝Geroge Canning의 재임 시기 영국, 러시아, 프랑스가 공개적으로 그리스의 독립을 지지해 런던조약을 체결했다. 그러나 오스만 튀르크가 이를 거부하자 캐닝이 규정한 '평화적 개입'을 명분으로 같은 해 10월 8일 펠로폰네소스에서 해양시대의 마지막 대전투로 기록된 나바리노해전이 일어났다. 영국 코드링톤Edward

Codrington경의 지휘 아래 영국, 러시아, 프랑스의 3국 연합함대는 오스만 튀르크-이집트 연합함대를 전멸시켜 그리스를 독립시키는 데 결정적인 역할을 했다. 오스만 튀르크는 1828년 4월 러시아와의 또 다른 전쟁 발발로 더욱 약화됐다. 1827년 5월 그리스 임시정부는 트로이젠의회제3차 국민의회에서 제3차 헌법을 제정 · 공포하고, 1828년 1월 카포디스트리아스Ioannis Kapodistrias공이 그리스 초대 대통령으로 선출됐다. 이어 그해 8월 메종Nicolas Joseph Maison 장군 휘하의 프랑스 원정대가 펠로폰네소스로 파견돼 이브라힘 파샤의 이집트 군대를 소탕했다.[주7]

1828년 12월 21일 영국, 러시아, 프랑스의 대사들은 포로스 섬에서 만나 군주가 통치하는 자치국가 창설을 제안하는 협약을 마련했는데, 국경선이 아르타에서 볼로스에 이르는 내용도 포함됐다. 이 협약에 따라 1829년 3월 22일 런던회의를 열어 대부분의 제안을 받아들이기로 했지만 국경선은 애초 제안보다 훨씬 남쪽으로 획정됐고, 사모스와 크레타는 신국가에 포함되지 않았다. 마침내 이들 3국은 1830년 2월 3일 자신들의 공동 보호 아래 그리스 독립국가를 창설하는 데 동의했다.[주8] 이에 따라 펠로폰네소스, 남부 루멜리, 그리고 본토 근처의 몇몇 섬을 포함한 새로운 국가는 전쟁 발발 당시 오스만 제국 내 그리스인구의 3분의 1이 채 안됐다. 열강국들은 독립에 동의하는 대가로 그리스가 세습 군주국이 돼야 하고, 국왕은 영국, 러시아, 프랑스와 직접 관련이 없는 유럽의 왕가에서 나와야 한다고 결정했다. 근대 그리스 국가의 창설이 열강국에 의해 인정된 것이다. 그러나 카포디스트리아스의 전제주의적 스타일과 그리스인들은 자치정부를 구성할 능력이 결여됐다는 그의 믿음은 그리스 사회의 반대를 촉발시켰고, 결국 그는 1831년 10월 9일 임시 수도 나프플리온Nafplion에서 암살됐다.

1832년 5월에는 3국 간에 런던회담을 열어 바바리아Bavaria의 왕 루트비히Ludwig 1세의 차남 오토Otto, 1815~1867, 재위기간 1832~1862를 군주로 선출하고,

보호국의 보호를 받는 조건으로 근대 그리스 왕국Kingdom of Greece을 인정했다. 그러나 그리스는 조약 체결의 당사자가 아니었으며, 결과적으로 이는 근대 그리스가 정치 · 사회경제적으로 열강의 영향력에 종속되는 결과를 가져왔다. 독립 이후 그리스는 오스만 제국 시기에 물려받은 파벌주의, 그리스 원주민 세력과 독립 이후 유입된 피난민 간의 분열이 심하게 나타났다.[주9] 어린 오토는 1834년 아테네로 수도를 옮기기 전인 1833년 나프플리온에 도착했다. 바바리아 출신 3인의 섭정Josef Ludwig von Armansperg, Karl von Abel, Gerog Ludwig von Maurer이 오토가 성년이 될 때까지1835년 통치했으며, 행정조직과 군사조직을 개선했다. 그러나 그리스인들은 헌법과 국가기구에서 바바리아 출신 관리들의 해임을 요구하며 지속적으로 봉기를 일으켰고 마침내 1843년 9월 3일 혁명이 일어났다. 오토는 이에 서명해야 했고, 1844년 입헌군주제가 수립됐다. 그러나 오토는 그리스인들의 불만을 잠재우지 못했으며 1862년 아테네 수비대의 쿠데타가 발생하자 열강국 외교사절들의 권유에 따라 바바리아로 돌아가 1867년 숨질 때까지 그곳에서 살았다.

초대 국왕 오토의 통치 시기 그리스 내의 초기 정파들은 영국당, 러시아당, 프랑스당으로 분류됐고, 이들의 지도자는 3국의 아테네 주재 외교사절들과 긴밀한 관계를 맺고 있었다. 따라서 그리스의 정치는 열강국의 이해관계에 따라 좌우됐다. 영국당의 결성은 1825년 6월 마브로코르다토스Alexandros Mavrocordatos와 쿤투리오티스Georgios Kountouriotis 등의 요구로 1825년 6월 독립전쟁의 일부 지도자들이 영국에 그리스의 보호를 신청하는 서한을 작성한 때를 기준으로 한다. 영국당은 그리스 본토에서 지지를 받지 못했지만 파나리오트들과 에게해 제도의 부유한 선박소유자들 사이에서 상당한 영향력을 행사했다. 그러나 지도자 마브로코르다토스가 사망한 1855년 이후 급격하게 쇠락의 길을 걸었다.[주10] 러시아당은 제1차 그리스공화국1828~1831 시기와 오토의 통치 시기 존속했다. 러시아당은 정교회, 국가기구, 군사지도자들과 펠로폰네소스 정파에 접근할 수 있는 영향력과 특권을 누렸다. 당 지도자는 콜로코트로니스Theodoros Kolokotronis였다.주11 프랑스당은 1824년 제2차 국민회의 시기에 콜레티스Ioannis Kolettis를 중심으로 한 정파로 시작됐다. 카포디스트리아스 통치 시기 영국당과 프랑스당은 여당인 러시아당에 반대했다.주12

3) '대사고'와 영토의 확장

그리스 독립전쟁 이후 20세기 초까지 그리스 정치 · 사회를 장악한 지배 이데올로기는 '대사고Megali Idea'였다. 대사고는 고대 그리스의 영광을 재현하고 그리스 안팎의 그리스인들에 대한 정체성의 원천과 연결고리로 작용했을 뿐 아니라 국내 정치는 물론 대외관계를 규정지었다. 이 용어는 국왕 오토의 재임 시기 총리 콜레티스가 처음 사용했다. 콜레티스는 1844년 1월 의회에서 "그리스 왕국은 그리스가 아니다. 이는 단지 일부분일 뿐이다. 그리스의 가장 작고 가장 가난한 지역일 뿐이다. 그리스인은 왕국에 살고 있는 이들만이 아니라 이오안니나, 살로니카, 세레스, 아드리아노플, 콘스탄티노플, 트레비존드, 크레타, 사모스, 기타 그리스 역사나 그리스인들에게 속하는 지역에 살고 있는 사람들이다. (중략) 헬레니즘에는 양대 중심지가 있다. 아테네는 왕국의 수도다. 콘스탄티노플은 모든 그리스인들의 꿈과 희망인 대수도다"라고 말했다. 대사고는 1830년 독립 이후 서쪽의 이오니아해에서 동쪽의 소아시아와 흑해에 이르기까지, 북쪽의 트라키아, 마케도니아, 에피루스에서 남쪽의 크레타, 시프러스에 이르기까지 과거 비잔틴 제국의 대부분의 영토를 탈환해 옛 영광을 부활시키는 것으로, 오스만 튀르크 제국 내에 살고 있는 모든 그리스인들을 포용하는 국가건설을 목표로 한 그리스 민족주의 개념에 근거했다.주13 이러한 '대사고'는 실지회복운동irredentism으로 발전해 공격적 영토 확장에 나서는 촉매제 구실을 했다.

오토가 강제 축출된 뒤 열강국들이 덴마크 국왕의 차남 게오르기오스 1세Georgios Ⅰ, 1845~1913, 재위기간 1863~1913를 국왕으로 옹립한 이후 이러한 대사고가 발전했다. 그의 통치 시기 이오니아 제도(1864), 테살리(1881)가 합병됐다. 대사고가 그리스인들을 고무시키면서 실현된 것은 근대 그리스의 기초를 닦은 총리 베니젤로스Eleftherios Venizelos·1864~1936 시기였다. 그는 오스만 제국의 자치지역이었던 크레타에서 결성된 '맨발당Barefoot Party' 지도자였다. 크레타에서 자란 그는 1909년 이미 크레타의 유력 정치인으로 활동하고 있었으며, 그리스 본토에 영향을 끼치고 있었다. 1909년 5월 일단의 그리스 군장교들이 정부 개혁과 군을 재편하기 위해 군사연맹military league을 결성하고 같은 해 8월 지지자들과 함께 아테네 교외 구디Goudi에 주둔했다. 이들은 이어 랄리스Dimitrios Rallis 정부의 사퇴를 요구하고, 마브로미칼리스Kiriakoulis Mavromichalis를 중심으로 한 새로운 정부를 구성했다. 그러나 이들은 자신들의 요구사항을 관철시키는 방법을 몰랐으며, 크레타에 있던 베니젤로스를 초청해 책임을 맡도록 요청했다. 베니젤로스는 아테네에서 군사연맹 및 정치 지도자들과 일련의 회의를 가진 뒤 새로운 정부와 의회 개혁을 제안했으나 국왕과 정치인들은 그의 제안을 위험하다고 판단했다. 그러나 논란 끝에 국왕은 결국 베니젤로스가 지정한 드라구미스Stephanos Dragoumis에게 군사연맹 해산 이후 선거를 실시할 새 정부 수립을 위임했다. 이에 따라 치러진 1910년 8월 8일 선거에서 의석의 거의 절반을 무소속이 차지했는데 이들은 그리스 정계의 새로운 일원들이었다. 베니젤로스는 선거운동을 하지 않았는데도 아티카에서 최고 득표로 당선됐다. 그는 자유당을 결성하고 의회의 과반수 의석을 확보하기 위해 새로운 선거를 요구하기로 했다. 기존 정당들은 항의의 표시로 1910년 11월 28일 선거를 보이콧 했으나 베니젤로스가 이끄는 자유당은 362석 가운데 300석을 차지했다. 베니젤로스는 정부를 수립하고 정치, 경제 등 국가업무를 재편하기 시작했다. 그는 정치적 · 사회적 이데올로기, 교육, 문학 등의 영역에서 개혁 프로그램을 추진했다. 1911년 5월 20일에는 개인의 자유 신장, 의회 입법기능 향상, 초등학교 의무교육 도입, 강제 수용권, 행정부와 군대의 재편성을 위한 외국인사의 초청권, 국가위원회의 재수립, 헌법 개혁을 위한 절차의 간소화 제도 등을 도입한 헌법 개정을 끝냈다.[주14] 그의 개혁 프로그램이 국민들의 지지를 받으면서 1912년 3월 11일 실시된 선거에서는 자유당이 181석(1910년도의 헌법 개정을 위해 의회가 절반으로 줄어들었다) 가운데 146석을 확보했다.

1912년 10월 8일 몬테니그로의 오스만 제국에 대한 선전포고로 제1차 발칸전쟁이 발발했다. 발칸전쟁에는 오스만 튀르크의 통치에서 벗어나 1912년 발칸동맹을 결성한 그리스를 비롯해 불가리아, 몬테니그로, 세르비아가 참전했다.[주15] 전쟁이 발발하자 오스만 제국은 콘스탄티노플의 트라키아사령부, 살로니카의 서부사령부, 스코페의 바르다르사령부를 각각 불가리아, 그리스, 세르비아에 대항해 가동시켰다. 가장 먼저 몬테니그로가 선전포고했고, 나머지 발칸 동맹국들은 일주일 늦게 뒤따랐다.

그리스의 주력부대는 사란타포로Sarantaporo만을 통해 테살리에서 마케도니아 쪽으로 공격하고, 11월 12일 북부 상업도시 테살로니키살로니카를 점령했다. 또 다른 그리스 군대는 이오안니나를 향해 에피루스로 공격했다. 해상전투에서도 그리스는 강했다. 그리스 해군은 엘리Elli전투와 림노스Limnos전투에서 2차례나 오스만 함대를 격파해 에게해 제도를 장악했다. 이로 인해 오스만 제국은 군대를 중동에서 트라키아(대 불가리아전)와 마케도니아(대 그리스·세르비아전)전선으로의 수송이 불가능하게 됐다. 1913년 2월에는 에피루스의 주도 이오안니나를 장악했다. 전쟁은 같은 해 5월 30일 런던조약으로 끝났다.[주16] 이 조약에 따라 오스만 튀르크는 이들의 영토 획득을 인정했다.

국왕 게오르기오스 1세가 1913년 3월 18일 테살로니키를 방문하던 중 광인의 손에 희생되자 콘스탄티노스Konstantinos, 1868~1923, 재위기간 1913~1917, 1920~1922 왕자가 왕위를 이어받았다. 제2차 발칸전쟁은 1913년 6월 29일 제1차 발칸전쟁의 결과 획득한 마케도니아 영토를 분할하는 데 불만을 품은 불가리아가 세르비아와 그리스를 공격하면서 일어났다. 세르비아와 그리스는 불가리아의 공격을 저지하고 오히려 역공격했다. 루마니아와 오스만 제국도 불가리아를 공격했다. 그 결과 불가리아가 정전을 요청함에 따라 1913년 8월 10일 부쿠레슈티조약을 체결해 1차 발칸전쟁으로 획득했던 영토의 대부분을 상실했다.[주17] 이 조약으로 그리스는 마케도니아와 크레타를 합병했다. 결과적으로 베니젤로스의 총리 재임 시기 있었던 제1차 발칸전쟁의 결과 남부 에피루스, 크레타, 레스보스, 키오스, 사모스와 에게해의 모든 제도, 마케도니아의 상당지역이 그리스에 합병됐다. 2차례의 발칸전쟁을 통해 그리스의 면적은 70% 정도 확장됐고, 인구도 280만 명에서 480만 명으로 증가했다.[주18] 그리스는 1947년 파리강화조약을 통해 도데카니소스 제도를 확보함으로써 오늘날의 국경을 확정지었다.

2. '민족분열'과 '소아시아 재앙'

1) 국왕과 총리의 충돌, 그리스의 대외정책

국왕 콘스탄티노스 1세와 총리 베니젤로스 간에 1910~1922년 그리스의 대외정책, 특히 그리스의 1차 세계대전(1914~1918) 참전을 놓고 일련의 논란이 벌어졌다. 이 둘의 충돌은 그리스 사회를 정치적으로 양분시킨 '민족분열'을 가져왔다. 베니젤로스는 그리스의 지리적 위치를 고려해 서구 지향적 정책 추진과 영국과 프랑스식으로 국가를 근대화하는 한편 소아시아 서부지역에 있는 그리스인들을 그리스 영토로 이주시키기를 희망했다. 그러나 콘스탄티노스 1세는 이러한 정책이 그리스의 정치 · 사회구조에 위험하다며 거부했다.

이와 함께 베니젤로스는 영국, 프랑스, 러시아로 구성된 협상국이 승리할 것이고, 이에 따라 그리스의 영토 확장을 위해서는 이들을 지지해 참전해야 한다고 생각했다. 그러나 독일에서 교육 받고 독일군 명예원수이며 카이저

빌헬름 2세의 여동생과 결혼한 콘스탄티노스 1세는 중위국인 독일과 오스트리아 - 헝가리의 군사적 능력을 평가하고, 중립적 입장에 남기를 희망했다. 베니젤로스는 1915년 2월 협상국들이 다르다넬스 작전을 개시하자 참전을 희망했으나 콘스탄티노스 1세가 이를 반대해 양자 간에 충돌이 발생했다. 베니젤로스는 국왕과의 충돌로 3월 6일 사임했다. 이 사건은 양자 간에 깊은 개인적 불신을 가져왔고, 그 뒤 그들의 지지자들은 양진영으로 나뉘어 분열됐으며, 이는 그리스의 정치사회에 커다란 영향을 끼치게 됐다.

국왕과의 충돌로 사임했던 베니젤로스는 1915년 5월 31일 열린 총선거에서 자유당이 316석 가운데 187석을 확보하는 승리를 거두면서 총리로 복권해 친협상국 정책을 재추진하게 됐다. 그러나 국왕과의 불화는 더욱 깊어졌다. 콘스탄티노스 1세는 8월까지 새정부의 인준을 거부했다. 이 시기 세르비아 - 불가리아 간의 충돌이 깊어져 불가리아가 세르비아에 선전포고를 하는 상황에 이르렀다. 이는 전략적으로 중요한 테살로니키 항구를 포함해 새로 획득한 마케도니아 지방에 대한 직접적인 위협이었다.[주19] 9월 들어 불가리아가 그리스와 동맹조약을 맺은 세르비아를 공격하자, 베니젤로스는 10월 세르비아를 구하기 위한 명분으로 영국군과 프랑스군 원정대를 테살로니키에 보내면서 또다시 국왕과 충돌했다. 12월 콘스탄티노스 1세는 두 번째로 베니젤로스의 사임을 요구해 자유당 우위의 의회를 해산하고 새로운 선거를 실시했다. 그러나 의회 해산을 헌법 유린이라고 인식한 베니젤로스가 아테네를 떠나 고향인 크레타로 귀향한 가운데 그가 이끌었던 자유당은 선거를 보이콧했다.[주20] 이제 양자 간의 충돌은 화해할 수 없는 길로 나아갔다. 이러한 정치적 대분쟁은 그리스의 근현대사에 파국적인 결과를 가져왔다.

베니젤로스는 '대사고'에 대한 비판에도 공격적 정책을 구사한 반면 콘스탄티노스 1세와 그의 지지자들은 실지회복운동의 '모험'보다 '작지만 명예로운 그리스'를 옹호하고, 독립 그리스 왕국인 구 그리스를 지지했다. 협상국은 알바니아를 통해 세르비아군의 퇴각로를 열어주기 위해 1916년 1월 코르푸 섬을 점령했다. 그러나 그리스 정부가 코르푸 섬을 통한 세르비아군의 테살로니키 이동을 거부하자 갈등이 증폭됐다. 이에 영국군과 프랑스군이 2월 왕당파 정부가 장악한 지역의 중립 유지와 전쟁물자 조달, 북부지방으로 가는 철로 장악을 명분으로 피래우스와 아테네에 상륙했으나 총격전이 벌어져 퇴각했다. 그리스 정부는 왕당파 지역인 남부 루멜리, 펠로폰네소스 지역의 베니젤로스 지지자들을 대대적으로 숙청했다.[주21]

2) 공화파의 임시정부 수립과 민족분열

왕당파 정부가 1916년 5월 26일 마케도니아의 군사기지인 루펠Rupel 기지를 독일-불가리아군에게 조건 없이 할양하자 연합국들은 왕당파 정부와 중위국 간의 비밀 동맹이 마케도니아에 있는 자국 군대들을 심각한 위험에 빠뜨릴 수 있다고 우려했다. 베니젤로스와 그의 지지자들에게도 루펠 기지의 할양은 마케도니아의 파괴를 의미했다. 이에 같은 해 8월 16일, 테살로니키에 연합국 군대가 상륙하자 베니젤로스는 아테네에서 열린 집회에서 국왕의 정책에 대한 자신의 전면적 반대를 공개 선언했다. 이어 8월 30일, 베니젤리스트 군 장교들은 테살로니키에서 쿠데타를 일으켜 '민족수호 임시정부'를 수립했다. 이는 국왕을 지지하는 왕당파(반베니젤리스트)와 베니젤로스를 지지하는 베니젤리스트 간에 더 이상 화해할 수 없는 분열을 가져왔다. 베니젤로스와 함께 쿤투리오티스Pavlos Kountouriotis 제독과 단글리스Panagiotis Danglis 장군이 임시정부 수립에 동의하고, 10월 9일 테살로니키로 이동했다. 그들은 협상국의 지원으로 북부 그리스, 크레타, 에게해 제도를 포함하는 지역에 '임시국가'를 수립했다.[주22] 협상국은 베니젤로스의 임시정부를 승인하고, 베니젤로스와 협상국의 압력으로 콘스탄티노스 1세는 1917년 6월 11일 스위스로 추방됐으며, 그의 차남 알렉산드로스Alexandros, 1893~1920, 재위기간 1917~1920가 왕위를 이어받았다.

베니젤로스는 1917년 5월 29일 아테네로 돌아와 다시 총리직을 맡게 됐지만 그리스 사회는 이미 심각하게 분열돼 있었다. 축출된 국왕을 지지했던 인사들은 '독일숭배자'로 규정돼 유배됐고, 판사와 공무원, 교사들은 대량 해고됐다. 군부에서도 숙청작업이 본격화됐다. 이는 베니젤리스트파와 왕당파 간 전간기 숙청과 역숙청의 선례가 됐다. 이러한 분열의 영향은 1940년대까지 그리스 정치권을 지배했다.[주23] 정권을 잡은 베니젤로스는 연합국에 합류해 1차 세계대전에 개입했다. 마케도니아 전선에 9개 사단을 배치한 그는 1918년 9월 성공적인 공격작전에 들어가 11월 11일 정전 협정을 가져온 서부 전선의 붕괴에 기여했다. 그리스 대표로 파리강화회의에 참석한 그는 연합국에 합류한 대가를 모색했는데, 그의 최대 목표는 스미르나(아테네보다 그리스인들이 더 많이 거주하는 도시)와 그 배후지역이었다.

1919년 5월 15일, 그리스군은 터키의 보복으로부터 그리스인들을 보호한다는 명분으로 연합국군 전함의 호위 속에 소아시아의 항구도시 스미르나를 점령했다. 그러나 그리스군은 전투에서 350여 명의 터키군 사상자를 내고 잔혹행위를 일삼았으며, 이로 인해 무스타파 케말Mustafa Kemal 지도하의 터키민족주의운동을 고무시켰다. 1920년 8월 오스만 튀르크 제국과 연합국은 세브르조약을 체결했다. 그리스는 이 조약을 통해 5년간 스미르나 지역의 행정권을 확보하고, 그 뒤에는 지방 의회가 요구하거나 국제연맹이 국민투표를 요구하면 공식적으로 그리스로 합병하기로 했다. 그러나 터키는 세브르조약을 인준하지 않았으며, 소아시아의 실지회복운동은 이내 붕괴됐다. 조약이 체결된 지 2개월이 지난 1920년 10월 국왕 알렉산드로스가 애완원숭이에 물려 급서하자 헌법문제가 다시 불거졌고, 11월 1일 총선이 실시됐다. 이 선거에서는 베니젤로스와 추방된 전 국왕 콘스탄티노스 1세가 격돌했다.[주24]

자유당이 주축인 베니젤로스파(베니젤리스트)는 공화파가 됐고, 인민당이 주축인 반베니젤리스트파는 왕당파가 돼 대립했다. 1920년 10월 창당된 인민당은 1865년 국왕 오토의 통치 이후 영국당, 러시아당, 프랑스당이 역할을 끝낸 뒤 나타난 보수 우익 민족당에 기원을 두고 있다.[주25] 인민당은 보수정당이며 친왕당파 정당으로 코르시카에서 유배생활을 마치고 돌아온 구나리스Dimitrios Gounaris가 민족당을 발전적으로 해소시켜 만든 당이다.

선거에서는 우익 인민당 등 4개 정당이 연합한 연합야당United Opposition이 369석 가운데 251석을 얻어 제1당이 됐다. 구나리스가 이끄는 인민당 등은 세브르조약에 따라 점령한 소아시아에서 그리스 군대를 철수해야 한다고 주장했다. 총선에서 승리한 인민당은 구나리스, 스트라토스Nikolaos Stratos, 프로토파파다키스Petros Protopapadakis의 연속 정부를 수립했다. 그러나 이들은 군대 철수 공약을 지키지 못했고 오히려 자유당보다 더욱 얽혀 들어갔다.[주26]

오스만 제국에 맞선 외교적, 군사적 승리로 선거에서 낙승을 예상했던 베니젤로스의 자유당이 참패한 이유는 영국과 프랑스의 내정간섭에 대한 국민적 분노와 베니젤리스트파의 독단적 행위, 잇단 전쟁으로 인한 국민적 피로감 등이 선거에 반영된 결과로 분석됐다. 구나리스 하의 새 정부는 콘스탄티노스 1세의 귀국을 위한 국민투표를 준비했다. 1차 세계대전 시기 국왕의 중립적 태도를 주목한 영국, 프랑스, 이탈리아 등 연합국은 국왕이 돌아오면 모든 재정적, 군사적 지원을 중단하겠다고 경고했지만 1개월 뒤 실시된 국민투표에서 찬성 99만 9,960표 대 반대 1만 383표로 군주제가 회복돼 콘스탄티노스 1세가 귀국했다. 이어 권력을 장악한 왕당파들이 베니젤리스트파에 대한 복수를 시작했다.[주27]

3) 그리스-터키전쟁 패전과 소아시아 재앙

콘스탄티노스 1세는 1차 세계대전 시기의 많은 장교를 교체했고, 고위직에 경험이 없는 왕당파 장교들을 임명했다. 국왕은 명목상 총사령관을 맡고, 파풀라스Anastasios Papoulas가 전투를 책임졌다. 스미르나와 소아시아 해안을 장악한 그리스 군대는 앙카라로 진격하면서 베니젤로스의 지지자들을 숙청했다. 1921년 초 그리스군은 공격을 재개했지만 정규군으로 무장된 터키 민족주의자들의 완고한 저항에 부딪쳤다. 그리스군의 진격은 1921년 1월 11일 제1차 이뇌뉘전투에서 처음으로 중단됐다. 이는 터키혁명정부와 오스만 정부 양쪽이 대표로 참가한 런던회담에서 세브르조약을 수정하기 위해 연합국에 제안하는 결과를 가져왔다. 이탈리아, 프랑스, 영국과는 협정이 체결됐으나 그리스 정부와는 체결되지 않았다. 그리스군은 3월 27일 공격을 재개해 제2차 이뇌뉘전투를 개시했지만 터키군의 격렬한 저항에 부딪쳐 3월 30일 또 다시 패배했다. 1921년 6월 27일부터 7월 20일까지 9개 사단의 그리스 증원군이 아피온카라히사르Afyonkarahisar－키타야Kütahya－에스키세히르Eskishehir 전선에서 터키군에 맞서 대규모 공세를 개시했다. 그리스군은 터키군의 방어를 뚫고 전략적 요충지들을 장악했으나 더 이상의 진격은 중단됐다. 결과적으로 터키 혁명군은 사카리아Sakarya강 동쪽으로 전략적으로 후퇴하고 최후의 방어선을 구축할 수 있게 됐다. 그리스군은 장비가 부족하고 보급품도 확보하지 못한 상태에서 8월 앙카라 인근 사카리아에서 전투8월 23일~9월 13일를 재개했으나 강력한 저항에 부딪쳤다. 1922년 3월 연합국은 정전을 제안했다. 터키의 무스타파 케말은 전략적으로 유리한 고지를 차지했다고 판단해 협상을 거부하고 군사력을 재편하는 등 최후의 공격을 준비했다. 반면 그리스군의 사기는 오랜 전쟁으로 인해 크게 떨어졌다.

무스타파 케말이 이끄는 터키군은 마침내 1922년 8월 26일 대대적인 반격을 시작해 다음날 아피온Afyon을 함락했다. 8월 30일 그리스군은 키타야의 둠루피나르Dumlupinar전투에서 병사의 절반이 죽거나 체포되고 장비를 완전히 상실했다. 9월 2일 에스키세히르가 함락되자 그리스 정부는 영국에 최소한 스미르나 지역의 확보를 인정해달라고 요청했다. 이러한 과정에서 터키 기병대는 9월 9일 오전 11시께 스미르나로 진격했다.[주28]

그리스가 오스만 튀르크에 패한 뒤 1922년 8월 일어난 스미르나 대화재.

혼란과 무정부 상태에 빠진 소아시아와 아나톨리아의 그리스인들은 가혹한 보복에 직면하고, '스미르나의 대화재'로 절정을 이뤘다. 대화재는 9월 13일 시작돼 22일까지 계속됐다. 공포에 질린 피난민들은 인근 그리스의 도서지역으로 탈출을 시도하다가 학살되기도 했다. 터키군의 방화로 인한 대화재와 대량학살로 3만여 명의 그리스인과 아르메니아 기독교인들이 희생된 것으로 추정된다. 학자들에 따라서는 희생자 수가 10만 명에 이를 것으로 내다보기도 한다.[주29]

그리스-터키전쟁에서 그리스의 패배는 그리스 내부의 대혼돈을 가져왔다. 이는 오스만 튀르크 제국으로부터 독립한 뒤 그리스인들의 사고를 지배했던 '대사고'의 붕괴이자 실지회복운동의 종말이었고, 훗날 그리스 사회에 깊숙이 파고든 '소아시아 재앙Minor Asia Catastrophe'이었다.

피난민들과 함께 아나톨리아에서 레스보스 섬과 키오스 섬으로 퇴각한 친베니젤리스트와 반왕당파 군인들이 9월 11일 왕당파 정부가 수행한 전쟁에 불만을 품고 반란을 일으켰다. 키오스의 군을 대표한 플라스티라스Nikolaos Plastiras, 레스보스의 군을 대표한 고나타스Stylianos Gonatas, 해군을 대표한 포카스Nikolaos Phokas가 이끄는 혁명위원회가 수립되고 이들은 다음 날 함정을 타고 아테네로 향했다. 그들이 도착하기에 앞서 군 비행기는 콘스탄티노스 1세의 하야와 의회 해산, 협상국(연합국)의 지원 수용과 동부 트라키아 전선으로의 즉각적인 증원군 지원 등을 요구하면서 정치적으로 새로운 독립정부를 요구하는 전단을 뿌렸다. 9월 15일 혁명군은 아테네로 진주해 상황을 이용하려는 판갈로스Theodoros Pangalos의 시도를 저지하고 정부를 장악했다.[주30] 왕당파 정부는 무기력했고, 패배의 중압감과 피난민 문제에 압도돼 있었다. 혁명위원회는 9월 26일 콘스탄티노스 1세에게 퇴위를 요구하는 최후통첩을 보냈다. 콘스탄티노스 1세는 9월 30일 장남 게오르기오스 2세Georgios Ⅱ, 1890~1947, 재위기간 1922~1924, 1935~1947에게 양위하고 이탈리아로 떠나 1년 뒤 팔레르모에서 숨졌다. 정권을 장악한 혁명위원회는 그리스-터키전쟁의 희생양을 찾았다. 군부는 군사재판을 열어 11월 29일 2년간 총리를 지낸 베니젤로스의 반대파이자 우익 인민당 지도자 구나리스, 그리스군 총사령관 하지아네스티스Georgios Hatzianestis, 외무장관 발타지스Georgios Baltazis, 내무장관 스트라토스Nikolaos Stratos, 전쟁장관 테오토키스Nikolaos Theotokis, 재무장관 프로토파파다키스Petros Protopapadakis 등 장군 1명과 총리를 포함한 장관 5명을 국가반역죄로 처형했다. 6인 처형사건은 그리스 사회의 정치적 분열을 공고화하는 계기가 됐다.[주31]

혁명위원회는 새로 수립된 터키공화국과의 회담을 모색했다. 터키도 새로운 강화조약을 연합국 쪽에 제안해 연합국과 터키 사이에 1923년 7월 24일 스위스 로잔에서 로잔조약을 체결했다. 베니젤로스는 세브르조약에서 얻은 그리스 영토를 유지하기 위해 노력했으나 실패했다. 로잔조약으로 그리스는 동부 트라키아, 임브로스 섬, 테네도스 섬, 스미르나를 잃었다. 그리스는 터키로부터 더 이상의 영토 확보 주장을 피하기 위해 '주민교환'에 합

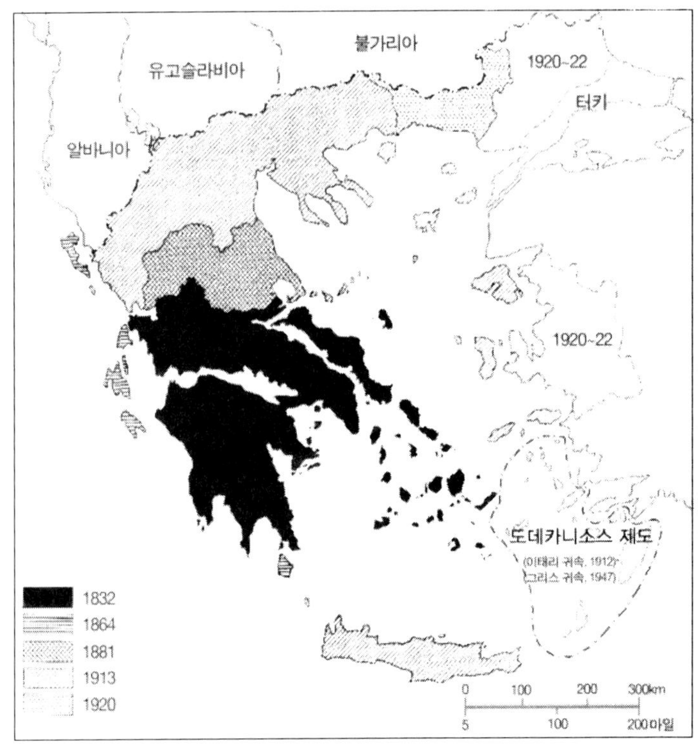

〈지도 2-1〉 1832-1947년 그리스 국가의 확장

의했다.

로잔조약에 따라 이뤄진 대규모의 주민교환은 언어나 민족성을 기준으로 하지 않고 종교를 기준으로 했다. 그리스-터키전쟁 시기 15만여 명이 소아시아에서 탈출한 데 이어 로잔조약으로 그리스인 110만여 명이 터키에서 그리스로 돌아왔다. 또 4만여 명이 불가리아에서, 5만 8천여 명이 러시아에서, 1만여 명이 도데카니소스 제도와 알바니아 등지에서 돌아왔다. 반면 터키인 무슬림 38만여 명이 그리스에서 터키로 이주했고, 불가리아인 6만여 명이 트라키아와 마케도니아에서 불가리아로 돌아갔다.[주32]

주민교환은 '소아시아 재앙'이라고 할 정도로 '민족분열'을 촉진시키면서

그리스 사회를 근본적으로 뒤흔들어놓았다. 1923년 이후 그리스 전체 인구의 5분의 1이 피난민이었으며, 이들은 재산을 잃고, 부유한 상인이나 전문직 종사자의 신분에서 빈농이나 노동자로 신분의 수직하락을 경험하게 됐다. 피난민들이 받는 궁핍과 차별, 초기 산업화 단계에 수반되는 불평등으로 인해 그리스의 사회적 부정의는 더욱 뚜렷하게 나타났다.[주33]

혁명정부는 1923년 10월 18일 향후 정부형태를 결정할 의회 선거를 12월 16일 실시하겠다고 발표했다. 그러나 고나타스가 이끄는 혁명정부는 베니젤리스트 자유당 등 반왕당파 정당에 매우 유리한 선거법을 통과시켰다. 정권 변화가 확실시되는 선거 전망에 불만은 품은 왕당파 군인들이 10월 22일 쿠데타를 일으켰으나 실패로 끝났다. 왕당파 정당들이 기권한 가운데 치러진 12월 선거에서 자유당은 전체 397석 가운데 250석을 획득했다. 선거 이후 게오르기오스 2세는 12월 19일 그리스를 떠나 부인의 고향인 루마니아로 갔다.[주34]

베니젤리스트인 이드라 섬 출신 쿤투리오티스 제독이 섭정에 임명됐고, 새 의회가 1924년 1월 2일 소집됐다. 카판다리스Georgios Kafandaris가 3개월 가까이 총리를 맡은 뒤 3월 24일에는 파파나스타시우Alexandros Papanastasiou가 뒤를 이었다. 다음날에는 공화국 체제 선포를 위한 의회 투표에 들어가 국민투표를 실시하기로 결정했다. 피난민들은 '대사고'의 주인공인 베니젤로스를 신뢰했다. 이들은 1924년 공화국 수립을 위한 국민투표에서 상당수가 찬성표를 던졌다. 4월 13일 실시된 공화국 체제 수립을 위한 국민투표 결과 찬성 70%, 반대 30%로 제2차 그리스 공화국 수립을 결정했다. 초대 대통령에는 의회에서 선출된 쿤투리오티스가 맡았다.[주35] 그러나 공화국 체제는 1935년 10월 쿠데타로 왕정복고가 될 때까지 왕당파와 베니젤리스트 간에 쿠데타와 역쿠데타로 점철됐다.

1925년 6월 24일에는 국가가 정치적 불안정으로 위험에 빠져들고 있다고 우려한 판갈로스의 추종세력들이 쿠데타로 정부를 전복하자 쿤투리오티스가 곧바로 사임했다. 판갈로스는 언론의 자유를 폐지하고, 시민들을 탄압하는 법률을 제정했다. 이들 법률에는 여성들의 치마가 지상에서 30㎝ 이상 올라와서는 안 된다는 법률도 있었다. 판갈로스는 1926년 1월 3일 자신을 독재자로 선언하고, 4월 대통령으로 선출됐다. 그러나 같은 해 8월 24일 콘딜리스Georgios Kondlyis 장군이 주도한 역쿠데타가 일어나 쿤투리오티스가 대통령으로 복귀됐다.[주36] 콘딜리스는 무혈 쿠데타를 성공시킨 뒤 11월 선거를 요구했으나 자신은 참여하지 않았다. 11월 7일 실시된 선거에서는 자유연맹이 286석 가운데 108석을 차지해 최대 정당으로 부상했지만, 인민당 60석, 자유로운 사고자당Freethinker's Party 52석, 민주연맹 17석 등을 얻었다. 이러한 선거 결과는 의회 정부 구성에 여러 정당과 계파들이 함께 참여해야 한다는 것을 의미했다. 이에 따라 베니젤리스트 진영과 반베니젤리스트 진영 양쪽이 참여하는 연립정부가 12월 4일 출범했다. 연립정부에는 자유연맹, 민주연맹, 인민당, 자유로운 사고자당이 참여했고, 총리에는 자이미스Alexandros Zaimis가 선출됐다.[주37] 이어 1928년 8월 열린 선거에서 베니젤로스의 자유당은 의회 선거에서 250석 가운데 228석을 차지하는 압도적 승리를 거뒀다. 베니젤로스는 총리에 복귀해 인근 국가들과의 외교관계를 정상화시켜 그리스의 외교적 고립을 탈피하려고 시도했다. 그의 노력은 유고슬라비아, 이탈리아와 관계를 개선함으로써 성공적으로 이뤄졌다.[주38]

그러나 1930년대 초의 대공황으로 그의 국내적 입지는 약화됐고, 1932년 9월 선거에서 찰다리스Panagiotis Tsaldaris가 이끄는 인민당에 패배해 같은 해 11월 실각했다. 이에 베니젤로스 추종세력들은 충격을 받아 1922년 쿠데타의 주역 가운데 한명인 플라스티라스가 1933년 3월 5~6일 쿠데타를 시도했으나 실패로 끝났다. 쿠데타 미수사건 이후 실시된 선거에서 찰다리스가 주도하는 왕당파 인민당이 승리했다. 총리 찰다리스는 공화국 헌법 수용을 선언했으나 왕정복고의 압력이 쌓여갔다. 군부 내 공화파에 대한 숙청설이 나도는 가운데 또다시 베니젤리스트파 장교들이 1935년 3월 쿠데타를 재시도했으나 이번에도 실패했다. 베니젤로스는 프랑스에 유배중인 플라스티라스와 합류했고, 반란을 일으켰던 베니젤리스트 장군 2명이 처형됐으며, 수백여 명의 군인들과 베니젤리스트파 공직자들이 숙청됐다. 이에 대한 항의 표시로 베니젤리스트 정당들은 선거를 보이콧했으며, 1935년 6월 9일 계엄령 속에 실시된 선거에서 인민당-민족급진당 연합은 300석 가운데 287석을 확보했다. 같은 해 10월 접어들자 고위급 장교들이 찰다리스에게 사임하거나 국왕을 복귀시키도록 하는 양자택일을 요구했다. 압력을 받은 찰다리스는 결국 사임하고 콘딜리스가 총리에 올랐다. 콘딜리스는 1935년 11월 3일 왕정복고와 관련한 국민투표를 통해 98%의 찬성으로 공화국 체제를 폐지했다. 이에 따라 게오르기오스 2세 국왕이 12년 동안의 사실상의 유배생활을 끝내고 영국에서 돌아왔다.[주39]

'소아시아 재앙' 이후 13년 동안은 쿠데타와 역쿠데타, 군주제와 공화제, 그리고 군주제로의 재이행 등으로 대혼란을 겪은 시기였다. 그리스의 실지회복운동이 그리스-터키전쟁에서 그리스의 패전으로 끝나고, 패전의 결과 '소아시아 재앙'이라는 대재앙을 불러일으키면서 그리스의 근현대사는 뒤틀리게 됐다.

3. 우익강화정책의 구축과 그리스공산당

1) 우익강화정책의 제도적 기틀

1920년대 그리스 역대 정부들은 공산당 활동을 탄압하는 제도를 도입했다. 국가 관리들에게 분쟁을 일으키는 자들을 재판없이 추방했던 19세기의 제도가 1924년부터 각 주에 위임돼 주지사, 공공 검찰, 헌병대장으로 구성된 보안위원회가 설치됐다. 1926년에는 판갈로스 독재정권이 이러한 절차를 공공질서와 안녕, 국가 안보에 위배되는 혐의를 지닌 모든 사람들을 처벌할 수 있도록 확대했다. 노동자들의 파업에는 체포와 추방이 뒤따랐다. 1920년대 말이 되자 베니젤리스트와 반베니젤리스트파 간에 소득세 인하유지, 사회보장보험 연기, 산업소요 탄압, 가혹한 노동조건 및 저임금 인내에 대한 합의가 이뤄졌다. 예를 들어 그리스는 국제법을 인정했으나 이를 위반하고 하루 12시간 노동, 14살 미만 아동 고용 등이 빈번했다. 정치인들은 외국의 투자를 고무하고 그리스 산업의 경쟁력을 높이기 위해 필요한 노동조건이라고 인식했다. 이 때문에 1925년 3월 미칼라코풀로스Andreas Michalakopoulos 정부에서는 철도, 해양, 전철 노동자들이 17일에 걸친 파업이 일어나는 등 대규모 파업에 시달렸다. 1919년 러시아에서 신생 볼세비키정권에 싸운 연합원정군에 참가하기도 했던 그리스는 공산당을 탄압하기 시작했다. 그리스공산당은 1928년이 되자 지지자 4,368명이 체포돼 481명이 추방되고 817명이 고문을 받았으며 22명이 살해됐다고 밝혔다. 이와 함께 1925년부터는 군참모부가 경찰헌병대와 합동으로 병사들 가운데 공산주의자들을 찾아내 그들을 특별부대로 고립시켰다.[주40]

정치적 탄압의 제도적 기틀을 마련한 것은 베니젤로스 정부 시절이었다. 베니젤로스 정부는 반베니젤리스트파의 협조를 얻어 1929년 향후 수십 년 동안 정치적 탄압의 길잡이가 된 법률 4229호를 통과시켰다. 이 법은 '기존 사회질서를 폭력적인 수단이나 국토의 일부를 분리함으로써 명백한 전복 목적을 지닌 사고를 이행'하려는 자를 6개월 이상의 형과 2년 이하의 추방에 처할 수 있도록 했다. 또 군대의 사기 저하, 산업과 농업의 불안 등 사회질서 붕괴에 대해 공산주의자들을 희생양으로 만들었다. 이 법은 그리스공산당에 대한 반응이라기보다는 러시아 혁명 이후 유럽에서 반공주의가 확산되고, 소아시아에서의 패전 이후 유입된 150만여 명의 그리스인들의 생활조건이 비참한 상황에서 그리스 내부의 사회불안에 대한 지배계급의 두려움을 반영한 것이었다.[주41] 이는 또한 그리스공산당을 탄압하기 위한 최초의 법률적 수단이며, 반공 비상입법활동의 기초가 됐다.[주42] 그러나 특별법에 따른 처벌은 오히려 그리스 내 사회주의자 및 공산주의자들의 반발을 불러일으켰다. 1929년 이후 공산주의 혐의자들에 대한 대량 검거와 추방이 산업현장의 분규와 관련해 급격히 증가했고, 대공황으로 경제가 악화된 가운데 1936년까지 광범위하게 진행됐다. 1931년 보궐선거에서 공산당의 득표율이 높아지자 대부분의 정치가들은 왕당파와 공화파에 관계없이 특별법의 강력한 집행을 지지했다. 1929~1934년에 좌파로 알려진 인사 2,357명이 이 법을 적용받거나 반역죄로 형을 선고받았고, 많은 인사들이 보안위원회에 의해 추방됐다. 1929년 이후 섬으로 추방된 전체 인원은 매해 수백여 명에 이르렀다.[주43]

2) 메탁사스 극우독재체제와 '8·4정권'

콘딜리스 후임으로 정부를 이끌었던 총리 데메르지스Konstantinos Demertzis가 1936년 4월 13일 사망하자 국왕은 인민당이나 자유당 지도자들과 협의없이 부총리겸 소수파 극우정당인 '자유로운 사고자당' 지도자 메탁사스Ioannis Metaxas를 총리에 임명했다.[주44] 총리 취임 직후 그리스 곳곳에서 일어난 노동분규는 국왕을 지지하는 그에게 정권을 장악할 기회를 부여했다. 이 시기 그리스 전역에서는 파업행위가 심각할 정도로 증가했다. 1936년 5월 8일 테살로니키의 담배노동자들로부터 시작된 파업은 철도와 전철노동자들까지 동조파업에 가세하면서 확산됐다. 파업 참가자는 2만 5,000여 명에 이르렀으며, 경찰헌병대와의 충돌로 파업 참가자 12명이 숨지고, 200여 명이 부상을 입었다. 여론은 파업 참가자들에게 동정적이었다. 심지어 영국 총영사도 "경찰이 자신들의 습관처럼 불필요한 야만성을 가지고 행동했다"고 할 정도였다. 마케도니아의 도시에서도 담배노동자들이 파업했고, 기능공들의 파업과 파업 움직임들이 곳곳에서 터져 나왔다. 볼로스에서도 노동자들과 상인들의 파업과 선동이 있었다. 파업 중인 담배노동자들을 지지하고,

노동자들의 요구사항을 해결하기 위해 6월 1일 총파업이 계획돼 노동자와 상인들이 거리로 뛰쳐나와 시위에 참가했다. 파업은 성공적으로 끝났다. 정부는 파업을 분쇄하기 위해 비상 조처를 취했다. 라리사에서 대규모 군 파견대가 볼로스에 들어왔다. 군과 경찰이 시위대에 발포해 많은 사람들이 죽거나 다쳤다. 밤이 되자 더 많은 군인들이 들어왔고, 주택과 거리에서 대대적인 체포가 이뤄졌다. 그리스공산당 지도자 가운데 한 명이면서 당시 국회의원으로 잠시 볼로스에 가 있던 이오안니디스Giannis Ioannidis는 6월 1일 오후 인근 지역에서 이 소식을 들었다. 그는 국회의원 신분으로 다음날인 6월 2일 전날의 경찰 발포에 항의하고 구금자 석방 및 사상자를 낸 경찰 처벌을 요구하기 위해 경찰서에 갔다가 체포됐다.[주45]

이러한 혼란 속에서 메탁사스는 8월 5일 0시를 기해 시작될 범그리스노동조합총연맹의 24시간 총파업을 저지하기 위해 소집된 8월 4일의 심야 내각회의에서 국가가 공산폭동의 위기에 처해있다는 확실한 증거를 입수했다고 주장했다. 그는 파업 참가자들이 아테네의 주요 도로를 점거하고, 관공서 습격, 상점 약탈, 외국 공관에 위해를 가하려고 한다는 정보를 받았다며 게오르기오스 2세 국왕의 서명을 받고 일련의 비상조치를 취했다. 여기에는 계엄령 선포와 의회 해산, 헌법 중단, 필수시설의 노동자 동원 등이 포함됐다. 그는 또 1936년 총선에서 자유당과 인민당이 각각 143석과 142석으로 거의 동수의 의석을 차지하고 공산당이 15석을 얻어 캐스팅보트 역할을 하게 되자, 이를 빌미로 공산주의자들이 정권을 잡으려 한다며 국왕을 설득해 1938년 9월 30일까지 국회를 해산시켰다.[주46] 메탁사스는 비상조치를 통해 검열, 비밀경찰, 재판 없는 투옥 등 모든 수단을 이용해 독재권력을 확고하게 장악했다.[주47] 전국적으로 400여 명의 반대파 지도자들을 체포하고, 총파업을 분쇄했으며 국가기간산업에 공무원들을 동원했다.[주48]

이것이 이른바 '8 · 4정권'체제의 탄생이다. 이 정권은 농업과 노동에 기초한 전제적 '반공 그리스 국가'였다.[주49] 메탁사스는 자신을 '최초의 농민', '최

초의 노동자', '지도자', '민족의 아버지'로 규정했다.[주50]

아테네 주재 영국 외교사절 워털로우Sydney Walterlow는 그러나 전혀 다른 의견을 냈다. 그는 "내 정보로는 어제 심각한 소요가 예견되지 않았다. 실제로 상당수의 노동부문은 파업 불참을 결정했다. 따라서 나는 독재권력을 갈망해온 메탁사스 장군의 실제 의도는 정부 활동을 불가능하게 만들고 있는 당 지도자들과의 대치를 끝내기 위해 공산주의 유령을 활용하려고 파업과 대중의 조바심을 교묘히 이용했다는 것을 의심치 않는다"고 말했다.[주51]

메탁사스가 '8 · 4정권' 체제를 구축한 동인은 의회와 공산주의였다. 1936년 10월 2일 '8 · 4정권'의 목적에 대한 그의 연설은 이를 극명하게 드러내고 있다. 그는 '8 · 4정권'이 "재앙으로부터 국민을 구했다"고 주장했다. 그에게 의회와 공산주의는 극단적 증오의 대상이었다.

> 국민은 공산주의 위험이 환상이 아니라 실체였다고 깨달았다. 천천히, 살금살금 무서운 적은 우리의 학교, 막사, 공장, 가정에 근거지를 확보했다. 이것은 모든 것을 파괴하고, 종교를 비웃음거리로 만들고, 가족을 해체하고 우리 국가를 타락시키려고 위협했다. (중략) '8·4'는 여러분을 재앙으로부터 구했다.
> 그리스 국민들이여, 정당들은 여러분을 이 재앙으로부터 구할 수 없었다. 정당들은 노쇠했고, 끊임없는 오랜 내부 투쟁으로 지쳤다. 그들은 죽은 유기체나 다름없다. (중략) 의회주의는 확실히 썩었다. 공산주의 망령 속에 피가 주입됐다. 이는 죽음의 시간을 우리에게 가져오는 지극히 해로운 피다. 여러분은 정당 보스와 함께 하지 않으면 어떠한 공직에도 진출할 수 없다. (중략)
> 그리스 국민들이여, 여러분은 정당 보스와 공산주의라는 이중의 폭정 속에 살았다. 그들은 여러분이 이러한 방식으로 사는 것이 자유롭다고 말했다. 그리고 결국 정당은 직간접적으로 여러분을 공산주의에 넘겼다. 우리는 이러한 이중의 폭정으로부터 여러분을 구했다. 폭정은 여러분의 모든 애국적 정서와 모든 위엄을 깡그리 벗겨내 완전한 절망과 실망 속에 빠트렸다.

메탁사스는 '8 · 4정권' 수립을 정당화하며 의회를 '죽은 유기체'로 규정했다. 이런 그의 '8 · 4'정권의 목적은 왕권 강화, 민족정신의 고양, 낙관주의와 용기, 자신감의 강화, 민족교육, 건전한 소비, 민족생산의 발전, 노동계급의 조직, 장인의 보호, 체계적인 복지조직, 유능한 행정조직, 예술과 과학의 진흥, 교회 지원, 사회의 협동조합적 조직, 군대의 시급한 재건이었다.[주52]

메탁사스는 '8 · 4정권' 수립 직후 공산주의자들을 가장 심각한 위협분자들로 인식해 그리스공산당을 불법화했다. 메탁사스 정권의 수호를 위한 국가기구는 일반보안대와 특수보안대로 구성된 경찰이었다. 정권은 공산주의자들과 좌파 인사들을 대대적으로 체포했고, 구두닦이, 신문가판대나 카페 주인과 같은 사람들을 정보원으로 활용했다.[주53] 그는 1936년 9월 18일 베니젤로스 정부 때 제정된 특별법을 개정해 '공산주의와의 싸움에 대한 수단과 그 결과에 관한 비상법 117호'를 선포했다. 이 법은 "글이나 말로, 또는 어떠한 방법으로든지 직간접적으로 기존 사회체제를 전복하려는 경향을 가진 이론, 사상, 사회적 · 경제적 · 종교적 제도의 개발이나 이행 · 확산시키려는 목적을 가진" 사람은 누구든지 3개월 징역형과 함께 6개월~2년간의 유형에 처할 수 있게 한 제도였다. 이 법은 이어 1938년 2월 11일 공포된 '비상법 1075호'로 보완됐다. 법률은 '참회선언'과 함께 추방된 사람들을 수용하기 위한 강제수용소 설치, 충성증명서 등 3대 주요 수단을 도입했다. '참회선언'은 형기의 3분의 1을 채운 수감자가 문서나 구두로 자신의 행위를 뉘우치고, 앞으로 이 법이 규정하는 일들을 하지 않겠다고 선언하는 것이다. '충성증명서'는 개인의 사회적 신념과 관련한 공안장관의 증명서로, 공무원이 되고자하는 사람은 이를 제출해야 한다.[주54] 군사독재정권인 '대령들의 정권'이 붕괴된 1974년까지 수십 년 동안 그리스 국가 통제의 기본 도구로 사용된 1938년의 비상법에 따라 경찰은 국가공무원 시험은 물론 언론인과 변호사를 포함한 모든 주요 직업과 인허가증의 획득에 필요한 정치적 충성심을 보여주는 증명서를 발행하는 책임을 맡게 됐다.[주55]

메탁사스의 집권기간 보안기관은 수백여 명의 공산주의자들과 수천여 명의 좌익 동조자로 의심받는 사람들을 체포했으며, 이들 가운데 많은 수가

고문을 받거나 장기형을 선고받았다.[주56] 그의 집권 4년 동안에 4만 5천여 명이 '참회선언'을 했다. 이는 당시 그리스공산당 조직원 1만 5천~1만 7천여 명을 훨씬 넘어서는 숫자였다.[주57] 여기에는 경찰과 보안기관의 과도한 열정이 한몫 했다. 이들은 독재정권 수호 및 공산주의자들과의 전쟁에서 주요 도구 구실을 했다. 이러한 공권력의 남용은 정당한 이유 없이 체포되거나 투옥됐던 그리스인들을 좌파로 몰아넣는 결과를 가져왔다.

3) 그리스공산당의 결성

그리스 내 사회주의 단체와 조직을 범그리스 정당으로 통합하기 위한 움직임은 1915년 4월 테살로니키에서 활동한 사회주의 조직체인 '연합'Federation에서 시작됐다. 러시아 혁명에 고무된 이들을 중심으로 1918년 8월 노동계급의 노동조합 통일과 중앙노동조합의 수립을 위한 범그리스노동자대회를 준비하기 위해 아테네에서 노동자대회가 열렸다. 이어 범그리스노동자대회가 같은해 10월 21일 아테네에서 열려 계급투쟁의 원칙과 노동자와 서민의 용기있는 싸움, 정당한 요구 등이 채택되고, 범그리스노동조합총연맹GSEE이 창설됐다.

그 뒤 11월 4~10일 피래우스의 증기기관사연맹 본부에서 지식인들과 노조 운동가, 사회주의자들이 참가한 가운데 제1차 범그리스 사회주의 당대회가 개최돼 범그리스사회주의노동당SEKE이 발족했다. 1920년 4월 5~12일 범그리스사회주의노동당 제2차 당대회에서는 제3인터내셔널과의 연대를 결정하는 한편 당 이름에 '공산주의'라는 용어를 추가하기로 하고 당명을 '그리스사회주의노동당-공산주의SEKE-K'로 변경했다. 이어 1924년 11월 26~12월 3일 제3차 임시 당대회를 개최해 만장일치로 공산주의 인터내셔널과 발칸공산주의연방의 결의를 수용하고, 공산주의 인터내셔널에 참여하기 위한 21개 조건을 수용해 당명을 그리스공산당KKE으로 재명명했다. 이 당대회에서 그리스공산당은 당 세포에 근거한 당의 재편을 결의하고 당 조직과 기능의 기본원칙으로서 민주적 중앙집권화의 원칙을 재확인했다.[주58] 당원들은 담배 및 철도 노동자들이 주류를 이뤘고 열악한 환경에 있던 아나톨리아 출신 피난민들과 도시 거주자들이 참여했다.[주59]

이 시기 공산당 지도자들을 포함해 1천여 명이 체포됐으며, 공산당은 의회선거 참여가 어려웠고, 반합법적으로 바뀌었다. 대부분의 공산당 지도자들은 전간기 장기간 수형생활을 해야 했다. 그리스공산당 지도자 가운데 한 명인 이오안니디스는 1921년 2월 체포된 것을 시작으로 14차례나 체포되기도 했다. 당은 급진파와 온건파 간의 당파투쟁으로 1929~1931년 정체상태에 빠졌다. 이에 소비에트 당국은 1931년 31명을 모스크바로 소환해 2명을 제외한 나머지 그리스공산당 관계자들을 처형했다. 처형을 면한 2명은 이오안니디스와 시안토스Georgios Siantos였다. 이와 함께 소비에트 당국은 29살의 자카리아디스Nikos Zachariadis를 새로운 정치국 지도자로 임명했다. 그는 그리스공산당 역사에서 가장 중요한 인물로 평가된다. 자카리아디스는 비교적 부유한 가정에서 태어나 오스만 제국에서 교육을 받던 부친이 사망하자 15살에 학업을 중단하고 콘스탄티노플에서 노동에 종사했으며, 오스만 제국의 몰락과 협상국의 콘스탄틴노플 점령을 목격했다. 선박노동자인 그는 1921년 콘스탄틴노플에서 공산청년단체의 서기가 됐다. '소아시아 재앙' 이후 소아시아를 떠나 1923년 중반 소련에서 극동노동자공산대학에 다니는 한편 소련 공산당원으로도 활동했다. 1924년 5월 그리스에 처음 온 그는 그리스공산당 간부로 5년을 보낸 뒤 1929년 소련으로 돌아가 레닌대학을 나왔다. 이어 1931~1941년 그리스공산당 서기를 지냈으며, 독일의 점령시기에는 강제수용소에 끌려갔다가 석방된 뒤 1945~1956년 다시 서기로 활동했다. 그 사이에는 시안토스가 그의 역할을 대신했다.[주60]

자카리아디스의 지도 아래 그리스공산당은 탄압에 맞서 지하세포조직을 확대하는 등 조직 개편을 꾀했다. 메탁사스 독재정권은 1936년 8월 4일 계엄령을 선포한 지 1개월이 지난 뒤 자카리아디스를 체포한데 이어 1938년

4월까지 시안토스를 제외한 모든 정치국원을 체포했다.[주61] 메탁사스 독재 정권의 강력한 탄압에도 불구하고, 공산주의 세포들과 베니젤리스트파 장교들은 지하에서 활동을 계속했다.[주62] 이들은 점령 시기 저항운동에 중요한 역할을 했다. 공산당원은 1929년 1,500여 명에서 1936년에는 1만 5천여 명으로 증가했다. 당이 성장하면서 당원 가운데 농민과 노동자의 비율도 크게 증가했다. 1934년 전체 당원의 50% 정도가 피난민 출신 농민들이었고, 44%는 노동자들이었다.[주63]

제2절
점령 시기 정치폭력의 기원과 구조

1. 외세의 침략과 영향

1) 이탈리아의 침략과 대응

1939년 4월 7일 새벽 이탈리아가 알바니아를 침략하자 그리스군 참모총장 파파고스Alexandros Papagos는 이탈리아의 그리스 침공에 대비해 총동원령을 내렸다. 그리스군은 무기와 현대식 장비가 부족했다. 그러나 거친 산악지대의 지형조건은 그리스군에 유리했고, 총리 메탁사스의 군 개혁도 방어능력을 강화시켰다. 메탁사스는 1939년 9월 2차 세계대전이 발발하자 영국에 호의적 중립을 유지하면서 교전행위에 개입하지 않기를 희망했다. 그러나 1940년 10월 28일 새벽, 아테네 주재 이탈리아 외교관이 메탁사스에게 크레타와 코르푸 섬, 에피루스의 일부 지역, 피래우스항에 대한 이탈리아군의 점령을 요구하며 최후통첩을 보내자 그는 이를 즉각 거부했다.

최후통첩을 거부당한 이탈리아군은 알바니아 국경을 넘어 그리스를 침략했다. 무솔리니는 장갑차량으로 무장된 1개 사단을 포함한 8개 사단과 150대 이상의 항공기를 알바니아에 집결시켜 그리스가 군대를 동원하기 전에, 그리고 산악지대가 눈에 쌓이기 전에 신속하게 승리하려고 했다. 그러나 그리스는 이미 2개 사단을 알바니아 부근 국경지대에 배치해 이탈리아군의 진군을 저지했다. 이탈리아 장갑사단은 공격의 선봉을 맡아 그리스 영토로 밀고 들어갔다. 이에 맞서 장갑차량과 대전차포가 부족한 그리스군은 지상전을 피해야 했다. 이탈리아군은 그리스 군대가 추가 배치되면서 11월 7일에는 더 이상 진군할 수 없게 됐다. 이어 그리스군이 11월 14일 반격에 나서 핀두스 산맥에서 이탈리아군을 격퇴했으며, 11월 22일이 되자 이탈리아군을 그리스 영토에서 축출했을 뿐만 아니라 오히려 이탈리아군의 주요 거점인 코리차Koritsa를 점령하고, 12월 8일에는 군 보급부대가 있는 아르기로카스트론Argyrokastron까지 진격했다.[주1] 이탈리아군을 막아낸 메탁사스는 국내에서 열광적인 환영을 받았다. 그는 이탈리아의 침략으로 촉발된 애국심을 한껏 활용했다.[주2]

이 시기 그리스공산당도 그리스 국민들에게 그리스-이탈리아 전쟁에 나설 것을 호소했다. 그리스공산당 중앙위원회 서기 자카리아디스는 1940년 10월 31일 그리스-이탈리아전과 관련해 그리스인들에게 최초의 공개서한을 보냈다. 그는 이 서한에서 "무솔리니의 파시즘은 그리스를 노예화하고 굴복시키기 위해 잔인하고도 뻔뻔스럽게 우리의 등 뒤에서 비수를 찌르고 있다. 오늘 우리 모든 그리스인들은 자유, 명예, 우리 민족의 독립을 위해 싸우고 있다. 투쟁은 매우 어렵고 힘들다. 그러나 생존하려는 국가는 위험과 희생을 무시하고 싸워야 한다"고 촉구했다.[주3]

그러나 이탈리아가 그리스를 침공하자 메탁사스는 공산주의자들과 공산주의 동조자들을 체포하기 시작했다. 파면된 공화파 장교들이 이탈리아와의 전쟁에 참전할 수 있도록 해 달라는 요구도 받아들이지 않았다.

세계대전은 그리스에 어두운 그림자를 드리우고 있었다. 1941년 1월 29일 메탁사스가 편도선염으로 급서했다. 후임 총리에는 코리지스Alexandros Koryzis가 임명됐다. 메탁사스가 독일의 개입을 우려해 영국군의 지원을 거부한 반면 그는 영국군의 진주를 허용했다. 그리스 침공이 좌절된 이탈리아군은 병력과 화력을 증강했다. 2월이 되자 알바니아 전선의 그리스 군대는 이탈리아의 21개 사단에 맞서 14개 사단으로 증강돼 이탈리아군의 재침공에 대비했다. 이탈리아군은 2월 13일 재진격했으나 그리스군의 저항에 밀려 좌절됐다. 코리지스 정부의 영국군 진주 허용 이후, 3월 5일 처음으로 그리스에 영국군이 상륙했다. 이탈리아군은 28개 사단과 300여대에 가까운 항공기를 집결시킨 뒤 3월 9일 대공세를 시작해 10일 동안이나 치열한 전투를 벌였지만 또 다시 그리스군에 저지됐다.

2) 독일의 그리스 점령

이탈리아군의 그리스 침공이 실패로 끝나자 이번에는 이탈리아의 동맹 나치 독일이 1941년 4월 6일 유고슬라비아와 그리스에 전쟁을 선포하고, 3개 장갑사단과 2개 사단을 동원해 불가리아에서 3개 방면으로 공격을 개시했다. 4월 9일에는 그리스 제2의 도시 테살로니키가 함락됐다. 독일의 공세를 맞은 혼란 속에 총리 코리지스가 4월 18일 스스로 목숨을 끊자 메탁사스 정권의 반대파였던 추데로스Emmanouil Tsouderos가 총리직을 승계했다. 수송수단이 없고 수송로마저 차단되자 알바니아 주둔 그리스 제1군 사령관 촐라코글루Georgios Tsolakoglou는 독일군에 무조건 항복했다. 그의 항복은 치욕 속에 이뤄졌다. 그는 4월 20일 에피루스의 보토나시Votoansi에서 독일군 디트리히Dietrich 장군에게 항복했고, 이틀 뒤에는 2차 항복협정에 서명해야 했다. 그러나 독일군 최고사령부가 이에 만족하지 않자 결국 테살로니키로 날아가 이탈리아 장군 페레로Ferrero와 독일군 장군 요들Jodl 앞에서 3차 항복협정에 서명했다. 30만여 명의 그리스 군병력이 포로가 되거나 무장해제됐다. 독일군에 맞서기 위해 그리스에 파견됐던 영국군 5만 600여 명은 4월 23일 그리스 본토에서 탈출했다. 독일군은 파죽지세로 몰아붙여 4월 27일 아테네에 진주했다.[주4]

그리스 군대가 본토에서 독일군에게 항복하기 직전, 국왕 게오르기오스 2세와 정부는 1만여 명의 그리스 군대와 함께 크레타로 후퇴했다.[주5] 독일군

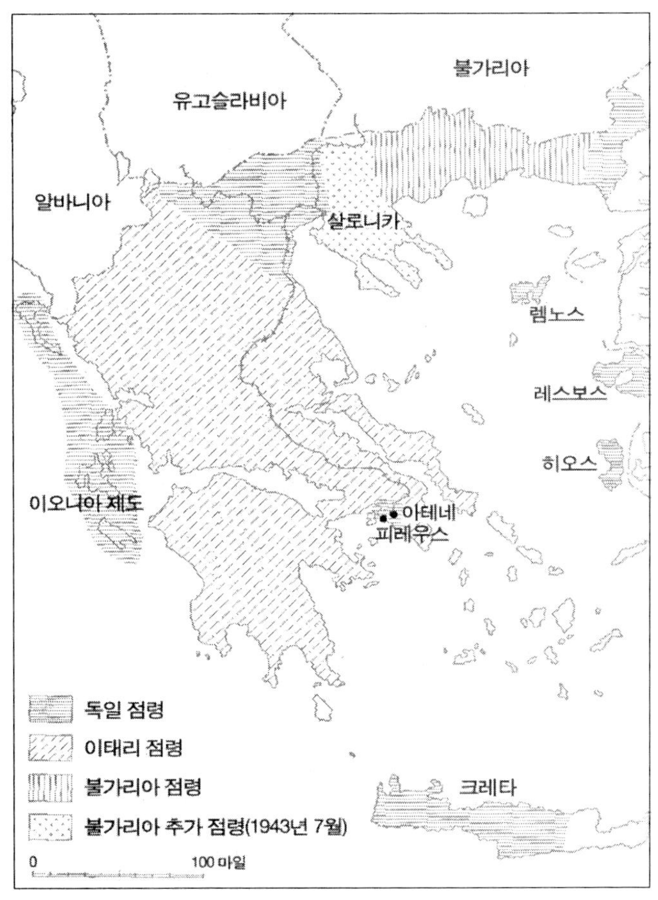

〈지도 2-2〉 독일, 이탈리아, 불가리아의 그리스 분할 점령

은 계속해서 섬들을 점령하기 시작해 5월 6일에는 미틸리니와 키오스 섬을 장악하는 등 크레타만 남기고 에게해의 섬들을 차례로 점령했다. 독일군의 크레타 침공은 상당한 희생자를 가져왔다. '머큐리작전Mercury Operation'으로 알려진 크레타 공습은 5월 20일 오전 6시 시작됐다. 크레타 공습에는 독일군 2만 2천여 명과 항공기 716대가 동원됐다. 하지만 그리스인들은 쉽게 크레타를 내주지 않았다. 저항이 치열했던 만큼 양쪽의 피해도 컸다. 전투

독일군의 크레타 침공.

는 12일 동안 치열하게 전개됐으나, 마침내 영국 해군은 1,800명의 부상자를 포함해 1만 8천여 명의 병력을 싣고 이집트로 철수하지 않으면 안됐다. 독일군은 4천여 명의 전사자와 실종자를 포함해 6천여 명의 사상자를 내고, 항공기 220대가 파괴되는 막대한 피해를 입었다. 영국군은 이 시기 크레타에서 항공기 46대를 잃었다. 전체 그리스에서의 사상자는 3만여 명이 넘었다. 애초 독일군의 크레타 점령은 나흘로 계획됐지만 12일이나 걸렸다. 이로 인해 1941년 5월 15일 러시아 공격을 계획했던 히틀러는 6월 22일까지 공격을 지연할 수밖에 없었다.[주6]

크레타 함락 직전 아테네에서 후퇴했던 국왕과 정부 각료들도 이집트 카이로로 망명했다. 그러나 국왕과 망명정부의 카이로 정착은 쉽지 않았다. 롬멜이 이끄는 독일군이 서부 아프리카 사막에서 영국군을 격파하고 전진하자 카이로와 알렉산드리아는 혼란에 빠졌다. 이로 인해 국왕과 망명정부는 7월 독일군의 손길이 닿지 않는 남아프리카의 케이프타운으로 이동했다가 미국을 거쳐 같은 해 9월 영국 런던에 망명정부를 세웠다. 그러나 영국은 그리스와 멀리 떨어져 있는데다 중동에서 창설된 망명정부의 그리스군대로부터도 원거리에 있었다. 결국 런던의 망명정부는 1943년 5월 다시 카이로로 이동했다.[주7]

독일의 그리스 침공은 동남아 국가들에 대한 일본의 점령과 같이 그리스의 전통사회를 뒤흔들어 놓았다.[주8] 독일군이 그리스를 점령한 이후 그리스는 3개국의 점령 통치 하에 들어갔다. 독일은 아테네와 피래우스, 테살로니키, 그리고 몇몇 섬들을 포함한 전략지역을 장악한 반면, 그리스의 상당부분은 이탈리아의 관할로 넘겼다. 불가리아는 동부 마케도니아와 트라키아를 점령했다. 전통적인 그리스의 적대국 불가리아는 자국민들을 점령지역에 정착시켰고, 그리스어 사용을 금지하는 한편 20만여 명의 그리스인들을 추방했다.[주9] 그리스 정교회와 학교들은 폐쇄되고 불가리아어가 공식언어로 채택됐으며, 아나톨리아 이주민들과 1922~1923년 강제 주민교환 뒤 그리스에 정착했던 그리스인들은 트라키아에서 추방됐다.[주10]

독일군은 점령 초기 그리스인들을 유럽의 신질서 안에 수용하기 위해 유화정책을 추진했다. 그들은 그리스 병사들을 전쟁포로로 억류하지 않고, 자유로운 귀향을 허락했다. 독일군 야전군 원수 리스트Wilhelm List와 제국 전권대사 알텐부르크Günther Altenburg의 추천으로 히틀러는 모든 그리스 장교들과 전쟁포로가 된 병사들의 석방을 명령했다. 독일군 점령당국은 그리스 내 공화파 정치 활동에 온건정책을 구사한 반면, 공산주의자들에 대해서는 강력하게 탄압했다. 독일군은 공공청사 내 그리스 국기 게양과 아테네 신타그마 광장 위 '무명용사의 묘' 앞에서의 의장대 의식 등을 계속할 수 있도록 함으로써 점령 직후에는 긍정적 인상을 심어주었다. 그러나 크레타 전투의 종료와 이탈리아군이 그리스에 들어오자, 대중의 분위기는 독일군에 대한 증오로 바뀌었다.[주11] 점령군들은 그리스 사회의 유력집단의 권위를 직간접적으로 파괴했다. 이들은 또 개인 식량과 의류, 의약품, 군용품, 교통수단 등을 강탈하기 시작했다.[주12]

2. 저항운동의 통일전선 구축과 민족해방전선

1) 민족해방전선·민족인민해방군의 창설

메탁사스 정권하에서 탄압을 받아온 그리스 공산주의자들의 저항활동은 독일의 침략 이후 들불처럼 번지기 시작했다. 그리스공산당은 1941년 5월 구호를 목적으로 한 민족상호원조*EA*를 결성했다. 이들 가운데 상당수는 알바니아 전선에서 이탈리아군과의 전투에 참전하고 귀향하면서 무기를 갖고 왔다.[주13] 저항운동을 하는 그리스 공산주의자들은 '데모크라티아*democratia*'라는 말보다 '라오크라티아*laocratia*'라는 말을 즐겨 사용했다. 둘 다 '인민의 통치'를 나타내지만, '데모크라티아'가 구질서, 완전한 민주주의가 실현되지 못했던 전전戰前 의회제도의 이미지를 갖고 있는 반면, '라오크라티아'는 미래에 대한 희망, 새롭고 의미있는 민주주의, 인민에 근거한 민주주의를 의미하는 용어였으며, 점령 그리스에서 새로운 지적 분위기를 한마디로 표현할 수 있는 단어였다. 따라서 공산주의자들은 '라오크라티아'를 내세워 저항운동을 구축해 나갔다.[주14]

메탁사스 정권 시기 투옥되거나 유배됐다가 탈출한 그리스공산당 간부 가운데 시안토스는 다카우Dachau강제수용소로 끌려간 자카리아디스의 뒤를 이어 1941년 11월 그리스공산당 서기 대리를 맡아 사실상 공산당 지도자가 됐다.[주15] 당시 점령당국은 노동운동을 약화시키기 위해 범그리스노동조합총연맹 간부를 임명했으나, 그리스공산당은 중앙위원인 테오스Theos에게 이에 맞서는 지하노동운동을 개시하도록 했다. 테오스는 노조 지도자인 칼로모이리스Kalomoiris와 스트라티스Stratis를 설득해 1941년 7월 아테네에 노동자민족해방전선*EEAM*을 결성하고, 테살로니키에도 비슷한 단체를 조직했다. 노동자민족해방전선은 같은 달 노동자 등 8천여 명이 참가한 가운데 대규모 시위를 벌였으며, 8월 들어 독일군 점령당국이 그리스인들을 독일로 강제노동을 보내려고 시도하자 파업과 시위를 벌였다.[주16] 이러한 과정을 거쳐 1941년 9월 27일 그리스공산당, 농업당*AKE*, 통일사회당*ESKE*, 인민민주연맹*ELD*, 공화당, 사회당*SKE* 등이 모여 민족해방전선*EAM*을 창설했다.[주17]

오밸런스의 말을 빌면, 민족해방전선의 창설은 점령 초기 그리스에서 가장 중요하고 광범위한 영향을 미친 사건이었다.[주18] 민족해방전선은 여러 정당·단체를 대표하는 25명으로 구성된 최고 정책결정기구인 중앙위원회의 통제를 받았지만[주19], 그리스공산당 정치국과 긴밀하게 연결돼 있었다. 그러나 민족해방전선 창설 초기 공산주의자들은 비밀리에 활동함으로써 조직 내에서 눈에 띄지 않았으며, 이는 많은 비공산주의자들을 끌어들일 수 있는 요인이 됐다. 민족해방전선 초대 대표는 에코노무Georgios Economou가 맡았으나 1943년 공산주의자들과 관계를 단절하고 사퇴했다. 또 해방 이전 민족해방전선의 최고 지도부에는 아테네대학 헌법학 교수로 사회주의자이며 국제적으로 존경받는 학자인 스볼로스Alexandros Svolos 교수와 또 다른 뛰어난 사회주의 지도자 치리모코스Elias Tsirimokos도 있었다.[주20] 민족해방전선은 민족인민해방군*ELAS*, 범그리스청년조직*EPON*, 민족상호원조, 노동자민족해방전선*EEAM* 등 4개의 산하 조직으로 이뤄졌다. 또 민족해방전선의 전체 조직원은 전체 750만 명의 그리스 인구 가운데 50만~200만 명으로 추정됐다. 마을 단위에도 민족해방전선 조직과 같은 4개의 조직이 있는데 상호원조, 범그리스청년조직, 게릴라병참부*ETA*, 민족해방전선 일반 위원회가 그것이다. 병참부는 해방구에서 세금을 징수하는 역할을 했다. 민족해방전선 일반 위원회 서기는 여행자 증명서, 마을 전입자 조사, 민족인민해방군이 필요로 할 때 나귀와 안내원 제공, 민족인민해방군 가입을 원하는 주민 추천 등의 역할을 했다. 공산주의자들의 민족해방전선에 대한 통제는 이들 책임자를 통해 이뤄졌다.

점령 시기 민족해방투쟁을 주도한 민족해방전선의 초기 선전활동은 대중의 지지를 끌어안고 협력자(부역자)들을 격리시키는 데 초점이 맞춰졌다. 민족해방전선은 빈곤계급뿐 아니라 모든 계급과 계층을 뛰어넘어 대중들의 지지를 받음으로써 사실상 그리스인들을 대표했다. 점령전 군 출신들과 그리스 정교회 신부들, 대학교수 등도 상당수 민족해방전선에 가담했다.[주21]

이처럼 민족해방전선은 남녀노소, 신분을 가리지 않고 전국의 그리스인들로 하여금 거국적 투쟁에 동참하도록 저항운동을 전개했다. 이들은 점령당국에 반대하는 모든 조직들을 규합하고, 파업과 무장투쟁을 통한 협력정부의 저항활동에 대한 파괴공작을 물리적으로 저지하는 한편 그리스인들의 사기를 고양하는 활동을 전개했다.[주22] 이들은 또 아테네, 피래우스, 테살로니키 등 대도시에서 민족해방전선의 목적과 입장을 밝히는 유인물을 배포하며 선전활동을 벌였다. 1942년 9월 비밀리에 발행된 '민족해방전선은 무엇이며, 이의 목적은 무엇인가?'라는 제목의 유인물은 18세기 그리스 혁명가 벨레스틴리스가 발간한 "노예 상태와 감옥에서 40년을 사는 것보다 1시간의 자유가 낫다"라는 구절을 인용하는 것으로 시작됐다. 이 유인물은 근대 그리스의 존경받는 지식인이며 교육가 가운데 한 명인 글리노스Dimitris Glinos가 작성했다. 그는 메탁사스 독재정권 시기 공산당에 가입했다가 체포돼 아기오스 에프스트라티오스Agios Efstratios섬으로 위배됐는데, 이때 건강을 해쳐 1943년 숨졌다.[주23] 이 유인물의 내용은 다음과 같다. (1) 기아와 질병, 결핍으로부터의 인민 보호 (2) 점령 세력 및 협력자들에 대한 소극적, 적극적 저항. 인민의 사기 앙양. 모든 형태의 협력 반대 (3) 점령당국이 그리스 노동력과 물자를 이용해 전쟁을 수행하지 못하도록 이들에 대한 일상적 마비활동 (4) 무력에는 무력으로 대응하는 한편 무장투쟁과 최종 무장봉기를 위한 적극적 저항 (5) 점령당국 최종적으로 축출될 때 ① 민족해방투쟁 지도자들, 그리고 전투 및 승리시기에 투쟁을 지도할 당과 단체들로 구성되는 정부 수립 ② 출판, 언론, 결사의 자유 확보 및 일반 사면 ③ 대중정부 수립을 위한 즉각적 제헌의회 선거 요구 등이다.[주24]

민족해방전선의 근거지는 농촌이었다. 1941~1942년 가을과 겨울 민족해방전선 활동가들은 농민들의 지지를 얻기 위해 지방으로 파견됐다. 농민들은 대부분 원시적인 방법으로 농업생활을 영위하는 소작농들이었다. 그들은 똑똑하고 근면하고 인내심이 강했지만 효율적으로 농사를 지을 지식과 수단이 부족했다. 이 때문에 전전 그리스 농가의 연평균 소득은 200달러가 채 되지 않았다. 유엔구제부흥기구UNRRA는 전전 그리스인들의 칼로리 소비량이 유럽에서 최저 수준 가운데 하나로 하루 2,500칼로리에 미치지 못했다고 밝혔다.[주25] 이런 상황에서 민족해방전선의 선전활동은 농민들의 정서를 파고들어 대부분의 농촌마을에는 민족해방전선 세포가 구축될 정도로 영향력이 막강했다.

특히 청년들과 여성들에게 호소력이 있었다. 게릴라 가운데는 14살 정도의 소년들이 상당수가 있었으며, 의심을 덜 받고 검문검색을 당하지 않을 정도의 어린이들은 무기나 메시지를 전달하는 연락원으로 활동했다. 이들은 한밤중 벽에 구호를 쓰고, 공공기관이 붙인 벽보를 훼손하는가 하면 길가에 섰다가 위험신호를 알리는 역할을 했다. 전통적으로 그리스 사회는 절대적인 가부장적 사회로 여성들의 지위는 낮은 남존여비의 전통사회였다. 그러나 여성들은 민족해방전선을 통해 가정을 벗어나 사회활동의 전면에 나서게 됐다. 민족해방전선은 여성해방을 위한 조치를 중요시했고, 이는 집안에만 얽매였던 여성들의 탈출구 역할을 했다. 농촌지방에서 힘들고 천한 일을 도맡았던 여성들에게 민족해방전선 참여는 '해방'이었다. 결과적으로 민족해방전선은 전통적인 가부장적 사회에 혁명적인 변화를 가져왔다. 여성들은 대중조직에서 존경을 받았으며, 남성들의 전유물이었던 토론문화도 깨졌다.

민족해방전선은 소작농들의 재산권을 존중해 임대료를 지주들에게 할당했고, 양과 염소 등 목축으로 생계를 잇는 농민들에 대한 약탈행위를 금지시켰다. 민족해방전선의 주요 목표인 해방과 사회정의, 경제발전, 참여민주주의, 양성평등은 그리스 전역에서 환영을 받았으며, 조직의 단결과 활동력을 향상시켰다. 이들만 참여했던 것은 아니었다. 의사와 교육가, 지식인과 작가 등 전문직 종사자와 부유층 및 고위관리 자녀들도 민족해방전선의 대의명분에 동참했다. 일부 지역에서는 생산직 노동자와 숙련공, 소규모 도매인, 카페 주인 간의 구분이 없는 프롤레타리아운동으로 발전했다. 특히 민족해방전선은 자유당과 왕당파 정당들에 의한 전통적인 그리스의 정치제도를 균열시키는 결과를 가져왔다. 2차 세계대전이 일어나기 오래전부터 이들 정당은 도덕적 위기에 직면했으나 민족해방전선의 기치 아래 그리스인들은 공통의 목표에 대한 소속감과 연대감을 갖게 됐다.[주26]

2) 민족인민해방군의 활동과 '자유 그리스'

1942년 2월 2일 그리스공산당과 민족해방전선 중앙위원회는 산간지역을 중심으로 자체 부대를 결성해 점령당국에 맞서 무장투쟁을 벌이기로 결정하고, 민족해방전선 중앙위원인 제마스Andréas Tzemas를 루멜리로 파견했다. 이러한 결정은 제마스를 포함한 폴리도로스I. Polydoros와 하지스Hadzis가 동의하고, 그 뒤 이들 부대가 민족해방전선하의 무장부대가 될 것을 시안토스가 승인해 이뤄진 것이었다. 같은 해 봄이 되자 민족해방전선은 중부 그리스 전역에 걸쳐 지역 지도자들을 내세우고 조직을 수립하기 시작했다. 이를 통해 4월 10일 그리스공산당과 민족해방전선 중앙위원회는 게릴라 부대의 창설 계획을 발표했다.[주27] 5월 20일에는 아리스 벨루키오티스Aris Velouchiotis가 15명으로 구성된 최초의 민족인민해방군 부대를 창설했다. 아리스 벨루키오티스의 본명은 클라라스Thanasis Klaras다. 그의 가명은 그가 태어난 '전쟁의 신' 아리스Aris 또는 Ares의 고향인 벨루키Velouchi산에서 유래했다. 포병 대령 출신인 그는 게릴라로서 뛰어난 명성을 얻었다.[주28]

민족인민해방군을 의미하는 그리스어 '엘라스ELAS'는 그리스 국가 이름인 '엘라스Ellas'와 동음이의어로, 군사조직 이름 자체만으로도 조직의 강력한 선전도구 구실을 했다. 민족해방전선과 민족인민해방군은 모든 면에서 강력하게 결합돼 '민족해방전선 · 민족인민해방군EAM·ELAS'은 통일체로 간주됐다.

그리스의 저항단체들이 점령 초기 산간지역을 중심으로 무장투쟁을 전개한 것은 그리스의 지형적 특성에 기인했다고 볼 수 있다. 그리스는 협곡과 계곡으로 둘러싸인 곳이 많고, 도로 사정이 나빠 점령군이 함부로 접근할 수 없어 게릴라의 활동에 이상적이었다. 초기의 소규모 게릴라 부대들은 공산주의자나 비밀 공산주의자들로 구성됐다. 민족인민해방군은 1943년이 되자 독일군에 맞서는 강력한 무장저항단체로 성장했다. 민족해방전선과 민족인민해방군은 민족적 자부심을 통해 대중들에게 파고들기 위해 오스만 튀르크 제국에 항거했던 독립전쟁 시기 독립군인 '자유의 전사Freedom Fighters'와 같은 이미지를 재현하려고 애썼다. 구레나룻 수염이나 꽁지머리 스타일의 머리모양, 전통의상 등은 이러한 이미지를 만들어냈다.[주29]

민족인민해방군은 1943년 3월 서부 마케도니아의 나우사Naoussa와 테살리의 카르디차Karditsa를 장악했는데, 카르디차의 경우는 8개월 동안이나 점령했다. 이 시기가 되자 추축국은 대도시와 주요 도로 및 철로 주변으로 철수하지 않으면 안됐다.[주30] 또한 같은 달 제마스는 민족인민해방군의 조직을 체계적으로 조정 · 강화하기 위해 총사령부 결성에 나서는 한편 자신들과 합류하지 않은 저항단체들은 모두 반역자라고 선언했다. 민족인민해방군은 이어 테살리에 있던 저항단체인 해방투쟁사령부AAA를 이끄는 정규군 대령 출신 사라피스Stefanos Sarafis가 이탈리아군과 접촉하고 있다며 공격했다. 해방투쟁사령부 부대원들은 탈출하거나 민족인민해방군에 가담했고, 일부는 체포돼 총살됐다. 사라피스는 루멜리의 아리스 벨루키오티스가 있는 사령부로 연행됐으나 그들의 요구로 군지휘관직을 받아들였다. 이에 따라 민족인민해방군은 1943년 5월 민족해방전선 대표 제마스, 게릴라 책임자 아리스 벨루키오티스, 군사전략 책임자 사라피스로 구성된 3인 체제의 '민족인민해방군 총사령부'를 창설했다. 이를 바탕으로 민족인민해방군은 무기 훈련과 게릴라 전술, 매복 기술 연마에 집중했다. 사라피스 대령이 채택한 전술은 신속한 습격과 잦은 매복으로 정의되는 '적극적 방어'였다. 이러한 훈련을 통해 민족인민해방군은 효율적인 부대로 변해갔다. 6월이 되자 민족인민해방군 부대원들이 증가하면서 안전을 위해 보다 오지의 산간지대로 들어갔다.[주31] 민족인민해방군의 지휘체계는 모든 단위 조직에서 '3인 위원회' 제도를 채택했다. 이 위원회는 군사 지휘관, 행정 장교, 정무담당(민족해방전선)으로 구성됐다. 이들 3인은 동일한 권리를 갖고 있었지만, 민족해방전선 대표가 군사 지휘관의 결정을 거부할 권한을 가졌다. 군사 지휘관은 작전, 기획, 보안을, 행정 장교는 보급, 무기 및 탄약 획득, 식량 징발 등을 담당했다.[주32]

민족인민해방군의 무장부대 병력규모는 1943년 2월 2천여 명에서 6월 6천여 명, 1944년 1월 2만 5천여 명, 같은 해 9월 4만 5천~5만여 명으로 가파르게 증가했다. 이밖에 비무장 예비병력들도 있었다.[주33] 민족해방전선이 절정기에 이르렀을 때 구성원은 민족인민해방군 7만여 명과 예비병력 7만여 명, 그리고 범그리스청년조직 40만여 명을 포함해 모두 150만여 명으로 추정됐다.[주34] 이러한 규모는 그리스 전국의 민족해방전선 조직이 체계적으로 갖춰졌음을 의미했으며, 사실상 그리스인들의 지하정부나 다름없었다.

이들의 공세에 점령당국은 산간지역에서 철수했다. 카르디차, 그레베나 Grevena, 트리칼라Trikala, 메초보Metsovo 등의 지역은 1943년 7월이 되자 해방구가 돼 '자유 그리스Free Greece'가 구축됐다. '자유 그리스'는 그리스 내의 또 다른 그리스였다. 중부 및 북부 그리스인 루멜리, 테살리, 마케도니아에서 강력한 세력을 구축해 1만 2천여 명에 이르렀고 펠로폰네소스와 트라키아에도 상당수의 게릴라들이 활동했다.[주35]

1943년 6월 사라피스는 6개 사령부로 증가한 지역사령부들을 효율적으로 통솔하고 관장하기 위해 '총사령부 위원회'를 구축했다. 9월에는 사라피스

주도로 민족인민해방군 지역사령부를 사단으로 편성했다. 1사단테살리 8천여 명, 3사단펠로폰네소스 2,500여 명, 8사단에피루스 2천여 명, 9사단서부 마케도니아 4,500여 명, 13사단루멜리 3천여 명으로 편성했다. 각 사단에는 청년들로 이뤄진 범그리스청년조직이 있었는데 이들은 기초 군사훈련을 받고 사단에 소속돼 식량배분, 취사, 전령 등을 담당했다.[주36]

1943년 12월 1일 민족인민해방군 최고사령부는 자체 법령인 '자치정부와 인민 정의를 위한 명령'을 발표하고 '자유 그리스'에서 실시할 행정체제를 수립했다.[주37] 이를 통해 마을주민들은 선거제도를 통해 마을위원회, 식량위원회, 학교위원회, 교회위원회 등을 구성하고 인민법정을 운영해 마을의 법률 분쟁을 주민들 스스로 해결했다. 민족해방전선 · 민족인민해방군은 강력한 저항활동을 통해 점령 시기 독일군과 이탈리아군의 대대적인 게릴라 소탕작전에도 불구하고 코린토스만에서 유고슬라비아 국경선에 이르는 광대한 산악지역과 핀두스 산맥의 서부 기슭에서 그리스의 동부해안에 이르는 지역을 장악했다.[주38]

1943년 7~8월 '자유 그리스'에 갔던 영국군 소령 월리스D.J. Wallace는 "그곳에 가기 전까지는 얼마나 크고 얼마나 자유로운지 알지 못했다. 그리스의 척추를 이루는 중앙의 전체 대산괴는 절대적으로, 그리고 모든 지역이 점령당국이나 아테네 협력(매국)정부의 영향력이나 접촉으로부터 자유롭다. (중략) 그 안에서는 완전히 자유롭다. 플로리나Florina에서 아테네 근교까지 민족해방전선의 통행증만 있으면 여행할 수 있다. 적으로부터 자신을 보호할 필요가 없다. 왜냐하면 그곳에서는 적들을 볼 수 없기 때문이다"라고 밝혔다. '자유 그리스' 가운데 2만여 명의 주민들이 거주하는 카르디차는 이탈리아 수비대로부터 2~3마일밖에 떨어지지 않은 테살리의 평원지대에 있지만 영국군복을 입고 자유롭게 쇼핑할 수 있었다.[주39]

민족해방전선 · 민족인민해방군은 이러한 활동을 통해 독일군 점령 시기 민족해방투쟁과 함께 각종 제도와 기구의 신설 · 정비 등 국가건설을 위한 경험을 쌓아갔다. 영국군 특수전처 소속 장교 스티븐스J.M. Stevens는 “그리스는 오늘날 두 개의 분단국가-점령 국가와 비점령 국가-가 형성돼 있다”고 말할 정도로, 1944년 중반이 되자 ‘국가안의 국가state within a state’가 됐다. 스티븐스도 북서부 마케도니아를 제외하면, 자유 그리스에서는 사실상 혼자 돌아다니거나 비무장해도 지극히 안전하다고 평가했다.[주40]

3. 우파 저항단체와 친독협력정부

1) 민족민주그리스연맹의 결성과 반공극우단체들의 테러

우익 공화파 저항단체인 민족민주그리스연맹*EDES*은 1935년 친베니젤리스트파의 쿠데타 실패 이후 군에서 축출된 중도파 대령 출신인 제르바스 Napoleon Zervas에 의해 1941년 9월 9일 그리스 서북부 에피루스 산간지대에서 창설됐다. 민족민주그리스연맹 소속 장교들은 소수 왕당파를 제외하고는 대부분 1935년 숙청됐던 공화파다. 이 시기 발족된 많은 저항단체들과 마찬가지로 이들도 국왕 게오르기오스 2세의 메탁사스 독재정권 지지에 불만을 품고 망명중인 국왕에게 강한 반감을 가졌다. 그러나 영국군 소령 윌리스는 “그리스의 장래와 이익이 절대적으로 영국과 밀접한 관련이 있으며, 이에 따라 (제르바스의 정책은) 영국과의 우호관계와 협력을 다른 어떤 것보다도 우선한다고 확신한다. 그는 국왕을 선호하지 않는다. (중략) 그러나 그는 국왕을 기꺼이 받아들일 준비를 하고 있거나 우리 요구에 따라 무엇인가 할 것”이라며 영국의 정책에 따라 움직일 것으로 보았다. 민족민주그리스연맹의 창설 목표는 5가지다. (1) 종전 이후 사회주의민주정권 수립 (2) 국왕 게오르기오스 2세의 반역과 그의 독재행위 탄핵 및 ‘8 · 4 정권’ 참여자 처벌 (3) 국가의 모든 반민주 인사들에 대한 숙청 및 경찰과 헌병대의 해체 (4)

(저항)단체 상호간의 악용을 막기 위한 정치적, 사회적 균등 지분 구축 (5) 자유선거를 통한 민족민주그리스연맹의 목표 승인 추구 등이다. 그러나 민족민주그리스연맹은 이러한 목표를 추진하는 데 실패했다.주41

이 저항조직의 명목상 대표는 프랑스에 망명 중이었던 플라스티라스 장군이었지만, 무장투쟁의 지휘권은 제르바스가 장악했으며, 5명으로 구성된 집행위원회의 통제를 받았다. 그는 영국군 첩보요원들로부터 아테네를 떠나 게릴라 부대를 조직하도록 요청을 받자 에피루스로 들어가 이를 실행에 옮겼다. 그는 아르타Arta의 동북쪽 발토스Valtos 지역에서 3개월여 만에 300여 명 규모의 무장부대를 조직했다. 제르바스는 아테네의 민족민주그리스연맹 집행위원회의 지령을 받게 돼 있었지만 독립적으로 무장부대를 움직였다. 에피루스를 거점지역으로 활동한 민족민주그리스연맹은 루멜리, 테살리, 마케도니아, 펠로폰네소스의 일부 지역에 계속해서 거점을 확보하면서, 민족인민해방군의 최대 라이벌로 떠올랐다. 조직이 성장함에 따라 자금과 무기 등의 지원을 받기 위해 카이로에 있는 영국군 사령부와 연락망을 구축했다. 그러나 이 시기 그리스의 군주제를 강력하게 지지했던 영국의 압력으로 제르바스는 1942년 3월 국왕 게오르기오스 2세에게 충성 서약을 보내지 않을 수 없었으며, 이러한 그의 태도는 민족민주그리스연맹이 친왕당파로 기울어지는 계기가 됐다.

민족해방전선, 민족민주그리스연맹에 이어 3번째 규모의 저항단체는 1942년 가을 결성된 대령 출신 프사로스Dimitrios Psarros와 정치인 카르탈리스Georgios Kartalis가 주도하는 민족사회해방*EKKA*이었다. 이 단체의 군사조직은 프사로스의 과거 부대 이름을 따 1943년 초 창설된 '5/42에브존연대5/42 Evzone Regiment'로 중동부 그리스에서 주로 활동했다. 이밖에 마케도니아를 중심으로 그리스 북부지방에는 불가리아 점령당국에 항거했던 '북부그리스의 수호자들*YVE*'이라는 무장저항단체가 있었다. 이 단체는 나중에 '범그리스해방조직*PAO*'으로 바뀌었으나 민족인민해방군에 의해 해체됐다. 펠로폰네소스에는 '민족장교조직EOA'과 '그리스군ES' 등 2개의 저항단체가 조직됐는데, 이들 단체는 과거 군 장교 출신들로 구성됐다. 망명정부를 인정한 '민족장교조직'이 1943년 후반 민족민주그리스연맹이 펠로폰네소스에서 세력을 확장하면서 두 단체 간에 전투가 발생했다. '그리스군'도 펠로폰네소스를 벗어나서는 활동하지 못했다. 크레타에서는 공화파 만다카스Mandakas 대령이 지휘하는 '민족크레타조직EOK'이 점령 기간 내내 크레타를 장악해 민족해방전선 · 민족인민해방군이 거점을 확보하지 못한 유일한 지역으로 남았다.[주42]

보안대대가 중부 그리스와 펠로폰네소스에서 주민들을 희생양으로 삼는 동안 북부지방에서는 반공 · 극우 저항단체들에 의한 주민 탄압이 자행됐다. 마케도니아와 테살리의 친독협력단체들은 친독협력정부가 아닌 독일군에 의해 직접 창설돼 무차별 테러를 일삼았다. 그리스 점령 및 내전사 연구의 권위자인 마조워는 그들을 '처형집행대death squads'로 묘사했다. 민족인민해방군에 대응하기 위해 독일군 자금을 지원받은 이들 '처형집행대'의 임무는 주민들에 대한 무차별 학살을 자행해 완전한 공포 상태로 만드는 것이었다. 민족인민해방군의 거점이 있었던 테살리에서는 현지 독일군 보안경찰이 지원한 '반공행동 민족농업연합EASAD'이라는 단체가 1944년 봄 갑자기 출현해 길거리를 다니면서 통행인들을 고문하고 살해했으며, 상점을 약탈했다. 테살로니키의 한 단체는 '살로니카의 야수'로 알려진 단굴라스Dangoulas라는 이름의 문맹 운전사가 이끌었는데, 경찰 간부는 그를 '도시의 치욕'이라고 부를 정도였다. 마케도니아의 친독협력단체는 극우주의자 풀로스Georgios Poulos 대령의 주도로 1943년 3월 창설됐다. 그는 테살로니키 서쪽 펠라Pella 지방의 기안니차Giannitsa에 본부를 두고 800여 명까지 조직원을 증강했다. 같은 해 12월에는 파파도풀로스Constantine Papadopoulos가 이끄는 '민족그리스군EES'이 중부 마케도니아의 킬키스에 근거지를 두고 활동했고, 터키어를 구사하는 가축 매매업자 아가스Michal Agas는 서부 마케도니아의 코자니

Kozani에, 바차크Kitsa Batzak는 쿡코스Koukkos에 본부를 둔 무장단체를 조직했다. 이들 단체는 영국의 지지 희망 속에 1944년 8월 제르바스가 이끄는 민족민주그리스연맹과의 연계를 선언한 연합체를 구축했으며, 이 연합체는 8천~9천 명에 이르렀다.주43 좌 · 우파 저항단체 간의 충돌은 피의 보복을 불러왔고, 결국 그 피해는 민간인들에게 고스란히 돌아갔다.

점령 시기 많은 저항단체들이 출현했으나 사실상 전국적으로 조직을 확대하고 구축한 무장저항단체는 민족해방전선 · 민족인민해방군 밖에 없었다. 군 장교들이 조직한 민족민주그리스연맹과 민족사회해방도 그리스의 중부와 서부지방에서 활동했을 뿐 전국적 조직망을 갖추지는 못했다.주44

2) 친독협력정부와 보안대대의 활동

독일군이 점령한 그리스에는 친독협력(매국)정부가 수립되고, 추축국은 자신들을 지지하는 친독일 동조자들의 협력을 받았다. 치욕 속에 무조건 항복문서에 서명했던 촐라코글루는 일주일만인 4월 30일 초대 협력정부의 총리로 변신했다.주45 그는 앞서 4월 26일 '독일 인민의 총통'에 기여할 준비가 돼 있다고 선언했다.주46 촐라코글루 친독협력정부는 메탁사스파 청년단체들을 해체하고 부패혐의가 있는 메탁사스파 장관들을 기소함으로써 독일과 그리스인들의 환심을 사려고 했으나, 그의 이데올로기는 기본적으로 메탁사스의 성향과 유사했다. 그는 메탁사스 독재정권 시기와 마찬가지로 경찰과 보안위원회를 통해 공산주의자들에 대한 탄압을 계속했다. 이어 1942년 12월부터 1943년 4월까지 2대 친독협력정부 총리가 된 로고테토폴로스Konstantinos Logothetopoulos는 의대 교수 출신으로, 독일군 원수 리스트의 질녀가 그의 부인이었다. 1943년 4월 6일부터 점령이 끝날 때까지 총리로 재임한 랄리스Ioannis Rallis는 보안부대를 창설하는 조건으로 총리가 됐다. 그는 독일군의 철수 뒤 사회 혼란과 공산주의자들에 의한 국가전복을 막아내 그리스를 망명정부에 이양하겠다고 주장했다.주47 그는 "우리 사회의 토대가 흔들리고 있었다. 국가는 생존하기 위해서 방어할 준비를 해야 했다. 정서상 그리고 지리적 위치로 항상 그리스의 보호자였던 대제국영국이 범죄와 파괴분자들의 통치를 용인하지 않을 것이라는 것은 확실하다"며 자신의 취임 결정을 정당화했다. 취임 다음 날 랄리스는 4개 보안대대를 조직하기 위한 법률을 통과시키고 지원자 모집에 들어갔다. 하지만 독일군이나 이탈리아군이 그리스 보안대대에 무기 공급을 꺼려하면서 창설 속도가 지연됐다. '반공'은 점령 이전부터 그리스 사회를 뒤덮은 지배이데올로기였다. 공화파와 왕당파들도 이러한 지배이데올로기에 묵시적으로 동조하고 있었다.

랄리스는 왕당파 출신이지만, 공화국 체제 시절 독재자 판갈로스 장군을 포함해 보안대대 창설을 주도한 인물들은 악명 높은 공화파 장교집단이었다. 보안대대의 규율은 엉망이었고, 제대로 통제되지도 않았다. 독일군들은 처음에는 이탈리아군의 두려움을 줄이기 위해 새로 창설된 대대에만 총기류를 지급했다. 보안대대가 체계를 갖추기 시작한 것은 이탈리아군이 철수한 뒤였다. 1943년 9월부터 독일군은 그리스 보조부대가 저항단체들과의 전쟁에서 유용할 것이라고 보고 이들을 무장시키기 시작했다. 10월이 되자 최초의 대대가 아테네에서 활동하기 시작했으며, 12월 말에는 2개 대대가 추가로 활동했다.주48 이와 동시에 독일군 친위대 · 경찰 최고지휘관*HSSPF* 쉬마나*Schimana*는 헌병과 경찰력을 재조직하기 시작하고, 게슈타포는 그리스의 특수반공사찰부대에 침투했다. 악명 높은 특수보안대에 들어간 헌병 300명 가운데 194명은 신병으로 훈련을 받지 않았으며, 1944년 2월 새로 모집된 신병 90명 가운데 19명은 범죄자들이었다. 내무장관은 정치권 밖에서 주로 활동하는 반공단체원들에게 특수보안대 신분증을 만들어 문제를 악화시켰다. 보안대대 병력들은 그리스군 장교 휘하의 극단적 반공주의자들로 구성됐다.주49 보안대대는 처음에 펠로폰네소스와 아티카 지방의 도시 수비임무에 한정했으나, 대게릴라전에 투입돼 남부 그리스에서 민족해방세력을 탄압하는 데 어느 정도 성공을 거두자 병력을 증강시키고 작전지역을 중부 그리스로 확대했다.[주50] 1943~1944년 겨울에는 4개 대대가 체제를 갖춰 중부 그리스에서 활동하고, 반공 비정규군도 마케도니아에서 독일군의 작전에 참가했다.[주51]

1944년 3월 19일, 랄리스는 1927년 이후 군부대에서 해임된 장교들을 기존 계급으로 보안대대에 재복무할 수 있도록 법을 제정했다.[주52] 이러한 조처는 이들 대대가 공산주의자들과 싸우는 데 활용되고 있다는 선전효과를 가져왔고, 많은 퇴역한 공화파 군인들에게 전후 그리스 군대에 다시 들어갈 수 있는 길을 열어줬다.

1944년 들어 보안대대들은 독일군과 함께 연합국군의 공격에 노출된 펠로폰네소스와 에비아Euboea에서 대대적으로 저항세력에 대한 소탕작전을 전개했다. 친독협력단체들은 대규모 방화와 인질 처형을 자행하고, 무차별적인 약탈과 테러를 자행했다. 보안대대는 독일군과 함께 민족해방전선이 장악한 아테네-피래우스 지역을 자주 급습했다. 보안대대와 친독협력단체들의 이러한 행위로 수많은 민간인들이 학살됐고, 재산은 파괴됐다. 이에 대한 보복으로 민족해방전선·민족인민해방군은 협력부대 및 헌병대 가족들을 상대로 암살작전으로 대응했다.[주53]

제3절
저항과 대응, 그리고 영국의 개입

1. 점령 시기 영국의 그리스 정책과 저항활동

1) 영국의 그리스 정책

그리스가 추축국에 점령된 뒤부터 해방될 때까지 영국의 그리스 정책은 크게 2가지 원칙으로 구분된다. 첫째, 그리스 국왕과 망명정부는 그리스 국가의 정통성을 갖고 있다. 둘째, 영국은 전쟁 시기에 그리스에 어떠한 정치적 변화도 승인하거나 강요하지 않는다는 것이었다.[주1] 영국은 그리스에 주둔한 독일군을 저지하고 타격을 입히기 위해 그리스에서 무장투쟁을 벌이는 게릴라 조직을 활용하는 군사적 편의주의와 전후 그리스를 영국의 영향권 안에 포함시키려는 정치적 아젠다 사이에서 정책을 전개했다. 이에 따라 영국은 전후 그리스에서의 영향력 행사를 위해 그리스 국민들의 비난을 받는 국왕을 지지할 수밖에 없었다. 이는 카이로 주재 미국의 전략첩보국OSS 소속 에드슨Charles Edson이 1943년 12월 작성한 영국의 그리스 정책과 관련한 보고서에서도 잘 나타난다. 그는 "영국은 비극적이게도 그리스 상황을 제대로 다루지 못하고 있다. (중략) 영국은 그리스가 전후 자국의 효율적인 통제 아래 두는 것이 중동에 있는 영국의 이익에 필수적이라고 믿고 있다. 그들은 전후 안정적인 그리스 정부를 원한다. 그들은 영국식 입헌군주제가 이러한 목적을 달성하는 데 가장 개연성 있는 정부형태라고 믿고 있다. 따라서 국왕 게오르기오스 2세를 지지한다. 현재까지 그들이 이 정책을 포기할 의도가 있다는 증거를 가지고 있지 않다"고 보고했다.[주2]

1942년 11월 영국군 참모부는 특수전처에 무장단체들의 저항활동을 전면 지원하도록 요구했다. 그러나 그리스 내 좌파 무장투쟁세력이 강하다는 점을 고려하면 이러한 요구는 그리스 국왕을 보호하려는 영국정부의 정책에 배치되는 것이었다. 이로 인해 영국 외무부와 특수전처는 갈등을 빚었다. 1943년 3월 "영국정부가 (1) 언제든지, 어떤 대가를 치르더라도 쿠데타를 즉각 진압하고 (2) 전후 자유 국민투표를 보장하는 결의를 지금 보여준다면 민족인민해방군과 민족민주그리스연맹이 협력하게 할 수 있을 뿐 아니라 훗날 있을지 모르는 내전을 피하고 보안을 유지할 수 있다고 믿는다"는 특수전처 소속 마이어스E.C. Myers와 우드하우스C.M. Woodhouse의 보고서를 받은 외무부는 분개했다. 외무부는 그리스 정치에 대한 지식이 없는 마이어스가 자신이 고안한 정치 프로그램에 근거해 작성한 보고서라며 참을 수 없다는 입장을 보였다. 외무부는 이 보고서를 근거로 특수전처의 활동이 중단돼야 한다고 보고 국왕과 추데로스 망명정부에 대한 강력한 지지정책을 추진했다. 1943년 3월 8일 영국 전시내각 회의에서 외무장관 이든Anthony Eden은 "우리 정책은 현 그리스 정부와 어느 정도 다른 정치적 견해를 보이는 그리스 내의 애국적 인사들과의 접촉을 줄이더라도 그리스 국왕과 (망명)정부의 철저한 지지자가 돼야 한다"고 강조했다. 일주일 뒤 외무부는 처칠의 승인을 받고 참모부에 그리스 국왕과 망명정부를 강화하는 데 집중할 때가 왔다는 그리스 정책 제안이 담긴 비망록을 보냈다. 이들의 갈등은 1943년 내내 계속됐다. 이해 11월 이든은 그리스 국왕의 이익을 보호하는 조치를 취해야 그의 조기 귀국을 막을 수 있다고 판단하고 전시내각에 (1) 민족해방전선·민족인민해방군 지도부와 관계를 즉각 단절하고 선전활동을 강화할 것 (2) 그리스 (망명)정부 영국 대사 리퍼Reginald Leeper를 통해 국왕에게 영국

정부가 보고 있는 현 상황과 제안을 설명하고, 해방이 되면 유력인사로 구성된 섭정위원회를 임명토록 하는 한편 국왕 자신은 헌법문제가 해결될 때까지 귀국하지 않을 것이라는 선언을 하도록 할 것 (3) 때가 오면 국왕은 즉각적이고도 비밀리에 다마스키노스Damaskinos 대주교에게 그러한 섭정위원회의 임명을 발표하도록 승인하고 당분간 온건 여론을 이끌도록 그를 고무할 것 등을 건의했다. 전시내각은 여러 논란을 벌인 끝에 군사적인 부분은 윌슨Henry Maitland Wilson 장군과 리퍼가 함께 풀어가도록 하는 데 동의했다.[주3]

그러나 영국의 정책은 그리스 내부의 갈등을 촉발시켰다. 영국은 자신들의 군사적 편의에 따라 좌·우파를 가리지 않고 저항활동을 전개하는 무장단체들에게 무기를 공급했다. 그리스의 저항활동을 주도한 민족해방전선·민족인민해방군은 국왕을 반대했을 뿐 아니라 경쟁 저항단체인 민족민주그리스연맹도 초기에는 국왕을 비난했다. 그런데도 영국은 독일군 저지와 전후 그리스에서의 영향력 확보를 위해 이들을 이용했다.

2) 영국의 개입과 저항단체의 연합작전

그리스인들의 저항활동은 추축국의 침략 초기부터 그리스 전역에서 일어났다. 추축국의 점령정책이 가혹해질수록 소극적 저항행위는 적극적 저항행위로 바뀌었다. 1941년 5월 2일 영국군 포로에 대한 아테네 시민들의 반응은 자발적인 저항행위의 일종이었다. 이날 독일군의 경호를 받은 영국군 포로를 실은 트럭 2대가 아테네 중심지 신타그마 광장을 지나자 길가 양쪽에 있던 시민들이 그들을 향해 박수를 쳤고, 5월 5일에도 비슷한 사건이 일어났다. 시민들은 독일군 트럭을 에워싸고 그 안에 있던 4명의 영국군 포로들에게 담배나 맥주를 건넸다. 포로들에 대한 이러한 반응이 계속되자 점령 초기 유화정책을 취했던 독일군은 '독일군 경비 하의 군인 또는 민간인 포로들과의 접촉'을 처벌하는 포고령을 발표하고, 외국 라디오방송 청취를 금지했다. 독일군에 대한 습격이나 사보타주 행위를 한 자에 대해서는 사형에 처하는 법률도 만들었다. 그리스인들은 영국군 패잔병의 탈출을 도왔다가 발각될 경우 처형에 처해졌지만 이러한 행위는 계속됐다. 1941년 5월 30일 새벽, 20대 초반의 대학생 글레조스Manolis Glezos와 산타스Apostolos Santas 등 2명의 그리스 청년들이 그리스인들의 정신적 고향인 아크로폴리스 절벽을 기어 올라가 나치 독일기를 끌어내렸다. 이 사건은 점령 시기 그리스인들의 저항행위를 알리는 신호탄이었다. 다음 날에는 테살로니키에서 탄약 창고가 폭발해 그리스인 1명이 숨지고, 독일군과 그리스인 각각 3명이 부상을 입었다. 5월 30일에는 피래우스항구에서 폭발물을 싣고 정박해 있던 불가리아 선박 2척이 사보타주됐다. 8월 24일 야간에는 테살로니키에서 독일경찰과 시가전을 벌이던 그리스인 3명이 희생됐는데, 그들은 올리브유 깡통으로 위장한 폭발물을 소지하고 있었다. 9월 접어들자 저항단체들의 무장투쟁은 더욱 적극성을 띠었다. 9월 7일 120여 명 규모의 저항단체가 테살로니키로부터 동북쪽으로 50여마일 떨어진 니그리타Nigrita에서 그리스 헌병초소를 공격해 마을을 장악한 뒤 식량을 탈취해 주민들에게 나눠주기도 했다.[주4]

이어 1942년 봄이 다가오면서 그리스인들의 점령당국에 대한 불만의 목소리가 더욱 거세지기 시작했다. 아테네에서는 1942년 3월 25일 그리스 독립기념일을 맞아 집회가 금지됐지만 3천여 명의 학생들이 기념식을 거행했다.[주5] 민족해방전선은 4월 우편과 전신, 전화부문 사무직 노동자들의 파업을 조직했다. 이는 독일이 점령한 국가 가운데 처음으로 일어난 대중시위였다. 그 이후 공무원들은 저항운동을 벌이는 이들에게 정보를 제공하거나 점령군이 부과한 경제적 부담과 관련한 정보를 유출하면서 지속적으로 지원했다. 파업은 처음에는 임금인상, 현물급여, 공정한 식량 배분 등과 같은 경제적 요구로 시작돼 여러 지역에서 시위가 일어났다.[주6] 1943년 초 독일군은 로고테토풀로스 정부에 요새 구축에 동원하기 위해 18~45살 사이의 모든 남성의 징발계획을 발표하도록 명령했다. 이에 맞서 민족해방전선은 시민들에게 저항을 호소하는 유인물을 아테네에 살포했다. 25만여 명이 아테네와 피래우스에 모여들었고, 아테네에서는 동원서류를 파괴하기도 했다. 그러나 이탈리아군의 폭력적 진압으로 많은 사상자가 발생하자 협력정부 총리 로고테토풀로스도 동원계획이 정부에 '모략적'이라고 비판했다. 이해 7월 22일에는 마케도니아에 대한 불가리아의 점령지역 확대에 항거해 대규모 집회가 열렸다. 30만여 명의 시민들이 아테네와 피래우스에서 거리로 뛰쳐나왔다. 그들은 소화기와 기관총, 탱크의 공격을 받았으며, 400여 명의 사상자가 발생했다.[주7] 이러한 파업과 시위는 임금인상과 독일 공장으로의 그리스 노동자들의 강제징용을 피할 수 있도록 하는 역할을 했다.[주8]

영국의 점령 그리스에 대한 군사행동은 1942년 9월 영국의 중동작전구 총사령관 알렉산더Harold Alexander 장군이 특수전처에 중부 유럽에서 그리스를 경유해 북부 아프리카로 가는 독일군의 보급로 차단을 요청하면서 본격화 했다. 이에 이집트 카이로 주재 특수전처 지부는 할링임무단Harling Mission을 파견하기로 결정했다. 특수전처는 비밀작전 경험이 없는 마이어스 중령을 설득해 작전을 수행토록 했다. 9월 29일 마이어스가 이끄는 특수전처 요원들이 민족해방전선 · 민족인민해방군이 장악하고 있는 루멜리의 스트롬니Stromni 부근에 낙하산으로 침투했다. 이 작전의 목적은 중동의 토부룩과 벵가지로 이어지는 독일군 보급로로 사용하는 아테네 - 테살로니키 철도를 최대한 빨리 차단하는 것이었다.[주9] 이 철로는 그리스 북부와 남부를 잇는 유일한 보급로였다. 철로의 가장 취약한 지점은 중부 그리스 라미아 주도 남쪽의 깊은 계곡 위를 지나는 3개의 철도교량이었다. 그리스 북부지방과 남부지방을 잇는 이 교량들은 고르고포타모스Grogopotamos, 아소포스Asopos, 파파디아Papadia 등 3개로 이탈리아군이 경비를 맡고 있었다. 어느 교량이든지 파괴되면, 새로운 교량이 건설될 때까지는 상당기간 철로를 통한 이동을 저지시킬 수 있었다. 파파디아 교량은 영국 공군에 의해 1941년 폭파됐으나 곧 복구됐다. 영국군은 고르고포타모스 육교를 파괴할 경우 보수기간이 가장 오래 걸릴 것으로 보고 폭파하기로 결정했다. 또 할링임무단 가운데 우드하우스 소령과 무전요원을 제외하고 작전 뒤 그리스에서 철수하기로 돼 있었다. 할링임무단은 목표 지점을 장악하고 있는 민족인민해방군의 아리스 벨루키오티스와 접촉했다. 그는 필요한 병력을 지원할 용의가 있지만, 아테네의 민족해방전선 · 민족인민해방군 중앙위원회의 공식 승인을 받기까지는 시간이 필요하다고 말했다. 마이어스는 교량 파괴에 지원을 받지 못할 것으로 판단하고 100마일 이상 떨어진 에피루스의 아르타에서 활동하고 있는 민족민주그리스연맹의 제르바스와 접촉을 시도했다. 이 과정에서 아리스 벨루키오티스의 마음이 바뀌었다. 그는 민족민주그리스연맹이 교량 파괴를 지원할 경우 영국군의 무기와 탄약, 장비가 민족민주그리스연맹으로 넘어갈 것으로 판단하고 작전에 협조하기로 결정했다. 이 작전의 성공은 그리스 저항운동에서의 권위와 주도권을 의미하는 것이었다.

1942년 11월 25~26일 야간에 민족인민해방군과 민족민주그리스연맹은 영국군의 지휘 아래 아테네에서 동쪽으로 90마일 남짓 떨어진 고르고포타모스 교량을 폭파했다. 고르고포타모스 교량 폭파작전에는 민족인민해방군 소속 115명과 민족민주그리스연맹 소속 45명이 참가했다. 작전은 성공적으로 이뤄졌고 이탈리아 응원군을 태운 열차가 탈선해 많은 사상자를 냈다.[주10] 폭파사건은 점령 시기 그리스 저항운동의 상징적 사건이었으며, 그리스 전역의 저항활동에 상당한 용기를 불어넣었다. 이 사건 이후 민족인민해방군과 민족민주그리스연맹은 자신들의 세력을 확장하기 시작해 추축국에 대한 저항활동을 강화했다.[주11]

교량 폭파로 열차는 6주 동안 운행이 중단됐으나, 이에 대한 보복으로 라미아 수용소에 있던 13명의 인질이 끌려가 총살됐다. 작전이 끝난 뒤 마이어스가 이끄는 할링임무단은 이오니아 해안을 통해 중동으로 빠져나가기로 돼 있었다. 그러나 본부로부터 그리스에 잔류하라는 명령을 받았다.

할링임무단은 저항단체들을 연합국의 보조 군사력으로 활용한다는 방침에 따라 그들을 조직, 훈련, 보급시키기 위해 영국군사사절단BMM으로 통합됐다.[주12]

마이어스 중령은 그리스 저항세력에 대한 최초의 보고서에서 민족해방전선을 '그리스를 해방하기 위해 조직된 진정한 단체'로 묘사했다. 영국군사사절단은 1943년 2월 그리스 내 무장저항단체의 규모를 민족인민해방군 2천여 명, 민족민주그리스연맹 2,420여 명이며, 나머지 저항조직들은 모두 합쳐 550여 명이 넘지 않을 것으로 추정했다. 민족인민해방군은 세력을 지속적으로 확장하면서 3월 주변의 비교적 소규모 저항조직들을 해산하기 시작해 여름에는 중부 및 북부 그리스는 물론 펠로폰네소스 일부 지방까지 장악하는 데 성공했다.[주13]

1943년 4월 16일부터 5월 4일까지 저항단체 게릴라 117명이 이탈리아군과의 전투에서 희생되고, 용의자 885명이 체포됐다. 5월 15일 민족인민해방군은 처음으로 펠로폰네소스에서 점령군에 대한 습격을 감행했다. 6월이 되자 저항단체들은 추축국이 대중봉기를 두려워할 만큼 강력해졌다. 저항단체들의 저항활동은 6월 22~7월 12일 최고조에 이르렀다. 민족인민해방군과 영국군사사절단은 여러 곳에서 라리사-테살로니키를 잇는 주요 철로를 차단했고, 북부지방에서 아테네로 연결된 도로들을 차단했다. 민족민주그리스연맹도 소규모 교량들을 파괴하고, 이오안니나 지방의 메초보 협로를 관통하는 독일군 주요 보급로를 차단하는 데 성공했다. 민족인민해방군과 민족민주그리스연맹은 처음으로 대대 규모의 적군과 전투를 벌이고, 그리스 전역에서 점령당국의 통신선에 대한 사보타주를 전개했다.[주14]

1943년 9월 8일 이탈리아가 연합국에 항복했다. 그리스에 주둔했던 이탈리아군은 서둘러 철수해야 했고, 이 과정에서 그리스 저항단체들의 공격을 받아 많은 사상자를 냈다. 반면 저항단체들은 퇴각하는 이탈리아군으로부터 많은 무기를 획득했다. 이를 통해 민족인민해방군은 더욱 강력해졌고,

일부 친독협력단체들은 민족인민해방군에 항복하기도 했다. 그러나 이들 가운데 일부는 항복을 거부함으로써 민족인민해방군의 공격을 받았으며, 양쪽은 이로 인해 심각한 희생자를 내기도 했다.

점령 시기 그리스에서 활동한 특수전처 소속 영국군은 400여 명에 이르렀으며, 미국의 전략첩보대는 영국군보다 1년 남짓 늦은 1943년 9월 그리스에 들어오기 시작해 200여 명 정도 됐으며, 이들은 그리스 전역에 퍼져 활동했다.[주15]

3) '민족도당협정'과 합동총사령부 창설

마이어스는 1943년 2월 초 그리스 내 저항단체들을 조직화하기 위해 '민족도당National Bands'이라는 이름으로 통합작업에 나섰다. 이는 저항단체들을 중동의 영국군 총사령부 지휘 하에 군사적으로 통합하는 계획이었다. 애초 마이어스는 민족민주그리스연맹을 먼저 끌어들여 민족도당을 강화하고, 이어 민족해방전선 · 민족인민해방군을 합류시키려고 했다. 그러나 민족해방전선 · 민족인민해방군과의 협상은 영국이 예상했던 것보다 훨씬 길어 1943년 4월부터 7월까지 계속됐다. 마이어스는 4월 초 도당 설립에 관한 공식 협정서 사본을 민족해방전선 중앙위원회 대표인 제마스에게 넘겨 서명을 요청했다. 제마스는 아테네의 중앙위원회 승인을 받아야 할 것이라고 답변했다. 마이어스로서는 기다릴 수밖에 없었다. 민족해방전선 · 민족인민해방군은 게릴라작전을 효과적으로 수행할 수 있는 지역의 5분의 4를 장악하고 있었고, 민족민주그리스연맹은 5분의 1 정도만 장악하고 있었기 때문이었다. 민족인민해방군 지도자 아리스 벨루키오티스는 5월 중순 테살리와 중부 그리스에서는 민족인민해방군의 활동만 허용된다는 민족해방전선 중앙위원회의 지시를 이유로 협정을 받아들였던 저항단체를 해산시켰다. 마이어스와 우드하우스가 생각한 '민족도당'은 저항운동의 완전 장악과 전후에도 연합국의 영향력 아래 묶어두려는 것이었다.[주16]

영국군은 1943년 5월 연합국군이 시칠리 대신 직접 그리스로 침투한다고 유인하는 일종의 기만전술인 '동물작전Operation Animals'에 민족인민해방군의 협조를 필요로 했다. 이를 위해 영국군사사절단은 6월 자신들에게 우호적인 민족민주그리스연맹과 민족사회해방은 물론 민족해방전선·민족인민해방군이 공동 참여하는 합동총사령부 수립을 설득했다. 이들의 노력으로 7월 민족해방전선·민족인민해방군, 민족민주그리스연맹, 민족사회해방, 영국군사사절단 간에 '민족도당협정National Bands Agreement'이 체결됐다. 이 협정은 수일에 걸쳐 체결됐다. 7월 5일 민족인민해방군이, 9일에는 민족민주그리스연맹이, 그리고 8월 1일에는 민족사회해방이 서명했다. 협정은 그리스 내 저항단체들을 통합하기 위한 합동총사령부를 구축하고, 독일군의 관심을 이탈리아에서 그리스로 돌리도록 하는 기만전술의 하나로 게릴라 작전을 조율하도록 규정했다. 합동총사령부는 트리칼라 서쪽 핀두스 산맥의 고원지대인 페르툴리Pertouli에 수립됐다. 협정은 또 민족해방전선과 민족민주그리스연맹의 영향권에 들어있는 지역을 상호 인정하도록 했다. 합동총사령부는 '자유 그리스'의 모든 지역에서 자치정부를 위한 임시헌법의 이행을 채택했다. 그러나 이들의 공존은 상호 불신으로 점철돼 1943년 10월 결국 합동총사령부가 해체됐다. 이 시기 민족인민해방군은 1만 6천여 명, 민족민주그리스연맹은 3천여 명, 민족사회해방은 400여 명 규모였다. 그러나 '동물작전'과 '민족도당협정'은 민족해방전선·민족인민해방군이 영국군사사절단의 협력 가능성을 보여주기도 했다. 영국군사사절단은 9월 중순 미군 장교 2명이 참가하면서 연합국군사사절단AMM으로 바뀌었다. 도시지역에서의 저항활동도 산간지대와 마찬가지로 증가했다. 피래우스항에서는 이탈리아 선박을 폭파하는 데 실패한 대가로 1943년 6월 17일 9명의 그리스인들이 총살됐다. 민족해방전선·민족인민해방군은 이 사건을 계기로 6월 25일 총파업을 일으켰다. 이는 점령에 대한 가장 인상적인 반추축국 시위로 평가됐다. 파업에는 아테네 경찰 1,200여 명도 동참했으나 협력정부인 랄리

스 정부는 이들 가운데 395명을 해고했다.[주17]

4) 영국과 소련의 비율협정

1944년 영국은 소련의 발칸 장악을 심각하게 우려하기 시작했다. 영국은 이 시기 공산주의자들이 전후 그리스를 장악하고 소련이 발칸반도로 내려올 것을 심각하게 받아들였다. 처칠은 이러한 우려를 씻기 위해 이해 5월부터 해결방안을 모색했다. 그러나 미국은 유보적인 태도를 보였다. 5월 5일 영국 외무장관 이든은 소련 대사 구세프Fedor Gusev를 만나 발칸 상황을 언급하면서 영국정부는 전후 루마니아를 장악하려는 소련의 입장을 전폭 지지한다고 밝혔다. 반면 영국은 그리스 문제에 대해 소련의 지지를 요청할 자격이 있다고 말했다. 5월 30일에는 미국 주재 영국대사 핼리팍스Hallifax가 미국 국무장관 헐Cordell Hull을 만나 이 문제에 대해 논의했으나 별다른 반응을 보이지 않자 이튿날 처칠이 루즈벨트 대통령에게 전문을 보내 발칸을 '세력권'으로 분리하려는 의도가 아니라며 수용을 요청했다. 루즈벨트는 마지못해 처칠의 제안을 수용하면서 전후 세력권이 구축돼서는 안 된다는 점을 명확히 해야 한다고 답변했다.

이 문제는 더 이상 거론되지 않다가 10월 처칠이 모스크바에서 스탈린을 만나면서 제기됐고, 해결됐다. 이들은 10월 9일 모스크바에서 만났다. 처칠은 스탈린에게 "발칸에서 우리 문제를 해결하도록 합시다. 당신의 군대는 루마니아와 불가리아에 있소. (중략) 영국과 러시아가 고려하는 한, 러시아가 루마니아에서 90%의 우위를, 우리가 그리스에서 90%의 우위를 차지하고 유고슬라비아에서 50대 50이면 어떻겠소?"라며 세력권 인정을 제안을 했다. 처칠은 이러한 수치를 종이에 적었고, '헝가리 50:50, 불가리아 - 러시아 75%' 라고 덧붙였다. 스탈린은 처칠에게 "영국이 그리스에서 가장 먼저 말해야 한다"며 총리의 제안에 동의했다.[주18] 소련은 이 협정을 지켰다. 영국이 훗날 해방 이후 데켐브리아나 시기 탱크를 동원해 민족인민해방군을 진압할 때도 소련은 항의하지 않았다. 스탈린은 그리스에서 영국의 개입에 대해 항의하지 않으면 서구가 불가리아와 루마니아에서의 소련의 행동에 대한 문제제기를 할 수 없을 것이라고 생각했지만, 서구는 그리스 공산주의자들의 봉기를 소련의 배반행위로 간주했다.[주19] 이들의 회동에 대해 그리스공산당이나 그리스에서 활동하던 영국군 연락장교들은 전혀 몰랐다.

2. 저항단체 간 타협과 충돌, 균열

1) 카이로회담의 실패와 내전의 서막

점령 시기 그리스에서 좌·우익 저항단체 간의 갈등은 해방 이후 내전과 그리스 사회의 분열을 가져왔다. 민족해방전선·민족인민해방군의 규모가 커지고 강력해지면서 민족인민해방군과 기타 저항단체들 간의 주도권과 영국이 낙하산을 이용해 보급하는 물자를 놓고 긴장감이 고조됐다. 민족인민해방군은 민족민주그리스연맹과 민족사회해방을 영국의 이익을 대리하고 있으며, 왕정복고를 계획하고 있다고 의심했다. 반면 민족민주그리스연맹과 민족사회해방, 그리고 영국은 민족인민해방군의 확장이 그리스에 공산주의 장악을 가져올 것이라고 우려했다.[주20]

독일군과 이탈리아군은 민족해방전선·민족인민해방군을 분쇄하기 위해 친독협력부대나 단체를 지원해 이들로 하여금 민족해방전선·민족인민해방군과 전투를 벌이도록 조장했다. 영국군 스티븐스 중령이 '선언하지 않은 전쟁상태a state of undeclared war'라고 언급할 정도로[주21] 이 시기 에피루스와 테살리에서는 민족인민해방군과 민족민주그리스연맹 간에 치열한 전투가 벌어졌다.

이런 상황에서 영국군 특수전처의 지도 아래 그리스 내 좌·우익 저항단체가 연합해 결성된 합동총사령부의 대표 6인은 그리스 상황을 논의하기 위해 1943년 8월 9일 서부 테살리의 카르디차에서 서남쪽으로 20마일 떨어진 네라이다Neraida에 마련된 임시활주로에서 영국 공군기를 이용해 카이로로 향했다. 6인 대표는 민족해방전선 · 민족인민해방군 소속 제마스, 루소스Petros Roussos, 데스토풀로스Destopoulos, 치리모코스, 민족민주그리스연맹 소속 피로마글루Komninos Pyromaglou, 민족사회해방 소속 카르탈리스 등이었다. 앞의 3명은 공산계열이고, 뒤의 3명은 중도 좌파적 성향을 띠었다. 카이로에서는 이들 대표 이외에 점령 시기 그리스를 탈출한 망명정부 장관 카넬로풀로스와 아테네의 공화파 정치인 에힌다리스Exindaris 등 2명도 대표단에 합류했다. 이외에 망명정부 주재 영국대사 리퍼가 있었다. 6인 대표를 포함한 이들 8명은 국왕 게오르기오스 2세에게 해방 뒤 국민투표 이전에는 귀국하지 않겠다고 약속하라고 요구했다. 그러나 국왕은 이들의 요구를 강력 비난하고 해방되면 곧바로 귀국하겠다고 밝혔다. 영국 외무부와 처칠도 국왕의 입장을 지지하고 대표단의 요구를 거부했다. 이들은 장기간 카이로에 체류하면서 협상을 벌였으나 오히려 굴욕만 당한 채 9월 16~17일 밤 아무런 소득 없이 그리스로 돌아갔다.

우드하우스에 따르면 민족해방전선 · 민족인민해방군은 카이로회담에서 국왕이 해방 이후 국민투표 이전에는 귀국하지 않겠다는 의지를 밝힐 것이라고 믿었으며, 사라피스는 이 문제와 관련해 모든 단체들의 공동전선 구축이 공동협력의 기본 조건이라고 여러 차례 언급했다. 카이로회담의 실패로 야기된 정치적 교착상태는 내전의 징조였다. 대표단이 그리스로 돌아오자마자 공산주의자들을 위협하는 듯한 여러 사건이 벌어졌다. 영국군 첩보요원들이 아테네에 반공전선 구축을 시도하고 있다는 보고서, 민족인민해방군에 대한 독일군 최초의 결정적 공세, 신설된 보안대대가 영국의 승인을 받았다는 협력정부 총리 랄리스의 주장을 부인하는 영국 외무부의 발표가 2주나 지연되는 사건 등이 잇따라 일어났다.

우드하우스는 『비비시BBC』방송을 통해 보안대대가 영국군의 지원을 받았다는 소문을 즉각 부인했으나 영국 외무부는 2주 동안이나 반응을 보이지 않았던 것이다. 영국정부의 침묵은 랄리스의 음모를 믿도록 하는 결과를 가져왔고, 이를 부인했을 때는 이미 폭력이 시작되고 있는 시점이었다. 민족해방전선 · 민족인민해방군 지도부는 경쟁조직들을 중립화시키거나 제거하면서 그리스 내 점령지역에서 자신들의 위치를 공고히 해 나갔다. 9월 20일 그리스공산당은 민족민주그리스연맹이 협력정부 및 독일과 협력하고 있다며 공격하기 시작했다. 민족해방전선 · 민족인민해방군은 민족민주그리스연맹과 민족사회해방에 국왕의 귀국을 반대하는 공동성명을 발표할 것을 제안했으나 거부당했다.

민족해방전선 · 민족인민해방군은 10월 9일 민족민주그리스연맹을 해체시키기 위해 전면적인 공격명령을 내렸다. 이는 앞서 7월 체결한 민족도당협정의 무효화를 의미했으며, 봄철 시작됐던 비교적 소규모 충돌과는 차원이 다른 사실상 내전의 시작이었다. 민족인민해방군은 10월 15일 테살리의 산간지대에 있던 이탈리아군 패잔병 7천여 명을 무장해제 시켰으며, 20문의 산악포와 기타 장비들을 노획했다. 1주일 동안 지속된 민족인민해방군의 10월 공세로 민족민주그리스연맹은 에피루스와 루멜리, 중부 그리스의 산간지대로 후퇴했고 일부 소규모 저항단체들은 심각할 정도로 타격을 입었다. 아테네에서는 선전전까지 수반됐는데 민족해방전선은 민족민주그리스연맹을 적과 협력하고 있다며 격렬하게 비난했다.

민족해방전선 · 민족인민해방군의 신문과 유인물들은 민족민주그리스연맹 지도자 제르바스를 '반역자'이자 '그리스의 적'으로 몰아붙였다. 아테네의 건물 벽에는 '반역자 제르바스에게 죽음을'이라는 문구가 나붙었고, 민족해방전선 · 민족인민해방군은 민족민주그리스연맹을 게슈타포, 독일군, 랄리스의 보안대대와 협력하고 있다고 비난했다. 반면 민족민주그리스연맹은 반공노선에 대한 비난을 무종교, 애국심의 결여, 독재적 이유 등을 가진 것으로 되받아쳤다. 11월 말이 되자 제르바스의 민족민주그리스연맹은 아라크토스Arachtos강 동쪽에서 철수해 이오안니나에서 아르타에 이르는 지역에서 방어태세로 돌아섰다. 앞서 민족인민해방군은 1943년 3월 중서부 마케도니아 지역의 테살로니키에 본부를 둔 '민족사회해방'을 공격해 그해 12월 사실상 해체시켰다. 민족민주그리스연맹과 민족사회해방 모두 처음에는 저항활동을 지지하기 위해 민족해방전선처럼 급진적이고 민주적인 프로그램으로 출발했으나 영국의 후원과 원조로 민족인민해방군의 공격에서 살아남을 수 있었다. 민족사회해방의 부대 규모는 800여 명, 민족민주그리스연맹은 1943년 10월 4천여 명을 넘어섰으나 민족인민해방군과의 전투에서 대부분의 병력을 잃었다가 점차 회복해 1944년에는 7천여 명의 전투원과 2천~3천여 명의 예비병력 규모로 성장했다.

세르비아 근처에서는 영국군의 승인 아래 그때까지 피해 있었던 아가스의 추종세력들이 11월 24~25일 공격 받아 120명이 희생됐다. 민족인민해방군은 이런 무장단체들과의 전투에서 상당량의 무기와 탄약을 노획했으며, 독일군이 퇴각하면서 남겨둔 무기와 탄약들도 획득했다. 이는 그때까지 겪었던 절대적인 무기 부족을 보충할 수 있었고, 새로운 지원자들을 무장시킬 수 있었다. 추축국의 점령은 좌 · 우 저항단체 간에 그리스의 거의 모든 지역에서 양극화로 종결됐다.[주22]

2) 플라카협정과 충돌

민족민주그리스연맹은 1943년 12월 18일이 되자 민족인민해방군을 상대로 공세 준비를 해 나갔다. 이들은 중서부 지방의 아그리니오Agrinio와 아르타에 있던 독일군에 밀사를 보내 공산주의자들을 상대로 공동작전을 논의하자는 메시지를 보냈다. 협상이 진행되는 동안 이들은 아르타에서 25마일 정도 떨어진 암필로키아Amfilochia와 프라만다Pramanda 지역에서 12월 21일 민족인민해방군을 공격했다. 이 시기는 제르바스가 영국군 연락장교 반즈Barnes에게 독일군을 공격하려는 의지가 있는 것처럼 위장할 때였다. 독일군은 제르바스의 공동작전 제안을 받아들였다. 이에 따라 에피루스의 주도 이오안니나의 독일군사령부와 제르바스의 수석연락장교가 1949년 1월 3일 만나 독일군의 무기를 보급받았다.

민족민주그리스연맹은 이어 다음날인 1월 4일 아리스 벨루키오티스 휘하의 민족인민해방군 부대를 공격했다. 제르바스의 작전을 승인한 반즈는 카이로 특수전처에 제르바스가 중동작전구 영국군 최고사령부의 명령에 절대 복종할 것이며, 민족인민해방군과의 전투를 중지시킬 수 있다고 보고했다. 연합국군사사절단은 전투를 끝내려고 시도했으나 민족인민해방군은 제르바스가 아라크토스강 서쪽 방면으로 돌아갈 때까지 이를 거부했다. 1월 하순이 되자 민족인민해방군은 민족민주그리스연맹을 다시 아켈루스강을 넘어 서쪽으로 처음 공세를 펴기 시작한 지점으로 후퇴시켰다. 양쪽의 전투는 민족해방전선 중앙위원회가 정전을 논의토록 한 1944년 1월 23일까지 계속됐다.[주23] 1944년 1월 영국 외무부는 민족해방전선 · 민족인민해방군과 내전 종식을 목적으로 회담을 제안했다. 망명정부 총리 추데로스도 이에 동의했는데 그는 군사적 문제에만 국한해 회담을 열자고 제안하는 한편 다마스키노스 대주교에게는 정당 지도자들과 망명정부 간의 화해를 주선해 주도록 호소했다. 2월 4일 민족해방전선 · 민족인민해방군은 정전 조건으로 3가지 안을 제시했다. (1) 민족민주그리스연맹과 민족인민해방군은 12월 교전 재개 이전에 확보했던 지역을 차지한다. (2) 제르바스는 적과 협력했던 부대원들을 탄핵한다. (3) 통합게릴라 부대의 창설을 위한 협상을 즉각 개시한다. 이 조건은 연합국군사사절단과 카이로를 통해 무선으로 제르바스에게 전달됐다. 연합군군사사절단은 2월 6일 민족민주그리스연맹과 민족해방전선 · 민족인민해방군의 경계선인 아라크토스강 주변 미로필로Myrofilo 마을에서 회담을 열기로 결정했다. 연합국군사사절단장 우드하우스 대령과 같은 사절단 소속 미군 연락장교 와인즈G.K. Wines 소령이 2월 11일 미로

필로에 도착하고, 민족민주그리스연맹의 피로마글루와 니콜로풀로스Petros Nikolopoulos 대령이 뒤이어 도착했다. 추데로스는 우드하우스에게 민족해방전선 · 민족인민해방군과의 회담에 자신을 대신해 참가하도록 했다. 민족해방전선 · 민족인민해방군 대표들은 이미 그곳에 도착해 있었다. 민족사회해방조직의 카르탈리스와 프사로스 대령 등이 참가한 가운데 2월 15일 미로필로에서 회담이 시작됐으나 통합게릴라 부대의 구성을 놓고 교착상태에 빠져 2월 22일 합의를 보지 못한 채 끝났다. 2월 27일 플라카에서 다시 모였으나 역시 실패했다. 이틀 뒤 민족해방전선 · 민족인민해방군은 플라카협정Plaka Agreement의 토대가 된 저항단체 간의 현 경계상태를 유지하고 향후 협력한다는 새로운 안을 제기했다. 이들은 민족민주그리스연맹과 민족인민해방군의 경계선인 아라크토스강의 플라카 다리에서 협정을 체결함으로써 전투를 끝냈다.[주24] 협정문에는 민족해방전선 · 민족인민해방군의 사라피스와 루소스, 민족민주그리스연맹의 피로마글루와 니콜로풀로스, 민족사회해방의 카르탈리스, 연합국군사절단의 우드하우스와 와인즈가 서명했다.[주25]

플라카협정에는 양측이 서로의 지역을 침범하지 않고, 상호 포로와 인질을 석방하는 한편 '실제 전쟁의 필요성에 따라' 연합국군사사절단이 저항단체들에게 전쟁물자를 배분하는 내용이 포함됐다.[주26] 그러나 플라카협정은 군사적인 문제에 국한됐을 뿐 정치적인 문제는 해결하지 않아 새로운 불씨를 안게 됐다.

플라카협정 체결 이후에도 지방의 민족해방전선 · 민족인민해방군 부대들과 민족사회해방 간에 치열한 전투가 벌어졌다. 중부 그리스의 파르나소스Parnassos 산악지대에서 프사로스 대령이 지휘하는 350여 명 규모의 민족사회해방은 카이로회담 실패 이후 분열되기 시작했다. 바키르츠치스Evripidis Bakirtzis는 민족해방전선 · 민족인민해방군에 가담했고, 왕당파 데두세스Euthemios Dedouses 대위 휘하의 일행은 국왕쪽으로 기울었다. 바키르츠치스는

3월 초순 민족해방전선 · 민족인민해방군으로 탈영해 3월 10일부터 4월 3일 사이 민족사회해방을 민족해방정치위원회에 합류시키기 위해 노력했지만, 카르탈리스는 이를 거부했다. 한편 데두세스의 활동은 민족해방전선 · 민족인민해방군에게 공격 빌미를 제공했다. 그들은 프사로스에게 최후통첩을 보내 협력하거나 조직의 해체 가운데 양자택일하라고 요구했다. 프사로스는 민족인민해방군과 협력하기로 약속했으나 이미 부하들에 대한 통제력을 상실한 상태였다. 4월 17일 아리스 벨루키오티스가 이끄는 민족인민해방군 부대는 민족사회해방을 '왕당파' 부대라며 공격했다. 이 전투에서 민족사회해방조직 병력 150~200여 명이 항복했으나 잔혹한 방법으로 학살됐고 프사로스도 체포돼 살해됐다. 그 뒤 수개월 동안 민족사회해방이 장악했던 지역에서 민족사회해방과 민족민주그리스연맹의 동조자 및 동조자로 의심되는 사람들에 대한 숙청이 뒤따랐다.[주27]

이 시기 민족해방전선 · 민족인민해방군의 3인 위원회 체제는 사라피스와 아리스 벨루키오티스의 2인 위원회 체제로 바뀌었다.[주28] 아테네와 피래우스에서는 우익 - 왕당파와 민족해방전선 · 민족인민해방군 간의 시가전이 독일군의 철수 때까지 계속됐다. 민족해방전선 · 민족인민해방군은 독일군으로 위장한 채 보안대대나 극우테러단체인 '키X'와 같은 단체의 주요 간부나 그 가족들을 대상으로 테러를 수행했다. 1944년 상반기 민족해방전선 · 민족인민해방군의 암살부대인 '인민투쟁보호대OPLA'는 보안대대 조직에 적극적이었던 에비아의 주지사와 파트라스의 부지사, 노동장관을 암살하고, 주지사 4명을 납치했다.[주29]

3) 민족해방정치위원회의 수립과 망명정부 군부의 반란

민족해방전선 중앙위원회는 1943년 12월 15일 연립정부 구성을 위해 제 정당 · 단체와 추데로스 망명정부를 초청했다.[주30] 민족해방전선은 파판드레우Georgios Papandreou와 전전 정치계의 몇몇 진보 인사들을 '자유 그리스'의 민족해방정치위원회 대표로 초대했으나 파판드레우는 공산주의자들이 민족해방전선을 장악하고 있다며 제안을 거절했다. 그러나 구 자유당의 좌파 인사들과 스볼로스와 같은 사회민주주의자들은 이러한 제안을 받아들였다. 이들은 새로운 조직에의 참여가 그리스공산당의 영향을 줄여 해방의 시기 평화적인 정치적 이행을 할 수 있다고 확신했다. 이러한 과정을 거쳐 1944년 3월 10일 민족해방전선이 지원하는 민족해방정치위원회*PEEA*가 '자유 그리스'지구의 최고 정치권위체로 수립됐다. 민족해방정치위원회는 민족해방전선 · 민족인민해방군이 산간지역에 수립한 '대안정부'였다.[주31]

민족해방정치위원회로 알려진 '임시정부'의 초대 대통령은 민족사회해방에서 이탈한 바키르치스였다. 임시정부의 국방장관 만다카스는 그리스공산당에 비밀리에 가담해 있었다. 그리스공산당 서기 시안토스는 내무장관을 맡았다. 그리스공산당이 민족해방정치위원회를 장악했지만, 위원회는 온건한 기조를 띠었다. 이는 민족해방정치위원회의 구성이 완료된 것이 아니었기 때문이었다. 민족해방전선은 비공산주의자들의 지지를 더욱 원했다.[주32] 바키르치스에 이어 민족해방정치위원회의 수장은 4월 20일 아테네대학 교수 스볼로스로 대체됐다. 민족해방정치위원회는 의회격인 전국위원회 선거를 5월 2주 동안 소집했다. 이 임시정부는 1944년 11월까지 공식적으로 지속됐다. 이들은 1944년 여름이 되자 강력한 군대, 효율적인 행정 및 사법조직, 그리스 전역의 모든 부분을 대표하는 의회 구성 등 '자유 그리스'에서 완전한 국가기구의 틀을 갖추게 됐다. 이와 함께 망명정부 총리 추데로스에게 카이로에 있는 망명정부는 물론 모든 저항조직과 정당 대표를 포함한 새로운 민족정부 수립을 논의하기 위한 회담을 요구했으나 거부됐다.[주33]

그러나 민족해방정치위원회의 창설은 영국과 그리스 망명정부에 대한 직접적인 도전이었다. 망명정부의 일부 그리스 군인들은 민족해방정치위원회를 그리스 인민의 합법적 대표기관으로 간주하고, 새로운 그리스 정부 수립을 위한 민족해방정치위원회의 요구를 거절한 추데로스와 국왕에게 적개심을 가졌다. 1944년 3월 31일 오전 망명정부의 그리스 육해공군 대표단은 총리 추데로스에게 장교 8명과 48명의 하사관, 269명의 해군병사들이 서명한 탄원서를 내고 민족해방정치위원회의 인정과 이에 기반한 민족통합정부의 창설을 요구하는 한편 사임을 요구했다. 이는 망명정부에 대한 항명이자 반란이었다. 추데로스는 정부 개편은 물론 민족해방정치위원회의 인정을 요구한 이들과의 협상을 거부했다. 처칠은 이들을 극단주의자이자 공산주의자라고 비난하며, 추데로스의 결정을 지지했다. 그러나 전전 총리를 지낸 엘레프테리오스 베니젤로스의 아들인 망명정부 해양장관 베니젤로스Sophocles Venizelos와 전쟁장관 카라파나기오티스Byron Karapanagiotis, 아테네의 공화파 사절들(베니젤리스트-자유당)은 4월 3일 추데로스가 사임하고 베니젤로스가 총리직을 승계해야 한다는 데 동의했다. 추데로스는 이러한 제안을 거절했으나 런던에 체류중인 국왕에게는 사임할 준비를 하고 있고 베니젤로스를 후임으로 제안하는 내용의 전문을 보냈다. 그러나 국왕은 이를 거부하고 베니젤로스에게 런던으로 와서 보고하라고 명령했다. 국왕은 다음날 영국군 당국에 개입을 호소했다. 베니젤로스는 이를 거부했을 뿐 아니라 국왕이 영국의 지원을 호소한데 항의해 사임했다. 반란이 점차 확산되자 4월 10일 런던에서 카이로로 돌아온 국왕은 4월 13일자로 베니젤로스를 총리에 임명했다. 이 반란은 공화파 고위 장교들에 의해 고무됐다. 영국은 불가리스Petros Voulgaris 제독을 해군참모총장에 임명해 반란을 진압토록 했다. 영국군의 직접 지원을 받은 불가리스는 군대를 이끌고 4월 23일 반란을 완전 진압했다. 반란이 진압된 뒤 베니젤로스는 13일 만에 국왕과 영국의 강요에 의해 사임하고, 파판드레우가 총리에 임명됐다. 1944년 봄과 독일군이 철수한 같은 해 10월 사이 영국은 첫째, 그리스가 해방되면 민족해방전선·민족인민해방군의 협조를 얻어 그리스 망명정부의 권위를 확보하고, 둘째, 영국군이 치안 확보를 위해 파견될 때까지 망명정부가 친독협력정부와 관련 있는 반공인사들과 협력해 그리스를 장악하는 2가지 가능성을 계획했다. 이 두 가지 가능성을 확보하기 위해서는 그리스 망명정부의 부분적인 개혁을 필요로 했다. 여기에 맞는 인물이 파판드레우였다. 그는 망명정부와 영국에 그리스공산당의 성장을 경고하고 좌파 저항단체들을 비난하는 일련의 문서를 보내 영국 외무부에 감명을 주었다. 이에 따라 처칠과 국왕 게오르기오스 2세는 그를 그리스에서 데려오기로 결정하고 반란이 한창이던 4월 15일 카이로로 데려왔다. 그는 처칠의 승인 아래 1944년 4월 26일 총리 서리가 됐다.[주34]

애초 중동의 그리스 군대는 망명정부의 추인 아래 결성됐다. 카이로에 도착한 망명정부가 처음 시도한 일 가운데 하나는 이집트와 인근 국가에 있는 그리스인들의 동원이었다. 여기에는 독일군의 점령을 피해 중동으로 갔던 일부 그리스 군대도 포함됐다. 중동의 그리스군은 망명정부가 남아프리카와 영국으로 이동했을 때도 병력을 계속 모집해 전체 8천여 명 규모의 2개 여단을 만들었다. 제1여단은 1942년 중반 조직돼 영국과 추축국 사이에 벌어진 이집트의 엘 알라메인El Alamein 전투에 참가해 명성을 얻기도 했다. 하지만 알라메인 전투 이후에는 큰 전투에 참가한 적이 없었다. 또 다른 부대는 장교로만 구성된 신성대대Sacred Squadron로 튀니지 전선에서 독일이 항복 때까지 자유 프랑스군의 지휘 하에 싸웠다. 이 부대는 추데로스 망명정부 부총리 카넬로풀로스Panagiotis Kanellopoulos의 승인에 따라 1942년 9월 팔레스타인 카프리오나Kapfriona에서 창설됐다. 같은 달 이집트 메디Medi에서 공식적으로 '신성대대'라는 이름이 붙여졌고, 사령관은 치간테스Tsigantes 대령이 맡았다.[주35]

4) 영국의 압력과 민족해방전선·민족인민해방군의 고립

파판드레우는 첫 활동으로 레바논에서 1944년 5월 17~20일 예정된 그리스의 제정당 · 단체 연석회의를 준비했다. 영국의 후견 아래 파판드레우는 모든 저항단체와 정치세력이 참가하는 레바논회의에서 민족통합정부 구성에 착수했다.[주36] 그의 목적은 민족해방전선을 고립시키는 데 있었다. 망명정부가 보낸 초청에 공산주의자들과의 협상을 거부한 왕당파와 점령국 협력자를 제외한 14개 정당 · 단체를 대표하는 24명이 참석했다.[주37] 민족해방전선 · 민족인민해방군은 (1) 레바논회의에서 연립정부 수립 (2) 통합군사지휘부 창설 (3) 신정부 수립 때까지 국왕의 그리스 귀국 거부 결의 등 3가지 목표를 달성하려고 했다. 이들은 또 경찰과 군 관련 장관을 포함한 장관직의 절반을 요구하기도 했다. 그러나 레바논회의가 열리기 직전 벌어진 민족인민해방군의 민족사회해방에 대한 공격과 잔혹한 살해, 망명정부 군대의 반란은 회의에서 이들의 입지를 크게 위축시켰다. 파판드레우는 5월 17일 열린 개막연설에서 민족해방전선 · 민족인민해방군이 내전과 테러를 조장하고, 망명정부 군대의 반란을 선동했다고 공격했다. 민족해방전선 · 민족인민해방군은 수세적 입장에 몰렸다. 5월 20일 민족해방정치위원회 대표로 참석한 스볼로스는 군주제 문제를 제기하려고 했으나 파판드레우는 그를 배제함으로써 그 주제는 꺼내지도 못했다.[주38]

영국대사 리퍼는 레바논회의가 순수 그리스 내정에 관한 문제이고 열강국들은 개입하지 않기로 동의했다며 전화선을 차단해 그리스와의 통신도 두절된 상태에서 회의가 진행됐다.[주39] 영국은 파판드레우와 민족해방전선 · 민족인민해방군의 힘을 봉쇄하기 위해 반좌파 연합전선을 모색해왔다. 파판드레우의 주요 목적은 저항단체 대표들을 포함하는 민족통합정부를 수립하기 위해 민족해방전선 · 민족인민해방군이 정부에 참여하고, 민족해방정치위원회를 폐지토록 하는 것이었다. 이러한 상황에서 민족해방전선 · 민족인민해방군 대표들은 레바논헌장Lebanon Charter에 서명해야 했다. 이를 통해 파판드레우는 민족통합정부 총리로 인정받았다. 모든 참가자들이 서명한 레바논헌장 8개항의 주요 내용은 다음과 같다. (1) 망명정부 군대의 재편성 및 규율 회복 (2) 망명정부 지휘 하의 저항단체 통합 및 정당과 단체로부터 자유로운 민족군대 창설 (3) 테러 종식 및 그리스인들에 대한 정치적 자유 보장 (4) 충분한 식량과 의료품의 그리스 선적 (5) 해방 이후 그리스인들의 자유로운 정치체제 선택을 위한 자유 및 질서 확보 (6) 반역자 및 협력자 처단 (7) 해방 이후 그리스인들의 필요물자 즉각 보급 (8) 민족적 권리의 완전한 확보 등이다. 파판드레우는 레바논헌장 채택 이후 곧바로 국왕에게 국민투표 이후로 귀국을 연기해 주도록 설득했다. 영국의 지원을 업은 파판드레우 망명정부는 이제 그리스에서의 권위를 놓고 민족해방정치위원회와 경쟁하게 됐으며, 우파진영은 세력을 회복하는 계기가 됐다.[주40]

그러나 그리스 내 민족해방전선 · 민족인민해방군은 민족통합정부를 인정하거나 합류하기를 거부했다.[주41] 영국 외무장관 이든은 7월 27일 의회에서 민족해방전선 · 민족인민해방군을 비이성적이라고 강하게 비난하고, 정부 참여를 계속해서 거부하면 민족통합정부 구성 실패에 대한 책임을 져야 한다고 주장했다. 이러한 요구는 그리스 망명정부 내각에 새로운 위기를 촉발시켰다. 베니젤로스, 렌디스, 밀로나스는 파판드레우가 민족해방전선 · 민족인민해방군의 요구조건을 거부하면 사임하겠다며 그를 궁지에 몰아넣었다. 그러나 영국의 지원으로 파판드레우를 축출하려는 시도는 저지됐다. 압력을 받은 베니젤로스는 입장을 바꿔 민족해방전선 · 민족인민해방군이 파판드레우 정부에 합류하도록 요구했다.

7월 29일 민족해방전선 · 민족인민해방군은 갑자기 자신들의 요구를 철회했다. 시안토스는 그 대신 파판드레우가 사임하는 조건으로 정부에 참여할 준비가 돼 있다는 전문을 망명정부에 보냈다. 이러한 결정은 7월 25일 포포프Gregory Popov 대령이 이끄는 소련군사사절단의 그리스 도착으로 영향을 받은 것이었다.[주42] 이들과 회담을 마친 그리스공산당과 민족해방전선 · 민족인민해방군의 분위기는 무거웠다. 이에 대해 우드하우스는 이렇게 적고 있다.

소련사절단이 하늘로부터 양식을 갖고 오기를 기대했던 민족인민해방군은 포포프 대령이 무기와 탄약이라는 황금은 커녕 보드카도 갖고 올 수 없음을 알게 됐다. 한편 이들은 티토의 빨치산 만큼은 아니더라도 적어도 동종의 군대가 있을 것으로 기대했으나 정교하게 중앙집중화된 지휘를 받는 폭도들을 발견했다.[주43]

포포프의 반응은 소련에 대한 그리스 좌파 저항단체에 막대한 타격을 주었다. 포포프 사절단이 정치적 역할을 하지 않았다는 사실은 소련이 유고슬라비아의 티토를 지원한 것과 견줘보면 소련 정부가 그리스의 저항단체에 대해서는 얼마나 애매한 태도를 취했는지를 가리키는 것이었다. 이와 함께 같은 달 이집트 주재 소련 대사 노비코프Nikolai Novikov는 카이로에 있던 그리스공산당 대표 루소스를 통해 민족해방정치위원회의 스볼로스에게 민족해방전선이 민족통합정부에 참여해야 한다는 건의문을 전달했다. 소련 군사사절단의 도착 직후 그리스공산당과 민족해방전선은 민족통합정부에 합류하고, 영국군의 지휘 아래 들어갔던 것이다.[주44]

영국의 전시내각은 8월 8일 그리스에서의 내전을 막고 질서 회복을 위한 군대 파병 결정을 승인했다. 이는 아테네에 우호정부를 수립하고 구호물품의 배급을 가능하게 하는 것이었다. 처칠은 8월 21일 이탈리아 로마에서 열린 비밀회담에 파판드레우를 불렀다. 당시 파판드레우는 영국군의 그리스 파병을 요구했지만 처칠은 전시내각의 결정사항을 말하지 않았다. 이 자리에서 처칠은 파판드레우에게 카이로에서 이탈리아로 망명정부를 옮길 것을 제안했고, 파판드레우가 동의함에 따라 망명정부는 이탈리아 카세르타의 연합국군 총사령부 근처로 이동했다.[주45]

9월 3일 민족해방전선 · 민족인민해방군 대표로 스볼로스(재무), 아스쿠티스(통신), 치리모코스(경제), 포르피로게니스(노동), 이오아니스 제브고스(농업) 등이 망명정부 각료로 참여했다. 앙겔로풀로스는 재무차관을 맡았다. 민족해방전선 · 민족인민해방군은 독일군의 철수 직전 크레타와 코르푸 등 일부 섬 지역과 민족민주그리스연맹이 장악한 서부 에피루스, 타 저

항단체들이 장악한 동부 및 서부 마케도니아의 2개 지역을 제외한 모든 지역을 장악했다.[주46]

9월 23일에는 민족해방전선 · 민족인민해방군이 그리스 관영 라디오 방송국을 장악하고, 곧 그리스를 해방시킬 것이라고 선포했다. 영국 전시내각이 그리스에 군대를 파병하기로 결정한 상태에서 가장 중요한 문제는 그리스 해방과 저항단체들의 동원해제 및 무장해제였다.[주47] 이 문제를 해결하기 위해 영국은 민족해방전선 · 민족인민해방군의 사라피스와 제르바스를 카세르타로 초청했다. 이어 9월 26일 카세르타의 연합국군 총사령부에서 지중해전구 연합국군 최고사령관 윌슨이 주재한 회의를 통해 모든 저항단체들을 그리스 망명정부와 영국군 휘하에 둔다는 내용을 담은 카세르타협정을 체결했다. 이 회의에는 윌슨과 영국대표 맥밀란H.G. MacMillan, 망명정부 총리 파판드레우, 그리고 민족인민해방군을 대표한 사라피스, 민족민주그리스연맹의 제르바스가 참석했다. 그리스 주둔 연합국군 사령관은 영국군 스코비Ronald Scobie 중장이 맡고, 부사령관은 미군 준장이 맡았다. 협정의 핵심사항은 (1) 그리스 내 모든 게릴라 부대들을 그리스 민족통합정부의 통제하에 둔다 (2) 그리스 정부는 게릴라 부대들을 연합국군 최고사령관 스코비 장군의 휘하에 둔다 (3) 그리스 정부의 포고에 따라 그리스 게릴라 지도자들은 법을 자신들의 수중에 두는 것을 금지한다는 선언을 한다. 그런 행위는 범죄로 취급되고 따라서 처벌될 것이다 (4) 저항단체들은 아테네에서는 스코비 장군의 명령을 제외하고는 어떠한 작전도 취하지 않는다 (5) 보안대대들은 적군의 도구로 간주된다. 연합국군 최고사령부가 발표한 명령에 따라 항복하지 않으면 적군으로 간주된다 (6) 모든 게릴라 조직들은 과거의 라이벌 관계를 청산하고 활동을 조율하기 위해 민족연맹 결성을 선언한다는 것이었다.[주48] 이 협정은 영국군의 그리스 상륙에 대한 권리를 의미했으나 이에 대한 공식적인 합의는 없었다. 이는 사라피스가 협정에 서명했지만, 민족인민해방군이 그리스를 해방시킴으로써 영국군의 그리스 점령은 필요 없다고 주장했기 때문이다. 그러나 처칠은 카세르타협정과 영국군의 그리스 파병을 승인한 미국과 소련의 전문에 근거해 영국의 개입을 합법화 했다.[주49] 이러한 카세르타협정 내용이 그리스 국내에 알려지면서 민족해방전선 · 민족인민해방군은 망명정부를 인정하고, 영국군의 그리스 진주에 동의할 수밖에 없게 됐다.

3. 점령과 학살의 영향

1) 독일군의 대게릴라전과 보복적 대량학살

점령 시기 독일군과 친독협력세력들의 그리스 저항운동세력과 민간인들에 대한 폭력은 가공할 만한 수준이었다. 그들은 고문과 인질 살해, 마을 방화 등 가혹한 보복전술을 사용하는 데 주저하지 않았다.[주50] 이는 그리스인들의 저항활동에 선제 대응함으로써 그들의 저항 의지를 꺾기 위한 것이었다. 그리스인들은 추축국 군대의 약탈과 보복만이 아니라 좌 · 우파 저항단체들 사이에서 고통을 겪어야 했다.

독일군의 대게릴라전술은 테러와 보복, 초토화작전을 수반했다. 독일군 원수 바이흐스Maxmilian von Weichs는 1941년 4월 발칸에서의 대게릴라전 실행을 위한 명령을 발표하고, 유고슬라비아 내 독일군 부대에 대한 저항활동이 있는 지역에서는 장소를 불문하고 특별한 증거가 없는 경우에도 남자 민간인들을 총살하도록 지시했다. 독일군은 이해 5월말 크레타를 장악한 뒤 이와 유사한 정책을 집행했다. 크레타 섬 주민들이 침략에 저항해 독일 공수부대원들을 공격하자, 독일군 제11공군단 슈투덴트Kurt Student 장군은 보복작전으로, 부대원들에게 애매한 여지를 남기지 말고 (1) 총살 (2) 강제 징발 (3) 마을 방화 (4) 전 지역의 남자 절멸을 명령했다. 그리스 쪽 자료는 이 시기 2천여 명의 민간인들이 대량학살된 것으로 추정하고 있다. 독일군 최고사령부는 1941년 9월 20일 점령 유럽에서 반란행위 진압을 위한 명령을 발표했다. 이 명령에는 보복에 대한 구체적인 비율이 적시됐다. 독일군 병사에 대한 습격이나 병사 1명이 사망하면 50~100명의 인질을 총살하고, 독일군 병사 1명이 부상을 입으면 10명을 총살한다는 것이었다. 이와 함께 저항활동을 저지하기 위한 마을 파괴를 일상적으로 전개했다. 이러한 보복처형 비율은 충분한 인질을 확보하지 못해 현지실정에 맞게 이뤄졌다.[주51]

같은 해 10월 18일 독일군 제164보병사단은 저항단체들에 의해 독일군들이 살해된 데 대한 보복으로 북부지방의 스트리몬Strymon강가 카토 케르질리온Kato Kerzilion과 아노 케르질리온Ano Kerzilion이라는 마을 2곳을 방화하고, 208명의 남자들을 집단학살했다. 효과는 즉시 나타났다. 인근 마을주민들이 자위대를 조직하고 저항단체들이 보급품을 갖고 가지 못하도록 마을 주변에 초소를 세웠다. 어떤 경우에는 저항단체 부대원들을 붙잡아 독일군에 넘기기도 했다. 전체적으로 보면, 1941년 10월 한 달 동안 테살로니키 부근 독일군 점령 지역에서만 488명의 민간인 인질이 학살되고, 164명이 체포됐다[주52]

1943년 6월 29일, 마케도니아의 나우사 근처에서 독일군 하사관 한 명이 공격을 받자 이에 대한 보복으로 독일군은 공산주의 혐의자 25명을 총살했다. 일주일 뒤에는 올림푸스산 부근 리토코로Litochoro 근처의 철도 사보타주에 대한 보복으로 4개 마을을 파괴하고 인질 50명을 총살했다. 독일군 제1산악사단의 잘밍거Salminger 대령은 7월말 이오안니나 남쪽의 산간지대를 관통하는 도로를 중심으로 피의 '빗질작전combing operation'을 주도했다가 10월초 같은 도로에서 저항단체의 매복공격을 받아 차량 폭발로 죽었다. 이에 대한 보복으로 그가 희생된 지역의 민간인 10명과 부근 마을 인질 14명이 학살됐다.[주53]

그리스 주둔 독일군 사령부는 1943년 10월 25일 독일군을 공격할 경우 보복하겠다는 내용이 담긴 포고령을 발표했다. 독일군은 이 포고령을 통해 "최근 들어 독일군 병사들에 대한 많은 살해 시도가 있었다. 가해자들은 대부분 공산주의자들로 밝혀졌다. 독일군은 살해를 자행하는 행위와 국가의 평화를 저지하려는 시도에 대해 무자비한 조처를 취할 것이다. 앞으로 독일군 병사 1명이 살해되면 50명의 그리스인들을 처형하고, 독일군 병사 1명이 부상당하면 10명의 그리스인들을 처형하겠다. 처형되는 사람들은 독일군을 공격하는 사람들과 관련이 있는 사람들이 될 것이다. 도시 경찰이나 지방의 헌병대에 소속된 그리스인들을 살해하는 경우에도 그와 같은 조처가 취해질 것이다"라고 경고했다.[주54]

독일군은 1943년 가을부터 전면적인 소탕작전을 전개했다. 그리스 북서부 지방의 독일군 제22군단은 이해 10월 이오안니나 부근을 거점으로 한 민족인민해방군을 상대로 작전을 전개해 상당량의 탄약과 물자 등을 노획하고, 저항단체들에게 식량과 은신처를 제공하던 산간지대의 수많은 마을을 잿더미로 만들었다. 메초보의 동단 칼라바카Kalavaka도 파괴됐다. 현지 관찰자는 그 지역에서 독일군이 수백여 명의 주민들을 학살했으며, 수천여 명의 난민이 발생했다고 보고했다. 독일군에게 민간인과 게릴라의 구분은 무의미했다. 독일군은 1943년 11월 29일 펠로폰네소스 트리폴리스 - 스파르타간 도로에서 일어난 게릴라 습격에 대한 보복으로 인질 100명을 습격장소에서 총살했다. 이어 12월 6일에는 트리폴리스 동부의 도로 요새에 대한 공격으로 인질 50명을 효수했다. 1943년 9월부터 점령이 끝날 때까지 이러한 사건들은 날마다 독일군 보고서에 나타났다. 주검들은 길가 나무에 매달아놓거나 마을 광장에 전시됐다. 아르타에서는 여름철 게릴라들이 도시로 연결되는 도로의 전봇대 12개를 절단한데 대한 보복으로 12명의 인질을 구금장소에서 끌고 나와 공개적으로 처형했다.

독일군 뢰어Löhr 장군의 총참모장 빈터Winter 장군은 '비적bandit'들에 대한 작전 성공을 사망자수, 포로수, 노획물자의 수 견지에서 평가했다. 독일군은 대게릴라전 작전보고를 끝내면서 이른바 '노획품 목록'을 제출했다. 예를 들어 1943년 11월 13일 제22군단은 '후베르투스 작전Operation Hubertus' 최종결과를 독일군 E집단군에 제출했는데, 핀두스 산맥을 관통하는 소탕작전 결과 '적'의 인명손실은 사망 165명, 부상 200여 명, 체포 61명인 반면 독일군의 인명피해는 사망 8명, 부상 14명으로 보고했다. 노획품은 '소총 55정, 자동권총 3정, 권총 3청, 연막탄용 권총 1정, 수류탄 24개, 탄약 2천여 발, 벨트 1개, 총탄, 퓨즈. 다이너마이트' 및 '기타 많은 물품' 등이었다. 독일군 제7기갑척탄병연대가 제출한 '노획품 목록'은 '식량 10포대, 옥수수 식량 1포대, 콩 171포대, 보리 1400파운드, 면 1포대…담배 121보루, 나귀 및 당나귀 45마리, 돼지 18마리, 새끼돼지 42마리, 양 331마리, 염소 50마리' 등으로 주민들의 생활에 필요한 식량과 가축이 대부분이었다.[주55] 저항단체원과 독일군 사상자수 및 무기수의 불균형, 주민들이 소유한 당나귀, 돼지, 양, 보리 등의 물품이 노획물품의 대부분이었다는 것은 독일군의 대게릴라전이 민간인들에 대한 무차별적 대량살상이었음을 보여주는 것이다.

펠로폰네소스 남동쪽 아카이아 지방의 산간지대에 있는 칼라브리타Kalavryta의 집단학살은 비극적이었다. 1943년 10월 16~18일 독일군 중위 쇼버Schober가 지휘하는 독일군과 아레타키스Sfakianos Aretakis가 이끄는 민족인민해방군 소속 '칼라브리타 독립대대' 간에 케르피니Kerpini에서 전투가 벌어졌다. 이 전투에서 민족인민해방군은 독일군 83명을 포로로 체포하고, 이들을 칼라브리타 초등학교로 끌고 가 하룻밤을 묵은 뒤 이동했다. 독일군은 이들의 즉각 석방을 요구했으나 민족인민해방군은 이를 거부했다. 11월 25일 독일군 제117경보병사단 사령관 르 수이레Karl von Le Suire 소장은 포로가 된 독일군 병사들을 구출하기 위한 '칼라브리타 작전'을 명령하고 민간인들에 대한 보복대응에 나섰다. 케르피니 전투에서 체포된 독일군 병사들의 소재를 파악하고, 저항단체를 칼라브리타에서 소탕하는 한편 주민들을 테러함으로써 더 이상 저항단체들을 지원하지 못하도록 하는 작전이었다. 이 작전은 12월 5일 실행에 옮겨져 펠로폰네소스의 5개 도시에서 정해진 도로를 따라 칼라브리타로 진격해 들어갔다. 12월 7일 독일군이 펠로폰네소스 지방의 마을들을 잿더미로 만들며 칼라브리타로 진격하자 민족인민해방군은 포로로 잡은 83명을 처형했다. 독일군은 이에 대한 보복으로 다음날 케르피니와 로기Rogi, 자클로루Zahclorou, 수바르도Souvardo, 브라니Vrani마을과 메가 스필레오Mega Spileo 사원에서의 대량학살을 명령하는 무전을 보냈다. 이어 12월 9일 이들은 칼라브리타에 도착했다. 12월 10일 르 수이레 장군은 13살에서 80살에 이르는 모든 남자들을 처형하도록 명령했다. 12월 13일 월요일 새벽, 독일군은 칼라브리타의 주민들을 초등학교 건물로 모이도록 한 뒤 남자들을 마을이 내려다보이는 인근의 카피Kapi언덕으로 끌고 가 처형했다. 이날 하루에만 496명이 학살됐다. 13명만이 학살현장에서 살아남았다. 독일군은 칼라브리타 작전으로 25개 마을을 초토화하고 모두 696명을 학살했다.[주56]

1944년 4월 27일 펠로폰네소스 라코니아Laconia의 몰라오이Molaoi에서 민족인민해방군 부대원들의 매복 습격으로 독일군 장군 크레흐Franz Krech 장군과 장교 3명이 희생되고, 수 명이 부상을 당하자 이에 대한 보복으로 독일군은 4월 30일 아테네의 '공산주의자' 200명과 '비적 협의자' 100명, 그리고 펠로폰네소스의 '몰라오이 - 스파르타 간 도로에 있는 마을의 모든 남성'에 대한 총살을 명령했다. 이에 따라 5월 1일에는 200여 명의 정치범들이 아테네 근교 케사리아니Kaisariani의 스코페프티리오Skopeftirio에서 학살됐다. 7월 29일 서부 마케도니아 카스토리아Kastoria 지방의 클레이수라Kleisoura에서는 독일군이 매복공격을 받자 250여 명의 여성과 어린이들(마을 남자들은 산간지대로 도주했다)을 한 건물에 가두고 불을 질러 학살했다. 그리스인들의 무장투쟁이 성공적으로 이뤄질 때마다 인질들은 사살됐으며, 근처에 살던 농민들은 투옥되고 그들의 집과 마을은 폐허로 변했다. 사보타주 행위에 대한 보복으로

2천여 곳 이상의 마을이 점령당국에 의해 완전히 파괴되거나 부분적으로 파괴됐다. 점령이 끝나갈 무렵 150만여 명이 보복의 일환으로 의도적으로 가옥을 파괴당하거나, 비참한 환경 속에서 살아야 했다.[주57]

이러한 무차별적 폭력은 저항단체와 관련된 주민들을 집단적으로 제재함으로써 이를 저지하는 데 목적이 있었다. 그러나 그리스에서의 저항활동을 보면 독일군의 이러한 보복 행위는 저지의 효과는 있었을지라도 저항행위를 없애지 못했을 뿐 아니라 오히려 주민들을 저항활동에 가담하도록 하는 역할을 했다. 결국 독일군은 보복정책을 사용했지만 그리스를 평정하지 못했고, 주민들을 통제하지도 못했다. 마을방화는 남자 주민들로 하여금 저항단체를 제외하고는 의지할 곳이 없도록 하는 효과를 가져왔으며 노인과 여성, 아동학살은 독일군에 대한 증오심과 복수심을 키우는 계기가 됐다.[주58] 그러나 저항활동과 이에 따른 독일군의 보복은 많은 지역에서 이웃 간의 반목과 갈등을 불러일으키기도 했다.

1944년 독일 점령 하의 그리스에서 한 영국군 장교는 "그 누구도 생존을 위한 투쟁에서 자유로운 적은 없다. 그 밖의 모든 것은 부차적인 것이다"라고 말했다.[주59] 독일의 그리스 점령 시기 연합국군사사절단장 우드하우스는 그리스 한 농민의 '선택'을 다음과 같이 설명했다.

> 그는 1942년 산간 마을에 살고 있었다. (중략) 그는 우선적으로 이웃에 있었기 때문에(그들은 당시 산꼭대기에 있었다. 그래서 그는 옳았다) 좌익저항운동에 가담했다. (중략) 공산주의자가 아니었지만, 공산주의자들이 지배하는 운동에 우연히 가담했다. (중략) 그의 운명은 그의 손에 달려있지 않았다. 그가 산간지대에 살았다면, 우선 공산주의자들의 영향을 받았을 수 있다. 평지대에 살았더라면, 보안대대와 협력기관들의 영향을 받았을 것이다.[주60]

펠로폰네소스 메세니아Messenia의 카르포포라Karpofora마을에서는 양쪽의 반목으로 인해 1944년 3~8월에 10여 명이 희생되기도 했다. 결과적으로 내전의 가장 큰 희생자들은 분쟁지역의 주민들이었다. 이들은 양 진영에 의한 보복공격과 징발, 위협에 취약했다.[주61]

마케도니아의 북쪽 지방에서는 독일군이 그리스인들의 저항활동을 차단하기 위해 그리스 내 우익 준군사단체들을 활용했다. 기안니차에 근거지를 두고 독일군 대첩보작전팀과 함께 활동한 풀로스는 저항단체에 정보망을 조직하는가 하면 스파이들을 침투시켰다. 그는 또 메탁사스가 1930년대 해체시킨 뒤 나치 친위대가 부활시킨 '그리스민족연맹*EEE*'이라는 반유대주의 단체의 활동을 지원했다. 1944년 9월 14일 기안니차에서 일어난 대량학살은 독일군 장교들의 감독 아래 풀로스와 그리스어를 구사하는 슈베르트Fritz Schubert라는 독일군 하사의 지휘로 자행됐다. 이날 새벽 풀로스와 슈베르트의 부하들은 10살 이상의 모든 남자들을 현지 독일군이 묵고 있는 학교 건물 앞 광장으로 모이도록 명령했다. 여성과 어린이들은 근처의 다른 광장에 모이게 했다. 이날 전체 사망자는 최소한 75명에 이르렀다. 이 숫자는 밭에서 무차별 사격으로 희생된 주민들은 포함하지 않은 것이었다.[주62] 민족인민해방군의 한 장교는 풀로스의 취조실 가운데 하나로 사용된 학교 건물벽이 고문당한 주민들이 할퀸 피의 흔적으로 얼룩져 있었다고 설명했다.[주63] 독일군 자료에는 1943년 3월 1일부터 1944년 10월 15일까지 독일군 사망 2,369명, 부상 4,204명, 행방불명 1,810명의 인명피해를 낸 것으로 기록돼 있다. 사상자의 65% 이상은 1944년 6~10월에 일어났다. 같은 시기 그리스인 2만 1,255명이 희생되고 독일군의 대게릴라전으로 2만 명이 체포됐으며, 1,700여 개의 마을이 잿더미로 변했다.[주64]

2) 유대인 홀로코스트

그리스의 유대인 정착은 2,300여 년의 장구한 역사를 가지고 있지만, 15세기까지는 숫자가 많지 않았다. 1492년 스페인에서 추방된 세파딕 유대인들이 북부 그리스 지역에 정착하면서 오스만 튀르크 제국 시기 테살로니키항

독일군은 1942년 7월 11일 유대인들에게 테살로니키의 자유광장에 집합하도록 명령했다. 유대인들 가운데 몇몇은 독일군의 가혹행위로 숨졌고, 나머지는 강제노동수용소로 끌려갔다.

구는 사실상 유대인들의 도시가 됐다. 20세기 초 발칸전쟁과 북부 그리스, 에피루스, 크레타, 에게해 제도의 많은 섬들이 그리스에 복속된 이후 그리스 내 유대인은 10만여 명에 이르렀고, 이 가운데 테살로니키에만 6만 5천여 명이 살았다. 테살로니키의 유대인들은 사업과 전문직업 등의 종사자가 많았으며, 언론, 출판, 집회 및 결사의 자유를 누렸다. 테살로니키는 1921년 그리스 국가에 통합된 뒤에도 유럽 유대인 사회의 중심지 가운데 한 곳으로 남아있었다.

독일군은 1941년 4월 9일 테살로니키를 점령하자 유대계 신문사를 폐쇄하고, 카페나 선술집, 가게에 반유대인 안내판을 붙여 반유대주의를 선동했다. 4월 11일에는 모든 유대계 출판물의 발간을 중지하고 반유대주의 기관지 『신유럽*Nea Evropi*』을 발간하기 시작했다. 유대인들의 재산은 강탈당하고, 랍비들은 굴욕을 겪었다. 이후 수개월 동안 많은 유대인들이 체포된 가운데 일부는 '공산주의자'라는 이름 아래 총살됐다. 그러나 그 뒤 1년 동안은 '절멸'이 일어날 징조는 보이지 않았다. 유대인들에 대한 최초의 공개

적인 작전은 1942년 7월 일어났다.[주65]

유대인 홀로코스트를 의미하는 '최종해결final solution'은 테살로니키 지역 유대인들의 문화생활, 문서고, 도서관 등에 대한 파괴로 시작됐다. 7월 11일 살로니카-에게해 지역 독일군사령관 크렌츠키Curt Von Krenzki가 18~45살에 이르는 모든 유대계 남성들을 강제노동에 동원하기로 결정했다. 2천여 명의 청년들은 그리스 내 타지역으로 이송됐으나 대부분 기아와 질병으로 숨졌다.[주66] 크렌츠키의 명령에 따라 7월 11일 토요일 새벽, 독일군은 작업증을 발급하겠다며 테살로니키의 유대인 남자들에게 도시의 중심부인 엘레프테리아(자유)광장에 모이도록 명령했다. 이들 가운데는 뙤약볕에 모자도 쓰지 않은 채 서 있도록 강요받아 열사병으로 쓰러지는 유대인들도 있었다. 독일군 병사들은 오후 8시부터 새벽 2시 30분까지 유대인들을 폭행하거나 차가운 물에 처넣기도 했으며, 지쳐 쓰러질 때까지 운동을 하도록 강요했다. 유대인들은 엄청난 충격을 받았으며 다치거나 숨진 이들도 있었다. 나머지는 강제수용소로 끌려가 마케도니아의 군사용 도로와 비행장 건설에 강제동원됐다. 10월 들어 유대인 유지들이 독일군과 협상을 벌여 막대한 금액을 지불하고 나서야 7천여 명의 유대인들이 풀려날 수 있었다. 그러나 이는 시작일 뿐이었다.

이 시기 유대인 추방에 대한 계획이 치밀하게 진행되고 있었다. 독일군 감독하의 그리스 언론은 1942년 11월 9일 '국제유대주의를 유럽에서 추방하겠다'는 히틀러의 발언을 머리기사로 보도했다. 하지만 히틀러의 발언을 곧이곧대로 받아들인 사람은 없었다. 북부 그리스에 주둔하는 독일군과 독일 경찰부대는 1941~1942년 세르비아의 유대인과 집시들을 총살하는 데 개입했던 자들이었다. 1942년 12월이 되자 이들은 테살로니키 동쪽에 있는 도로와 요새, 수영장 등을 만들기 위해 500여 년 동안 이어져온 유대인 공동묘지를 파헤치기 시작했다. 1942년 하반기, 독일군은 자국의 점령지역에서 이탈리아 점령지역으로 빠져나간 유대인들을 조사하려고 했으나 거부당하고,

이탈리아 점령지역 내의 유대인들을 추방하도록 설득하는 데도 실패했다. 당시 이탈리아는 유대인들에게 호의적이었다. 이에 나치 친위대 소령 아이히만Adolf Eichmann은 유대인 문제 전문가인 친위대 대위 비슬리체니Dieter Wisliceny를 작전 책임자로 선발하고 테살로니키 거주 유대인들에 대한 추방을 6~8주 안에 끝내라고 지시했다.[주67]

이에 따라 유대인 재산의 약탈과 징발은 1943년 1월부터 시작됐다. 1943년 1월 민족해방전선 · 민족인민해방군은 그리스 정교회 신자들에게 나치의 박해로부터 유대인 동지들을 구하자고 호소했다. 저항단체들은 공동체 지도자와 주민들에게 추방이 임박했다는 사실을 경고했다. 살로니카 - 에게해 독일군사령관을 대리한 영사 메르텐Max Merten의 지원을 받은 비슬리체니는 1943년 2월 초 동료 브루너Alois Brunner와 함께 테살로니키에 도착해 2월 6일 유대인 파괴에 관한 명령을 발표했다. 이 명령은 외국 국적의 유대인을 제외한 모든 유대인들은 유대인 표시를 해야 하고, 상점에도 같은 표시를 해야 한다는 것이었다. 외국 여권을 소지한 유대인들은 게토로 이동해야 했다. 유대인들은 2월 15일부터 특별통행금지 대상이 됐다. 2월 25일부터는 모든 유대인들이 독일어와 그리스어로 '유다Jude'와 '에브라이오스*Evraios*'라고 쓰인 노란 '다윗의 별'을 부착해야 했고, 비유대인들과의 대화도 금지됐다. 3월 15일 독일 경찰부대가 벨그레이드에서 테살로니키에 도착한 뒤 2,600명의 유대인을 실은 첫 번째 열차가 아우슈비츠를 향해 떠났다. 이것이 본격적인 나치의 '최종해결'의 시작이었다.

마지막 추방은 8월에 있었지만, 대부분의 테살로니키 유대인들은 3월 15일부터 6월 1일 사이에 추방됐다. 8월 19일이 되자 테살로니키의 유대인 4만 8,674명이 아우슈비츠로 추방됐다. 전쟁이 끝난 뒤 살아서 돌아온 유대인은 1,950여 명에 지나지 않았다. 유대계 사회의 97%에 이르는 유대인들이 학살된 것이다. 그리스 유대인박물관The Jewish Museum of Greece의 설명에는 테살로니키에서의 유대인 추방 인원이 4만 6,974명이라고 돼 있다. 아우슈비츠 -

비르켄나우의 기록을 인용한 마조워는 4만 8,974명라고 집계했다. 혼드로스는 테살로니키 유대인에 대한 최초의 추방이 2월 13일 시작됐다고 말해 마조워의 주장과 차이가 있다. 테살로니키의 유대인 추방자 수에 대해서도 혼드로스는 4만 6천여 명이라고 주장한다. 클로그는 테살로니키 전체 인구의 5분의 1인 5만여 명이 추방됐다고 밝혔다.[주68] 홀로코스트 이후 텅 빈 테살로니키는 죽음의 도시로 변했다. 몇몇 유대인단체의 지도자들은 세계 유대인협회에 그리스의 저항단체가 필요로 하는 장비를 지원해주도록 호소했다.

1943년 3월 동부 마케도니아와 트라키아의 불가리아 점령지대에 살던 유대인들은 다뉴브강의 롬Lom 항구로 추방돼 독일군에 넘겨져 최종적으로 트레블링카의 절멸수용소로 이송됐다. 이 지역 4,200여 명의 유대인 가운데 200여 명만이 생존했다. 테살로니키의 이탈리아 영사 카스트루치Castrucci 장군은 이탈리아 시민권자라고 주장하는 유대인 329명을 자국 선박을 이용해 이탈리아 점령지역으로 수송했다. 이탈리아군은 독일군의 '최종해결' 협력 요청을 거부했다. 이탈리아군 겔로소Geloso 장군과 전권대사 기기Ghigi는 이탈리아 점령지역에서의 유대인 추방에 대한 독일군의 제안을 거절하고, 이탈리아 점령지역 내의 유대인들은 이탈리아가 항복할 때까지는 보호받았다. 그러나 1943년 9월 8일 이탈리아가 항복한 뒤 독일군이 이탈리아 점령지역까지 접수하면서 유대인들에 대한 보호막이 사라졌다. 아테네를 포함한 이들 지역에 대한 '최종해결' 책임은 친위대 · 경찰고급지휘관*HSSPF* 슈트루프Jürgen Stroop가 맡았다. 슈트루프는 10월 4일 아테네 거주 유대인 등록에 관한 포고령을 발표했다. 포고령 내용은 다음과 같다. (1) 독일군 행정관할 지역 내의 모든 유대인들은 즉각 1943년 6월 1일 현재 살고 있었던 상시 거주지로 갈 것 (2) 유대인들은 상시 거주지에서 벗어나거나 거주지 변경이 금지됨 (3) 아테네 및 그 근교 거주 유대인들은 5일 이내 아테네 유대인종교협회에 보고하고, 기록을 등록할 것. 등록할 때는 반드시 상시 거주지를 신고할 것.

아테네 근교에서는 관할 그리스 관청에 신고할 것 (4) 이 명령에 응하지 않는 유대인들은 총살에 처함. 유대인들을 숨겨주거나 은신처 제공 또는 탈출을 지원하는 비유대인들은 강제수용소로 추방될 것임 (5) 외국 국적의 유대인들은 1943년 10월 8일 오전 8시 아테네 유대인종교협회에 나와 국적 증거를 제시하고 등록할 것 (6) 유대인종교협회를 그리스 내 그리스인들의 이익을 대변하는 유일한 기관으로 지정함 (7) 14살 이상의 모든 남성 유대인들의 향후 등록은 반드시 위에 언급된 기관에 매일 보고할 것 (8) 오후 5시부터 오전 7시까지 유대인들이 거리와 공공장소에 자주 나타나는 행위를 금지함 (9) 그리스 경찰당국은 위의 포고령에 대한 철저한 집행에 책임이 있고, 이를 위반한 유대인들이나 이 포고령을 위반하는 유대인들을 도와준 자는 현장에서 체포함 등이었다. 그러나 상당수의 유대인들은 등록하지 않았다. 비슬리체니와 독일군 보안방첩부SD의 '유대인 문제' 전문가 3명이 아테네로 파견됐다. 비슬리체니는 도착하자마자 아테네의 대랍비 바르질라이Elias Barzilai를 소환해 사흘간의 말미를 주며 유대계 공동체에 관한 주소 등 각종 정보 제공을 요구했다. 하지만 바르질라이는 9월 23~25일 민족해방전선 · 민족인민해방군의 조직적인 계획 아래 탈출했다. 그의 탈출은 아테네의 유대인들로 하여금 산간지역으로 탈출하거나 피신, 탈출을 준비하도록 함으로써 많은 유대인들의 목숨을 구했다. 1천~2천여 명의 유대인들이 '자유 그리스'로 피신했다. 아이히만은 이탈리아 점령지역이었던 곳에서 '최종해결'이 진척되지 않자 1944년 2월 말 비슬리체니 대신에 부르거Toni Burger 대위에게 일을 맡겼다. 1944년 3월 23일 금요일 오전, 부르거는 아테네 멜리도니Melidoni 거리에 있는 유대교 회당으로 가 통역관을 통해 독일로 추방된 뒤 전쟁이 끝나면 돌아올 것이라고 말했다. 회당에 모였던 유대인들이 그의 얘기를 듣는 순간 회당 문이 갑자기 기관총을 든 친위대원들에 의해 닫혔다. 20명의 젊은 유대인들에게 완장이 주어지고 여성과 어린이들을 체포해 그들을 데려오도록 명령했다. 어떤 유대인들은 친지들과 헤어지지 않으려고 자발적으로 찾아왔고, 어떤 유대인들은 숨었다가 그리스 경찰이나 독일군 보안방첩부 요원들에게 끌려왔다. 낮이 되자, 700~1천여 명이 회당에 갇혔다가 트럭에 태워져 아테네 인근 하이다리수용소로 끌려갔다. 10여일 뒤 이들은 아우슈비츠행 열차를 타야했다. 아테네 거주 유대인들의 추방은 그리스 본토의 다른 도시에서의 체포와 때를 같이 해 일어났다. 고대 유대계 공동체가 있는 이오안니나의 유대인들은 테살로니키 유대인들의 추방소식이 전해졌지만, 최악은 피할 수 있을 것이라고 생각했다. 그러나 1944년 3월 25일 새벽, 독일군은 이오안니나의 유대계 거주지역을 에워싸고 1,700여 명의 유대인 추방을 시도했다. 독일군은 트럭 80대를 이용해 이오안니나의 전체 유대인 가운데 95%를 눈 쌓인 메초보 협로를 넘어 수송하다가 이틀 전 내린 눈으로 길이 막히자 라리사의 집단수용소로 이송했다. 유대인들은 그곳에서 아테네를 출발해 아우슈비츠로 향하는 열차에 강제로 올랐다.[주69] 나치의 '최종해결'은 그리스 내 전체 유대인의 87%인 6만 5천여 명의 대량학살을 가져온 제노사이드였다. 전쟁이 끝난 뒤 생존한 유대인은 1만여 명에 지나지 않았다.[주70] 하지만 정확한 사망자 숫자는 모든 대학살이 그렇듯이 아무도 모른다. 마조워는 그리스 내 유대인 가운데 6만~6만 5천여 명이 절멸됐다고 추정했으며, 연구자에 따라 7만 5천여 명이 절멸됐다는 주장도 있다.[주71]

3) 그리스인들의 유대인 구출과 유대인들의 저항활동

독일군들의 반유대주의 정책이 강화될수록 그리스 정교회 성직자와 신자들은 희생을 무릅쓰고 유대인들을 보호하려고 노력했다. 정교회 성직자들은 점령 당국에 항의했다. 테살로니키의 대주교 겐나디오스Gennadios는 독일군이 유대인들에게 '다윗의 별' 부착을 명령하자 사제들을 통해 신자들에게 유대인들을 차별하거나 경멸하지 않도록 호소했다. 그는 또 테살로니키의 메르텐에게 유대인 추방을 중지하도록 호소하기도 했다. 유대인 추방을 막기 위한 그리스 정교회 수장 다마스키노스 대주교의 노력은 컸다. 30명의 유력인사 서명자 대표로 그는 1943년 3월 23일 협력정부 총리 로고테토풀로스에게 점령당국에 테살로니키 유대인들에 대한 추방을 중지하는 데 적극 개입하라고 요청하는 비망록을 전달했다. 이 비망록은 "그리스 국민은 독일군 점령당국이 테살로니키에서 유대인들을 국경선 밖으로 추방하기 시작했고 추방된 첫 유대인들이 이미 폴란드로 향하고 있다는 사실을 충격과 슬픔 속에 들었다"로 시작하고 있다. 이들은 "정전조건에 따라 점령당국은 인종이나 종교에 관계없이 그리스 시민들을 동등하게 대우해야 한다. 그리스 유대인들은 그리스 경제발전의 소중한 공헌자이며 그리스인으로서의 의무를 완전히 숙지해 법을 준수해왔다"며 1941년 그리스가 항복할 때 서명한 항복문서 조항을 상기시키도록 했다. 이들은 로고테토풀로스에게 "총리는 그리스 내 유대인들에 대한 가혹한 대우가 불공정하며 따라서 도덕적으로 받아들일 수 없는 조처라는 것을 총리의 권한으로 보여줘야 한다. (중략) 그들이 추방정책을 고집한다면 우리는 (그리스) 정부가 그리스의 실제 정치권력의 집행자로서 지금 발생하고 있는 일에 대해 명백한 반대 입장을 취해야 하며, 현재 이뤄지고 있는 정의롭지 못한 일에 책임을 지고 외국인(독일군)들에게 떠나도록 해야 한다"고 강조했다. 다음 날인 1943년 3월 24일에는 그리스 주재 독일의 전권대사 알텐부르크를 직접 만나 같은 내용의 비망록을 전달했다. 성직자와 저항운동단체, 아테네 경찰국장 에베르트Angelos Evert 휘하의 경찰과 그리스인들도 그의 탄원에 동조했다. 앞서 3월 초 비슬리체니로부터 아이히만이 유대인들의 추방을 원한다는 말을 들은 랍비 대표 코레츠Koretz는 충격에 빠져 추방을 막기 위한 필사적인 노력을 기울였다. 그리스 정치인들을 접촉하지 말라는 비슬리체니와 브루너의 경고에도 그는 4월 초 테살로니키를 방문한 협력정부 총리 랄리스를 만났으나 추방을 막을 수는 없었다.

독일의 유대인 절멸을 피해 그리스 내 유대인들은 저항운동에 참여했다. 민족해방전선은 1943년 가을 유대인들을 보호하라는 포고령을 내리고 "유대인 박해에 맞서 모든 가능한 수단으로 투쟁할 것이다. (중략) 우리는 유대인들을 도와야 하고, 유대인 자녀들을 숨겨야 한다. 반역자들에게는 제재를 가하겠다. 우리는 그리스인들 가운데 이들 새로운 희생자들을 지원하기 위해 최선을 다할 것이다. (중략) 민족해방전선의 조직원이 되라. 정복자들을 타격하고 그들의 테러체계를 분쇄하자"고 호소했다.[주72]

저항단체에서 활동한 유대인은 9천여 명으로 추정된다. 650여 명의 유대인들은 친지들에 대한 박해에 복수하고 그리스를 해방시키기 위해 저항단체들과 함께 싸웠다. 그들은 고도의 지식으로 무장돼 중요한 역할을 수행했다. 영어 구사가 가능한 유대인들은 영국군과 지역 저항단체들 간의 통역은 물론 행정, 의사, 간호사 등으로 활동하기도 했다. 많은 유대인들은 그리스와 중동, 그들이 탈출했던 여러 나라에서 정보수집 활동에 적극 참여했다.

북부 그리스의 베리아Veria시에 살던 다니엘리Simon Danieli는 1942년 13살 소년이었다. 아버지 조셉Joseph은 곡물상이었고, 어머니 부에나Buena와 9명의 형제자매가 있었다. 당시 그의 가족은 베리아에서 자행된 독일군의 가혹행위 강도가 높아지자 베리아를 떠나 피신했다. 그들은 시키스Sykies 근처 작은 마을에서 신세를 졌다. 그곳에서 기오르고스Giorgos와 라나라Panayiota Lanara, 그리고 정교회 신부 카라미초풀로스Nestoras Karamitsopoulos의 도움으로 은신처와 식량 등을 얻었다. 그러나 나치는 이내 시키즈 마을에 들이닥쳐 베리아에서 도망친 50여 명의 유대인들을 체포했다. 그들은 카라미초풀로스를 상대로 유대인들의 은신처를 추궁했다. 그가 답변을 거부하자 나치는 주민들의 집을 수색하기 시작했다. 나치는 8채의 가옥에서 유대인들을 찾아내고 집을 방화했다. 그리고 나서 그들은 카라미초풀로스를 고문하고 그의 수염을 뽑으면서 분노를 표출했다. 다니엘리는 이러한 장면을 지켜봤다. 다니엘리의 가족은 구사일생으로 살아남아 베리아로 돌아갔으나, 지금은 바르부타Barbouta라고 알려진 유대인 거주지역은 완전히 잿더미로 변했고, 450여 명의 유대인들은 아우슈비츠로 이송됐다.[주73]

점령 시기 들이닥친 대기근으로 인해 그리스의 어린이들이 줄을 서서 먹을 것을 배급받고 있다.

4) 대기근과 경제의 붕괴

독일은 그리스의 정치적 생존에는 무관심했고, 그들의 징발과 약탈정책은 그리스에 파국적인 결과를 가져왔다. 독일의 점령으로 야기된 가장 큰 파국적인 문제는 1941~1942년 겨울 그리스에 몰아닥친 대기근이었다.[주74] 대기근은 점령이 빚은 그리스의 가장 비극적 유산 가운데 하나이다. 이는 또한 추축국에 맞서 일어난 대규모 저항운동의 기폭제 역할을 했다. 점령 직후부터 식량생산은 독일 전시경제의 필요성에 맞춰졌다.[주75]

그리스는 2차 세계대전 이전 곡물 생산량이 많았던 해에도 매년 40만~50만 t의 곡물을 수입할 정도로 식량을 자급자족하지 못했다. 그리스는 1938년 밀 47만 5,000t을, 1940년에는 27만 3,000t을 수입했다. 그러나 1941년 상반기의 수입량은 5만t에 불과했고, 같은 해 하반기에는 점령의 영향으로 수입량이 더욱 낮았다. 게다가 1941년의 곡물 작황은 예년의 절반에도 미치지 못했다. 추축국의 식량 징발은 위기를 악화시켰는데 3개국에 의한 분할 통치는 주민들에 대한 식량 공급을 더욱 어렵게 만들었다.

불가리아가 점령한 동부 마케도니아와 트라키아는 그리스 국내 밀 생산량의 40%, 호밀 생산량의 60%, 계란 생산량의 60%, 콩 생산량의 50%, 버터 생산량의 80%를 차지하는 지역이지만, 불가리아의 그리스에 대한 점령정책과 도로 사정이 나빠 그리스 남부지방으로 수송되지 않았다. 불가리아는 자국 점령지대 내에 있는 그리스인들을 '불가리아인화'하기 위해 테러통치를 하면서 그리스 학교를 탄압하고, 재산을 몰수했다. 카발라에서는 700여 개의 상점이 강탈당하고, 그리스인들을 투옥했는가 하면 이름 개명도 강요했다. 이러한 점령정책으로 인해 1941년 9월 28일 드라마에서 봉기가 일어났으나, 불가리아는 이에 대한 보복으로 수천여 명의 그리스인들을 처형했다. 그리스인 2만 5천여 명은 테살로니키 주변 독일군 점령 지역으로 피신했다. 아테네 - 피래우스 지역의 인구는 전쟁을 피해 들어온 피난민들이 급증하면서 전전 인구의 배로 증가했다. 아테네 주둔 독일군 경제담당 장교는 1941년 7월부터 1942년 7월까지 50만t의 식량이 필요한 것으로 추정했지만 해결방안은 없었다.[주76]

산간지역의 물이 귀한 마을에서는 주민들이 우물물을 길어가기 위해 독일군과 물건을 교환해야 했다. 남부 그리스의 마구라Magoula라는 마을은 4면이 산으로 둘러싸여 있는 농촌으로 650여 명의 농민들이 살고 있는 마을이었다. 마을 부근의 독일군은 마을을 전선으로 둘러싼 채 마을에서 약간 떨어진 곳에 있는 마을의 유일한 우물물을 지키며 한 깡통의 물에 계란 2개를 줘야 겨우 물을 길어갈 수 있게 했다. 주민들은 집에서 기르던 가축들을 독일군에게 모두 바쳐야 했고, 집에서 기르던 닭들도 하나씩 잡아먹다 없어지자 결국 어린이들이 아사했다.[주77] 생존과 생계의 문제가 그리스인들이

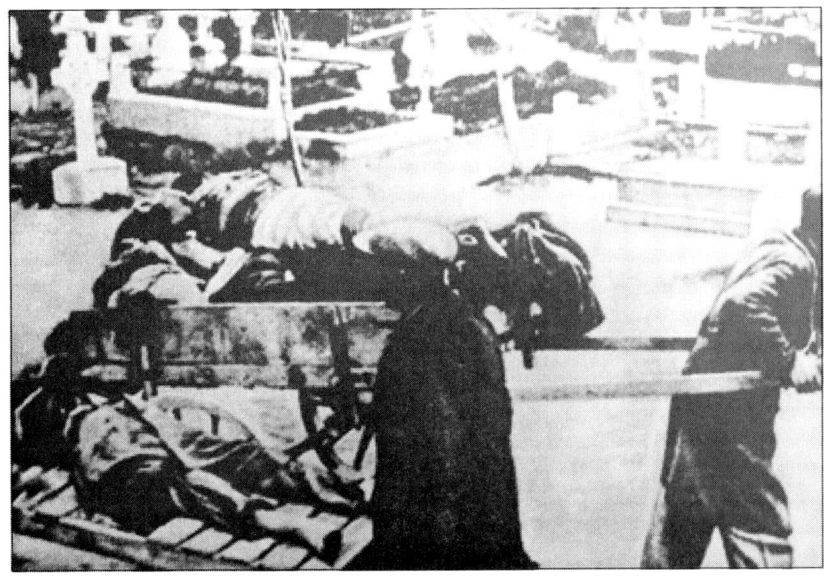

1941~1942년 아테네를 포함한 그리스를 휩쓴 대기근으로 영양실조에 걸린 어린이들과 아사자들이 속출했다.

직면한 최우선의 과제였다. 이러한 생존의 문제는 그리스인들이 민족해방 투쟁에 나선 이유이기도 했다.

독일군 병사들은 고향으로 식량을 보내다 남은 것을 비싼 값에 되팔기도 했다. 이들은 식량이 떨어지면 마을을 수색해 징발했으며, 원자재의 강탈로 인해 산업시설들이 문을 닫거나 가동률이 크게 떨어졌다. 교통수단과 연료의 징발은 심각한 운송수단의 부족을 가져왔고, 도로 사정의 악화로 인해 식량부족은 더욱 악화됐다. 독일군과 이탈리아군 모두 도로 장애물을 설치하고, 창고를 조사해 자국 군대에 사용할 곡물을 강탈했다. 아테네에서는 빵 배급량이 점령 이전 하루 1인당 300g에서 1941년 6월 말에는 200g 이하로 떨어지고 질도 나빠졌다. 가을이 되자 배급량은 급격하게 감소해, 11월 중순에는 1인당 하루 100g 이하로 3주만 배급됐다. 수프를 배급하는 수프배급소가 프랑스 수녀들에 의해 테살로니키에 세워지고, 국제 적십자사가 우유와 밀가루를 유아들에게 배급했다. 간혹 성인들에게는 옥수수 가루와 콩을 싼 값에 배급하기도 했지만 굶주리는 그리스인들을 먹여 살리기에는 턱없이 부족했다. 빵의 부족으로 아르고스에서는 폭동이 일어났고, 분노한 그리스인들의 시위는 법과 질서를 붕괴시켰다.[주78] 수많은 그리스인들이 식량부족에 따른 영양실조로 죽어갔다. 설상가상으로 독일군의 박해를 피해 도주하거나 저항단체에 합류하는 농민들과 그 가족들의 증가로 노동력이 절대부족해 농작물을 재배할 수도 없었다.[주79]

반면 점령군들은 자신들의 생계를 해결할 준비를 하지 못한 채 그리스를 점령했다. 그들은 생존을 위해 그리스 경제의 자원들을 약탈했으며, 특히 농업생산물을 징발했다. 독일군은 그리스에서 징발한 식량을 북부 아프리카의 롬멜이 이끄는 군대에 보급했다. 그리스의 기근은 도시 지역에서 심각했다. 농촌에서는 대부분의 사람들이 농업이나 목축업에 종사했기 때문에 약간의 식량을 활용할 수 있었지만 점령군들은 이마저도 압수했다. 이와 함께 영국의 해상봉쇄로 식량을 수입할 수 없게 됐다. 4만 t의 곡물을 수입하기로 한 계획은 실현되지 못했고, 식량 배급량은 11월과 12월이 되자 더욱 떨어졌다. 1인당 연간 빵 소비량은 1939년 179kg에서 1942년 40kg으로 떨어졌다.[주80] 1941년 12월 아테네에서만 하루 300여 명이 기아로 희생됐다. 아테네와 피래우스의 길거리에서 깡마른 주검들을 보는 것은 일상적이었으며, 매일 차량을 이용해 주검을 치워야 했다. 대도시 거주자들은 자체적으로 식량을 생산할 수 없었기 때문에 특히 기아나 영양실조, 불충분한 영양에 의한 여러 가지 질병에 취약했다.[주81] 일부 시민들은 식량을 더 타내기 위해 죽은 친척들의 식량배급증을 유지하려고 당국의 눈을 피해 주검을 야간에 공동묘지에 몰래 버렸다. 때때로 그리스인들은 임시묘지를 파서 매장하기도 했다. 아테네 시당국은 수백여 구의 신원을 알 수 없는 주검을 수습했지만 공식 수치에는 포함되지 않았다.[주82]

독일군의 점령과 영국의 봉쇄 결과 닥친 그리스의 대기근으로 1941년 10

〈표 1〉 국제적십자사 자료에 근거한 그리스 내 사망자수

지역	1941.9~41.11	1941.12~42.1	1942.3~42.5	1942.6~42.7
아테네 및 주변 지역	8,896	20,244	13,620	8,849
중부 그리스 및 에비아	696	1,789	1,700	1,145
펠로폰네소스	1,461	2,956	2,410	2,402
테살리	534	1,347	1,504	1,236
마케도니아	1,195	2,771	2,246	2,399
에피루스	189	313	286	275
크레타	382	458	354	333
섬 지역	1,373	3,640	2,788	1,487

월 1일부터 1942년 9월 30일까지의 도시 지역 사망률은 1940~1941년 같은 기간에 비해 3배를 넘었다.[주83] 굶주린 그리스인들은 생존을 위해 개와 고양이, 쥐까지도 잡아먹지 않으면 안됐다. 1941~1942년 겨울 독일군의 정책으로 발생한 대기근으로 그리스 전역에서 10만여 명 이상이 사망한 것으로 추정된다. 대기근으로 인한 사망자에 놀란 독일군은 마침내 구호단체인 터키의 적신월사Red Crescent가 아테네 시민들에 대한 지원을 허가하고, 뒤이어 국제적십자사와 미국의 지원도 허용했다. 점령 그리스를 황폐화시킨 또 다른 요인은 천문학적 인플레이션이었다. 독일의 인플레이션은 그리스의 인플레이션을 촉발시켜 그리스의 재정활동을 파탄냈다.[주84]

1943년 8월 영국군 정보보고서에 나타난 그리스의 생활상은 인플레이션에 신음하는 그리스인들의 고통이 잘 나타나 있다. 이 보고서에는 신발은 20만~25만 드라크마, 평범한 옷은 50만 드라크마 이상이며, 보고서 작성자도 작업복 같은 코트를 사는 데 20만 드라크마를 지불했다고 기록했다. 식량은 더욱 비싸 1오카Oka: 1.28kg 기준으로 옥수수 가루가 약간 들어간 옥수수빵은 7천 드라크마, 치즈 1만 2천 드라크마, 설탕 3만 드라크마, 꿀 2만 7천 드라크마, 고기 1만 2천 드라크마, 올리브유 1만 2천 드라크마, 물이 많이 들어간 우유 2천 드라크마였다. 계란은 1개에 1천 드라크마, 담배 1개

〈표 2〉 인플레이션에 따른 생필품의 값 폭등 추이(드라크마)[주86]

(연/월/일)

품목(1오카 기준)	40/10/1	42/9/1	43/10/1	44/1/1	44/4/1	44/9/1
빵	10	7천	1만 3천	3만 4천	46만	3400만
치즈	60	4만 4천	12만	60만	600만	11억 6천만
올리브유	50	3만	8만	20만	280만	4억
올리브	26	7천	2만 2천	8만	120만	4억
신발	450	30만	80만	-	-	22억 400만

비에 200드라크마나 됐다. 이 시기 노동자들의 일급은 2천~3천 드라크마밖에 되지 않아 어떻게 가족들을 먹여 살리는지 모르겠다고 이 보고서 작성자는 말했다. 당시 정부 관리들의 평균 월급은 10만~15만 드라크마에 지나지 않았다.[주85]

이탈리아 침략 당시 빵은 1오카에 10드라크마였으나 1944년 10월 독일군의 철수 때는 3,400만 드라크마에 이르렀다. 치즈는 1오카에 60드라크마에서 11억 6,000만 드라크마로 치솟았다.[주87] 화폐가치는 무의미했고, 그리스의 경제는 파국상태였다.

화폐 유통량은 1938년 1월 1일 67억 2,100만 드라크마에서 1942년 8월 15일에는 1,100억 드라크마로 급증했다. 가격 통제가 시행됐으나 화폐가치는 완전히 붕괴됐고 암시장이 이를 대체했다.[주88] 암시장이 걷잡을 수 없이 커지자 초대 협력정부 총리 촐라코글루는 9월 21일 이를 진정시키기 위해 특별법원, 특수경찰의 지원을 받는 한편 신임 내무장관을 임명해 단속에 나섰으나 이미 통제불능의 상태로 질주하는 그리스 경제를 회복시키기에는 역부족이었다.[주89] 식량 부족, 대규모 인플레이션, 암시장과 생존을 위한 모든 투쟁은 그리스인들에게 닥친 최대의 관심사가 될 수밖에 없었다.[주90] 그리스의 경제체제는 붕괴됐고, 점령당국에 대한 그리스인들의 반발과 투쟁심은 더욱 불타올랐다.

제4절
해방 전후 국가 건설과 정치 폭력

1. 국가건설과정

1) 독일군의 철수와 민족해방전선의 세력 확대

독일군은 1944년 9월 초부터 남부지방과 에게해 제도에서 철수하기 시작했다. 독일군의 철수는 민족해방전선·민족인민해방군의 도시 장악을 의미했다. 그들은 철수하는 독일군을 공격하고, 독일군에 우호적이었던 헌병대를 해체하는 한편 도시의 경찰문서고 등을 파괴하면서 민족해방전선 조직을 확대해나갔다. 민족해방전선은 망명정부와의 협정에도 불구하고 자신들의 입지를 공고히 해 나갔다. 그러나 8월 1일 파판드레우 망명정부를 대리해 비밀리에 아티카 지방의 군정장관직을 맡은 망명정부 참모총장 벤테레스의 동료 스필리오토풀로스Panagiotis Spiliotopoulos는 독일군의 철수 뒤 아테네를 장악하기 위해 3천여 명의 병력 지원과 함께 반공단체들의 지원을 받았다. 랄리스 친독협력정부 관리들도 스필리오토풀로스에게 충성준비를 했다. 스필리오토풀로스는 극단적 반공주의자이며, 1941년 헌병대장으로 재직할 당시 독일군과 협력한 것으로 알려진 인물이다. 그러나 스필리오토풀로스는 독일군이 철수하는 9월 민족해방전선의 활동을 저지할 수 없었다. 대부분의 협력자들은 연합국군이 민족인민해방군의 보복으로부터 자신들을 보호해줄 것이라고 기대해 그들의 상륙을 기다리고 있었다. 그러나 민족인민해방군은 항복을 거부한 보안대대나 극우단체들을 공격했으며, 양 진영 간에 치열한 전투가 벌어져 많은 사상자가 발생했다.[주1]

독일군의 철수와 맞물려 연합국군도 그리스를 해방하기 위해 카세르타 협정 직후 서둘러 '만나작전Manna Operation'을 준비했다. 그리스 해방군은 영국군 제2낙하산여단과 제23장갑여단, 200~300여 명 규모의 영·미 특공대, 그리고 망명정부 군대인 산악여단과 신성대대로 이뤄진 '자유 그리스군'으로 구성됐다.

1944년 10월 12일 독일군은 아테네에서 철수했다. 독일군은 이날 오전 아크로폴리스의 나치 독일기를 떼어내고 무명용사의 묘에 마지막 경례를 한 뒤 아테네를 떠났다. 정오가 되자 신타그마 광장은 수많은 시민들로 가득차 해방의 감격을 누렸다.[주2] 다음날부터 영국군 선발대가 진주하기 시작했다. 11월 1일이 되자 독일군은 테살로니키 북쪽과 플로리나에서 철수했고, 10일 뒤 그리스에서 완전 철수했다. 민족인민해방군은 해방 당시 무장병력이 5만여 명에 이르러 2사단(아티카)과 6사단(마케도니아) 등 2개 사단이 추가된 상태였다. 민족인민해방군은 독일군이 철수하면서 중무기를 갖고 가지 못하도록 전개한 '쥐의 작전주간Operation Rat Week'에 5천여 명의 독일군을 사살하고, 많은 포로들을 체포했다. 이 과정에서 연합국군사사절단의 갑작스런 해체는 이러한 민족해방전선·민족인민해방군의 그리스 장악을 촉진시켰다. 민족해방전선·민족인민해방군은 일단 그리스를 장악하자 점령당국에 협력했던 보안대대 군인들과 협력자, 반공 성향의 인사들을 체포하기 시작했다. 많은 수감자들이 총살되고, 수천여 명이 구금됐으며, 보안대대 장교와 병사들도 처형됐다. 해방 초기 저항단체의 활동을 긍정적으로 평가했던 영국군 총사령부는 이러한 적색테러의 발전으로 민족해방전선·민족인민해방군의 활동을 우려했다.[주3]

2) 사회경제적 상황과 갈등

1948년 10월 18일 파판드레우 망명정부 총리가 영국군과 함께 아테네에 입성했다. 파판드레우는 아테네에 들어오자마자 민족해방전선이 시내 중심부에 본부를 두고 대부분의 주요 업무를 장악한 사실을 깨달았다. 파판드레우 정부에 충성할 수 있는 병력은 3천여 명도 채 안 되는 경찰헌병대뿐이었다. 또 이들 가운데 4분의 1은 민족해방전선을 지지하는 것으로 알려졌다. 이 때문에 파판드레우는 민족해방전선 및 그리스공산당과 협력하는 방법 이외에는 선택의 여지가 없었다.

그는 신타그마 광장에 모인 수많은 시민 앞에서 도착연설을 통해 민족해방전선에 중대한 양보를 했다. 이 자리에서 그는 민족해방전선의 슬로건인 '라오크라티아'를 내세우고, 점령당국 협력자들에 대한 신속한 처벌을 약속했다. 그는 또 정부 권위의 전통적인 상징으로서 메탁사스 독재정권과 점령시기 추축국에 대한 협력행위로 인해 도덕적 위기 상태에 있던 헌병대의 교체와 민족인민해방군의 정규군화를 약속했다.[주4]

그러나 그의 약속은 지켜지지 않았다. 민족해방전선은 민족인민해방군 파견대를 아테네에 설치하려고 했으나, 파판드레우는 아테네의 모든 막사 수용시설이 영국군이나 '자유 그리스군'이 사용하게 된다는 구실을 들어 거부했다. 10월 30일에는 민족해방전선의 자위대 성격인 '민족시민방위대[EP]'의 무장해제를 포고했다. 민족시민방위대는 지방의 질서를 유지하기 위해 민족해방전선이 조직한 자위대다. 이 단체는 독일군이 철수하기 전 민족해방전선이 장악한 지역에서 수주일 동안 작전을 벌였으며, 나중에는 민족해방전선의 민간 비밀경찰 역할을 하면서 규모가 확대됐다. 그러나 파판드레우의 무장해제 포고에도 불구하고 이를 이행할 수단은 없었다. 파판드레우는 또 11월 말까지 헌병대의 숙청과 민족시민방위대를 해산해 국가경비대로 대체하고, 국가방위를 위해 모든 저항단체를 해체하는 대신 '도덕적, 물질적 보상'을 제안했다. 그는 이어 스코비 장군에게 게릴라 부대의 동원해제에 대한 책임을 맡겨, 12월 10일까지 완료해줄 것을 제안했다.

반면 그는 민족해방전선·민족인민해방군에 일부 양보하고 10월 25일 민족해방전선·민족인민해방군이 협력자로 간주한 스필리오토풀로스가 맡고 있던 아티카 군정장관직을 자유 그리스군 사령관 카초타스Katsotas 대령으로 교체했다. 민족해방전선은 파판드레우 정부에 맞서 공개적으로 선전활동을 하기 시작했다. 11월 4일에는 민족민주그리스연맹이 민족인민해방군 대원들을 살해한데 항의하는 대규모 시위가 아테네에서 일어났다. 장교 200여 명을 포함한 2,800여 명 규모의 그리스 산악여단과 신성대대가 11월 초 아테네에 입성해 열렬한 환영을 받았으나 민족해방전선·민족인민해방군은 이들의 아테네 진주에 민감한 반응을 나타냈다. 파판드레우가 이들의 진주를 요구하고 연합국군 사령관 스코비와 영국대사 리퍼가 승인했으나 민족해방정치위원회 출신 장관들은 이들의 귀국에 반대했다. 군사사절단장 우드하우스도 산악여단의 아테네 진주를 '불필요한 도발'로 간주했다.[주5]

아테네에 도착한 그리스군 병력과 영국군 병력을 합치면 8천여 명에 이르렀다. 반면 이 시기 민족인민해방군은 아테네 교외에 머물도록 하는 명령을 이행했지만 민족해방전선 지도자들의 의구심은 커져갔다. 시안토스는 산악여단이 아테네에 들어오자 지방 당 조직에 긴급전문을 보내 "반동들이 쿠데타와 독재에 경도된 조건을 창출하고 있다"고 경고하며 "민족인민해방군은 이집트에서 온 부대가 해산해야만 해산할 것이며, 신생군대는 인민의 신뢰를 누리는 인사들의 지휘 하에 수립돼야 한다"고 선언했다.[주6] 이집트에서 온 부대는 산악여단과 신성대대를 의미했다. 민족해방전선·민족인민해방군의 입장에서 볼 때 반공성향의 이들이 아테네에 진주해 신생정부 군대의 주도권을 잡게 되면 자신들이 타격을 입을 것은 분명했다.

정부의 일부 각료들은 12월 10일까지 동원해제가 이뤄지지 않으면 사퇴하겠다고 위협했다. 그리스의 상당부분이 저항단체들의 수중에 있는 것을 우려한 스코비 장군은 신속하게 새로운 군대와 경찰헌병대를 창설하는 한

한 저항단체의 무장해제와 해산을 시도했다. 민족해방전선의 반대가 확산되자 스코비 장군은 11월 15일 비밀리에 민족해방전선 · 민족인민해방군이 '쿠데타'를 시도할 경우 이들과의 전투 가능성을 준비하도록 지시했다. 만일의 사태에 대비해 2개 여단이 이탈리아에서 그리스로 증파됐다. 스코비 장군은 11월 22일 동원해제를 논의하기 위해 제르바스와 사라피스를 만났다. 사라피스는 민족해방정치위원회 출신을 포함한 내각 전부가 동원해제 포고령에 서명하지 않는 한 그러한 명령에 서명할 권한을 갖고 있지 않고 있다고 말했다. 사라피스에 따르면 스코비는 그에게 "게릴라 부대는 중무기와 탱크, 항공기, 함대를 가진 현대식 군대에 대처할 수 없다는 점을 명심하라"고 경고했다. 파판드레우는 일련의 각료회의에서 자신이 제안한 포고령에 대해 민족해방정치위원회 출신 각료들이 거부할 것이라고 생각했다. 이에 따라 그는 민족해방정치위원회 출신 각료들을 포고령 초안 작성에 초대했고, 11월 28일 내각의 승인을 받았다. 핵심 조항은 4가지였다. (1) 민족인민해방군, 민족인민해방해군, 민족민주그리스연맹은 민족인민해방군 1개 여단과 이와 동등한 비율의 민족민주그리스연맹 부대를 제외하고 12월 10일까지 동원해제한다 (2) 중동의 군대는 해제돼야 한다 (3) 동원해제된 병력들은 무기를 넘겨야 한다 (4) 헌병대와 민족시민방위대는 업무를 국가경비대에 넘기고, 일부는 국가경비대로 흡수해야 한다는 것이었다. 그러나 다음날인 11월 29일 사라피스는 공개적으로 민족인민해방군의 무장해제를 거부했다. 민족해방정치위원회 출신 각료들은 초안 서명을 거부했고, 제브고스는 수정안을 제시했다. 수정안은 산악여단 및 신성대대의 동원해제와 무기양도조항의 삭제를 담았다. 파판드레우 정부는 그리스 공산당을 "국민을 내전으로 선동한다"고 비난하며 수정안 수용을 거부했다. 이틀 뒤인 12월 1일 민족시민방위대는 새로운 국가경비대에 경찰임무 위임을 거부했다. 같은 날 제브고스는 공산당 기관지 『리조스파스티스 *Rizospastis*』에 협상시간이 지났고, 무기만이 문제를 해결 할 수 있다고 선언

했다.[주7]

파판드레우는 정당성을 확보하고 권위를 지키기 위해 영국군에 의존할 수밖에 없었다. 그러나 이는 영국군이 해방군에서 점령군으로의 전환을 의미하는 것이었다. 3년 6개월 동안의 점령 기간에 연합국은 저항단체를 나치 치하 유럽의 '자유의 선구자'로 찬양했으나 1944년 12월이 되자 그리스 정부와 영국 정부에 위협적인 존재로 바뀌었다.[주8]

해방 직후 영국군은 11월 중순이 되자 아테네 교외의 구디 막사와 아티카의 여러 곳에 투옥됐던 보안대대원들을 석방하기 시작했고, 일부는 다시 군인으로 복귀했다. 11월 3일, 그리스 국방부는 새로운 국가경비대를 지휘할 250명의 장교 명단을 발표했는데, 이들 가운데 8명은 보안대대 출신이었다.[주9] 민족해방전선의 불만은 파판드레우가 협력자, 특히 보안대대에 복무했던 자들에게 직장을 주는 등 보호하고, 민족해방전선 · 민족인민해방군과 기타 좌파단체들을 차별한다는 것이었다.[주10]

해방 전후의 정치적 혼란은 경제적 혼란을 수반했다. 점령이 야기한 사회경제적 곤경은 독일군이 철수한 뒤에도 경감되지 않았다. 추축국 점령 당시 기아와 통화제도의 파괴 등 그리스 경제의 완전 붕괴를 경험한 그리스와 연합국 당국은 그리스 국민들에게 충분한 식량 제공과 새로운 화폐제도를 도입하려고 했으나 쉽지 않았다.[주11] 해방 이후에도 그리스의 식량부족은 계속됐다. 11월 말, 유엔구제부흥기구 관리들은 전년 8월 추축국 군대에 의해 잿더미로 변한 펠로폰네소스의 도카Doxa라는 마을을 방문했는데, 그들은 주민들이 폐허가 된 움막에서 가축들과 같이 살고 있는 비참한 모습을 목격했다. 북부지방의 많은 토지들은 경작되지 않은 채 방치되고 있었다. 겨울이 다가왔지만, 농민들은 시골에서 나무를 수송할 운송수단이 부족했다. 차량들은 저항단체나 영국군이 징발했고, 철도는 점령의 폐해로 쓸모가 없었다. 도로와 항만에는 지뢰가 매설돼 보급품 전달이 늦어졌다. 독일군에 채용됐던 노동자들이 실직하면서 실업률은 더욱 높아졌다.[주12]

인플레이션은 꺾일 줄 모르고 치솟았다. 그리스는 식량을 수입하면서도 물가는 앙등하고 재고품은 팔리지 않는 기현상을 빚었다. 이는 아테네 이외의 교통이 불안정하고, 화폐가치가 크게 떨어져 상인들이 매점매석했기 때문이었다.[주13] 이러한 사정으로 지방민들에게 '생존'문제는 최우선 관심사였으며, 이데올로기를 떠나 '먹을 수 있는 것만이 이상理想'이었다.[주14]

일반적으로 도시 지역의 경제상황은 지방에 비해 더욱 악화됐다. 특히 유례없는 가뭄과 비료와 농약 등 생산에 필요한 원료의 부족으로 1945년의 농업 및 산업 생산량은 전전 수준의 절반 이하로 더욱 악화됐다. 점령 시기 이미 수출시장이 사라졌고, 상선대의 4분의 3 침몰, 연안 선박의 5분의 4 침몰, 도로와 철도, 항구, 교량 등 기반시설 자체가 붕괴돼 그리스의 경제 재건은 외부의 도움이 없이는 불가능한 상황이었다. 점령 시기 피해를 입은 상당수의 공장들도 가동이 중단됐다. 1945년에는 1인당 하루 1파운드453g 이상의 식량 수입으로 대규모 기근을 피할 수 있었지만, 도시 인구의 3분의 1과 농촌 인구의 절반은 충분한 생필품을 구입할 수 없는 상태에 놓였다. 이런 상황에서 그리스 관리들은 부패했고, 이들을 통한 경제회복은 기대할 수 없었다. 사업가들은 많은 물건들을 매점매석해 독점적인 이득을 누렸다. 정부는 적자 보전 이상으로 화폐를 대량유통시켜 인플레이션을 야기했다. 그리스 화폐인 드라크마의 공식 가치는 1944년 미화 1달러에 140드라크마였으나 1945년 6월에는 500드라크마로, 1946년 1월에는 5,000드라크마로 폭등했다.[주15] 2차 세계대전 종전 이후 그리스의 국내 분열은 발칸의 어떤 국가보다도 심각해 해방 이후 6개월 사이에 3개의 정부와 61명의 각료가 바뀔 정도로 혼란 그 자체였다.[주16]

2. 데켐브리아나(12월 사건)와 영국의 역할

1) 데켐브리아나의 전개와 영국의 개입

12월 3일 발포사건과 총파업

혼란은 그리스 사회를 극단으로 몰고 갔다. 1944년 12월의 아테네전투는 변곡점이었다. 해방 이후의 불신과 두려움, 좌·우파 간의 주도권을 잡기 위한 싸움은 아테네전투로 폭발했다. 12월 1일 저녁 민족해방정치위원회 출신 각료 6명이 사임하고, 며칠 뒤에는 같은 위원회 소속 사리야니스Sariyannis 장군이 사퇴했다. 다음 날 내각은 이들 각료가 부재중인 상태에서 회의를 진행해 민족인민해방군, 민족인민해방해군, 민족시민방위대, 민족민주그리스연맹을 해체하는 포고령을 인준했다. 사실상 이는 민족인민해방군의 해산을 요구하는 것이었다. 그리스공산당은 항의의 표시로 12월 3일 시위를, 12월 4일 총파업 계획을 발표했다. 정부는 처음에 시위를 허가했다가 나중에는 금지했지만 집회는 계획대로 진행됐다.[주17]

일요일인 12월 3일 비무장 시위대에 대한 경찰의 발포는 그리스를 뒤흔들어놓았다. 많은 사람들이 이른 아침부터 차를 이용하거나 걸어서 아테네로 들어왔다. 시위 참가자들은 추축국과 싸운 저항단체를 해산하고 새로운 군대로 대체하려는 정부의 결정에 항의하기 위해 참가했다.[주18] 이들은 아테네의 중심지이며 그리스 정치의 심장부인 신타그마 광장으로 행진했다. 행진대열에는 젊은 여성과 10대, 심지어 어린이들도 있었다. 경찰은 아테네의 중심부로 이어지는 거리를 봉쇄했지만 시민들은 신타그마 광장으로 이어지는 도로를 따라 들어왔다. 확성기를 든 사람의 구호에 맞춰 시위대는 "파판드레우는 하야하라!" "개입을 중지하라!" "친독협력자를 기소하라!" "국왕은 하야하라!" "반역자에게 죽음을!"이라는 등의 구호를 외쳤다. 그들이 든 펼침막에는 영국군사령관 스코비 장군의 그리스 개입을 비

난하고, '리퍼와 앞잡이 파판드레우'가 보안대대 등 친독협력자들을 지원했다는 내용이 담겨 있었다.[주19]

오전 10시 30분께 시위대가 협력자 처벌과 민족통일정부 수립을 요구하며 깃발을 흔들면서 무명용사의 묘로 다가가고 있었다.[주20] 아파트에 있던 파판드레우는 시위대를 저지하는 경찰을 지켜봤다. 갑자기 누군가 수류탄을 던져 행인 1명이 숨지고, 구경꾼 1명이 크게 다쳤다.[주21] 이 광경을 지켜본 시위대들은 흥분해 아파트 건물 로비 진입을 시도했으나 경비병들에 의해 저지됐다. 오전 10시 45분께 시위대의 한 행렬이 신타그마 광장으로 들이닥쳤다. 그들은 8~10열 종대를 형성했는데 일부는 영국, 그리스, 미국, 소련 국기를 들고 있었다. 다른 사람들은 붉은 색 구호가 적힌 깃발을 흔들었다. 시위대와 경찰서 사이에는 20여 명의 겁에 질린 경찰이 있었다. 그들은 자신들의 행위에 관계없이 분노한 시위대에 의해 친독협력자로 규정됐다. 시위대가 점점 가까이 다가오자 경찰의 두려움은 공포로 바뀌었다. 시위대가 경찰이 설정한 경계선 가까이 접근하자 갑자기 제복을 입은 한 남자가 경찰서 밖으로 뛰쳐나오면서 한쪽 무릎을 꿇고 사격하기 시작했다. 조금 뒤 공황상태에 빠진 경찰들이 뒤따라 사격했다. 30여 분에 걸친 사격이 끝나자 시위대 가운데 12명이 숨졌다.[주22] 하지만 이날의 사망자 숫자는 연구자마다 다르게 기술하고 있다. 파누르기아는 28명이 사망하고 150명이 부상을 입었다고 했으며, 클로그는 15명 정도가 사망한 것으로 보고 있다. 혼드로스는 22명이 사망한 것으로 추정했다. 당시 구왕궁국회의사당에 도착한 '키'의 조직원 파르마케스Nikos Pharmakes는 당시 상황을 이렇게 적고 있다.

> 시위대들은 움직임을 멈췄다. 이런 혼란의 와중에 침묵이 흘렀다. 그들 가운데 일부는 바닥에 쓰러졌고, 나는 그들의 생사여부를 몰랐다. (중략) 그러나 2분 뒤 나는 한 어린 소녀가 내가 있는 쪽에서 거리를 가로질러 가는 것을 기억한다. 이 소녀는 적기를 들고 있었고, 기는 피로 범벅돼 있었다. 그녀가 기를 들자 피는 공중에 빨간 선을 그렸다. 나는 이 모든 상황을 보면서 놀랐다. 이어서 그들은 다시 노래를 부르기 시작했다. 그리고 그들은 압박했다. 이어서 두 번째 총성, 세

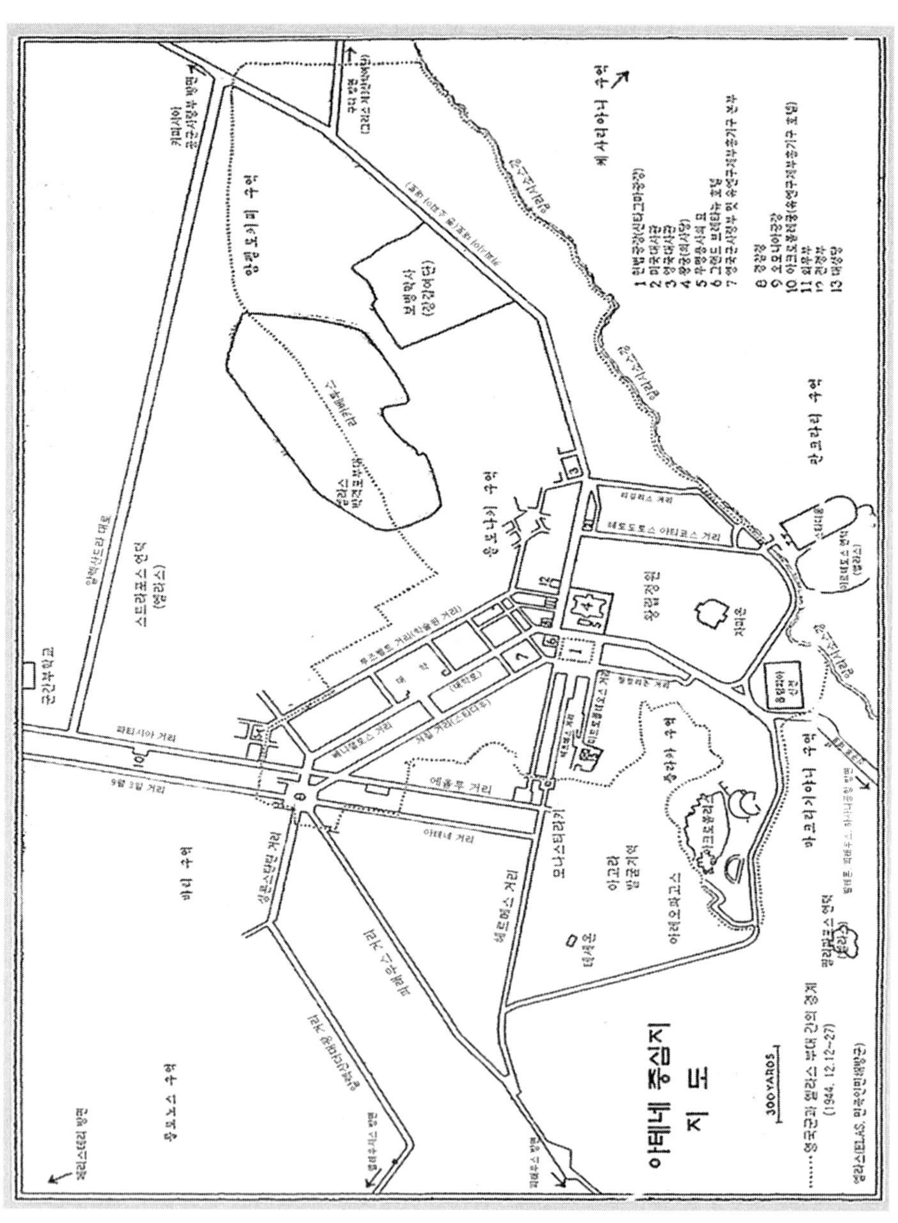

〈지도 2-3〉 1944년 12월 데켐브리아나 당시의 아테네 중심지 지도

> 번째 총성, 그리고 그 다음에는 무엇이 일어났는지 예상하지 못했다. (중략) 길바닥에 기를 내던지고, 현수막을 내버리고 헤르메스거리, 스타디우거리, 피렐리온거리로 뛰기 시작했다. (중략) 나는 15살이었고, 이 대규모의 퇴각은 대단히 인상적이었다. 15분 만에 광장은 텅 비었다.[주23]

일부 시위참가자들이 동료들의 주검을 끌어오기 위해 광장으로 돌진했으며, 일부는 부상자들을 자신들의 몸으로 감쌌다. 사격이 끝나자, 곧바로 희생자에 대한 시위대의 분노가 폭발했고, 반대로 경찰의 두려움이 더욱 커졌다. 존스Byford Jones는 "수천 명의 시위 참가자들이 경찰을 향해 소리쳤다. (중략) 시위 참가자들은 비명과 소리를 지르며 서 있었고, 일부는 '나를 쏴라. 이 겁쟁이야. 이 파판드레우의 고용인들아'라고 소리치며 울었다"고 기록했다.[주24]

정오가 되자 두 번째 시위대가 경찰의 경계선을 뚫고, 인파는 광장을 가득 메웠다.[주25] 경찰이 시위대를 저지하는 데 실패하자 영국군 낙하산 부대가 광장의 시위군중들을 밀어내 해산시켰다.[주26] 경찰은 계속해서 경찰 경계선 안에 머물렀고, 광장에서 사격을 가했던 사람은 사라졌다.[주27]

12월 3일에 일어난 발포사건과 관련한 극도의 혼란스러움은 『제니아Xenia』에 잘 나타나 있다. "한 미국 기자는 영국군 탱크들이 군중 속으로 이동했다고 보았다. 그러나 탱크는 개입하지 않았다. 한 영국 기자는 경찰이 그리스인들에게 사격하라는 명령을 내렸다는 것을 들었다고 말했다. 그 기자는 그리스어를 몰랐다. 일부는 '파시스트' 경찰이 발포했다고 하고, 또 다른 사람들은 공격을 받은 '신경질적인' 경찰이 발포했다고 말했다. 어떤 사람들은 군중들이 무장해 먼저 발포했다고 말했다. 어떤 사람들은 사격이 1시간에 걸쳐 일어났다고 했지만 어떤 이들은 30분, 또 어떤 이들은 15분이라고 기억했다. 또 어느 쪽이 목격했는지에 따라 사상자 수는 오르내렸다. 민족해방전선 · 민족인민해방군은 22명이 죽고 수백 명이 다쳤다고 했지만, 또 다른 추정치는 11명이 죽고 60명이 부상을 입은 것으로 나와 있다'.[주28]

다음 날인 12월 4일 일단의 시위대들이 총격 사건에 대해 항의했다. 이날 오전 민족해방전선 지지자 수천여 명이 관들을 실은 여러 대의 트럭이 앞장선 긴 장례 행렬에 합류했다. 장례식에 대한 반응은 그리스 좌·우파 간의 균열을 보여주는 것이었다. 좌파 지도자들은 공동묘지에서 희생자들을 추모하고, 정부를 비난했다. 시위대들은 아테네의 중심부로 대열을 돌렸다. 행렬의 선두에 있는 3명의 여성은 '폭정의 위험에 처하면 인민들은 족쇄나 무기를 선택한다'고 적힌 긴 깃발을 들었다. 정오가 되자 시위대들은 '살인자에게 죽음을!', '희생자의 복수를!' 이라고 외치면서 행진하다가 경찰과 민족민주그리스연맹, 키의 사격을 받았다. 시위대들은 키의 사격을 받자 곧바로 상점과 가까운 민가 등으로 몸을 숨겼다. 이날 오후 민족인민해방군 부대들은 아크로폴리스 부근 테세우스사원 근처의 키 본부 쪽으로 진격했다. 1천여 명의 조직원을 거느린 키는 맹렬한 극우반공단체이며 왕당파인 그리바스Georgios Grivas 대령이 이끌었다. 민족인민해방군의 공격으로 건물이 화염에 휩싸였다. 최초의 표적은 망명정부 및 점령의 잔재나 다름없는 경찰이었다. 민족인민해방군은 아테네의 경찰지서 24곳 가운데 21곳을 장악하는 등 아테네와 피래우스의 경찰관서를 장악했다. 그들은 이어 교전에서 살아남은 경찰관들을 친독협력자나 인민에 대한 범죄혐의를 씌워 처벌했다.[주29]

12월 3일의 발포사건에 이어 다음날부터 단행된 총파업은 30일 동안 아테네를 마비시켜 시민들의 생계는 한계에 부딪쳤다. 아테네 시민들에게 12월 봉기로 인한 테러는 '이데올로기의 테러'가 아니라 총파업으로 악화된 '두려움의 테러'였다. 그리스공산당과 민족해방전선은 새로운 군대 문제에 대해 파판드레우 정부에 압력을 더욱 가하기 위한 수단으로 파업을 조직했다. 노동자들이 파업에 들어가자 전기와 상수도, 가스 공급 등이 중단되고 극장, 가게, 호텔, 식당들도 문을 닫았다. 교통도 중단돼 식량, 의약품, 기타 생필품을 수송하는 배의 하역도 중단됐다. 파업은 아티카와 테살로니키로 확산됐다.[주30]

영국의 군사 개입과 탄압

그리스 주둔 연합국군최고사령관 스코비 장군은 봉기 이틀 뒤인 12월 5일 처칠로부터 "귀관은 현지 반란군들이 횡행하는 점령도시에 있는 것처럼 행동하는 데 주저하지 말라"는 명령을 받았다.[주31] 처칠은 스코비에게 "귀관이 아테네의 질서 유지에 책임이 있고, 아테네로 접근하는 민족해방전선 · 민족인민해방군을 중립화시키거나 파괴하는 데 책임이 있다. 귀관은 거리에 대한 철저한 통제나 호전적인 사람은 얼마든지 체포할 수 있도록 하는 규정을 만들 수 있다. 당연히 민족인민해방군은 발포가 일어날 수 있는 곳에 전초로 여성이나 아동들을 배치하려고 할 것이다. 귀관은 현명하게 대처해야 하며 실수를 피해야 한다. 그러나 영국 당국을 공격하거나 우리와 함께 일하고 있는 그리스 당국을 공격하는 아테네의 무장한 남성들에게는 누구를 막론하고 발포를 주저하지 말라"고 지시했다.[주32]

스코비는 이날 총파업에 맞서 계엄령을 선포했다. 통행금지가 실시되고 주민들의 이동이 사실상 불가능해졌다. 민족인민해방군은 처음에는 영국군과의 교전을 꺼려했다. 그들은 영국군을 적대적으로 간주하지 않았다. 아테네에 주둔했던 영국군 제23장갑여단의 식량은 대부분 민족인민해방군 지역의 창고에 있었고, 민족인민해방군은 영국군 병사들의 보급품 운반을 도와줄 정도였다. 그리스의 좌파로서는 영국군과 싸우는 것이 목적이 아니라 영국군의 보호 아래 권력을 잡고 자신들에게 의도적으로 도발하는 과거의 협력자들과 싸우는 데 목적이 있었다.

영국군은 12월 4일 새벽 민족인민해방군 1개 대대를 포위하고 평화적으로 무장해제시켰다. 이어 영국군은 곳곳에서 포위된 키의 추종자들과 경찰을 구출했으며, 6일에는 민족인민해방군 부대와 전투를 시작해 다음날까지 아크로폴리스와 리카베투스를 포함한 아테네 중심지역의 요충지를 장악했다. 아크로폴리스와 리카베투스에서는 아테네 시가지가 한눈에 들어왔기 때문에 민족인민해방군의 움직임을 쉽게 파악할 수 있었다.

영국 공군도 지원에 나섰다. 12월 6일 스코비 장군의 명령 아래 영국 공군기가 왕궁 옆 빈민지역인 메츠Metz를 폭격해 많은 민간인 사상자가 발생했다. 아테네가 폭격당한 것은 이것이 처음이다. 독일 점령 시기에도 고대 유물과 유적이 산재한 아테네는 폭격당한 적이 없었다. 영국군과 그리스 정부군은 중무장 병력과 탱크, 항공기 등을 동원해 도시를 쑥대밭으로 만들어 건물과 도로가 부서지거나 불에 탔다. 영국군의 심각성을 뒤늦게 알아차린 시안토스는 7일에야 비로소 아테네 주둔 영국군에 대한 공격을 승인했다. 그러나 영국군에 대한 공격을 허용해달라는 지방의 요구는 30일까지 받아들이지 않았다.[주33]

초기 아테네전투는 민족인민해방군 쪽으로 흘렀다. 전투가 계속되는 사이 포르피로게니스는 12월 12일 스코비 장군을 만나 해결방안을 논의했으나 스코비 장군이 민족인민해방군의 완전 철수와 무장해제를 요구해 결렬됐다. 그날 밤, 민족인민해방군은 영국군 제23장갑여단을 격파하면서 전투를 확대했으나 12시간 동안의 치열한 교전 끝에 퇴각했다.[주34]

12월 12일부터 시작된 영국군의 대규모 증원은 아테네전투의 판세를 결정지었다. 12월 18일부터 영국군은 보조부대로 국가경비대를 활용하면서 민족인민해방군을 압박했다. 국가경비대는 이 해 11월 창설됐는데 대부분 극렬 반공·반공화파였으며, 점령 시기 친독협력부대나 극우협력단체에서 활동했던 자들도 합류했다. 따라서 이 조직은 민족해방전선 등 좌파 저항단체를 겨냥한 조직이었다.[주35]

이런 과정에서 그리스에 대한 영국의 개입을 놓고 영국 내에서만이 아니라 국제사회에서도 비난의 봇물이 터지자 처칠은 민족해방전선·민족인민해방군과 타협을 모색하게 됐다. 처칠은 외무장관 이든과 함께 파판드레우 정부, 그리스공산당, 민족해방전선, 민족인민해방군 대표들이 참가하는 회담을 주재하기 위해 12월 25일 아테네로 갔다. 다음날 열린 회담에는 영국

쪽에서 처칠과 이든, 맥밀란Harold Macmillan, 영국대사 리퍼, 지중해전구 최고사령관 알렉산더, 그리고 스코비가 참가했고, 민족해방전선 · 민족인민해방군 쪽에서는 시안토스, 파르찰리디스, 만다카스가 참가했다. 아테네 주재 미국대사와 소련사절단 포포프 대령도 참가했다. 그리스 정치권에서는 소풀리스Themistoklis Sofoulis, 카판다리스, 그리고 12월 13일 프랑스에서 아테네로 들어온 플라스티라스 장군이 참가했다. 시안토스는 내무 · 법무장관과 전쟁 · 외무차관 등 주요 각료, 헌병대, 산악여단, 신성대대 및 국가경비대의 동원해제, 2월의 헌법관련 국민투표 및 4월의 제헌국회 선거 등을 요구했다. 그러나 회담에서는 어느 쪽도 전투 종식을 위한 협정이나 진지한 양보를 하지 않았다. 그리스공산당과 민족해방전선, 민족인민해방군 대표들은 비타협적인 태도를 보였고, 패배를 인정하지도 영국의 요구를 받아들이지도 않았다. 더욱이 그들은 연립정부가 구성되면 주도권을 행사하겠다고 주장했다. 그들이 합의한 것은 국민투표와 관련해 다마스키노스 대주교를 섭정으로 임명한다는 것뿐이었다. 협상 실패 직후 영국군의 공세가 강화됐다. 영국군은 12월 27일 팔레론Phaleron 기지에서 북쪽 방면으로, 그리스 산악여단은 자신들의 막사에서 남쪽 방면으로 공격했다. 민족인민해방군은 병력 규모, 장비, 공격부대의 규율 등에서 압도한 영국군과 그리스 정부군에 맞설 수가 없었다. 사흘 만에 아테네의 남부 지역에서 민족인민해방군을 축출했고, 피래우스의 일부 지역에서는 이들을 체포했다. 런던으로 돌아온 처칠은 12월 30일 국왕 게오르기오스 2세에게 군주제 문제가 국민투표로 해결될 때까지 다마스키노스를 섭정으로 받아들이도록 요구해 관철시켰다. 다마스키노스는 12월 31일 섭정직을 맡았다.

영국군 병력은 전체적으로 1945년 1월 초가 되자 7만 5천여 명에 이르렀고, 이들 가운데 대부분은 아테네 지역에 몰려 있었다. 1월 3일 아테네 북부 지역에서 민족인민해방군의 저항에도 영국군 호키스워스Hawkesworth 장군은 대대적인 공세를 재개했다. 민족인민해방군 중앙위원회는 더 이상 아테네에서 버틸 수 없음을 인식했다. 같은 날 시안토스의 군사 고문관들은 전투가 더 이상 오래 지속될 수 없다고 선언했다. 중부 그리스의 민족인민해방군 사단 사령관인 마추카스Matsoukas 장군은 제13사단에게 퇴각을 명령했다. 이에 따라 1월 4~5일 민족인민해방군은 아테네에서 탈출하기 시작했다. 1월 6일에는 민족인민해방군 중앙위원회가 총퇴각을 명령했으나 너무 늦었다. 앞서 1월 4일에는 베니젤리스트파이며 1922년 혁명과 1933년 쿠데타에 참가했던 플라스티라스가 파판드레우에 이어 총리에 취임했다.[주36]

아테네는 전쟁터로 바뀌었다. 독일군의 탱크는 영국군의 탱크로 대체됐고, 나치 친위대와 게슈타포 장교는 영국군 장교, 네팔 구르카 군인, 그리고 정체불명의 여러 우파 무장단체들에 의해 대체됐다.[주37] 영국군의 집계에 따르면 아테네에서만 민족인민해방군 병력 2천~3천여 명이 희생되고, 7,540명이 투옥됐다. 그리스 경찰 889명과 군인 2,591명 등 3,480명도 희생됐으며, 상당수가 체포됐다. 영국군은 210명이 사망하고, 55명이 실종됐다. 1945년 1월에 접어들자 지방민들의 생계 문제가 대두되기 시작했다. 영국군은 지지자들과 동조자들에게 식량 등 필수품을 제공한 반면, 민족인민해방군이 장악한 지역에는 식량 보급을 거부하는 이중전략을 구사했다.[주38]

데켐브리아나Dekemvriana·12월 사건 이후 6개월 동안은 그리스 경제가 완전히 파산상태였다.[주39] 당시 청소년이었던 요그로스Yiogros는 "굶주림은 상상조차 할 수 없었다. 우리는 아무런 준비가 되지 않아 매일 식량을 확보할 수 없었고, 심지어 민들레나 버섯을 캐러 산으로 갈 수도 없었다. 아무 것도 없었다. 빵도 우유도 없었다"고 회상했다.[주40]

이런 상황에서 민족해방전선 · 민족인민해방군은 자신들이 장악한 지역에서 무리하게 세금을 징수하고, 세금을 내지 않은 주민들을 투옥해 반감을 샀다. 민족인민해방군 부대원들은 아테네전투에서 패한 뒤 사기가 떨어졌으며, 일부 지역에서는 부대원들이 탈주하는 사례까지 나타났다. 민족인민해방군은 6개월 정도 전투를 지속할 식량을 확보했지만, 이는 지방민들의 굶주림을 대가로 한 것이었다. 한 미군 장교는 1944년 12월 24일 "동부 마케도니아와 트라키아의 대다수 주민들이 절망적이다. 경제상황은 갈수록 악화되고 있다. 의료품 보급은 지극히 부족한 상태다. 신발과 옷도 매우 부족하다. 빵의 질은 나빠지고 있다"고 보고했다.

아테네에서는 민족해방전선의 패색이 짙어지자 수천여 명의 지지자들이 아테네를 탈출했다. 아테네전투 당시 민간인들에 대한 테러는 극에 달했다. 민간인들은 좌 · 우 양 진영에서 극단적인 탄압을 받았으며, 이를 피해 산속으로 들어가야 했다. 한 미군 장교는 민간인 테러에 대해 이렇게 묘사했다. "민족인민해방군 지역에서 우파 성향의 주민들에 대한 박해는 극단적으로 가혹했고, 이와 반대로 아테네에서 정부군이 장악한 지역에서 좌파 성향의 주민들 가운데 안전한 사람은 없었다. 결과적으로 상당수의 주민들은 자신들의 집에서 빠져나와 자신들의 정치성향과 맞는 군대가 장악한 지역으로 갈 수밖에 없었다. 이에 따라 (아테네에서 100마일 이상 떨어진) 라미아에는 아테네에서 계속된 박해를 피해 온 수천여 명의 주민들이 있었다. 그리고 아테네 그 자체는 민주파, 왕당파, 그리고 안전을 찾아 온 지방의 민족인민해방군 열성 지지자들이 아닌 사람들로 넘쳐났다." 주41

2) 좌익진영의 패배와 바르키자협정

민족해방전선의 패배와 무장해제

영국군과 그리스 정부군을 맞아 패색이 짙은 민족해방전선 · 민족인민해방군은 정전을 모색했다. 1945년 1월 10일 그리스공산당 지도자 2명과 군사전문가는 스코비 장군의 사령부에 나타나 다음날 정전에 서명했다. 이 정전협정은 민족인민해방군 부대들이 정전 직후 아테네-테살로니키 간 도로 서부 지역으로 철수하는 내용으로 1월 15일 자정을 기해 효력을 발효하도록 하는 것이었다. 이에 따라 이들은 아티카, 베오티아Beotia, 포키아Phocia 등의 일부 지역에서 모든 부대를 철수시키고 테살로니키 반경 25마일 이내 지역을 포기하는 데 동의했다. 1월 13일에는 소련이 불가리아 공산주의 지도자 디미트로프Georgi Dimitrov를 통해 그리스공산당과 민족해방전선·민족인민해방군에게 평화적인 방법으로 활동하라는 강력한 지령을 전달했다. 클로즈는 소련이 그리스공산당에 대한 지원을 포기한 3가지 이유를 다음과 같이 들었다. (1) 스탈린은 서구 동맹국들이 자신들의 통제 하에 있는 폴란드, 루마니아, 불가리아에 대한 논쟁을 불러일으키기를 원치 않았다. (2) 불가리아와 유고슬라비아의 새로운 공산당 지도자들이 자신들의 권위를 구축하고 있는 과정이었으며, 스탈린 노선을 이탈하지 않으려고 했다. (3) 가능한 한 서방세계의 보복 위험이나 해외경제 원조의 손실을 입지 않으려고 했다. 민족인민해방군과 스코비 장군 간에 정전협정을 체결하자 그리스 정부는 좌파와의 명확한 해결방안을 모색하게 됐다. 여전히 좌파는 그리스의 절반 이상을 장악하고 있었다. 당시 아테네의 많은 사람들은 전투가 재발할 것이라고 예측했다. 1월 25일 정부측 협상대표로 외무장관 소피아노풀로스Ioannis Sofianopoulos, 랄리스Priklis Rallis, 마크로풀로스Makropoulos 등 3인이 임명됐다.[주42]

이어 섭정을 맡고 있던 다마스키노스 대주교가 공산 계열 대표 3명과 군사전문가 1명을 초청하고, 민족해방전선·민족인민해방군의 요구로 인민민주동맹의 치리모코스를 포함시켰다. 이에 따라 얄타회담이 열린 시기인 2월 초 정부측 대표들과 시안토스, 파르찰리디스, 치리모코스, 사라피스와 2명의 참모장교들이 참석한 가운데 아테네 인근 해안마을 바르키자에서 협상을 개시했다.[주43]

시안토스는 협상과정에서 총사면과 민족인민해방군 부대의 그리스 정부군화 등 2가지 방안을 들고 나왔다. 이들 2가지 사안 가운데 보다 중요한 것은 총사면이었다. 시안토스는 사면 문제가 해결되지 않는 한 협정 체결을 거부했다. 정부 쪽 대표들의 입장은 엇갈렸다. 랄리스와 마크로풀로스가 사면을 받아들인 반면 소피아노풀로스는 총사면을 거부했다. 좌파 쪽의 입장은 12월 봉기 실패만이 아니라 민족해방전선·민족인민해방군의 인질 대량학살로 약화됐다. 국제적십자사는 민족인민해방군이 아테네전투 시기 1만 5천여 명을 인질로 잡고 이 가운데 1만 1천여 명은 석방했으나 4천여 명은 잔혹한 방법으로 살해한 것으로 추정했다. 희생자 가운데 일부는 협력자들이거나 우익단체원들이지만, 상당수의 민간인들도 포함된 것으로 추정됐다.[주44]

바르키자협정과 영향

협상과정에서 시안토스를 포함한 좌파 쪽 대표들은 정부 구성 참여 포기는 물론 지지자들에 대한 광범위한 사면 요구도 포기하도록 강요받았다. 장기간의 논쟁 끝에 2월 12일 바르키자협정이 체결됐다. 좌파는 민족해방전선·민족인민해방군의 정부 참여가 배제되지만 언론 및 결사의 자유는 보장되는 정부 쪽 수정안을 받아들였다. 바르키자에서는 정치회담과 함께 군사회담도 진행됐다. 민족인민해방군 사령관 사라피스 장군이 무장해제와 해산 등에 합의했다. 민족인민해방군은 4만 1천 정의 소총과 2천여 정 이상의 각종 기관총, 160문의 박격포, 30문의 포를 넘겨주는 데 합의했다. 이러한 특정한 수의 무기를 양도키로 한 것은 나머지 무기에 대해서는 은닉할 수 있다는 의미이기도 했다. 협정에서는 민족인민해방군은 해산되고, 일반 형사범죄가 인정된 자들은 사면에서 제외하기로 했다. 9개항으로 된 협정의 주요 내용은 다음과 같다. (1) 자유. 정부는 헌법과 어느 곳에서든지 인정되는 민주적 원칙에 따라 시민들의 정치적, 사회적 견해에 대한 표현의 자유, 결사의 자유와 언론의 자유를 보장하며, 노동조합의 자유권을 완전하게 회복시킨다. (2) 계엄령 해제. 계엄령은 현 협정의 서명 직후 해제된다. 기타 기관에 구금돼 있을 수 있는 민족해방전선 지지자들을 즉각 석방한다. (3) 사면. 1944년 12월 3일부터 사면법 공포 사이 이뤄진 정치범들을 사면한다. 필요한 법률은 본 협정의 서명 직후 공포될 것이며, 본 사면에는 민족인민해방군, 민족시민방위대, 또는 민족인민해방해군 소속으로서 무기를 양도해야 할 의무가 있는 사람들 가운데 1945년 3월 15일까지 양도하지 않은 사람은 제외한다. (4) 인질. 민족인민해방군이나 민족시민방위대에 체포된 모든 민간인은 체포된 날짜에 관계없이 즉각 석방된다. 적과의 협력이나 범죄 혐의를 이유로 구금된 자는 법률에 따라 법정에서 재판을 받을 수 있도록 사법부에 넘긴다. (5) 민족군대(정부군). 직업장교와 하사관과는 별도로 정부군은 때때로 소집될 계급의 병사들로 구성된다. 신성대대는 연합국군 최고사령부의 직접 명령하에 있기 때문에 현상태를 유지하며, 그 뒤에는 통합정부군으로 재편된다. (6) 동원해제. 본 협정의 발표와 함께 무장저항단체, 특히 정규 및 예비 민족인민해방군, 민족인민해방해군, 민족시민방위대는 동원해제한다. 동원해제와 무기 양도는 전문위원회가 작성한 방법에 따라 실시한다. (7) 관료기관 숙청. 정부는 공무원, 공공기관의 관리, 지방정부 관리와 기타 국가에서 임금을 받는 관리들을 숙청하기 위한 특별법을 제정한다. 기준은 업무능력이나 성격 문제, 적과의 협력, 또는 독재권력의 도구로서 관직을 이용한 경우 등이다. 점령 시기 위의 기관에 복무하면서 저항단체에 가담한 관리들은 복귀된다. (8) 보안기관 숙청. 헌병대와 경찰 등 보안기구 숙청은 관료기구 숙청과 위와 같은 기준에 따라 특별숙청위원회에 의해 가능한 빨리 실시한다. 사면법에 따른 위의 기관에 소속된 모든 장교와 사병들 가운데 점령 시기 민족인민해방군, 민족인민해방해군, 민족시민방위대에 합류한 자는 복귀한다. (9) 국민투표 및 총선거. 가능한 빨리 그리고 올해 안에 최종적으로 헌법 문제를 결정할 국민투표를 실시한다. 그 이후 가능한 빨리 신헌법을 제정할 제헌국회를 구성하기 위한 선거를 실시한다. 연합국은 선거 감시반을 파견한다.[주45] 이 협정은 민족해방전선 · 민족인민해방군에 심각한 타격을 주는 양보였으며, 이들을 상대로 무차별적 '백색테러'를 자행할 수 있도록 하는 합법적 수단을 제공하는 것이었다.[주46] 제브고스와 카라기오르기스Kostas Karagiorgis 등 2명의 민족해방전선 중앙위원을 제외한 모든 중앙위원들이 바르키자협정을 받아들였다.[주47]

3. 백색테러와 총선거

1) 백색테러와 좌익진영의 반발

백색테러와 폭력의 기구들

1945년 2월 바르키자협정 체결의 영향으로 좌파세력들에 대한 테러와 박해가 시작됐다.[주48] 좌파는 12월 봉기 이전에는 생각할 수도 없었던 것들을 받아들여야 했다. 바르키자협정 이후 나타난 정부-우파 연합세력의 백색테러는 틸리가 말한 바와 같이 집권층이 질서의 이름으로 집단폭력을 행사한 것이었다.[주49] 백색테러는 해방 이후 그리스 국가 성격을 반공국가로 만드는 과정에서 촉발됐다.

바르키자협정은 좌파가 패배를 인정하고 무장해제에 동의한 것이었다. 바르키자협정의 무효화에는 그리스 우파와 이들의 후견국 영국에 책임이 있다. 경찰은 민족해방전선·민족인민해방군 관련자들을 체포하기 시작했고, 친독협력부대였던 보안대대들은 공개적으로 시민들을 위협했다. 정부는 협정에 따라 민족해방전선·민족인민해방군의 조직원들에 대한 사면을 받아들여야 했지만 약속을 이행하지 않았으며 이들 단체의 존재를 관용하지도 않았다.[주50] 그리스의 우파 정치세력과 군·경, 준군사단체들은 영국의 지원으로 재결집하고, 점령 시기 민족해방전선·민족인민해방군 아래 결집한 사회정치세력에 대한 피의 보복을 전개했다.[주51] 이들은 영국의 지원으로 무기력에서 벗어나 그리스의 정치 · 사회 주도권을 잡을 수 있었다. 우파 신문들은 바르키자협정을 반민족적 행위이자 유화책이라고 비난했고, 지방의 극우단체들은 테러를 통해 협정을 무력화시켰다.[주52]

그리스 정부는 아테네전투 종결과 그에 따른 바르키자협정 체결을 계기로 온건화해정책을 통해 민족해방전선 지지자들의 지지를 받을 기회가 있었으나 이러한 정책은 이행되지 않았다. 오히려 북부지방에서는 민족해방전선과 관련되거나 관련된 것으로 의심받는 주민들이 정부군과 관리들의 차별로 고통을 겪고 박해 당했다. 아이러니하게도 그리스 우파의 비타협적인 태도는 그리스 좌파가 다시 지지를 얻는 계기가 됐다. 주민들은 정부의 차별과 박해를 피해 자연스럽게 민족해방전선으로 기울어지는 경향을 보였다. 미국 전략첩보대 소속 아테네 주재 팀장 에드슨은 "매국노와 부역자들을 처벌하지 못한 그리스 정부의 실패는 물론 현재 그리스 우파의 활동은 공산주의자들과 좌파진영에 엄청난 무기를 제공하는 것이나 다름없다"고 평가했다.[주53]

그리스 정부는 권위를 회복하기 위해 보복의 대리인이자 테러를 조장하는 극우 준군사단체들과 함께 저항단체 조직원들에 대한 테러를 통해 반공국가기구를 증강시켰다.[주54] 극우단체 키는 이러한 목적에 충실한 기구였다. 1945년 6월, 무기 양도를 거부한 채 저항을 계속했던 아리스 벨루키오티스는 아르타 근처에서 국가경비대와의 전투 끝에 사살됐다. 그의 머리는 효수돼 트리칼라로 옮겨져 시민들에게 공개됐다.[주55]

바르키자협정 체결 시기 정부-우익 준군사단체 가운데 가장 강력한 단체는 국가경비대였다. 국가경비대는 창설 초기 키와 친독협력부대인 보안대대 출신자들을 포함한 광신적 반공주의자들로 구성됐다. 그러나 12월 봉기 이후에는 군 예비병력으로 소집된 민간인 징집자들도 많이 들어갔다. 민족인민해방군이나 산하 자위대에서 활동했던 사람들은 누구든지 고위 공산주의자들이나 군 장교들과 같은 영향력 있는 보호자들이 없으면 국가기구나 극우단체의 보복대상이 됐다. 국가경비대의 폭력적이고 도발적인 행동은 민족인민해방군이 해산된 뒤 계속됐고, 이들의 가혹행위는 좌파뿐 아니라 민간인들로 하여금 좌파로 기울도록 강요하는 결과를 가져왔다. 국가경비대는 12월 봉기 당시 1만 9천여 명에서 1945년 5월 말에는 전국적으로 6만여 명에 이르렀다.

경찰 또한 강력한 반공주의자들이었다. 경찰은 종종 국가경비대와 협력해 좌파와 그들의 혐의자나 동조자들을 가혹하게 다뤘다. 영국은 무차별 테러가 좌파를 지하로 숨어들게 할 것이라고 우려하면서 철수에 앞서 그리스 경찰을 재건하기로 하고 얼스터왕립경찰 책임자로 있던 위컴Charles Wickham을 영국경찰사절단 대표로 임명했다. 1945~1952년 그리스에 체류한 그는 그리스 경찰을 공정한 직업경찰로 만들기 위해 훈련시키겠다고 발표했으나 임기 내내 그러한 임무를 수행하는 데 실패했다. 그리스 경찰 훈련을 맡은 사절단은 훈련 계획을 회피하거나 크게 줄였고, 그리스의 하위직 경찰은 물론 간부들도 자신들에게 필요한 훈련을 제대로 받지 않았다. 경찰 조직은 언제나 공산주의와의 싸움의 최전선에 있었으며, 결과적으로 그들은 공산주의자들의 보복 표적이 됐다.[주56]

1945년 한 해 동안 거의 모든 지방과 도시에서 국가경비대 및 자위대와 함께 활동한 경찰은 그리스공산당과 민족해방전선·민족인민해방군의 조직원들을 체포했다. 이들은 그들의 사무실과 인쇄소를 파괴하고 신문 배포를 차단함으로써 합법적 조직을 심각할 정도로 궁지에 몰아넣은 반면 친정부 신문들은 암시장 등을 통해 대규모로 유통됐다.[주57]

국가경비대와 경찰은 키나 준군사단체들의 좌파 인사들에 대한 추적이나 탄압을 일상적으로 지원했는데, 특히 에피루스와 테살리, 서부 마케도니아, 남부 펠로폰네소스에서 심했다. 그리스의 우파세력과 정치인들은 공산주의를 저지함으로써 영국의 이익에 기여하고 있다는 인식을 고취하려 했다. 이에 대해 우드하우스는 1945년 8월 펠로폰네소스를 시찰한 뒤 "우파는

우리의 인정을 당연시 한다"고 말했다.[주58]

정부 각료들도 좌파에 대한 피의 보복에 직접 참여했다. 각료에게 해임권을 준 메탁사스식 법률에 따라 수백여 명의 공무원들이 민족해방전선에 참여했다는 이유로 해고·전출되거나 파면됐다. 그러나 이는 바르키자협정을 위반한 것이었다. 바르키자협정 이후 백색테러로 정부와 극우단체들의 탄압을 받는 좌파진영에 대한 대중적 지지는 더욱 증가했다. 1945년 5월 한 중소도시에서 나온 보고서는 그리스인들의 정서를 그대로 보여준다. "플로리나에서 (중략) 극우파는 지지기반을 상실했다. 일부 인사들은 극우파가 존경받는 온건파 인사들을 공격하는 것을 보면서 이들이 대의명분보다는 개인적 이해관계에 더 많은 관심을 갖고 있다는 결론을 내렸다. (중략) (1944년 12월) 내전 시기보다 국가경비대의 진주 이후 더 많은 살인과 폭행, 테러체포가 자행되고 있다는 것은 의심의 여지가 없다." 한 경찰은 민간인들에 대한 무차별 탄압과 관련해 "투옥된 일반인들이 공산주의자가 돼 나온다"고 할 정도였다. 민족인민해방군 사령관 사라피스는 1945년 6월 우드하우스와 가진 개인적 대화에서 "백색테러가 오히려 정치에 관심을 갖지 않았던 수만 명의 직장인과 사무직 노동자들을 공산당에 가입하도록 강요하고 있다"고 말했다. 1945년 민족해방전선에서 탈퇴했던 사회주의자들도 선택의 여지가 없다는 이유로 그들과 긴밀하게 협력했다.[주59]

에드슨은 1945년 7월 4일 주간보고서에서 "최근 수개월 동안 극우진영이 경찰, 헌병대, 군, 국가경비대에 대한 장악력을 확대하는 데 성공하고 있다는 것은 의심의 여지가 없다. 다양한 우파단체들이 서로 긴밀하게 연결돼 있고, 극우 왕당파 분자들이 그리스 전역에서 자신들의 활동을 성공적으로 통합하고 있다. 그리스 군참모부의 주요 인사들도 이런 움직임에 긴밀하게 연결돼 있다. 이러한 활동의 본질은 근본적으로 음모론적이다. (중략) 여러 우파단체들이 현재 그리스 전역에서 영향력을 확대하고 있으며, 상당 부분 성공했다. 이러한 목적을 달성하기 위해 키와 기타 단체들과 같은 비공식적

단체만이 아니라 군, 국가경비대, 헌병대, 경찰도 사용된다"고 보고한다. 그는 이어 "민족해방전선 지도자 출신들은 물론 정치적으로 신뢰할 수 없는 주민들에 대한 가혹행위가 상당하다는 것은 의심의 여지가 없다. 체포와 구타는 빈번하다. 이러한 사실들에 비춰 현재의 그리스 정부가 우파의 음모를 통제하지 않고 있다는 것은 명백하다. 그리스 군보안대의 재창설에 책임 있는 인사들이 진정한 국내 안보상황을 가져오거나 북부 국경선을 보호할 수 있는 군대를 만드는 것이 아니라 군과 보안대를 자신들의 정치적 목적으로 사용하고 있다는 것도 명백하다"고 말했다.[注60]

그리스 정치권에서는 여름 내내 신랄한 주장과 역주장이 계속해서 제기됐다. 『리조스파스티스』는 1945년 11월 14일 정치범 1만 5,009명이 수감돼 있다고 보도했다.[注61] 1945년 말이 되자 4만 8,956명의 민족해방전선 지지자들이 수감됐는데, 나프플리온 교도소의 경우 재소자 460명 가운데 좌파로 분류된 수감자가 407명인 반면 협력자는 4명에 불과했다.[注62] 민족해방전선은 바르키자협정을 체결한 이후부터 1946년 3월 총선까지 백색테러로 1,289명이 살해(극우단체에 의한 살해 953명, 국가경비대에 의한 살해 250명, 헌병에 의한 살해 82명, 영국군에 의한 살해 4명 등)됐고, 6,681명이 부상을 입었으며, 민족해방전선 사무실 677곳, 1만 8,767명의 재산이 파괴됐다고 기록하고 있다.[注63]

형식적인 협력자 처벌

바르키자협정에 따라 1945년 봄 그리스 정부는 국가기구로부터 친독협력자들을 숙청하기 위한 일련의 법률을 제정했다. 하지만 점령 시기 협력자들에 대한 숙청은 유럽의 다른 국가들에 비해 철저하지 않았다. 그리스 헌법 제6조는 개괄적인 협력자 문제를, 제25조(1945년 3월 22일)는 '1944년 12월 3일 반란' 가담자들을 공직에서 추방하는 내용을 다뤘다. 그러나 이 조항은 좌파세력을 탄압하기 위한 법률적 기틀이었다. 제26조(1945년 3월 24일)는 점령 시기 적과 협력했던 공무원 해고, 제27조(1945년 4월 16일)는 메탁사스 독재정권 수립 이후 부당 판결한 판사들을 숙청하는 문제를 다뤘다. 제31조(공직사회 숙청)는 메탁사스 독재정권 수립 이후인 1936년 8월 4일(전전 8·4정권 수립일)부터 점령이 끝나는 1944년 10월 12일까지 공직에 들어간 공직자들을 고려한 것으로 보다 범위가 넓다. 이 조항에 따른 공직자 해고 기준은 (1) 무능 (2) 통합결여 (3) 1936년 8월 4일부터 현재까지 일어난 불명예스러운 반민족적인 행위였다. 그러나 이 조항에 '불명예스러운 반민족적인 행위'를 한 공직자를 포함함으로써 정부는 12월 봉기 참가자들을 제도적으로 숙청할 수 있게 됐다. 공직사회의 숙청은 심각한 사회적 영향을 불러일으켰다. 1945년 6월 말에는 제59조(공직사회의 조직 구성에 관한 정의)를 제정했는데 이는 점령 시기 임명된 모든 공무원들에 대한 대량해고에 관한 것이다. 이 시기 만들어진 공직사회의 모든 지위는 폐지됐고, 승진은 무효화됐다. 공무원들은 전전 직급으로 강등됐다. 그러나 이러한 조항은 도시 인구의 30~35%가 궁핍한 생활을 하는 경제적 상황 속에서 공무원노조의 강한 반발을 불러일으켰고, 정당들도 반대했다. 하지만 1945년 7월 중순 첫 번째 해고조처가 이뤄진 결과 해고자수는 많지 않았다.[주64]

이러한 헌법 조항의 이행은 좌익에 대한 적극적인 탄압 수단으로 활용됐다. 1945년 4월 17일자의 『런던 타임스London Times』는 "민족해방전선과 그 추종자들이 갖가지 방법으로 처벌받고 있다. 민족인민해방군 조직원들은 구타당하고 체포되고 있으며, 날조된 혐의로 기소되고 있다. 아테네에 있는 수백 명의 공무원들은 '반민족적' 활동을 했다는 혐의로 해고됐는데, 이는 단지 민족해방전선 소속이라는 것을 의미한다. 이들 가운데 상당수는 독일 점령 시기 영국을 위해 충성스럽게 일해 왔다. 따라서 서명 당시 내전을 종식시킬 것이라던 바르키자협정은 '죽음의 편지dead letter'가 되고 있다. 또 다른 내전이 무르익어가고 있다"고 보도했다.[주65] 군소 극우단체들은 지방에 널리 퍼져 있었으며, 주민들의 유일한 생계수단인 보급품을 약탈했다.[주66]

이 법률의 적용을 받아 처벌된 친독협력자들은 극소수에 지나지 않았다. 친독협력정부 총리였던 랄리스가 재판을 기다리다 숨진 것을 제외하면 징역형을 선고받은 협력자는 극소수에 지나지 않았다.

많은 협력자들은 독일군의 철수를 전후해 외국으로 빠져나갔다. 협력정부 총리출신 로고테토풀로스는 독일인 부인과 함께 비엔나로 떠났고, 악명 높았던 풀로스 대령과 수백여 명의 친독협력자들은 중부 유럽의 안전지대로 탈주했다.[주67] 심지어 그리스군은 점령 시기 보안대대 대령이었던 파파돈고나스Papadongonas를 그의 사후 소장으로 승진시켰다가 1945년 8월 22일 정부에 의해 취소되기도 했다.[주68] 1945년 7월 말 그리스 공보차관 자킨티노스D. Zakinthinos는 협력자들에 대한 재판 연기 이유를 판사 수 부족과 '12월 반란에 의해 만들어진 심리적 분위기' 탓으로 돌렸다. 1만 8천 명이 협력혐의로 기소돼, 1,100여 명이 전국적으로 재판 중이었다. 이 가운데 사형선고 11명, 종신형 6명, 처형 2명에 그칠 정도로 친독협력자들에 대한 처벌은 미미했다. 1946년 6월 이들 혐의자 가운데 3,500명을 재심리했지만 7%만이 추가 기소됐다. 이는 1945년 말 전체 8만여 명 가운데 4만 8,956명의 민족해방전선 지지자들이 교도소에 수감돼 있었던 것과 대비된다. 1945년 9월의 교도소 수감자에 대한 공식 집계를 보면, 수감자 1만 7,232명 가운데 1만여 명 이상이 '좌파'이고, 1,246명만이 '친독협력자'로 분류됐다. 좌파 수감자의 실제 숫자는 이보다 훨씬 많을 것으로 추정됐다. 반면 친독협력자들에게는 좌파인사들에 비해 상대적으로 사소한 혐의를 적용하는 데 그쳤다.

유럽 국가들은 2차 세계대전 당시 협력행위에 대해 가혹하게 처벌했다. 다음의 표는 2차 세계대전 이후 협력자들에 대한 유럽 국가들의 처벌수준을 보여준다.[주69]

〈표 3〉 유럽 국가들의 협력자 처벌 수준

	기소	유죄	사형판결	처형	해방뒤 즉결처형
벨기에	346,000	53,172	2,895	242	12
네덜란드	150,000	60,000	285*	40	22
덴마크	20,000	12,877	76	46	
노르웨이			30	25	
프랑스	124,751	73,501	6,763**	770	4,167

* 이들 가운데 160명은 종신형으로 감형.
** 이들 가운데 3,190명은 부재중 판결.

그리스 정부와 경찰 내 모든 협력자들도 숙청하기로 했지만 정치적 신념에 대해서는 처벌하지 않기로 함에 따라 바르키자협정은 무시됐다. 그러나 법 위반을 명분으로 좌파인사들에 대한 체포는 오히려 열정적으로 진행됐다. 전후 유럽 전역의 교도소가 파시스트와 협력자로 넘쳐난 것과는 달리 그리스 수형인들의 대부분은 좌파 저항단체 조직원들이었다.

자카리아디스의 귀국과 백색테러 대응

정부의 백색테러에 대한 방조와 묵인, 심지어 사실상의 허가는 내전을 직접적으로 촉발시켰다. 바르키자협정 체결 이후 극우단체들은 정부의 묵인 아래 전국 곳곳에서 백색테러를 자행했으며, 이는 그리스인들을 막다른 골목으로 몰아넣었다.[주70]

점령 시기 다카우 수용소에 수용됐던 전전 그리스공산당 지도자 자카리아디스는 연합국군에 발견돼 1945년 5월 30일 영국 공군기를 이용해 아테네에 도착했다. 그는 다음날 『리조스파스티스』를 통해 "8·4 왕당파-파시스트 독재정권보다 더 힘들었던 때로 돌아가거나 민족해방전선이 그리스의 민족해방을 위해 인민민주주의 구축을 완성하는 길 이외에는 다른 해결방안이 없다"고 귀국 소감을 밝혔다.[주71] 그리스 정부는 공산당이 합법적으로 활동하는 데 합의를 했기 때문에 자카리아디스가 정치적으로 활동하는 것을 허용할 수밖에 없었다. 1945년 초여름이 되자 민족인민해방군 지도자 출신들이 동료들을 규합하기 시작하면서 저항단체의 부활 움직임이 나타났다. 이러한 경향은 중앙에서 조직되거나 추동된 것이 아니라 자발적인 것이었다.[주72]

그리스공산당은 1945년 6월 제12차 전체회의에서 백색테러에 저항하기 위한 대중 자위조직 건설을 호소했다. 이와 동시에 당 중앙위원회는 "우파의 살인적인 테러에 대응하기 위해 대중 자위의 긴급하고도 즉각적인 조직을 요구한다. (중략) 민주 인민들은 자신의 생명을 보호하고, 모든 가능한 한 방법으로 어떠한 파시스트 쿠데타에도 맞설 준비를 해야 한다"며 파시스트의 쿠데타에 모든 방법으로 대처할 것이라고 경고했다. 자기방어는 (1) 테러 공격에 대한 비무장 개인의 방어 (2) 습격과 체포에 맞서 원시적인 무기, 즉 파업과 시위형태의 대중적 자위 (3) 산간지역에 은신한 민족인민해방군 출신들에 의한 무장 자위행동 등을 의미했다. 자카리아디스는 1945년 8월 24일 테살로니키에서 가진 연설을 통해 "근본적이고도 민주적인 발전 방향으로 상황이 신속하고 효율적으로 바뀌지 않으면, 우리는 똑같은 수단을 사용해 왕당파-파시스트에 대응할 것"이라며 테러를 중단하지 않으면 무장투쟁을 하겠다는 뜻을 내비쳤다. 1945년 10월 대표자 300여 명이 참석한 가운데 열린 제7차 당대회에서는 이러한 노선에 따라 보다 진전된 자위행동의 필요성을 강조하고, 평화적인 발전이 불가능할 경우 예방조처를 취하기로 했다. 1946년 2월 열린 제2차 전체회의에서 중앙위원회는 이러한 움직임을 더욱 가속화해 정치적 변화에 압력을 가하는 훨씬 강력한 방법으로 스스로 방어할 수 있도록 하는 자위전술을 채택하기로 결정했다.[주73]

그리스 주재 미국대사관의 랜킨Karl Rankin은 1946년 2월 "민족해방전선은 무엇을 원하는지를 아는 통일되고, 역동적인 단체이다. (중략) 반면, 우파와 중도파 정당들은 지도자가 없이 통일되지 않고 비효율적으로 헤매고 있다"

고 기록했다. 맥닐W.H. McNeill은 훗날 "우파단체들은 좌파단체들이 가졌던 열정을 발휘하는 데 결코 성공하지 못했고, 연설과 시위, 강연 등으로 인민들의 일상생활을 지배한 적이 없었다"고 평가했다.[주74]

2) 1946년 3월 총선거와 그 영향

영국과 그리스 국가 건설을 위한 선거준비

바르키자협정 체결은 공화파 총리 플라스티라스의 입장을 약화시켰다. 아테네전투 시기 그는 좌파 척결 명분으로 우파의 지지를 받았으나 상황이 달라졌다. 그는 우파의 입장에서 보면 국왕의 귀국에 방해물이나 다름없었다. 우파는 그를 2가지 측면에서 공격했다. 첫째, 군장교단의 구성문제였다. 플라스티라스는 공화파 장교들을 선호했지만 영국의 지원을 받는 우파진영이 왕당파 군 지휘부를 장악했다. 둘째, 국민투표와 총선거 실시시기 문제였다. 바르키자협정은 '가능한 한 빠른 시일에, 그리고 어떤 경우이든지 올해 안에at the earliest possible date, and in any case within the current year' 국민투표를 실시해 헌법문제를 결정하고, 그 뒤 총선거를 통해 제헌의회를 구성하기로 명시했다.[주75]

그러나 중도파와 좌파는 12월 봉기 이후 우파진영이 정국을 장악하자 선거 연기를 주장하고 나섰다. 민족해방전선은 또 바르키자협정 내용을 지키지 못한 채 우파의 과도한 행위를 제어하지 못한 그를 신랄하게 비난했다. 플라스티라스는 좌·우파 양진영으로부터 비난을 받게 됐다. 왕당파 신문들도 그가 국가의 수장으로 부적절하다며 사임을 요구했다. 영국은 이러한 움직임을 추동했다. 결국 영국과 섭정은 1945년 4월 7일 플라스티라스의 사임을 관철시키고 후임에 불가리스를 임명했다. 바르키자협정 체결 이후 백색테러와 체계적인 위협 속에서 영국의 총선 주장은 그리스 공산당에 영국과 그리스의 우파가 활용가능한 모든 수단을 동원해 억압하려 한다는 인상을 심어줬다. 1944년 4월 그리스 망명정부 내 군부 반란을 진압했던 불가리스는 자신의 내각을 총선거 및 국민투표 준비를 끝내고 국민들이 자유롭게 자신들의 정부를 결정할 때까지의 '비정치적', '서비스' 정부로 규정했다. 클로즈는 백색테러가 영국의 지원으로 가능하게 됐다고 주장한다. 영국은 국내외의 비판에 대처하고, 정치 안정을 위해 공정하고 질서정연한 조건에서의 선거 실시를 희망했다. 그러나 '공정한 조건'은 좌파의 승리를 가져올 가능성이 있었기 때문에 영국과 우파로서는 공정선거를 희생해야 했다.[주76]

1945년 내내 영국은 그리스의 반공정권 수립에 집착했다. 이해 7월 5일 치러진 영국 총선거에서 처칠이 참패하고 노동당 정부가 들어선 이유 가운데 하나는 처칠이 그리스의 정치적, 경제적 혼란을 해결하지 못한 책임도 있었다. 하지만 노동당 정부도 처칠의 그리스 정책과 같은 정책을 추진했다. 신임 총리 애틀리는 취임한 지 몇 주 지나지 않아 다마스키노스 대주교에게 바르키자협정을 위반하고 있는 우파의 과잉행위를 우려하면서, 그리스 정부의 협정 이행을 촉구했다. 영국은 또 그리스의 불공정한 정치상황을 바로잡고 불리한 자유당-공화파를 좌파의 과잉행위로부터 보호하기 위해 바르키자협정에 적시된 국민투표와 총선거 실시 순서를 바꾸려고 했다. 이 제안은 영국 외무장관 베빈과 프랑스 외무장관 비도M. Bidault, 미국 국무장관 번스가 서명한 성명으로 구체화됐고, 섭정 다마스키노스 대주교가 런던으로 출발한 다음날인 9월 20일 공표됐다. 이 성명은 총선거가 국민투표보다 선행돼야 하고, 국민투표는 안정이 회복될 때까지 실시하지 않는다는 것이었다.

미국·영국·프랑스 3개국 정부는 똑같이 선거에 책임을 지게 됐다. 이들 정부는 아테네 주재 자국 대표들에게 섭정을 지지해 온건 정당 지도자들을 상대로 극좌와 극우를 처리할 수 있는 마지막 기회라는 압력을 가하도록 했다. 그러나 인플레이션, 무질서, 과밀 형무소, 엉터리 선거인 명부, 북부 국경선에 대한 위협 등으로 정치인들은 타협에 이르지 못했다. 10월 7일 자유당의 소풀리스는 불가리스 정부 하의 선거가 공정하지 않을 것이라며 선거 기권을 선언했다. 같은 날 인민당은 국민투표 연기에 항의해 기권하겠다고 발표했다.

정치권의 혼란 속에 불가리스는 민족해방전선과 자유당이 1946년 1월 총선거를 실시하자는 자신의 제안을 거부하자 10월 9일 사임했다. 1개월 가까이 위기가 계속되는 가운데 11월 2일 총리에 취임한 카넬로풀로스는 일주일 뒤 경제 및 재정계획을 발표했지만, 사면과 선거 등 논쟁적인 문제에 대한 해결은 고사하고 정책을 이행할 시간조차 없었다. 11월 13일 아테네에 도착한 영국 외무차관 맥닐Hector McNeil은 그리스 정치인들과 영국대사관 관리들을 만난 뒤 연립정부 구성을 구체화했다. 그의 아테네 방문은 표면적으로는 그리스의 경제상황 개선과 관련한 것이었으나 사실은 정치적인 목적을 띠었다. 그러나 그는 인민당이 연립정부 참여에 강력 반대하자 중도파 정당들이 참여하는 연립정부를 실행 가능한 대안으로 채택했다. 다마스키노스 대주교는 11월 19일 영국 외무장관 베빈으로부터 (1) 확대 연립정부 수립 (2) 영국의 지원을 통한 특별재건 계획 채택 (3) 1946년 3월까지 총선거 실시 및 국민투표 연기 등 3가지 사항을 다룬 전문을 받았다. 그는 이튿날 공산주의자와 사회주의자들을 제외한 채 역대 총리들과 제정당 지도자들을 초청해 회의를 열었다. 섭정은 이 계획에 대한 베빈의 지원을 언급하고 인준했다. 결국 카넬로풀로스는 11월 20일 사임했는데 이는 영국의 차관 공여 조건을 검토하기 위해 아테네에 온 맥닐의 개입에 따른 것이었다. 그리스 내정에 대한 영국의 이러한 고압적인 개입은 처칠이 파판드레우에게 했던 방법과 닮았다. 인민당은 1948년까지 국민투표를 연기하는 데 동의한 섭정의 권한이 과도하다며 사임을 요구했고, 섭정은 11월 21일 사임했다. 섭정은 사임에 앞서 소풀리스를 총리에 지명해 정부를 구성하도록 했다. 중도파 그룹의 연합 성격을 띤 새로운 내각은 전임 정부들에 비해 상당한

진전을 이뤘다.[주77]

1924년에도 잠시 총리직을 수행했던 자유당 지도자 소풀리스는 보급장관에 중도파 신문 『엘레프테리아*Eleftheria*』 소유주겸 편집인인 카르탈리스를, 외무장관에 소피아노풀로스Ioannis Sofianpoulos를, 재정장관에는 망명정부를 이끌었던 추데로스를 임명했다. 소풀리스 정부의 임무는 (1) 법질서 회복 및 재건 (2) 1946년 3월 31일까지 선거 실시 (3) 1948년까지 헌법문제에 관한 국민투표 연기 등이었다. 소풀리스는 우파를 국가기구에서 추방해야 한다는 민족해방전선 등 좌파단체들의 제안과 선거인 명부 작성에 걸리는 시일을 고려해 총선거 일정을 3월 31일까지로 얽매이지 않겠다고 밝혔다. 그러나 베빈은 선거 연기를 거부했다. 영국은 소풀리스 정부가 실패할 경우 내전을 야기할 것이라고 판단하고 이를 막고자했다. 인민당은 소풀리스 정부를 '독재적'이고 '그리스 인민들 위에 군림한 폭군'이라고 비난하고 나섰다.[주78] 소풀리스와 소피아노풀로스는 11월 30일 군부 내 우파진영의 장악을 위해 영국대사 리퍼와 연합국군사사절단의 스코비 장군, 롤린스Rawlins 장군을 만나 군과 헌병대, 경찰의 재편성을 제안했지만 영국은 이마저도 거부했다. 그리스의 심각한 정치상황에 대해 그리스 현지에서는 어느 정도 파악하고 있었으나 최고 정책결정권자들이었던 영국 외무장관 베빈이나 미국 국무장관 번스는 이러한 사실을 인식하지 못했다. 또 선거 연기는 정책실패를 시인하는 것이었기 때문에 전국적으로 자행되고 있는 우파세력의 위협 속에서도 1946년 3월 31일 총선거 실시를 주장했다.[주79]

그리스공산당 지도자 가운데 한 명인 시안토스는 1945년 12월 23일 아테네의 한 경기장에서 7만여 명의 그리스인들이 참석한 가운데 열린 집회에서 "영국은 그리스를 포기하고 그리스인들의 손에 맡기는 한편 우리 스스로 우리의 일을 자유롭게 결정할 수 있도록 해야 한다"고 주장했다. 좌파계열 정당들이 모인 이날 집회에서 시안토스는 점령 시기와 12월 봉기 이후 구속된 인사들에 대한 완전 사면과 저항운동의 인정을 요구했으며, 치리모코스

도 "저항운동의 인정은 그리스의 부흥을 위한 첫 번째 수단"이라고 주장했다.[주80]

그러나 영국 군 · 경사절단들은 그리스의 정치 분열을 이해하지 못했고, 단순히 우파 장교들은 건전한 국민이며 공산주의자들은 '나쁜 사람'이라고 믿었다. 영국 경찰사절단의 한 단원은 1946년 1월 영국 관리가 인용한 서한에서 "이곳 공산주의자들은 나쁜 무리이며, 그들은 모두 범죄자, 살인자들이고, 거칠고 비열하며 잔인한 것 같다"고 말할 정도였다.[주81] 일부 지역에서 왕당파 도당들이 좌파진영을 공격해도 지역의 헌병이나 군 장교들은 그들을 체포하지 않았다. 소풀리스 정부는 지역의 안전과 질서 구축을 선거에 필요한 사전 조건으로 간주했다.[주82]

미국의 정책결정자들도 그리스의 질서회복 수단으로 연합국 감시하의 선거를 고려했다. 심지어 1944년 12월 이후 그리스 주재 미국대사 맥비는 이 문제를 적극 제기했다. 이 시기 미국의 정책 결정자들은 연합국이 감시하는 선거를 안정적인 질서 회복수단으로 여겼다. 미국무장관 번스는 "그리스의 정치적 안정을 확보하는 보다 나은 방법은 가능한 한 빨리 대표정부를 수립할 수 있도록 하기 위해 국민투표에 앞서 선거를 실시하는 것"이라고 생각했다. 영국은 미국의 입장에 동조하는 한편 선거일을 1946년 3월 31일로 확정해 선거 절차에 들어가기로 결정했다. 그리스 정부 각료의 사임과 비우호적인 여론에도 불구하고, 베빈은 1946년 2월 20일 영국 의회에서 "모든 사람들이 3월 31일 선거 실시에 동의했다"고 주장했다.[주83] 3월 28일 아테네 주재 미국대사관의 랜킨 대리대사는 소풀리스 총리에게 "선거연기는 (국가)재건을 방해할 것이라는 이유로 선거 연기 생각을 찬성하지 않는다"는 비망록을 건넸다.[주84]

소수 정당에 유리한 비례대표제 선거 실시를 반대하는 우파진영의 항의와 함께 1946년 1월 17일 인민당 지도자 찰다리스와 자유당의 소포클레스 베니젤로스는 자유당과 인민당이 연합할 수 있도록 다마스키노스 대주교에게 호소했다. 이에 따라 다마스키노스는 소풀리스 총리에게 다수대표제 선거와 양당의 단일후보 지명을 제안했으나 (1) 자유당과 인민당 간의 노선 차이 퇴색 (2) 공산주의 대 왕당파가 장악한 반공산주의 간의 경쟁 위축 등을 이유로 반대했다. 인민당과의 협력 거부는 자유당으로부터 베니젤로스의 이탈을 가져왔다. 3월 7일, 소풀리스는 민족해방전선과 자유당 간 50:50의 선거구 연합과 2개월 동안의 선거 연기를 요구한 그리스공산당 서기 자카리아디스의 제안도 거부하고, 3월 31일 선거를 실시하겠다고 선언했다.[주85]

연합국선거감시사절단과 좌익의 선거 보이콧

영국 · 미국 · 프랑스가 연합국선거감시사절단을 보내기로 한 발표에도 불구하고 선거 준비과정은 실망스러웠다. 선거인명부는 전전에 만들어진 것으로 많은 사람들이 사망하거나 점령 시기 다른 곳으로 이주해 오류가 많았다. 그리스공산당을 포함한 좌파정당들은 선거 참여 전제조건으로 선거인명부의 완전 개정을 요구했다. 선거인 등록 조작과 유권자 위협이 곳곳에서 벌어졌으며 선거인 명부가 너무 오래돼 선거인 등록이 어려웠고, 선거법상 1940년 이전 인구조사 시기 거주했던 선거구에서 투표하도록 돼 있었다. 투표 등록 절차도 복잡했다. 이러한 엉터리 선거인 명부는 일종의 조작선거를 위한 장치였다. 선거인 등록을 위해서는 유권자가 반드시 사법심사위원회에 출석해 신분증과 징병서류, 거주지 증명서 등을 받도록 했다. 그러나 이러한 각종 증명서는 우파세력이 장악한 군 · 경, 헌병대, 관료기구에서 받아야 했기 때문에 비왕당파 성향의 시민들의 등록은 어려웠다. 또 시민들은 어렵게 성공적으로 절차를 마치더라도 키와 같은 극우테러단체가 발급한 선거증이나 보증서를 받아야 했다.[주86]

민족해방전선은 정부가 왕당파로 하여금 투표함을 독점하도록 해 선거를 치르도록 하려는 것이라며 공정선거가 불가능하다고 항의했고[주87] 그리스공산당은 선거를 보이콧하기로 결정했다.[주88]

선거준비 기간 지방 곳곳에서 경찰과 헌병의 묵인 아래 우파단체들이 테러행위를 자행하자 11명의 각료가 정상적인 선거 조건이 만들어질 때까지 선거를 연기해야 한다고 요구하면서 사임했다. 선거운동을 방해하는 우파들의 행위를 저지하려던 몇몇 정치인들은 저격됐다. 외무장관 소피아노풀로스는 1946년 1월 유엔 안전보장이사회에서 그리스 문제가 논의되는 시기에 '대대적인 사면과 국가기구의 테러를 중단하지 않고, 모든 파시스트와 반동분자들을 숙청하지 않으면' 자유선거는 불가능하다고 비난하면서 사임했다. 부총리 카판다리스도 3월 9일 다가오는 선거는 '코미디'라고 냉소했다. 그는 "이 문제에 대한 책임은 의심의 여지없이 1944년 12월 봉기에 무력 개입한 영국 정부에 있으며 좌파의 패배는 우파에게 테러정권을 수립할 완전한 자유를 주었다"고 비난하며 사임했다. 그는 "오늘날 그리스 전역을 장악하고 있는 야만과 폭력의 일방적 정권이 공고화되고 있다"고 주장했다. 3월 23일 『뉴욕헤럴드트리뷴*New York Herald Tribune*』 특파원은 그리스 현지취재를 통해 "총선거 연기를 주장하는 그리스 정치권의 요구는 정당하다"고 보도했다. 공안장관 메르쿠리스Stamatis Mercouris도 3월 11일 사임했다. 영국 국회의원 80여 명은 그리스의 자유선거 실시에 회의를 나타내며 그리스 정부에 좌파진영을 배제하지 말도록 하는 한편 국가기구 내 친독협력자 숙청, 정치범 사면, 선거인명부의 수정 등을 요구하는 성명을 발표했다.[주89] 민족해방전선 중앙위원회는 2월 21일 "정부가 조작선거를 통해 그리스를 왕당파 파시즘에 넘긴다면 역사 앞에 책임을 져야 할 것"이라고 주장했고, 민족해방전선의 구성원이었던 사회당도 같은 날 현 상황 하의 선거 실시는 "충돌을 지속시키고 내전을 조장할 것"이라고 밝혔다.[주90]

하지만 그리스 국내의 사정과는 관계없이 연합국 선거감시사절단은 선거준비에 들어갔다. 영국 · 미국 · 프랑스 3개국 1,200명으로 구성된 연합국 그리스선거감시사절단AMFOGE은 1946년 2월 투표 절차를 감시하기 위해 아테네에 도착했다. 이들 가운데 절반은 미국인들이었다. 미국은 1946년 2월 15일 자유롭고 민주적인 방법으로 선거가 진행되는지를 감시하기 위해 600명으로 100개의 감시반을 구성해 그리스 전역에서 선거감시에 나섰다. 영국도 100개의 감시반을 파견했으며, 프랑스는 40개 감시반을 파견했다. 미국이 파견하는 감시반원들은 상당수가 군정과 민정업무 경험이 있는 군 장교들이었다. 이러한 사절단의 성격과 범위는 유례가 없는 대규모였다. 이는 연합국이 해방된 국가들은 자신들의 전후 정부를 자유롭게 선택할 기회를 가질 수 있도록 보장하기로 합의한 얄타회담의 결정에 따른 것이었다. 앞서 미국의 트루먼 대통령은 1945년 12월 15일 그리스에 선거 감시를 위한 사전 답사를 다녀온 전 국무부 차관보 그래디Henry F. Grady를 미국측 사절단 단장으로 임명했다.[주91] 사절단은 투표소의 절반을 방문했고 선거인명부를 확인했으며, 선거절차를 감시했다.[주92] 연합국 그리스선거감시사절단은 유권자의 29%가 무효이거나 논란이 일 것으로 추정하고, 1946년 9월의 국민투표 이전에 선거인 명부의 개정과 새로운 인구조사를 건의했다. 사절단 단원들은 영국의 영향을 받았으며, 선거가 곧 열릴 것이라는 정부의 희망을 인정했다. 그리스 언어나 정치 상황에 대해 무지한 사절단원들이 선거의 유효성을 판단할 수 있는지는 큰 문제였으며, 사절단의 도착 이전이나 이후의 유권자들에 대한 위협을 제거할 수도 없었다.[주93] 해방 이후 최초의 그리스 총선거는 공정선거와는 거리가 멀었다.

불공정 선거와 우파진영의 승리

선거에는 주요 정당으로 인민당왕당파, 민족정치연맹파판드레우, 베니젤로스, 카넬로풀로스, 민족자유당고나타스, 자유당소풀리스 등이 참가했고, 그밖에 여러 군소 왕당파 정당들이 참여했다. 그러나 점령 시기 추축국에 맞서 저항활동을 했던 민족해방전선 진영공산당, 사회당, 농업당, 급진공화당, 민주연맹, 사회주의 인민민주연맹스볼로스, 공화좌파연맹소피아노풀로스, 진보공화당카판다리스, 민족해방전선 외부의 농업당밀로나스 등은 선거에 불참했다.[주94] 좌파는 공산주의자 사면, 키의 해체 및 친독협력자 숙청이 이뤄지지 않았다고 주장하면서 선거를 기권한 상태였다.[주95] 좌파진영의 선거 보이콧 배경에는 선거 결과가 군과 경찰을 장악한 우파세력의 정당성만 가져오고, 메탁사스 정권 시절의 독재정부로 되돌아갈 것이라고 판단했기 때문이다.[주96] 그리스 전역에서는 보복을 두려워한 유권자들이 투표소에 가지 못했다. 민족해방전선 조직이 확고한 아테네와 피래우스의 선거구에서는 선거일 투표소에 가는 사람들이 표적이 됐다. 이 때문에 일부 지역에서는 많게는 85%까지 투표를 기권했고, 비슷한 상황에 있었던 마케도니아에서도 기권율이 50%에 이르렀다.[주97]

좌파진영의 기권, 중도파의 혼란, 특히 농촌지역에서 계속되는 무질서, 그리고 해방 이후 친독협력자들에 대한 처벌이 이뤄지지 않은 상태에서 치러진 1946년 3월 31일의 총선거는 투표율이 49%에 그쳤고, 예상했던 대로 인민당 계열이 장악한 우파연합이 압도적으로 승리했다.

그리스 내무부는 4월 3일 전체 3,400곳의 투표소 가운데 295곳의 투표 개표가 남은 상황에서, 등록 유권자의 50%에 조금 못 미치는 104만 9,570명이 투표했다고 발표했다. 선거 결과 왕당파 인민당은 55만 7,903표, 민족진영 20만 3,850표, 자유당 14만 2,083표, 제르바스 진영 5만 2,051표를 얻었다. 전체 투표수에 대한 내무부의 수치는 등록 유권자의 65~70%가 투표했다는 이전의 공식 통계와 다르다. 10년 전인 1936년 마지막으로 실시됐던 그리스 총선거에서는 62%의 투표율을 보였다.[주98]

의석수로는 인민당(156석), 민족자유당(34석), 개혁당(아포스톨로스 알렉산드리스, 5석), 군소 정당 및 무소속(11석)으로 이뤄진 민족주의자연합제휴United Alignment of Nationalists가 전체 354석 가운데 206석을 차지했고, 소포클레스 베니젤로스의 베니젤리스트 자유당(31석), 파판드레우의 민족사회당(7석), 카넬로풀로스의 민족동맹당(27석) 및 그리스 사회주의연맹(3석)이 연합한 민족정치연맹이 68석, 자유당 48석, 제르바스의 그리스 민족당 20석, 메탁사스 추종세력의 민족동맹 9석, 기타 3석 등이다. 우익-왕당파 세력이 전체 354석 가운데 235석을 차지한 것이다. 이에 따라 다수당이 된 인민당의 찰다리스가 새정부 구성에 들어갔으며 고나타스와 알렉산드리스 진영에도 일부 장관직이 주어졌다.[주99] 당선자 가운데 적어도 3명은 독일 점령시기 친독협력부대 지휘관 출신이며, 장관 1명은 친독협력자들과 긴밀한 관계를 유지했다.[주100]

좌파 지도자들은 4월 3일 50%에도 미치지 못하는 투표율은 투표를 보이콧한 자신들의 캠페인이 성공한 것을 보여주는 것이라고 선언했다.[주101] 그러나 연합국 그리스선거감시사절단은 1946년 4월 10일자 그리스 선거 보고서에서 다음과 같이 평가했다.

> 사절단은 선거 당일 선거절차가 질서정연하고 만족할 만하게 이뤄졌다고 확인한다. 대도시의 선거인명부는 들쭉날쭉했지만 중대한 불법투표는 없었다. 극좌와 극우로부터 어느 정도 위협이 존재했고, 때때로 헌병대원들에 의한 지지도 있었지만, 이는 선거에 심각할 정도로 영향을 끼칠 만큼 광범위하지 않았다. 의도적으로 기권한 비율은 높지 않았다. 그러므로 사절단은 그리스 상황에 대한 정치적 정서의 강력함에도 선거 실시와 관련해 선거 절차가 전체적으로 자유롭고 공정했으며, 그리스 국민의 진실하고 정당한 판단을 대표한다고 보장한다.[주102]

그러나 공정선거였다는 주장에도 불구하고, 선거는 많은 불법과 의혹이 제기된 엉터리 선거였다는 비판을 받았다. 좌파는 허위 선거인명부가 조작투표로 가는 길을 터주었고, 다수 투표를 막기 위해 지울 수 없는 잉크로 유권자들의 손가락을 찍는 애초의 계획도 이행하지 못했다고 비난했다. 마을에 테러가 판을 쳐도 사람들은 보복의 두려움으로 인해 사절단원들에게 말할 수 없었다. 일부 농민들은 한 미국 특파원에게 "감시반원들이 얼마나 여기에 머무를 것인가? 그들이 떠나버리면 우리에게 어떤 일이 닥칠 것이냐?"고 묻기도 했다. 비밀투표라고 했지만, 100~200여 명의 주민이 살고 있는 작은 마을에서는 누가 반왕당파에 투표를 했는지 알 수 있었다. 사실상 선거결과는 12월 봉기 이후의 테러와 보복의 위협, 대규모 사기 투표에 기인했다.[주103] 하지만 민족해방전선 등 좌파진영이 선거에 참가했더라도 조작선거의 한계 때문에 승리할 가능성도 없었다. 한 여론조사는 민족해방전선이 선거에 참가할 경우 많아야 20~25%의 득표를 할 것이라고 전망했다. 등록 유권자의 40% 정도가 투표하지 않았으며, 사절단은 15%가 정치적 이유로 기권했다고 보았다.[주104]

선거 이후 우파정부는 반대파들에 맞서 테러통치reign of terror를 전개했다.[주105] 결과적으로 좌파진영의 선거 보이콧은 우파진영에 전후 정부 구성의 주도권을 넘기고, 그리스 사회에서 민족해방전선의 영향력을 파괴하는 결과를 가져왔다. 이는 또한 그리스공산당이 정치적으로 주변부화 됨을 의미했다. 해방 이후 최초의 선거를 통한 그리스의 국가건설과정은 좌파진영에 대한 정치적 탄압과 처벌 등 좌파 배제의 과정이었으며, 결과는 반공-우익 국가건설이었다.[주106]

제5절
그리스 내전과 군사적 동원

1. 제1국면(1946.3~1947.5): 내전의 발발과 폭력의 제도화

1) 내전의 발발

좌파진영의 반발과 국왕의 귀국

데켐브리아나12월 사건 이후 계속된 정부와 극우단체들의 백색테러와 폭력의 제도화는 본격적 내전국면을 창출했다. 1946년 3월의 선거 결과에 따라 들어선 인민당 지도자 찰다리스Konstantinos Tsaldaris가 이끄는 우파 내각은 자신들의 정치적 승리를 공고히 하는 활동을 전개했다. 그는 전전 인민당 지도자 파나기오티스 찰다리스Panagiotis Tsaldaris의 조카로, 나치 협력자들을 대대적으로 사면하거나 석방했다.[주1]

우파정부와 극우단체들의 좌파에 대한 보복은 대대적이고 전면적이었다. 이런 상황에서 좌파진영은 백색테러에 맞서 싸우거나 앉아서 당하는 수밖에 선택의 여지가 없는 상황으로 내몰렸다. 그리스 정부와 군·경, 극우단체의 탄압이 거세게 일어나는 가운데 1946년 3월 30~31일 야간을 틈타 민족인민해방군은 올림푸스산 동쪽 기슭의 리토코로 마을을 공격함으로써 내전의 신호탄을 올렸다. 이날 30여 명의 무장대원들은 리토코로 마을의 헌병대 주둔지를 공격해 12명의 헌병과 민간인 2명을 살해했다. 자카리아디스는 4월 12일 테살로니키에서 가진 연설을 통해 리토코로 습격사건에 대해 자신들을 방어하기 위해 산간지대로 도망친 인민들에 의해 이행됐다고 주장했다. 그는 "리토코로 사건은 왕당파-파시스트와 영국군에 대한 경고"라고 언급했다. 그는 4월 16일에는 "이는 혁명이 아니라 자기방어다. 자연적이고 필요할 뿐 아니라 스스로 방어하기 위한 인민의 의무다"라고 주장했다.[주2]

왕당파 찰다리스 정부는 총선거 승리를 바탕으로 국왕 게오르기오스 2세가 런던에서 귀국하는 방안을 모색했다. 이를 위해 그는 9월 1일 국민투표를 실시하겠다고 발표했다. 하지만 그의 발표는 전 총리 소풀리스가 베빈, 맥닐과 한 합의를 어기는 것이었다. 소풀리스는 1946년 3월 총선거를 실시하고, 국민투표는 1948년 3월로 연기하기로 합의한 바 있다. 그는 합의된 내용 가운데 2개 조항이 상호보완적이어서 분리할 수 없다며 항의했으나 영국과 미국은 그리스 정부가 결정해야 할 일이라는 입장을 견지했다. 찰다리스 정부는 각종 비상수단과 비상입법 등 폭력의 제도화를 통해 국왕의 귀국반대 여론을 제거해 나가면서 국민투표를 준비했다. 정부는 국민투표를 '국익 대 슬라브 공산주의의 대결'로 인식했다. 국민투표 전날 영국 『비비시』는 "오늘 그리스는 조용할 뿐이다. 모든 사람들의 자유의사 표현에 절대필요한 상황들이 존재하지 않는다"고 보도했다. 국왕의 복귀를 위한 국민투표는 3월 총선거 때보다 더욱 조작되고 위협적인 분위기 속에 치러졌다. 좌파와 공화파 시민들은 아무런 죄도 없이 구속돼 투표를 하지 못했으며, 상당수의 농촌지역 주민들은 경찰이나 우파단체의 위협을 받았는가 하면 사실상 공개투표를 할 수밖에 없었다. 그리스 국민의 격렬한 반발 속에 1946년 9월 1일 국왕의 귀국 여부를 결정짓는 국민투표가 진행됐다. 정부는 영·미 사절단이 승인한 선거인 명부를 개정하기 위한 조처를 취했다. 프랑스는 재정적인 이유를 들어 참여를 거부했다. 국민투표를 보이콧한 정당은 없었다. 9월 5일 발표한 최종 결과를 보면 군주제 찬성이 68.8%로 나타났다. 전체 169만 1,594표 가운데 군주제 찬성은 116만 6,512표, 공화국 체제 찬성은 52만 1,269표로 나타났고, 무효표는 3,813표였다. 투표 결과에 따라 국왕은 9월 27일 그리스로 돌아왔다. 그러나 국민투표는 총선거 때처럼 상당한 조작과 불법이 자행됐다.[주3]

이에 대해 자유당 지도자 테미스토클리스 소풀리스 등은 광범위한 투표함 사기가 있었다고 비난했다. 영 · 미사절단이 국민투표 준비를 위해 작성한 개정된 선거인 명부에는 170만 명이 등재돼 있는데 견줘 투표는 169만 1,592명이 참가한 것으로 나타났다. 사실상 100%의 투표율을 보였다는 것이다.[주4] 그러나 국왕의 귀국은 군대와 보안대대, 공공기관 등에 복귀한 왕당파들에게 자신감을 불어넣는 계기가 됐다.[주5]

그리스 민주군대의 창설과 정부군의 대응

1946년 4월 이후 민족인민해방군 출신들의 복귀운동이 전개되면서 게릴라 병력이 증원됐다. 이들은 데켐브리아나 이후 사실상 해체됐다가 정부와 극우단체들의 백색테러로 다시 합류하게 됐다. 유고슬라비아와 알바니아 당국으로부터 소화기小火器와 식량, 의약품 등을 공급받은 이들은 국경선을 넘어 피신하기도 했다. 5월부터는 게릴라들이 서부 마케도니아의 슬라브어를 구사하는 마케도니아 인민전선*SNOF*과 협력하기 시작했다. 그리스공산당은 1946년 7월 게릴라전을 확대하고 도시 자위대를 무장시키기로 하는 한편 이에 필요한 조직, 지도력, 병력을 확충하기 위해 마르코스 바피아디스Markos Vafiadis를 게릴라 사령관으로 임명했다. 45살의 마르코스 바피아디스는 마케도니아 민족해방전선 대표 출신으로 민족인민해방군 정치위원이었다. 그는 트라키아에서 담배노동자로 일했고, 2차 세계대전 발발과 함께 투옥됐다가 1941년 탈출해 산악지대에서 '군사 천재'로 이름을 떨쳤다. 게릴라들은 정부군과 우파단체에 대해 지속적이고도 강력한 공격을 펼쳤으며, 북부 지방의 많은 주민들은 이들에게 동정적이었다.

1946년 9월 하순 마르코스 바피아디스는 북부 테살리의 게릴라 주력부대를 이끌었다. 이탈리아의 그리스 침략 기념일인 10월 28일 카페타노이Kapetanoi, 민족인민해방군 유경험자들, 지방 지휘관들이 참석한 회의에서 총사령부를 공식 창설하고, 총사령부 산하에 펠로폰네소스, 루멜리, 에피루스, 테살리, 중부 마케도니아, 서부 마케도니아, 서부 트라키아의 7개 지역 사령부를 구성하는 한편 지휘관들을 임명했다. 마르코스 바피아디스가 지휘하는 게릴라 '도당들bands'은 70~100명으로 구성됐다. 이들 도당은 정치위원이나 카페타노이가 지도했으며, 총사령관은 마르코스 바피아디스가 맡았다. 또 다른 정치위원인 바르치오타스Vasilis Bartziotas는 라리사와 테살로니키에서 게릴라전을 위한 지원망을 구축했다. 민주군대는 망명인사들의 귀환과 백색테러 피해자들을 흡수함으로써 급속하게 성장해 9월 4천여 명에서 12월에는 1만여 명에 이르는 병력으로 늘어났다. 이들은 12월 27일 그리스민주군대DSE라는 이름을 채택했다. 이는 사실상 대항군대의 출범이었다. 민주군대의 공식 목표는 민족인민해방군이 추구했던 민족해방과 민주주의의 회복이었다.[주6]

민주군대 구성원들은 주로 4가지 부류로 구성됐다. (1) 그리스공산당원들과 그 동조자. 이들 대부분은 평균 이상의 교육을 받은 도시 거주자들로, 공산당의 비전에 적극 호응했다. (2) 민족인민해방군 출신. 동원해제된 뒤 고향으로 돌아간 이들은 가난했고, 미래는 불투명했다. 따라서 이들은 1946년 게릴라 활동이 전개되고 병력을 모집하자 현실로부터의 탈출구로 환영했으며 정의를 보여주고 보다 나은 생활을 영위할 수 있는 기회로 생각했다.

(3) 마케도니아 분리주의자. 터키는 1912~1913년의 발칸전쟁 때까지 마케도니아를 폭정통치했고, 그 뒤 그리스와 불가리아, 유고슬라비아가 분할했다. 그리스공산당은 군사적 승리 이후 마케도니아의 분리를 약속했다. 이로 인해 마케도니아 분리주의자들의 참여가 있었다. (4) 병력의 강제모집과 10대 청소년들. 이들도 민주군대의 주요 구성원들이다. 민주군대는 전투가 격화되자 강제모집과 납치 등을 통해 병력을 충원했다.[주7]

1946년 7월 그리스 정부군은 북부 지방에서 대게릴라전을 전개하기 시작했지만 모든 면에서 부족했다. 정부군 지휘부는 계속되는 군사적 곤경으로 인해 준군사단체나 준경찰부대에 의존하게 됐으며, 야전에서 이들의 작전은 일련의 비적활동과 보복학살 사건으로 특징지어졌다.[주8] 정부군이 마을주민들에게 게릴라들과 대응하라며 제공한 무기는 게릴라들에게 넘어갔다. 또한 그리스 정부군의 게릴라에 대한 정보는 오래된 것이거나 열악했고, 게릴라가 장악한 지역에서 정부군이 마을주민들로부터 정보를 얻는 것은 불가능했다.[주9]

정부군의 사실상 공식 토벌작전은 1946년 10월 들어 이뤄졌다. 그리스 정부와 군 사령부는 10월 11일 작전 개시에 앞서 20일이면 게릴라는 '한 번에 그리고 영원히 없어질 것'이라고 호언장담했다. 이 토벌작전은 정부 최초의 조직적 공세였으나 완전히 실패로 끝났다. 정부와 군은 마르코스 바피아디스에게 현상금 2천만 드라크마를 내걸었으나 토벌작전의 성공을 기대할 수는 없었다.[주10] 이 시기 정부군은 많은 장교들이 2차 대전 때 사망했거나 민족인민해방군 출신들을 배제했기 때문에 전투경험이 민주군대에 비해 상대적으로 떨어지고 비효율적이었던 반면 게릴라들은 대의명분과 독일군 점령 시기 게릴라전 경험이 있었으며 사기가 높았다.[주11]

1946~1947년 겨울 군과 헌병을 포함한 정부군은 전체 16만 5천여 명인 반면 게릴라 세력은 2만 8천여 명으로 추정됐다. 그러나 얼마나 많은 그리스인들이 이들을 지원하는지는 아무도 몰랐다. 게릴라들은 산간지대에 의

존했는데, 지형이 험준해 정부군의 접근이 어려웠다. 많은 동굴과 산림지역은 은신처 구실을 했다. 산간마을들은 주민수가 50~2천여 명으로 규모가 작았고, 수풀이 무성한 계곡에 위치해 외부인들이 쉽게 근접할 수 없어 게릴라들의 근거지로 안성맞춤이었다.[주12] 오히려 작전이 시작된 지 1개월 만에 민주군대는 중부 그리스의 산간지역 남쪽으로 대규모 부대를 파견함으로써 정부군을 당혹스럽게 했다. 전투에 의한 사망자 숫자보다 산악지대의 특성상 '기상전weather war'이라고 불러야 할 정도로 악천후로 인한 정부군 사상자가 늘었다. 게릴라 진영도 마찬가지였다. 게릴라들은 테살리 북부의 산간지대에서 기습으로 대응하였으나 비와 눈, 추위는 이들을 곤혹스럽게 했다.[주13]

1947년이 되자 그리스 정부군은 영국군의 도움으로 영국의 식민지 경험과 2차 세계대전 시기 발칸에서 독일의 대게릴라전에서 영향을 받은 '대對비적전anti-bandit warfare' 교리를 개발하기 시작했다. 교리는 공격전투, 야간이동, 기만, 체포보다는 게릴라 살해를 목적으로 했으나 그러한 작전들은 게릴라들을 파악하지 못함으로써 실패했다. 영국군의 자문을 받은 그리스군은 1947년 남부지방에서 북부지방으로 이동하면서 '소탕'과 '포위'작전을 전개했다. 일단 한 지역이 소탕되면 소규모 병력만 남겨두고 나머지 부대들은 다른 지역으로 이동시켰으나 게릴라들이 신속한 정보 수집 등을 통해 대응함으로써 타격을 받았다.[주14]

트루먼 독트린 발표 당시 그리스의 상황은 절망적이었다. 그리스 정부는 군이 1947년 4월 4일 핀두스 산맥에서 시작한 춘계공세에 대해 "이 공세의 실패는 정권의 존재 그 자체를 위기에 빠뜨릴 것"이라고 언급했다.[주15] 춘계공세에 나선 정부군은 4월 초 군함과 항공기의 옹호 아래 6만여 명에 이르는 병력을 동원해 총공세를 시작했다. 영국과 미국 군사전문가들의 조언 속에 정부군 총참모부는 민주군대를 완전히 섬멸하기 위한 공격계획을 작성했다. 정부군은 총공격에 앞서 특별훈련과 숙청을 실시하고 무능한 장교

들을 해임하는 등 사전 작업에 들어갔다.[주16]

이들은 북부 테살리의 민주군대를 소탕하고, 이어 알바니아와 유고슬라비아 국경선을 따라 산간 요새를 섬멸할 계획이었다. 정부군은 민주군대 동조자로 의심되는 수천여 명의 민간인들을 무차별 체포하는 한편 산간지역의 주민들을 대규모로 소개시켰다. 그러나 전체적으로 이러한 작전은 실패를 가져왔다. 정부군은 민주군대의 공격에 대한 대응전술이 부족했고, 규율과 훈련, 지도력도 없었다. 병사들은 전투에 참가하거나 게릴라들을 추적하기보다는 마을이나 도시를 방어하는 데 급급했다. 반면 민주군대는 마을이나 도시에 침투해 정보망과 보급망을 구축했다. 5월이 되자 영국경찰사절단장 위컴은 그리스 공안장관 제르바스에게 "국가의 권위와 안보가 심각할 정도로 위협받고 있다"고 경고했다.[주17]

마르코스 바피아디스가 지휘하는 민주군대는 정부군이 쉽게 접근할 수 없는 광활한 산악지역을 근거지로 활용했고, 장비가 가볍고 기동력이 뛰어났다. 이들은 정부군에 포위돼 위협 받을 때면 소규모 단위로 분산돼 흩어졌다가 다른 곳에서 재편성하는 전술적 유연성까지 갖췄다. 이 때문에 이 시기 여러 차례 소규모 '소탕작전'을 벌인 그리스 정부군의 작전은 대부분 실패로 끝났다.[주18]

그리스 정부군은 민주군대의 공세에 속수무책이었고, 이러한 과정에서 정부의 무분별한 공권력 남용과 우익단체의 백색테러는 오히려 주민들을 민주군대가 있는 산으로 내모는 결과를 가져왔는가 하면 민주군대 지지세력이 되도록 조장하는 역할을 했다.

2) 폭력의 제도화와 희생

폭력의 제도화

찰다리스 정부의 폭력의 제도화는 반대세력 억압을 통

해 국민투표를 성공적으로 실시하는 방안과 연계돼 있었다. 우선, 국방장관 마브로미칼리스는 민주군대에 대한 공격과 함께 비왕당파 장교들을 군대와 경찰헌병대에서 숙청했다. 마브로미칼리스는 우익단체들을 지원했고, 친독협력자 출신인 보건장관은 공산주의자 한 명을 채용하느니 말라리아를 전염시키는 게 낫다고 호언하기도 했다.주19

찰다리스 정부는 총선이 끝난 2개월 뒤인 1946년 5월 주지사, 판사, 공공검사로 구성된 보안위원회 제도를 도입해 경찰이 위험인물로 분류한 민간인들을 추방할 수 있도록 했다. 추방은 아무런 증거도 없이 무차별적으로 이뤄졌으며, 특히 좌파 지지자나 그들의 친구, 가족들에게도 적용됐다. 이로 인해 사라피스, 바키르치스, 만다카스 장군과 그 외 30여 명의 민족인민해방군 출신 고위장교들이 에게해 제도로 추방됐다. 뒤이어 6월 6일에는 법무장관이 '공공질서에 관한 비상수단'이라는 제목의 헌법 조항을 발표했다. 이는 영장 없이 가택을 수색할 수 있고, '경제적' 성격이 아닌 파업은 불법파업으로 간주했으며, 경찰에 야간통행금지 권한을 주는 제도였다. 이는 또 국가안보나 그리스 영토의 분리를 목적으로 한다고 간주되면 사형에 처하도록 했으며, 심지어 영토 분리에 대한 '심정적 선동'만 해도 사형에 처할 수 있도록 했다. 이 악명 높은 헌법 결의안 C(11조)에 따라 내전 시기 전국적으로 31곳의 비상군법회의가 설치돼 당국을 비판하거나 좌파 게릴라들을 지원하는 주민들에게 가혹한 형량을 부과했다. 1946년 말이 되자 4,876명이 추방됐고, 1,227명이 심사를 받았다. 이 시기까지 군법회의를 통해 사형선고를 받고 처형된 사람은 116명에 이르렀으며, 1947년에는 688명이 처형됐다. 이오니아해에 있는 자킨토스Zakynthos 섬의 헌병대장은 지역 사령관으로부터 유·무죄에 관계없이 15명의 추방 대상자를 찾아내라는 명령을 받기도 했다. 이 조항은 6월 17일 찬성 138표, 반대 28표로 통과됐으나 기권은 181표나 됐다.주20 기권이 압도적으로 많았던 것은 이 조항에 대한 우려가 그만큼 컸음을 의미하는 것이었다.

그리스 주재 영국 대사는 1946년 6월 주민들이 보안위원회나 군법회의에 소환이 불가피한 마을주민들이 가만히 앉아 있을 수 없어 입산자들이 크게 늘어나고 있다고 분석했다.[주21] 도시에서는 키가, 마케도니아와 트라키아에서는 군과 헌병대가, 테살리와 펠로폰네소스에서는 왕당파 도당들이 적극적이었다. 7월 초가 되자 상황은 매우 악화돼 우파의 보복으로 780명이 희생되고, 5,677명이 부상을 입은 한편 2만 8,450명이 고문 당했다.[주22]

영국 의회 대표는 이를 무정부 상태로 인식했고, 좌파진영과 우파진영 모두 폭력을 사용하며 테러 행위를 하고 있다고 보았다. 또한 그리스 곳곳에서 소규모의 내전이 진행 중이라고 보고했다.[주23]

피난민이나 좌파진영 동조자들이 입산하지 않으면 안 되는 상황을 만든 또 다른 세력은 극우단체들이었다. 이들은 정부의 지원을 받으며 곳곳에서 좌파나 그들의 동조자, 동조자로 의심되는 민간인들에 대한 테러를 자행했다. 호로위츠가 제노사이드를 "국가관료기구에 의해 무고한 사람들을 구조적이고 체계적으로 파괴하는 것"으로 정의하는 바와 같이 그리스의 국가관료기구에 의한 주민 탄압은 정부군의 지역 통치 전략과 국가건설과정의 한 부분이며, 정치적 목적을 지니고 있었다.[주24]

미국은 그리스에 대한 정치적, 군사적 개입 의지를 드러내면서 그리스와 미국의 관계를 설정했다. 찰다리스 정부는 비공산 공화파에 대해서도 탄압을 가했으나 경제가 더욱 악화되면서 영국과 미국의 요구로 사퇴하지 않을 수 없었다. 미국은 연립정부 구성을 선호했는데, 제정당들이 정부에 포함돼야 위기상황에서 협력할 수 있다고 보았다.[주25] 그리스 주재 미국대사 맥비는 1947년 1월 온건 내각 개편을 시도했다. 미국 관리들은 이런 개편의 적임자를 인민당의 그리스은행 총재 출신 막시모스Dimitrios Maximos로 보았으며, 그를 "가장 비당파적이고 온건하며 협조적 인물"로 묘사했다.[주26] 결국 국회 내 8개 정당 가운데 7개 정당이 참여한 연립정부가 1월 24일 출범해 총리에 막시모스가 취임했다. 찰다리스는 부총리겸 외무장관으로 자리를 바꿔 앉

았다.[주27]

내각에는 야당 대표인 베니젤로스, 파판드레우, 카넬로풀로스와 인민당의 고나타스, 알렉산드리스, 제르바스가 들어갔다. 막시모스 정부도 사실상 이전 정부인 찰다리스 정부의 정책을 추종했으며, 테러와 탄압을 일삼았다. 1947년 2월 찰다리스의 후임자인 총리 막시모스가 임명한 공안장관 제르바스의 선택은 파국적이었다. 미국과 영국은 전쟁 시기 친독협력 혐의와 독재적 야심이 있는 것으로 보고 그의 임명을 반대했다. 그는 경찰헌병대를 비효율적인 군사체제로 전환했고, 준비가 전혀 되지 않은 상태에서 대규모 체포를 명령했다. 심지어 미원조사절단장 그리스월드는 "그는 공산주의자들을 제거하는 것보다 더 많은 공산주의자들을 만들어내고 있다"고 비난했다.[주28]

제르바스는 공산주의자들에 대해 극단적 탄압정책을 폈다. 그의 탄압과 테러는 이전의 모든 왕당파 정권의 그것을 능가했다. 점령 시기 우파 저항단체인 민족민주그리스연맹 지도자였던 제르바스는 영국군의 지원을 받았다. 제르바스와 그의 추종세력들은 실제의 적이든, 가상의 적이든 관계없이 좌파라면 무조건 탄압했다. 거의 모든 좌파인사들은 물론 공산주의에 반대한 평범한 시민들조차도 '공산주의자'로 몰렸다. 그는 "우리는 테러리즘에는 10배 강한 테러리즘으로, 파국에는 10배 강한 파국으로, 학살에는 10배 많은 학살로 대응할 것이다. 그리고 신은 우리들에게 반 기독교 공산주의자들에게 어떻게 행동하는지를 가르쳤고, 누가 사탄에게 영혼을 팔아먹고 있는지 가르쳤기 때문에 이것은 반 기독교적인 것이 아니다"고 말했다.[주29]

민족해방전선 지도자들과 조직원들은 박해를 받고 섬으로 유배됐다. 경찰은 반대파들을 대량 검거했으며, 민족해방전선 및 그리스공산당 지지자들을 체포했다. 키 조직원들이 작성한 검거 인물 명부에는 자유주의적, 민주주의적 또는 좌파계열의 신문을 구독하는 사람들까지도 포함돼 있었다. 사실상 상당수의 민간인들도 여기에 포함돼 처벌 대상이 됐다. 민족해방전선 중앙위원회는 "1주일 사이에 1만 5천여 명의 민주인사들이 체포돼 유형을 당했다"며 "우리들은 희랍 인민의 고난을 종결시키기 위하여 문명한 전 세계 앞에 항의하며 당신들의 도덕적 지지를 요청한다. 희랍의 현 상태는 문명에 대한 치욕이다. 왜 그러냐 하면 희랍의 현상태는 인류 역사상 어느 암묵한 시기보다 일층 야만적이고 야수적이기 때문이다"(원문 그대로: 인용자)는 전문을 소련과 미국 · 영국 · 프랑스 및 유엔 안보이사회, 국제직업연맹 등에 보냈다.[주30]

1947년 3월 22일에는 그리스 정부가 행정명령을 통해 국가에 '불충한' 공무원은 숙청할 수 있도록 충성심사원회를 설립하는 한편 트루먼 행정부에 의한 충성선서와 유사한 제도를 도입했다.[주31] 이렇게 해서 숙청된 이들은 공공기관과 직업교육기관의 13%에 이르렀다.[주32] 이해 4~7월 미국 관리들의 보고서는 그리스 정부군과 우파단체의 가혹행위에 대한 우려를 담고 있다. 유엔발칸위원회 미국대표 에스릿지는 이러한 '차별적이고 깡패같은 방법'들이 많은 그리스인들을 게릴라 진영에 가담하도록 강요하고 있다고 비판했다. 맥비도 정부의 조처가 "트루먼 독트린이 경찰국가를 지지하는 불명예가 될 것"이라며 미국인들의 관점에서 보면 역효과를 가져올 수 있다고 경고했다. 그리스 주재 미국대사관의 전 무관보 맥닐William H. McNeill은 북부지방을 답사한 뒤 정부 보안기구와 우파단체에 의한 가혹행위는 대중의 지지를 떨어뜨리고 있다고 지적했다.[주33]

집단수용소와 수용자들

1946년 2월 5일 소풀리스 정부는 메탁사스 시기에 설치된 집단수용소를 철폐하는 비상법 809호를 공포했다. 그러나 1년 뒤인 1947년 2월 19일, 찰다리스 정부에 이어 들어선 막시모스 정부는 마크로니소스Makronisos 섬, 야로스Gyaros 또는 Gioura 섬, 트리케리Trikeri

섬 등 3곳에 집단수용소를 설치했다. 보조수용소들도 여러 섬에 설치됐지만 이들 3개 섬의 수용소는 좌익이나 공산주의 혐의자들을 수용했다. 1947년 한해에만 1만여 명 이상의 좌익 혐의자와 공산주의자들이 체포돼 본토는 물론 섬지역의 수용소와 형무소에 수감됐다. 수용소 가운데 가장 악명 높은 정치범수용소는 마크로니소스 수용소다. 아티카 지방 근처의 마크로니소스 섬은 남북 길이 10㎞, 동서 너비 500m의 긴 섬으로 지금은 무인도다. 이 섬의 수용소는 1958년까지 사용됐다. 군대 내 공산주의자들을 수용했던 마크로니소스 섬 수용소의 설치 목적은 수감자들을 '계몽과 교육을 통해 민족주의자이며 충성스런 그리스 국민'으로 만드는 것이었으나, 이들은 고문과 강제노동으로 죽어갔다. 1947~1950년에 장교 1,110명과 사병 2만 7,770명이 마크로니소스에 수감됐는데 좌익은 이곳을 '신 다카우'라고 부를 정도였다. 트리케리에는 정부군이 소탕한 지역의 '의심스러운' 주민들, 특히 여성과 어린이들이 수용됐다. 야로스 섬에는 형법상 유죄를 선고받은 자들을 수용됐다. 유죄를 선고받은 이들은 독일군에 맞섰던 저항단체의 부대원, '인민투쟁보호대' 조직원, 공산당 하급당원, 그리고 형법상 살인, 간첩, '법준수 시민들의 평화와 고요함을 깨뜨린' 혐의로 기소된 모든 사람들을 포함했다. 부모가 민주군대 소속으로 싸우거나 공산주의자로 투옥된 14~18살의 자녀들도 야로스 섬에 수용됐다. 산간마을의 한 촌장은 마을을 통과한 게릴라들에게 식량과 피신처를 제공했다는 이유로 군법에서 종신형을 선고받고 야로스 섬으로 보내졌다.[주34]

1947~1958년 시기 10만 명 이상이 마크로니소스, 야로스, 트리케리로 추방돼 고문을 받았고, 여기서 다시 다른 작은 섬들로 유형에 처해지거나 죽어갔다. 섬에 수용된 정치범들은 날마다 고문과 폭행에 시달리고 반성문 작성을 강요당했으며, 공산주의를 공개비판해야 했다. 일부 수감자들은 동료 수감자들을 폭행하도록 하는 고문을 강요받기도 했다. 정부는 정치범의 존재를 부인했지만 수용소 수감자들이나 정치범들은 탄원서와 비망록을

통해 자신들을 '투옥된 저항의 전사', '형무소의 인민의 전사', '정치적 구금자' 등으로 불렀다. 마크로니소스의 지위와 이곳에 적용된 방법은 대부분의 민주군대 전사들이 죽거나 체포 또는 알바니아로 탈출해 내전이 사실상 종결된 지 한 달여가 지난 뒤 디오미디스Diomidis 정부가 의회에서 헌법특별결의안 제73호로 1949년 10월 14일 합법화했다. 마크로니소스의 수용자들은 1947~1963년 건물이 아니라 천막생활을 해야 했으며 모든 것을 직접 건설해야 했는데, 필요한 돌을 확보하는 것은 일종의 고문이었다. 10여 명을 수용할 수 있는 천막에는 30~40명이 수용됐으며, 때때로 50여 명이 수용될 때도 있었다. 군인들은 1947년 1월부터 마크로니소스에 수용됐으며 1950년까지는 야로스 섬에서 전향한 수용자들이 마크로니소스로 이송됐다가 공산주의자들과 싸우기 위해 다시 전선에 투입됐다. 마크로니소스의 비전향 수용자들은 야로스 섬으로 이송됐다. 야로스 섬 수용소는 1953년 비었다가 1954년 일시 사용됐다.[주35]

2. 제2국면(1947.5~1947.12): 민주군대의 공세와 미국의 개입

1) 미국의 그리스 지원과 개입

미국의 군사적 · 정치적 개입

트루먼 독트린의 발표는 세계적인 힘의 균형이 영국에서 미국으로 옮겨갔음을 공식화하는 것이었다. 트루먼 독트린을 계기로 미국은 친미 반공정권을 수립하기 위해 그리스 정치지도자들을 때로는 위협하고 때로는 달래면서 정치적, 군사적으로 깊숙하게 개입했다. 애치슨은 1947년 4월 1일 상원 외교위원회에서 그리스 정부 부처에 미국인들을 배치하고, 이들이 통제 기능을 수행하도록 하며 그리스 정치 지도자들에게 "이것을 해서는 안 돼!"라고 말할 수 있는 권위가 있어야 한다"고 발언했다. 맥비도 하원 외교위원회에서 그리스 공공정책에 대한 미국 행정부의 명령에 대한 필요성을 강조하면서 "우리는 주요 직책에서 영향력을 발전시키고, 그들의 적용여부를 감독하기 위해 유능한 사람을 그리스에 파견해야 한다. (중략) 우리는 건전한 정책이 채택돼 효율적으로 관리될 것이라고 확신해야 한다"고 밝혔다.[주36] 미국경제사절단장 포터는 애치슨에게 개인적으로 4월 22일 "그리스 문제에 대한 미국의 결정적이고 적극적인 개입이 없는 한 그리스 모험은 실패할 수밖에 없다"며 적극 개입의 필요성을 역설했다.[주37] 미국무부는 5월 22일 트루먼 독트린이 의회의 승인을 얻자 그리스 원조를 위한 협정문을 작성했다. 모두 12개항으로 된 협정문 가운데 핵심 항목은 제4항이다. 이 조항은 미국의 그리스에 대한 정치적, 군사적 개입의 논리적 근거를 마련했다.

> 미사절단장은, 그리스 정부의 대표들과의 협의를 통해, 본 협정 하에서 때때로 제공할 특정 원조의 조건과 상황을 결정할 것이다. 단장의 지시 아래, 사절단은 그러한 자문을 하고, 그리스 정부는 미국이 제공하는 모든 원조에 대해, 그리고 그리스 자체의 자원에 대해 가장 효과적으로 사용하도록 지원하는 데 필요하고도 적절한 기능을 수행할 것이다.[주38]

이 조항은 사절단장이 원조와 관련해 그리스 정부 대표들과 협의할 수 있도록 함으로써 합법적, 공개적 개입의 길을 마련한 것이었다. 그리스 국내 재건의 주도권과 책임은 그리스 정부에 있지만 미국은 그리스 정부의 원조 자금 사용 계획에 대해 완전한 통제권을 행사하게 됐다.[주39] 6월 8일 총리 막시모스와 미국대사 맥비가 아테네에서 그리스에 원조를 제공하는 협정문에 서명하고, 6월 15일에는 부총리겸 외무장관 찰다리스가 "미국의 원조 확대를 관리하고, 그리스 정부의 사용을 감독하며, 자문할" 그리스 사절단을 창설하는 내용의 협정문에 서명했다.[주40]

트루먼은 이 사이 6월 10일 그리스에 파견할 그리스 주재 미국원조사절단AMAG·이하 미원조사절단 단장에 네브라스카 주지사 출신의 그리스월드Dwight P. Griswold를 임명했다. 트루먼은 7월 3일 그리스월드를 만난 자리에서 사절단의 정치적, 전략적 측면을 다루기 위해 그리스로 출발하기에 앞서 국무장관 마샬 등과의 회담을 제안했다.[주41]

이에 따라 그는 7월 9일 국무장관 마샬을 비롯해 전쟁장관, 해군장관, 재무장관, 재무차관 폴리Ed. H. Foley, 상공장관 대리 포스터William C. Foster, 주그리스미국사절단 부단장 코크란Robert L. Cochran 주지사, 국무차관 로베트Robert A. Lovett, 국무부 근동·아프리카 담당 국장 헨더슨Loy W. Henderson과 부국장 빌라드Henry S. Villard, 국무부 특별정치담당 국장 러스크Dean Rusk, 그리스-터키 원조 조정관 맥기George C. McGhee 등 13명이 참석한 가운데 그리스 문제를 놓고 회의를 진행했다. 이 회의는 그리스월드와 미원조사절단의 그리스 내정 개입을 놓고 유엔과 여론의 비난을 피하기 위한 계획이 논의됐다. 그리스월드는 자신의 임무가 그리스 정부를 변화시키거나 재편할 수 있어야 한다고 주장했다. 헨더슨은 그리스월드의 발언에 전적으로 동의하고, "사절단이 특정관리들의 방해나 협력을 받지 못할 수도 있는데, 이러한 관리들은 경질해야 하지만 나머지 관리들이나 그리스인들의 적개심을 피하기 위해 신중하게 처리해야 한다"고 말했다. 국무장관 마샬은 "그리스에서의 모든 활동이 정밀조사를 받게 되고 어떤 경우든지 여러 경로에서 비난을 받게 된다"고 지적하면서 헨더슨의 발언에 동의했다. 러스크도 "그리스에서의 우리 활동에 대한 유엔의 감시를 허용해야 하며, 그렇기 때문에 우리의 기록은 제국주의라는 비난을 피하기 위해 마련돼야 한다"고 말했다.[주42]

이들의 발언을 종합하면 미원조사절단은 그리스 내전에 적극 개입하되 제국주의적 개입이라는 비난과 그리스인들과 국제사회의 이목을 피하기 위해 신중하게 접근하도록 하는 것이었다.

7월 11일 마샬은 그리스월드에게 그리스에 대한 정보와 일종의 지침서가 담긴 문서를 보냈다. 그는 이 문서에서 "우리는 그리스 정부의 구성원들이 그리스에 대한 확고한 충성심으로 통일되고, 공산주의 통제로 떨어지거나 소련의 지배로부터 국가를 지키는 데 관심이 있는 사람들이기를 열망한다. (중략) 이상적으로는 정부 구성원들이 좌파, 중도, 우파에서 골고루 나와야 하지만 공산주의자들에게 양보해버리거나 거래하려고 하는 등 너무 좌파로 치우쳐서는 안 된다. 반대로 비공산주의자들과의 협력을 거절해 너무 우파로 치우쳐서도 안 된다"고 밝혔다.[주43]

국무부는 그리스월드에게 비밀리에 국무부의 정규 지휘계통과 협력하면서 그리스 정치권에 대응해 가기를 기대했다. 그리스월드는 미원조사절단을 이끌고 1947년 7월 15일 아테네에 도착했다. 9월 말이 되자 206명이 배치됐으며, 1년 뒤에는 1,216명으로 늘어났다. 거의 절반은 민간인이었으며, 이들 가운데 3분의 2는 군인들이었다.[주44]

연합국군사사절단장이었던 우드하우스는 "그리스는 영국에 익숙해 있었지만, 미국인들은 불확실한 미지의 사람들이었다. 그리스인들은 미국인들이 내전의 배경을 잘 몰랐기 때문에 처음에는 그들을 순진하게 보았다. 미국인들은 민족적 특성에 관계없이 미국식 방법을 주입하려는 경향이 있었다"고 말했다. 1947년 민주군대의 활발한 활동은 그리스 정부에 대한 신뢰에 심각한 타격을 입혔다. 그리스의 군사적 상황이 절박해지자 미원조사절단의 수석 경제고문관 클래이Eugene Clay는 그리스 주재 미국대사관 밀러Allen C. Miller 중령의 건의에 따라 경제원조 자금으로 예정된 900만 달러를 군사원조자금으로 충당했다. 애초 농업원조계획에 사용될 예정이던 이 자금은 그리스 군병력 1만여 명의 증원에 사용됐는데, 군인 2만여 명의 3개월 치 사용자금이었다. 미국의 그리스 내정 개입은 미국의 군사장비가 도착한 직후인 1947년 늦여름부터 영향을 끼쳤다. 미원조사절단은 10월 18일 『리조스파스티스』를 폐간시키고, 12월에는 파업권을 폐지했다. 이어서 정부 관리들 가운데 공산주의 동

조자이거나 공산주의자로 간주된 사람들을 숙청하기 시작했다.[주45]

앞서 미군사고문관들은 그리스 주재 미군사단USAGG/United States Army Group·이하 미군사단의 일원으로 1947년 5월 24일 그리스에 도착했다. 미군사단은 단장 대리 레너Lehner 대령의 지휘 아래 그리스에 도착하자마자 그리스 육군과 공군, 헌병대의 장비 필요성에 대한 검토에 들어갔다. 이들은 이어 영국군과 그리스 정부군 간의 통합관계를 구축하고, 보급 및 작전에 대한 건의사항을 작성했다. 미군사단장 리브세이William L. Livesay 장군이 6월 19일 도착하자 레너는 부단장 자리를 맡았다.[주46] 미군사단은 지휘계통상 미원조사절단에 소속돼 그리스 정부군에 필요한 장비구매와 이의 운용 및 유지방법을 자문했다. 한편 영국은 아테네에 군사대표단을 유지하고 북부 테살로니키 항구에 경비대대를 존속시켰다.[주47]

미원조사절단의 활동은 그리스 정부군의 무장만이 아니라 이들의 사기와 전투력을 향상시키고 전체적인 전략과 전술의 변화를 의미했다.[주48] 군인 40명과 민간인 20명으로 구성된 미군사단은 그리스 군장비 부족 목록을 작성하고 영국군과 함께 그리스 군대의 보급기능을 조율하는 한편 병참시설을 평가하고, 그리스 군과 헌병대의 관리와 관련한 건의를 책임졌다. 트루먼 행정부는 미군의 출현이 공산주의자들의 비난을 살 것이라며 직접 개입을 반대했다.[주49] 미군사단의 역할은 트루먼이 그리스 내부 문제에 말려들게 되는 것을 꺼리고, 영국이 이미 군사적, 정치적으로 고문사절단을 수행하고 있었기 때문에 전적으로 병참역할로 한정됐다.[주50]

미국의 개입 원칙과 그리스 상황 평가

미군고문관들의 전투 참가를 제한한 것은 미국이 전쟁에 개입하고 있다는 빌미를 제공할 수 있었기 때문이었다. 따라서 미국의 공식 입장은 미군고문관들이 전투나 적극적인 지휘부대에 참여하지 않는 것이었다. 리브세이 장군은 미군 장교들이 야전에 나갈 때 "부대에 들어가서 무엇이 일어나는지 보라. 전투원처럼 행동하거나 말하지 말라. (중략) 귀관들은 무기를 갖지 말고, 할 수 있는 한 최대한 은폐하고, 귀관들이 할 수 있는 것을 보되, 전투에 개입하지 말라"고 말했다. 실제로 미군 보고서는 "이 시기 미국의 군사원조는 성공적인 대게릴라전 수행에 필요한 보급품과 장비를 그리스 정부군에 단순 제공하는 것만으로도 효과적일 것으로 믿어진다. (중략) 그들(미군: 인용자)의 그리스 배치가 비난을 받고, 반대자들이 원조 프로그램과 관련해 미국이 군사작전을 수행하고 있다고 비난할 것으로 생각했기 때문에 야외 전투현장에 관찰자들이 머무르지 않을 것이다"라고 언급했다. 미군사단장이 휘하 미군들에게 신중한 처신을 요구했지만 미군들의 출현은 미국 내 언론의 조명을 받았다.[주51]

미중앙정보부는 대게릴라전의 기술과 심문기술을 그리스 장교들에게 훈련시켰다.[주52] 8월이 되자 미군 교관들은 그리스 주재 영국군사사절단과 함께 그리스 정부군 훈련소 3곳에 배치됐다. 미군사단 요원들은 그리스 정부군에 보급과 훈련제공만이 아니라 정보와 기획도 제공했다.[주53] 군용 화물과 차량, 식량 등을 실은 최초의 미군 선박이 1947년 8월 2일 피래우스항에 도착해 그리스 정부군에 보급이 시작됐다.[주54] 그리스 정부군은 총기와 화약, 항공기는 물론 식량, 지휘의 모든 부분을 미국의 원조로 충당하게 됐다.[주55] 그러나 미국의 군사원조에도 불구하고, 그리스 정부군은 게릴라들의 활동을 저지할 수 없었다.

맥비는 8월 21일 국무부에 그리스의 상황과 관련해 "악화되고 있고, 점점 위험해지고 있다"고 보고했다. 그는 이 보고서에서 (1) 게릴라들이 현재 그리스 정부군의 계속된 소탕작전에도 불구하고 보다 광범한 지역에서 테러를 가하고 있다. (2) 비적민주군대들이 보다 규모가 커지고 대담해지고 있다. (3) 농촌지역의 피난민들이 급속히 도시 주변으로 모여들고 있다. (4)

그리스 내전에 위성국가들의 개입 징후가 날마다 급증하고 있다고 분석했다.[주56]

게릴라들이 정부군을 압도하는 상황이 바뀌지 않자 미국은 8~9월 게릴라들의 승리를 상정해 크레타 섬에 망명정부를 수립하고 본토에서 미국이 지휘하는 대게릴라전 등 돌발상황을 연구했다. 이는 한국전쟁 시 유엔군이 제주도에 정부 이전을 상정했던 것과 유사한 것이었다. 미중앙정보부는 파국적인 정치적 · 경제적 결과를 수반한 보다 결정적인 패배를 상정해 "전 세계적으로 남기게 될 깊은 심리적 충격뿐 아니라 중동의 석유자원세계 비축량의 40%의 손실 가능성에도 직면할 것"이라고 분석했다.[주57] 미육군 참모차장 아놀드A. V. Arnold 소장도 북부 그리스의 트라키아에 미군 2개 사단을 보내면 내전 종식에 기여할 수 있다고 언급했다.[주58] 그러나 미군 전투부대의 파견은 강력한 반대에 부딪혀 실현되지는 않았다. 미국은 공식적으로는 테러나 대규모 체포, 주민 소개 등의 방법 사용을 그리스정부에 항의했다. 그러나 내전이 오래 계속되자 많은 미국인들은 공산주의 제거 목표를 달성하기 위해 이런 가혹한 수단을 정당화했다.[주59]

미국의 원조에도 불구하고 사태가 개선의 기미를 보이지 않자 그리스월드는 9월 15일 국무부에 "그리스 참모부와 전술부대에 배치된 장교들을 통해 그리스 정부군에 작전자문을 해야 할 시간이 다가오고 있다. 영국이 작전 자문을 수행할 수 없거나 수행할 의지가 없을 경우 미국 정부는 125~200명의 장교들을 그리스 정부군 참모부와 전술부대에 최대한 신속하게 파견해야 한다"고 요청했다.[주60] 국무부에 보낸 이러한 제안을 통해 같은 달 29일 챔벌린Stephen J. Chamberlin 소장이 이끄는 미특별군사사절단이 그리스에 도착해 그리스의 군사상황을 평가하고 이를 개선하기 위한 조사활동을 벌였다.[주61] 그리스월드는 10월 9일에도 국무부에 "미군의 작전 자문은 공격을 촉진하고 게릴라들의 활동을 신속하게 중단시키는 게 핵심"이라는 전문을 보내는 등 계속해서 미군고문관들의 작전 자문을 본국에 요청했다. 그러나 미군 전투부대의 사용에 대해서는 강하게 반대했다. 그는 "공산주의의 패배는 독일, 프랑스, 기타 지역에서 보여준 것과 같이 군사작전 문제만이 아니다. 그리스에서는 군사적 전선과 경제적 전선 모두 똑같이 중요하다. 어느 한 전선의 실패는 공산주의를 가져오는 결과를 야기할 것이다. (중략) 전쟁이 국내 문제로 지속되는 한 그리스 비적들을 상대로 미군 장교 1명 또는 병사 1명이라도 사용하는 것을 반대한다. 현재 상황 아래서 병참 관련 작전 자문 제공만을 촉구한다"고 밝혔다.[주62]

트루먼 독트린 발표 당시 군사원조 프로그램에 대한 논쟁이 촉발됐던 것과는 달리 수개월이 지나자 미국의 군사적 역할 확대 움직임에 대한 반대는 거의 사라졌다. 챔벌린은 10월 8일과 20일 육군참모총장 아이젠하워에게 "현 상황 하에서 그리스가 직면한 최대의 위협은 군사적 위협이며, 이는 군사적 수단으로 대처해야 한다"며 그리스에 합동군사기획참모부Joint Military Planning Staff의 창설을 건의했다. 운영방식은 형식상 그리스 주재 미국 대사에 소속되지만 직접 워싱턴의 합참에 보고하는 체제였다.[주63]

1947년 게릴라들에 대한 그리스 정부군의 하계 및 추계 공세가 실패하자 원조 프로그램의 일부를 군사적 목적으로 전환하지 않으면 안 되었다. 미국은 이러한 현실 인식 위에 '작전 자문'을 제공하기 위해 그리스에 군고문관들을 파견해 그리스 정부군의 효용성을 증강시키려고 했다.[주64]

미국 국가안보회의는 10월 27일 그와 같은 고문단의 설립에 동의했다.[주65] 국가안보회의는 '주그리스 미합동군사고문기획단JUSMAPG/Joint United States Military Advisory and Planning Group·이하 합동군사고문단'이 미원조사절단에 소속될 것이며 고문단은 군사 작전과 관련한 문제에 대해서는 합참과 직접 연락하도록 하는 조건을 붙였다.[주66] 이에 따라 육군 · 해군 · 공군장관은 1947년 12월 31일 합동참모부의 건의에 따라 합동군사고문단을 창설했다.[주67] 합동군사고문단은 초기에 장교 99명과 병사 80명으로 창설돼 그리스 각 군에 배치됐다.[주68]

그리스 연립정부 출범과 미국의 역할

미국의 그리스 정치개입은 그리스 정부 수립에도 직접적으로 영향을 끼쳤다. 국왕 게오르기오스 2세가 56세를 일기로 1947년 4월 1일 심장마비로 서거하자 곧바로 동생 파블로스Pavlos가 즉위했다.[주69] 순수 중도파 정부 구성에 반대한 미국 관리들은 일방적인 인민당 내각도 대중 여론을 불러 모으기에는 미흡하다고 여겼다. 이 시기 찰다리스는 자신의 지도 아래 순수한 인민당 내각의 수립을 강력하게 추진하고 있었다. 그는 7월 22일 국무부 관계자들과의 면담에서 연립정부는 논의해야 할 정치지도자들이 너무 많아 그리스의 현 상황에 대해 결정하거나 조처를 취하기가 매우 어렵고, 다수당 지도자로서 200명 이상의 의원들의 지지를 확보하고 있다고 말했다.[주70]

맥비는 7월 28일 중도-우익 연립정부가 "인민당 단독 집권보다 대체적으로 여론을 만족시키기에 훨씬 쉬울 것"이라는 내용의 전문을 보냈다. 그는 연립정부가 안보를 회복하고 새로운 선거를 실시할 수 있다고 주장했다.[주71] 그리스월드는 8월 5일 "모든 공정한 미국 관찰자들은 정부의 정치적 성격 변화가 필요하다고 느끼고 있다"고 보고했다. 그는 "어떠한 그리스 정부도 공산주의자들을 허용해서는 안 되지만 (중략) 변화는 매우 유익할 것이라고 확신한다. 미국은 개입이라는 비난을 회피할 필요가 없다. 우리에 대한 그러한 비난은 어떤 경우에도 이뤄질 것이다. 단지 문제는 좋은 결과를 얻을 수 있는 지의 여부이다"라고 밝혔다.[주72]

그리스월드는 국무부에 그리스 정치권에 대한 미국의 적극 개입을 강조하면서 "개입하고 있다는 비난을 살 것이라는 두려움에 영향을 받을 필요가 없다. (중략) 우리가 아무런 일을 하지 않더라도 비난을 받을 것이다"라고 보고했다.[주73] 8월 7일 맥비는 워싱턴에서 국무장관 마샬과의 면담에서도 "현 시점에서 정부의 확대는 연립정부 자체가 강력한 정부 형태가 아니기 때문에 취약하게 된다. 그리스가 필요로 하는 것은 강력한 정부이며, 의회

의석수 350석 가운데 210석을 장악하고 있다는 사실에서 볼 수 있듯이 지도자로서 필요한 대중적 지지를 받고 있다"고 말했다. 그러나 마샬은 아무런 답변도 하지 않았다.[주74] 맥비는 이어 그리스로 돌아온 뒤인 8월 20일에도 국무부에 "전술적으로 신중하게 접근하면 개입에 대한 비난의 두려움이 없을 것"이라고 보고했다. 그는 "그리스인들은 자신들의 구원이 미국의 원조에 달려있다는 것을 알고 있고, 정부를 확대하기 위해 우리의 권위를 활용해야 한다고 믿는다"고 말했다.[주75]

한편 그리스 내각의 자유당 소속 파판드레우, 카넬로풀로스, 베니젤로스는 8월 23일 총리 막시모스에게 내각 개편과 국내외에서 신뢰를 상실한 공안장관 제르바스의 해임을 요구했다. 그러나 외무장관 찰다리스가 이를 거부하자 중도파 각료들은 곧바로 사임했다.[주76] 이에 따라 막시모스 정부도 붕괴됐다. 그 뒤 인민당의 찰다리스와 자유당의 소풀리스가 후임 자리를 놓고 치열한 권력투쟁을 벌였다. 8월 25일 맥비는 양당 대표를 자신의 관저로 불러 그들에게 '공동정부' 수립을 요구했지만 수용여부를 확신할 수 없었다.[주77] 같은 날 그리스월드는 인민당의 스테파노풀로스에게 미국의 대중여론이 나쁘고 다가오는 유엔총회에서 역효과가 나타날 우려가 있어 인민당 정부를 "허용할 수 없다"는 내용의 비망록을 건넸다. 다음날 저녁 찰다리스는 맥비를 찾아가 "이것은 우리에게 선전포고를 의미하느냐"고 따져 맥비의 양보를 얻어냈다. 찰다리스는 순수 인민당 내각 구성을 추진할 수 있게 됐다.[주78]

그리스 내정 개입에 대한 접근방식을 놓고 그리스월드와 맥비 간에 입장 차이를 노출하는 가운데 국무부 근동 · 아프리카 국장 헨더슨이 그리스의 정치상황을 파악하기 위해 9월 1일 아테네에 도착했다. 그는 도착하자마자 맥비와 함께 그리스 정치지도자들과 일련의 회담을 진행했다. 그들은 찰다리스와의 면담에서 "그리스인들의 광범위한 지지를 받는 효율적인 정부 수립에 실패한다면, 미의회와 미국민은 그리스에 대한 추가 원조를 거부할 수 있다"고 강조했다. 이에 대해 찰다리스는 "정치 통합을 달성하기 위해 모든 노력을 할 것"이라고 말했다. 그들은 9월 3일 국왕 파블로스를 만나 "그리스에서 계속된 일당(인민당) 정부가 직·간접적으로 미국의 원조 발전을 위태롭게 한다"며 위기 타개를 위한 정치지도자들의 회담을 요청했다. 국왕은 그러한 제안에 동의했고, 국왕의 요구에 따라 맥비는 그에게 중도-우익 연립정부를 요구하는 성명서를 건넸다.[주79]

이러한 과정을 거쳐 9월 7일 자유당-인민당 연립정부가 출범했다. 소풀리스가 총리에, 찰다리스는 부총리겸 외무장관을 맡았다. 3일 뒤 마샬은 "그리스 양대 정당 간의 연립에 기초한 역사적 정부를 가져온 그리스 정치 지도자들의 최근 협의에 감사드린다. (중략) 민족통합정부는 그리스 국가의 복지를 위해 당파적 차이에도 불구하고 공동 활동하기로 한 열망을 보여준다"고 환영했다.[주80] 그러나 장관들은 철저히 같은 정파 인사들을 주요 자리에 앉혔다. 한 예로 내무부와 공안부 간의 권력분점을 보면, 인민당의 극우파 마브로미칼리스가 장악한 내무부는 주지사를 임명하고, 자유당의 렌디스가 장악한 공안부는 아테네의 경찰과 시 외곽의 헌병대를 장악하는 식이었다.[주81] 소풀리스는 전임자들과는 달리 보다 인간적이고, 신중한 방법으로 공산주의와 전투를 벌이기를 원했고, 공안장관 렌디스는 온건한 방법으로 대처할 것을 경찰에 주문하기도 했다.[주82]

소풀리스가 취임한 직후 미원조사절단 관리들은 그에게 사절단 프로그램이 그리스 정부의 프로그램을 의미한다는 대국민 연설을 하도록 요구했다. 소풀리스가 동의하자 그리스월드는 국무부에 "사절단은 (중략) 총리가 행할 광범위한 라디오 연설문을 작성했다"고 보고했다.[주83]

미국 관리들은 자신들의 요구를 관철시킨 인민당-자유당 연립정부를 유지하기 위해 적극적으로 활동했다. 9월 29일 그리스월드는 소풀리스에게 총리직을 계속 유지하는 것이 "그리스에 가장 중요한 일"이라며 "연립정부가 붕괴하면 이는 그리스의 파국이며, 또한 미사절단의 파국일 것"이라고 말했다. 미국 관리들은 사임하겠다는 소풀리스의 위협을 저지했고, 자유당 장관들을 물러나게 하려는 찰다리스의 움직임을 저지했다.[주84]

그러나 맥비가 인민당 지도부를 선호한 데 반해 그리스월드는 자유당 지도부를 선호하면서 이들의 불화는 커져갔다. 10월 12일 '그리스의 최고 권력자Most Powerful Man in Greece'라는 제목으로 미원조사절단장 그리스월드에 대한 기사가 『뉴욕 타임스』에 보도되자 국무차관 로베트는 "기사에 나타나고 있는 인상을 개선하고 유사한 오해의 재발 방지에 모든 노력을 다할 것"을 지시했다.[주85] 이에 그리스월드는 "미원조사절단이나 미국 정부가 사절단이 큰 힘을 갖고 있지 않다거나 그리스 국내 문제에 개입하고 있지 않다는 것을 세계여론에 보여주려 한다는 것은 잘못된 것이다. (중략) 국무부에서 정기적으로 들어오는 전문들은 미원조사절단이 그러한 문제에 개입하도록 요구하는 것이었다"고 대응했다.[주86]

그리스월드의 전문에 분노한 마샬은 11월 4일 "국무부가 사실상 그리고 필연적으로 그리스 내정의 특정 부문에 개입하고 있다는 데 동의한다. 그러나 미국의 영향력이 가능한 한 신중하게 행사돼야 하고, 모든 수단에 대한 신용과 책임이 그리스 정부와 그리스인들에게 있도록 하는 게 우리의 정책"이라고 주장했다.[주87]

그리스 내정 개입에 대한 미원조사절단과 그리스 주재 미국대사관의 이견을 해소하기 위해 국무부는 영향력의 범위를 규정했다. 국무부는 10월 23일 그리스월드에게 그리스 정부와의 협의에 있어서 '고차원적 정책 결정'은 대사에게 넘기도록 하는 새로운 훈령을 보냈다.[주88] 이들의 불화로 11월 맥비는 리스본 주재 대사로 전출됐고, 그리스월드는 이듬해 7월 주인도대사 출신 그래디로 교체됐다.[주89]

2) '자유 그리스' 구축과 정부군의 무능

민주군대의 성장과 정부군의 사기 저하

미국의 지원을 받은 그리스 정부군의 공세 속에서도 1947년은 민주군대의 전성기였다. 청년들과 지방 주민들은 민주군대의 대의명분에 호응했다. 자의적, 타의적으로 모집된 민주군대의 병력 규모는 1947년 3월 1만 3천여 명에서 5월 1만 8천여 명, 7월 2만 3천여 명으로 급성장했다. 같은 해 중반 그리스 전역에서 정보 및 보급을 담당하는 세포는 5만여 명으로 추정됐다. 또 공공기관과 기타 일상생활에서 비정기적으로 민주군대에 도움을 주는 인원은 25만여 명에 이르는 것으로 추정됐다.[주90]

이해 여름 민주군대는 핀두스 산맥 지역과 북부 그리스 지역을 확고히 장악하고, 부대원 확보에 나섰다. 새로 모집된 대원들은 국경선과 인접한 훈련소에서 4주간의 훈련을 받았다. 민주군대의 대대 규모는 200~250명으로 이해 중반에는 전국적으로 65~70개의 대대가 있었으며, 이 가운데 절반 이상이 국경선과 에피루스 부근에서 활동했다. 정예부대로 편성된 20개 대대 5천여 명은 국경선 부근에 있었고, 24개 대대는 마케도니아와 트라키아에, 나머지는 테살리와 펠로폰네소스에 분산됐다. 그러나 무기는 빈약했다. 민주군대가 사용하는 소화기의 75%, 박격포, 대전차 무기들과 포는 발칸 국가들로부터 입수한 것으로 추정됐으며, 나머지 소화기의 25%는 영국, 독일, 이탈리아제였다.[주91]

그리스 정부는 수천여 명의 무장한 민간인들을 경찰과 자위대로 이용하고, 영국과 미국으로부터 들어온 중무기를 활용해 게릴라 활동 저지에 나섰지만, 정부군은 비효율적이었고 병사들 또한 전투의지가 없었다. 반면 민주군대는 독일 점령 시기 민족해방투쟁을 전개했던 과거의 경력 때문에 그리스인들 사이에 존경과 지지를 받고 있었다. 그리스 정부가 주민들을 보호하

그리스 국경선 부근 카스타노피토(Kastanophyto)마을에서 제2차 유엔발칸조사위원단을 위해 빨치산과 마을주민들이 어울려 춤을 추고 있다. 유엔발칸조사위원단이 1947년 3월 14일 촬영했다. ⓒUN Photo

지 못하고 오히려 좌파 혐의자나 동조자라는 이유로 탄압하면서 주민들의 민주군대 합류가 늘어났다. 영국대사는 1947년 6월 본국 외무부에 보낸 전문에서 "기본적으로 반공성향의 지역 주민들조차 정부에 대한 확신을 잃고 있었으며, 대안이 부족한 상황에서 게릴라측에 항복하려는 분위기가 있다"고 밝혔다.[주92]

이 시기 그리스 현지에서 미국 정부에 보낸 각종 보고서는 그리스의 상황을 지극히 비관적으로 분석하고 있었다. 7월에는 민주군대가 정부군의 경계선을 통과해 부대를 침투시켜 남쪽의 핀두스 산맥에 있는 이오안니나와 그레베나를 공격했다. 마샬은 1947년 7월 16일 트루먼에게 각종 정보를 종합한 결과 그리스 상황이 심각한 상황으로 바뀌고 있다고 보고했다. 마샬은 이 보고서에서 "2,500여 명으로 추정되는 게릴라들이 7월 12일 새벽 아우스Aous강을 따라 알바니아로부터 국경선을 넘었다. (중략) 그리스의 상황이 지난 3일 동안 심각한 상황으로 가고 있다"고 우려하면서 코니차Konitsa 장악 소식을 알렸다.[주93] 이와 함께 테살로니키의 유엔발칸위원회 미국대표 밀러Alan Miller의 현장조사 보고서 등을 토대로 국무부가 7월 17일 작성한 보고서도 "그리스의 상황이 심각할 정도로 악화되고 있다. 그리스 공산주의자들은 공개적으로 반란군들이 장악한 지역에 혁명정부를 수립할 목표를 선언했다"고 밝히고 있다.[주94] 공안장관 제르바스는 7월 민주군대 총사령부가 모든 예비병력들을 동원, 반란과 사보타주를 준비하도록 지시했다는 증거를 갖고 있다고 주장하면서 대대적인 체포에 들어가 아테네에서만 2,500여 명을 체포하고, 테살로니키, 볼로스, 라리사, 카발라 등지에서도 500여 명을 체포했다. 이들 가운데는 민족해방전선 서기 파르찰리디스와 대부분의 민족해방전선 중앙위원회 중앙위원, 『리조스파스티스』 간부들도 포함됐다.

'자유 그리스'와 임시정부 수립 선언

1947년 8월 중순 민주군대는 새로운 국가수립을 알렸다. 민주군대 라디오방송은 8월 16일 '자유독립공화국'이 수립되고, '자유 그리스'에서 지방선거가 실시될 것이라고 밝혔다. 이보다 2개월 앞선 6월, 그리스공산당 중앙위원회의 자카리아디스와 포르피로게니스는 스트라스부르에서 열린 프랑스 공산당대회에 참가해 '그리스 자유민주정부' 수립안을 내놓아 환영 받았다. 이 대회 직후 민주군대 라디오 방송은 그리스의 '자유 지역에 임시 민주정부' 수립을 요구하는 마르코스의 포고를 내보냈다.[주95] 이에 대한 대응으로 그리스 정부는 자수한 게릴라들을 사면하고, 민주군대가 장악한 지역에 비행기로 유인물을 살포하는 등 유화정책과 선무정책을 동시에 펼쳤다. 그러나 유인물을 읽는 행위가 금지됐으며, 유인물의 내용을 토론하는 사람들은 처형돼 유인물 살포가 사실상 효과를 발휘하지 못했다. 9월 트라키아 지방의 정부 장악 지역을 통과하는 철도를 탔던 미군 대령 밀러는 "민간인과 군사적 사기가 썰물처럼 빠져나가고 있다"고 보고했다. 밀러는 "통신 두절, 마을 방화, 주검 유기, 구호품 보급 실패, 정부군의 공격 실패에 대한 주민들의 절망감이 있다"고 덧붙였다.[주96] 테살로니키 주재 미국 영사는 10월 북부 그리스에서 사보타주가 60% 증가했고, 민주군대의 신병모집이 전 달에 견줘 35% 증가했다고 보고했다. 신병들 가운데는 여성들이 많았는데 이들은 훗날 민주군대의 20%를 점유했다.[주97] 가을로 접어들자 민주군대는 주로 코니차와 알바니아 국경선 부근 델비나키온Delvinakion, 유고슬라비아 국경선 부근 키마크칼란Kaimakchalan, 크루시아Krousssia, 베르미온Vermion 산악지대, 불가리아 인근 수플리Souphli 지역 등에서 작전을 벌였다. 특히 그람모스 산악지대에서 알리아크몬Aliakmon 계곡에 이르는 광대한 지역은 민주군대가 장악했다. '자유 그리스'에서는 '지방선거'가 실시돼 공산주의 정부와 행정기구들이 상당수 마을에 수립됐다. 그러나 유고슬라비아는 그리스공산당과 민주군대의 이러한 움직임에 대해 신중한 입장을 취했다.

드디어 12월 24일 그리스 민주군대는 라디오방송을 통해 '그리스 임시민주정부' 수립을 선언했다. 마르코스 바피아디스가 초대 총리 겸 국방장관으로 임명된 것을 비롯해 8명의 각료가 구성됐으며, 10개항의 정강이 발표됐다. 각료에는 부총리겸 내무장관에 기안니스 이오안니디스, 외무장관 페트로스 루소스, 사법장관 밀티아데스 포르피로게니스, 보건복지교육장관 페트로스 코칼리스Petros Kokkalis, 경제장관 바실리스 바르치오타스, 농업장관 디미트리스 블란타스Dimitris Vlantas, 국가경제보급장관 레오니다스 스티링고스Leonidas Stringos 등이 임명됐다. 정강은 (1) 그리스 해방을 위한 대중 동원 (2) 대중 정의 수립 (3) 외국 자산과 중공업의 국유화 (4) 농업 개혁 (5) 그리스

인민의 화해 (6) 민주노선에 따른 국가 재편 (7) 유엔의 틀 안에서의 민주국가들과의 우호 관계 수립 (8) 소수파의 완전 균등 (9) 방어용 군대의 창설 (10) 선거 실시 등으로 정했다. 그리스공산당 서기 자카리아디스는 명단에 포함되지 않고 지하에 남았다. 다음날인 12월 25일 마르코스 바피아디스가 코니차에 대한 대규모 공격을 감행했다. 500여 명의 민주군대 게릴라들은 알바니아 국경선으로부터 5마일밖에 떨어지지 않은 코니차를 공격해 1,300여 명의 정부군을 궁지로 몰아넣었다. 그리스 정부는 항공기를 이용해 보급품을 코니차에 떨어뜨리고, 왕비 프레데리카Frederika가 현지를 직접 방문해 정부군의 사기를 북돋았다. 결국 민주군대의 코니차 공격은 1월 4일 실패로 돌아갔다. 오밸런스는 이 두 가지 사건이 연이어 일어난 데 대해 먼저 코니차를 장악해 그곳에서 자유민주정부의 수립을 알릴 의도가 있었지만, 준비부족으로 연기됐고 공격도 제시간에 이뤄지지 않았다고 보았다. 민주군대는 임시정부 수립의 첫째 목표가 우호적인 국가와의 외교 관계 수립이라고 선언했으나 소련은 물론 이러한 단계를 밟도록 그리스 공산주의자들에게 압력을 가했던 발칸의 3개국도 이를 인정하지 않았다.[주98] 정부는 좌파세력이 임시정부를 수립하고, 코니차를 공격한데 대한 보복으로 그리스공산당을 불법화했다.[주99] 오밸런스는 "1947년 말이 되자 게릴라 전술이 정부군을 위기에 몰아넣고 있다. 민주군대는 그리스의 5분의 4를 장악했으며 정부 지지자들은 안전상 도시에서 먼 곳으로 이동할 수 없었다"고 말했다.[주100]

정부군의 증강과 비상입법

해방 이후 그리스 군대와 군 지휘관들은 게릴라전 경험이 미숙했다. 더욱이 많은 고위 장교들은 1930년대 쿠데타 미수사건으로 해임된 공화파 출신들이었다. 대부분의 신병들은 공산주의자들이거나 좌파에 동조적으로 간주돼

정부군의 입장에서는 신뢰할 수 없었다. 이런 상황에서 그리스 군참모부는 대부분의 지방을 그리스공산당에 넘겨주고, 주요 도시 주변을 방어 구역으로 만들어 민주군대에 대응하려 했다. 이러한 전술은 그리스 군대를 위치방어전으로 묶어 놓았고, '치고 빠지기 전술'에 노출되는 한편 준군사단체나 준경찰부대에 더욱 의존하는 결과를 가져왔다.[주101]

1947년 10월부터 1948년 3월까지 정부군이 다시 방어태세로 전환하자 민주군대는 정부군이 어렵게 확보한 지역을 다시 탈환했다. 1947년 중반 무렵 영·미 고문관들은 게릴라들에 대한 정규군의 작전이 단호하고 전국을 통합해 효율적으로 조율돼야 승리할 수 있다고 생각했다. 그 이후 군 지휘관들은 경찰과 지방 민간 자위대원들을 장악하고, 경찰은 군내 신병 가운데 공산주의자들에 대한 군당국의 조사를 지원하는 한편 대도시에 남아있는 공산주의 조직을 파괴하는 역할과 지방에서의 게릴라들에 대한 민간인 정보망과 보급망에 관한 정보수집으로 활동을 점차 제한했다. 민간 자위대원에게는 민간인 혐의자를 감시하고, 군의 관할 밖에 있는 마을 경비임무가 주어졌다.[주102] 이러한 자위대원들은 오히려 주민들에 대한 약탈과 폭력 행사의 주요 도구가 됐다.

부총리겸 외무장관 찰다리스는 7월 29일 미 국무부 근동국장과 주그리스 미국대사관 2등 서기관을 만나 "그리스월드와 리브세이 장군이 그리스 참모부의 병력 증강 요구를 거부했다. (중략) 4만 5천 명의 추가 병력 증원이 필요하며, 그렇지 않으면 해결책이 없다. 그리스 정부는 현재의 정부군이 상황을 다루기에 충분하지 않고, '비적'들을 조기 진압하려면 추가 조처가 필요하다"고 말했다.[주103]

총리 소풀리스도 9월 17일 그리스 최고국방위원회에서 정부군 규모를 3만 명 늘려 15만 명으로 증강하는 방안을 승인하고 자위대를 5만 명의 국가경비대로 교체해 줄 것을 건의했다. 리브세이와 챔벌린은 소풀리스의 건의를 강력 반대했지만 타협안으로 정부군 1만 명을 증원하는 데 필요한 예산을

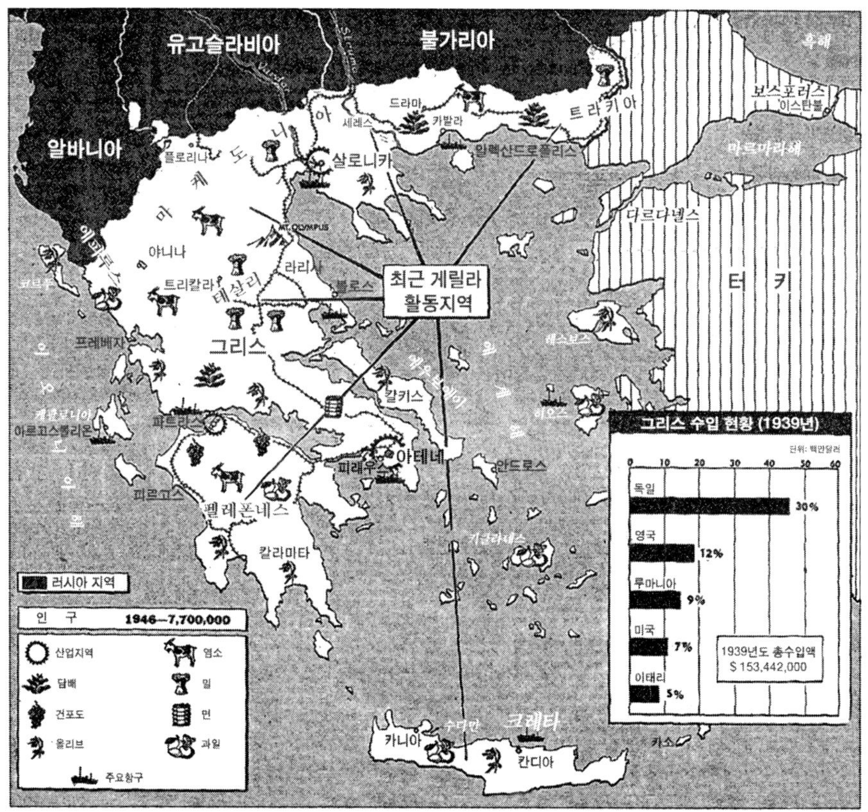

〈지도 2-4〉 1947년 6월 그리스의 상황(*New York Times*, 1947.6.1)

승인했다. 이 예산은 국가경비대 2만 1천 명의 증강에 사용됐다.[주104] 국무차관 로베트는 1947년 12월 30일 미원조사절단장 그리스월드에게 정부군의 병력규모를 1만 2천 명 늘려 13만 2천 명으로 증원하는 방안을 승인하도록 하고, 국가경비대는 2만 9천 명을 증원해 5만여 명으로 확충하는 안을 지시했다.[주105]

공산주의와의 이데올로기 전쟁에서 미국의 신념은 1947~1948년 그리스 정부가 도입한 보안관련 법률로 구현됐다. 미국의 개입으로 그리스는 특별법의 새로운 도입, 건전 사회 견해 소유 증명서의 재도입, 공무원들의 충성

서약서의 도입 등 각종 제도적 보안장치를 마련했다. 미국인 관리들은 또 노동운동에 남아있는 좌파세력을 탄압하는 데도 개입하고, 그리스 경찰과 군이 그들 나름의 익숙한 방식대로 공산주의에 대한 작전을 계속하도록 허용했다.[주106] 게릴라들의 활동을 차단하기 위해서는 그들에게 정보와 보급품을 비밀리에 전달하는 주민들을 고립시켜야 했다. 이에 따라 그리스 정부는 미국이 작전자문을 제공하기에 앞서 3가지 가혹한 방법을 발전시켰다. (1) 준군사단체들은 교대로 주민들을 보호하고 테러하는 한편 정부는 수 만여 명의 게릴라 지원 혐의자들을 체포했다. (2) 정부는 일부 주민들을 처형하고, 재판도 없이 가족과 함께 수용소가 있는 섬으로 유배했다. (3) 정부는 게릴라들이 '헤엄치는 곳'에서 '바닷물'을 배수하기 위해 게릴라들이 날뛰는 지역의 모든 주민을 이주시켰다.[주107] 이러한 정책은 전 세계적으로 통용됐던 대게릴라 전략의 원칙으로, 이는 민간인 대량학살을 초래했다.

1947년 12월 27일 그리스 정부는 '국가, 정권, 사회질서, 시민권의 보호를 위한 비상수단'인 비상법 제509호를 제정했다. 이 법률은 모든 좌파정당과 단체를 금지하고, "공공연하게 정권이나 폭력적 수단으로 기존의 사회체제를 전복하거나 (영토)분리를 목적으로 하는 생각을 시행하려는" 사람들에게 사형을 부과할 수 있도록 하는 것이었다.[주108]

내전의 대혼란에 빠진 민간인들에게 이 법안의 도입은 파국적이었다. 경찰은 비상입법을 활용해 게릴라를 지지하는 것으로 의심되는 자는 누구든지 추적할 수 있는 새로운 권한을 부여받았고 광범위한 정보망을 구축했다. 상이군인들이 소유했던 키오스크간이 판매대 주인들은 훌륭한 정보원이었으며, 그들은 좌·우파계열 신문을 구입하는 것만으로도 시민들의 성향을 분류했다. 당국은 또한 손님들의 정보를 수집하기 위해 다방 주인들을 위협했고, 말을 듣지 않으면 영업증을 빼앗기게 된다고 위협하기도 했다. 키오스크 주인, 다방 주인, 이웃 그리고 점령시기 또는 12월 봉기에서 좌파의 손에 고통을 겪은 사람들은 그리스공산당 조직원들의 체포에 앞장섰다. 유·무죄의 판단은 지방의 임시법원의 몫이었다. 결국 수많은 민간인들이 좌·우파 간의 틈새에서 죽어가는 결과를 가져왔다.[주109]

3. 제3국면(1947.12~1948.10): 미국의 지원과 대게릴라전

1) 미국의 인식과 티토-스탈린의 분열

밴 플리트의 파견과 새로운 국면의 전개

1948년 1~3월 그리스의 여러 지역에서 정부군과 민주군대 간에 충돌이 일어났다. 민주군대는 정부군을 교란·고립시키기 위해 통신선에 피해를 주는 데 집중했다.[주110] 민주군대는 이해 봄에 북부 국경선과 중부지방의 산맥을 따라 남쪽까지 활동했으며, 레스보스, 사모스, 이카리아, 크레타 섬에서도 기세를 떨쳤다. 영국 경찰사절단은 이 시기 그리스 정부가 지방에 있는 경찰관서의 3분의 1을 포기했다고 밝혔으며, 미군은 민주군대가 지방 인구의 3분의 1, 그리고 표면상으로 그리스의 절반을 장악한 것으로 추정했다.[주111]

1947~1948년의 겨울은 그리스 게릴라들의 공세가 강화된 반면 정부군의 대응이 빈약하거나 실패하면서 위기감이 고조됐고, 이에 따라 미군의 적극 개입에 대한 당위성이 미국 내에서 나타났다. 국무부의 헨더슨은 1948년 1월 "소련이나 그 위성국에 의한 그리스의 정복을 막기 위한 우리의 결의가 강하지 못하면 그리스와 유럽은 말할 것도 없고 전 동부 지중해와 중동을 잃게 되거나, 우리의 결의가 실현되기 전에 그리스의 이웃이 너무 멀리 나갈 것이다. 이는 다시 되돌릴 수 없을 것이고 새로운 세계대전의 시작이 될 것이다. 그리스에 군대를 파견할 준비를 하는 것은 기본이다"라고 언급했다. 미국은 이 시점에 전투부대 파견을 고려하기 시작한 것이다.

헨더슨은 "그리스는 새로운 영토와 기지를 노리는 국제공산주의의 공격을 저지하려는 서강의 결의를 확인하기 위해 세계인들이 지켜보고 있는 시험관test tube이다. 미국이 그리스의 정복을 허용하면, 특히 유럽과 중동의 인민들은 오늘날 그리스에서 발견되는 것과 비슷한 불확실성과 좌절감으로 고통을 겪을 것이라고 확신한다"고 말했다. 헨더슨은 전투부대를 파견해야 하는 이유로 (1) 미국의 그리스 독립 유지를 위한 약속 이행과 관련한 정책부재 속에 그리스에서 활동하는 미국의 기관과 대표들이 직면한 어려움 (2) 소련과 그 위성국가들의 그리스 장악 의지보다 미국과 서방국가들의 그리스 생존을 위한 결의가 부족하다는 의심으로 인한 그리스인들의 사기저하 (3) 그리스와 관련한 미국의 정책이 소련의 팽창주의를 견제하기 위한 미국의 결의를 나타내는 지표라는 타국가들의 정서 등 3가지를 들었다.[주112] 미국무장관 마샬은 1월 12일 미원조사절단에 "게릴라 부대의 파괴와 국내치안 확보가 성공적인 미국의 원조를 위한 사전 필요조치로서 지극히 중요한 과제로 부상했다"고 말했다.[주113]

미국 정부대표로 영국 엘리자베스 공주와 그리스 필립 왕자의 결혼식(1947년 11월 20일)에 참석했던 마샬은 그리스의 프레데리카 왕비를 만났다. 그녀는 당시 리브세이 장군을 지칭하며, "미국은 우리에게 보급장교를 보냈다. 그러나 우리가 진정으로 필요로 하는 사람은 공산반군과 싸울 수 있도록 우리 군인들을 훈련시킬 수 있는 전투 경험이 풍부한 장군이다"라고 말했다. 마샬은 귀국한 뒤 면담 결과를 트루먼에게 보고했고, 트루먼은 전투경험이 많은 장군을 그리스에 보내야 한다는 데 동의했다. 1월 초 미육군참모총장 아이젠하워는 마샬에게 합동군사고문단장에 적절한 후보 5명을 추천하고, 마샬은 이 가운데 밴 플리트 장군을 선택했다. 트루먼의 재가를 받은 마샬은 1월 26일 그리스월드에게 밴 플리트 장군의 임명 소식을 알렸다. 그는 "그리스에 대한 미국의 군사원조는 군 책임자로 보다 인상적인 인물이 필요한 것이 시급한 문제다. 그를 중장 후보로 지명해 가능한 한 빨리 파견하겠다"고 밝혔다. 마샬은 그를 제2차 세계대전 시기 가장 뛰어난 공격형 전투 지휘관 가운데 한 명이며, 그리스군에 필요한 공격정신을 주입하는 데 적합한 인물로 보았다.[주114] 우드하우스 또한 그를 '정력적이며 두려움을 모르는 군인'이라고 평가했다.[주115]

이에 따라 마샬은 2월 5일 그리스 주재 미국대사관과 미원조사절단에 밴 플리트를 "육군부에 의해 미합동군사고문단장겸 미군사단 사령관으로 임명한다"고 통보했다.[주116]

밴 플리트의 단장 임명은 그리스 내전의 전개에 새로운 국면을 만들어냈다. 그는 전임 리브세이 장군과는 달리 적극 개입을 통해 내전을 조기 진압하려 했다. 미합동군사고문단과 영국군사사절단은 1948년 초 그리스 정부군의 지휘체계에 높은 관심을 가졌다. 그러나 참모들이 휘하 지휘관들을 완전히 통제하지 못할 뿐 아니라 그리스 최고국방위원회는 때때로 영·미 군사 관료들의 자문을 무시했다. 이에 따라 2월 14일 미·영대사관 및 미원조사절단 대표들은 그리스 각료들을 만나 다음과 같은 내용이 담긴 각서를 건넸다. (1) 미원조사절단장과 영·미 군사사절단의 대표들은 최고국방위원회의 모든 회의에 참석한다. (2) 참모부에 새로운 권한을 부여한다. (3) 내각은 현 참모부에 무조건 지지를 보내거나 교체한다. (4) 정부는 영·미 군사 자문을 신속하게 받아들이거나 영·미 대사들과 미원조사절단장, 총리의 회담을 주선하는 '신사협정'을 수용한다. 이러한 제안들은 신속하게 받아들여졌다. 밴 플리트가 2월 24일 도착한 뒤 9월 말이 되자 그리스 주둔 육·해·공군 파견대원은 450명에 이르렀으며, 이들 가운데 3분의 2는 미원조사절단 소속이었다. 영국군사사절단은 훈련을, 미국군사사절단은 작전 자문과 그리스 군대에 대한 보급을 담당했다.[주117]

밴 플리트는 아테네에 도착한 날 기자회견을 열고 "본인은 사무실에 그냥 앉아서 일하는 스타일의 사람이 아니다"라고 말했다.[주118] 미합동군사고문단은 내전의 전개과정에서 모든 측면을 자문했다. 이들은 작전 및 행정 계획을 작성했으며, 그리스 참모부와 이러한 계획들을 조율하고 그들의 계획 집행을 지원했다. 미군은 또 그리스 군사학교, 훈련소에 고문관들을 상주시켰고, 각 군단과 사단에서 미군의 전술, 훈련, 행정 교리를 도입토록 했다. 밴 플리트는 이에 대해 "나는 정말 워싱턴으로부터 그리스 정부군을 지휘할 아무런 명령을 받지 않았다. 그러나 나는 업무 수행 과정에서 실제 그렇게 했다"고 말할 정도로 미군 고문관들은 그리스 내전에 깊숙이 개입했다. 고문관들은 그리스군에 부대훈련과 야전경험을 도입·소개하고 각 사단에 미국의 전술로 훈련받은 그리스 군인들로 구성된 시범소대들을 파견함으로써 미국식 군대로 바꿔나갔다. 고문관들은 또 게릴라들의 비밀지원망을 파괴하기 위해 정보의 중요성을 인식하고 정찰기술, 민간인 첩보망과 정보원의 이용, 정보참모 업무를 강조했다. 이와 함께 소규모 부대 정찰과 전투기술, 야간작전, 동계작전의 효용성, 적을 탐지find, 고착fix, 섬멸finish하는 전술을 강조했다.[주119] 미국이 그리스에서 게릴라들을 진압하기 위해 지원한 방식은 훗날 미국의 정책에 영향을 끼쳤으며 개입의 전형이 됐다.[주120]

이해 여름 밴 플리트의 주도로 그리스 최고위급 군지휘관들이 개편됐다. 밴 플리트는 자신의 성공이 '전투원, 외교관, 더 나아가 정치인의 임무'를 수행하는 능력에 달려 있다고 보았다. 밴 플리트가 그리스에 도착할 당시 그리스의 모든 군사적 주요 결정은 36명의 각료와 정치인으로 구성된 최고국방위원회에서 이뤄지고 있었다. 그러나 그는 이 위원회를 거치지 않고 그리스 육군의 단일 지휘관과 협력하기를 원했다. 소풀리스 총리는 국왕 파블로스와 이 문제를 상의하고 최고국방위원회가 그리스군 참모총장에게 결정권을 양도하도록 압력을 가해 위원회가 이를 수용토록 했다. 그는 최고국방위위원회에 출석해 위원회가 참모총장이자 육군사령관인 디미트리스 이야치스Dimitris Yiatzis 장군을 절대적으로 신임해야 한다고 밝혀 이를 관철시켰다. 그는 그리스군 참모총장을 통해 업무를 수행했지만 그리스군 작전에 대한 거부권을 행사할 수 있었다. 사실상 밴 플리트는 그리스 국가안보의 중대 사안과 관련해 그리스군 참모총장과 심지어 최고국방위원회를 능가하는 총사령관이 됐다. 전투지역에서 그리스 군대와 동행한 미군 장교들은 그곳에서 현장 자문을 했으며, 극소수지만 사상자가 발생하기도 했다. 적어도 미군 장교 3명이 그리스 내전에서 희생됐다. 1948년 1월 22일에는 미군 항공기가 카르페니시 부근에서 격추됐는데 민주군대는 이 사건을 그리스 내전에 미국의 직접 개입 증거라고 선전했다. 미군 당국이 항공기가 무장됐다는 사실을 부인했으나 이 항공기는 그리스 정부군을 위한 정찰활동에 가담했다. 밴 플리트는 2월 26일 육군부로 보낸 첫 번째 작전보고서에서 "어떠한 주요 작전도 작전기간 중 실시되지 않았다. 그리스 육군의 작전 활동은 소규모 게릴라 부대를 차단하고 공격하는 것에 한정됐다. (중략) 그들은 공세적이라기보다는 수세적인 태도가 관성화 돼 있고, 전투현장 주도권은 그리스 육군이 아니라 게릴라들이 장악하고 있다"며 그리스 정부군의 나태를 지적했다.[주121]

대게릴라전과 민간인 희생

내전 시기 미국의 관심은 그리스 주재 미국대사관의 랜킨이 밝혔듯이 "그리스에서 공산주의 반란과 이의 영향력을 없애는 것"이었다.[주122] 1948년 5월 그리스-터키 원조 프로그램 조정관인 맥기는 국무차관 로베트에게 미원조사절단이 "정부 관련 행정기구와 군사작전은 물론 경제의 거의 모든 부문과 관련해 고문 기능을 시행하고 있다"고 보고했다. 그는 "미국 원조의 이용과 관련한 사절단의 결정은 사실상 그리스 정부의 가장 중요한 결정을 결정하는 것"이라고 말했다.[주123] 미원조사절단의 한 단원은 "사절단은 상당할 정도로 그리스의 초정부super-government가 됐다. 미국인들은 그리스의 모든 정부 관련 업무에 개입했다"고 회상했다.[주124]

그러나 1948년 후반 그리스와 영·미 관찰자들은 그리스 정부군의 상황이 전에 없이 악화됐다는 결론을 내리지 않으면 안됐다. 그리스 주재 미국 대사 그래디는 9월 국무부에 "국경선 부근 산간지역에 있는 게릴라들을 소탕하면, 다른 산간지역에서 증원군이 도착한다. (중략) 전체적인 상황이 그람모스에서 승리를 거둔 이후 개선되기보다는 점점 악화되고 있다"고 보고했다.[주125] 미국무부 정책기획국장 케난의 지휘 아래 육군부, 경제협조처 대표들로 구성된 특별위원회가 11월 작성한 '미국의 대그리스 원조'라는 제목의 보고서는 그리스 정부군의 작전이 게릴라들을 제거하거나 그들의 위협을 줄이지 못하고 있다고 평가했다. 반면 이 보고서는 민주군대 병력이 1948년 3월 2만 6,400여 명에 이르렀으나 9월 1일 무렵에는 2만여 명으로 감소했다가 다시 2만 4,500명으로 증가했다고 분석했다. 보고서는 결론적으로 "게릴라들을 이용해 그리스를 장악하려는 공산주의자들의 노력이 줄어들지 않고 계속되고 있다"며 게릴라들의 건재를 인정했다.[주126] 이처럼 게릴라들이 건재할 수 있었던 것은 민간인들의 지지가 있었기 때문이었다. 전투현장을 답사한 씨몽 쎄리는 이렇게 말했다.

> 반군은 인민의 지지와 원조가 없이는 단 일주일도 이어나가거나 지탱해 나가지 못했을 것이다. 그들은 반군을 먹이기 위하야 농사를 짓고 있다. 나는 늙은 노파들과 열 살도 못 되는 어린아이들이 밤중에 진흙 가운데에서 정부군의 바루 코 밑에서 게릴라들을 위한 식량을 실은 노새들의 캐라반을 끌고 헤매고 있는 것을 보았다. 식량과 탄약은 주로 밤중에 험한 길을 통해서 나르고 있다. 그것은 거의 모두가 여자들과 농민의 어린아이들에 의해 행해지고 있다. 대부분은 자기들의 등에 짊어지고 때로는 정부군의 총화 밑에서 전선을 뚫고 나온다.[주127](원문 그대로: 인용자)

마오쩌둥이 유격전에서 인민의 지지를 물과 물고기의 관계로 설명하는 바와 같이 게릴라전의 성패는 주민들의 지속적인 도덕적, 물질적 지원에 달려 있다. 이에 맞서 지역 공동체는 일반적으로 게릴라 토벌작전을 벌이는 정부군의 강력한 압력에 직면하는데 정부군은 게릴라 활동을 지지하는 주민들에 대해 보복, 테러, 추방, 이동의 제한, 물건과 재산의 노획과 같은 응징수단을 사용한다.[注128]

정치 행위자들은 소수 민간인들의 적극 협력을 모색하는 한편, 다수 민간인들은 수동적이지만 독점적인 협력을 추구한다.[注129] 그들은 민간인들을 자신들의 경쟁세력과 협력하지 못하도록 하는 방안을 모색하고, 중립을 지키는 것과 같은 비독점적 협력보다는 독점적이고도 완전한 협력을 필요로 한다.[注130] 이러한 상황에서 민간인들에 대한 무차별적인 폭력이 행사되는 것이다.

정부 입장에서 보면, 정부는 게릴라들을 조기에 진압하고 국가의 정통성 확립과 안전을 위해 반드시 주민들의 지지를 얻어야 한다. 정부는 또 주민들의 게릴라들에 대한 개인적, 물적 지원 및 정보 지원을 차단하기 위해 물리적, 심리적으로 주민들로부터 게릴라들을 격리시켜야 한다.[注131] 따라서 대게릴라전에서 진압부대에게는 민간인들의 지지만이 있을 뿐 중립이라는 것은 존재하지 않으며, 최대의 희생자는 민간인으로 귀결된다. 이 시기 그리스의 정치권은 여전히 무능했다. 영국 외무장관 베빈은 11월 초 "나는 마르코스 바피아디스나 반란군들보다는 그리스 정부 관료사회 내부의 분열로 더욱 당혹스럽다. (중략) 한마디로 말하면 그리스 정부는 빈사상태다. 각료회의는 없으며, 각료들은 단지 일상적인 업무만을 하고 있다. (중략) 날마다 급진적이고도 준독재적 해결책 등에 대한 대중들의 요구가 늘어나는 것 같다. 현재의 정부는 분열이 아니라 무기력, 노쇠, '등 뒤에 비수 꽂기' 등으로 인한 내부의 분열로 죽어가고 있다"고 개탄했다.[注132]

티토-스탈린의 분열과 민주군대의 파국 전조

그리스 민주군대의 활동에도 불구하고 1948년

초 스탈린과 티토의 분열은 이들의 패배를 재촉하는 전조였다. 스탈린은 2월 들어 티토를 모스크바로 소환했지만, 티토는 이를 거부했다. 스탈린은 티토를 대신해 모스크바에 도착한 카르델즈Edvard Kardelj를 비롯해 바카리치Vladimir Bakaric, 그리고 질라스Milovan Djilas로 구성된 유고슬라비아 대표단을 만나 그리스 내전 중단을 촉구했다.[주133] 질라스가 쓴 『스탈린과의 대화』에는 당시의 상황이 잘 묘사돼 있다.

> 스탈린이 그리스의 봉기로 화제를 돌렸다. '그리스의 봉기는 접어야 한다.' 그는 카르델즈 쪽으로 몸을 돌리며 '당신은 그리스의 봉기가 성공할 것이라고 믿는가?' 고 물었다. 카르델즈는 답변했다. '만일 외세개입이 더 이상 이뤄지지 않고 심각한 정치적, 군사적 오류가 없으면.' 스탈린은 카르델즈의 의견에 주의를 기울이지 않은 채 계속해서 말했다. '만일! 만일! 아니다! 그들은 승리할 전망이 전혀 없다. 대영제국과 미국이 — 미국은 세계 최강국이다 — 당신들에게 지중해에 있는 자신들의 통신선을 차단하도록 허용할 것이라고 생각하는가! 모르는 소리다! 그리고 우리에게는 해군이 없다. 그리스의 봉기는 가능한 한 빨리 중단돼야 한다.' 누군가가 중국 공산당의 최근 성공을 언급했다. 그러나 스탈린은 단호했다. '맞다. 중국의 동지들은 성공했다. 그러나 그리스에서는 상황이 완전히 다르다. 세계 최강의 미국이 직접적으로 그리스에 개입하고 있다.'

이 사건 뒤 티토와 스탈린의 관계는 사실상 끝났으며, 이는 그리스 민주군대에 심각한 타격을 주는 계기가 됐다. 3월 31일, 마르코스 바피아디스는 그리스에 외세의 간섭 없는 '민주적 삶의 방식'이 보장된다면 평화협상을 할 용의가 있다는 내용의 제안을 민주군대 라디오 방송을 통해 발표했다. 이는 마르코스 바피아디스와 자카리아디스가 우려스런 눈길로 바라본 유고슬라비아와 소련의 깊은 분열로 촉발된 것이었다. 6월 28일에는 코민포름이 유고슬라비아를 마르크스주의에서 후퇴했다며 추방했다. 그리스공산당 지도자들은 이들 공산국가 가운데 어느 쪽을 지지할지를 놓고 진퇴양난에 빠졌다. 소련은 민주군대에 아무런 도움을 주지 않았고, 알바니아와 불가리아는 유고슬라비아에 비해 지원할 수단이 제한적이었고 열의가 없었다. 그리스공산당 중앙위원회는 가능하다면 그리스 정부와 협상을 하기로 결정했지만, 총리 소풀리스는 이를 즉각 거부했다.[주134]

코민포름에서 축출된 티토가 그리스 게릴라들에 대한 지원을 중지하거나 그리스와 유고슬라비아 간 국경선을 폐쇄하지는 않았지만, 이는 민주군대 지도부의 분열을 가져왔다. 마르코스 바피아디스는 스탈린의 의심스러운 선의보다는 티토의 무기가 더욱 소중하다고 여긴 반면 자카리아디스는 스탈린에 대한 충성이 유익할 것이라고 믿었다. 이러한 분열은 내전에서의 패배를 의미했다. 이 사건을 계기로 티토는 미국의 경제원조를 모색했다. 그가 미국의 원조를 얻어낸 것은 소련에 경도된 그리스공산당에 대한 지지를 철회했기 때문이다.[주135] 이는 외부의 지원을 받아 투쟁해야 했던 그리스 민주군대에게는 치명적인 사건이었다.

2) 정부의 보복과 파괴

라다스 암살사건과 정부의 대량처형

그리스 정부는 민간 부문에서도 정부군을 지원하기 위해 전복활동 혐의자 체포를 명분으로 수많은 민간인들을 기소하거나 처형했다. 1948년 2월 7일 29명이 총살됐고, 2월 22일에는 19명이 총살됐다. 3월 1일에는 그리스 해군 60명이 전복음모로 체포됐으며, 3월 13일에는 그리스공산당 중앙위원회 중앙위원 2명과 『리조스파스티스』 편집장을 포함한 공산주의자 14명이 국외 탈출을 시도하다 체포됐다. 경찰도 아테네, 피래우스, 테살로니키의 공산주의 세포들을 와해시키고, 2월에는 남부 지방의 지하에서 활동 중이던 세포 200여 명을 체포했다.[주136]

1948년 5월 1일 인민투쟁보호대 대원 무초기안니스Stratis Moutsogiannis에 의한 법무장관 라다스Christos Ladas 암살사건은 수많은 그리스인들을 죽음의 공포로 몰아넣는 계기가 됐다.[주137] 1948년 초가 되자 정부의 재소자들에 대한 빈번한 처형이 이뤄졌지만, 여전히 사형선고를 받고 미집행한 사례가 많았다. 아테네 주재 미대사관의 랜킨에 따르면, 라다스는 여러 지역에서 소집단으로 나눠 이들의 처형계획을 세운 뒤 "용감하게 이 문제를 풀었다." 라다스는 이러한 처형이 게릴라들에게 영향을 끼치기를 희망하는 한편 비우호적인 대중여론을 피할 수 있기를 희망했다. 랜킨은 이를 훌륭한 아이디어로 간주했으나 대규모 처형은 노르웨이와 덴마크, 영국 등지의 격렬한 분노를 불러일으켰다.[주138]

이러한 과정에서 라다스 암살사건이 일어난 것이다. 사건 직후 계엄령이 실시되고, 공안이나 안보문제와 관련한 모든 민간당국의 권한이 공식적으로 군부로 넘어갔다. 국왕의 포고로 실시된 계엄령은 5월 1일 처음에는 아테네 지역에서만 실시됐다가 10월 29일에는 전국으로 확대돼 1950년 2월 11일까지 계속됐다. 그리스 정부군은 계엄령을 통해 정보 검열권과 민간인 이동제한권, 지방 행정기관에 대한 군의 징발권과 대중 체포 권한을 갖게 됐다.[주139]

정부는 라다스 암살사건에 대한 보복으로 1944년 이전 사형선고를 받은 사람들에 대한 대대적인 처형을 명령했다. 이에 따라 점령 당시 저항활동을 벌였던 238명이 5월 1~3일 총살됐다. 정부는 또 5월 중순 이전 선고를 받은 사람들을 처형하기 위해 신속하게 절차를 진행하도록 명령했다. 『유피』통신은 그리스 정부가 5월 5일 그리스 전역에서 데켐브리아나와 관련된 '살인혐의자' 152명을 처형했다고 보도했다. 정부는 아테네에서 24명, 에기나Aegina 섬에서 37명, 라미아에서 12명, 테살로니키에서 23명을 처형했고, 나머지는 칼키스, 트리폴리스, 스파르타, 칼라마타에서 처형했다고 밝혔다.[주140] 처형사건이 끝난 뒤인 5월 6일자 영국의 『맨체스터 가디언Manchester Guardian』지는 그리스 정부의 행태를 다음과 같이 보도했다.

메이데이에 그리스 법무장관 크리스토스 라다스의 암살에 대해 국민들이 공포심에 휩싸인 가운데 보복 수단으로 152명의 공산주의자들을 처형한 그리스 정부의 결정은 수치와 좌절로 가득 찬다.[주141]

계엄령 하에서 그리스 정부군 및 경찰 보안군은 수천여 명의 게릴라 동조자로 추정되는 사람들과 정보원 혐의자들을 강제 격리했다.[주142] 라다스 암살사건 이후 좌파 동조자 및 혐의자들에 대한 정부의 처형은 영국과 미국이 항의할 정도로 극심했다.[주143] 이 때문에 그리스 정부의 조처에 대한 여론은 크게 악화됐다. 그리스 주재 외국 특파원들은 게릴라 지도자 마르코스 바피아디스가 말하는 바와 같이 "그리스는 현재 완전히 경찰국가화됐다"는 데 동의했다.[주144]

소식통은 152명 이외에도 830명이 사형선고를 받았다고 밝혔다. 6월 28일에도 6명이 라다스 살해혐의로 처형됐고, 공산주의자들과 좌파 활동가들에 대한 밀착 감시가 이뤄졌으며, 이들은 모두 징집됐다. 또 신뢰가 의심스러운 사람들은 마크로니소스 섬에 수감돼 심사를 받아야 했다. 1948년 5월 현재 마크로니소스 섬에는 1만 5천여 명이 수용돼 온갖 형태의 심문과 고문, 정치 교화가 이뤄지고 있었다.[주145] 정부측이 체포한 수많은 민간인들은 단지 정부를 비판했다는 이유로 체포된 사람들이었다. 마을에 남아있을 경우 정부군이나 우파단체의 테러 대상이 될 수 있었던 청년들은 물론 반공청년들까지 자신들의 정치적 신념과는 무관하게 생존을 위해 산으로 들어가 게릴라들과 합류했으며, 정부의 공세에 맞섰다. 스톨David Stoll은 게릴라들에 대한 지지는 대부분 혁명적 이데올로기의 충동이나 사회적 또는 경제적 불만에서 나온 것이 아니라 지나치게 가혹한 정부의 탄압에 대한 농민들의 반발에서 비롯됐다고 주장한다.[주146] 과테말라에서는 1970년대 말 정부가 폭력전술을 사용해 정치단체의 모든 도전을 무자비하게 탄압할수록 더 많은 농민들이 게릴라에 가담했다.[주147]

1948년 봄이 되자 그리스 정부군은 13만 2천여 명에 각종 포와 장갑차,

2개 비행편대 등을 소유하게 됐고, 국가경비대도 5만여 명 규모로 확대됐다. 5월에는 그리스 정부군은 공군이 6,500명에서 7,200명으로, 해군은 1만 3천 명에서 1만 4,300명으로, 나머지 1만 5천 명은 육군에 증강이 허용돼 전체 병력이 16만 8천 명으로 늘어났다.[주148]

정부군의 대공세와 민주군대의 저항

그리스 정부군은 1948년 4월 15일 '여명의 작전 Operation Dawn'이라는 이름으로 루멜리 산맥의 남중부 지방에서 소탕작전을 시작했다. 이 춘계대공세는 작전 초기 2,500여 명의 게릴라들을 소탕하기 위해 그리스의 허리 부분이라 할 수 있는 루멜리 산맥의 광범위한 지역을 소탕하는 것이었다.[주149] 정부군은 2만여 명의 병력을 동원해 루멜리 지역을 완전 포위하고 북, 서, 동쪽 방향으로 공격했다. 이와 함께 남쪽으로의 탈출로를 차단하기 위해 해군이 코린토스만을 봉쇄하고 공군도 작전에 동원한 끝에 5월 7일 정부군이 승리했다. 이 작전에서 정부군 145명이 희생됐고, 민주군대는 641명이 사망했으며 1,368명이 체포되거나 항복했다. 그러나 이는 추가 공세의 기회를 놓침으로써 정부군의 완전한 승리는 아니었다.[주150] 이 시기 민주군대 라디오 방송은 "게릴라 지역의 평화적인 주민들에 대해 그리스월드와 밴 플리트가 명령한 테러 작전의 일환으로 루멜리 작전 기간에 120명의 어린이들이 교살되거나 총검으로 난자당해 살해됐다"고 보도했다.

밴 플리트는 5월 초부터 민주군대의 공세를 저지하고 주도권을 빼앗기 위해 그리스 일반참모부 및 합동군사고문단 참모진과 함께 민주군대 근거지인 북부지방의 그람모스에 대한 공격계획을 수립했다. '크라운 작전 Operation Crown'으로 명명된 이 계획은 그람모스 북·동·서쪽의 세 방향에서 공격하는 것으로 그리스 정부군이 시도한 최대 규모의 공세작전이었다. 그람모스는 현지 주민들도 꺼리는 험준한 산악지역이었다. 알바니아와 인접한 그람모스 지역은 해발 1,300~2,000m 높이의 고봉으로 이뤄졌으며, 암석과 산림이 무성한 급경사 지형이었다. 민주군대는 이곳을 '난공불락의 요새'라고 불렀다.[注151] 그리스 정부군은 6월 초 민주군대의 후방을 분쇄하기 위해 그람모스 산악지대에 대한 대규모 작전을 전개했다. 그리스 공군은 6월 20일 그람모스 산악지대의 민주군대 집결지에 처음으로 미국의 네이팜탄을 사용했는데 내전 지역에서 네이팜탄의 사용은 유례가 없는 것이었다. 미사절단은 심지어 네이팜탄 사용으로 인해 민주군대와 국제사회로부터 비난받을 수 있다고 우려하면서도, 공산주의자들의 이런 선전활동에 흔들리면 치명적이 될 것이라고 보고했다.[注152] 실제로 네이팜탄의 희생자들은 여성과 어린이들이 대부분이었다.[注153]

미합동군사고문단은 그람모스를 '그리스의 주요 비적 근거지', '저항의 중심지이며 주출입구'라고 언급했다. 그러나 작전은 쉽지 않았다. 정부군은 민주군대의 강력한 저항에 부딪혀 진전하지 못했다. 그리스 정부군의 포와 비행기 공습, 포격에도 불구하고 민주군대는 모든 자원을 동원해 저항했다. 민주군대는 루멜리 지역에서의 패배를 만회하기 위해 전국적으로 공격을 감행했다. 밴 플리트는 자문계통을 통해 그리스군 지휘관들에게 '자문'이 아닌 '명령'을 시달하며 전투를 독려했다.[注154]

정부군은 강력한 화기와 월등한 수적 우세에 힘입어 6월 22일 그람모스 가장자리까지 도달했으나 완강한 저항에 부딪쳐 더 이상 전진할 수 없었다. 반면 민주군대는 지원군이 도착해 1만 2천여 명에 이르렀다. 실망한 밴 플리트는 합동참모본부에 "그람모스의 게릴라들이 갑작스럽게 붕괴될 조짐은 거의 없으며, 그들의 본거지를 탈취하기 위해서는 강력하고 지속적인 공격으로 적을 섬멸해야 한다"고 보고했다. 전투가 치열한 7월 23일 밴 플리트는 한 군단장의 무능한 작전지휘에 격분해 비행기를 타고 아테네로 돌아와 총리 소풀리스와 최고국방위원회에 그의 해임을 강력히 요청해 이를 관철시켰다. 정부군은 7월 말이 되자 민주군대와 교착상태를 계속하다가 북서부 지방 이오안니나 지경 해발 2,637m 높이의 스몰리카스산Smolikas의 주요 거점 지역을 장악했다. 정부군은 이 지역을 장악하기 위해 24시간 동안 2만여 발의 폭탄을 쏟아 부었다. 고산지대가 정부군에 차례로 함락되자 완강한 저항을 하던 마르코스 바피아디스는 8월 20~21일 야간을 이용해 그람모스 북쪽의 슬림니차Slimnitza 지역을 공격해 퇴로를 열고 3천여 명의 부상자와 함께 알바니아로 탈출했다. 마르코스 바피아디스와 부대원들이 알바니아 국경선을 넘어 성공적으로 탈출했고, 그는 이 전투에서 많은 명성을 얻었다. 8주 동안 계속된 그람모스에 대한 작전으로 양쪽은 상당한 사상자를 냈다. 그리스 정부는 정부군 801명이 전사하고, 5천여 명이 부상을 입었으며 31명이 실종됐다고 밝혔다. 또 민주군대의 사상자수는 3,128명이 사망하고, 589명이 포로로 붙잡혔으며, 603명이 탈출하고, 6천여 명이 부상을 입은 것으로 추정된다고 밝혔다. 반면 민주군대 쪽은 정부군 5,125명이 사망하고 1만 6천여 명이 부상을 입었으며, 1,737명이 포로로 잡히거나 탈주했고, 비행기 35대와 탱크 18대를 파괴했다고 밝혔다. 그리스 내전 연구가인 클로즈는 이 작전에서 사상자 및 실종자를 정부군 6,740여 명, 민주군대 4,500여 명으로 추정하고 이 시기까지의 전투 가운데 가장 치열한 전투였다고 평가했다. 알바니아 국경을 넘어 퇴각한 민주군대는 그곳에서 병력을 재정비한 뒤 그람모스 북서쪽 비치Vitsi 산악지역으로 다시 침투하기 시작했다.[주155]

마르코스 바피아디스가 8월 24일 비치 지역 병력을 강화하기 시작하고, 그람모스에서 탈출한 게릴라들이 합류하면서 민주군대 병력은 1만 2,500명으로 증원됐다. 민주군대의 전의는 여전히 강했다. 8월 25일에는 일부 게릴라들이 트리칼라를 공격해 도시를 장악했다가 퇴각하기도 했다. 그리스 정부군은 8월 29일 비치 지역에 대한 공격을 재개했으나 플로리나 근처에서 강력한 저항에 부딪쳤다. 이어 9월 6~16일 알바니아 국경선 부근 무르가나

Murgana를 공격해 많은 사상자를 냈으나 승리하지는 못했다. 그람모스 작전은 10월 중순이 돼서야 끝났다. 이처럼 그리스 정부군의 병력, 화력의 압도적 우세에도 불구하고, 결정적 승리를 거두지 못하자 그리스와 미국 정부는 당황했다. 미군은 전략적 상황이 실질적으로 하나도 변하지 않았고, 펠로폰네소스에서는 공공질서가 악화됐다고 보고했다.[주156] 미국은 그리스군의 전술에 대한 조언과 장비의 운송관리를 위한 미합동군사고문단의 인력을 증강했다. 전투가 절정에 이른 1948년 8월 31일 현재 군사고문단은 장교 176명, 사병 215명, 민간인 37명 등 전체인원이 428명에 이르렀다.[주157] 영국경찰사절단은 9월 "반란군들이 중단 없이 통신선에 대한 공격을 계속하고 있다. 서부와 중부 마케도니아의 저수지와 발전소들이 상당한 피해를 입는 한편 도로와 철도에 지뢰 부설, 열차 습격, 전신시설 파괴 등이 자주 일어나고 있다. 본토의 어느 지역도 반란군들로부터 완전히 자유롭다고 말할 수 없다"고 보고했다.[주158] 밴 플리트는 10월 본국으로 보낸 보고서에서 게릴라 지도부와 그들의 훈련, 사기가 훌륭하다고 밝힌 반면, 그리스 정부군은 '충분하게 먹고, 장비와 무기를 갖췄으나' 훈련과 지휘, 협동정신이 심각한 취약성을 드러냈다고 지적했다. 그는 "성취된 모든 것은 공습과 포로 이뤄진 것이었다"며 우려를 나타냈다.[주159]

10월 11일 민주군대는 그리스 주재 『비비시』 특파원 매튜스Kenneth Matthews를 생포해 27일까지 억류하고 여러 곳을 둘러보도록 했다. 그는 펠로폰네소스에서 납치돼 파트라스 부근의 민주군대 사령부로 수십마일의 산길을 행진했다. 그는 그곳에서 400여 개 이상의 마을이 선출직 위원회들을 관리하면서, 통신, 보급, 민간 행정의 효율적인 제도가 존재하는 사실을 확인했다.[주160] 매튜스는 우파도당자위대들의 활동이 오히려 게릴라들의 세력 확장에 책임이 있다고 보았으며, 이들과의 대화를 통해 정부군을 대리한 우파단체들의 과도하고 독단적이며 불공정한 행위들이 펠로폰네소스의 '반란군'을 증대시키고 있다고 확신했다.[주161]

12월 들어 정부군의 공격이 활기를 띠면서 망명정부의 산악여단 사령관 출신인 차칼로토스Thrasyvoulos Tsakalotos는 4만여 명의 병력을 동원해 펠로폰네소스에서 기습공격을 개시했다. 펠로폰네소스와 아테네를 잇는 전화선 절단, 정보 및 식량 제공 등의 혐의로 수천여 명의 민간인들에 대한 체포를 시작으로 전개된 작전은 게릴라들이 식량과 은신처를 찾아 떠날 수밖에 없는 전에 없이 추운 겨울을 이용했고, 은신처로 이용하지 못하도록 수많은 나무들을 벌채했다.[주162] 이 시기 북부 그리스에서는 민주군대의 공격이 이뤄졌으나 정부군에 막혀 잇따라 실패했고, 산업도시 나우사에서는 우파인사를 처형하거나 여성 200여 명을 포함해 500여 명의 주민들을 납치하기도 했다.[주163] 민주군대의 이러한 주민 납치는 주민들을 공포에 떨게 함으로써 결과적으로 주민의 지지를 받지 못하는 결과를 가져왔다.

1948년 한 해 동안 민주군대 사상자만 3만 2천여 명에 이르렀다. 같은 기간 정부군은 2만여 명 정도의 피해를 본 것으로 추정됐다. 이러한 병력 손실에도 민주군대의 전체 병력규모는 2만 1천여 명으로, 이 가운데 절반은 북부 국경선 근방에, 또 다른 절반은 그리스 내륙과 펠로폰네소스에 흩어져 있었다. 민주군대는 정부의 압력 속에 자신들이 장악한 지역에서 야만적이고도 무모하리만큼 남자와 여자를 가리지 않고 무차별 징집했다.[주164]

그러나 1948년 후반 그리스와 영 · 미 관찰자들은 그리스 정부군의 상황이 전에 없이 악화됐다고 결론을 내렸다. 병사들의 사기도 땅에 떨어졌다. 민주군대도 정부군의 계속된 공세와 계속된 전투로 지쳐갔으며, 이들의 보급품은 형편없이 궁색했다. 상당수의 대원들이 이탈리아군복이나 독일군복을 입고 있었고, 전투중 얻은 영국군복이나 미군복을 입기도 했다. 또 이들은 일부분만이 담요를 갖고 있었고 대원의 20% 정도만이 장화를 신고 있었으며 나머지는 짜루키아생가죽을 햇볕에 말려 지은 짚신 같은 신를 신고 있었는가 하면 많은 사람들은 맨발로 다녔다. 이들의 식량은 빈약해 옥수수 빵이 주요 식량 구실을 했다. 게릴라들과 현장을 답사한 한 취재기자는 "마르코스의 병사들이 정부군 무기의 4분의 1만 갖고 있더라도 오래전에 정부군을 패배시켰을 것이라는 것은 의심의 여지가 없다"고 말했다.[주165]

1948~1949년 겨울 그리스 육군 신병들은 밴 플리트의 교육훈련 프로그램을 통해 훈련 받았다.[주166] 미고문관들은 그리스 정부군 내의 개인이나 부대 훈련의 통일된 체계가 없음을 인식하고, 군사고문관들이 미군의 방법과 교리를 소개했다. 이에 따라 모든 훈련방법과 프로그램이 수정되고 강화됐다.[주167]

앞서 10월 중순에는 미국무장관 마샬이 그리스를 방문해 그람모스에서 승리한 뒤 비치 산맥을 곧바로 공격하지 못한 데 대해 신랄하게 비판했다. 미국과 그리스 관리들은 1940~1941년 알바니아 전쟁의 영웅이었던 파파고스 장군이 그리스군 최고 사령관이 돼야 한다는 생각을 갖게 됐다. 국왕 파블로스와 왕비 프레데리카를 면담한 마샬은 밴 플리트의 제안에 따라 그리스군 통수권 문제를 꺼냈다. 파파고스는 국왕의 군사고문을 맡고 있었다. 앞서 국왕은 1948년 2월 26일 밴 플리트를 만난 자리에서 이야치스를 파파고스로 교체하는 방안을 제시했으나 자신의 부임과 동시에 최고 지휘관을 교체하게 되면 군부에 대한 신뢰를 갖지 못한다는 인상을 줄 수 있다고 생각해 거부한 바 있다. 파파고스는 1948년 하계 작전 시기에도 관찰자로 작전지역에 갔고, 군 지도부 및 밴 플리트와 긴밀한 관계를 유지해 오고 있었다. 마침내 이야치스를 교체하는 결정이 내려졌다.[주168]

그리스군은 미국의 식량과 군복, 무기로 무장하고, 미군과 영국군 장교들의 작전 자문과 훈련을 받았다. 또한 미군이 보급한 차량과 가축으로 짐을 수송했다. 미국이 그리스군을 전적으로 책임졌지만, 이러한 규모의 병력 규모는 그리스 경제를 휘청거리게 했다.[주169] 최고사령관 제안을 받은 파파고스는 정부군 병력을 14만 7천 명에서 25만여 명으로 증원하고 최고 사령관이 되는 전제조건으로 완전한 군사 결정권을 요구했다. 그러나 그러한 요구조건은 막대한 미국의 군사비 지출과 그리스 군대에 대한 미합동군사고문단의 지휘권 종식을 의미하기 때문에 미국으로서는 난감한 문제였다. 1월 10일이 돼서야 미국 관리들과 파파고스 간에 타협이 이뤄졌다. 그는 최고국방위원회의 통제를 받고 싶지 않다며 국왕에게 건의했고, 이에 따라 위원회 규모가 축소돼 파파고스가 실권을 쥔 사실상 전시내각의 형태를 띠게 됐다. 이어 그는 2월 25일 그리스군 총사령관에 취임했다.[주170]

강제소개정책과 주민의 고통

내전이 길어지면서 정부군의 대게릴라전 정책에도 변화가 왔다. 미군의 요구에 따라 그리스 게릴라들에 대한 강력한 대항수단이 채택됐는데 이들 대항수단 가운데 하나는 주민 강제소개였다. 강제소개정책은 결과적으로 남부와 중부 그리스 지역에서 민주군대의 소탕에 큰 효과를 가져왔으나 그리스인들의 삶을 박탈하는 야만적인 정책이었다. 이 정책은 주민들을 소개시키고 난 뒤 그 지역을 '무인지대no man's land'화 함으로써 전선front line을 분리하고 '후방 침투'를 저지하는 데 목적이 있었다.[주171] 1947년 11월부터 정부는 주로 북부지방의 주민 30만여 명을 강제이주시켰으며, 1949년이 되자 소개된 주민은 그리스 전체 인구의 10%나 되는 70만여 명에 이르렀다. 이들은 정부가 통제하는 도시나 그 주변으로 소개돼 비참한 상황에 놓였다. 코린토스만 북쪽의 산간지대 거주민들은 대부분 소개됐다.[주172] 그리스 산간지역의 주민들은 하루아침에 모든 것을 잃게 됐다. 강제이주하게 된 주민들은 산으로 들어가 민주군대에 합류하거나 도시로 나오지 않으면 안 됐다. 한 미국인 관리는 "그리스군의 소개정책은 게릴라들로부터 식량과 정보를 빼앗는 것이었다. 그러나 수많은 농민들은 피난민이 되기보다는 게릴라에 합류했다"고 지적했다.[주173]

미국은 이러한 정책에 대해 양면적 입장을 취했다. 미국은 테러의 사용, 대규모 체포, 주민 강제이주에 항의했으나, 내전이 지속되면서 많은 미국인들은 공산주의 섬멸이라는 목표가 가혹한 수단harsh means을 정당화했다고 생각했다. 밴 플리트는 표면적으로 테러를 삼갔지만 "유일한 좋은 공산주의자는 죽은 공산주의자"라며 그리스인들이 게릴라들을 어떻게 처리하는지에 대해서는 자세하게 조사하지 않았다. 그는 주민들에게 접근하는 게릴라들을 저지하기 위해 주민 강제이주를 승인했다. 챔벌린 소장도 그리스 상황을 검토하면서 "산간마을들의 식량과 은신처에 대한 무자비한 제거와 파괴가 게릴라들을 국경지방으로 퇴각시키거나 불리한 조건에서 계곡과 평원에서 전투를 하도록 몰아갈 것"이라고 지적했다. 결과적으로 미국은 이들 작전을 지원했다.[주174]

대게릴라전 토벌작전은 철저한 진압과 강압에 기초했다. 이는 미국-필리핀 전쟁1899~1902년 시기 미국이 필리핀에서 살인, 방화, 강제이주, 집단수용소의 설치 및 수용 등의 정책을 편 것과 유사했다. 1901년 9월 하순 필리핀 사마르 섬의 발랑기가에서 필리핀 게릴라들의 공격으로 54명의 미군이 희생되는 공격을 받은 뒤 미군은 이 전쟁에서 이전에 볼 수 없던 테러통치 reign of terror를 전개했다. 스미스 장군은 보복팀을 이끌고 부하들에게 "죽이고 불태워라. 죽이고 불태워라. 귀관들이 더 많이 죽일수록, 더 많이 불태울수록, 귀관들은 더욱 나를 기쁘게 하는 것이다"라며 사마르를 참새들조차 살 수 없는 '황야howling wilderness'로 만들도록 명령했다. 살해할 필리핀인들의 연령을 묻자 그는 "모든 것은 10살 이상이다"라고 답변했다. 바탄가스 작전의 지휘권은 벨J. Franklin Bell 준장에게 주어졌다. 그는 "이 곳 주민들에 대한 모든 관심과 호의는 본관이 사령관이 된 날로 중단된다"고 말했다. 그는 "중립은 용납되지 않는다. 미군에게 정보를 제공하거나 게릴라들에 항거하는 작전 안내, 또는 게릴라와 그들의 동조자들을 찾아내는 주민들만이 무죄임이 판명될 것이다. 죄수들은 미군 병사나 필리핀 충성파들을 살해할 경우 이에 대한 보복으로 제비뽑기 방식으로 처형될 것이며, 모든 민간인들은 감시받는 지역으로 이동될 것이다. 주민들이 나를 잔인하다고 해도, 또 그들이 그렇게 한다는 것을 본관은 안다. 그렇지만 본관이 계획한대로

그리스 어린이들이 1948년 6월 1일 아테네의 한 학교에서 유니세프-세계식량농업기구가 제공한 아침식사를 배급받고 있다. ©UN Photo

해 나갈 것이다"고 말했다. 1901년 12월 8일 그는 집단수용소를 세우기 시작했다. 이는 미국-필리핀 전쟁에서 최대의 논란을 일으킨 것으로서 '보호지역'으로 주민들을 몰아넣는 것이었다. 수용소 주변의 외부에 있는 모든 것은 몰수되거나 파괴됐다. 그곳에서 발견되는 주민들은 누구든지 자동적으로 '반란군'으로 간주됐으며 모든 재산과 가옥은 파괴되고 방화됐다. 이 작전을 취재한 한 특파원은 "문명전쟁이 아니었다"고 시인했다. 발랑기가에서만 초토화작전으로 10만 명 이상의 필리핀인들이 학살됐다.[주175] 급진적 조치인 집단수용소 정책은 대게릴라 전략에서 효용성이 입증되기는 했지만, 이에 따른 주민들의 고통의 대가는 너무나 컸다.[주176] 미국-필리핀 전쟁은 간헐적으로 1916년까지 계속되기는 했지만, 1902년 여름에 대규모 전쟁은 끝났다. 그러나 이 전쟁에서 미국은 4천 명 이상의 사망자그 후 질병으로 사망한 사람은 제외과 수천 명의 부상자를 냈으며, 필리핀 게릴라 2만여 명이 희생되고, 필리핀 민간인 사망자의 수는 20만 명으로 추산됐다.[주177] 미국이 이 전쟁을 반란군을 진압하는 대게릴라전으로 간주하더라도 필리핀 민간인들에 대학살은 유례를 찾아볼 수 없는 것이었다.

이러한 강제소개의 야만성은 19세기 말~20세기 초의 전쟁에서도 나타난다. 19세기 말 남아공과 필리핀, 쿠바에서도 강제소개정책을 채택했다.[주178] 보어전쟁1899~1902에서 영국군은 '분쟁지역' 민간인들을 집결시키기 위한 수용소를 설치했으며, 게릴라들로부터 식량과 정보를 차단하기 위해 12만~15만 4천여 명의 보어인과 아프리카 민간인들을 50여 곳의 수용소에 수용했다.[주179] 이들 가운데 대다수는 농장에서 쫓겨난 여성과 어린이로 위생조건이 열악한 강제수용소에 수용됐다. 전쟁이 끝날 무렵, 보어인 2만 8천여 명이 강제수용소에서 죽은 것으로 나타났으며 성인 사망자의 3분의 2는 여성이었다. 또 80%에 이르는 희생자는 16살 미만의 아동으로, 이들은 홍역과 폐렴, 이질, 장티푸스 등의 질병으로 수용소 안에서 죽어갔다.[주180]

1948년 그리스 정부군에 의한 주민 강제소개는 그리스인들을 최악의 상태로 몰아넣었다. 당시 한 취재기자는 "우리가 무서워 한 것은 내란 자체가 아닌 것이다. 내란으로 인하여 발생하는 피난민들의 목불인견의 참상은 실로 최대의 불행사인 것이다"(원문 그대로: 인용자)라고 기록했다. 그가 인터뷰한 그리스 후생장관 테오도에 네실라스는 "현재 정부가 구호하여야 할 피난민의 수효는 60만 내지 70만에 달하고 있습니다. 그러나 정부는 일시적인 구호대책이 아무 쓸데없는 것이라고 깨달었습니다. 오즉 '마르코스'군에 대한 최후적인 승리만이 그들에게 희망을 줄 것입니다. 광산도 농촌도 인민군의 방해로서 생산을 계속치 못하고 있으니 어떻겠습니까?"원문 그대로: 인용자라고 말했다.[주181] 정부 각료의 이러한 발언은 내전을 승리로 이끌 때까지 소개정책을 계속하겠다는 의사표시였다. '반란지구'를 답사한 프랑스의 씨몽 쎄리는 이렇게 말했다.

> 왕당파들에 의해 행해지고 있는 또 하나의 보복행위는 전 지역의 주민들을 그들의 집으로부터 몰아내는 것이다. 남자이고 여자이고 어린이고 늙은이고 또는 환자이고 제외는 없다. (중략) 의지할 곳을 잃고 대도시의 부근으로 쫓겨갔다. 그곳에서는 그들은 일꺼리가 없이 헤매고, 주림과 바림을 받어 죽어가고 있다. 식량의 이삭은 썩어서 목이 불어지고 폐허가 된 벌판 가운데에 무덤과 같이 묵묵히 서있는 텅 빈 마을들을 나는 얼마나 많이 보았는지 모른다. 참으로 희랍의 참상은 여하한 상상도 미칠 수 없는 바이다. 체포, 중세기적인 고문, 섬으로의 유형 살육 폭행 구타 그리고 대량의 사형집행. (중략) 나치스도 외국의 영토에서는 이보다 더 잔인하지 못했었다. 희랍에 가보지 못한 사람은 아무도 잔인의 규모를 그려낼 수 없다. 나는 단 한사람도 그 자신 또는 그 가족이 피해를 입지 아니한 사람을 만나본 일이 없다. 대개의 경우에 나는 그들에게 내가 물어 보고 싶은 말에 대한 이야기도 시켜볼 생각조차 못 했다. 그들의 이야기는 모두가 그 이웃사람의 이야기들과 같은 것이었다. 그것은 너무도 일상적인 것이 되어 바리고 말었던 것이다.[주182] (원문 그대로: 인용자)

씨몽 쎄리는 소개정책으로 인한 그리스인들의 비참함이 오히려 나치 독일 점령 때보다 더욱 가혹하다고 지적했다. 이러한 소개정책을 통한 금지구역 설정은 정부군의 입장에서 보면 게릴라들에 대한 효과적인 전략이지만 민간인들에게는 무차별적 폭력이 된다. 게릴라전 전략가는 다음과 같이 말한다.

> 모든 주민은 한 지역에서 소개되고 재편되며 특별허가 없이는 재진입이 금지된다. 그렇게 함으로써 정부당국은 반란군의 중요한 힘의 원천-주민-을 제거한다. 주민이 존재하지 않을 경우, 반란군들은 자신들의 보호막, 대원모집, 식량보급, 정보망 등의 기회를 박탈당한다. 주민들로부터 격리된 반란군들은 단지 노출되며, 고도로 취약한 군사, 정치 파견대일 뿐이다. 더욱이 (정부의) 기동군은 그 지역에 남아 있는 사람들 모두를 적으로 간주해 공격할 수 있기 때문에 완전한 행동의 자유를 얻게 된다. 더 이상 그들은 무고한 인민들의 죽음이나 부상을 걱정할 필요가 없다.[주183]

수십만 명의 주민들을 강제소개시키는 가혹한 정책으로 수많은 그리스인들이 죽고, 재산을 잃었다.

4. 제4국면(1948.10~1949.10): 내전의 종결과 영향

1) 정부군의 총공세와 민주군대의 패배

군사적 동원과 민간인 희생

그리스 정부군이 미군의 지원에도 불구하고 민주군대의 전술에 고전하자 미군은 우려와 함께 불만을 나타냈다. 1949년 1월 26일 합동군사고문단 부단장 루벤 젠키스Reuben E. Jenkins 소장은 3차례의 공격 시기 그리스 군 지휘부의 실패에 대해 그리스 참모부에 강한 어조로 비판하는 내용의 서한을 보냈다. 그는 "그리스 육군의 임무는 그리스 내 게릴라들을 색출해 섬멸하고 국내 치안을 재확립하는 일이다. 지휘관들은 이런 기본적인 임무와 그 이면의 의미를 수용하고 이해하려 하지 않는다. (중략) 실제적으로 정부군 지휘관들은 항상 자신들의 무능력과 실패를 변명하기 위해 악천후, 지형, 불충분한 병력, 주요 지역에서의 심각한 위험을 호소하고 있다. (중략) 하지만 상대적으로 약한 비적들은 같은 기후, 같은 지형에서 우세하고, 잘 먹고, 잘 조직됐으며, 좋은 장비를 갖춘 정부군에 대적하여 계속해서 전투에서 승리했다"고 밝혔다.

그러나 민주군대가 1948년 정부군의 공세로 입은 피해도 그리스 정부나 미국 관리들이 인식했던 것보다 훨씬 심각했고, 내전에 지친 그리스인들로부터 고립돼갔다.

마침내 파파고스와 밴 플리트는 최후의 소탕작전을 준비했다. 작전은 북부 국경선을 따라 게릴라들을 봉쇄하기 위해 최소한의 군대를 활용하는 한편 정부군은 (1) 펠로폰네소스를 소탕하고, (2) 북부지방에서 중부지방으로 휩쓸며 (3) 강력하게 방어하고 있는 비치와 그람모스의 게릴라 근거지를 파괴하고 (4) 전국적으로 게릴라 도당들과 근거지를 소탕하는 것이었다.주184

우파진영은 내전 시기 국가기구를 더욱 강력하게 장악했다. 행정부와 군부 내 최고위직을 독점했으며, 북부지방의 안톤 차우스 테러조직, 남부의 극우테러단체 키, 기타 단체들은 여전히 지방에서 자유롭게 활보했고, 정부군과 함께 미군에 의해 직간접적으로 무장됐다.주185

그리스 정부군은 1949년 1월 19일 공식 시작될 예정이었던 펠로폰네소스에서 수색작전의 기초가 될 '비둘기작전Operation Pigeon'을 앞두고 게릴라들을 색출하라는 명령을 내렸다. 정보기관들은 야간에 게릴라 지지자들을 체포해 심문하기 위해 섬으로 이송했다. 밴 플리트는 "게릴라전에서 정부는 적동조세력으로 의심받고 있는 사람에 관한 한 군인 여부에 관계 없이 그 사람의 권리를 보호할 의무가 없다"라고 주장했다. 그러나 미국의 언론과 그래디 대사는 "야만적인 그리스 병사들이 아무런 이유 없이 무고한 시민들을 잡아가고 있다"며 비난했다.주186 그리스 정부군이 펠로폰네소스에서 게릴라 부대와 싸우는 동안 일부 군 지휘관들은 미군의 장비를 키에 넘겼고 그들에게 누가 공산주의자인지를 결정할 심판권과 처리권을 주었다.주187

2월 11일 새벽 3천여 명이 넘는 게릴라들이 플로리나를 기습해 북쪽 고지를 점령했으나 정부군은 공군의 지원과 함께 인근 지역의 탱크와 장갑차 등을 동원해 반격했다. 이 전투에서 게릴라 500여 명이 사망하고 350명 이상이 붙잡혔다. 민주군대는 상당한 전투력을 상실한 뒤 비치 지역으로 퇴각했다. 1948년 12월부터 이듬해 2월까지 펠로폰네소스를 소탕한 차칼로토스는 펜조풀로스Thomas Penzopoulos에게 지역을 넘기고 에브리타니아Evrytania의 카르페니시온Karpenision을 장악한 뒤 남부 에피루스를 침투한 게릴라들을 추격했다. 3월부터는 그리스의 동북부 지방을 관할하는 군단이 동부 마케도니아와 에브로스의 대규모 게릴라 부대들을 소탕하는 결정적인 공격을 시작했다. 게릴라들은 서부 마케도니아까지 쫓겨 방어태세로 전환했다. 5, 6월에는 7만여 명에 이르는 정부군이 코린토스만 북쪽 중부 그리스의 산간 지역 소탕작전에 나섰다. 이 전투에서 유명한 게릴라 지도자 디아만테스 Diamantes가 사망했고, 그의 주검은 관영언론을 통해 공개됐다. 1949년 5월 그리스 육군은 하루 평균 45명을 사살하고, 그 두 배에 달하는 게릴라들을 체포했다.

이 시기 정부군은 장갑차와 전차, 포병의 엄호 속에 마을에 들어가 주민들에게 야만적인 행위를 가했다. 정부군은 마을을 약탈, 방화, 구타, 살육하고 여자들을 희롱하는 한편 노인과 여자들을 끌고 갔다.[주188] 이는 민주군대도 마찬가지였다. 민주군대 또한 정부군 장악하의 마을에 대한 공격을 통해 부족한 보급 등과 전투원을 확보하기 위해 약탈과 살상, 납치를 일삼았다. 또 한편으로 테러는 민간인들의 강제적 협조를 이끌어내는 도구가 되기도 했다. 1949년 2월 영국 무관의 보고서는 이를 보여준다. "민간인들의 사기가 점차 증가하고 있다. (중략) 이는 정보 수집에 있어 군과 헌병대에 민간인들이 제공하는 지원이 상당히 증가하고 있고, 게릴라들의 귀순이 크게 증가하는 것으로 나타난다. (중략) 군부대가 게릴라 지역을 점령한 며칠 동안 민간인들의 태도는 퉁명스럽고 의심스러웠으나 곧이어 정부군이 주둔하러 왔다는 사실을 알고 그들의 태도는 완전히 달라졌다. 특히 정보 협조가 늘었다."[주189]

1949년 미국과 그리스의 군사전략가들은 북부지방에서 남부지방으로 '지그재그식 확장 통제전략'을 되풀이했고, 그동안의 경험을 바탕으로 정부군의 지휘, 참모, 병참, 전투체계를 점진적으로 개선해 보다 효율적인 군대로 변모시켰다. 작전에 앞서 그리스 정부군은 전체 지역을 '무주지대'로 만들고, 게릴라들을 지원할 가능성이 있는 '이웃마을의 혐의자들에 대한 가장 강력한 조치들'을 취하면서 대규모 체포를 실시했다. 게릴라들의 탈출을 막기 위해 표적 지역을 봉쇄한 뒤 정부군은 야간과 악천후 속에 작전을 벌이며 게릴라 소탕과 소규모 부대 정찰을 실시했다. 영국군이 만들고 미군의 무기로 무장한 특수부대는 종종 이러한 작전의 선봉에 섰다. 일단 한 지역이 게릴라진영으로부터 벗어나면 도시에 거주하는 소개민들을 재정착시키고, 이들에게는 낮에는 밭에서 농사를 짓고 야간에는 전략촌으로 들어가도록 했다.[주190]

최후의 소탕전과 민주군대의 패배

자카리아디스는 1948년 11월 이후 민주군대의 실질적 지도자로 나섰다. 그람모스의 민주군대 근거지에 대한 정부군의 총공세 시기 민주군대 사령관 마르코스 바피아디스와 그리스공산당 총서기 자카리아디스 사이에는 심각한 전략적 충돌이 빚어졌다. 마르코스는 포위망을 뚫고 북쪽으로 간 뒤 흩어져서 타격하자는 생각이었다. 자카리아디스는 그람모스에서의 마르코스 바피아디스 부대의 입장을 지지하지 않으면서도 어쩔 수 없이 탈출 계획을 받아들일 수밖에 없었다. 그는 민주군대가 비치로 퇴각해 유고슬라비아 국경선을 맞대고 참호 구축을 희망했다. 그람모스에서의 철수는 위치전에 대한 그리스공산당 중앙위원회의 건의에 대한 재검토를 필요로 했고, 자카리아디스는 자신의 결정을 바꾸지 않았다.[주191]

마르코스 바피아디스의 항의를 무시한 자카리아디스는 민주군대 부대들을 신속하게 3~4개의 대대로 구성된 여단으로 편성했으며, 1천~2천여 명의 여단 병력은 또 5개 사단으로 구축했다. 마르코스 바피아디스는 1949년 1월 그리스공산당 중앙위원회에 의해 민주군대 총사령관에서 해임됐다. '중병'으로 해임됐다고 알려졌으나 사실 친티토파에 대한 대규모 숙청이 진행되면서 민주군대가 분열되고 있었던 것이다.[주192] 민주군대 소식지 『델티온 *Dheltion*』은 1949년 2월 8일 마르코스 바피아디스가 건강상의 이유로 모든 직위에서 사퇴했다고 밝혔다.[주193] 자카리아디스는 군사적 기술이나 재래전을 성공적으로 수행할 충분한 자원이나 인력이 없었는데도 1949년 여름 게릴라전을 완전히 재래전으로 전환했다.[주194]

이러한 민주군대의 게릴라전술에서 재래전으로의 전술 변화는 1948년 스탈린 - 티토의 분열이 가져온 결과 가운데 하나였고, 그리스 공산주의자들의 운명을 결정지었다. 민주군대는 정부군의 우세한 숫자와 화력으로 사실상 파괴된 지역에 경무장한 게릴라 부대를 집결시켰으나 이는 자살행위나 다름이 없었다. 게릴라전 전략가인 맥쿠엔은 민주군대가 2가지 전략적 대실수를 했다고 분석했다. 첫째, 그들은 근거지 구축, 민중 동원, 부대 보호라는 혁명군의 3대 원칙을 위반하고, 오히려 재래전으로 전환함으로써 주민들과의 긴밀한 접촉과 지원을 얻지 못했다. 둘째, 1949년 2월 코민포름이 마케도니아를 독립시키려 한 것은 게릴라들이 궁극적으로 승리할 때 그리스 영토의 손실을 의미했다. 이에 따라 유고슬라비아가 코민포름으로부터 이탈한 것은 민주군대에 대한 외부의 지지를 박탈한 것이나 다름없었다.[주195]

1948년 11월부터 급격하게 그리스 게릴라들에 대한 원조를 줄이던 티토가 1949년 7월 마침내 유고슬라비아 - 그리스 국경선을 폐쇄했다. 이에 자카리아디스는 라디오 방송을 통해 티토를 배신자로 규정하면서 그가 그리스에서의 전투 종결을 위해 미 · 영 스파이들을 만나고 있다고 격렬하게 비난했다.[주196] 유고슬라비아 외무장관은 "그리스 공산주의 지도자들이 그리스에서의 민주주의 운동의 대의를 망각하고 그리스 내정에 대한 외세 개입에 항거하는 투쟁보다 유고슬라비아의 투쟁 참여를 더욱 중요시 여겼다. 그들은 유고슬라비아가 왕당파 - 파시스트군대, 그리고 영 · 미 장교들과 협력하고 있다는 소문을 퍼뜨렸다. (중략) 유고슬라비아 정부는 더 이상 이를 참을 수 없다"며 그리스 공산주의자들을 비난했다.[주197] 국경선 폐쇄로 인해 유고슬라비아에 있는 민주군대 부대원 4천여 명이 격리됐고, 북부 그리스 민주

군대의 주요 집결지가 격리되는 결과를 가져왔다.[주198]

민주군대는 1947년부터 병력 규모가 평균 2만~2만 4천여 명이었으나 1949년 들어 사상자가 크게 증가했다. 이해 여름에는 여성 부대원 비율이 일부 부대의 경우 30% 수준에서 50%까지 높아졌다.[주199] 이는 민주군대의 전투력을 크게 떨어뜨렸다.

민주군대는 그리스에서의 공세 작전을 위한 마지막 거점으로 비치 산악 지역 주변에 강력한 방어망을 구축했다. 내전 이후 처음으로 그리스 군대는 40여 마일에 걸친 광범한 전선을 따라 공산주의자들의 위치전에 대응했다. 이는 내전의 최종적 국면이었다. 민주군대는 7천여 명의 병력을 비치에, 5천여 명은 그람모스 산을 따라 남쪽에 배치했다. 3천여 명은 주력부대 부근에 배치했다. 그리스 육군은 8월 10일 자정 그리스군 특공대가 비치와 그람모스에 있는 민주군대의 주요 방어거점을 기습하면서 최후의 공격작전을 개시했다. 정부군 병력 16만여 명이 작전에 참가했다. 8월 5일 정부군 3개 사단이 비치를 공격하면서 이를 은폐하기 위해 그람모스의 민주군대에 대해 공격을 시도했다. 이와 함께 또 다른 3개 사단은 비치의 민주군대를 기습했다. 전체적으로 비치에서만 정부군 5만여 명을 동원했다. 7,700여 명의 병력으로 추정되는 민주군대는 격렬하게 저항했으나 정부군의 우세한 화력에 압도되기 시작했다. 밴 플리트는 8월 11~12일 전투지역을 둘러보면서 그리스 지휘관들에게 "적들이 혼란에 빠졌을 때가 공격하기 가장 좋은 시점"이라며 계속해서 부대를 기동시킬 것을 요구했다. 정부군은 2천여 명 이상의 게릴라들을 사살하거나 체포했지만, 나머지 전투원들은 알바니아, 불가리아, 유고슬라비아로 탈주했다. 8월 25일에는 그리스 정부군 제3군단이 그람모스 공격을 개시했는데, 이번에는 포와 기관총, 로켓 등으로 무장한 51대의 비행기 지원을 받았다. 그람모스에서는 4,700여 명을 소탕하기 위해 2만 5천여 명의 병력을 동원해 맹렬한 공격을 퍼부었다. 정부군의 공격 숫자에는 국가경비대가 제외된 것이었다.[주200]

그람모스에서 그리스 전투기는 8월 24일부터 29일까지 엿새 동안 826회 출격해 250t의 폭탄과 로켓탄, 네이팜탄을 쏟아부었다. 민주군대는 결사적으로 저항했으나 그람모스와 비치를 방어할 수 없게 됨에 따라 정부군에 투항하거나 북부 발칸국가들로 후퇴했다. 8월 27일에는 그람모스 산악지대가 그리스 정부군에 넘어갔다. 유고슬라비아에 의해 국경선을 봉쇄당한 자카리아디스는 결국 게릴라 2천~3천여 명과 함께 8월 29~30일 야간을 이용해 알바니아 영토로 퇴각했다. 9월에는 민주군대의 마지막 잔여병력 1천여 명이 동부 마케도니아를 떠나 불가리아로 넘어갔다. 10월 16일 민주군대 라디오 방송은 그리스의 파괴를 막기 위해 전투를 임시 중단한다며 종전을 선언했다. 애치슨은 10월 19일 내전이 "실질적으로 끝났다"고 결론을 내렸고, 트루먼은 11월 28일 의회에서 그리스 정부의 승리를 선언했다. 자카리아디스는 소련과 알바니아, 불가리아 정부가 민주군대에 대한 지원 의사가 없음을 알고는 소규모 게릴라 습격을 계속했지만, 상황을 반전시킬 수는 없었다. 1949년 10월부터 1950년 사이 게릴라들의 활동은 점차 줄어들었다.[주201] 밴 플리트는 1950년 5월 2일 워싱턴에 게릴라 총인원을 500여 명 이하의 소규모 집단으로, 생존이 유일한 목적일 정도로 그들의 환경이 열악하다고 보고했다.[주202]

소규모의 고립된 전투가 산발적으로 가을 내내 이뤄졌으나 그리스 내전은 사실상 종결됐다. 얼마 뒤 소련 선박들이 알바니아 항구로 들어왔고, 민주군대의 잔여 병력을 태웠다. 이들 가운데 많은 이들은 소련의 오지에서 여생을 보냈다.[주203]

2) 내전의 피해와 유산

인적 · 물적 피해

그리스 내전의 후유증은 크고 깊었다. 모든 내전이 그렇듯이, 이로 인한 정확한 피해수치를 밝히기는 사실상 불가능하다. 피해의 규모는 관찰자와 연구자마다 다르다. 오밸런스는 그리스 정부 발표를 인용해 1945년 6월부터 1949년 3월 사이 게릴라 사상자는 사망 2만 8,992명, 수감 1만 3,105명, 귀순 2만 7,931명이며, 부상자는 발표하지 않았지만 전체 사망자의 2배가 될 것이라고 추정했다. 그는 또 같은 기간 정부군은 사망 1만 927명, 부상 2만 3,251명, 행방불명 3,756명이며, 민주군대에 의한 민간인 처형 3,156명, 지뢰 폭발 등으로 인한 사망 731명으로 분류했다.[주204] 우드하우스는 내전 시기 인명 피해와 관련해 사망자의 경우 정부측은 7만 명장교 1천 명과 사병 1만 4천 명 포함이며, 게릴라측은 3만 8천여 명이 사망하고 4만여 명이 체포되거나 귀순하는 한편, 주로 좌파에 의한 처형자는 5천여 명이라고 밝혔다. 또 난민은 75만여 명이 발생했으며 아동 납치 2만 8천여 명, 가축 및 통신 등의 피해는 추정이 불가능하다고 말했다.[주205]

위트너는 1943~1949년 전체적으로 15만 8천여 명이 사망하고 80만여 명의 난민이 발생했으며, 난민 가운데 10만여 명은 인근 북부지방 국가로 탈출한 것으로 추정했다. 그 밖에 부상자와 투옥된 사람들도 상당하다고 밝혔다. 위트너는 사망자수와 관련해 그리스 정부는 전투원 4만 명주로 게릴라, 미국 정부는 7만 5천 명, 영 · 미 관찰자들은 15만 8천여 명으로 추정한다고 언급했다. 그러나 상당수의 희생자들이 기록이 없는 민간인들이어서 15만 8천여 명이 타당하다고 주장한다.[주206] 클로즈는 1946~1950년 시기 좌익측 사망자는 2만여 명이며, 수용소와 교도소에 수감된 인원은 5만여 명으로 추정하는 한편, 정부측 사상자는 군과 헌병 사망자 1만 600명, 부상자 3만 1,500명이며, 행방불명 5,400명, 민간인 살해 3,500명으로 추정했다. 또 1947년 말까지 30만 명이 소개됐고, 1949년 말이 되자 70만 명이 소개된 것으로 추정했다.[주207]

존스는 내전 시기 정부군 사망 또는 행방불명 1만 3천여 명, 부상자 2만 6천여 명이며, 게릴라측 사망 3만 8천여 명, 부상 7만 6천여 명, 지뢰나 처형으로 민간인 사망 5천여 명, 아동 납치 2만 8천여 명, 난민 70만 명으로 집계했다.[주208] 조스는 정부군 사망자는 헌병을 포함해 사망 1만 7천여 명, 부상

4만여 명이며, 게릴라 쪽 사망 3만 7천여 명, 체포 2만여 명이고, 게릴라에 의한 민간인 처형 4천여 명, 게릴라에 의한 주택 방화 1만 2천여 채 및 철도역 파괴 98곳으로 추정했다.[주209] 쿠술라스는 1946~1949년 사이 정부군은 헌병을 포함해 사망 1만 6,753명, 부상 4만 398명, 행방불명 4,788명이고, 게릴라에 의한 주택 방화 1만 1,788채, 철도역 파괴 98곳, 열차 탈선 96회, 민간인 처형 4,123명, 교량, 터널, 철로 등 사보타주 1,611회 등으로 집계했다.[주210] 게롤리마토스는 내전의 직접 결과로 15만 8천여 명이 사망한 것으로 추정했으며, 이 가운데 그리스 정부군은 1만 1천여 명, 민주군대는 3만 8천여 명이 사망한 것으로 추정했다. 이와 함께 70만 명의 난민이 발생했으며, 5만여 명이 유형에 처해졌고, 아동 2만 8천여 명이 납치되거나 강제로 그리스를 떠났으며, 내전이 끝난 뒤 이들 가운데 1만 344명만이 그리스로 돌아온 것으로 추정했다.[주211]

칼리바스는 시기별로 희생자수를 분류했다. 그는 나치 독일의 점령 기간 4만여 명의 민간인들이 점령군이나 친독협력조직, 또는 보복작전이나 대량학살로 희생됐고, 좌파 저항단체도 1만 5천여 명에 이르는 민간인들을 학살한 것으로 추정했다. 이와 함께 친독협력조직원 2천여 명과 좌파 게릴라 4천여 명도 희생됐으며, 1945~1946년에는 3천여 명에 이르는 민간인들이 주로 우파에 의해 학살된 것으로 추정했다. 또 1947~1949년에는 정부군 1만 5천여 명과 게릴라 2만여 명이 사망했고, 4천여 명에 이르는 민간인들이 게릴라들에 의해 희생됐으며, 정부는 5천여 명의 좌파를 처형했는데 이들은 주로 생포된 게릴라들이었다고 밝혔다. 그는 전체적으로는 733만여 명의 인구 가운데 10만 8천여 명이 희생된 것으로 추정하면서, 이 숫자는 수만 명의 부상자와 강제소개, 도망, 투옥, 기소된 사람들을 제외한 것이라고 밝혔다. 그는 또 1,700개 이상의 마을이 부분적으로 또는 전체적으로 파괴된 것으로 추정했다.[주212]

나흐마니는 그리스 정부의 자료를 인용해 인명피해를 열거하면서 전체

〈표 4〉 연구자별 그리스 내전 사상자 통계

내전 시기	사상자			기타	연구자
	정부군	좌파·민주군대	민간인(가해주체)		
1945.6-1949.3	사망 1만 927명 부상 2만 3,251명 행불 3,756명	사망 2만 8,992명 부상 사망자 2배 체포 1만 3,105명 귀순 2만 7,931명	사망 3,156명(게릴라) 사망 731명 (지뢰폭발 등)		오밸런스
1945.6-1949.3	사망 1만 1천 명 부상 2만 3천 명 행불 8천 명	사망 2만 9천 명 체포 1만 3천 명 귀순 2만 8천 명 부상 미발표(사망자의 2~3배 추정)	4천 명(게릴라)	난민 100만 명 아동납치(정부 주장) 또는 안전피신(게릴라 주장) 2만 8천 명	나흐마니
	사망 7만 명	사망 3만 8,000명 체포·귀순 4만 명	사망 5천 명(좌파)	난민 75만 명 아동납치 2만 8천 명	우드하우스
1946-1950	사망 1만 600명 부상 3만 1,500명 행불 5,400명	사망 2만여 명 수감 5만여 명	사망 3,500명(처형)	난민 70만 명	클로즈
1946-1949	사망·행불 1만 3천 명 부상 2만 6천 명	사망 3만 8천 명 부상 7만 6천 명	사망 5천 명 (지뢰·처형)	난민 70만 명 아동납치 2만 8천 명	존스
1946-1949	사망 1만 7천 명 부상 4만 명	사망 3만 7천 명 체포 2만 명	사망 4천 명(게릴라)	주택방화 1만 2천 채 (게릴라에 의한) 철도역 파괴 82곳	조스
1946-1949	사망 1만 6753명 부상 4만 398명 행불 4,788명		사망 4,123명(처형)	주택방화 1만 1,788채(게릴라에 의한) 철도역 파괴 98곳	쿠술라스
1943-1949	사망 1만 1천 명	사망 3만 8천 명	민간인 희생자 10만 9천 명	난민 70만 명 아동납치 2만 8천 명 유형 5만 명	게롤리마토스
1941-1944	사망 2천 명 (친독협력조직)	4천 명(게릴라)	사망 4만 명 (점령군·친독협력조직) 사망 1만 5천 명 (좌파단체)	마을방화 1,700곳 이상	칼리바스
1945-1946			3천 명(주로 우파)		
1947-1949	사망 1만 5천 명	사망 2만 명	4천 명(게릴라) 5천 명(정부)		

700만 명의 인구 가운데 내전의 희생자는 10만~15만 명에 이를 것으로 추정하고, 100만 명에 이르는 인구가 노숙자가 됐으며, 2만 8천여 명의 아동이 납치그리스 정부 주장되거나 안전게릴라 주장을 위해 외국으로 이송됐다고 주장했다.[주213] 전체적으로 이들의 연구를 종합하면 내전으로 인한 희생자수는 10만~15만여 명으로 추정된다. 또한 대부분의 연구자료는 민간인 희생자를 따로 추정하지 않고 있다.

추축국의 점령과 내전은 그리스 경제를 폐허로 몰고 갔다. 체계적인 남벌로 산림의 75%가 파괴됐고, 2천여 개 이상의 마을이 불에 타 잿더미로 변했다. 그리스 화폐가치는 계속해서 폭락하고 있었다. 전체 인구의 3분의 1이 하루하루 연명하기 위해 전적으로 혹은 부분적으로 국가에 의존할 수밖에 없었다. 1949년 내전이 끝날 무렵 생계비는 점령 이전과 비교할 때 254배나 높아졌다. 반면 240만 명의 국민은 기아 일보직전에 처해 있었다. 강제소개정책은 심각한 사회적, 경제적 혼란을 초래했다. 이는 지방과 농촌에서 도시로의 국내 이주라는 결과를 가져왔다. 난민 70만여 명이 대도시 주변에 몰려들면서 심각한 경제적 불황을 야기했다. 국가는 동원중인 군인 가족이나 전사한 군인 가족을 책임졌는데, 이 숫자도 70만 명에 이르렀다. 전체적으로 그리스 인구의 34%가 국가보조금으로 살아갔다. 산업부문도 참담한 상황이었다. 공공부문과 민간기업에는 필요 이상의 직원들을 고용했다. 이는 점령 시기 독일이 실업자들을 추축국의 노예노동으로 이용하려고 파견했기 때문이었다. 그리스는 당시 국외 강제 이동을 막기 위해 정부나 산업계에 가능한 한 많은 사람들을 고용했는데 이는 탈점령과 내전이 끝난 뒤 상당한 부담으로 작용했다. 1948년 유급 고용자 가운데 3분의 1이 이런 방식으로 들어온 사람들이었다. 연금은 정치적 압력과 인플레이션의 압력으로 인상돼 1948년 전체 비군사 지출예산의 25%에 이르렀다.[주214]

정치범 처형과 내전의 여파

내전이 끝났지만 좌파와 좌파 협의자 및 동조자들에 대한 처형은 계속됐다. 군법회의에 따른 처형은 1949년 10월 유엔 총회기간에 일시 중단되기도 했지만 1951년 재개됐다. 정치범 숫자는 1955년 말 5,400여 명에 이르렀다. 내전 시기 정치범 숫자는 절정에 이르렀다. 5만여 명이 형무소나 수용소에 구금돼 있었다.

1947~1949년 5만여 명이 형무소와 수용소에 구금되거나 섬으로 추방됐다. 그리스공산당은 1947년 9월 1만 9,620명의 정치범들이 형무소에 수감돼 있고, 마크로니소스 섬에 1만 2천여 명의 장교와 병사들이 수용된 것을 포함해 3만 6,948명이 추방된 상태라고 밝혔다. 정부 비망록은 내전이 끝날 무렵 1만 8천여 명의 정치범이 있으며, 마크로니소스 수용소에 3만 1,400명정치추방자, 체포된 민간인 및 병사들이 있다고 집계했다. 이어 1년 뒤인 1950년 8월에는 정치범 1만 8,816명, 추방자 3,406명, 장교 및 병사 4,641명이 마크로니소스 섬 수용소에 수감된 것으로 집계됐다. 보글리스는 정치범의 유형을 3가지로 분석했다. (1) 법원이 아닌 보안위원회의 심사 이후 섬으로 추방된 정치적 유형자들 (2) 정식 법원1944년 12월 점령 시기 자행된 범죄사건에 의하거나 특별군사법원1946~1949년 사이 비상법률 위반에 의해 형을 선고받은 정치범들 (3) 협의가 없는 사람들이지만 '사회복귀'를 위해 마크로니소스 수용소에 구금된 군인들이다. 그러나 그리스 정부는 정치범이 없다고 선언했다. 그리스 정부 공보차관 아일리아노스Michael Ailianos는 1948년 5월 법무장관 라다스의 암살에 대한 보복으로 정치범들을 대량 처형한 뒤에도 "그리스 정부는 다시한번 정치범죄에 대한 처형이 있다는 것을 거부한다. 형무소에 구금된 수용자들 가운데는 이러한 범주의 사람들이 절대 없다고 부인한다"고 언급했다.[주215] 정치범이 없다는 그리스 정부의 공식 입장에도 불구하고 이를 믿는 그리스인들은 없었다.

많은 사람들이 이웃의 손가락질 등으로 투옥되거나 처형을 당하기도 했다. 투옥된 많은 여성들, 특히 농촌 여성들은 이념을 모른 채 전투에 참가했다. 수많은 젊은 여성들이 1940년대 그리스의 소용돌이치는 사건들에 휩쓸렸다. 그들에게 저항은 그리스의 농촌과 도시에서의 여성을 규정하는 질식할 것 같은 삶에서 탈출할 수 있는 기회였다. 달리아니스Mando Dalinanis의 사례는 내전의 비극성을 보여준다. 그녀는 1949년 4월 13일 아테네 의대를 졸업한 지 얼마 지나지 않아 불법 정치활동 혐의로 체포돼 아테네 인근 아베로프 형무소에서 21개월 동안이나 수감생활을 한 뒤 무죄 석방됐다. 그 뒤 그녀는 그리스 내전과 관련한 형무소 생활을 한 여성들에 대한 연구를 진행했다. 그녀가 체포될 당시 여성 수감자들은 애초 예상보다 10배나 많이 수감돼 있었다. 수감자들은 대부분 좌파, 장기수, 또는 사형선고를 받은 여성들이었다. 달리아니스의 동료 수감자들은 농민으로 절반은 문맹이었으며, 나머지는 겨우 초·중학교를 다니거나 졸업한 이들이었다. 남편이나 가족이 민족해방전선이나 민족인민해방군 또는 민주군대로 합류하는 등 남편의 게릴라 활동으로 체포된 여성들이 대부분이었다. 그의 연구에 나온 헬레니Heleni는 해방 무렵 남편 코스타스Kostas, 그리고 어린 세 자녀와 함께 타이게토스Taygetos산 부근에서 농사를 지으며 살았다. 그러나 남편이 게릴라 활동으로 독일군에 체포된 전력 때문에 1946~1947년의 백색테러 시기에는 우파단체들의 공격을 받았다. 견디다 못해 시내로 이사가 가게를 열었으나 그곳에서 남편의 형이 죽자 가게를 닫을 수밖에 없었다. 1947년 남편은 어쩔 수 없이 살기 위해 민주군대에 들어갔고, 부인과 아이들은 1948년 초 남편과 재회했다. 1년 가까이 야외에서 함께 산 이들은 민주군대가 철수하면서 조직 보호를 위해 여성과 어린이들을 데려가지 않자 굴속에 숨어 있다가 정부군에 붙잡혀 형무소로 들어갔다.[주216]

우파진영의 일방적인 선거운동에도 불구하고 1950년 3월 계엄령이 해제된 직후 실시한 총선에서는 중도파와 자유당이 승리했다.[주217] 내전 이후 첫 선거인 이 선거에는 15개 정당이 후보를 냈으며, 플라스티라스가 총리에 선출됐다. 그는 자유주의 성향의 중도연립정부를 구성했다.[주218] 우파진영의 선거 패배는 백색테러와 내전 집압 과정에 대한 민간인들의 분노가 표출됐기 때문이었다.

친미 반공우익 정부의 수립과 화해과정

그리스 내전은 그리스를 친미 반공국가로 만들었다. 국민의 충성을 강요하기 위해 국가가 정교하게 조직한 의회제도와 억압적인 통제 메카니즘이 결합된 사회정치 통제체제가 작동했다. 군 · 경의 보안감시망의 가동으로 사회정치 이데올로기와 모든 시민, 집단, 기관 등에 대한 특별감시보고서가 작성됐다. 내전 이후 1974년 군부독재가 붕괴할 때까지의 시기는 군 · 경의 감시를 통해 대중의 충성심을 강요하는 국가와 준국가 기구, 억압적 반공 캠페인이 개인의 생활에 침투하고 시민권의 자유를 제약하는 '그리스 매카시즘Greek McCarthysm'으로 규정됐다.[주219]

그리스 중앙정보부*KYP*는 1962년 6만여 명의 유급 정보원과 상당수의 국민들에 대한 문서를 만들어 감시했다. 민주군대 출신자는 물론 민족해방전선과 민족인민해방군 출신, 그리고 그들과 관련 있는 시민들은 공산주의 혐의자로 취급됐다. 1948년 제정된 법률 제516호에 따라 공무원이 되거나 여권, 운전면허증을 취득하려는 자는 '충성증명서'를 받아야 했다. 이 증명서는 군부독재정권이 몰락한 1974년에야 법률 제67호에 따라 공식 폐지됐다. 그러나 경찰은 여전히 습관적으로 이 증명서 발급을 요청받으면 내줬다. 내전 이후 그리스의 우파진영은 공산주의자들이 정권을 잡았다면 국가적 이익을 희생하고 소련의 내정 개입을 허용했을 것이라고 주장하면서 공산주의자들을 비난했다.[주220]

그리스 내전에서 미국의 적극 개입은 정치적, 경제적, 군사적으로 생존하기 위한 그리스 정부의 종속을 가져왔다.[주221] 나흐마니는 "내전의 결과 그리스는 거의 완전한 미국 식민지화로 귀결됐다. 이러한 국제적 개입이 없었더라면 그리스 내전은 기간이 더 짧았고, 희생자가 줄었거나 결과가 달라졌을 수 있다"고 분석했다.[주222] 그리스인들의 반미감정 또한 격렬하게 표출됐다. 그리스의 좌파 게릴라 집단인 '혁명투쟁Revolutionary Struggle'은 1967~1974년 그리스를 철권통치했던 우파 군사독재정권에 대한 미국의 지지에 대한 분노의 표시로 1975년 12월 아테네 주재 미중앙정보부 지부장 웰치Richard Welch를 암살했고, 그 뒤에도 3명의 미국 외교관들을 살해했다. 1973년 11월 17일 철권통치에 맞서 아테네 폴리테크닉대학에서 학생봉기가 일어났으나 군사독재정권은 탱크로 봉기를 진압해 수십 명이 사망했다. 이날은 그리스의 현대 민주주의 날로 간주되고, 해마다 이날이 되면 수만 명의 노조원과 좌파진영, 일반인들이 폴리테크닉대학에서 중무장된 미국 대사관까지 행진한다. 그리스인들은 이 행진을 통해 국내 정치에 대한 미국의 개입에 대한 분노를 표출하는 기회로 여겼다.[주223]

내전 당시 탈영했다가 53년 만에 붙잡힌 시민도 있었다. 2002년 2월 8일 바이야스Dimitris Vayias가 펠로폰네소스의 칼라마타에서 내전 시기 탈영 혐의로 53년 만에 붙잡혔다가 석방됐다. 펠로폰네소스 서남부 암벨로키피Ambelokipi 출신인 그는 1946년 게릴라들의 무기를 은닉했다는 이웃의 신고로 그의 부친과 함께 체포돼 고문을 받았다. 부친이 1948년 사망한 뒤 그는 자신을 체포했던 사람들에 의해 그리스 북부 그람모스 산악지대에서 민주군대와 전투하기 위해 정부군에 징집됐다가 1949년 5월 민주군대에 합류하기 위해 부대를 이탈했다. 그는 민주군대가 패배하자 모스크바로 탈출해 대학에서 전기기사로 생활했으며, 1988년 귀국한 뒤에는 칼라마타 전문대학에서 학생들을 가르치다가 퇴직했는데 당국에 붙잡혔던 것이다.[주224]

1981년 10월 안드레아스 파판드레우Andréas PapAndréau가 이끄는 범그리스사회주의운동PASOK이 다수당이 된 뒤 화해가 이뤄지기 시작했다. 이 해는

'화해'가 그리스의 정치현안으로 부상한 해였다. 파판드레우는 선거를 '국민과 역사의 만남'이라고 주장하면서 '화해'를 정치아젠다의 중심으로 부상시켰다. 이 선거를 통해 파판드레우와 범그리스사회주의운동은 그리스 사회의 상당 부분을 지배했던 차별을 끝내기 위해 좌파진영의 역할에 대한 재평가를 바탕으로 화해의 필요성과 역사바로세우기를 시도했다.[주225] 범그리스사회주의운동은 정부를 수립하면서 다음과 같은 3가지 화해정책을 펼쳤다. (1) 그리스 중앙정보부가 보관하고 있는 시민들에 대한 비밀서류의 이용 철폐. (2) 공산국가로 피난을 떠난 민주군대 전사들의 귀국 허용. (3) 공산계열 민족해방전선의 저항운동 인정. 이러한 정책들은 화해를 약속하고 정상적인 상황으로 돌아오게 하는 것이었다.[주226]

비밀문서의 파기는 범그리스사회주의운동의 주요 공약이었다. 파판드레우는 1980년 1월 2일 그리스 국민의 절반 이상에 대한 비밀문서가 있으며, 집권하게 되면 모든 종류의 정치 감시를 폐지하겠다고 선언했다. 경찰과 보안 관련 당국이 보유하고 있는 문서는 당시 전체 인구 950만 명에 4,120만 건에 이르렀지만 범그리스사회주의운동 집권 기간1981~1989년 내내 폐기하지 못했다. 파판드레우 정부는 1982년 법률 제1291호로 사전 전화와 개인의 사적 대화를 보호하기 위해 전화 도청이나 개인 우편 열람 금지 등을 입법화했으나 감시는 계속 이뤄졌다.[주227] 1982년 9월에는 민족해방전선 · 민족인민해방군 출신들의 지위를 인정하고 조직원들에 대한 특권을 인정하는 법안이 의회에서 통과됐다. 이 법률에 따라 제2차 세계대전에 참가했던 저항운동이 인정됐으며, 연금 수령 권한도 부여됐다. 그리스 전역에는 자항의 기념물들이 세워지고, 학교 교과서에는 여러 저항단체들에 대한 내용도 실리게 됐다.

1983년에는 장관 훈령을 통해 좌파의 정치적 권리를 박탈하고, 정치 난민들과 그 자녀들의 귀국을 막아왔던 일련의 포고령을 무효화했다. 1985년에는 정치적인 이유로 해고됐던 공무원들의 연금 수령권을 회복시켰다. 하지만 좌파는 내전을 '빨치산전쟁*Emphylios*'이라고 하고, 중도와 우파는 '비적전쟁*Symmoritopolemos*'이라고 규정해왔다. 1989년 6월 총선에서 신민주당이 집권한 뒤 7월 2일 범그리스사회주의운동과 연합해 좌·우 연립정부 총리에 취임한 차네타키스Tzannis Tzannetakis는 '민족화해'를 역설했다. 그는 화해 약속을 실천하기 위해 이 해 '1944~1949년 내전의 영향 해제에 관한' 법률 제1863호를 제정해 '비적전쟁' 대신 '내전civiel war'을 공식 용어로 채택했다. 민주군대 출신들은 더 이상 '비적'이 아닌 '전사'로 불리게 됐다. 내전 시기부터 군사독재정권이 붕괴된 1974년 7월 24일까지 정치행위와 관련한 모든 범죄 혐의자들의 기록이 삭제됐고, 연금 수령권은 내전 사망자, 고문이나 집단수용소 또는 유형으로 인해 형이 끝난 뒤 6개월 이내 사망한 민주군대 '전사'들 가운데 장애자나 그 친척들로 확대됐다. 이와 함께 그람모스 전투 40주년을 맞아 1989년 8월 30일 연립정부는 애초 범그리스사회주의운동 집권 시절 수집된 4,120만 건의 문서 가운데 165만 건의 문서를 소각했다.

제3장

제주4 · 3

제주 성산면 지역의 보통학교 학생들이 1942년 10월 26일 '성산청년사열단' 이름으로 서귀포에서 열린 행사에 참석한 뒤 천지연폭포 앞에서 기념사진을 촬영했다.

1942~1943년 제주농업학교 학생들이 일장기 앞에서 정좌하고 있는 모습. 일제의 황국신민화 교육은 곳곳에 스며들었다.

1943년 성산면 수산리 고몽찬이 일본군 지원병으로 입대하기에 앞서 마을 주민들과 함께 기념사진을 찍었다. 그는 해방이 된 뒤에도 돌아오지 못했다.

애월면 청년들이 1943년께 특별연성훈련을 받고 있다. '묻지 마라 갑자생'으로 통하는 1924년생들은 특별연성훈련을 받고 1944~1945년 일본군으로 강제징병됐다.

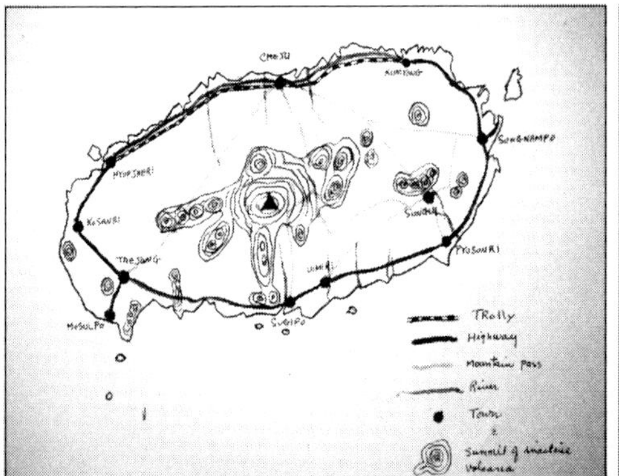

미군정청 유진 크네즈 대위 일행과 조선산악회 학술조사대(대장 송석하)가 작성한 일제 강점기 때의 제주도 지도(1946년 2월).

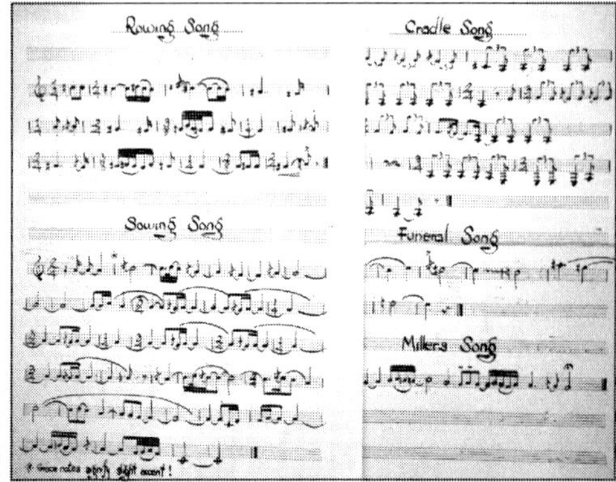

유진 크네즈 일행이 채록한 제주도 민요 악보(1946년 2월).

조선산악회 학술조사대 일행이 한라산 정상에 올라 기념사진을 촬영했다(1946년 2월).

1946년 2월까지 제주읍에 남아있던 신사(동영상 캡쳐).

1946년 2월의 제주성안 지도.

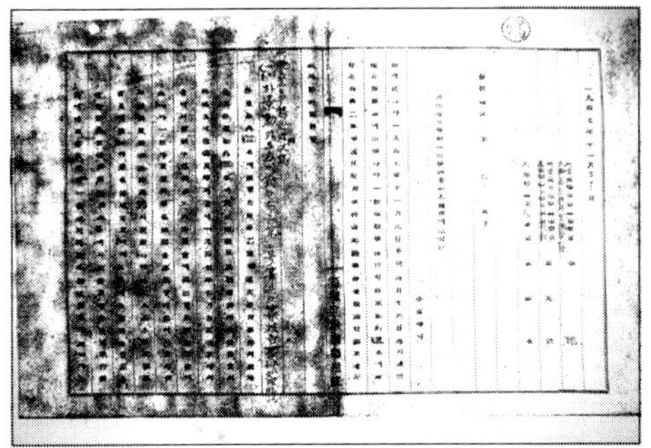

1947년 11월 30일자 이후 서울고등검찰청 검찰관 일행이 제주도에 파견돼 조사(11.9~11.16)를 벌였던 '제주지방검찰청 출장조사 전말에 관한 건' 보고서. 이 조사는 박경훈 전 도지사 등의 포고령 위반사건 조사에 집중됐다. 보고서는 검찰총장 이인에게 보고됐다. ©NARA

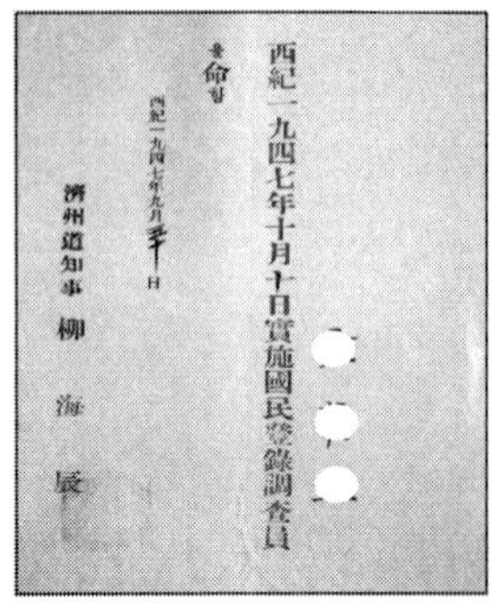

西紀一九四七年十月十日實施國民登錄調査員

命함

西紀一九四七年九月三十日

濟州道知事 柳 海 辰

1947년 10월 10일 실시된 국민등록조사원 임명장. 1947년 9월 30일자로 도지사 유해진이 임명한 것으로 돼 있다.

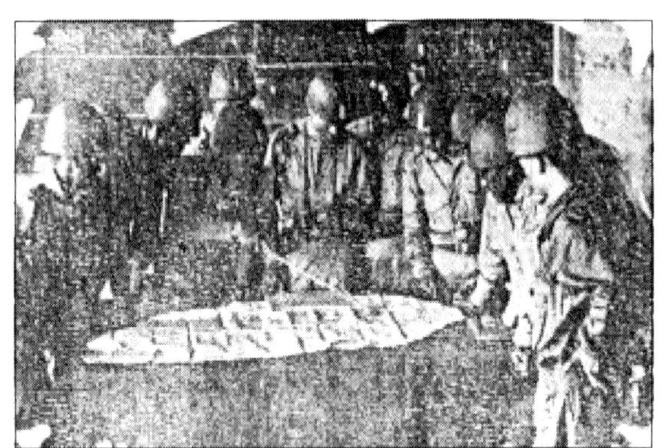

평화협상 직후로 추정되는 경비대 작전회의 모습. (『국제신문』, 1948.8)

평화협상 당시 무장대 모습. 무기는 일본도와 죽창이 대부분이다. (『국제신문』, 1948.8)

박진경 연대장이 백선진, 고문관 데이비슨, 한국계 미군 김 대위 등과 작전을 논의하고 있다.(1948.5~6).

Reds Start Trouble In Korea

(Signal Corps Photo)

Maj. Gen. W. F. Dean, military governor of Korea, arrives on Cheju Island to confer with Lt. Col. James R. Mansfield (right). Communists in the area have started an uprising in an effort to disrupt the coming Korean elections.

1948년 5월 5일 군정장관 딘이 제주비행장에서 맨스필드, 유해진 등과 얘기를 나누고 있다.
(*Stars and Stripes*, 1948.5.11)

Korea MG

(Signal Corps Photo)

Maj. Gen. William F. Dean, American Military Governor of South Korea, who is playing a vital role in the approaching general election in the American zone. Yesterday he charged that Communist-trained rabblerousers have been landed on Cheju Island and will cause trouble there over election day.

군정장관 딘이 제주도 사태를 언급하는 기사.
(*Stars and Stripes*, 1948.5.7)

제주도 주둔 국방경비대 제9연대 고문관 리치 대위와 경비대 중대의 장교가 제주도 지도를 펴놓고 마을을 공격할 계획을 세우고 있다(1948.5.15) ©NARA

4·3 발발 당시 제주도 민정장관 맨스필드 중령 부부(1948.5~8).

기마경관의 모습이 위압감을 준다. 옆으로 물허벅을 진 한 여인이 고개를 숙인 채 걸어가고 있다. 미공군정훈팀 촬영(1948.5.21). ©NARA

'제주도 여성들은 언제나 일한다'라는 제목의 이 사진에는 "섬의 여성들은 등에 짐을 지지 않고 나서는 일은 드물다. 가옥 지붕은 바람의 피해를 막기 위해 줄로 고정돼 있다"는 설명이 붙어있다. 미공군정훈팀 촬영(1948.5.21). ©NARA

제주농업학교에서 열린 박진경 연대장 장례식에 참석한 통위부 고문관 로버츠 장군(1948.6).

박진경 연대장, 리치 대위, 미군 김 대위, 데이비슨 중위(1948.5~6).

제11연대 기념사진. 앞줄 왼쪽부터 백선진 소령, 고문관 리치 대위, 연대장 최경록, 김종면 중령, 작전참모부 고문관 웨스트 대위, 부연대장 송요찬 소령, 이○○, 이수복 대대장, 뒷줄 왼쪽에서 두 번째 김○○, 유○○, 고○○ 대대장, 임부택, 최갑종, 서종철 대대장, 김○○이다(1948.7~8).

제11연대장 최경록

9연대 1대대장 고 대위

제주여성들 앞뒤로 미군이 보인다(1948.6~9).

진압작전을 벌이고 있는 11연대(1948.6~8).

'제주도에 와 있는 각지 토벌대는 즉시 철거하라'는 무장대 유인물 ©NARA

제주비행장에 있는 미군부대 사무실. 'OPERATIONS CHEJUDO'라는 표지판이 보인다.
(1948.6~9월).

미군이 제주비행장에 있는 연락기 L-5를 청소하고 있다. 연락기는 4·3 진압작전 과정에서 토벌대에게 큰 도움을 줬다(1948.6~9).

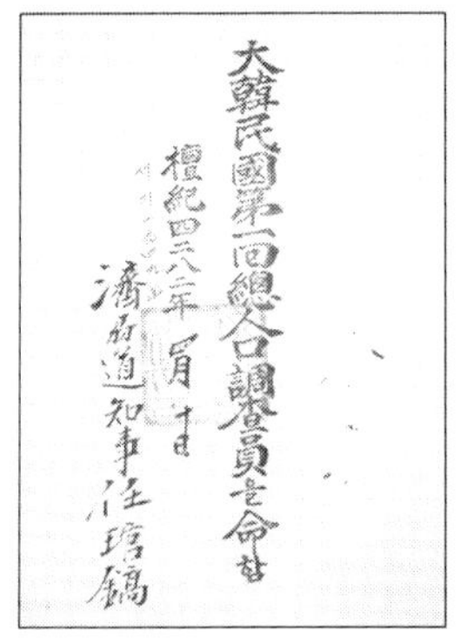

大韓民國第一回總人口調査員을命함

檀紀四二八二年 四月 十日

濟州道知事 任瓘鎬

1949년 4월 10일자 인구 조사원 임명장

한 해녀가 물질을 끝내고 나오고 있다.(1948.6~9).

제주도의 한 농가에서 농민들이 도리깨질을 하고 있다.
(1948.6~9).

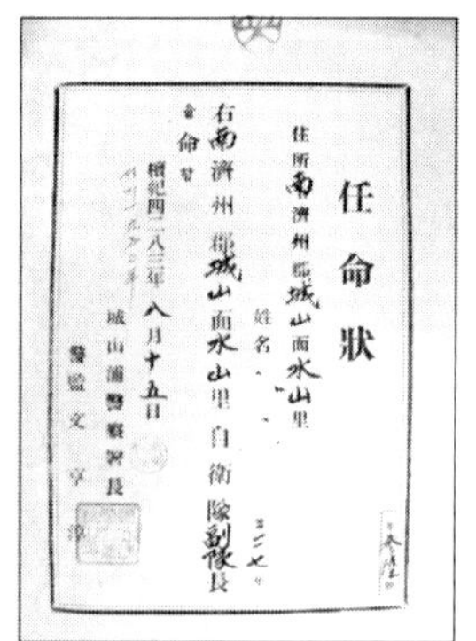

任命狀

住所 南濟州郡城山面水山里

姓名

右 南濟州郡城山面水山里自衛隊副隊長을

命함

檀紀四二八三年 八月十五日

城山浦警察署長

警監 文亨淳

1950년 8월 15일 성산포 경찰서장 문형순 명의의 자위대 부대장 임명장

유엔민사처(UNCACK) 제주도팀 장교 및 민간인 직원(뒷열 왼쪽부터) 대위 Robert E. Jacobs (Chicago, ILL), Mr. Tin Yem(Canada), Dr. Charles V. Dukoff(New York, N.Y.), Mr. Leo Koenigsber(Scotland), 대위 James J. Greene(Macon, GA), (앞열 왼쪽부터) 소령 Charles E. Gilbert(Columbus, Ohio), 중령 Stanley R. Lauferski (Sandiego, Calif), 소령 Ferdinand J. Roeber(Sandiego, Calif) (1952.7.8) ©NARA

유엔민사처 제주도팀 소령 길버트가 제주도의 피난학교의 교직원들과 포즈를 취하고 있다. 뒤에 있는 천막은 유엔민사처가 교실로 사용하도록 피난민 학교에 배분한 것이다.(1952.7.8) ©NARA

제1절

태평양전쟁과 제주도, 그리고 미국

1. 근현대 시기 제주도의 지정학적 조건과 열강

1) 제주도와 열강의 관심

제주도는 한반도 본토와 중국 대륙 및 일본 열도의 한가운데 위치하여 해양세력과 대륙세력의 경계선에 있다. 중국과 일본, 러시아, 한반도 본토에서 보면 제주도는 동중국해의 입구 또는 가장자리에 자리하고 있다. 이러한 제주도의 지정학적 위치가 외국에 본격적으로 알려지면서 제주도는 주변 국가들의 전략적 관심을 받아왔다. 19세기 말부터 20세기 초에 걸쳐 제주도를 주목한 국가는 일본과 러시아였다. 러시아는 태평양으로의 진출을 꾀하기 위해 조선에 영향력을 행사하려 했고, 일본 또한 대륙진출을 위해 영향력을 행사하고 있었다. 일본은 기본적으로 제주도를 조선과 중국, 일본 3국의 중간지점에 위치한 전략적 요충지로 간주하고, 태평양전쟁에서 패전하기까지 그러한 인식의 토대 위에서 제주도를 이용했다.

1880년대 중반 외신 보도를 보면 러시아가 남진을 위해 제주도 점령을 시도한다고 보고 일본이 민감하게 반응하고 있음을 알 수 있다. 『뉴욕 타임스』는 1885년 1월 "러시아가 제주도를 해군기지로 점령하려는 의도를 가지고 있다"고 보도했다.[주1] 이 해는 러시아와 일본의 제주도에 대한 전략적 관심이 집중적으로 제기된 해였다.

같은 해 3월 12일자 『오사카마이니치신문大阪每日新聞』주2은 제주도의 지정학적 위치에 대해 "일본, 중국의 근해를 견제하는 데 강력한 장소인 만큼 러시아가 제주도를 점령하게 되면 러시아는 동양에서 세력을 현저히 증가시켜 조선은 물론 일본, 중국에도 심각한 문제와 영향을 미치게 될 것"이라고 보도했다.주3

일본 나가사키현에서 발간됐던 『진제이닛뽀鎭西日報』주4도 『오사카마이니치신문』과 비슷한 시기인 1885년 4월 15일 "러시아가 욕심을 가지고 연안을 측량한다고 전해지는 조선 제주도는 우리 히젠肥前주5의 고토五島와 마주보고, 일본 · 중국 · 조선 3국 사이에 있어 군사와 상업상 대단히 중요한 위치를 차지한다"고 언급했다.주6 한 · 중 · 일 3국의 한 가운데 자리 잡은 제주도가 군사와 상업적으로 '대단히 중요한 지위'를 차지한다는 일본에서 발간된 신문의 보도는 일본의 제주도에 대한 지정학적 위치에 대해 갖는 관심을 보여준다.

일본은 19세기 말 제주도의 군사적 중요성만이 아니라 중국이나 말레이반도 등 동중국해를 거쳐 일본으로 통항하는 교통로를 통한 상업적 역할에 관심을 보이고 있다. 『진제이닛뽀』는 1885년 5월 1일자 '영 · 로英露 관계, 조선에 파급'이라는 제목의 사설을 통해 그동안 제기됐던 제주도와 관련된 영국과 러시아의 움직임을 전하면서 일본의 대응방안을 전체적으로 짚고 있다.

> 영함(英艦) '아가메논'호 및 다른 2척이 '포트 해밀턴'(거문도)에 정박하고 있다는 소문이 최근 더욱 자자했다. 또 로국(露國)이 '퀠파트'(제주도) 점령 담판을 조선과 벌인다는 것을 풍설이라고 듣고 넘길 수가 없다. 만약 이 소문이 사실이라면 이는 조선으로서는 심히 우려되는 대환(大患)이다. 조선뿐 아니라 일·청 양국의 우환도 된다. 더욱이 로국이 '퀠파트'를 노리는 것은 오늘의 일이 아니라는 것은 일찍부터 세상사람이 아는 바이다. (중략) 지도를 보니 '퀠파트'는 전라도와 남해에 있다.

> '포트 해밀턴'도 그 가까이에 있다. 사실 일본과 조선 사이의 요충지여서 사할린해와 헤이룽장에서부터 일본해를 거쳐 남하하는 전함을 막는 데 중요한 곳이다. 러시아가 퀠파트를 얻는다면 이는 남출(南出)의 요항(要港)을 얻는 것이다. 영국이 '포트 해밀턴'을 차지하면 로함의 맥락을 끊는 것이 된다. (중략) 러시아가 만약 (제주도를) 점령한다면 이를 토대로 향후 조선 내지(內地)를 빼앗는 근거지로 삼을 것이다.

제주도를 '요충지'로 인식한 일본 언론들은 러시아가 제주도를 점령하면 러시아가 추구하는 남진정책의 주요 항구를 얻게 되는 것으로 간주했다. 이에 따라 일본은 러시아가 제주도를 점령하는 것을 결코 대안對岸의 불처럼 그냥 보고만 있을 수 없었다.[주7] 이러한 인식의 바탕 위에서 제주도의 군사기지화에 대한 관심을 기울이기 시작한 일본은 군함 류죠龍驤함을 제주도 근해에 파견해 측량했다.[주8]

일본은 이 시기 제주도 연안을 조선 최고의 황금어장으로 인식하고 어족자원 침탈에 나섰다. 제주도와 거문도, 녹도 부근에는 일본 야마구치, 나가사키, 사가, 에히메, 히로시마, 구마모토현 등 일본 각지에서 500~600여 척의 어선이 몰려들어 경쟁적으로 조업활동을 벌였다. 이 가운데 가장 중요한 곳은 제주도였다. 일본 어민들이 조선 근해에서 어로활동을 하기 위해서는 제주도 연안을 거쳐야 했다. 이 과정에서 제주도 부근에 어장이 형성됐기 때문에 제주도는 일본 어민들의 집중표적이 됐다.[주9]

제주도 어장에는 전복, 해삼, 조개들이 많이 났으며, 조선이 중국으로 수출하는 양의 절반에 이를 정도로 어장이 풍부했다.[주10] 이로 인해 1883년 중반부터 일본 어민들이 잠수기계 등을 갖고 몰려와 전복 채취 등 어업자원을 약탈하자 조선정부는 1884년 일본정부에 제주도 연안에서의 어업활동을 중지해 달라고 요청하기도 했다.[주11]

그러나 일본 어민들의 어장 침탈행위로 생계에 타격을 받은 제주도 어민들이 일본 어민들의 어선을 부수고 어로용 기계들을 바다 속에 집어넣는 충돌사건도 일어났다. 이와 관련해 일본정부와 조선정부는 협상을 벌여 조선정부가 손해배상금을 2년 동안 지불하기로 했다. 쓰시마 이즈하라의 사족士族 후루야 하루아키古屋治明는 조선정부로부터 손해배상금 7,000엔과 함께 특별조약을 맺어 조선정부의 고용명목으로 6개월 동안 제주 연안의 어업허가를 받고 1887년 4월부터 잠수기를 동원해 전복잡이에 나섰다. 그러나 생존권을 빼앗기던 제주도 어민들은 일본 어민들이 6개월만 어로활동을 해도 생활에 막대한 피해를 입기 때문에 이를 금지하도록 하는 방법밖에 없다고 조선정부에 탄원하고, 이들의 어업활동을 방해했다.주12 제주도 어민들의 입장에서는 우수한 기계를 이용한 일본 어민들의 어로 활동 자체가 생존권을 빼앗는 것이나 다름없었기 때문이었다.

제주도의 전략적 가치와 동아시아의 세력관계는 1885년 3월 12일자 『오사카마이니치신문』에서 언급되고 있다. 이 신문은 "러시아가 조선의 제주도를 장악해 군함 정박소로 만들겠다는 소문은 본지에서도 조금 기재하여 둔 바 있었다"며 "러시아의 『오-스치』지는 지난 1월 말 홍콩에서의 보도라고 하면서 다음과 같은 내용의 기사를 실었다"고 밝혔다.

> 러시아가 그 섬(제주도)을 장악하면 앞으로 조선의 수도인 경성에 러시아의 군사적 위력을 과시할 필요가 있을 때는 아주 쉽게 할 수 있고, 러시아가 태평양에 위력을 떨치는 데도 큰 도움이 될 것이다.

러시아는 대륙국가이며 북극양, 발트해, 흑해, 오호츠크해, 동해에 접해 있으나, 동해를 제외하고는 해운과 관련해 활용할 수 있는 바다가 사실상 없었다. 러시아는 동해의 블라디보스토크를 통해 태평양으로 진출할 수 있지만 부동항 구실을 하지 못해 부동항의 확보에 강한 집념을 보여 왔다.

이에 맞서 세계 곳곳에서 러시아와 충돌하던 영국은 대응책으로 거문도 점령계획을 세웠다. 이에 따라 1885년 4월 영국 동양함대 사령관 도웰William M. Dowell 제독이 이끄는 영국군은 23개월 동안 거문도를 점령했다.

일본과 러시아가 제주도의 전략적 또는 상업적 중요성을 인식하고 서로를 경계하던 1885년 8월 『워싱턴 포스트』는 "제주도는 중국, 일본, 조선 사이에 있는 1급first class의 중요성을 지닌 전략적 위치strategic position에 있다"며 "제주도는 상하이에서 150마일 정도 떨어져 있다. 외세의 훌륭한 함대 기항지가 될 것이다. 조선 정부는 제주도를 방어할 위치에 있지 않다. 러시아가 일단 제주도를 점령하면 현재 일본 소유의 쓰시마도 필연적으로 비슷한 운명에 놓이게 될 것이다"고 전망했다.[주13] 이 신문은 제주도가 동북아시아에서 지니고 있는 전략적 위치에 주목하면서 러시아가 제주도를 장악하면 다음은 쓰시마가 점령될 운명에 놓이게 될 것이라고 분석했다.

제주도가 갖고 있는 지정학적 위치에 대한 인식은 러시아, 일본, 미국이 크게 다르지 않았다. 조선 주재 미국 공사 알렌Horace N. Allen은 1901년 제주도에서 이재수란이 일어나자 국무부에 "프랑스 포함 2척과 일본 군함 1척이 제주도로 급파돼 외세의 개입을 야기할 개연성을 불러일으켰다"며 "제주도는 좋은 지점에 위치하고 있다"고 보고했다.[주14]

2) 일본 제국주의와 전략적 요충지

동아시아에서 세력 각축을 벌이던 일본과 러시아의 충돌이 폭발적으로 나타난 것은 러·일전쟁이었다. 만주와 조선에 대한 배타적 지배권을 놓고 일본과 러시아가 벌인 제국주의 전쟁에서 전략적 요충지로서 제주도가 새삼 주목을 받았다.

러·일전쟁 당시 도고 제독이 이끄는 일본 해군은 러시아 함대가 쓰시마를 경유해 블라디보스토크로 가는 항로를 이용할 것으로 확신했다. 러시아 함대 제독 로제스트벤스키Rojestvensky는 1905년 5월 27일 제주도 부근을 거쳐 쓰시마로 향하고 있었다. 이날 새벽 제주도 북쪽에서 정찰활동을 벌이던 일본 해군의 정찰정들은 러시아 함대가 쓰시마 방면으로 항해하고 있다는 사실을 통보했고, 이 전문을 받은 도고가 이끄는 일본 해군은 쓰시마 북쪽 방향에서 다가오는 러시아 함대를 공격해 13척을 침몰시키고 6척을 나포하는 대승리를 거뒀다.[주15] 일본이 러시아 함대를 상대로 한 승리의 시발점이 제주도 부근 해상이었던 셈이다. 이로 인해 러시아는 러·일전쟁에서 패해 태평양으로 진출하려던 계획을 접을 수밖에 없었다. 조선은 1905년 일본의 보호국으로 전락되고, 1910년 일본에 병탄됐다. 일본은 조선을 대륙진출의 통과지로 확보하는 정책목표를 달성하고, 동북아시아의 패권을 장악했다.[주16]

러·일전쟁에서 승리한 일본의 제주도에 대한 지정학적, 전략적 인식은 중·일전쟁을 앞두고 본격적으로 실행에 옮겨졌다. 일본은 1931년 3월부터 제주도 서남부 모슬포 알뜨르에 60만 m² 규모의 제주도 항공기지일명 알뜨르비행장 건설에 들어가 5년여 동안의 공사 끝에 기지를 완공하고 중국 본토에 대한 폭격기지로 활용했다. 비행장 공사가 끝난 시점은 일본이 1937년 7월 7일 루거우차오盧溝橋사건을 계기로 전면적인 중·일전쟁을 개시했던 때였다. 일본 해군기들은 1937년 8월부터 나가사키현의 오무라 항공기지에서 출격해 중국 난징南京과 상하이上海 등지를 폭격하고 제주도에 착륙했다. 같은 해 11월 일본군이 상하이 부근을 점령해 비행장을 확보하자 오무라 해군 항공대는 중국으로 근거지를 옮겼다. 이 사이 제주에서 난징을 공습한 횟수는 36회, 연 600기 폭탄 투하량은 300t에 이르렀다.[주17] 알뜨르비행장이 들어서기 전에 있었던 저근개, 골못, 광대원 등의 자연마을들은 일본의 침략전쟁에 활용하기 위한 비행장 확장공사로 완전히 사라졌고, 주민들은 삶의 터전을 빼앗겨 쫓겨났다.[주18]

이후 1944년 중반 일본은 대륙으로부터 물자 수송을 위해 조선대한해협의 항로 확보를 모색하게 됐고, 중국 대륙에서 발진하는 미군의 B-29 폭격기가 일본 규슈 북부를 공습할 경우 제주도 상공을 통과할 것으로 예상한 일본은 1944년 5~6월경 모슬포에 레이더기지를 개설했다. 1944년 6월 16일부터 1945년 1월 6일까지 단기單機 공습을 빼고 중국기지에서 10차례에 걸쳐 B-29

의 규슈 공습이 행해졌으며, 일본 육군은 모슬포에 설치된 전파경계기를 통해 7차례나 B-29의 비행을 탐지하기도 했다.

19세기 말부터 동아시아의 맹주를 꿈꾸던 일본은 이처럼 제주도를 일제강점기 중·일전쟁의 기지로 활용했으며, 태평양전쟁 말기에는 최후의 결전지역으로 활용하려 했다.

그러나 주변 국가들은 제주도 주변 연안에 대한 측량 경험이 많지 않았으며, 암초가 많은 제주 연안에서 종종 좌초되는 사건이 발생하기도 했다. 20세기 초 제주도 주변 연안에서 발생한 최대의 좌초사건은 당시 영국 해군의 최대 순양함인 9,800t급 베드포드Bedford호 좌초사건이었다.

베드포드호는 중국의 웨이하이를 출항해 일본 나가사키로 항해하던 중 1910년 8월 21일 제주도 연안에서 짙은 안개로 좌초해 18명이 목숨을 잃었다. 이 순양함은 1900~1903년 영국 해군이 건조한 최대 규모의 순양함이었으나 수리가 불가능할 정도의 상태로 파손됐고, 함장 피츠허버트Edward S. Fitzherbert는 좌초에 대한 책임을 지고 해임됐다.[주19]

3) 미·소의 제주도 군사기지화 논란과 미국의 인식

제2차 세계대전의 종전은 다른 의미에서 보면 냉전의 시작이었다. 미국과 소련은 2차 세계대전 종전 이후 이데올로기의 확산과 저지로 맞서면서 세계 도처에서 대립했다. 이러한 과정에서 1946년 10월 국내 신문들은 미국의 제주도 군사기지화 문제를 거론하기 시작했다.

미국 뉴욕발 『에이피AP』 기사를 인용해 보도한 국내 신문들은 "조선의 제주도는 장차 서부태평양지구에 있어서의 '지브롤터'화 할 가능성이 있다. 제주도가 금일과 같은 장거리 폭격 시기에 있어서 그 군사적 중요성을 띄우고 있음은 이 기지로부터 동양 각 요지에 이르는 거리를 일별하면 능히 해득할 수 있는 것이다"라고 보도했다.[주20] 이 기사는 중·일전쟁 시기 일본이 중국 폭격을 위한 도양 폭격기지로 제주도를 활용했던 것과 같이 제주도를

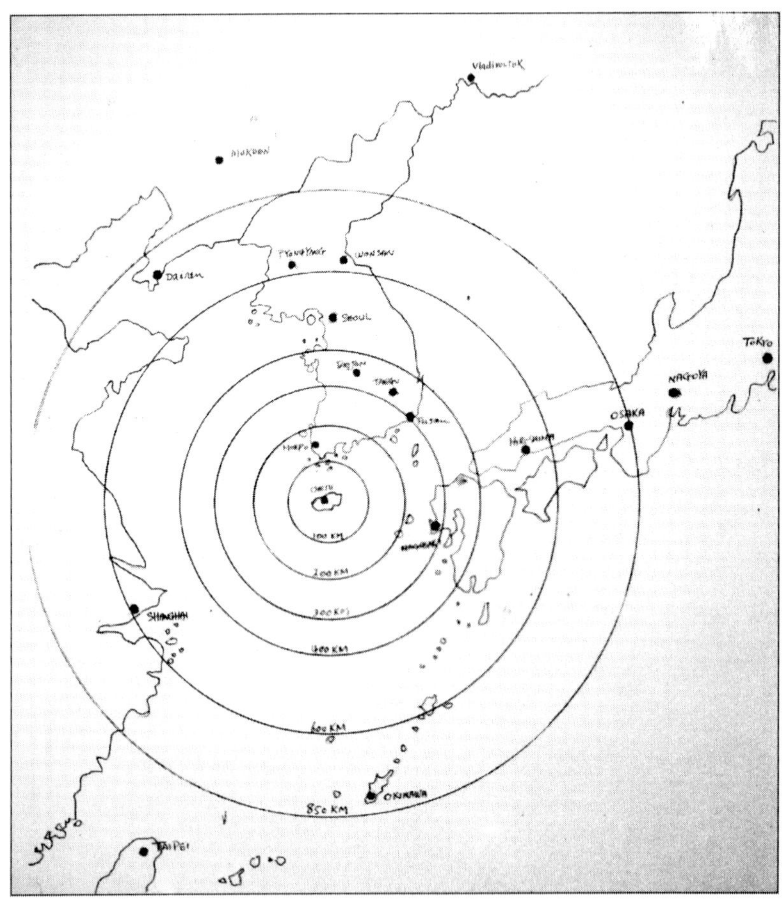

〈지도 3-1〉 1946년 작성된 동북아시에서의 제주도의 지정학적 위치.

중심으로 한 폭격기지로서의 전략적 가치를 보여주고 있다. 이에 당시 주한 미군정은 "미국이 제주도에 상설 군사기지를 세우고 있다는 소문은 제주도에서 일어난 관계없는 사건들을 짜 맞춰 일어난 것으로 생각된다"며 군사기지화 소문을 일축했다.[주21]

이러한 상황에서 미 · 소가 직접적으로 제주도의 군사기지화를 놓고 논쟁이 붙은 것은 남한 단독정부 수립안이 유엔에서 논의되던 1947년 11월이었다. 유엔 주재 오스트레일리아 대표가 자국에 보고한 바에 따르면, 소련은 유엔에서 남한문제와 관련해 미국 행정부를 강하게 비판했다.

소련 대표 그로미코Gromyko가 "미국의 제안은 조선의 내정에 간섭하려는 시도 가운데 하나이며, 조선을 2개 지역으로 (나눠) 지속적으로 분단하겠다는 것이다. (중략) 미국은 제주도에 기지 건설을 희망하고 있다"고 주장했다. 이에 미국 대표 덜레스Dulles는 "미국은 군대를 철수할 확고하고도 절대적인 의지가 있으며, 남한에 기지나 군사를 주둔시킬 의도가 없다"고 반박했다.[주22] 미국 대표의 부인에도 불구하고, 2차 세계대전 이후 냉전체제 형성기에 미·소가 국제무대인 유엔에서 제주도의 군사기지설을 놓고 공개적으로 논쟁을 벌인 것은 의미심장하다.

1948년 5·10선거를 감시하기 위해 유엔조선임시위원단UNTCOK의 필리핀 대표로 남한에 왔던 상원의원 아란즈Melecio Arranz는 제주도의 전략적 가치와 관련해 소련과의 상관성을 거론하며 주목했다. 그는 1948년 2월 14일 마닐라 타운홀 컨퍼런스에서 가진 연설을 통해 "러시아의 (유엔조선임시위원단 구성 결의안에 대한) 반대는 영원히 북한 잔류를 원하고, 가능한 한 훗날 남한으로 내려오려고 하며, 미국의 군사전략가들이 서태평양의 지브롤터와 같은 잠재력 있는 지역으로 간주하는 제주도를 장악하려 하기 때문임이 명백하다"고 주장했다. 그는 소련이 남진하게 되면 이는 제주도 때문이라고 단정할 정도로 제주도의 지리적 위치에 관심을 표명했다.[주23] 『마닐라 크로니클*Manila Chronicle*』지는 이튿날 아란즈가 타운홀 컨퍼런스에서 "러시아의 (유엔조선임위원단 구성 결의안에 대한) 반대가 직감적으로 남쪽에 침투하고 궁극적으로 '극동을 지배하고 나머지 세계를 위협하기 위한' 움직임으로 전략적 요충지인 제주도를 강점하려는 러시아의 이면의 진의를 가리키는 것이라고 우려했다"고 밝혔다.[주24] 2월 26일에도 그는 마닐라 라디오 방송인 KZFM을 통해 비슷한 내용의 연설을 하면서 "군사적인 이유는 명백하다. 남한은 군사 전문가들이 서태평양의 지브롤터와 같은 잠재력 있는 곳으로 간주해 온 전략적 요충지인 제주도를 가지고 있다. 기지에 유용한 연안 지역과 고도로 발달된 수송체계를 갖추고 있다"고 말했다.[주25] 아란즈의 발언은 4·3이 본격적으로 발발하기 이전에 행해진 것으로 주목된다. 소련이 전략적 요충지인 제주도를 장악하려 하고, 이를 통해 극동에 영향력을 행사하려는 것이라고 직설적인 어법으로 밝힌 그의 제주도에 대한 인식은 당시 미국이 가졌던 인식과 유사한 것으로 보인다.

제2차 세계대전 종전 이후 미국의 제주도에 대한 인식은 제주도 주둔 일본군의 무장해제와 관련한 제24군단 군사실軍史室의 기록에서 극명하게 타나고 있다.

> 일본군은 수륙양용 공격의 목표로서 제주도의 가능성을 고려했고, 1945년 초 만주와 북부 조선, 일본으로부터 부대를 이동시키기 시작했다. 주변에는 비행장으로 활용하기 충분한 여러 개의 평지가 있다. 지도를 얼핏 보더라도 섬이 지극히 전략적 위치(extremely strategic location)에 있음을 알게 된다.[주26]

1948년 3월 28일 이승만은 남한을 방문한 미육군차관 드레이퍼Draper와 만난 자리에서 "미국이 제주도에 해군기지를 구축할 수도 있음을 의미하는 말을 들었다"며 "한국정부가 수립되면 한국인들은 매우 기꺼이 제주도에 영구기지를 건설하도록 할 것임을 확신한다"고 말했다. 이 자리에서 드레이퍼는 아무런 답변도 하지 않았으나 이승만이 제주도를 미국의 해군기지로 양도할 수 있다는 발언은 미국 정부에도 보고됐다.[주27]

미국의 제주도에 대한 지정학적 인식은 2차 세계대전 종전 뒤 미·소의 대립 초기 4·3 진압과정에 커다란 영향을 끼쳤다. 제주도는 4·3 시기 미국의 대소봉쇄전략의 시험무대였다. 한국전쟁과 그 이후에도 제주도는 전략적 위치로 인해 미국의 관심을 끌었고, 한국정부는 그러한 미국의 관심을 유도했다.

1969년 9월에는 국무총리 정일권은 미국 기자와의 인터뷰에서 "남한은 예견되는 오키나와의 일본 반환 영향을 상쇄하기 위해 '언제든지, 어느 곳이나' 남한에 미국의 군사력 이동을 환영할 것"이라며 "오키나와에서 이동할 수 있는 어느 부대나 제주도에 활용 가능한 시설을 만들 것을 제안했다." 주28 이처럼 미국은 태평양전쟁 이후 제주도의 지정학적 위치를 눈여겨보게 됐고 제주도의 전략적 가치를 충분히 인식하고 있었으며 미 · 소 대결의 지구적 차원에서 대응했다. 19세기 말의 미국의 태도가 방관자적 입장이었다면, 해방 이후 미국의 태도는 직접 개입자적 입장에 있었다.

4) 소련과 기타 국가들의 제주도 관심

소련은 2차 세계대전 종전 뒤 19세기 말~20세기 초에 이어 다시 제주도를 주목했다. 소련은 태평양이나 동중국해로 진출하기 위한 전략적 요충지로 간주했다.

소련 외무부 문서고의 1945년 9월 문서는 소련의 제주도에 대한 전략적 가치를 중요시했음을 보여준다. 이 문서들에 나타난 소련의 주요 관심사는 조선의 영토와 관련해 3개의 중요한 전략지역—제주도와 부산, 인천—을 장악하는 데 있었다. 문서들 가운데 '전 일본 식민지 및 위임 영토의 문제에 관한 수기'는 다음과 같이 언급하고 있다.

> 38선 북부 지역의 소련군에 의한 조선 점령은 조선의 나머지 지역에 대한 미국의 점령과 동일한 시기 동안 유지돼야 한다. 제주도를 부산, 인천과 함께 중국의 점령지역으로 둬야 한다고 주장하는 것은 바람직하다. 이는 뤼순항의 소·중 군사·해군기지의 전략적 위치를 강화하는 데 있어 중국의 이익을 촉진할 수 있다. 점령정부의 결론에 따라, 아마도 2년 뒤, 조선은 4대국의 신탁통치 영토가 돼야 한다. 더불어 3개의 전략지역—부산, 제주도, 인천—의 할양이 이뤄져야 하며, 소련군사령부에 의해 통제돼야 한다.주29

이 문서에서 한반도 영토에 관한 소련의 최대 관심은 전략적으로 중요한 이들 3개 지역을 장악하는 것이 바람직하다고 분석했다. 그러나 1945년 12월이 되자 소련은 미·소 관계의 악화와 미국 점령지역 내 주요 지역에 대한 통제권 이양이 불가능하다고 판단하고 계획을 포기했다.[주30]

오스트레일리아는 제주도의 지정학적 위치를 주목하고 미국의 전략적 신탁통치를 주장했다. 태평양전쟁이 끝난 뒤 오스트레일리아는 "제주도가 일본과 대부분의 중국 해안 사이의 공군기지로 매우 중요하다"며 제주도의 전략적 가치를 파악했다.[주31] 일본의 연합국군 극동사령부에 참여한 오스트레일리아는 1949년 7월 일본의 평화조약 내용과 관련한 토론에서 "서태평양에서의 미국의 군사적 입지를 더욱 강화하기를 갈망하고 있다"며 "보닌, 류큐와 함께 제주도에 대한 미국의 전략적 신탁통치를 선호한다"고 밝히기도 했다.[주32]

이는 오스트레일리아가 일본이 아닌 미국이 태평양 일부 섬들에 대한 신탁통치를 통해 영향력을 공고히 하는 것이 소련의 팽창을 억제하고, 태평양 섬 국가들에 일정 정도의 영향력을 행사하고 있는 자국의 국익에 도움이 된다고 판단했기 때문이다.

중국 공산당에 쫓겨 대만으로 건너간 장제스 정권도 중국의 본토 공격을 위한 제주도의 군사기지화에 관심을 기울였다. 1949년 8월 이승만 - 장제스 회담에 앞서 중국대만-한국의 해·공군 기지 협정과 관련한 회의에서 중국 외무차관 출신이며 상하이시장을 역임한 우K.C. Wu가 총리 이범석, 외무장관 임병직, 해군제독 손원일과 회담하면서 제주도 공군기지 시설을 중국대만에 제공할 것을 제안한 것이 그것이다. 그는 "중국대만이 제주도에서 산둥반도와 룽하이 철로의 종착지를 공격할 목적으로 3개의 폭격단을 설치할 것"이라며 이에 대한 대가로 한국의 해군 안보를 제안했다. 그러나 임병직이 이승만에게 이 문제를 갖고 가자 "그러한 목적을 위해 제주도를 공군기지로 위임하는 것은 직접적으로 중국의 내전에 한국이 참여하는 것과 같다"는 견해를 표명함에 따라 중국측 대표와 한국측 대표들의 회의는

성과 없이 끝났다.[주33]

2. '결 7호작전'과 미군의 제주도 공습

1) '결 7호작전'과 일본군의 제주도 집결

1944년 중반이 되자 태평양전쟁은 새로운 국면을 맞게 됐다. 1944년 6월 15일 연합국군은 일본 도쿄에서 1,500마일 정도 떨어진 사이판에 상륙하고, 필리핀을 공격할 채비를 갖췄다. 같은 날, 태평양전쟁이 발발한 이후 처음으로 중국에 주둔한 B-29가 규슈의 산업시설을 폭격했다. 마리아나제도 해전에서의 일본의 패배는 전황을 사실상 결정지었다.[주34] 위기의식을 느낀 일본 대본영은 7월 28일 미군의 공격에 대비해 '첩호작전'을 발표하고, 해안 방어시설 구축에 들어갔다. 그러나 철강과 시멘트 등 요새 구축에 중요한 물자 공급이 부족해 전체적인 방어시설 구축은 목표에 미치지 못했다.[주35]

일본은 본토 수호를 위해 가능한 모든 수단을 동원했다. 일본 대본영은 1945년 1월 '제국 육해군 작전계획 대강'을 결정하고, 미군의 본토 공격에 대비했다.[주36] 이에 따라 일본 육군은 본토와 조선에 6개 방면군을 편성하기 위해 2월부터 5월까지 3차례에 걸친 군비증강으로 본토에 45개 사단을 신설했다. 그러나 미군은 1944년 10월 17일 필리핀 레이테 섬에 상륙작전을 전개한 이후 1945년 2월 필리핀 점령, 3월 이오지마 함락, 4월 오키나와 본도 상륙 등 파죽지세로 몰아붙였다. 1945년 3월 9일 밤부터 10일에 걸친 B-29기 150여대의 도쿄 공습으로 10만여 명이 희생됐고, 나고야, 오사카, 고베, 요코하마 등 대도시가 불에 탔다.[주37]

다급해진 일본 대본영은 첩호작전을 폐기하고, 3월 20일 본토 수호를 위한 '결호작전'을 세웠다. '결 1호작전'부터 '결 7호작전' 가운데 유일하게 일본

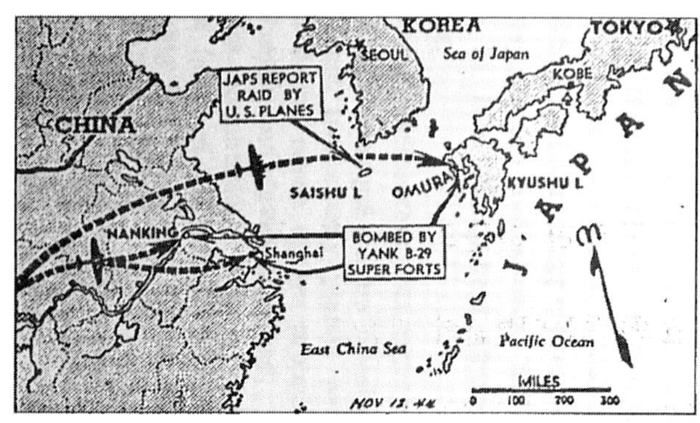

〈지도 3-2〉 1944년 11월 미국 B-29기의 일본 공습
(*Chicago Daily Tribune*, 1944.11.12)

본토 이외의 작전 계획인 '결 7호작전'은 조선에 주둔한 제17방면군이 맡았다. 이는 2~5개 사단 규모의 미군이 1945년 8월 이후 제주도 또는 군산전북 방면 등지로 상륙할 것으로 예상하고, '독력獨力'으로 제주도를 방어하도록 한다는 계획이었다.[주38]

이에 따라 제주도의 모든 육군부대를 지휘하게 된 일본군 제58군 사령부가 4월 9일 제58군 전투서열에 편입되고, 4월 15일 0시를 기해 전입됐다. 제58군 사령부가 4월 20일 제주도에 도착[주39]한 것을 시작으로 일본은 대규모 병력과 무기, 군수품 등 각종 군사 장비를 육지와 일본, 만주로부터 제주도로 신속하게 집결시켰다. 초대 사령관은 나가쓰 중장이었으나 도야마 노보루 중장으로 바뀌었다. 3월 말 제주도 주둔 일본군 병력은 3천여 명에서 5월 말에는 3만 6천여 명으로 급증했고,[주40] 패전 무렵에는 6만여 명이 넘었다.

서울 근교에서 활동하던 96사단은 1945년 3월 하순 편성돼 4월 3일 주력부대가 제주도 모슬포에 상륙, 배치돼 축성築城작업을 했으며, 제주도 북부 지역을 담당했다. 관동군 111사단은 1945년 5월 17방면군 산하로 편입된 뒤 제주도 서부 해안을 경비했다. 사단의 일부 부대가 4월 5~11일 목포에서,

주력부대는 12~19일 여수에 집결해 22일까지 제주도에 상륙했다.[주41] 제121 사단도 120사단과 함께 만주에서 활동했으며, 1945년 5월 17방면군 산하로 편입돼 제주도 서부 지역을 담당했다. 마사이 요시토 중장이 사령관이었다.[주42] 독립혼성 108여단은 일본 규슈의 서부관구군 산하에서 활동하다가 4월 17일 서귀포와 제주항에 상륙해 96사단장의 지휘 하에 들어갔다.[주43]

그렇다면 태평양전쟁 종전 무렵 제주도에 주둔한 일본군 병력은 얼마나 될까? 미 제24군단 작전보고서는 제주도에서 철수한 일본인 숫자를 군인 4만 8,524명과 민간인 61명[주44]으로 밝히고 있으며, 주한미군사령부의 정보 보고서도 24군단 작전보고서와 마찬가지로 4만 8,524명이 송환됐다고 밝혔다.[주45] 그리고 일본의 패전 직후부터 9월 1일까지 조선인 병사와 한반도 거주 일본인 등의 징집 해제자는 1만 7,161명으로 나와있다. 이 가운데 조선인은 장교 9명, 징병자 1만 1,875명 등 모두 1만 1,884명으로 집계됐다.[주46] 일본군의 최종 송환숫자인 4만 8,524명과 1만 7,161명을 합치면 6만 5,685명이 된다.

또 『조선군개요사』에는 8월 15일을 기점으로 일본군 병력 총계를 7만 4,781명으로 집계했으나, 실제 합산하면 6만 780명이다.[주47] 미군 보고서상의 징집해제된 1만 7,161명도 부대별 편성인원에 포함된 것으로 추정된다. 그러나 징집해제된 뒤 병력을 파악한 9월 21일자 일본군 문서에는 총 병력을 5만 372명이라고 밝히고 있다.[주48] 이 병력에 징집해제자 1만 7,161명을 합하면 6만 7,433명이 된다. 따라서 제주도 주둔 일본군 병력(조선인 징병자 포함)은 6만 5천~6만 7천여 명으로 추정된다.[주49] 이러한 병력수의 혼선은 당시 통신수단이 열악하고 병력의 잦은 이동 때문으로 보인다. 미군은 일본군 제17방면군과 산하 부대들 간에 통신 연락이 원활하지 못한 것이 정확한 부대 이동과 현황을 파악하는 데 매우 어렵게 하고 있다고 밝혔다.[주50] 또, 1945년 9월 21일에는 귀환선을 타고 몰래 도망가던 장교 1명을 포함해 30명이 발견되기도 하는 등 패전 직후 일본군의 탈영이 빈발하게 일어났다.[주51]

2) 미·일의 격돌과 미군의 제주도 공습

제주도에 대해 '느슨한' 관심을 표명하던 미국이 적극적으로 관심을 갖게 된 것은 태평양전쟁이 막바지에 도달하였을 때부터였다. 태평양전쟁 말기 제주도는 미군과 일본군의 격전장으로 변해갔다. 전쟁 초기 2년 동안 미국의 군사전략가들은 해상봉쇄와 공습으로 일본을 저지할 수 있다고 믿었다. 이는 일본이 식량과 주요 원자재의 수입을 동중국해의 해상교통로에 의존해야 하는 섬 국가라는 지리적 조건으로 인해 해상봉쇄에 취약한 것으로 판단했기 때문이다.[注52] 이에 따라 미군은 일본으로 통하는 동중국해와 일본의 물자 수송 거점지인 한반도 주변 해역에 대한 해상 봉쇄에 들어갔다.

일본은 미군의 봉쇄로 서해와 동중국해를 빼앗기자 조선 내 항구에 더욱 의존하게 됐고, 1945년 7월 10일이 되자 부산항 등 조선 남부지역의 항구에 식량과 소금 등의 보급품 비축을 지시했다. B-29는 이에 대응해 7월 11일과 13일 처음으로 이들 해역에 기뢰를 살포했으며, 남한지역에서 일본으로의 해상교통로가 차단됐다.[注53] 미군은 잠수함과 항공기를 동원해 일본의 군 선박과, 민간인 선박 등을 가리지 않고 무차별 공격했다.

제주도 주변 해역과 동중국해에서 미해군 잠수함의 공격은 트라이톤Triton호가 1942년 2월 21일 제주도 남쪽 60마일 해상에서 민간화물선 쇼키마루를 침몰시킨 것이 처음으로 보인다.[注54] 1944년 9월 들어 선피쉬Sunfish호가 제주도 동쪽 해상에서 민간유조선인 치하야마루에 대한 공격을 시작으로 동중국해와 제주도 연근해에서 미군의 잠수함 작전이 본격적으로 전개됐다.[注55]

미해군 잠수함에 의한 일본 선박에 대한 공격은 1945년 4월 14일 타이란트Tirante호의 공격으로 절정을 이뤘다. 제주연안까지 침투한 타이란트는 한림면 한림항과 비양도 사이에 정박 중이던 탄약지원함 주산마루4,000t급와 호위함 노미, 제31해방함을 격침시켰다. 이 작전으로 함장 조지 스트리트 3세

George L. Street Ⅲ는 미국 최고 무공훈장인 명예훈장Medal of Honor을 받았다.[주56]

5월로 접어들자 미군은 해상봉쇄에서 공중폭격으로 작전을 바꿨다. 이 시기 오키나와에서 발진한 미해군 항공기들은 한반도 서해안과 남해안, 동해안을 오르내리면서 중국, 한반도와 일본을 오가는 선박들을 폭격하고, 육상의 교통시설을 공격했다.[주57] 당시 산지항에서 화물선에 승선한 박두실은 목포항에 도착하는 데 일주일이나 걸렸다. 그는 미군의 공격을 피하기 위해 추자도를 포함한 낯선 섬을 돌면서 낮에는 배에서 내렸다가 해가 저물면 배에 타곤 했다고 한다.[주58]

5월 7일에는 제주도에서 육지로 피난을 떠나던 주민들과 징병자 등이 탄 고와마루晃和丸가 추자도 부근 바다에서 미군기의 공습으로 침몰돼 257명이 희생되는 참사가 발생했다. 당시 고와마루에 승선했다가 구사일생으로 살아난 장봉영은 "피난민과 군입대 청년들도 타고 있었으나 기총소사로 수백명이 죽었다. 3~4월부터 육지로 나가는 도민들이 많이 있었으며, 연락선을 타지 못해 어선 등을 이용해 가다 미군기의 공습으로 침몰되는 사례가 많았다"고 말했다.[주59] 다른 지방으로의 소개계획도 세워졌다. 대정면의 문상진은 1945년 5월께 소개준비를 했었다고 말했다. 그는 "대정면에서 소개할 거니까 준비하라고 해. 행정계통에서 전달을 했지. 준비하는 것들은 임시 먹을 것들이었어. 여기서는 개역미숫가루을 만들다가 (소개 계획이) 중단되니까 치워버렸지. 그때 대정 전체가 소개간다고 했었어. 일본이 전쟁을 하려고 하니까 제주도를 다 소개시키려고 한 거야. 그때 신도2리 바다로 배가 들어올 때 어떻게 알았는지 (미군기가) 쏘아버려서 중단됐어"라고 말했다.[주60]

미군 잠수함과 항공기에 의한 공습은 동중국해와 제주도 주변 해역에서만 있었던 것이 아니다. 일본의 패전이 다가오면서 제주도의 하늘은 미·일 양국의 전쟁터가 됐고, 직접적으로 제주도를 표적으로 미군의 공습이 벌어지기도 했다. 1945년 징병돼 정뜨르비행장현 제주국제공항에서 대대장 연락병으로 일했던 임두병은 1945년 여름 미군기 3대와 일본기 4대의 공중전을 직접

목격했다.[주61]

> 어느 날 구름 한 점 없는 날인데 하얗게 반짝거리는 조그마한 것이 별 정도로 7대가 보여. 낮인데도 불 켜고 날아오는 것 같았어요. '간사이기'(함재기)라고 하는 미국 비행기가 남쪽에서 날아오니까 사병들은 모두 방공호에 다 들어가 버리고, 나는 호위병이니까 대대장하고 같이 봤습니다. 조금 있으니까 사라봉 쪽에서 일본 전투기 4대가 쫙 날아옵디다. 서로 엉켰다가 공중에서 뭣으로 쏘았는지 몰라도 팍 폭발하더니 일본기 1대가 아래로 떨어지고, 또 1대는 신제주 남조순오름 쪽으로 떨어졌어요. 1대는 바다 쪽으로 날아가는데 뒤에서 미군기가 쫓아가면서 사격하자 불이 붙어서 떨어져 연기가 납디다. 나머지 1대는 애월 수산봉 쪽으로 날아가서 바닷가 쪽으로 날아가다 관탈 섬 부근에서 떨어졌다고 해요.

그는 이들 미군기가 공중전과 함께 조천 쪽에서 지상을 향해 기총소사를 한 뒤 제주읍 상공에 모인 뒤 남쪽으로 무리를 이뤄 날아갔다고 증언했다. 그가 목격한 공중전 상황은 어승생오름에서도 목격됐다. 일본군 징병1기 고석돈은 "서쪽에서 날아와 남조봉 상공에서 '다다카이[싸움]'하더니 (일본기가) 떨어지더구만. 우리가 그걸 보려고 하니까 일본군들이 못 보게 참호 속에 기어들라고 해서 기어들었다가 나와서 보곤 했지. 어승생에서 그걸 봤어. 미군기가 따돌려서 일본 비행기가 떨어졌거든. 그런데 우리보고 '데끼[적기]'가 떨어졌다고 거짓말을 했다고! 해방된 다음에 와서 들으니까 적기가 아니라 자기네 비행기가 떨어졌다고 하더군"이라고 말했다.[주62] 이들의 증언은 미국의 신문을 통해 뒷받침된다. 『워싱턴 포스트』는 8월 9일[목요일]자 마닐라발로 "일요일 밤[5일]과 월요일[6일]에 연합국군 전투기들이 조선, 말레이반도, 서인도제도를 400여 차례 이상 출격해 23척의 선박과 36척의 작은 선박을 침몰시키거나 피해를 줬으며, 일본군기 4대를 파괴했다"고 보도했다. 기사는 "전투기들이 제주도의 비행장을 공격하는 과정에서 일본군기 4대를 격추시켰다"고 밝혔다.[주63]

정뜨르비행장과 제주읍 산지항에도 미군기의 소이탄 투하가 이뤄졌다.

7월 하순부터 비행장에서 훈련을 받았던 고태완은 "어느 날 아침에 세수하러 교관들과 함께 다끄네물에 갔어요. 해가 불긋하게 떠오르는 걸 보면, 7시 몇 분 정도에 해 뜨는데, 무슨 비행기가 올라와요. 일본군인들은 자기네 비행기 온다고 기뻐서 춤추고, 우리보고도 기를 들고 흔들라고 하는데 소이탄을 2개 던진단 말이에요. 정뜨르비행장 함바집단합숙소 사이에 던지니까 일본군인들이 숨으러 돌아다녔어요"라고 기억했다.[주64]

미군의 B-29는 제주읍 산지항을 공습하기도 했다. 당시 정뜨르비행장에 근무하면서 산지항에 통나무를 나르는 사역을 하러 다녔던 징병 1기 김대종은 B-29가 소이탄을 떨어뜨리는 것을 보고 도망갔던 일을 생생하게 기억하고 있다.

> 산지항에 시에끼(사역)갔다가 차에 마루타(통나무)들을 실어서 산중으로 올라가려고 할 때 B-29가 들어오는 걸 봤어. 부두에서 일하는 사람들이 많이 있었는데 그 사람들이 다 도망간거라. '바르륵 바르륵' 하니까 모두 불이란게(불이 붙었어). 그때 동척회사(주정공장)는 폭발한 다음이고. 사람들도 많이 죽었주게. 산지축항 높은 절벽에 고사포가 걸어졌는데(설치됐는데), 그 고사포가 어떻게 만들어졌는지 아래쪽으로 내려가질 않는 거라. 비행기는 아래쪽으로 와서, '다르륵 다르륵' 하더니만 산지항에 있는 일본 화물선 두어 척에서 불이 일어난게. 그때 소이탄이 떨어졌다고 하더구만. 그렇게 해서 검은 연기가 타 오르고, 그때 나도 갔다가 겁이 나서 숨는 것이 자동차 아래 들어가서 바퀴 옆에 숨었지. 자동차가 출발하는 바람에 도립병원 옆까지 온 거라. 공습오니까 주민들이 산으로 올라가고 난리라. 나도 산으로 올라가려고 막 뛰던 판이니까. 그때가 8월 12일이나 됐을거라. 그것도 공중전한 그 어간이라.[주65]

이처럼 미군기의 공습이 계속되자 제주도민들은 불안에 떨어 다른 지방으로 피신 가거나, 그렇게 하지 못한 사람들은 갈 곳이 없어 한라산으로 올라가기도 했다.[주66] 제주도 출신 징병자들은 미군의 공습을 피하기 위해 방공호를 구축해 숨는 훈련을 받거나 일본기가 공중에서 보이지 않도록 풀

이나 나무 등으로 위장하기도 했다.[주67]

미군기의 공습은 제주도 내 도처에서 있었다. 노무동원 돼 마을주민들과 함께 표선면 성읍리 모지악에서 방공호를 파던 현남인도 표선면 가시리 지경 녹산장 쪽에서 1945년 6~7월경 미군기가 포탄을 떨어뜨리고 남쪽으로 날아가는 것을 목격했다.[주68]

모슬포 알뜨르비행장 쪽에도 미군기들이 나타났다. 모슬포 송악산에서 참호 구축작업에 동원됐던 문상진은 "작업하다가 적 비행기가 온다고 하면 다 숨었지. 많이 올 때는 전투기 9대가 한번 왔었을 거라. 아주 높게 떠서 비행기 소리가 나긴 나는데 가만히 보니 3대씩 보이는데 모슬포비행장알뜨르비행장 쪽으로 가서 쫙 밑으로 날아갔어. 그때 군수물자 보관한 것은 다 쏘아버렸는데, 무릉1리에도 절간고구마 쌓아놓고 천막을 덮어뒀는데 소이탄을 떨어뜨려 다 타버렸주"라고 말했다.[주69]

알뜨르비행장에 노무동원됐던 김영춘은 "비행장 부근 마을과 비행장 사이 길을 시멘트 포장했는데, 1945년 여름께 미군기가 기총소사를 해서 단산까지 도망간 적이 있다. 숨어서 보니까 미군기에는 2명이 타고 있었다. 일본군이 4문의 고사포에서 포를 쏘았으나 맞지 않았다"고 말했다.[주70] 『로스앤젤레스 타임스』는 1945년 8월 3일자 '일본, 미군의 새로운 침공을 두려워한다'는 제목의 기사에서 일본의 라디오방송은 연합국군이 조선과 일본 사이의 전략적 도서지역에 대한 침공 준비를 할지 모른다고 예상했다고 보도했다. 일본의 방송은 처음으로 오키나와에서 발진한 40~50대의 미군기가 일간 일정에 따라 조선과 규슈 사이의 고토 열도와 제주도를 공습하고 있다면서, 미군이 일본 본토 침공에 앞서 사전 공세 작전으로 고토와 제주도 침공을 준비할 수 있다고 보도했다. 연합국군이 고토열도나 제주도를 점령하게 되면 일본과 아시아의 대륙 사이의 해상로를 장악하는 위치에 있게 된다고 신문은 밝혔다.[주71]

해방을 사흘 앞두고는 미군기 3~4대가 남원면 위미리 쪽으로 날아가다 기총소사해 밭에서 일을 하던 부녀자 3명이 희생됐고, 마을에서 가까운 지귀도에서 자리돔을 잡던 마을 주민 1명이 숨지고 1명이 부상을 입었다.[주72] 한림면에서는 한림항 부근을 공습한 미군기의 기총소사에 의해 우체국 직원이 집으로 피신하다 희생됐다.[주73] 대정면 무릉리 해안에서도 해방되는 해 여름 자리돔을 잡으러 갔던 마을주민이 미군기의 기총소사에 숨졌다.[주74]

태평양전쟁 종전 무렵 미군기의 제주도에 대한 공습과 기총소사는 제주도 전역에서 이뤄졌다. 일본의 항복이 늦어질수록 제주도민들의 운명은 또한 절체절명의 순간을 맞아야 했던 위기의 순간이었다.

3. 미군의 제주도 주둔 일본군 무장해제

1) 해방과 제주도 출신 징병자들의 귀향

일본의 패전은 갑작스럽게 찾아왔다. 패전 소식은 조선인 징병자들에게 즉각 알려지지 않았으며, 상당수의 일본군들은 자신들의 패전을 받아들이려 하지 않았다. 어승생오름에서 갱도진지 공사를 했던 징병 1기 고석돈은 정뜨르비행장에 내려와서야 해방소식을 들었다.

> 어승생에서는 해방된 건 당초 몰라. 한 며칠 밥만 잘 주데. 5일 정도는 그렇게 살았을거라. 당초 해방된 줄은 몰랐어. 그러다가 정뜨르비행장에 와서야 중대장이 해방됐다고 하는거라. 어두워서 그날 나오지 못하고, 뒷날 아침에는 식사를 먹고, 모이면 연설하겠다고 하니까, 연설이고 뭣이고 안 듣겠다고 했지. 그래서, 우리 제주도 사람은 전부 나와버렸단 말이야.

어승생오름에 있던 징병 1기 허찬부는 "어느 날 아침에 반장이 회의 보러 갔다오더니만 소지품을 챙기고 정뜨르비행장으로 가자고 해서 내려왔다.

대장이 정뜨르에서 연설하는 것을 보고 해방된 소식을 알게 알았다. 대장은 눈물이 앞을 가려 얘기를 제대로 못 할 정도로 울면서 '너희들 고생 많이 했다. 집에 가라'고 해서 그 시간에 집으로 돌아왔다"고 말했다.[주75] 정뜨르 비행장에서 있던 임두병은 "일본 소화 천황이 라디오방송을 통해 항복하니까 일본놈들이 그냥 꿇어앉아서 많이 울었다. 우리 보고 '다음에 또 만나자. 만날 기회가 있을 것이다'라고 말했다"고 기억했다.

제주도 농회에 근무하다가 징병된 남인희는 휴가를 받고 나왔다가 해방 소식을 들었다. "8월 13일인가 휴가를 와서 15일 낮에 화물차를 탔는데 일본 천황이 항복하는 방송을 직접 들었다. 부대가 있는 어승생으로 올라갔다가 다음달 내려와서 17일 해산했다"고 말했다.

일본군의 무장해제와 철수에 맞춰 징병자나 노무동원자들이 일본군 부대에 머무르기도 했다. 2차례에 걸쳐 노무동원됐던 서귀면 고창옥은 9월 초순이 돼서야 일본군 부대에서 나올 수 있었다. 고씨는 "해방 돼도 일본군인들이 보내주지 않으니까 나올 수가 없었다. 그 사람들이 가라고 하지 않으면 무서워서 우리 마음대로 나오질 못했다"고 말했다.[주76]

제주도 도처에 배치된 일본군의 위세에 눌린 제주도민들은 일본의 패전과 조선의 해방 소식에도 기쁨이나 환영의 표시를 하지 못한 채 얼마 동안은 해방 이전과 다름없는 태도를 보이며 지냈다.

2) 제주도 주둔 일본군의 항복

미군의 남한 점령이 결정된 것은 1945년 8월 10~11일의 미 국무부, 육군부, 해군부 등 3부조정위원회 회의에서였다. 최종적으로 하지John R. Hodge 중장이 지휘하는 일본 오키나와 주둔 제24군단이 38도선 이남의 점령군으로 결정됐다. 제24군단은 1945년 9월 8일 인천에 상륙하자마자 미국 태평양방면 육군총사령관 맥아더 장군의 9월 7일자 포고 제1호에 따라 9월 17일 '재조선 미국육군사령부 군정청이하 미군정청'을 수립했다.[주77] 미 제24군단의 주요 임무는 (1) 38도선 이남 일본군의 항복을 접수하고 일본군 및 민간인을 철수시키는 것 (2) 법과 질서를 유지하며, 이를 위해 또한 일제통치와 조선정부 수립 사이의 간극을 메우기 위해 미군정을 수립하는 것 (3) 조선의 일부를 물리적으로 점령함으로써 '다른 세력'이 한국 상황을 배타적으로 결정하지 못하도록 하고 나아가 미국이 독립된 한국정부 수립에 관여하기 위한 것 등이었다. 이 가운데 세 번째 임무를 '시간적으로 선행하는 기본적 임무'로 규정하고 있다.[주78] 미군의 제주도 주둔 일본군에 대한 항복접수와 무장해제는 해방된 지 40여일이 지난 뒤 이뤄졌다.

제24군단 사령관 하지는 남한에 들어오기 전부터 일본군의 처리문제에 대해 불확실성에 직면했다. 제24군단은 1945년 9월 8일 남한에 진주한 뒤에도 정보 부족 등으로 일본군에 대한 병력 현황을 제대로 파악하지 못했으며, 제주도에 관한 정보를 얻지 못했기 때문이다.[주79] 제주도 주둔 일본군의 항복절차를 직접 목격한 24군단 군사사가軍史史家의 설명에 따르면 항복접수 전 연합국군 정보팀은 제주도의 일본군 현황에 대해 거의 모르고 있었다. 정보참모부가 작성한 대부분의 지도들은 제주도 지역에 '물음표(?)'가 표시돼 있었고, 무기가 소량에 그치는 것으로 인식했다. 그러나 상황은 달랐다. 일본 본토에서 200마일도 채 떨어지지 않은 제주도에 비행장으로 활용할 만한 곳이 여러 곳이 있었고, 조선과 만주에서 일본으로 통하는 해상로를 확보할 수 있는 곳이었다.

제24군단 정치고문관 베닝호프는 9월 15일 국무부에 "제주도 주둔 6만여 명의 일본군을 무장해제하기 위해 수일 이내로 병력을 보낼 준비를 하고 있다"고 밝혔다.[주80] 일본군 제17방면군 사령부와의 사전 조율 끝에 9월 28일 제주도에 도착한 24군단 항복접수팀과 무장해제팀은 곧바로 일본군의 항복과 무장해제, 본국 송환 절차에 들어갔다. 제308항공폭격대는 항복접수팀의 출발에 앞서 9월 24일과 25일 제주도를 정찰비행했다. 제24군단 항복접수팀은 7사단 184연대 그린Roy A. Green 대령의 지휘 아래 38명의 장교와 사병으로 구성됐다. 여기에는 7사단, 군정청, 24군단 참모부, 308항공폭격대도 포함됐다. 이밖에 통역사와 공보 관계자 4명, 특파원 6명, 통신원 2명, 해군 대표A. J. Walden 중령가 포함됐다. 항복접수팀은 애초 25명으로 구성하기로 돼 있었으나, 13명이 추가된 것이었다.[주81] 항복접수팀을 태운 C-47 두 대는 9월 28일 오전 7시15분 김포비행장을 이륙해 오전 9시께 첫 비행기가 제주비행장에 착륙했고, 1분 뒤 또 다른 비행기가 착륙했다.

일본군 참모 장교 7명이 비행장에서 이들을 맞아 항복 조인식이 열릴 제주농업학교로 이동했다. 학교 정문에는 미국기와 한국기가 교차돼 걸려 있었고, 운동장에는 깃대에 태극기가 휘날리고 있었다. 누군가가 정문에 걸려 있는 태극기를 떼어 냈는데 미군이 떠나자 깃대에 다시 휘날리고 있었다. 국기 게양 의식은 없었다.

그러나 이 시간까지도 미군은 제주도 주둔 일본군의 항복접수와 무장해제에 관한 정보를 거의 얻지 못한 상태였다. 이들은 항복할 일본군 사령관 계급이 중장이라는 사실을 알았을 뿐 현장에서 질문을 하고서야 비로소 그가 도야마 노보루라는 사실을 알게 됐다. 나머지 일본군 장교들에 대해서는 정보장교도 몰랐고, 그린 대령도 전혀 몰랐다. 그들이 하지 장군의 지시에 따랐는지도 몰랐다. 일본군 연락 파견대가 있었지만 통신시설의 미흡으로 의사소통이 원활하게 이뤄지지 않았기 때문이었다. 심지어 항복 조인식이 열린 제주농업학교로 들어가는 과정에서 무장한 일본인 경찰이 학교 주위에 경계를 선 모습을 보자 미군들은 불안해했다. 학교에는 60여 명의 미군들이 있었는데 이들 가운데 3분의 2 정도는 권총으로 무장했다. 또 제주항산지항에는 같은 날 오전 엘에스엠LSM으로 상륙한 미군 60여 명이 있었고, 연안에는 구축함이 호위하고 있었다. 반면 학교 주변에는 카빈과 총검으로 무장한 일본 경찰이 경비를 서고 있었다. 일본군 참모장교들은 통역을 통해 그린 대령에게 3명의 일본인 대표는 도야마 장군, 하마다 사령관 그리고 도사센다라고 보고했다. 이어서 그들은 다른 방에서 기다리고 있던 도야마 장군

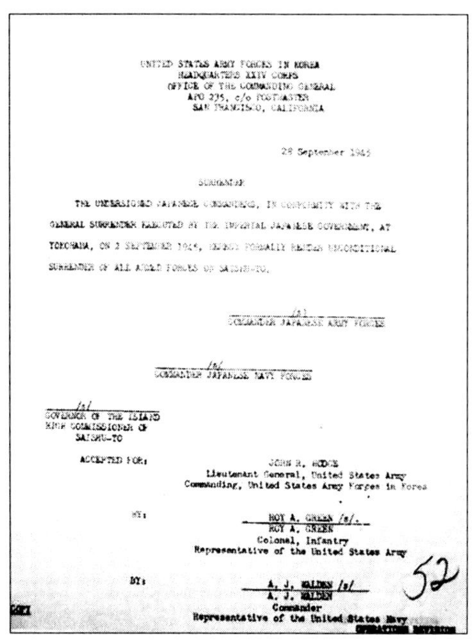

UNITED STATES ARMY FORCES IN KOREA
HEADQUARTERS XXIV CORPS
OFFICE OF THE COMMANDING GENERAL
APO 235, c/o POSTMASTER
SAN FRANCISCO, CALIFORNIA

28 September 1945

SURRENDER

THE UNDERSIGNED JAPANESE COMMANDERS, IN CONFORMITY WITH THE GENERAL SURRENDER EXECUTED BY THE IMPERIAL JAPANESE GOVERNMENT, AT YOKOHAMA, ON 2 SEPTEMBER 1945, HEREBY FORMALLY RENDER UNCONDITIONAL SURRENDER OF ALL ARMED FORCES OF SAISHU-TO.

/s/
COMMANDER JAPANESE ARMY FORCES

/s/
COMMANDER JAPANESE NAVY FORCES

/s/
GOVERNOR OF THE ISLAND
HIGH COMMISSIONER OF
SAISHU-TO

ACCEPTED FOR:
JOHN R. HODGE
Lieutenant General, United States Army
Commanding, United States Army Forces in Korea

BY:
ROY A. GREEN /s/.
ROY A. GREEN
Colonel, Infantry
Representative of the United States Army

BY:
A. J. WALDEN /s/
A. J. WALDEN
Commander
Representative of the United States Navy

52

COPY

OPERATIONS DIVISION

미 제24군 항복접수팀과 일본군 제58군 사령부 사이에 체결된 항복문서. ©NARA

에게 무조건 항복, 용어상의 의문을 제기하지 않을 것, 계급장이나 무기의 부착 또는 소유하지 않을 것 등의 요구조건을 내걸었다.

10시 45분 일본 쪽 서명자들은 보좌관 3명을 대동하고 방으로 들어갔다. 방안에 앉아있던 그린 대령과 왈든 중령은 자리에서 일어나지 않았고, 뒤에는 수명의 참모장교들과 통역사가 서 있었다. 항복접수팀은 오른쪽 가슴에 붙은 '욱일승천기'를 제외하고 모든 표식을 떼어낸 초췌한 모습의 도야마 장군을 보고서야 안도의 한숨을 내쉬었다. 그린 대령이 자신을 소개하고 항복을 접수하라는 하지 장군의 지령문을 읽는 동안 그들은 차려 자세로 서 있었다. 그리고 나서 그는 서명할 항복문서 6부를 가리켰다. 3부는 영어로, 3부는 일어로 쓰여 있었다. 그린 대령의 발언은 일본인 2세 통역사에 의해 일본어로 통역됐는데, 그는 매우 당황했고 떠는 모습이었다. 그린 대령은 도야마 노보루 장군에게 앉도록 말하자 이들은 그제서야 의자에 앉았다. 6부의 항복문서가 도야마 장군에게 건네졌고, 그 다음은 하마다 사령관에게, 마지막으로 센다 도사에게 건네졌다. 서명에는 6분밖에 걸리지 않았다. 일본군 대표들의 서명이 끝나자 문서는 그린 대령에게 건네졌다. 10시 59분 그린 대령은 "항복절차가 완료됐다"고 선언했다.[주82]

항복 조인식이 끝난 뒤 제24군단 정보참모부 장교들은 일본군 병력, 시설, 처분 등에 관한 정보를 요구했다. 군정청 장교들은 도사 및 경찰 책임자와 얘기했다. 작전장교들은 무장해제와 관련해 도야마 장군 및 참모장과 논의했다. 일본군은 폭풍과 폭발 때문에 임무를 완전하게 끝내지 못했지만 거의 모든 탄약과 폭발물을 바다에 던져 파괴했다고 보고했다. 또 비행기는 작동불능 상태로 만들었고, 고정포의 노리쇠가 제거됐으며. 일본군은 5%의 무기만 남긴 채 모든 소화기小火器를 3곳에 모아놓았고, 무기와 탄약의 임시 집적장과 갱도 진지, 기타 시설의 위치를 보고했다. 낮 12시 30분이 돼서야 각종 협의가 끝났다. 이러한 항복 조인식 절차를 끝낸 항복접수팀은 당일 오후 서울로 귀환했다.[주83]

3) 미군의 일본군 무장해제와 철수

1945년 7월 26일 독일에서 미국과 영국, 중국의 수뇌부가 모여 일본에 항복을 권고하고 일본의 처리 방침을 명시한 포츠담 선언은 일본군의 완전한 무장해제와 본국 귀환, 군국주의의 영구 척결을 요구했다. 이 포츠담 선언은 이후 태평양전쟁에서 패전한 일본군 처리에 관한 지침이 됐다.

제24군단은 남한에 진주한 뒤 일본군에 대한 무장해제를 중대한 문제로 인식했다. 연합국군 최고사령관 맥아더는 제24군단에 야전명령을 통해 점령군의 육군 및 군단 개별 지휘관들의 감독 하에 신속하고도 질서정연한 무장해제에 완전한 책임을 부여했다. 미군은 또 일본군으로 하여금 미군의 통제 하에 병력과 시설 등에 관한 모든 정보를 제공하도록 요구했다.[주84]

남한에 주둔 중인 일본군의 무장해제를 위해 오키나와에서 작성된 24군단 사령관 하지의 애초 계획은 38도선 이남의 모든 무기를 미군 상륙 전에 모아놓는 것이었다. 이런 과정에서 일본군 17방면군이 제출한 자료를 통해 제주도 주둔 58군이 미군의 예상과는 달리 훨씬 큰 병력 규모임을 확인하게 됐고, 제주도의 일본군 항복 문제는 17방면군 사령관 고즈키와 논의한 주요 문제 가운데 하나로 떠올랐다. 미군은 1945년 9월 19일 일본군 연락장교인 수가이 장군을 통해 17방면군 사령관 고즈키 장군에게 미군의 제주도 진주에 앞서 무장해제하고, 모든 무기에 대한 보관을 명령했다. 또한 탄약과 폭발물은 파괴하도록 했다. 수가이 장군은 하지 장군의 명령이 제대로 이행되고 있는지 확인하기 위해 소규모 파견대를 대동하고 제주도를 시찰했다.[주85]

한편 17방면군 사령관 고즈키는 제주도 주둔 일본군의 항복과 무장해제를 처리할 권한을 58군 사령관 도야마에게 전적으로 위임했다. 제24군단은 제주도 주둔 일본군 해군 사령관 이름을 통보받고, 탄약과 폭발물을 9월 20일부터 28일 사이에 파괴하거나 바다에 버리도록 명령했다.

이러한 무장해제 과정에서 폭발사고로 지역주민이 희생되고, 재산상의 피해를 입는 일도 일어났다. 9월 21일 오후 2시 제주도 서남부지역인 모슬포부두에서 탄약 처리를 위해 화약을 정리하다가 화재가 일어나 부두에 모아놓고 있던 폭약과 탄약이 터졌다. 이 사고로 주민 1명이 숨지고, 73명 이상이 중경상을 입는 인명피해가 발생했다. 또 재산상의 피해도 나타나 여러 채의 주택이 대파 또는 중파됐는가 하면, 3~4척의 선박이 침몰하는 등 피해를 입어 부두를 사용할 수 없게 되는 상황에 이르렀다.[주86] 일본군의 무기 폐기는 제주읍 산지항과 모슬포항은 물론, 애월면 중엄리 앞바다와 성산면 앞바다 등 제주도내 여러 해안에서 이뤄졌다.[주87]

일본군의 무장해제와 본국 송환 등을 논의하기 위해 일본군 연락장교 겸 제17방면군 부참모장 수가이 장군은 9월 17일 제주도 파견 미군 부대 지휘관의 이름과 권한의 범위, 점령군 규모, 상륙 예정 장소 등을 알고 싶다는 관련 질문서를 제24군단에 제출했다. 이틀 뒤 제주도 주둔 전체 일본군 병력 가운데 5%를 제외한 전병력의 무장해제와 모든 무기의 집적集積 등의 내용이 담긴 지령문을 수가이 장군을 통해 고즈키에게 전달했다.[주88]

사전정지작업을 끝낸 무장해제팀의 제주도 주둔 일본군 무기 폐기작업은 주로 9월 하순부터 10월 초순 사이에 이뤄졌다. 보병 제7사단 병력 100명으로 구성된 무장해제팀(단장 G. F. Powell 대령)은 9월 26일 2척의 엘에스엠에 나눠타고 인천항을 출발해 9월 28일 오전 8시 제주항에 도착했다. 이들은 도착 즉시 무장해제 절차에 들어갔다.[주89] 10월 5일 제주읍내의 무기를 처리한 미군 무장해제팀은 모슬포로 이동해 해군 항공폭탄 387개와 저장용 갱도진지를 파괴하는 장면을 목격했다. 포 118문과 기타 장비들도 무장해제팀에 의해 처리됐다.[주90]

앞서 언급한 바와 같이 제24군단 정보참모부의 해리슨Harrison 대령을 포함한 24군단 장교들은 항복조인식 당일 모든 포와 탱크들이 3곳에 정렬돼 있고, 무기 상태가 양호한 사실을 확인했다. 해군 항공기지도 폐쇄됐으며, 대부분의 해군 인력은 특공대(자살부대) 소속으로 이미 300명 정도가 무장해제팀의 상륙에 앞서 규슈로 떠났다. 제주도 주둔 일본군들의 무기 및 탄약 처리는 비교적 짧은 시간 내에 이뤄졌다. 이들의 무장해제 및 무기 처리는 10월 6일 완료됐다.[주91] 무기폐기가 이뤄진 뒤에도 작동불능의 무기들이 간혹 발견되기도 했다. 1946년 4월 20일에도 미 6사단 20연대 E중대 소속 소대가 제주도에서 일본군 지뢰 2개를 파괴했다.[주92]

남한 내 일본군 대병력의 존재는 미군으로서는 커다란 잠재적 위협이었다. 제24군단 사령관 하지는 9월 13일 맥아더에게 '한국의 상황'이라는 전문을 보내 "남한 전역을 관할하기에는 미군 병력이 적으며, 일본군을 본국으로 송환할 교통편이 조만간 마련되지 않으면 수용소에 수용할 필요가 있다. (중략) 준비가 끝나는 대로 제주도에 무장해제와 검열팀을 항공편으로 파견하겠다. 제17방면군 사령관고즈키이 본관에게 실행가능할 것이라고 보장했다"고 보고했다.[주93]

하지는 9월 16일 다시 맥아더에게 "한국 내 일본군의 존재만으로도 평화에 대한 최대의 장애물이다"라며 가능한 한 빨리 일본군을 일본으로 이동시킬 권한을 요청했다.

하지의 시급한 요청에 맥아더는 일본군 수송을 위해 민간인에 우선해 최대한 빨리 선박을 할당하라고 지시했다. 맥아더는 또 일본군의 철수를 위한 엘에스티LST와 기타 '알맞은 수륙양용 선박'을 제공하도록 요청받고, 이를 제7수륙양용부대에 전달했다. 맥아더는 9월 19일 일본군의 본국 송환을 위한 하지의 제안을 승인했다.

제주도 주둔 일본군의 철수 계획은 하지 장군의 명령에 따라 제6사단장이 맡았다. 송환 과정은 수립된 규정에 따라 엘에스티로 이뤄지고, 가능한 한 10월 20일 이후에 시작하기로 됐다. 일본군의 철수는 11월 15일 무렵 완료될 계획이었다. 10월 22일 제24군수지원사령부에 소속된 749포병대대와 퍼가슨Sydney C. Fergason 대령이 이끄는 제24군사지원단 전쟁포로과의 선발대가 철수 작업을 진행하기 위해 제주도에 도착했다.[주94] 이처럼 제주도 주둔 일본군의 철수를 위해 미군과 일본군은 긴밀한 협조 아래 움직였다.

10월 23일 처음으로 각각 1,099명과 1,200명을 실은 2척의 엘에스티가 제주도에서 일본 사세보항을 향해 출항한 것을 시작으로 본격적으로 이뤄졌으며,[주95] 11월 12일 마지막 일본군을 실은 엘에스티가 일본으로 떠났다.[주96]

제2절
제주도의 자치기구 건설운동과 사회경제적 영향

1. 제주도 자치기구 건설운동

1) 민족해방운동의 유산과 잔류 일본군

식민지배는 억압의 기제에 의해 강요된 체제다. 따라서 탈식민지화는 폭력적 현상의 가능성을 열어놓는다. 이는 한 국가의 정체성을 회복하는 것을 의미하기 때문에 독립을 위한 폭력은 식민통치로 상실된 자아를 되찾는 문제와 연결되며 식민지배의 붕괴는 식민지 민중의 혁명적 분출을 가져온다.[주1] 이러한 측면에서 일제 식민지 권력의 붕괴는 새로운 국가권력이 창출될 수 있는 계기를 가져왔다.[주2] 혁명은 사회의 지배적 가치와 정부의 기능 및 정책을 급격하고 근본적으로 변혁시킴으로써 현존 정치제도의 파괴, 새 집단의 정치적 동원, 그리고 새 정치제도의 창출을 의미한다.[주3]

해방 직후 제주도에서는 정치적 갈등이 격렬하지 않았다. 이는 일제 강점기 때부터 지역의 명망가이면서 지식인 집단이었던 민족해방운동세력이 정당성과 주도권을 장악하고 있었기 때문이다. 제주지역의 청년들은 일제 강점기 조선의 탁월한 사회주의 운동가이며 실천가였던 김명식, 김문준과 무정부의자 고순흠 등의 영향을 많이 받았다.[주4] 1930년대에는 제주농업학교 학생들의 '동맹휴학사건1931년'과 제주 동부지역 해녀들이 봉기한 해녀투쟁1932년 등 일제 식민지 통치에 맞서는 조직적인 투쟁이 전개될 정도로 민족해방투쟁의 전성기를 맞았다. 일제하 제주도 야체이카운동에 주도적 역할을 담당했던 이익우는 다음과 같이 말했다.

> 일제의 각종 수탈로 도민들의 삶은 비참했습니다. 그러나 유교사상이나 계몽운동은 한계에 부딪혔고 새로 유입된 사회주의 사상만이 독립운동에 유일한 힘이 됐지요. 일제의 압박에도 불구, 그즈음 혁우동맹사건, 야체이카사건 등 1930년대는 제주 민족해방투쟁의 전성시대였습니다. (제주도 야체이카는) 민중계몽을 하던 각 지역 지도자들에 의해 중문면 중심의 부정호세불납(不正戶稅不納)운동, 대정면의 3·1절 만세 시위사건, 구좌면의 해녀사건 등을 주도했습니다. (1930년대의 항일운동의 의의는) 결과적으로 운동에 있어서 오류도 있었지만 이전의 한계를 극복하고 본격 항일투쟁을 전개한 시기입니다. 가령 해녀사건의 경우만 하더라도 단순히 자연발생적인 생존권 싸움이 아니라 조직적으로 전개된 정치투쟁입니다. 당시엔 해녀조합, 산림회, 농회, 수산회 등 많은 관제조합이 있었는데 일본인 도사가 모든 조합장과 경찰서장을 겸직한 상태에서 혜택은 없이 조합비만 거둬가는 등 수탈이 심했습니다. 이런 때에 해녀사건이나 불납동맹은 일제에 대한 정면 항쟁인 것입니다.[주5]

1932년 1월 해녀항쟁을 이끌었던 주도자 가운데 한명인 김옥련은 야학교사들로부터 일제의 압제에서 벗어나기 위해서는 배워야한다는 교육을 받았다. 해녀항쟁을 주도했다는 이유로 6개월여 동안 수감생활을 한 김옥련은 "그때는 이놈들일제경찰 매 때릴 때 죽어서 내 목숨 없어져도 우리 조선만 독립된다면 이걸로 족하지, 감옥에서 매 맞는 거는 절대 괴롭지 않았다"고 말했다. 김옥련은 야학 활동에 대해 이렇게 말했다.

> 오문규(해녀항쟁 지도자) 선생님 밑에 여러 선생님들이 있었어요. 그 분들 이름을 대려면 다 못 대는데 그 분들이 우리와 같이 운동을 했고, 모일 때마다 '우리는

> 만날 이렇게 일본 식민지하에서 살 때가 아니다. 우리도 배워야 일본놈들 압박을 벗어날 것이다.' 모이면 그 얘기예요. (중략) 선생님들은 부모보다 더 친했지요. 그때 여자들이 공부하면 시집도 못 간다고 했는데 그분들이 우리를 공부시켰고 계몽을 했죠. 독립이나 해녀들의 권익을 찾아야 된다는 모든 게 그분들의 지도가 있었기 때문입니다.[주6]

이러한 민족해방운동의 정신은 해방 직후 제주도의 자치기구 건설운동에도 이어졌다. 일부 지역에서는 마을에 주둔중인 일본군을 상대로 마을청년들에 의한 폭력행위가 일어나기도 했다. 일본군 장교들은 항복접수를 하러 온 미군 장교들에게 혹시 있을지도 모를 폭력행위 등을 우려하면서 한국인들에게 문제를 일으키지 말도록 하는 지시문을 붙이고 유인물로 배포해줄 것을 요청하기도 했다.[주7] 징병자와 징용자들이 귀향하면서 일제에 협력했던 면장과 면서기 등에 대한 구타가 빈발했고, 일부 면장들은 고향을 떠나기도 했다. 대정면 가파도에서는 구장이 임의대로 청년들을 징용보냈다가 해방된 뒤 청년들에게 폭행당하기도 했다.[주8] 서귀면에서는 면장을 구타했던 청년들이 일본군 헌병대에 끌려가 곤욕을 치렀다.[주9]

일본군은 9월 23일 전보문을 통해 "미군의 진주가 가까워지면서 민중의 대對군 협력은 한층 적극적으로 불성실하게 되고 있으며, 일부에서는 적극적으로 반군反軍 행동을 산발적으로 하고 있다"고 보고했다. 해방 뒤 1개월이 지나도록 일본군이 제주도에 주둔하는 데 대해 제주도민들의 일본군에 대한 반감이 더욱 커져갔다. 일본군은 이러한 상황에서 제주도민들의 보안대 결성과 기행렬 등을 금지했다.[주10] 일본군의 보고를 보더라도 제주도의 자치기구 건설운동이 활발하게 전개되고 있음을 알 수 있다. 1945년 10월 1일 창간된 『제주민보』『제주신보』의 전신의 창간호 기사 때문에 기자가 일본군 헌병대에 끌려가 폭행을 당하는 일도 있어났다. 이날 창간호에는 미군 무장해제팀 대장으로 파견된 파웰 대령 인터뷰 기사와 함께 8월 24일 한국인 징용자와 재일동포 등 7,500여 명을 태우고 한국으로 가던 중 침몰한 일본군함 우키시마마루(4,730t급) 사건을 다뤘다. 이에 분개한 일본군 헌병대 1개 분대가 취재기자 김용수의 집에 들이닥쳐 그를 연행해 제주읍 동문로의 헌병대로 끌고 가 밤늦도록 폭행했다.[주11]

2) 제주도 인민위원회의 결성과 활동

1948년 8월 15일 일제의 항복이 발표되자 여운형과 안재홍을 중심으로 한 국내세력은 '자주적 민족국가 건설'을 목표로 일제 강점기의 통치기능을 떠맡을 조선건국준비위원회이하 건준를 수립하고 신속하게 전국조직을 건설해 나갔다. 건준은 '완전한 독립국가의 건설'을 강령으로 내세운 '해방 이후 최초의 대안국가counter state'였으며[주12] 사실상의 정부de facto government였다.[주13] 건준의 존립기간은 8월 15일부터 인공이 선포된 9월 6일까지 22일간이었다.[주14] 이어 조선인민공화국인공이 9월 6일 선포됐다. 건준의 발족은 한국인 스스로 국가건설 능력이 있음을 한국인과 미군정 양쪽에 보여주는 동시에 타 정치세력의 주도권 장악을 사전 차단하는 것이었다. 헌팅턴이 "혁명은 지방집단들의 적극적인 참여를 필요로 한다"고 언급한 바와 같이[주15] 조선인민공화국 중앙인민위원회의 성립을 전후해 단기간에 남한 각 지방에서도 지방인민위원회가 조직됐다. 10월까지 남한 일대에 기존 행정체계를 따라 7도, 12시, 131군에 걸쳐 145개의 인민위원회가 정비됐다.[주16] 김희재는 건준지부시·도가 급진적 엘리트의 자주적 민족국가의 열의의 표현체로서 이루어진 것이라고 한다면, 지방인민위원회군·면는 민중의 구체적인 꿈들이 표현된 조직체라고 표현하고 있다.[주17] 인공이 선포되자 미군정장관 아놀드Archibald V. Arnold 소장은 10월 10일 "북위 38도 이남의 조선에는 오직 한 정부가 있을 뿐이다. 이 정부는 맥아더 원수의 포고와 하지 중장의 정령과 아놀드 소장의 행정령에 의하여 정당히 수립된 것"[주18]이라는 성명을 발표하고 인공의 존재를 부인했다.

인민공화국의 부인은 지방인민위원회에 대한 미군정과 경찰의 물리적인 탄압을 동반한 전면적이고 실질적인 부인이었다.[주19] 그러나 주한미군사령부 정보참모부 보고서는 1947년 4월에도 인민위원회가 존재하고 있다고 밝히고 있다. 이 보고서는 "인민위원회의 유물인 허명의 행정조직이 한국 전역에 남아있다. 이 조직은 특히 경상도와 전라도, 제주도에서 강력한 힘을 발휘하고 있다. 남로당의 기본요구는 정부를 인민위원회에 넘겨야 한다는 것이다"고 기록하고 있다.[주20] 그만큼 인민위원회의 영향력은 제주도와 경상도, 전라도 등지에서 강력했음을 의미했다.

일제하 제주도 민족해방운동과 일제에 항거했던 경험은 해방후 제주도에서의 자치운동에 그대로 연결됐다. 해방 직후 제주도 건준의 결성은 상향식으로 이뤄졌다. 서귀면 건준이 8월 20일 결성되고[주21], 제주읍은 9월 7일, 대정면은 9월 6~7일께 결성됐는데, 앞서 리 건준이 먼저 결성됐다. 이어 9월 10일 도 건준이 제주농업학교에서 결성됐다. 제주도 건준의 구성원들인 오대진위원장, 최남식부위원장, 김정로총무부장, 김한정보안부장, 김용해산업부장, 현호경선전부장, 김필원집행위원, 이원옥집행위원, 김임길집행위원, 조몽구집행위원, 김시탁집행위원, 문도배집행위원 등 12명 가운데 8명이 일제 강점기 재건 공산당사건으로 6개월~5년의 투옥생활을 경험했으며 일본에서 노동조합운동을 하거나 1919년 조천 만세운동 등에 참가했던 민족해방운동세력이었다. 건준은 또 보다 광범위한 계층을 끌어들이기 위해 일제하 관리를 지낸 인사들도 포용하는 등 온건한 성격을 띠었다. 일부 면의 경우에는 건준에서 인민위로 조직이 개편되면서 보수적 인사들이 탈락하고 일제 강점기 민족해방운동에 관여했던 인사들이 주축을 이뤘다.[주22]

도 건준이 결성되자 해방 전 도사 대리였던 센다와 제58군사령관에게 (1) 치안유지와 건국사업을 위한 정치활동에 절대 간섭과 방해를 하지 말 것 (2) 일본군과 경찰은 즉각 무장해제할 것 (3) 행정권은 도·읍·면 건준 결성과 동시에 양도할 것 등을 건의했다. 이에 대해 일본군은 "제58군은 지금까지 건재하고 있다", "아직 상부로부터 어떠한 지시도 없다", "미군정장관이

오지 않았다" 는 등의 이유를 들어 거부했다. 제주지역 인사들은 9월 15일 제주읍 인민위원회 결성을 시작으로 각 지방인민위원회를 조직했으며 9월 22일에는 제주농업학교에서 각 지방 대의원들이 참석한 가운데 건준을 발전적으로 해소하고 제주도 인민위원회를 결성했다. 제주도 인민위원회 결성대회에서는 첫째, 자주·통일·독립과 우리 민족의 완전 해방을 위해 투쟁한다, 둘째, 민주주의적 건국사업에서 가장 큰 장애가 되고 있는 일제 잔재세력과 국제파시스트 주구를 청산해 우리 민족의 민주주의적 발전에 기여하자는 2개항의 기본 정책노선이 채택됐다.[주23] 일본군 제58군 사령부가 9월 21일 제17방면군 사령부에 보낸 전보문에 "1945년 9월 15일 제주민중대회와 관련해 도내 각지에서 건준의 이름 아래 민중 조직화 작업이 활발하게 전개되고 있다"고 보고했다.[주24] 이 전보문을 보면 건준의 이름으로 9월 15일 제주민중대회를 조직했는데, 이는 제주읍 인민위원회 결성식으로 보인다. 제주도 인민위원회는 9월 말까지 짧은 기간에 각 면·리에 이르기까지 조직을 확산했다.

일제 강점기 면사무소 기능을 대행한 지방의 인민위원회 위원장들은 좌·우파의 정치적 갈등 없이 각 마을의 구장[이장]이나 유력자들이 맡기도 했다.[주25] 인민위원회의 결성과 해체과정을 목격한 주민은 다음과 같이 말했다.

> 서귀포에서도 사실 해방돼서 제일 먼저 만든 것이 인민위원회지. 어느 부락이든지 부락 구장(이장)이 인민위원회 위원장이었어. 그 뒤에 미군들이 들어와서 질서가 잡혀가니까 인민위원회 위원장들을 모두 잡아갔지. 그 사람들은 잡혀가서 2~3일씩 고통을 당했어. 그렇게 해서 돌려보내주니까 어떤 사람들은 사표도 내고 했지.[주26]

일제 치하에서 벗어나자 제주의 청년들은 "젊은 사람들이 앞장서야 할 것 아니냐", "우리가 우리 손으로 나라를 건국해야 되겠다"는 생각을 했다.[주27]

일제 식민지배의 관료체제가 무너진 직후 귀환자가 넘쳐나는 제주도의 급선무는 치안확보였다. 도 · 읍 · 면 · 리 건준, 인민위원회 산하에 청장년들로 조직된 치안대나 보안대는 사회질서 유지와 일본 패잔병의 횡포 근절, 자체 방범활동 등 치안활동을 벌이거나 도로정비, 청소, 체육대회, 양담배 · 양과자 배척운동 등의 활동을 벌였다.[주28] 이들은 이러한 공익적 활동과 조직 확산을 통해 빠른 속도로 제주사회를 장악해 나갔다.[주29]

대정면에는 치안대가 조직됐다. 징병 1기로 일제 강점기 때 징병됐던 가파도 출신 김대종은 "허기준 선생이 연성훈련(일제) 교관하다가 (대정면) 치안대장으로 일했다. 교관을 했어도 친일파가 아니니까. 법이 없는 때니까 치안대 활동이 활발했었지"라고 말했다.[주30]

구좌면 김녕리에서는 주민들의 해산물 무단채취와 나무 벌채, 도박, 폭행사건 등을 막는 등의 역할을 했다.[주31] 우도에서는 야학과 봉사활동을 전개했다. 우도면의 고성화는 일제 때 야학에서 했던 것과 마찬가지로 해녀와 주민들을 상대로 "바다는 바다에서 직업을 가진 사람들의 소유다. 그건 어느 개인이 가질 수 있는 게 아니다"는 등의 교육을 했다고 회고했다. 이러한 인민위원회의 활동에 대해 그는 "실질적으로 대중들의 호응이 나쁠 리 없지. 특히 문맹자한테 글을 읽게 만들어주는데 나쁘다고 할 수 없지. 이때까지도 지서에서 감시하거나 조사하는 게 전혀 없었어"라고 말했다.[주32] 대정면 인민위원회는 한 달에 2~3차례 회의를 했는데 회의 때마다 50여 명이 모여 활동 경과보고나 보고대회 같은 것을 열었다고 말했다.[주33]

제주도 민정장관이 치안유지 확보 차원에서 협조 공문을 요청할 때도 지서장보다 마을 청년동맹위원장의 이름을 먼저 썼다.[주34]

커밍스는 인민위원회 조직이 존속될 수 있는 조건을 다음과 같이 들었다. (1) 1930년대와 1940년대 초반에 인구가 감소했다가 해방 후 인구가 갑자기 늘어난 지역 (2) 소작농의 비율이 그리 높지 않으며 지주의 힘이 무너졌거나 약했던 지역으로 농민들이 어느 정도 독립성과 견제수단을 갖고 있던 지역 (3) 일제 통치와 미군정의 정치적 공백기간이 길었던 지역 (4) 통신과 운송시설이 비교적 열악하거나 그러한 시설을 장악한 지역 (5) 역사적으로 농민의 급진적 사례1930년대 적색농민조합의 존재여부가 있었던 지역 (6) 비교적 분화된 직업구조 (7) 상당 기간 좌파도 우파도 지배적이지 못하면서 우세한 좌파가 온건한 정책을 취한 정치적 복합성이 존재한 지역 등이다. 커밍스는 이런 면에서 제주도가 어떤 다른 지역보다도 위의 사항들을 모두 갖추고 있었다고 평가했다.[주35] 필자는 인민위원회의 조직이 강고하고 장기간 존속될 수 있었던 중요한 요소는 섬에서 오랜 기간 쌓여온 강한 공동체 문화와 지연 · 혈연으로 얽혀 형성된 섬 지역 특유의 관계망, 그리고 인민위원회 주도세력들의 정통성으로 해석된다. 혈연관계가 그물망처럼 얽힌 제주 공동체와 일제 강점기 민족해방운동을 주도했던 인민위원회 주도세력의 경험, 해방 직후 과거 친일파 관료들의 부정부패는 제주도민들로 하여금 인민위원회에 정통성을 부여하고, 그들의 활동에 도민들이 유기적으로 결합할 수 있는 토대를 마련했다.

1946년 12월 한 국내 일간지는 제주도 인민위원회의 구성원이 양심적인 항일투쟁의 지도자로 구성됐다며, 자치능력을 높게 평가했다.

> 세간에서 제주는 좌익 일색이며 '인위'의 천하라는 말이 있으나 제주의 인위는 '건준'이래 양심적인 반일제 투쟁의 선봉이었던 지도층으로써 구성되어 있으며, 최근에 분립된 한독, 독촉국민회 등의 우익단체와도 격렬한 대립이 없이 무난히 자주적으로 도내를 지도하고 있다. 남선 일대를 소란시킨 지난번 민요가 제주에 없었다는 것은 지도층의 산하조직 대중이 육지와 상원(相遠)한 점도 있었겠지만 지도층이 자주적으로 선도한 것과 수뇌가 일제하의 경관이 아니었던 신인으로 구성된 경찰진과 호흡이 어느 정도 맞았던 것도 잠재한 이면의 하나일 듯하다.[주36]

제주도 인민위원회의 결성과 함께 청년 · 여성 · 교육자 · 노동자 · 문화계

인사들의 운동도 활발하게 전개돼 9월 하순에는 전도적인 통일기구로서 '청년동맹 제주도위원회'가 결성됐다. 결성식에서는 "우리 앞에 놓여있는 모든 난관을 허물어뜨리고 인민대중의 기본적 요구에 응답해 일제의 잔재세력을 축출하는 일에 다 함께 우리 자주독립을 방해하는 외래세력과 반민주적인 모든 세력에 대한 투쟁을 전개한다. 우리들 청년이 정치적, 사회적, 경제적 해방을 기한다"라는 선언문을 채택했다. 또 도島부녀동맹, 교육자동맹, 노동조합, 소비조합, 제주문화협회귀환학생 중심 등이 조직되고, 이들 단체는 모두 조선의 독립, 민주적 국가건설을 계획하고, 적극적인 활동을 전개했다. 이들은 치안유지와 적산 관리, 일본군으로부터 몰수한 군량을 빈민에게 무상보급하기 등의 활동을 벌이고, '미래는 청년의 것이다'라는 구호 아래 오현중제주문화협회, 제주중유림회, 제주여중을 시작으로 하귀, 애월, 한림, 대정, 중문, 서귀, 조천지역에 중학교를 설립하는 한편 마을주민들을 대상으로 강습회 등을 열기도 했다.주37 이어 그해 12월 전국청년단체총동맹이 결성됨에 따라 가맹단체인 제주청년동맹으로 이름을 바꿨다. 청년동맹의 활동취지는 "진보적 민주주의 원칙에 의거하여 각층 각계를 총망라한 민주주의 민족통일을 확립하고 단결로서 일체의 장애물을 용감히 배제하고 노동자, 농민, 일반 근로대중의 자유롭고 평화스러운 생활을 영위할 수 있는 자주독립국가를 건설하고야 말 것"이었다.주38

1946년 초가 되자 지역적 차원의 탁치논쟁이 격렬하게 전개됐다. 처음에 반탁운동을 벌였던 제주도의 좌파세력에게도 중앙에서 신탁통치 지지운동 지시가 내려왔다. 중앙에서 내려온 신탁지지 근거는 (1) 신탁통치는 제1차 세계대전의 위임통치제와는 근본적으로 다른 것이며, 그것은 후견원조를 말하는 것이다 (2) 우리 민족은 장기간에 걸친 행정운영상의 공백을 가지고 있으므로 당분간의 선진 후견국가군의 원조를 필요로 한다 (3) 후견을 받아들이면 소 · 미 · 영 · 중의 선진 후견 4개국으로부터의 경제적 원조를 받을 수 있게 된다 (4) 후견국 집단은 민주주의적이다. 왜냐하면 4개 후견국 중에는 우리의 우방이며 강력한 민주주의 국가인 소련이 절대적이고 지배적 존재이기 때문이다. 그러므로 후견을 의미하는 신탁통치제는 오히려 자진해서 호의적으로 수락해야 한다는 것이었다. 그러나 남로당 대정면책을 지낸 이운방은 반탁에서 찬탁으로 바뀐 이유를 납득하기 곤란했다고 말했다.[주39] 탁치논쟁은 지역적 차원에서도 좌 · 우파 간의 대립양상을 보이며 지역 공동체를 균열시키고 있었다.

> 사상적으로는 전혀 모르는데, 신탁통치 반대를 하다가 나중에는 찬탁을 했어요. 각 마을에서도 신탁통치 반대를 구호로 붙여서, '신탁통치 절대 반대' 이렇게 했거든요. 조그마한 아이들도. 나중에는 찬탁하고. 신탁통치 반대운동할 때는 우리가 직접 나갔는데, 마을 학교에 한 50~60명이 집합했어요. 그렇게 한 다음 5~6명씩 어깨를 서로 걸치고 지서 앞까지 구호를 외치며 가도록 했어요. 그때 경찰관이 기마경찰이었는데 총을 들고 동네까지 와 경비하면서 '더 이상 들어오면 발포하겠다' 이렇게 했거든요. 지서까지 못 가게.[주40]

제주청년동맹은 강한 조직력을 갖고 인민위원회와 함께 정치적, 사회적으로 주도적 역할을 했으나 미군정과의 대립 속에 1947년 1월 12일 민청 제주도위원회(위원장 김택수)로 개편됐다. 민청은 중앙보다 1년 늦은 1947년 2월 23일 결성된 제주도 민주주의 민족전선(민전)과 결합해 3 · 1절 기념대회에서 선봉대 역할을 수행하기도 했다. 3 · 1사건을 전후한 시기 제주도 민청위원장은 일본 간사이대학교를 나온 대정면 출신의 이종우가 맡았다. 민청은 읍 · 면 · 리 단위까지 편성될 정도로 광범위한 조직체를 갖고 활동하다가 미군정의 탄압으로 나중에는 민애청 제주도위원회(위원장 강대석)로 개편됐다.[주41]

이와 함께 탁치논쟁으로 전국적으로 우익청년단체의 조직이 확대되던 시기 제주도에도 우익단체가 나타났다. 1946년 3월 대한독립촉성청년연맹 제주도지부(위원장 김충희)가 발족했고, 이어 광복청년회 제주도지회(단장 김인선)가 1947년 대동청년단(단장 김인선)으로 합쳐졌다. 이밖에 조선민족청년단족청 제주지부는 1948년 말 대동청년단과 함께 대한청년단한청으로 흡수통합됐다. 당시 제주에는 우익 정당으로 대한독립촉성국민회 제주도 본부(본부장 박우상)와 한독당 제주도지부(위원장 김근시)가 있었으나 세력이 미미했다.[주42]

2. 초기 미군정과 제주도

1) 미군정대의 제주도 진주

미 제59군정중대사령관 스타우트(Thurman A. Stout) 소령가 1945년 11월 9일 제주도에 상륙했다.[주43] 제59군정중대가 제주도에 진주한 것은 이미 제주도 인민위원회가 '섬 내의 유일한 당이며 목적과 내용을 지닌 유일한 정부'로서 확고하게 자리를 잡은 뒤였다.[주44] 59군정중대 사령부와 사령부중대, 그리고 제주도를 위수지역으로 관할하는 미보병 6사단 20연대 L중대는 11월 9일 제주항에 상륙한 뒤 제주읍에 본부를 설치하고, 100여 명으로 구성된 파견대를 모슬포에 파견했다. 이에 따라 제주도에 대한 미군정의 본격적인 점령정책은 11월 11일 자정 일본군의 철수작전을 책임졌던 제24군단 군수지원사령부로부터 미 6사단이 제주도에 대한 통제업무를 넘겨받으면서 시작됐다.[주45] 제59군정중대는 9월 17일 미국 캘리포니아에서 편성돼 인천을 거쳐 제주도에 들어오기까지 한국은 물론 제주도에 대한 정보가 전혀 없었다. 군정중대 병력은 편성 초기 장교 9명과 사병 35명으로 구성됐다가 1947년 1월 1일에는 장교 9명과 사병 59명으로 사병수가 늘었다.[주46]

제59군정중대는 인민위원회를 활용할 수밖에 없었으며 인민위원회의 협조 없이는 주어진 임무를 수행할 수 없었다. 서울의 미군정청에서 파견된 공보부 미국인 관리는 1946년 12월 현재 인민위원회 대표들이 앞으로 폭동은 없을 것이라며 경찰에 약속하고, 경찰은 인민위원회가 제주도에서 일어날지도 모를 어떠한 사태에도 개입하지 않을 것이라고 언급할 만큼 우호적이었다고 평가했다.주47

이처럼 미군정과 제주도 인민위원회가 협조체제를 이루게 된 이유는 무엇이며 언제까지 그러한 관계가 유지됐는가? 이는 세 가지 측면에서 생각해 볼 수 있다. 첫째, 군정중대가 진주하기 전부터 제주지역의 인민위원회는 활발한 활동을 벌이면서 제주도민들의 폭넓은 지지를 받았다. 인민위원회의 구성원들이 일제 강점기 민족해방운동세력이었다는 점도 인민위원회의 활동에 정통성을 부여했을 뿐 아니라 제주도민들의 지지를 받을 수 있는 조건이 됐던 것으로 평가된다. 이에 대해 전라남도 미군정 요원이었던 미드Grant E. Meade는 "제주도 인민위원회가 상당할 정도의 자치권을 행사하고 있었을 뿐 아니라 기능적으로도 최고의 효율성을 가지고 운영되고 있기 때문"이라고 밝혔다. 둘째, 인민위원회의 정책적 온건성은 군정중대로 하여금 이들의 도움을 받지 않을 수 없게 만들었다. 미드는 제주도가 전라남도에 종속돼 있어 군정중대로서는 정치적 어려움이 없는 반면 인민위원회가 매우 협조적으로 활동함에 따라 군정은 인민위원회를 최대한 지원했다고 평가했다.주48 반면 우파단체는 인민위원회의 온건성이 제주도민들의 호응을 얻어 더욱 강력해질 것을 두려워했으며 경찰과 군정당국이 인민위원회를 탄압하지 않는 데 불만을 나타냈다.주49 셋째, 지역적 고립성으로 인하여 상급부대인 전남지역을 관할하고 있던 제101군정단과 연락이 원활하지 않았던 점도 제주도 군정중대가 어느 정도 독자성을 가지고 인민위원회와 협력할 수 있는 여건을 제공했다. 당시 101군정단 산하였던 59군정중대는 지리적 조건으로 인해 1945년 12월까지 101군정단과 거의 접촉을 하지 못한 채 독립적으로 활동할 수밖에 없었다.주50

2) 친일경찰의 등장

미군정은 일제 때 형성된 식민관료기구의 존속과 경찰조직의 재건에도 나섰다. 일제 경찰에 복무했던 한국인들은 해방 직후 민족반역자라는 비난을 받다가 갑자기 미군정 하에서 국가건설의 첨병으로, 우파세력의 전위대로, 그리고 좌파세력에 대한 탄압주체로 등장했다. 남한의 경찰제도는 일제 강점기 때의 경찰제도와 유사했고, 경찰관들의 수법이나 권한도 마찬가지였다. 임의 체포와 고문, 또는 위협은 정치적 반대자들을 처리하는 일반적인 절차였다.[注51] 치안을 중시했던 미군정은 63명의 미국인 고문관들을 경찰에 파견했다.[注52] 이는 다른 어떤 조직보다 많은 인원이었다. 해방 직전 남북한 통틀어 1만여 명이던 한국인 경찰관은 해방 후 3개월 만인 1945년 11월 중순 남한에서만 1만 5천 명으로, 10월 사건 후인 1946년 말에는 2만 5천 명으로, 정부 수립 직전에는 4만 5천여 명에 이르렀다. 1946년 말까지 미군정 경찰 간부의 분포를 보면 경위급 이상의 간부 1,157명 가운데 82%인 949명이 일제 경찰 출신들이었다.[注53] 일제하 전조선의 경찰정원이 2만 3,700명이었음을 고려할 때 38도선 이남 지역의 경찰력을 이처럼 증원한 것은 일제 때보다 적어도 2배 이상의 경찰력을 충원했음을 의미하는 것이었다.[注54] 또한 강제적인 물리력 사용의 필요성이 급격히 증가했다는 의미이기도 했다. 많은 일제 경찰 출신들이 동포를 체포하고 고문한 기록을 가진 사람들이었으며, 이들은 1947년 중반까지 2만 2천여 명을 투옥했다. 이는 일제 강점기 남한 재소자 수의 2배에 해당되는 인원이었다.[注55]

경찰은 미군정의 통치와 우파세력의 정치적 결집을 위한 도구가 됐으며, 이에 따라 민중들의 군정당국에 대한 혐오감도 증폭됐다. 제주경찰의 최고위 간부들도 일제 경찰 출신들이었다. 다른 지역에서와 마찬가지로 제주도 주둔 미군정은 인민위원회를 공식적인 통치기구로 인정하지 않았고, 군정중대의 정책 또한 24군단의 점령정책의 연장선상에 있었다. 59군정중대는 점령정책을 수행하기 위해서 제주도 농회 주사 김문희를 도사대리에 임명했으며, 일제 특경 출신인 신우균을 부감찰청장에 임명하는 등 통치기구 조직에 착수했다. 이는 본질적으로 일제 식민지 지배집단을 충원하는 것이었다. 코리아퍼시픽프레스 특파원 설국환은 신우균이 일제 특경대 소속으로 자신의 항일활동을 조사하기 위해 미행했던 인물이라고 밝혔다. 미군정 보고서에는 신우균 자신도 일제 경찰 출신이기 때문에 제주도의 경찰 책임자와 같은 중요한 직책을 맡으리라고는 예상하지 못했다고 기록하고 있다.[주56] 이러한 일제 경찰 전력의 신우균은 1946년 12월 7일 김대봉 제주경찰 감찰청장 후임으로 청장에 임명됐으나 모리배들로부터 뇌물을 받았다가 결국 1947년 3월 파면됐다.[주57] 같은 청 소속 총무과장 이형석은 일본군 소령 출신으로 일본 육군 철도부대 부대장이었다. 그는 당시 수천여 명의 영국군 포로들을 잡아 강제노역을 시켰으며, 일부는 가혹한 고문을 받고 총살되기도 했다. 해방 뒤 배편으로 몰래 귀국한 그는 총무과장으로 재직하면서도 문제를 일으켰다.[주58]

1948년 5 · 10선거 당시 남제주군 선거구에서 무소속으로 출마했던 양기하는 4 · 3 발발 원인을 언급하면서 "민주주의의 정치 원칙하에는 행정은 인민과 유리하여서는 안 되는 것이다. 제주도 실정을 잘 모르는 인사들이 당도當島에서 행정을 담당한데 사건 발생의 원인이 있다. 혹독한 왜인倭人들도 제주도민에게는 과도한 압제를 쓰지 못하였다. (중략) 제주도에는 극히 일부이겠지만 교양이 충분치 못할 뿐 아니라 경찰관리로서의 훈련을 받지 못한 사람들이 있어서 일반 인민의 악감정을 유인誘引시켰다"고 분석했다.[주59]

미군정은 이러한 관료기구의 존속과 경찰기구의 재건 및 확대를 통해 알라비Hamza Alavi가 말하는 '과대성장된 국가기구'를 강화시켰다. 알라비는 식민지 사회에서는 식민지 고유의 사회적 계급에 대한 지배권을 행사하기 위해 군부와 관료제도를 통해 국가기구를 건설해야 하기 때문에 식민지의 상부구조는 '과대성장'된다고 말한다. 이러한 관료제도와 군부 구성원들은 독립 이전에는 식민세력의 도구로서 민주주의운동을 탄압하는 것이 주요 기능이었다. 그러나 독립 뒤 탈식민사회에 접어들면서 민족해방운동에 참여했던 정당들은 정통성과 정치권력을 물려받게 되지만 이들의 권력은 점차 쇠퇴하면서 군사-관료 과두체제의 권력이 확대돼 왔으며, 이는 후자에 의한 권력 '탈취'에서 절정을 이룬다고 말한다.[주60] 알라비의 이론은 해방 공간 남한사회에서도 적용됐다. 미군정에 의해 증원된 경찰은 인민위원회 중심의 자생적 권력기구들을 와해시켜 나갔을 뿐 아니라 좌파단체들을 해체시키는 데 결정적 역할을 했다. 미군정 경찰고문관 매글린 대령은 "많은 사람들이 일본인이 훈련시킨 친일경찰을 계속 쓰는 일이 현명한 처사인지 의문을 제기한다. 하지만 그들은 경찰로서의 자질을 천성적으로 갖춘 사람들이다. 그들이 일본인을 위해 훌륭히 업무를 수행한다면 우리를 위해서도 그럴 수 있으리라고 확신한다. 그러므로 이들을 경찰에서 몰아내는 것은 어리석은 일이다"고 언급할 정도였다.[주61] 국가건설과정에서 핵심적 역할을 한 미군정 경찰고문관은 일제에 충성했던 것처럼 미국을 위해서도 일할 수 있다고 믿었으며, 이 때문에 친일경찰을 적극 수용하고 옹호했다.

미군정의 이러한 점령정책은 강고하게 입지를 구축한 제주도 인민위원회와 미군정의 균열을 예고하는 것이었으며, 1947년의 '3 · 1사건'을 기점으로 미군정의 제주도 정책은 인민위원회를 중심으로 한 좌파세력과 결정적으로 긴장국면에 들어갔다.

3. 제주도의 사회경제적 상황

1) 해방 전후 제주도의 인구변동과 사회경제적 조건

해방 뒤 타지로 떠났던 제주도민들이 돌아오면서 나타난 인구의 급격한 증가는 정치 · 사회경제적으로 제주지역에 상당한 영향을 끼쳤다.

〈표 5〉 1944년 5월과 1946년 9월의 남한 인구 및 변화율[주63]

지역	합계		증가율	남자		증가율	여자		증가율
	1944	1946		1944	1946		1944	1946	
총계	15,879,119	19,369,270	22.0	7,847,252	9,791,707	24.8	8,031,868	9,577,563	19.2
도별									
경기	2,264,336	2,486,369	9.8	1,133,160	1,265,326	11.7	1,131,176	1,221,043	7.9
서울	8,26,118	1,141,766	38.2	410,015	576,608	40.6	416,103	565,158	35.8
충북	970,623	1,112,894	14.7	482,985	566,784	17.4	487,638	546,110	12.0
충남	1,647,044	1,909,405	15.9	814,178	967,843	18.9	832,866	941,562	13.1
전북	1,639,213	2,016,428	23.0	804,299	1,025,041	27.4	834,914	991,387	18.7
전남	2,486,188	2,944,842	18.4	1,216,646	1,481,009	21.7	1,269,542	1,463,833	15.3
경북	2,561,251	3,178,750	24.1	1,259,638	1,602,361	27.2	1,301,613	1,576,389	21.1
경남	2,318,146	3,185,832	37.4	1,143,126	1,604,885	40.4	1,175,020	1,580,947	34.5
강원	946,643	1,116,836	18.0	481,763	572,171	18.8	464,880	544,665	17.2
제주	**219,548**	**276,148**	**25.8**	**101,432**	**129,679**	**27.8**	**118,116**	**146,469**	**24.0**

* 경기도와 강원도의 1944년 통계는 현재 구성된 지역으로서 이들 지역의 영역만을 포함해 정정될 예정이다. 이것은 현재 경기도 관할 하의 황해도 일부를 포함하고 있다.
* 출처: 1946년 9월 주한미육군사령부 군정청 보건후생국이 조사한 남한 인구조사.

〈표 5〉를 보면, 1944년과 1946년 인구 증가율은 서울38.2%, 경남37.4%, 제주25.8%, 경북24.1% 등의 순으로 나타났다. 이처럼 전국적으로 징병자와 징용자, 또는 생계를 위해 일본에 진출했던 한국인들이 속속 귀환하면서 남한의 인구는 크게 늘어났다. 1944년과 1946년의 인구 변동율을 보면 남자의 증가율이 24.8%로 여자의 증가율 19.2%에 견줘 높다. 이는 징병자와 징용자, 또는 생계를 위해 일본으로 진출한 남자들이 많았던 것으로 분석된다. 제주도도 예외가 아니었다. 제주도에서는 일제 강점기였던 1938년 현재 가구당 1명 정도가 생계를 위해 일본으로 갔을 만큼 일본에는 제주도 출신자들이 많았다.[주62] 해방 직후 제주도의 남·여 성비별 증가율을 보면 남자는 27.8%, 여자는 24.0%로 남한의 최대 도시 서울을 제외하면 가장 높은 수치를 기록했다.

〈표 6〉 1938~1960년 제주도의 인구변동[주66]

연도	1938[1]	1940[2]	1944[3]	1946[4]	1947[5]	1948[6]	1949[7]	1950[8]	1951[9]	1960[10]
인구	203,651	212,000	219,548	276,148	275,899	282,000	254,589	254,596	245,861 (289,901-피난민포함)	281,720

〈표 6〉에 나타난 해방 전해인 1944년과 1946년의 제주도 인구변동을 보면 5만 6,600명의 인구가 제주도에 유입된 것으로 나타났다. 그러나 4·3을 겪으면서 제주도 인구는 크게 줄었고, 1951년에는 24만 5,861명으로 감소했다.

이는 4·3으로 인한 희생자뿐 아니라 일본이나 육지로 도피한 도민들이 많았기 때문으로 풀이된다. 특히 1949년 5월 1일 현재 제주도 인구는 북제주군은 남자 7만 2,592명, 여자 9만 31명으로 16만 2,623명이며, 남제주군은 남자 4만 2,167명, 여자 4만 9,799명으로 9만 1,966명이다. 남제주군보다는 북제군의 남·여 인구편차가 크며, 북제주군 지역의 남자 인구가 크게 줄어든 것은 북제주군 지역이 4·3 당시 피해가 더욱 컸음을 보여준다.

이와 같은 인구의 양적 팽창은 정치적 측면은 물론 경제적 측면에서도 제주사회를 압박하는 요인이 됐다. 메릴John Merrill은 일제 시기 외부로 나갔던 사람들이 귀환하고 제주도에 남아있던 5만여 명 가량의 일본인들이 1945년 10월 말부터 11월 초까지 빠져나가자, 제주도의 경제사정은 대규모의 인구이동, 군사기지의 철수, 외국으로부터의 송금 중단, 소련의 점령지역으로부터 받아온 비료와 기타 공업 생산품의 공급이 중단됨으로써 혼란에 빠져 들어갔다고 밝혔다.[주64] 이와 함께 일본에 건너간 제주 출신 4만 5,950명이 우체국을 통해 제주도에 보낸 송금액만도 1938년 147만 730원으로, 1인당 32.01원에 이르렀으나,[주65] 해방 이후에는 송금이 차단됐다. 제주와 일본을 드나들던 여객선의 운항과 일본과의 교역도 중단됐다.

1946년 11월 현재 실업률은 제주도가 7.5%로 경남의 8.9%에 이어 두 번째로 높았다. 더욱이 일본군의 철수와 태평양전쟁 당시 제주도내 산업시설의 파괴로 인해 제조업체의 가동률은 크게 떨어졌다. 1944년 6월 현재 72곳에 이르던 제주도 내 제조업체 가운데 1946년 11월 현재 가동 중인 제조업체는 32곳에 불과해 감소율이 55.6%에 이르러 전국 최고를 기록했다.[주67]

제주도 내 최대 규모의 제조업체였던 제주주정공장은 해방 전 한때 매달 1,000드럼의 주정을 생산했으나 1946년 하반기에는 한 달 240드럼 생산에 그쳤다. 제주도에서 생산되는 고구마를 원료로 주정을 생산해냈지만 1946년 12월에는 가동조차 하지 못하는 형편에 놓였다.[주68]

신한공사가 1947년 3월 31일부터 4월 9일까지 제주도 주정공장 실태를 현지 조사한 보고서에 따르면, 제주주정공장은 1939년 동양척식회사에 의해 건설됐다. 태평양전쟁 시기에는 비행기 연료용으로 아세톤과 부탄올을 만들기 위해 부분적으로 기계와 장비를 교체해 1944년 2월 처음 연료를 생산했다. 1944년 9월 이후 공장은 일본 정부의 명령에 따라 순수 주정공장으로 작업하기 위한 계획을 세웠지만 연합국군의 공습으로 1945년 6월 26일 대부분의 기계와 장비가 파괴되거나 불에 탔고, 주정공장에 보관된 고구마 184만 4,751관도 모두 파괴됐다.[주69]

태평양전쟁 당시 징병됐다가 인도에서 전쟁포로로 붙잡힌 M-1465 번호가 붙은 현병무일본명 모리타 겐시키는 일제 강점기 때의 제주주정공장 현황에 대해 잘 알고 있다. 그는 1920년 10월 14일 제주도에서 태어나 1928년 어머니와 함께 일본 오사카로 건너가 1941년까지 살면서 소학교와 고등학교를 졸업했다. 이어 1941년 7월 귀향해 그해 11월 제주도청에 공보계원으로 들어갔다가 1942년 12월 일본군에 징집됐다. 그가 미군 심문팀에 밝힌 내용을 보면, 제주주정공장은 일본인 소유 기업으로 일본정부의 지원을 받고 있으며, 공장 때문에 새 도로와 부두가 건설됐다. 직원용 숙소도 지어졌다. 고구마가 알콜 제조 원료로 사용되며, 이에 따라 제주도 내 고구마 생산량이 증가했다. 300여 명의 노동자가 제주도 각 마을에서, 400여 명은 제주읍에서 모집됐고, 200여 명(가족이 없음)은 본토에서 왔다. 그리고 100여 명의 노동자들(주로 현장주임)은 일본에서 왔다. 이와 함께 17살에서 40살까지의 제주도민은 무임금으로 일주일 동안 제주주정공장에서 강제로 일했다. 가게주인들과 지식인들도 이 명령에 따랐고, 행정기관 관리들만이 면제됐다. 이들은 교통과 식사, 숙소를 무료 제공받았다. 사무실과 기숙사, 식당은 목조건물이며, 공장 발전력은 석탄과 증기다. 노동력 부족으로 인해 임금이 1일 1엔(미숙련 노동자)에서 1.25~1.35엔으로 올랐다. 근무시간은 일주일에 7일 하루 8시간으로 한 달에 2번 쉰다. 그는 1942년 11월 14일까지 제주도에 있었는데 제주읍 내의 인구는 3만 명으로 150여 명의 일본인도 거주했다고 말했다. 또 1943년 이후 제주도 방어를 위해 일본군 300여 명이 제주읍에 주둔했고, 100여 명 규모의 해군부대가 모슬포에 있다고 말했다.[주70] 현병무가 언급한 내용에 따르면 1천여 명의 노동자가 근무하고 있었으며, 제주도민들을 강제로 동원할 정도로 제주도 최대 규모의 군수공장이었다.

그러나 해방 이후 빈사상태의 제주지역 경제상황은 지역사회를 혼란에 빠뜨렸다. 『독립신보』 김호진 특파원의 제주도 취재기는 당시의 제주도 상황을 생생히 묘사하고 있다.

> 제주도 인민 30만은 지금 역경 속에서 신음하고 있다. 모든 공장은 대부분이 움직이지 않고 친일파 민족반역자들이 발호하여 이 땅의 민주화를 방해하고 있다. '미군정이 존속하는 한 경찰은 나를 체포치 못할 것이다.' 이 말은 무엇을 말하는 것일까? 쌀과 자유를 달라! 이것이 정의의 인민의 부르짖음이 아닐까? 이 땅의 특수한 공장시설을 본다면 작년 6월에 연합군의 폭격으로 일부 파괴당한 무수(無水)알코올공장, 조선에 유일한 통조림을 만드는 관힐(罐詰)공장, 전분(澱粉)공장, 조선의 수요량을 훨씬 초과 생산하는 옥도정기공장, 자개단추공장 등이 있으나 무수알코올공장이 지난 11월 해방 후 처음으로 작업을 시작하였을 뿐이고 나머지 제 공장은 좋은 계획은 있으나 기술 부족, 원료난으로 아직까지도 공장문을 열지 못하고 있다. 목축부문을 보더라도 과거 왜놈병대들의 착취로 말미암아 소 3만 5,000, 말 3만, 돼지 4만, 면양 150두가 남아 있을 뿐, 일방 어업을 본다면 근해에

고래군이 출몰하고 있어도 자재 부족으로 방관할 수밖에 없고 제주도의 노동자들은 공장문을 열라고 외치고 있다.[주71]

이처럼 공장문을 열고, 쌀과 자유를 달라고 외치고 있는 것이 해방 직후 제주의 현실이었다. 경제상황이 악화일로를 치닫는 가운데 1946년 전국을 휩쓴 콜레라의 창궐은 제주도에서도 수 백여 명의 목숨을 앗아갔다. 1946년 6월부터 8월까지 제주도 전역을 휩쓴 콜레라는 해방 이후 제주도 최악의 전염병이었다. 치사율 60% 이상을 보인 콜레라로 전국적으로 1946년 8월 27일까지 1만 995명의 환자가 발생해 7,193명이 목숨을 잃었다. 제주지역의 콜레라 환자 발생과 사망자수는 1946년 6월 중순 무렵 18명의 환자가 발생해 7명이 사망한 이후 마지막으로 보고된 8월 27일까지 2개월여 동안 사망자가 369명에 이르렀다.[주72] 콜레라가 창궐하자 경찰은 8월 31일 현재 콜레라 전염을 막기 위해 더러운 물을 마시지 못하도록 제주읍 내의 모든 급수원에 대한 경비를 섰다.[주73]

예방책이 없었던 주민들은 마늘을 까서 주머니에 넣고 다니면서 먹거나 파 · 마늘을 찧어서 허리에 차고 다니기도 했다. 환자가 발생한 집은 올레입구에 가시를 쌓아 외부인의 출입을 금지하고 물항아리를 밖에 갖다 놓으면 주민들이 물을 길어다줘 식수로 사용했다.[주74] 조천면 함덕리 김병석은 "병술년1946년에 호열자콜레라가 왔다. 콜레라가 와서 재래식으로 방지를 한다고 가시나무를 캐다가 길을 막고 차단을 했다"고 말했다.[주75] 남조선과도정부 수석고문관 존슨Edgar A.J. Johnson은 1946년 콜레라가 한창 기승을 부릴 때 제주주정공장을 재가동시키기 위해 제주도를 방문한 적이 있다. 당시 그의 일행이 제주도에 도착하자 제주도 민정장관이 주정공장 바로 인근에서 콜레라가 갑자기 발생해 24시간 동안 200여 명 이상이 사망했다며 공장 방문을 막으려 했으나 이미 예방접종을 받았다고 밝히기도 했다.[주76] 10월 중순 들어 1개월 이상 제주도에서 새로운 콜레라 환자가 나타나지 않자 일부 지

역을 제외하고 검역제한이 해제됐다.주77

높은 실업률과 흉년, 콜레라의 창궐로 제주도민들은 미구축함의 해상경계에도 불구하고 목숨을 걸고 일본행을 택했다. 소형어선이나 화물선을 이용해 제주와 일본을 오가며 밀무역을 하거나 사람들을 실어 나르다 적발되는 사례도 나타났다. 제주도 출신으로 당시의 생활고를 겪고 4·3의 전개과정에서 일본으로 건너간 한 체험자는 이렇게 증언했다.

> 해방되니까 우리가 굶었지. 일제시대에는 우리가 굶은 예가 있었나하는 말들이 떠돌았어요. 그리고 얄궂게도 해방 이후 46년인가 제주도에는 호열자병(콜레라)이 유행됐고, 농사가 잘되지 않아 기근 현상이 제주를 휩쓸었잖아요. 그러니까 어떻게 해서든지 제주도를 빠져나가야겠다고 생각을 하고 있었어요.주78

1946년 7월 하순부터 한국과 일본 간의 밀무역을 막기 위해 미해군 제7함대 소속 스웬슨SWENSON과 매덕스MADDOX 등 구축함들이 한국인 해안경비대 대원들을 태우고 제주도와 목포, 여수 주변의 해역에서 정찰활동을 시작했다.주79 8월 하순에는 제주도 연안에서 일본으로 밀항하려던 한국인 175명을 태운 선박 4척이 미 제7함대 소속 구축함에 검거됐다.주80 1947년 5월 20일쯤에는 함덕포구를 출항해 일본으로 가던 밀항선이 쓰시마 부근에서 파도에 휩쓸려 승객 40여 명 가운데 20여 명이 희생되기도 했다.주81

2) 제주도의 식량상황과 기근

제주도가 콜레라 전염병으로 공포에 떨던 1946년 엎친 데 덮친 격으로 보리작황 또한 대흉작이었다. 이 해 제주도의 보리 수확량은 8만 3,785석으로 해방 이전인 1943년의 20만 4,796석, 1944년의 26만 8,133석에 비해 각각 41%, 31%에 그쳤고, 해방되던 해인 1945년의 18만 7,480석에 비해서도 44.7%에 지나지 않았다.주82

제주도민들이 1947년 한 해 동안 배급받은 식량은 1일 1인당 2홉 5작이 최대였다. 1947년 2월 제주도 산업국장 임관호는 "2월 배급 전에는 다른 지방으로부터 미곡 반입이 순조롭지 못해 1홉씩밖에 배급하지 않았다. 장차 반입이 순조로우면 미곡 2홉, 잡곡 5작씩 비농가에 배급할 예정"이라고 밝혔으나 약속은 지켜지지 않았다.[주83] 그것도 매달 초에 배급받는 것이 아니라 하순에 이르러서야 그 달의 상반기분을 배급받는 식이었기 때문에 제주도민들은 기아상태에 허덕여야 했다. 배급된 식량 가운데 소맥분은 질이 좋지 않은데다, 비료나 석유, 석탄분 등이 섞여 있어 이를 먹은 주민들이 구토 증세까지 보여 배급을 중지하는 사태가 벌어졌다.[주84] 11월 제주읍 주민들에게 배급할 미곡은 12월 8일까지 전달되지 않았다.[주85]

> 해방은 됐지만 야단이 났네/이 집 가도 저 집 가도 먹을 걱정/보리쌀은 없고 감자도 없고/이렇게 해서는 안 되겠네/코 큰 놈을 믿어서 앉아 있으면/굶어 죽은 사람이 2천 8백 명/우리들이, 근로대중이 힘을 합쳐서 (중략) [주86]

노래처럼 아사자가 나타난 것은 아니지만 학생들이 당시 경제상황을 빗대 노래를 만들어 부를 정도로 제주지역의 경제사정은 최악의 상태를 맞이하고 있었다. 1일 1인당 배급량도 실제 배분과정에서는 읍 · 면별로 달랐다. 제주지역의 1947년 11월분 배급량은 1일 1인당 미곡과 잡곡 각각 1홉을 기준으로 했지만 비농가와 부분경작농가, 재산가에 대한 기준은 달랐다. 12개 읍 · 면 가운데 5개 읍 · 면의 분배 상황은 〈표 7〉과 같다.

기아선상에 허덕이는 제주도민들을 빗대 근로정신과 자급자족심은 제주도만이 가질 수 있는 현상이라는 어처구니없는 보도도 나왔다.[주87] 남조선과도정부 중앙식량행정처의 미국인 고문관이 제주도의 배급량 운영을 '혼란' 또는 '무정부 상태'[주88]라고 비판하는 가운데 언론은 중앙식량행정처장 지용은의 말을 빌려 사실과는 정반대로 보도해 여론을 호도했다.

〈표 7〉 1947년 11월의 제주도 식량 배급현황

읍면별	비농가(홉)		부분경작자(홉)		재산가(홉)*	
	미곡	잡곡	미곡	잡곡	미곡	잡곡
제주읍	1	–	–	–	–	–
중문면	1	1	.7	.8	.5	.5
남원면	1	1	.8	.7	.5	.5
서귀면	1	1	–	–	.8	.7
구좌면	1	1	–	–	–	–

* 재산가는 암시장에서 추가 필요량을 살 재산이 있는 비농가이다. 서귀면의 재산가수를 요청했는데 5,520명의 비농가 주민 가운데 재산가는 700명이었다.

* 출처: Peter J. Carroll, Administrative Assistant to Chee, Yong Eun, Director of National Food Administrator & Carroll V. Hill, Advisor, *Subj: Operation of Rationing Program in Cheju Do*, 3 January 1948.

많은 조선인은 쌀이 조선사람의 주식이나 기타 음식도 건강을 유지할 수 있다는 것을 발견했다. 즉 제주도 주민은 쌀의 결핍에도 불구하고 능히 살아갈 수 있고 또 건강을 유지하고 있다고 한다. (중략) 주민은 감자와 생선과 해초를 먹고 있는 형편이다. 이와 같은 식사로도 퍽 건강하다고 한다.[주89]

제주도민의 굶주림에 대해 쌀이 부족하지만 건강을 유지하고, 근로정신과 자급자족심이 강해 구제방안이 없어도 살아간다는 중앙관리의 인식과 언론의 보도는 제주도와 서울의 거리만큼이나 괴리가 큰 것이었다. 그러나 제주도 현지 언론은 식량의 절대부족으로 어려움에 처한 제주도민들의 목소리를 생생하게 전했다.

생활면에 있어서 생지옥의 도탄에 신음하는 일반 소비층 대중에 심각한 타격을 주어 기아를 앞에 한 인민의 비참한 아우성 소리 날로 높아가고 있음을 보는 요즘 거리의 표정은 시시각각으로 도를 가하고 있음은 누구나 수긍하는 사실이거니와 이러한 사회상은 거리의 식당에서도 그 일면을 보여주고 있다. 무산대중의 애용을 보고 있는 읍 후생식당을 엿보면 정각 수 시간 전부터 남녀노소를 물론하고 취중(就中: 그 가운데서도 특히)에 영아를 부둥켜안은 가여운 여인들이 찬바람에 쏠린

> 나머지 안색을 변하다시피 추위에 떨며, 그 귀한 일식(一食)을 구하려 엄한의 노상에 장사의 열을 짓고 있다. 이는 다만 식량난의 일개 반영일 뿐 아니라 건국을 감히 좀먹고 있는 모리배 오리배는 비대되고 선량한 인민대중과 소(小)관리는 도탄에 신음하는 현금의 사회상을 우리에게 보여주고 있는 것은 물론이다.[주90]

『제주신보』의 보도는 겨울철 어린 아이를 안은 제주도 여인들이 추위에 떨며 한 톨의 쌀이라도 구하기 위해 발버둥치는 모습이 그려졌다. 이처럼 절대위기 상황의 식량난이 계속되자 도 대표 제주도청 산업국장 임관호, 군대표 김영진, 읍 · 면대표 고은삼, 식량영단 소장 박태훈, 제주신보사 백찬석, 민간측 박명효, 홍순녕 씨 등 7명으로 구성된 관민 식량사절단이 1947년 4월 28일부터 광주를 비롯한 전남 각 지방을 순회하면서 중앙식량행정처로부터 지시받은 5만t의 미곡을 보내줄 것을 호소했다.[주91] 식량난이 가중되면서 식량배급량을 조금이라도 더 확보하기 위해 유령인구도 등장했다. 제주읍이 조사를 벌인 결과 용담리에서만 200명의 유령인구가 적발됐다. 제주읍은 식량을 부정배급받는 자가 적발되면 그 세대는 물론 당해 반의 전세대에 대한 배급을 중지하겠다고 밝히는가 하면 9월 말이 기한인 호별세 완납기간에 호별세를 납부한 주민이 10%도 되지 않자 호별세 체납자에 대해서는 10월분 식량은 물론 일반 배급을 중단하겠다고 밝히기도 했다.[주92] 여기에 극우파 인물인 제주도지사 유해진은 주민들에게 식량배급표를 주지 않고 면장실에 보관토록 함으로써 행정기관 임의대로 식량배급을 통제할 수 있도록 했다. 중앙식량행정처 고문관 캐롤은 "식량을 배급받는 가족의 책임자는 가족 배급표를 받기 위해 각각의 배급기간에 면장실을 방문하고, 면장이나 면직원들은 구입을 승인한 곡물 양을 표에 적는다. 구입한 다음에는 표를 면장실로 반환하기 위해 배급받은 주민이 속한 구장[이장]에게 준다. 즉 배급표는 월별 공급량을 구입하기 위한 일종의 허가증으로, 이러한 제도는 주민들에 대해 관리들에게 확실히 강력한 무기를 제공한 것이다"라고 평가했다.[주93]

〈표 8〉 1946년 12월 31일 현재 남한의 임차별 농가수[주94]

도별	자작농	50%이상 자작농	50%미만 자작농	소작농	기타	합계
서울	90(3.1%)	157(5.4%)	220(7.6%)	2,361(81.9%)	56(1.9%)	2,884
경기	23,836(8.5%)	38,478(13.8%)	44,252(15.8%)	160,725(57.4%)	12,495(4.5%)	279,786
충북	17,374(12.6%)	24,901(18.1%)	31,164(22.6%)	63,096(45.8%)	1,186(0.9%)	137,721
충남	19,996(8.8%)	33,388(14.7%)	43,129(18.9%)	126,431(55.5%)	4,871(2.1%)	227,815
전북	14,092(5.3%)	29,089(10.8%)	43,228(16.1%)	156,236(58.2%)	25,638(9.6%)	268,283
전남	52,661(13.9%)	69,099(18.3%)	74,881(19.8%)	163,992(43.4%)	17,171(4.5%)	377,804
경북	66,838(18.8%)	79,322(22.3%)	80,810(22.8%)	123,734(34.9%)	4,231(1.2%)	354,935
경남	82,661(25.6%)	80,177(24.8%)	78,502(24·3%)	81,366(25.2%)	-(0%)	322,706
강원	28,823(23.4%)	26,720(21.7%)	23,976(19.5%)	43,059(35.0%)	356(0.3%)	122,934
제주	**30,900(72.8%)**	**5,574(13.1%)**	**3,114(7.3%)**	**2,686(6.3%)**	**146(0.3%)**	**42,420**
1946 총계	337,271 (15.8%)	386,905 (18.1%)	423,276 (19.8%)	923,686 (43.2%)	66,150 (3.1%)	2,137,288
1945 총계	284,509	337,506	378,574	1,009,604	55,284	2,065,477

* 주: 1가구는 5인 가족

* 출처: 농무부 농업경제국 통계과

3) 토지 소유 현황과 제주도민의 평등의식

해방 이후 남한 사회는 토지개혁 문제에 직면했다. 〈표 8〉은 남조선과도정부 농무부가 1946년 12월 31일 현재 남한의 농지소유상황을 조사한 결과다. 조사 결과를 보면 213만 7,288농가 가운데 43%는 소작농이고, 38%는 일부 소유하거나 일부 임대한 농민이며, 16% 정도만이 자작용 농지를 소유한 것으로 나타났다. 그러나 제주도의 자작농 비율은 72.8%로 육지부의 다른 지역과는 비교가 되지 않을 정도로 높았고, 반면 소작농은 6.3%에 지나지 않았다. 통계에서 알 수 있듯이 해방 직후 전국의 농민들은 토지 소유의 집중화를 막기 위해 토지개혁을 통한 농지 소유 보장요구가 분출됐으나 제주도의 농민들에게는 해방 직후 남한 내륙에서 불길처럼 일었던 토지개혁

문제가 시급한 의제가 아니었다.

1930년 부산상공회의소가 펴낸 '제주도와 경제'편은 일본과의 지리적 근접성으로 왕래가 빈번하고 주민들 사이에 빈부의 격차가 없으며 평등의식이 강하다고 분석했다. 이는 제주도의 계급갈등이 다른 지방처럼 심각하지 않았음을 보여준다.

> 주민들의 일상은 매우 검소하고 경제적이다. 이는 흉작과 기근이 과거 많은 주민들의 생활을 결정하곤 했기 때문이다. 주민들은 흉년이 들면 모두 아사할 것이라는 것을 안다. 제주도의 흥미로운 점은 가난한 사람이나 부유한 사람이 없는, 아무런 (두드러진) 사회계급이 존재하지 않는다는 점이다. 주민들 간에는 인간은 평등하다는 개념이 매우 강하다. 주민들의 소득은 주로 농업과 어업, 소규모 공장과 이주(일본 진출: 인용자)에서 나온다.[주95]

일제 강점기 때부터 제주지역에 계급갈등이 없고, 평등개념이 제주사회 전반에 깔려 있다는 분석은 해방 이후 농지 조사에서도 입증된다. 제주도는 토지가 척박하고 주민들은 대부분 소규모 토지를 소유한 자작농이었기 때문에 지주전호제가 발달하지 못했다. 오히려 하향 평준의 사회경제적 형평성을 유지했고, 섬이라는 조건에서 빚어진 독자적 정치 · 사회 · 경제구조를 오래도록 유지해왔기 때문에 문화적 연대감과 공동체 의식이 다른 지역에 비해 매우 강했다.[주96] 제주도에 특파됐던 이선구도 '파업 후의 제주도 현지답사 보고'라는 기사에서 제주사회를 "그들 가운데 특권계급이라는 것이 없다. 섬 안에 메마른 황무지는 골고루 분배되어 바다와 싸우는 틈틈이 힘자라는 한도에서 개척되었으며 생활은 자작자급의 상태에서 근로의 땀이 없이는 누구나 면전에 잔인한 대자연의 험위를 느끼는 실정이다"고 제주 공동체의 특성을 지적했다.[주97]

1949년 말의 제주도청 농림과 조사는 자신의 농업을 영위하는 자작농을 지주로 분류하고, 그 외를 소작농으로 분류하고 있다. 조사 결과 자작농[지주]

〈표 9〉 제주도내 지주수와 소작인수 및 그 경지면적
(1949년 말 제주도 농림과 조사)

		지주(자작농)	소작농	합계
호수		43,587호	2,183호	45,770호
인수	경지 5단보 이상	127,170인	4,051인	131,221인
	동 미만	70,833인	6,509인	77,342인
	계	198,003인	10,560인	208,563인
경지면적	답	7,386단	669단	8,055단
	전	366,722단	16,635단	383,357단
	계	374,108단	17,304단	391,412단

* 1단=0.245에이커(300평) * 지주는 대개 자신 농업을 영위하고 있으므로 자작농으로 판단함.
* (1) 제주읍 전호수에 대한 농가의 백분율 - 81%(강).
(2) 농가 전호수에 대한 자작농가의 백분율 - 96%, 농가 전호수에 대한 소작농가의 백분율 - 4% .
(3) 전경지면적에 대한 지주(자작인) 소유 경지면적 - 96%, 소작인 소유 경지면적 - 4%.

은 전체 농가의 96%에 이르고 소작농의 비율은 4%에 불과한 것으로 나타났다. 사실상 제주도민들은 모두 자작농이나 다름없었다. 이를 구체적으로 보면 〈표 9〉와 같다.[주98]

육지부와 달리 자작농이 절대적으로 많다는 것은 적어도 토지문제에 관한한 제주지역 사회가 개인과 개인 간, 개인과 미군정 간에 갈등이 적다는 것을 의미하기도 했다.

제주도의 식량난이 계속된 것은 대흉년과 함께 다른 지방에서 쌀을 도입할 수 없었기 때문이었다. 이는 미군정의 미곡정책 실패에서 비롯됐다. 미군정이 남한사회의 미곡관리체제에 대한 충분한 검토 없이 1945년 10월 5일 '미곡의 자유시장에 관한 건일반고시 제1호'을 통해 미곡의 자유판매제도를 도입했으나, 이 정책은 식량재고의 고갈, 미곡의 감소, 해외동포의 귀환 등으로 심각한 인플레이션과 기아 및 전반적인 경기침체를 유발시켰다. 소매물가는 1945년 8월부터 1946년 12월 사이 10배로 올랐으며, 도매물가는 28배나

뛰었다.[주99]

전국적으로 식량난이 가중되자 미군정은 문제 해결을 위해 일제가 실시했던 미곡수집체제, 즉 공출제도를 부활시켰다.[주100] 1946년 1월 25일 군정청 법령 제45호로 '미곡수집령'을 공포하고 2월 1일부터 발효했다. 이 법령은 "광범한 기아, 영양불량, 질병, 민심불안을 제거하기 위하여 조선군정청은 북위 38도 이남의 조선에 있는 미곡을 수집하되, 적당한 가격을 지불함"을 목적으로 했다.[주101] 그러나 곡식의 강제수집은 순탄치 않았다. 더욱이 일제 강점기 때의 강제공출에 대한 기억은 당시 제주도민들에게 강렬하게 남아 있었다. 강제공출은 일제 관리들[주로 면사무소]과 주민들의 분리, 더 나아가 해방 이후까지도 행정기관에 대한 불신이 남게 한 요소였다. 해방 이전과 이후 공직생활을 한 남인희는 자신의 경험을 이렇게 말했다.

> 공출 때문에 관에 대한 반발심이 컸어요. 해방돼서 절실히 느꼈는데 우리가 농촌 지도사업을 하는데 전혀 먹혀들어가질 않아요. 그때 제주도의 주산물이 고구마였는데 농민들에게 고구마 증산기술을 가르쳐도 농민들이 받아들이지 않았어요. 아무리 좋은 일이라고 얘기해 봐도 농촌에서는 안 받아들여. 그것이 뭐냐 하면 반발심, 관에 대한 반발심이지. 왜정시대 때 그렇게 (공출을) 해놓으니까 해방된 다음에 반발심이 상당히 심하더라고. 관에서 무슨 얘기하면 아주 반대해버리고. 그것이 왜정 때는 관에서 강제로 하니까 듣잖아. 안 들으면 때리고 말이죠.[주102]

1946~1947년의 미곡 수집결과 제주도는 백미 2,500석을 할당받았으나 흉작으로 인해 1,207석만을 수집해 48.2%의 수집률로 전국 최하위를 기록했다. 당시 전국 할당량은 429만 5,500석으로 361만 5,258석[54만 7,766t]이 수집돼 84.2%의 수집률을 보였다. 그러나 제주도의 수집량은 2,500석 목표에 1,207석을 수집하는 데 그쳐 48.2%의 수집률로 전국 최하위를 기록했다.[주103] 일제 강점 시기의 공출을 기억하고 있는 제주도민들에게 하곡수집은 강제공출이나 마찬가지였다. 이 때문에 해방 뒤 하곡수집 과정에서 수집반원들과

〈표 10〉 1947~1949(7.31 현재) 도별 하곡수집(단위: t)[주106]

도별	1947		1948		1949(7.31 현재)	
	총수집량	수집률	총수집량	수집률	총수집량	수집률
경기도	9,289	112.1	8,582	105.7	3,972	46.7
충청북도	6,159	116.5	6,807	101.9	2,211	36.1
충청남도	9,119	91.1	8,490	104.9	2,758	33.5
전라북도	13,481	100.3	13,995	113.1	4,838	30.3
전라남도	22,940	98.5	19,738	92.3	8,008	40.8
경상북도	16,435	100.1	20,757	103.0	8,862	47.9
경상남도	19,892	102.7	22,195	106.8	15,956	82.2
강원도	2,442	103.6	2,103	101.1	528	23.9
제주도	**460**	**18.9**	**113**	**4.3**	**0**	**00.0**
총계	100,217	99.2	102,780	100.5	47,133	48.0

* 1948년 11월 10일 현재 최종 수집량 자료.
* 출처: 조선식량영단

주민들 간에 종종 마찰이 발생했다. 박경훈 지사는 2월 10일 기자와 만나 미곡수집이 순조롭게 진행되지 않는 이유에 대해 "본도제주도의 추획秋穫 7천 석에다 할당 5천 석은 무리한 할당이었고, 아울러 굶주리는 동포를 구원한다는 의협심이 희박함에 기인된 것이라고 본다"며 미군정의 곡물수집정책을 비판했다.[주104]

다른 지방에서도 미곡 수집을 반대하는 농민들이 경찰서에 연행, 구금된 상태에서 경찰에서 터무니없이 높은 값에 파는 식량을 구입해야 했다.[주105] 심지어 제24군단사령부 경제고문관 번스Arthur C. Bunce조차도 1948년 7월 "농민과 통계원들이 하곡 재배 면적을 적게 신고하는 주된 이유는 하곡 강제수집계획이 인기를 얻지 못하고 있기 때문"이라고 밝혔다.[주107]

1947년의 도별 하곡수집률을 보면 제주도의 심각한 식량부족과 미군정의 미곡정책에 대한 거부감과 당시 제주도의 사회경제적 상황을 볼 수 있다. 〈표 10〉에서 보듯이 1947년도 하곡수집률은 전국 평균이 99.2%인 데 비해 제주도는 18.9%에 지나지 않았다. 또한 4·3 무장봉기가 발발한 1948년도에는 113t이 할당됐으나 수집률은 4.3%에 지나지 않았고, 이듬해인 1949년에는 4 · 3의 여파로 할당량 자체가 없었다.

귀환자와 실업자의 증가, 제조업체의 폐쇄, 해방으로 인한 대외교역의 중단, 미군정의 미곡정책의 실패와 식량난, 제주도의 식량배급표에 대한 정치적 이용 등으로 빈사상태의 제주지역 경제상황은 호전의 기미를 보이지 않은 채 제주도민들은 심리적인 공황상태에 빠지고 사회적 긴장감이 조성되기 시작했다.

제3절
'3 · 1사건', 정치폭력의 기원과 구조

1. 3 · 1사건 · 3 · 10총파업과 제주사회의 변동

1) 3·1사건과 미군의 해산 지휘

제주도의 1947년은 혼돈과 억압의 시기였다. 1947년의 일련의 사건이 없었더라면 결코 1948년의 상황은 오지 않았을 것이다. 이러한 시태의 귀책사유의 상당 부분은 미군정에 있다. 3 · 1사건 이후 미군정이 발포자와 발포책임자에 대한 철저한 진상조사와 관련자 처벌을 했더라면 3 · 10민 · 관총파업의 명분은 없었을 것이며, 극우파 도지사 유해진의 실정에 대한 책임을 물어 즉각 조치를 취했더라면 4 · 3 무장봉기의 대의명분은 약했을 것이다. 그러나 미군정의 실정과 정책판단의 오류는 미군정 스스로 예견했듯이 결국 제주도민들을 막다른 골목으로 몰아넣는 결과를 가져왔다.

해방 이후 4 · 3 무장봉기가 일어나기까지 제주사회를 폭발적으로 흔들어놓은 정치적 갈등은 3 · 1사건과 3 · 10민 · 관총파업의 여파로 인한 미군정의 정책적 오류와 제주도 행정 책임자인 도지사의 극우강화정책으로 집약할 수 있다.

제주도에서의 정치폭력은 3 · 1사건 이후 4 · 3이 끝날 때까지 지속적으로 이뤄졌다. 1947년 3월 1일 제주북국민학교에서 열린 제28주년 3 · 1절 제주도 기념대회는 그 첫 신호탄이었다. 1945년 11월 미군 제59군정중대의 제주도 진주 이후 미군정과 제주도민 간에 형성돼 온 비교적 우호적인 관계는 3·1사건 이후인 1947년 하반기까지 이어졌다. 3·1절 기념행사는 남로당 제주도위원회와 2월 23일 결성된 민전 제주도위원회 등 좌파가 주도했고, 위원에는 우파인사와 관공리들도 참가했다.

행사 주최 측이 밝힌 제주도 내 읍·면별로 열린 3·1절 기념대회에 참석한 도민을 보면 제주도 전체 인구의 3분의 1이 넘는 10만여 명에 이른다. 읍·면별로는 제주읍 3만 명, 애월면 1만 명, 대정면 6천 명, 중문면 5천 명, 서귀면 6천 명, 남원면 3천 명, 한림면 1만 2천 명, 표선면 4천 명, 성산면 4천 명, 조천면 1만 명 등이다.[주1] 이 수치의 정확성을 확인할 방법이 없으나 많은 도민들이 3·1절 기념대회에 참가한 것만은 틀림없는 것 같다.

3·1절 기념대회 이후 참가자들이 평화시위를 벌이는 가운데 경찰 발포로 6명의 사망자가 발생하고 6명의 부상자가 발생했다. 경찰 발포에 의한 사망자들은 이날의 시위와 관계없이 구경을 하던 초등학생이나 부녀자, 청장년들이 대부분이었다. 도립병원 김시존 내과과장의 검시결과 한 명을 제외한 나머지 모두 뒤에서 총을 맞은 것으로 판명된 것은 이를 뒷받침한다.[주2] 경찰 발포 책임자에 대한 처벌과 철저한 진상규명을 요구하는 제주사회의 목소리가 터져 나오는 것은 당연한 일이었다. 그러나 미군정이 진상규명이나 책임 있는 조처를 취하지 않은 채 대대적인 검거로 강경대응한 것은 4·3 무장봉기로 나가는 전환점이 됐다.

3·1절 기념대회에 구경갔던 강상문은 "우리도 가서 구경을 해십주. 나도 북교북국민학교까지 들어가서 보고, 그 무신 군정장관, 뭐 바드리치인가, 패트리치인가 그 양반이 지금 북교 동녘편에서 지프에다가 공포 쏘라고 해수다"라고 말했다.[주3] 강상문이 말한 미군은 59군정중대 소속 수석장교 겸 경찰고문관 파트릿지John S. Partridge 대위였다. 파트릿지 대위는 3월 1일 당일 활발하게 움직였다. 미 제6사단의 정보보고서는 "미군은 군중 해산을 지원했다"

고 기록하고 있다.[주4] 주한미군사령부 정보보고서도 "미군은 군중을 해산시켰지만 무기를 사용하지는 않았다"며 군중해산에 미군이 동원된 사실을 밝혔다.[주5]

3 · 1절 기념대회에 구경 갔던 초등학생와 부녀자 등이 경찰 발포로 희생되자 제주사회는 동요하고 분노하기 시작했다. 지역신문 『제주신보』 주관으로 '독립의 영광도 얻지 못한 채 천고의 원한을 남기고 무참히도 쓰러진' 희생자들에 대한 조위금 모집이 도민의 성원 속에 이뤄졌다. 구좌면 김녕에 주재한 전남응원대 경찰관은 제주신보사를 찾아 출장비를 절약해 조위금을 내기도 했다. 장례식은 희생자에 대한 '전 리민의 격분과 애도리에 인민장'이 거행됐다.[주6] 3 · 1사건의 최연소 희생자인 제주북국민학교 5학년 허두용15살은 제주읍 오라리 출신으로 3 · 1절 기념대회를 구경하러 갔다가 희생됐다. 두 살 위인 그의 형 허두헌은 당시의 상황을 이렇게 말했다.

> 북국민학교에서 집회를 하고 풀어놓고 하니까 관덕정 앞이 꽉 찼어. 5열, 4열 모여서 '왓샤, 왓샤' 하면서 에스S자 가다형태로 돌아다니는 걸 처음 봤어. 행사 끝나고 해산해서 나올 때 기마경관이 밟으면서 해산하려고 한 게 발단이라. 시위대가 '왓샤, 왓샤' 하는데 '팡팡' 총소리가 난 거라. 처음에는 죽은 줄은 모르고 나중에 보니까 도립병원에서 관덕정으로 이어진 길이 있는데, 관덕정 맞은편에 있는 식산은행 쪽에서 죽은 거라. 그때 두용이가 제주북국민학교 5학년 때였어. 두용이하고는 따로 갔다가 관덕정 주변에서 만나서, '이제는 올라가자'고 했는데, 두용이가 '저쪽으로 가서 더 보고 가자'고 했는데 그걸로 끝이라. 그 곁에 오라리 사람들이 많이 있었는데 두용이가 죽었다고 해서 알았지. 총알이 복부로 관통했어. 죽은 걸 봐서 통곡하는 사람들도 있었고, 삼촌네가 다 살아있을 때니까 단까들것 만들어서 가마니에 들고 오라리까지 왔지. 3·1사건이 난 다음에 검거선풍이 불어서 장례식 할 때는 일가친척들만 했어. 그때 샛형님둘째 형이 가만히 앉아 있지 못해서 경찰관들에게 죽음에 대해서 변상, 보상, 사과하라 해서 일어난 거지. 그러다가 3월 10일날인가 잡혔어. 재판 받으러 올 때도 이마에 붕대 감아서 나왔어. 그때 어머니, 아버지도 경찰에 따지지 못하니까 샛형님네가 항의한 거지.[주7]

그의 둘째 형 허두문은 4월 28일 열린 3·1사건 관련 공판에서 포고령 2호, 군정법령 19호 4조 위반죄로 징역 1년을 선고받았다. 3·1사건으로 재판받은 57명 가운데 가장 높은 형량이었다.[주8] 『경향신문』(1947.4.3) 특파원 이선구는 3·1사건과 총파업을 이렇게 기술하고 있다.

> 사건 발단을 보면 감찰청으로부터 제1관구경찰청(제1구경찰서의 오기: 인용자)으로 전령을 갔던 기마순경이 군중을 뚫고 달리다가 어린애를 치어놓고 그대로 달려가니 이를 본 관중이 괫심히 생각하여 항의를 하였으나 기마순경은 사과하는 빛이 없어 이에 격분한 군중이 욕을 하고 돌을 던진 데서 생겨난 일이다. 그때 기마순경이 얼마나 교만한 태도를 취하였었는지 또 격분한 민중이 얼마나한 공격태세를 취하였었는지 그것은 목격자가 아니고는 알 수 없는 일이지만 기마순경이 군중에게 쪼끼어 들어가자 이어서 경찰로부터 발포가 있었다는 것이었다. 관덕정 앞에서 죽고 상한 사람은 십수 명으로서 그들이 쓰러진 곳은 경찰청으로부터 상당히 거리가 떠러진 식산은행 부근이었다. 이 사건이 있은 후로 민중과 경찰의 관계는 삽시간에 악화하여 '발포경관 처형'을 주로 하는 요구조건을 제시하다가 여의치 못하매 3월 9일 오후경부터 시작하여 수일 사이에 전 제주도가 일제히 총파업을 단행한 것이다. 이 파업에 관공리는 물론 제주출신 순경들까지 참가를 한 것은 제주의 특성을 아는 사람으로서는 조곰도 놀날 것이 없는 일이다. 그러나 여기에 끝으로 기자가 부언하고 싶은 것은 약간의 희생자를 내인 관덕정 앞 불상사보다도 서두에 말한 바와 같이 경찰과 민중의 미묘한 대치상태이다. 만일 이 상태가 계속된다면 불상사는 앞으로도 근절할 수 없을 것처럼 생각이 들기 때문이다.

이 특파원의 예측대로 경찰과 민중의 대치상태는 해소되지 않은 채 계속됐고, 결국 4·3 무장봉기에까지 이르게 됐다.

제주도민의 여론이 들끓는 가운데 미군정의 대응은 불에 기름을 끼얹는 것이나 다름없었다. 경찰이 다른 지방에서 급파돼 기념대회 참가자들을 검거했고, 경찰의 조사결과는 사과와 책임자 문책보다는 정당성만을 강변함으로써 제주사회에는 긴장감이 더욱 팽배해져갔다. 미군정은 제주도에 경찰 330명이 주둔하고 있었지만, 3·1절 기념대회를 앞두고 2월 27일 육지에서 100명을 추가 파견했다.[주9] 3 · 1사건 당일 오후에도 제1구경찰서가 100명의 목포 경찰 파견을 요청해 선박편으로 파견됐다.[주10] 제59군정중대가 군정장관에게 보고한 주간군사점령활동보고서를 보면 3월 12일 현재 100여 명의 경찰병력이 3 · 1사건으로 인한 비상경계상태로 추가 배치됐다.[주11]

당시 제주도에 주둔했던 59군정중대는 3 · 1사건에 대해 어떠한 태도를 취했는가? 주한미군은 4 · 3의 처음부터 마지막까지 정보를 보고 · 분석하고 의견을 제시했다. 그러나 2만~3만여 명이 모였고, 6명에 이르는 희생자와 6명의 부상자가 발생했던 3 · 1사건 경과에 대한 보고서는 아직까지 발굴되지 않았다.

진상규명과 책임자 처벌을 요구하는 제주도민들의 거센 요구에 미군정청 특별감찰실장 카스틸James A. Casteel 대령을 반장으로 한 조사반이 8일 제주도 현지 조사에 들어갔다. 이들은 당시 스타우트 제주도 민정장관과 박경훈 도지사 등과 함께 총파업이 벌어진 날인 3월 10일 발포 현장을 조사하고, 3 · 1절 기념대회 집행부를 만나 3 · 1사건의 경과를 듣는 등 조사를 벌였다.[주12] 그러나 결과는 공개되지 않았다.

2) 3·10민·관총파업과 미군정의 태도

국내에서 찾아볼 수 없는 민 · 관총파업이 3월 10일 단행됐다. 경찰의 가혹행위에 대해 경찰과 미군정 관리들에게 항의했으나 받아들여지지 않자 항의의 표시로 전면파업에 들어간 것이다. 총파업에는 일반 회사만이 아니라 제주도청을 포함한 군정청 관리들이 참여했는가 하면 운송업체, 통신기관, 각급 학교도 참가했다. 3 · 1사건 이후 경찰관 64명이 사임했고, 제주읍내의 모든 중학교 학생들도 시위를 벌였다. 민간회사들도 직원들의 파업으로 운영이 중단됐다.[주13] 미군 방첩대는 남한지역에서 일어난 3월 22일의 총파업과는 별개로 제주도 총파업을 분석했다. 방첩대는 제주도 총파업을 "남한 전역의 파업으로 번질 수 있는 시금석일 수 있다"며 3 · 1절 기념대회에서의 발포사건을 계기로 좌파가 도민들을 상대로 경찰과 기관에 대항하도록 선동함으로써 3·10총파업이 일어났다고 평가했다.[주14] 미군의 정보보고서나 방첩대 보고서 어디에도 3·1사건 이후 제주도민들이 요구해온 진상규명과 가해자 처벌에 대한 언급은 없었다. 이러한 미군정의 태도는 제주사회의 상황을 잘못 판단한 것이며, 강경대응을 통해 대량검거에 나섬으로써 제주도민들을 막다른 골목으로 몰아갔다.

3·1절 경찰 발포사건과 3·10민·관총파업의 영향은 컸다. 이 두 사건은 서로 얽혀 확대·발전해 나갔고, 이에 대한 미군정의 물리적 탄압의 강도는 비례했다. 제주도청에서는 3월 10일 박경훈 도지사와 김두현 총무국장을 비롯한 직원 100여 명이 정식으로 청원직원대회를 열어 3·1대책위원회를 구성하고, (1) 민주경찰 완전확립을 위하여 무장과 고문을 즉시 폐지할 것 (2) 발포 책임자 및 발포 경관은 즉시 처벌할 것 (3) 경찰수뇌부는 인책 사임할 것 (4) 희생자 유가족 및 부상자에 대한 생활을 보장할 것 (5) 3·1사건에 관련한 애국적 인사를 검속치 말 것 (6) 일본경찰의 유업적 계승활동을 소탕할 것 등 6개항을 요구했다.[주15] 남조선과도정부 입법의원 회의에서도 강순이 제주도 총파업에 대한 보고서를 낭독하고 (1) 민간인을 살해한 경찰을 처단할 것 (2) 경찰은 무장해제할 것 (3) 경찰서장은 사임할 것 (4) 경찰은 야만적인 행위를 중단할 것 (5) 모든 친일 경찰을 파면할 것 (6) 사상자 가족들에게 보상할 것 등을 요구했다.[주16] 하지만 미군정은 이러한 도내외의 요구를 받아들이지 않았다. 3월 22일 오전에도 군정청 관리 150여 명이 제주도청사 뒤편에서 20여 분 동안 집회를 열다가 스타우트 민정장관이 나타나자 스스로 해산했다. 이날의 집회 안건은 저임금, 고물가, 파업, 일부 군정청 고용원들의 이동에 관한 사항들이었다.[주17] 민주주의 민족전선은 3월 28일 주한미군사령관에게 보낸 서한을 통해 "최근의 파업은 정당하며 일제 관리에서 미군정 관리로 변신한 반동경찰과 관공리들의 파시스트적 억압에 대항해 일어난 필연적인 반발이다. 제주도 총파업이 미군정에 대항해서 일

어난 것은 아니며 폭압적 우파인사들에 대한 반발의 의미도 포함돼 있다"고 주장했다.[주18] 민전은 이 시기까지도 파업이 미군정에 대항해 일어난 것이 아니라 경찰과 관공리들의 억압과 우파인사들의 폭압에 항거해 일어났다는 점을 강조하고 있다.

주한미군사령부 정보참모부 보고서는 3·10민·관총파업에 대해 "공산분자들이 선동한 것으로 보이지만, 제주읍에서 치러진 3·1절의 불법시위와 폭동으로 6명이 사망하고, 6명이 부상을 입은 데 대한 항의로 좌·우파 모두 참가했다"고 밝히고 있다.[주19] 주한미군 정보보고서가 밝히고 있듯이 좌파세력들이 주도했지만 3·1절 기념대회 이후 제주사회의 엄중한 상황은 이데올로기의 문제보다는 제주 공동체를 깨뜨리는 데 대한 항의였다. 3·10 총파업에 제주사회의 좌·우파 진영이 모두 참가했다는 것은 그만큼 3·1 사건과 이후 미군정의 처리에 대한 제주도민들의 분노를 보여주는 것이다.

2. 미군정과 극우강화정책

1) 미군정의 제주도 좌익 근거지론

이 시기 제24군단 사령관 하지의 경제고문관 번스는 "하지가 기본적으로 모든 자유주의자는 공산주의자라는 '편견'을 갖고 있다"며 "이 때문에 하지는 정보참모부G-2와 방첩대CIC를 통해 많은 '주관적 편견'을 '정보'로 만들어 내고 있다"고 분석했다.[주20] 이러한 편견을 갖고 있던 미군정 수뇌부의 기본적인 인식은 제주도가 좌파의 온상이라는 것이었다. 주한미군사령부 정보참모부의 보고서는 총파업과 관련해 "제주도는 전체 인구의 70%가 좌파단체의 동조자이거나 관련 있는 좌파분자들의 거점으로 알려져 있다. 주목할 만한 일은 좌·우파에 관계없이 대다수 주민들이 자신들의 요구가 정당하다고 믿을 때 한국사회에서 어떠한 일이 일어날 수 있는가 하는 것을 이번 파업은 보여주고 있다"고 밝혔다.[주21] 또 다른 보고서는 "제주도 좌파와 관련한 여러 보고서에 따르면 좌파는 제주도 인구의 60~80%에 이르고 있다. 제주도에서 최근 파업으로 고무됐던 좌파는 많은 지도자들이 체포됨에 따라 정치상황에 어느 정도 영향을 받을 것으로 보고 있다"고 밝혔다.[주22] 이러한 보고서들은 제주도를 좌파의 근거지로 인식하도록 하는 데 기여했다.

제주도 민정장관 스타우트 소령의 발언은 이를 뒷받침한다. 그는 미군정청 조사단이 제주도 현지에 있던 3월 12일 기자와 만나 3 · 1절 사건과 관련해 총파업을 단행해 군정당국에 제시한 요구사항에 대해 "파업할 원인이 안 된다고 본다. 그리고 요구조건은 3 · 1사건에 관련되지 않은 것이 많다"고 답변했다. 그는 또 "조선인의 이익을 보호하는 미군정인 만큼 이 질식상태를 완화하는 것이 군정의 의무가 아니냐"는 질문에 "그것은 질문이 안 된다. 감히 말하면 나는 진정서를 제출하여온 파업단에 대하여 파업의 어리석음을 지적하고 충고도 했다. (중략) 진정서에 기입된 요구조건은 정확한 근거가 없다고 본다. 각 진정서를 보면 사실과 맞지 않는 점이 많고 그 근거는 전부 1개소의 근원으로 나온 것 같다. 그리고 진정서는 대동소이하다"고 발언했다.[주23]

제주도를 책임지는 미군정 최고 지휘관의 발언을 종합하면, 3 · 1절 발포사건에 대한 신속한 진상규명과 책임자 처벌보다는 진정서 제출을 정치적으로 해석함으로써, 3 · 1절 발포사건으로 이반된 민심 수습과는 다른 방향으로 가고 있음을 보여주고 있다.

제주도 민정장관이 기자와 만나 3 · 1사건과 총파업에 대한 입장을 표명한 3월 12일, 경무부는 전북 경찰응원대 100명, 전남 경찰응원대 200명 등 300명을 제주도로 파견하고, 14일에는 민 · 관총파업을 조사하기 위한 경무부장 조병옥의 제주도 방문에 맞춰 파업주도자들에 대한 대량검거에 들어가 5일 만에 200여 명을 검거했다.[주24] 조병옥의 제주도 방문에는 경무부 공안국 부국장 총경 장영복과 경감, 경무부 수사과 고문관 쇼터 대위 등이 동행했다.[주25] 그는 제주도 방문 첫날 제주도청 공무원들에게 파업중지를 요구한 뒤 "제주도 사람들은 사상적으로 불온하다. 건국에 저해가 된다면 싹 쓸어버릴 수도 있다"고 했다.[주26] '제주도 사람들은' 모두 사상적으로 불순하고, '빨갱이'라는 조병옥의 인식은 본격적인 4·3의 전개과정에서도 이어졌다. 15일에는 제1관구 경찰응원대 100명이 경찰청 부청장의 지휘 아래 파견됐다.[주27] 조병옥은 16일 장영복 등과 함께 제주도를 일주하고 17일 오후 서울로 돌아갔다.[주28]

이처럼 제주도의 총파업과 관련해 다른 지방 경찰들이 대거 파견되고, 제주도민 대량검거에 들어간 가운데 3월 20일 발표한 담화문은 미군정의 시각을 극명하게 드러내고 있다. 경무부장과 제주도지사, 제주도 민정장관 등 3인이 임명한 '제주도 제주읍 3·1절 발포사건 진상조사위원회'(위원장 제주지방검찰청장 박종훈·위원 제주읍내 박명효·제주고녀교장 홍순녕·경무부 수사국 고문관 쇼터 대위·경무부 공안국 부국장 장영복)는 3월 18일 조사 결과 제주감찰청 내 제1구경찰서에서 일어난 발포행위에 대해 정당방위라는 결론을 내렸다. 이어 제주도를 방문했다가 돌아간 경무부장 조병옥은 3월 20일 기자회견을 열고 "제주도 사건은 북조선 세력과 통모하고 미군정을 전복해 사회적 혼란을 유치하려는 책동으로 말미암아 발생된 것"이라고 밝혔다.[주29] 조병옥은 3·1사건의 발발 원인을 '북조선 세력'과 '통모'한데서 찾고 있으나 이를 입증할 증거는 제시하지 않았다. 그는 사건의 원인을 규명하고 해결하려는 모습이 아닌 이념적이고 정치적 시각으로만 접근했다. 제주도 민정장관이 '파업 원인이 아니'라는 발언과 뒤이어 나온 담화문과 조병옥의 기자회견은 3·1절 발포사건에 대한 진상규명은커녕 물리력을 동원한 탄압을 예고하는 것이었다. 결국 미군정의 3·1절 경찰 발포사건에 대한 부정의의 사후처리는 4·3으로 가는 길이었다. 3월 31일에는 제주도청 산업국장 임관호와 학무과장 이관석, 인사과장 송언택, 회계과장

강산영 등 도청 간부 10명이 연행됐다.주30

2) 극우파 도지사와 극우편향·강화정책

미군정은 3 · 1사건과 3 · 10민 · 관총파업 이후 도지사 박경훈의 사표를 수리하고, 1947년 4월 10일 후임에 한독당 농림부장 출신 유해진을 임명했다. 극우파인 그의 임명은 경찰의 대량검거와 함께 3 · 1사건으로 인한 제주도민의 민심에 불을 붙이는 계기가 됐다. 미군 방첩대마저 극우주의자로 평가한 유해진은 부임하기 직전 "극좌와 극우를 배제해 행정을 추진하겠다"고 공표했지만, 그의 행정행위는 극우편향적이었다.주31

유해진의 부임 이후 우파진영은 제주도에서 대대적인 선전활동을 벌이면서 조직을 확대했고, 경찰의 체포도 크게 늘었다. 3월 하순 현재 제주도의 우파 대한독립촉성국민회와 한국독립당 제주도지부는 조직이 빈약하고 자금도 충분하지 못한 데다, 각각 1천여 명 정도의 회원을 확보하는 데 그쳤으나 좌파 지도자들이 대거 체포되면서 조직 확대에 나섰던 것이다. 우파 대한민주청년동맹은 과거 좌파의 본거지였던 곳에서 공개적으로 연설하는 등 선전활동을 벌였다.주32

유해진의 극우강화정책은 정치적 폭발성을 가졌다. 그의 독재적 행정행위로 제주사회의 정치적 · 사회적 긴장감이 높아지자 미군정청 특별감찰실은 남조선과도정부 수석고문관 존슨의 지시에 따라 넬슨Lawrence Nelson 중령을 반장으로 특별감찰1947년 11월 12~1948년 2월 28일을 실시했다. 이 감찰 보고서는 폭발 직전의 제주사회상을 적나라하게 보여준다.주33 조사결과는 결론적으로 유해진의 극단적 우익강화정책이 4 · 3 발발에 직접적인 영향을 끼쳤음을 시사하고 있다. 스타우트의 후임인 제주도 민정장관 베로스Rusell D. Barros 중령이 넬슨 중령에게 보낸 1947년 11월 21일의 비망록은 제주도의 경제상황과 미군정 최고 수뇌부의 유 지사에 대한 신임과 그의 독단적인 태도, 박경훈 전 제주도지사에 대한 호의적인 평가 등이 나타나 있다.

> 제주도의 정치상황과 관련해 말한다면 현재의 상황에 이르게 한 많은 요소들이 있다. 본인이 1947년 4월 제주도에 부임한 이래 제주도 농민들과 지식인들은 일본인들이 육지사람들보다 제주도 사람들을 거칠게 다루지 않았다는 데 동의한다. (중략) 제주도 사람들은 약간 다른 한국어를 구사한다. (방언). 제주인들의 신념 등 섬으로서의 제주 자체는 하나의 소국(小國)이나 다름없다. (중략) 그는 자신의 편과 가까운 단체를 제외하고는 어떠한 단체의 회합도 금지했다. 이러한 그의 행위는 본인은 물론 제주도민들을 당혹하게 한다. 제주도 우익의 테러행위는 증가했고, 지사는 이런 행위를 막기 위한 조처를 취하지 않고 있다. (중략) 박 전지사는 공산주의자가 아니며, 매우 친미인사이다. (중략) 모든 상황을 요약하건데, 유 지사는 제주도에서 고압적인 태도로 정치활동을 시작했고, 오늘까지 같은 태도로 임하고 있다. 그의 태도와 활동은 가난한 사람들에게는 독재적이다."[주34]

베로스는 1947년 제주도의 상황이 일제 강점기 때보다 심각하며 우익테러가 증가하는데도 유해진이 이를 저지하기 위한 조처를 취하지 않고 있다고 지적하는 한편 심지어 그의 행정행위를 '독재적'이라고 비판했다. 베로스와 같이 있던 제주도 미군정청 법무관 스티븐슨Samuel J. Stevenson의 제주도 정치상황 분석도 유사하다.

> 유 지사는 한독당이나 독촉의 의견과 다른 인사를 좌익분자로 분류하는 극우 슬로건을 채택하고 있다. 그는 또한 중립적 계획이나 중립적 인사들을 혐오하거나 같이 일하지 않을 것이다. (중략) 경찰은 제주도민들로 하여금 좌익을 동정하고 좌익정서를 불러일으키도록 하는 데 상당한 책임이 있다. (중략) 극우단체 테러리스트에 의한 폭력사건이 일어나고 있다. (중략) 본인의 견해로는 이러한 것들이 사전 정치적 선언 없이 도민들을 좌익 쪽으로 기울도록 한다고 생각한다. 표면적으로는 현 정치상황이 비교적 조용하지만 중도 및 온건단체에 대한 지속적인 탄압이 이들 단체를 극좌로 빠지도록 하는 결과를 초래해 파괴활동을 할 것으로 믿는다.[주35]

스티븐슨의 1947년 11월 15일 현재의 제주도 정치상황에 대한 견해는 유해진의 우익강화정책이 4개월 뒤에 일어난 4·3 무장봉기로 제주도민을 내몰 수밖에 없는 상황을 강요하고 있음을 시사한다. 스티븐슨은 유해진이 자신과 의견이 다르면 좌파로 분류하고, 경찰은 제주도민들을 좌파로 몰아가는 데 상당부분 책임이 있다고 비판했다. 중도 및 온건단체들에 대한 탄압이 지속되면 이들 단체가 극좌로 기울 가능성도 있다고 보았다.[주36]

미군 방첩대도 유해진이 매우 독단적이며, 자신과 의견이 다르면 극좌인사로 규정한다고 평가했다.[주37] 방첩대의 평가는 4·3 무장봉기 이후 제주도 소요의 원인을 보도한 국내 언론의 평가와도 일치한다. 『동아일보』는 "도정 총책임자가 민독당 출신으로(종래는 한독당) 민족사상이 박약하고 자파에 속하는 사람만을 등용하는 한편 특권도 자파에 속하는 사람에만 주기 때문에 명예욕과 재욕의 본능을 가진 사람인지라 자연히 그에 아부하고 그에 충성을 맹세하게 되는 가히 그 행정부면의 혼란을 짐작할 수 있는 일이다"라고 지적했다.[주38]

3. 백색테러와 정치폭력의 구조

1) 제주도 특별감찰과 군정장관의 제주도 방문 상관관계

넬슨 중령이 유해진에 대한 특별감찰을 실시하던 시기 신임 군정장관 딘William F. Dean이 1947년 11월 말 제주도를 방문했다. 이해 10월 군정장관에 부임한 딘의 방문목적이 초도순시인지 제주도 상황 파악인지는 알려지지 않고 있다. 주한미군정보보고서는 방첩대 보고서를 인용해 경찰의 대량 검거 등으로 제주사회가 긴장된 가운데 그가 방문한 동안 학교는 휴교하고, 회사들은 문을 닫았으며, 많은 주민들은 침묵 속에 그를 경원의 눈길로 바

라보았다고 기록하고 있다. 유해진은 딘에게 기대하는 만큼 협력하겠다고 다짐했다.[주39]

왜 제주도민들은 신임 군정장관을 경원의 눈길로 바라봤으며, 유해진이 기대만큼 협력하겠다는 것은 무엇을 의미하는가? 미군의 평가는 경찰의 대량검거와 유해진의 극단적 우익강화 및 독단적 행정행위 등으로 인해 제주도민들의 미군정에 대한 시각이 호의적이지 않았다는 반증이기도 했다. 딘의 방문 시기 제주청년들은 대량 검거됐고, 유해진의 독단적 행위에 대한 도민들의 불만은 심각할 정도로 높아가는 상태였다. 당시 특별감찰실은 유해진의 행정행위가 각종 문제를 불러일으키고 있다는 점을 파악하고 조사중이었기 때문에 군정장관 딘이 이러한 제주도의 상황을 보고받았을 것으로 보인다.

미군 방첩대가 1947년 12월 정보원으로부터 입수한 정보는 경찰이 빠른 시일 안에 '정의'를 회복하지 못하면 모든 단체들이 제주경찰감찰청을 공격할 것[주40]라고 예견할 정도로 제주사회는 '혼돈'을 향해 치닫고 있었다.

유해진에 대한 비판적인 의견은 당시 제주도청 공무원과 남로당 관련자가 같은 의견을 나타냈다. 1947년 당시 제주도청 공무원이었던 양승훈은 "이 사람이 와서 폭정을 했거든. 이건 우리 도민을 위해서 도지사가 일을 해야 하는데, 그렇게 하니까 도민들이 '아, 이럴 수가 있는가! 해서 더 봉변을 본 겁니다. 유해진이는 우리 직원들을 속으로 사람 취급 안하고(중략)"라고 회고했다.[주41] 남로당 제주도위원회에 있다가 전향한 김생민은 "도지사 유해진이 온 덕분에 제주도가 그 참상이 일어난 겁니다. 극우주의자! 맞아요. 유해진이가 와서 제주도에 독촉국민회니 뭐니 만들어서 우익 전위세력을 형성했습니다"라고 말했다.[주42]

주한미군사령부의 1948년 1월 23일자 정보참모부 주간요약보고서의 내용은 의미심장하다. "제주도는 우파세력과 좌파세력으로 나눠지지만 많은 지도층 인사와 대중은 어느 한쪽으로 치우치지 않는다. 좌파인사들과 눈에 보이는 충돌은 없으며, 이른바 좌파인사들도 대부분 공산주의자들이 아니다. 대부분의 제주도민들은 국내외 정치상황에 무지하기 때문에 우파나 좌파에서 터져 나오는 각종 선전선동에 휩쓸린다. 우파인사들은 '빨갱이 공포'를 강조하며 주로 청년단체와 공직에서 좌파인사들을 척결하려고 애쓰고 있다. 제주도의 좌파가 반미주의자들이 아니라는 사실은 의미심장하다. 최근의 테러는 우파가 선동한 것이다."[주43] 오히려 베로스 제주도 민정장관은 제주도 민전 의장 박경훈 전 도지사에 대해 "사실상 중도파 인물이며 가장 훌륭한 제주도민 가운데 한 명"이라고 말할 정도였다.[주44] 필리핀 전쟁에서 항일게릴라 부대를 이끌었던 베로스는 국방경비대 고문관으로 있다가 1947년 4월 2일 제주도 민정장관으로 부임한 인물이다.[주45]

넬슨은 1948년 3월 11일 군정장관 딘 소장에게 4개의 건의사항이 담긴 특별감찰보고서를 제출했다. 넬슨은 감찰보고서를 통해 "유 지사가 무모하고 독재적인 방법으로 정치이념을 통제하려는 헛된 시도를 해왔다. 그는 좌파를 지하로 몰고 갔으며, 결국 그들의 활동을 더욱 위험하게 만들었다. 좌파세력의 숫자와 동조자들이 증가하고 있다"고 언급했다. 그는 보고서 결론에서 첫째, 유해진 지사의 경질, 둘째, 제주도 경찰에 대한 경무부의 조사, 셋째, 미 경찰고문관의 제59군정중대 사령부 및 사령부 중대 임무 겸직, 넷째, 과밀 유치장에 대한 사법부의 조사 등을 건의했다.[주46]

그러나 군정장관 딘은 3월 23일 건의사항을 받아들여 인력의 배치나 현지 조사 등을 명령했지만 유해진의 경질만은 쉬운 일이 아니라며 받아들이지 않았다.[주47]

앞서 유 지사가 감찰조사를 받던 도중 남조선과도정부 수석고문관 존슨의 면직건의에 대해서도 딘은 1947년 12월 3일 "도지사에 대한 면직은 간단하지 않고, 내각과 민정장관 안재홍의 추천이 있어야 한다"며 사실상 거부했다.[주48]

딘은 극단적 우익강화정책으로 현지 미군정과 제주도민들의 지탄을 받고 있던 유 지사를 유임시킨 것이다. 딘이 넬슨 중령의 유해진 해임 건의를 받아들이지 않은 시점은 제주도를 방문한 직후여서 주목된다. 유해진의 우익편향 · 강화정책으로 제주사회의 팽배한 불만이 일고 있다는 보고를 받았을 딘이 그를 유임시킨 이유는 무엇일까? 선거의 성공적인 실시에 초미의 관심을 갖고 있던 미군정 수뇌부가 제주지역의 정치적 · 사회적 긴장상태가 계속되고 있는데도 유 지사를 유임시킨 것은 그의 정책이 오히려 선거에 도움이 될 수 있다고 판단했기 때문으로 분석된다. 미군정은 유해진의 정책이 남한 단독정부 수립을 위한 선거에 필수적이라고 보았으며, 따라서 그의 좌파 탄압 및 극우강화정책을 지지한 것이다. 딘이 제주도 방문 때 유해진과 어떤 대화를 나눴는지는 알려지지 않고 있지만, 그동안의 자료를 분석하면 이들은 제주도의 좌익 근거지론에 대해 인식을 같이 했다.

또 넬슨 중령이 딘 소장에게 특별감찰보고서를 제출한 시점은 이미 5 · 10 선거 실시가 결정된 뒤로 총력적인 선거준비 작업에 들어간 상태였다. 넬슨의 건의대로 군정장관 딘이 유해진을 제주도 실정을 아는 인사로 교체했더라면 제주도의 상황은 달라졌을 수도 있다. 그러나 넬슨의 건의에도 불구하고 유임된 유해진의 극우편향 · 강화정책은 제주도민들을 막다른 골목으로 몰아넣으면서 정치적 폭발의 기폭제 역할을 했다. 4 · 3무장봉기 원인의 한 축이 3 · 1사건과 그 이후 미군정의 진상조사 외면, 제주도민에 대한 탄압이었다면, 또 다른 한축은 유해진의 극우강화정책이었다고 할 수 있다.

2) 백색테러와 제주도 남로당의 위기

1947년 3월 1일을 기점으로 우파에 의한 테러가 전국적으로 난무했다. 우파단체는 좌파단체 본부와 그들의 자택을 공격했으며, 특히 경기도와 서울, 인천 등지에서 두드러졌다.[주49] 그해 8월 12~14일 전라북도 상황을 보여주는 남조선과도정부 사법부의 통계를 보면 좌파인사 850명이 8월 30일 현재 심문도 받지 않은 채 수감돼 있음을 보여주고 있다. 『뉴욕 포스트』 특파원 비치Keyes Beech는 1947년 10월 15일 서울발 기사에서 "남한의 유치장은 좌파인사들에 대한 우파경찰의 '선언하지 않은 전쟁상태'로 인해 정치범들로 넘치고 있다. (중략) 미군 당국은 악명 높은 경찰의 야만적인 방법을 통탄하고 있지만 이러한 방법들이 공산주의자들을 목표로 하기 때문에 경찰의 현재 행위를 우호적으로 보고 있다. 정치범들은 수용소에 구금돼 있으며 이에 대해 미국인 관리는 '그들이 말썽을 일으키기 때문'이라고 답변했다"고 보도했다. 그러나 남조선과도정부는 남한에 수천여 명의 정치범이 있다는 비난과 관련해 1947년 10월 31일 현재 1만 7,867명의 기결수 가운데 정치범은 한 명도 없다고 밝혔다. 이는 그리스 내전 시기 그리스 정부가 수많은 사람들을 정치범수용소에 수감했으면서도 정치범은 한 명도 없다고 발언한 것과 일맥상통한다.

주한미군사령부가 경찰의 야만적이고 악명 높은 방법을 인식하고 있었지만 이들이 공산주의자들이어서 경찰의 행위를 우호적으로 보고 있다는 비치의 분석과 같이 미군정은 공산주의 척결이라는 정책을 일관되게 추진했다. 한편 1948년 12월 제정된 국가보안법으로 이듬해 여름이 되자 9만 명 이상이 체포되거나 억류됐고, 2만여 명이 구속됐으며, 1950년 봄에는 5만 8천여 명이 반정부 활동을 이유로 수감됐다.[주50]

정치고문관 대리 랭던William R. Langdon은 1947년 12월 남한의 상황을 "사회는 점점 정치적으로 흥분돼 가고 반항적이며 좌절감을 불러일으키는 한편 경제적으로는 생존의 한계상황"이라고 표현했다.[주51] 8월로 접어들자 비치의 기사처럼 좌·우파 간의 '선언하지 않는 전쟁'이 전국 각지에서 일어나며 정면충돌 양상으로 번져가고 있었다. 미군 방첩대는 극우파 도지사 유해진의 암살을 요구하는 유인물이 좌익에 의해 살포됐다고 보고했다. 유인물에는 '자신들의 이익을 위해 한국을 강탈하려는 미군을 몰아내자', '총칼로 인민을 위협하는 경찰을 공격하자', '한민족의 흡혈귀인 우파분자들을 처단하자'는 유인물이 뿌려지기도 했다.[주52] 제주도에서 좌파인사에 대한 공격은 신분을 가리지 않고 일어났으며, 당사자만이 아니라 그 가족들도 테러의 희생양이 됐다.

1947년 9월 주한미군사령부 정보참모부 보고서는 "제주읍에 거주하는 한 저명한 좌파인사의 아내47살가 9월 7일 폭행당해 팔이 골절돼 치료를 받고 있다. 예비조사 결과, 그 여성은 자신을 경찰책임자라고 주장한 낯선 사람의 전화를 받았다. 그 남성은 문서를 찾을 일이 있다며 방문하겠다고 요청했다. 방첩대가 전화국을 상대로 조사한 결과 이집에 전화를 건 유일한 곳은 우익 광복청년회 고문이 된 것으로 알려진 고위 지방 관리의 집으로 알려졌다"고 보고했다.[주53] 이 저명한 좌파인사는 누구이며 우익 광복청년회 고문겸 고위 지방 관리는 누구인가? 넬슨 보고서는 현장조사를 통해 자세한 기록을 남기고 있다. 보고서를 보면 폭행당한 부인은 제주중학교 현경호 교장의 부인 최윤순이다. 그녀는 처음 자택 문을 열 것을 요구받았으나 남편이 없다고 거절했다. 이어 10~15분이 지난 뒤 제주경찰감찰청이라며 전화가 걸려와 자택을 압수수색하겠다고 말했다. 몇 분 뒤 7~8명이 자택에 난입해 최 부인과 어린 가정부를 폭행했다. 미군 방첩대 제주지구대 메리트 Henry C. Merritt가 직접 전화국을 조사한 결과 도지사 유해진의 자택에서 전화한 사실이 확인됐다. 그러나 유해진은 전화에 대해 전혀 모른다고 부인했다. 최 부인이 폭행당하기 전날인 9월 6일에는 제주도식량사무소 소장 박태훈이 6~7명의 괴한으로부터 폭행당했다. 박태훈은 자신이 폭행당한 이유에 대해 (1) 민전 의장인 동생박경훈 전 제주도지사 때문에 실수 했을 가능성 (2) 미군정청에 곡물 수집의 허위보고 거절 (3) 누군가가 자신을 좌파인사로 규정했을 가능성 등 3가지를 들었다. 메리트는 유해진이 도지사로 부임한 이후 우파단체들이 좌파단체 회원이거나 회원으로 추정되는 사람들을 폭행할 때는 경찰이 아무런 조치를 취하지 않았으나 우파인사가 좌파인사로부터 폭행을 당하면 즉각적인 조처가 이뤄진다고 지적했다.[주54]

남로당 제주도위원회는 3 · 1절 기념대회와 3 · 10총파업에 주도적 역할을 했으나, 그 이후 경찰의 검거선풍과 우파의 테러로 와해 위기에 몰렸다. 경찰의 대량검거와 서청 등 우파단체의 테러로 1947년 12월부터는 남로당 탈퇴 성명이 잇따라 나오기 시작했다. 제주농업학교 6년생 전창규는 1947년 1월 10일 남로당에 입당했으나, 기대와는 너무나 거리가 멀었고 학생들이 일개 정권 혹은 단체의 이용물이 될 필요가 없다며 경찰의 '지도에 의하여' 탈당했다.[주55] 1948년 3월 10일에는 남로당 탈퇴 및 대동청년단에 성산면 관내 62명의 단체 입단 성명서가 나오기도 했다.[주56]

또 1948년 1월 중순께 남로당 제주도위원회 연락책 김생민이 경찰에 검거되면서 남로당의 조직체계가 노출됐다. 그는 경찰에 검거된 지 일주일 동안 '살아있는 것이 기적'이라고 할 만큼 온갖 고문을 당했다. 나무토막을 다리 사이에 꽂아 놓고 양쪽에 걸터앉아 시소처럼 타는 고문, 소라껍데기를 바닥에 깔아서 그 위에 앉혀놓기, 물고문, 잠 안 재우기, 비행기 타기, 전기고문, 뜨거운 물 붓기 등의 온갖 가혹한 고문을 당한 끝에 김영배 경찰감찰청장의 설득으로 전향했다.[주57] 이에 따라 경찰은 1월 22일 새벽 조천면에서 열린 남로당의 비밀회합을 급습해 각종 문서를 압수했다. 경찰은 회합에 참석했던 106명을 체포했고 26일까지 좌익 115명을 추가로 검거해 모두 221명을 체포했다. 이 가운데 63명이 심문받은 뒤 석방됐다.[주58]

김영배 제주경찰감찰청장은 1월 30일 제주 전역에서 일어나고 있는 대량검거 사건과 관련해 "총선거가 박도함에 따라 점차 준동을 시작한 남조선의 일부 계열의 폭동음모에 관련된 사건인 바 해 사건의 상세한 진상발표는 사건처리상 영향이 크므로 지금은 시기상조"라고 밝혔다. 그는 이어 "경찰은 남로당에 가입한 자를 탄압하는 게 아니고 그들의 비합법적 행동에 철추를 내리는 것이다. 전 러치 장관의 고문 엄금 포고령은 엄연히 효력을 발생하고 있다. 고문사실은 절대로 없다. 말단에 있어서의 약간의 미비는 면할 수 없으나 그러나 본관은 수차 부하에 고문엄금을 명하고 있다"[주59]고 했지만 고문과 테러는 여전히 공공연하게 자행되고 있었다.

넬슨 중령이 제주도 현지 조사 시점이었던 1948년 2월 19일 현재 제주경찰서 내 유치장에 수감된 사람은 365명으로, 10x12피트3.4평 크기의 방에 35명이 과잉수감된 사실을 목격했으나, 유해진은 이들이 공산주의자들이라고 주장했다.[주60] 경찰과 우파단체의 제주도민들에 대한 억압은 파농이 주장하는 "식민지 민중들을 질식시키는 상황"이었으며, 틸리가 말하는 바와 같이 폭력은 집단행동을 만들었다.[주61] 경찰의 대규모 검거선풍, 우파의 좌파 테러, 도민들의 잇단 남로당 탈퇴 성명서 발표 등으로 남로당 제주도위원회는 조직의 와해위기를 맞게 됐다. 남로당은 위기국면 속에서 '앉아서 죽느냐, 일어서 싸우느냐'는 양자택일의 기로에 섰으며, 당시 '단선 · 단정 반대' 등의 남한의 정국상황과 맞물려 무장봉기의 명분은 쌓여갔다.

제4절

제주도 5 · 10선거와 미군정

1. 미군정과 5 · 10선거

1) 미군정의 선거준비 과정

1948년 5 · 10선거는 해방 3년사의 정치과정에 대한 국내외의 최종 평가를 담은 정치적인 사건이었다. 미군정은 5 · 10선거를 한반도 점령기간의 중대한 사안으로 인식했다. 주한미군사령관 하지 중장은 4월 2일 산하 지휘관들에게 보낸 전문을 통해 5 · 10선거는 점령기간 중요한 시기가 될 것이며, 선거의 성공은 미합중국 사절단의 성과에 핵심적인 사안이라고 강조했다.[주1] 이런 인식 하에 미군정은 보다 많은 유권자를 투표에 참가시켜 정당성을 담보할 수 있는 성공적인 선거를 치러내야 했다. 미군정은 민주적인 절차에 따른 선거가 열린 적이 없어 선거집행의 전과정을 구축해 나가야 한다고 판단했다.[주2] 이를 위해 미군정은 선거법 제정, 선거위원회 설치, 형사소송법 개정 등 선거 실시를 위한 법률적, 행정적 조치를 진행시켰다. 선거업무와 관련한 유엔조선임시위원단과의 연락장교로 웩커링John Weckerling 준장을 군정장관 대리인으로 임명했다.[주3] 하지 중장은 3월 3일 투표는 성년에 달한 국민으로서의 의무이며 투표를 포기하는 자는 불참한 선거에 의해 수립될 정부의 행동 및 정책을 비판할 권리를 상실하게 된다는 내용의 성명

서를 발표했다.[주4]

남조선과도정부 수석고문관실도 3월 8일 선거업무의 실시를 위한 필요한 예비조치를 즉각 취할 것을 요구하는 군정장관의 내부비망록에 따라 선거국면에 참여했다. 이에 따라 남조선과도정부 서무처고문관 중령 멜쵸이어(A.W. Melchior)가 선거관리 책임부서로 정해졌다(3월 11일).[주5]

군정장관 딘은 3월 25일 "선거를 반대하는 이들은 의식적이거나 무의식적이거나 간에 북로당의 모략에 걸린 것"이라고 비난하면서 선거반대 자체를 북한과 연계시킴으로써 이들에 대한 강력한 조치를 예고했다.[주6] 경찰력을 선거체제로 전환해 좌파를 중심으로 한 선거반대세력의 선거저지 투쟁에도 적극 대응했다. 경무부장 조병옥은 3월 27일 서울중앙방송을 통해 "좌익이건 우익이건 선거를 반대하는 모든 파괴활동은 불법이며 그와 같은 방해자들은 강력히 처벌받아야 한다. 모든 국민이 진지하고 자유로운 투표를 할 수 있도록 선거를 반대하는 대규모 테러나 폭력행위를 조사할 것"[주7]이라고 밝히는 등 계속해서 선거반대세력에 대해 공개경고했다.

선거가 다가오자 주한미군사령관 하지는 남한의 실제 상황에서 경찰력 강화 이외의 다른 대안은 없다고 간주했다.[주8] 수도경찰청장 장택상은 일반 통행인이 길가에 서 있지 못하도록 하는 지침(4월 20일)과 통행금지 시간 연장(4월 28일), 경찰서별 경찰특별돌격대 조직(4월 28일) 등을 통해 선거일을 전후한 소요에 대비했다. 조병옥은 4월 2일 라디오 연설을 통해 선거의 '자유 분위기'를 파괴하는 요인들로 (1) 공산주의자들의 방해 (2) 선거를 반대하는 일부 우익 (3) 자신들의 정치적 야망을 달성하기 위해 위협, 매수, 지주와 소작농 등의 관계로 압력을 받는 정당이나 개인 등이라고 지적했다.[주9]

하지는 투표율이 낮으면 단독선거를 통한 남한 단독정부의 국제적 승인을 기대할 수 없을 것으로 보고 정당성을 담보할 수 있는 성공적인 선거를 치러내려고 했다. 좌파의 선거반대와 대부분의 우파 및 중도파가 선거 불참을 선언한 가운데 5 · 10선거는 미군정과 이승만 계열에 의해 주도적으로 준비되고 실행됐다. 이들은 선거의 '자유 분위기'보다는 선거의 성공을 위해 경찰과 우파청년단체를 이용했다.[주10] 이런 과정에서 나온 것이 딘의 명령으로 설치된 '향보단'조직이었다. 제24군단사령부 정치고문관 제이콥스Joseph E. Jacobs가 향보단을 두고 "공산주의자들의 계획에 대처하고 선거준비를 보호하기 위해 새롭고 비상한 조치가 취해졌다"[주11]고 할 정도로 향보단은 선거과정에 깊숙이 개입했다.

민정장관 안재홍이 건의하고 딘이 인준해 4월 20일 전국의 도지사와 그 고문관들에게 보낸 향보단의 기능과 정의는 "1948년 5월 10일 선거일에 이르는 기간과 선거당일에 법과 질서유지를 하기 위해 선거를 방해할 목적으로 협박 폭동 살인 방화나 또는 기타 태업 같은 행동을 하는 사람에 대해 치안을 유지함에 있어서 경찰을 원조하고 각자의 도시, 부락을 보위하기 위해 필요한 관할 도시, 부락의 남자주민을 소집할 권한을 시장, 군수, 면장 그리고 구區, 동洞, 가街에 이르는 지방 조선인 정부요원에게 수여"하는 것이었다.[주12] 조병옥은 특별성명(4월 20일)을 발표하고 향보단의 목적에 대해 선거 실시 방해와 무질서를 막기 위해 경찰을 지원하는 것이라고 언급했으며, 수도경찰청장 장택상도 "향보단은 순수하고 테러를 방위하는 것을 목적으로 조직된다"(4월 22일)고 밝혔다. 『동아일보』는 "역사적인 총선거를 원만히 마치고자 각 동 · 리의 애국 청장년들의 자발적인 열성으로 조직된 향보단은 전력을 기우려 무모하게도 선거를 반대하는 폭도들의 암약과 파괴행동을 미연에 봉쇄하고 있음은 저윽이 선거인들의 마음을 단든하게 하는 바 있다. 이렇게 밤을 낮 삼아 활동하는 정성과 노력으로 완전 자주독립의 토대는 굳어져 가는 것이다"라고 향보단의 활동을 높게 평가했다.[주13]

그러나 향보단의 일탈행위에 대한 비난여론도 높아갔다. 대검찰청 총장 이인은 5월 17일 "총선거를 전후하여 향보단의 역할은 큰 바 있었는데 일부에는 체포, 구타 등으로 인하여 탈선을 하는 일이 없지 않다"는 내용의 담화문을 발표했다.[주14] 또 다음날에는 조병옥마저 "불행히도 몇몇 사람들의 무지각한 행위로서 인권을 유린하여 사회에 누를 끼치고 향보단 자신의 명예를 손상케 함은 천만 유감된 일이다. 원래 향보단은 경찰의 협조기관이다. 경찰권을 독립적으로 직접 행사하여서는 아니 된다"고 밝혀 향보단원들의 폐해를 인정했다.[주15] 이에 따라 남조선과도정부 민정장관 안재홍은 군정장관의 승인을 받아 5월 22일 향보단을 해산했다. 이와 함께 향보단원들이 갖고 있던 무기를 해당 지방 경찰당국에 즉시 반환할 것을 지시했다.

공개적이면서도 선거반대세력에 대한 강력한 경고는 '자유 분위기' 속에서의 선거실시를 의심케 했다. 이런 사례는 유엔조선임시위원단의 제주도 감시 사례에서도 찾을 수 있다. 4월 9~10일 제주도 시찰에 나선 프랑스 대표 올리버 마네는 경찰 통제와 주민들에게 선거인 등록을 강요하는 물리적 폭력행위를 파악했으면서도 부수적인 문제로 치부했고, 대다수 의견은 업무가 잘 돌아가고 있다는 것이라고 보고했다. 마네는 이 보고서에서 "제주도에는 폭동행위가 많다. 그러나 우리는 개인적으로 아무 것도 보지 못했다. 그러나 귀하하지의 현지 민정장관맨스필드은 우리들에게 공산주의자들이 프랑스의 마키2차 세계대전 중 프랑스의 반독일 유격대와 같은 조직을 가지고 있다고 말했다. 그는 2,000여 명이 산속에 있으며, 일본제 탄약과 장비, 총, 수류탄, 지뢰들을 갖고 있다고 밝혔다. 우리는 지뢰 가운데 하나를 봤다"고 했다.[주16] 그의 보고서대로라면 2,000여 명에 이르는 무장대가 일본제 무기를 갖추고 있었다는 것이지만 이 정도 규모의 무장대가 존재했던 적은 없었다. 그는 또 같은 보고서에서 "(제주도) 폭동이 정말로 너무 심각하기 때문에 본인은 하지 장군이 제주도에 대해 계엄령을 선포하는 것이 당연하며, 이런 이유 때문에 선거를 중지할 수 있다고 생각한다"고 밝혔다. 마네는 계엄령을 선포하고서라도 제주도의 선거 분위기를 조성해야 한다는 입장을 전달했다. 제주도 사건으로 인해 남한 전체의 선거를 그르칠 경우 남한 현지 미군당국은 책임에서 자유로울 수 없었으며, 이는 제주도에 대한 강력한 진압작전이 실시된 이유이기도 했다. 마네는 또 "주민들로 하여금 강제로 선거인 등록을 하도록 압력을 행사하는 많은 증거들을 입수했다. 귀하[하지]는 몽둥이로 무장한 경찰이나 청년단체원이 다가와 '당신은 등록해야 해'라고 말할 때 이들 주민은 그들의 말이 '당신은 반드시 등록해야 해'라는 것을 의미한다는 것을 충분히 인지하고 있다는 것을 알고 있다. 귀하의 부하[미군 고문관]는 '위원단이 본인에게 이런 문제점들을 질문했기 때문에 본인은 진실을 말할 수밖에 없다. 본인은 경찰이 주민들을 구타하는 것을 안다. 본인은 여러 차례 이를 중단하도록 시도했다. 이들 구타행위는 대체적으로 새벽 3시께에 일어난다. 본인은 현장을 잡기 위해 그 시간에 자주 감찰을 실시한다. 그리고 그런 현장을 많이 목격했다. (중략) 본인이 알고 있는 범위 안에서 2건의 폭행치사사건이 있었다. 경찰은 의사들과 함께 일을 처리했는데, 의사들은 다른 이유 때문에 사망확인서를 제출했다. 본인은 경찰이 항상 특정행위에 대해 협력하고 있으며, 본인이 제안할 때마다 그 제안들을 실행에 옮기는 것을 파악했다. 그러나 이들 구타사건에 대한 그들의 정신은 본인의 정서와 반대되는 것 가운데 하나다. 그들은 우리가 호의를 가지고 있다고 생각하지만 우리가 어떻게 사람들을 다루는지 모른다고 믿고 있다. 우리는 경찰에 대해 종종 같은 방법으로 생각할 기회가 있다. 대체적으로 경찰은 이런 점에서 나쁘지만 정부에는 충성한다'고 말했다"고 밝혔다. 이러한 유엔조선임시위원단의 제주도 감시 활동에 대해 웩커링 준장은 "제주도에서 그들이 본 모든 것은 유권자들의 선거인 등록이 많은 호응을 얻고 있다는 데 동의했다. 그들은 제주도에서 일어났던 소요를 전혀 보지 못했다. 이 감시반은 확실히 '선거인 강제 등록'에 관한 어떠한 보고서도 만들지 않았다"며 '자유분위기'의 확보를 위해 유엔조선임시위원단이 자신들의 의도에 따라 긍정적인 면만을 보고 있는 것으로 해석했다.[주17]

5월 1일 메이데이에서 5·10선거에 이르기까지 남한의 긴장상태가 고조돼가자 미 육군부는 남한 주둔 미군가족의 한국 여행을 중지토록한 데 이어

하지 중장은 4월 30일 오후부터 5월 3일 오전까지 좌파의 소요에 대비해 남한 주둔 미군에 특별경계령을 내려 군용차는 무장경위를 대동하고, 각 중요시설의 보초도 강화하는 한편 미국인에 대해 30일 오후 11시부터 1일 새벽까지 외출을 금지시켰다.[주18]

선거가 이틀 앞으로 다가오면서 주한미군사령부는 5월 8일 또다시 5 · 10 선거에 대비해 남한 주둔 미군에 특별경계령을 지시했다.[주19] 이 경계령은 "미군은 남한의 선거에 대한 공산주의의 공격을 저지하도록 원조하기 위해 경계령을 내리고 경찰의 역할을 다 할 것"이라고 밝히고 있다. 또 대부분의 미국인은 무기를 휴대하여야 하며 순찰대는 총기로 무장하고, 군대는 비상사태에 대비하도록 했다. 선거 당일에는 미 태평양 함대 소속 순양함과 구축함 등 2척이 남한 해역에 들어왔다.[주20] 이와 같은 미군정의 경계태세는 단독정부와 단독선거에 반대하는 저항의 강도가 심각했음을 보여주는 것이다.

2) 5·10선거 실시 양상과 결과

국회선거위원회는 4월 14일 선거등록을 4월 9일 마감한 결과 805만 5,798명이 등록해 등록률이 91.7%를 보였다고 발표했다.[주21] 이러한 선거등록 결과에 대해 하지 중장은 "전유권자의 90% 이상이 등록을 완료하였으므로 5월 10일 시행될 총선거에 투표할 자격을 가졌다. 이것은 조선정부를 형성함에 있어서 조선국민을 진정으로 대표할 수 있는 자기들의 대표자를 선출하는 민주주의적 총선거에 투표하고자 하는 전조선 국민의 압도적 표시라고 본다. (중략) 압도적인 투표등록 성과는 어떠한 강요에 의해서는 도저히 불가능하였을 것이라는 것도 자타가 모두 다 공인하는 바"라고 발표했다.[주22]

하지 사령관이 '강요'가 아닌 자발적 등록이라고 강조했지만 한국여론조사협회의 여론조사 결과는 90%가 넘는 응답자가 강제등록을 했다고 밝혀 이런 주장을 무색케 했다. 한국여론조사협회가 4월 12일 서울에서 통행인 1,262명을 대상으로 한 5·10선거 실시에 대한 여론조사 결과 선거인 등록을 한 응답자는 934명, 등록을 하지 않은 응답자는 328명이며, 등록했다고 응답한 사람 가운데 91%인 850명이 등록을 강요당했다고 대답했으며, 9%인 84명만이 자발적으로 등록했다고 응답했다. 이에 공보부 공보국장은 담화를 발표하고 "지난 12일 한국여론조사협회에서는 어떠한 공증 아래에서 상상할 수도 없는 여론의 결과를 얻게 되었는지 그 공증성을 인정치 않는 동시에 공보부로서는 공안상 이를 방임할 수 없음은 물론 대중을 상대로 하면서 공증성 없는 행동은 언론자유의 한계 이외에 있음을 경고한다"고 밝혔다.[주23] 하지 중장이 전체 유권자의 90% 이상이 등록을 완료했다고 고무적인 반응을 보였으나 제주지역의 등록률은 전국 시·도 가운데 최저치인 64.9%에 그쳤다.

무장경찰, 향보단원, 미군의 경비태세 등 삼엄한 경계하에 첫 보통선거가 남한에서 실시됐다. 유권자 등록을 한 전체 유권자의 95.2%인 703만 6,750명이 투표에 참가했다. 투표율만으로는 대성공이었다.

미국무부와 주한미군, 유엔조선임시위원단 등은 일제히 남한의 5·10선거를 성공적으로 평가했다. 미국무장관 마샬은 5월 12일 워싱턴에서 기자회견을 갖고 "무법한 공산당 소수파의 방해 내지 사보타주에도 불구하고 지난 10일 남조선에서 거행된 선거 투표율은 호성적이었으며 그 결과는 민주주의의 행정을 지향하는 조선인의 결의를 표명하는 것"이라고 치하했다.[주24] 주한미군사령관 하지 중장도 같은 날 5·10선거 결과에 대해 공산주의자들의 파괴적 선동과 살인, 선거반대에도 불구하고 '민주주의의 승리'라고 선언했다.[주25]

서울의 정치고문관 제이콥스는 선거 전날인 5월 9일 "유권자들에게 투표를 회피하도록 협박하기 위해 폭력을 부추기는 공산주의자들이 보다 심각하다. 대구와 제주의 보고들은 고무적이 아니다"라고 국무부에 보고했다.[주26] 하지만 그는 선거가 끝난 이틀 뒤인 5월 12일 국무부에 "훌륭한 투표 시설과 주민들의 반응, 자유롭고 평화스런 선거분위기가 있었다. 선거는 기대했던 것보다 훨씬 만족스럽다"고 보고했다.[주27] 유엔조선임시위원단도 남한 단독선거가 남한 국민들의 자유의사를 표현했으며 원활하고 조직적, 능률적으로 수행됐다고 밝혔다.[주28]

언론은 5 · 10선거의 '역사적 의의'를 찬양했다. 『동아일보』는 선거 다음 날 '장엄한 새벽은 밝아 우리나라 새 역사 창조'라는 제목으로 "민족천년의 새로운 역사를 창조하는 장엄한 새벽이 밝으니 단기 4281년 5월 10일 흐렸던 하늘도 맑게 갠 이날 아침 7시부터 세계의 커다란 주목을 받으며 남조선 188선거구20선거구는 무투표 당선구임 1만 3천 여 투표소에서는 이 나라의 자주독립 정부를 수립할 국회의원을 선출하는 민주주의적 투표가 애국동포들의 줄기찬 열성으로 경건하게 시작되었다. 우리 3천 만 겨레는 짓궂은 남의 속박을 벗어나 감격의 이날이 와야 할 것을 얼마나 피를 흘려가며 기다려왔던 것이랴!"라며 감격해했다.[주29] 이승만은 "4천여 년 한국 역사상 처음 보는 민주총선거를 가지게 되니 참으로 역사에 빛날 경사로운 날이다. 따라서 40년 동안 죽었던 우리나라가 다시 소생하는 날이다. 북쪽도 총선거로서 통일되었다면 더욱 좋았을 것이나 여의치 못하였으니 남쪽 한편을 살린 다음 북쪽을 살려야 한다"고 소감을 말했다.[주30]

이처럼 미군정과 유엔조선임시위원단이 "선거가 공정하게 치러졌으며, 자유 분위기가 존재했다"는 주장에도 불구하고, 선거 당일 전국적으로 35명 경찰관 5명, 공산주의자 16명, 우익 14명이 숨진 것으로 보고될 정도로 유혈적인 상황이 존재했다.[주31] 전국 대부분의 도시에서 선거사무소 습격, 인명피해, 방화사건, 선거반대 시위 등이 일어났다. 김구도 "국민들은 경찰과 향보단에 의한 강압적 분위기하에서 선거에 등록, 투표할 것을 강요당했다"고 말하고 "국민들이 자유로웠다면 단독선거에 반대했을 것"이라며 5 · 10선거의 강제성을 주장했다.[주32] 『유피』통신 특파원 로퍼James Roper는 5 · 10선거에 대해 다음과 같이 묘사했다.

> 조선은 희랍사태의 완전한 재연이다. 양국에서의 공산당 전술은 동일한 것이며 희랍에서 발생한 전투는 조선에서도 발생할지 모른다. 양국은 지리적으로도 근사하다. 양국은 다 산악이 많은 반도이다. 희랍반도는 공산주의자가 지배하고 있는 '발칸'에 연결되어 있으며, 조선은 역시 역사적으로 소란의 온상지이며 현재 공산군이 세력을 펴고 있는 만주에 연결되어 있다. (중략) 민주주의를 시행하기 위하여 서방 연합국은 조선과 희랍에서 자유선거를 지지했다. 희랍투표는 영·미위원국 감시 하에 투표를 행할 것이다. 양국에서 공산주의자들은 '보이콧' 행동으로 투표를 회피하려고 기도했다. 이는 미·소 양국지대로 분열된 조선에 있어서 특히 현저하다. 소련은 그들 지대에 투표 허가를 거절하고 조선 미국지대 내 공산주의자에게 투표 거부를 명령했다. (중략) 미국당국은 경찰이 특히 소란한 제주도에서 수인(囚人)을 구타함을 억제하려고 노력했다. 경찰은 관인(寬仁)을 약속하고 있으나 그들이 복종함은 곤란시된다. 그러므로 공산주의자들은 경찰에 대한 증오감을 선동시키기가 용이하다. 이는 희랍에서도 마찬가지였으며 희랍에는 거야(拒野)하고 난폭한 경찰부대가 있었다. 아테네에서는 1944년 12월 3일에 경찰이 좌익 시위군중에 발포했다. (중략) 조선 미국점령군사령관 하지 중장은 희랍과 조선 간의 사태 상사(相似)에 놀래고 있는데 아직 좌익과 점령부대 간 사격전은 없다.[주33]

제주도 3 · 1절 기념대회에서 비무장 시위대에 대한 경찰의 발포와 그 뒤의 총파업, 대량검거는 그리스 내전의 직접적 원인이 됐던 1944년 12월 3일 비무장 시위대에 대한 그리스 경찰의 발포 이후 벌어진 사건과 놀라울 정도로 유사성을 띠고 있다. 『유피』통신이 남한 사태를 그리스 내전과 비교하고, 1947년 3 · 1사건 이후 일련의 제주도 사건을 그리스의 1944년 12월 3일 발포사건과 비교할 정도로 5 · 10선거의 혼란 상황이 존재했다. 중국의 『대공보』는 5 · 10선거가 자유 분위기가 없는 상태에서 치러졌다고 묘사했다.[주34]

> 선거기간 조선에는 자유 분위기가 없었다. (중략) 후보자들이 살해됐으며, 투표소

가 폭파됐다. 수많은 사람들이 죽거나 다치거나 투옥됐다. 제주도에서는 선거가 무효화됐다. (중략) 우리는 단지 미국이 이번 선거를 통해 조선의 영구 분단을 조장하고 친미정부를 수립하려 한다는 사실만을 알 수 있었다. 이번 선거는 계속 비극적인 사태를 유발할 것이다. 이는 조선인민들의 어려움을 가중시키고 나아가 극동의 안정을 위협하는 요인이 될 것이다.

핸더슨은 선거가 '대성공'을 거둔 이유로 농민들은 자신들의 이익을 대변시키기 위해 투표한 것이 아니었고, 정부와 그 경찰이 투표를 종용했으며, 또한 야심 있는 현지 지도자들에게 중앙정계에 진출할 기회를 주는 것이 대견했기 때문에 투표한 것이라고 분석했다.[주35]

2. 제주도 5 · 10선거

1) 미군정 관리들의 제주도 5·10선거 감시활동

5 · 10선거 감시 요원을 지방에 파견한 미군정은 선거감시 업무에 들어갔다. 미군정은 제주도를 3개반으로 나눠 선거감시활동을 벌였다. 그리고 이들은 종합보고서와 함께 각 반별로 작성한 선거감시보고서를 미군정청에 제출했다. 서울에서 파견된 군정장교 스피어T.J. Speer 대위, 테일러Herbert W. Taylor 대위, 번하이젤Charles K. Bernheisel 중위 등 3명은 5월 5일 제주도에 들어와 제59군정중대 장교들과 합류해 선거감시활동을 벌인 뒤 5월 15일 서울로 돌아갔다. 이들은 미군정 최고 수뇌부가 제주도에서 회의를 열었던 5월 5일 군정장관 일행과 함께 제주도에 온 것으로 보인다.

이들의 선거감시활동은 통역자를 대동한 채 선거관련 사무소와 일부 유권자들만을 만났기 때문에 당시의 자세한 선거상황을 파악하기에는 무리지만 제주도의 투표준비 및 선거 당일 실시간 투표상황을 파악하는 데 도움을 준다.

제주도 민정장관 맨스필드 중령은 이들이 도착한 다음날인 5월 6일 감시 활동을 벌일 지역을 배정했다. 번하이젤 중위는 구좌면, 제59군정중대 켈리 David C. Kelly Jr. 대위는 조천면에 배치됐다. 5월 7일 이들 장교 2명은 자신들이 담당한 지역에서 하루 종일 투표소를 방문하고 각 면사무소로 투표용지를 전달했다. 그러나 이들 지역에 대한 감시결과는 상반됐다. 켈리 대위는 조천면에 대해 "파괴분자들에 의해 완전히 장악된 것으로 보인다"면서 "조천면이 규정된 선거절차에 대해 희망이 없는 혼란상태에 빠졌다"고 평가했다. 선거 전날 밤 선거반대 유인물이 면내 곳곳에 뿌려졌고, 도로장애물 설치와 함께 여러 곳의 전화선이 절단됐다. 반면 구좌면에서는 선거전 단계가 '국회의원 선거 시행규칙'에 지시된 제반 절차를 따르는 등 선거준비가 훌륭하게 이뤄졌다고 평가했다. 미군정 요원들은 구좌면 지역의 선거이행 절차에 대해 (1) 선거정보가 광범위하게 홍보되고 (2) 투표용지와 투표함이 선거일 전 충분한 시간에 전달됐으며 (3) 자체 경비가 잘 조직돼 있는 한편 (4) 벽보가 눈에 띄게 잘 전시돼 있고 (5) 후보들의 사진이 각 투표소에 게재돼 있다고 보고했다.[주36]

북제주군 애월면과 한림면, 추자면은 스피어 대위가 맡았다. 5월 7일 애월면과 한림면을 방문한 스피어 대위는 각종 도로 장애물과 무장대가 뿌린 유인물을 발견하고, 2개 마을 주민들이 산으로 올라간 사실을 파악했다. 선거가 끝난 뒤인 5월 12일에는 애월면 주민들이 산에 올라갔다가 내려온 사실도 확인했다. 그의 보고서 내용을 보면 다음과 같다.[주37]

1. 본인(스피어 대위)은 1948년 5월 10일 실시하는 선거감시를 목적으로 1948년 5월 5일 오후 3시 제주도에 도착했다.
2. 제주도 민정장관은 1948년 5월 6일 투표구 배치를 했다. 애월면과 한림면, 추자면은 보고담당 장교인 스피어 대위에게 할당됐다.
3. 1948년 5월 7일 애월면과 한림면을 방문해 다음을 감시했다.

(1) 제주에서 서쪽으로 5마일 정도 떨어진 곳에서 도로 장애물을 마주쳤고, 차량 통행을 위해 제거했다.

(2) 그곳에서 약 1.5마일 정도 더 가자 첫 번째 마주쳤던 장애물보다 작은 도로 장애물이 나타났다. 파괴와 관련된 내용을 담은 많은 유인물들이 마을 내 돌틈과 여러곳에서 산발적으로 발견됐다. 유인물 가운데 일부를 수거해 제주도 민정장관에게 제출했다. 도로 장애물을 치운 뒤 시찰이 재개됐다. 도로 장애물 다음에 나타난 2개 마을 주민들이 산으로 도피한 사실을 파악했다. 다음 마을에서는 소규모 경찰파견대가 저격수들이 사격을 가해왔다고 보고했다. 이 마을 주민들은 집에 남아 있었다. 더 이상 도로 장애물은 없었으나 유인물은 도로를 따라 여러 곳에서 발견됐다. 애월마을(리)은 경찰과 경비대가 면 내에 있어 거의 정상을 유지하고 있었다. 투표구선거위원회는 모든 투표함을 접수했으며 일요일인 1948년 5월 9일 배분할 것이라고 보고했다.

4. 1948년 5월 8일, 다음날 갖고 올 투표용지 보호를 위해 현지 경찰과 경비대가 배치됐다. 한림면 방문에서는 파괴활동이 없었다고 보고했다. 투표용지와 연필, 벽보, 기타 서류 등이 묶음으로 투표구선거위원회에 전달됐다. 도로 장애물과 유인물이 또 발견됐으며 경찰은 소총과 기관총 사격이 있었다고 보고했다. 어려움은 없었고 투표용지는 애월과 한림면 선거위원회에 전달됐다. 그러나 추자면의 투표용지는 제주에서 직접 해안경비대 순시선으로 전달됐으며, 개표를 위해 한림면으로 이송될 예정이다.

5. 1948년 5월 9일. 투표함과 투표용지 배포상황을 조사하기 위해 애월면과 한림면을 방문했다. 애월 바로 동쪽의 보호받지 못한 마을의 모든 투표용지와 투표함이 투표구선거위원회로 반송됐다. 이유는 주민들이 파괴분자들에 의해 산으로 내몰렸기 때문이다. 경찰 파견대와 경비대가 있는 애월 인근 지역과 마을에서는 투표함과 투표용지 배포가 정상적으로 진행됐다.

6. 1948년 5월 10일. 투표가 계획대로 개시됐으나 애월면에서는 등록 유권자의 32%만이 투표에 참가했다. 한림면은 이보다 높은 전체 등록유권자 가운데 70% 정도의 투표율을 보였다. 애월 인근 2곳과 한림 1곳 등 모두 3곳의 투표소를 방문했다. 투표는 정상적이고, 투표절차는 위원회의 지시에 따라 이뤄지고 있었다. 늑장을 부리거나 선거운동을 하거나 괴롭히는 유권자들은 관찰되지 않았다. 투표소는 정해진 시간에 폐쇄됐고 개표를 위해 한림의 선거위원회로 수송됐다. 한림 투표함들이 도착하자 개표가 시작돼 밤새 계속됐다. 추자면 투표함은 해안경비대 순시선을 이용해 한림항으로 수송돼 1948년 5월 11일 오

전 10시께 도착했다. 이들 투표함은 즉시 추자선거위원들이 동승한 지프를 이용해 한림선거위원회로 급송됐다. 투표함 개표는 1948년 5월 11일 오후 8시 완료됐고, 보고서는 제주도 선거위원회로 보내졌다.

7. 1948년 5월 12일. 제주도 선거위원회로 모든 투표함을 옮기기 위해 한림을 방문했다. 이번 방문에서도 도로 장애물이 발견됐으나 애월 동쪽 마을주민들이 마을로 돌아온 사실이 주목됐다. 어디에 있었느냐고 묻자 산에 있었다고 대답했고, 더 이상 말하지 않았다.
8. 제주의 투표구에 대한 추가방문은 없었다.
9. 1948년 5월 15일 오후 5시 서울 도착.

남제주군 선거구의 선거는 제주지역 3개 선거구 가운데 '유일하게' 선거가 성공한 만큼 잘 진행됐다고 평가됐다. 남제주군에 배치된 미군 선거감시반원들의 보고서 작성은 테일러 대위가 맡았다. 선거감시반원들은 2개조로 편성돼 제주도를 동 · 서로 나눠 시찰하고 별다른 특이사항이 발생하지 않았으며, 투표 참관 결과 투표가 잘 이뤄졌다고 보고했다.

1. 위벨(George Wibel) 소위와 사보티(William Sabotay) 소위, 그리고 본인(테일러 대위)은 1948년 5월 10일 실시하는 선거감시지역으로 제주도 남제주군에 배치됐다. 임무수행을 위해 지프 1대와 3/4톤 트럭 등 차량 2대와 운전사 2명, 통역사 3명이 배당됐다.
2. 이 계획을 위해 우리는 2개 반으로 나눴다. 제1반은 사보티 소위와 통역사, 운전사로 구성돼 서쪽 일주도로를 따라 시찰했고, 제2반은 테일러 대위와 위벨 소위, 통역사, 운전사로 구성돼 동쪽 일주도로를 따라 가며 남제주군의 여러 선거사무소에 투표용지를 배분했다.

   제2반은 서귀포에 본부를 설치하고, 제1반은 선거 전과 선거 기간에 모슬포에 본부를 설치한 뒤 투표함이 오면 선거 당일 저녁 서귀포에서 제2반과 합류하기로 했다.
3. 1948년 5월 8일 오전 8시 30분. 양쪽 반은 계획대로 출발했다. 1948년 5월 8일 오후 1시30분. 제2반은 서귀포에 도착해 여관에 숙소를 정했다. 투표용지가 배포됐다. 우리가 방문했던 군 본부의 선거관리위원들은 어떠한 충돌도 없

으며 예상되지도 않는다고 말했다. 모든 투표용지와 연필, 서류 등이 계획대로 배분됐다.

4. 1948년 5월 9일. 위벨 소위는 인근 지역의 여러 선거사무소를 방문했다. 본인은 본부에 잔류했으며 이날 어떠한 문제도 발생하지 않았다.
5. 1948년 5월 10일. 차량부족으로 차량 1대만이 운행할 수 있어서 위벨 소위는 서귀포 인근 교외의 투표구를 방문하기 위해 오전 6시 30분 출발했다. 이 시간에 본인은 서귀포의 2개 투표소를 감시하기 위해 출발했다. 제1투표소는 오전 6시 50분에 감시했다. 투표함은 선거위원들이 검사해 규정에 따라 비어있음을 확인했다. 투표는 오전 7시 시작돼 규정에 따라 진행됐다. 후보자들 가운데 한 명만 그 시간에 나타났다. 오전 7시 30분 본인은 서귀포의 제2투표소를 방문했는데 이곳도 규정에 따라 선거가 이뤄졌다. 사실 본인은 이 지역의 선거가 매우 잘 진행되리라 생각했다. 그 뒤 본인은 도보로 2개 투표소를 방문했으며, 선거 당일 동안 이들 투표소는 잘 진행됐다.
6. 제2투표소에 후보자들의 대표 2명이 밤 10시 30분에 나타난 것으로 보고했다.[주38]

번하이젤 중위의 북제주군 구좌면 선거감시 활동에 대한 보고서는 몇십 분 단위로 자세하게 투표율을 기록한 것이 특징이다. 이 지역은 바로 인근의 조천면에 비해 선거절차가 순조롭게 진행됨에 따라 일부 소요만을 제외하고는 제대로 치러졌다고 평가했다. 다음은 번하이젤 중위의 보고서 내용이다.

서언: 선거 당일의 활동에 대한 대체적인 내용은 위에 언급된 이유들 때문에 별다른 일이 일어나지 않은 것으로 특징된다. 전체 투표소 18곳 가운데 14곳을 방문했다. 전체 유권자의 96%인 8,734명이 등록한 것으로 보고됐다. 투표는 오전 7시 시작돼 오후 4시까지 구좌면 전역의 투표가 완료됐다.

(1) 오전 9시 30분께 구좌면 도착. 오전 9시45분에 제2투표소 방문. 150명이 우리가 방문한 시간에 투표했다. 전체 유권자의 98%(687명) 등록. 정상.
(2) 오전 10시 제4투표소 방문. 전체 유권자의 98%(369명) 등록. 순조롭게 진행.
(3) 오전 10시 10분 제3투표소 방문. 100%(350명) 등록. 특이사항 없음.

⑷ 오전 10시 30분 세화에 있는 제10투표소 방문(면사무소). 90%(561명) 등록. 방문 당시 270명이 투표. 순조로운 상태.
⑸ 오전 10시 50분 제12투표소 방문. 96%(577명) 등록. 방문 당시 400명 투표. 정상.
⑹ 오전 11시. 98%(273명) 등록. 방문 당시 200명 투표. 정상.
⑺ 오전 11시 10분. 제14투표소 방문. 98%(534명) 등록. 방문 당시 270명 투표. 정상.
⑻ 오전 11시 40분. 제16투표소 방문. 634명(90%) 등록. 방문 당시 250명 투표. 정상.
⑼ 오래지 않아 나머지 5곳의 투표소를 방문했다. 방문할 때 특이사항은 없었다. 제17, 18투표소는 제주 외곽의 작은 섬에 위치해 있어 방문하지 않았다. 제8투표소에서의 사건은 정오 조금 전에 받았다. 감시자는 도움을 얻기 위해 면 감시를 중단하고 제주로 돌아가 보고했다. 이에 따라 경찰이 전날 밤 문제가 발생한 지역에 파견됐다.
⑽ 10일 오후에 투표가 끝나면서 지방선거위원들이 상당한 불안감을 표출했다. 외부의 위협 때문에 선거위원들이 투표함의 안전에 두려움을 느끼고 있다고 보고됐다. 제주도 관리들이 경비대와 함께 투표가 끝나는 대로 가능한 한 빨리 투표함을 수거하기 위한 모든 사전 준비를 끝냈다. 감시자는 투표함들을 수거하기 위해 할 수 있는 모든 조치를 취하겠다고 약속했다. 11일 오전 투표함을 수송하기 위해 군정중대 본부트럭을 타고 왔으나 구좌면으로 들어가다가 제주읍 선거위원회로 투표함을 모두 싣고 가는 경비대 트럭을 만났다.
⑾ 5월 11일 오후와 5월 12일 감시자는 3개 투표구의 개표 감시를 지원했다. 이들 3개 투표구는 제주읍, 조천면, 구좌면이다. 시간이 상당히 지연된 뒤 선거위원들은 진행방법에 대한 확신을 갖고 체계적인 방법으로 개표하기 시작했다. 후보 대표자들과 일부의 구두 방해를 제외하고는 선거절차의 이 단계는 정상적으로 끝났다."[주39]

그러나 미군정 요원들의 선거감시활동은 단지 선거가 치러진 투표소와 주변 등에 대해서만 감시활동을 벌이고, 이를 설명하고 있을 뿐 주민들이 선거를 반대하거나 무장대에 의한 선거반대 투쟁에 대한 설명은 거의 없다.

〈표 11〉 5월 7일~5월 11일 오후 2시의 선거관련 소요현황

		경북	경남	전북	전남	서울	충북	충남	강원	경기	제주
경찰	사망	1	3		2					1	1
	부상	2		1						4	21
	행불										
후보	사망					1					
	부상							1			
	행불										
선거위원	사망	1	1		2						
	부상		1								
	행불		2								
우익인사	사망	8	1		2	2			2		14
	부상	18	1	2		1		1	2	2	5
	행불										
공산주의자	사망	20				3			2	2	21
	부상	4			1	2				3	
	행불										
	체포	177	56			110		4	29	17	
지서 습격		5	4			6			1	7	
기관차 파괴		17		2	2			2		1	
철로 절단		2			1						
교량 파괴									1		
전화선 절단		3	6	3	5			1	5		
투표함 파괴		1	2		5				1		
공투표용지분실(100매 단위)		7			60						
투표용지 분실(100매 단위)											
파업		11	2			2					
전력 차단		3			3						
투표소 습격		13	4			9			2	7	1
방화	주택	2						2	1		22
	관공서					1		2		4	
	주택습격	1						1	8		

* 출처: Hq. USAFIK, G-2 P/R No. 831, 11 May 1948.

2) 제주도 5·10선거의 실패

단선·단정에 반대하는 무장봉기가 발발한 제주도 5·10선거는 다른 지방 선거와는 달랐다. 선거기간 동안 폭력행위가 가장 심했던 지역은 제주도와 경상북도였다.[주40] 딘 소장은 하지 중장에게 보낸 보고서를 통해 "공산주의자들은 제주도에서 선거를 저지하기 위해 최대의 노력을 기울인 것이 분명하다"[주41]고 밝힐 정도로 제주도 소요를 심각하게 간주했다.

5·10선거를 반대하는 좌파세력의 공세가 거세질수록 미군정과 경찰의 공세 또한 치열했다. 〈표 11〉을 보면 선거일을 전후한 5월 7일부터 5월 11일 오후 2시까지 제주도의 선거관련 소요가 전국에서 가장 심했음을 알 수 있다.[주42] 표를 보면 제주지역에서는 사망자가 '경찰' 1명, '우익' 14명, '공산주의자' 21명 등 모두 36명이나 되는 것으로 집계됐다.

〈표 12〉는 5·10선거를 앞두고 제주도 내 12개 읍·면 가운데 7개 읍·면에서 무장대의 활동이 활발했음을 보여주고 있다. 표에서 보듯이 5월 7~11일의 소요상황을 제외하고, 주한미군사령부 정보참모부 보고서에 언급된 것만 집계해도 23건의 소요가 발생했으며, 지역별로는 제주읍 관내가 10건으로 절반 가까이 차지했다.

그 다음으로는 조천면 관내 4건, 애월면 관내 3건, 대정면 및 성산면 관내가 각 2건이며, 중문면과 표선면에서도 각 1건씩으로 7개 읍·면에서 소요가 발생했고 5월 7일부터 11일까지 감안하면 제주도 내 거의 모든 읍·면에서 소요가 발생한 것으로 추정된다. 선거일인 5월 10일에는 제주도내 12개 읍·면당시 한경면은 한림면에 포함됨 가운데 7개 읍·면에서 각종 선거반대 활동이 벌어졌다.

선거반대세력의 물리적인 반대활동으로 선거위원과 유권자들이 두려워하는 가운데 북제주군 지역에서는 일부 투표소가 완전히 파괴되기도 했다.[주44] 5·10선거가 다가오자 주민들은 선거를 피해 강제적으로, 혹은 단독선거를 거부해야 한다는 당위성을 갖고 자발적으로 중산간 지역으로 피신했다.

〈표 12〉 제주도 소요 현황(1948.5.1~5.11)주43

일자	지역	상황	주체	출처
5.1	제주읍	제주읍-하귀리 사이 전화선 절단	무장대	①
	제주읍	도평리 선거위원장 피살	무장대	①
	제주읍	오라리에서 민간인 6명(남자 2명, 여자 4명)피살	무장대	①,⑨
5.3	조천면	선거위원 전원 사퇴		②
	애월면	애월리, 100여 명의 무리가 마을 공격, 경비대·경찰 교전	무장대	②
	제주읍	용담리, 폭도 60명이 마을공격	무장대	⑩
5.4	대정면	모슬포, 지서에 다이너마이트 투척. 피해 없음	무장대	③
	조천면	함덕리, 50여 명의 무리가 마을 공격해 대청단원 2명 납치	무장대	③
	제주읍	도두리, 전화선 수리하던 경찰 총격받아 교전. 무장대 1명 체포	무장대	③,⑪
5.5	제주읍	화북리 새벽 1시 습격. 선거위원장 등 주민 3명 피살, 1명 부상	무장대	⑪
	제주읍	삼양리, 새벽 2시 습격. 대청단원 2명 피살	무장대	⑪
5.6	대정면	무릉리, 폭도들이 지서 공격. 폭도 1명 사살	무장대	④
5.7	애월면	장전리, 경찰과 무장대 교전. 경찰 1명 피살, 5명 부상	쌍방	⑤
5.8	제주읍	제주읍-신엄리 사이 교량 파괴	무장대	⑥
5.10	중문면	투표소 습격, 투표용지 전체 훼손	무장대	⑦
	성산면	투표소 방화	무장대	⑦
	제주읍	읍사무소 근처 다이너마이트 폭발	무장대	⑦
	제주읍	비행장 활주로, 250명과 50명 그룹이 사격. 사상자 없음.		⑦
	표선면	가시리, 투표소 습격, 2명 피살, 1명 부상, 투표용지 훼손	무장대	⑦,⑧
	조천면	송당리, 주민 2명 피살, 1명 부상, 주택 7채 방화		⑦
	성산면	투표소 습격, 4명 피살	무장대	⑧
	조천면	조천리, 경비대 조사받다 탈출 기도 남자 1명 사살	경찰	⑧
	애월면	신엄리, 미군장교가 경비대원 조우. 경비대원 근무지 이탈		⑧
5.7~5.11		경찰: 사망 1명, 부상 21명, 실종 4명, 우익인사: 사망 14명, 부상 5명, 좌익인사: 21명, 주택 방화 22채, 투표소 습격 1곳		⑫

선거 며칠을 앞두고 동네청년들이 선거를 거부하기 위해 산으로 올라가야 한다고 독려했습니다. 선거 이틀 전 아침 7시께 나팔소리가 났습니다. 새벽에 나팔불면 피신하도록 연락이 있었습니다. 오라 1·2·3구 주민 80% 이상이 그날 집을 떠났습니다. 어린애들은 물론이고 가축을 끌고 가는 사람도 있었습니다. 족히 2,000명은 넘었던 것 같습니다 (중략) 주민들은 빠르면 선거 다음날, 혹은 늦은 사람들은 열

흘 후쯤 귀가했습니다.[주45]

미군정은 미국인 관리들에게 투표소에 출입하지 않도록 하라는 명령[주46]과는 달리 제주도에서는 사태의 심각성을 인식하고 미군이 직접 선거에 개입했다. 미군들은 제주도에서 선거현장 감시는 물론 선거 실시를 위한 투표함 수송 및 점검 등에도 참여했는가 하면 직접 투표장에서 투표광경을 감시하기도 했다.

안덕면에서는 미군이 부면장과 광평마을까지 투표함을 직접 싣고 가 선거를 치렀다. 당시 안덕면 부면장 김봉석은 "안덕면에서도 그럭저럭 투표업무가 진행되었는데, 다만 광평에 보낸 투표함이 두 차례나 탈취당해 고민을 하고 있었습니다. 그러던 차에 선거일이 다가오자 부대에서 나왔다는 미군 여자 1명이 직접 스리쿼터를 몰고 와 광평마을까지 투표함을 수송하겠다고 나섰습니다. 선거 전에도 무장한 미군들이 면사무소에 자주 들렀습니다. 그들은 선거에 관한 여론조사도 한 적이 있었습니다. (중략) 그 여군은 우리말을 잘했습니다. 내가 위험하다고 했더니 걱정할 것이 없다면서 적극적으로 나서더군요. 할 수 없이 투표함을 스리쿼터에 싣고 나하고 둘이서 광평까지 갔습니다. 리사무소에 투표함을 설치하고 그 미군 여자와 내가 지켜보는 가운데 5·10선거가 치러졌습니다"고 말했다.[주47]

선거반대세력의 물리적인 반대 활동으로 선거위원과 유권자들이 두려워하는[주48] 가운데 북제주군 지역에서는 일부 투표소가 완전히 파괴됐다.[주49] 신경이 날카로워진 미군들은 대흘, 와흘, 와산 등 관내 중산간 마을로 투표함을 운반하지 못해 고민을 하던 면장을 위협하기도 했다.[주50]

제주도 3개 선거구에 출마한 13명의 신상과 득표 현황은 〈표 13〉과 같다. 북제주 갑 선거구에서는 73개 투표구 가운데 31곳에서만 투표가 이뤄졌고, 북제주 을 선거구에서는 61개 투표구 가운데 32곳에서 투표가 이뤄졌다. 제주도 선거 결과 남제주군에서는 오용국이 당선됐으나 북제주군 갑 선거

〈표 13〉 5·10선거 후보자의 소속정당 및 득표수, 선거구별 투표율[주58]

선거구	후보자	나이	소속정당	득표수	등록 유권자수	투표자수 (투표율)	투표구[4]	
							투표소	입수 및 검표투표소
북제주군 갑[1]	김충희	59	독촉	2,147	27,650	11,912 (43%)	74	35
	문대유	41	독촉	1,693				
	양귀진	41	독촉	3,647				
	김시학	70	무소속	3,479				
북제주군 을[2]	박창희	53	독촉	3,190	20,917	9724 (46.5%)	61	32
	김덕준	34	대청	691				
	임창현	64	독촉					
	양병직	40	대청	3,774				
	현주선	44	독촉					
	김인선	27	대청					
남제주군[3]	오용국	44	무소속	12,888	37,040	32,062 (86.6%)	87	86
	양기하	34	무소속	6,748[4]				
	강성건	34	대청	7,063[4]				
	무효			1,499[4]				

구는 43%의 투표율을, 을 선거구는 46.5%의 투표율을 보임으로써 과반수에 미달했다. 미군정이 투표함 직접 호송, 투표소 직접 감시 등 최대한의 노력을 기울였으나 유효투표의 과반수를 넘지 못한 것이다.

국회선거위원회 위원장 노진설은 선거법에 따라 5월 19일 딘 소장에게 제주도 북제주군 갑과 을 선거구의 선거무효를 건의했다.[주51] 미군정은 제주도의 선거 거부가 남한의 전체 구도를 근본적으로 변화시키지 못할 것[주52]이라고 전망하면서도 상황을 예의주시했다. 국회선거위원회가 딘 소장에게 제주도의 선거 무효를 건의한 5월 19일에는 철도관구 경찰관 350명과 제6, 8관구 경찰관 100명 등 모두 450명이 전투응원대로 제주도에 파견됐다.[주53] 유엔조선임시위원단조차 "선거가 훌륭하게 치러졌다"[주54]고 한 제주도 선거에 대해 군정장관 딘은 "이들 선거구는 파괴분자들의 활동과 폭력행위 때문에 인민의 진정한 의사표현으로 볼 수 없다"며 선거무효를 선언했다.[주55] 이어 미군정은 5월 26일 포고문을 발표하고 6월 23일에 재선거를 치를 것을 명령했다.[주56] 이 과정에서 북제주군 갑과 을 선거구에서 각각

1위를 한 양귀진과 양병직은 선거재심위원회에 소송을 제기했으나 같은 해 7월 30일 무효처리됐다.[주57]

주한미군사령관 하지는 5월 28일 합동참모본부와 극동사령부에 보낸 '정치상황 요약' 전문을 통해 "제주도는 투표율이 평균보다 낮은 유일한 지역이었다. 30만여 명이 거주하는 제주도는 육지부의 반목에 대항한 긴 반란의 역사와 지역성을 갖고 있다. 공산주의자들은 많은 선동가들을 제주도에 끌어들일 수 있었고, 여기에 주민들을 테러하기 위해 폭도 무리들을 결집하기 위해 실제의 불만과 가상의 불만을 활용했다"고 언급했다.[주59] 무장봉기의 원인이나 그 이후의 진행과정에 대한 설명은 없었다. 남한 단독정부 수립을 위한 5·10선거가 전국 대부분의 도시에서 소요가 일어나고 유혈사태가 빚어진 가운데 유독 제주도에서만 선거가 실패한 것이다. 제주도 5·10선거의 실패는 강력한 진압을 예고하는 것이었다.

3) 유엔 소련 대표의 제주도 선거 발언

미군정은 제주도의 선거무효에 신경을 곤두세웠다. 이는 유엔에서의 남한 정부 승인과 관련해 제주도의 선거실패가 거론될 것을 우려했기 때문으로 분석된다. 실제로 1948년 12월 8일 유엔총회에서 미국 대표와 소련 대표가 논쟁을 벌였다.[주60] 소련대표는 이날 제주도의 5·10선거를 거론하며 선거의 정당성에 의문을 제기했다. 소련 대표 말리크Y.A. Malik는 유엔총회 정치위원회에서 다음과 같이 연설했다.

> 남한의 선거는 경찰의 테러 상황뿐 아니라 허위로 실시됐다. 5월 11일 국회선거위원회는 등록 유권자의 92%가, 특히 유권자 70%가 참가한 제주도를 포함해 남한 전역에서 선거가 실시됐다고 선언했다. 그러나 제주도에서는 3개 선거구 가운데 2개 선거구가 5월 10일 전혀 투표를 못 한 것으로 나중에 드러났다. 미군 사령부는 6월 23일 이들 선거구에 대한 선거를 명하지 않으면 안됐다. 따라서 70%라는 수치는 명백히 날조된 것이었다. 이로 미뤄 유권자들의 전체 투표 참여율 또한

날조된 것이다.[주61]

소련 대표가 유엔에서 제주도 5 · 10선거와 관련해 발언하는 시기에 제주도에서는 초토화가 이뤄졌고, 민간인들에 대한 대량학살이 자행된 것이다. 제주도 사건이 국제적인 문제로 비화될 것이라는 것은 9연대 김익렬 연대장의 유고에서도 살펴볼 수 있다. 그는 이 유고에서 1948년 4월 미군 방첩대에서 군정장관 딘의 정치고문을 만난 경험담을 밝히고 있다. 그는 "이름을 밝히기를 거절한 그는 국제정세와 한국장래 문제를 소상히 설명하고 나서 제주도 폭동이 빠른 시일 내에 진압되지 않으면 미국의 입장이 난처해지고 한국의 독립에도 유해하게 된다고 말했다. 그리고 이 일을 신속하게 해결하는 유일한 방법은 초토작전이라고 강조하고 이에 대한 나의 의견을 물었다"는 것이다.[주62]

미군정이 5 · 10선거의 성공을 강조하는 이면에서는 제주도에서 공산주의 세력의 척결을 구실로 제주도민들을 배제 · 탄압하는 정책이 진행되고 있었다. 미군정은 단독선거 반대를 슬로건으로 내건 무장봉기 이후 제주도 5 · 10선거를 관철시키기 위해 경비대의 증강과 작전, 미군정 작전참모의 현지 시찰, 딘 소장의 2차례에 걸친 방문 등을 통해 제주도 5 · 10선거의 성공적인 실시를 위해 최대의 노력을 기울였으나 전국에서 유일하게 선거 실패 지역이 되면서 미군정과 미국의 '위신'은 상처를 입었다. 제주도민의 자발적, 비자발적 불참으로 인한 5 · 10선거 실패는 결과적으로 남한의 국가건설과정에서 남한 내 정치 주도세력에 의해 배제되는 결과를 가져오게 됐다. 제주도 선거의 실패는 미국에 대한 직접적인 도전을 의미하며, 향후 벌어질 강력한 토벌작전의 전개를 의미하는 것이기도 했다.

제5절
제주4·3과 군사적 동원

1. 제1국면(1948.4~1948.5): 4·3 무장봉기 발발과 미군정의 전략

1) 4·3 무장봉기 결정과정

무장봉기 결정회의

제주4·3 무장봉기는 어떻게 일어나게 됐는가? 무장봉기 발발과 관련된 문서가 발견되지 않는 상황에서 무장봉기 결정과정을 이해할 수 있는 실마리는 4·3 당시 남로당 제주도위원회 정치위원 이삼룡의 증언이 유일하다. 이삼룡은 생전에 각기 다른 그룹에 3차례 증언했다. 첫 번째 증언은 2002년 7월 11일 제주4·3위원회의 조사팀에 했다(채록시간 미상). 두 번째는 2005년 7월 국사편찬위원회(국편) 채록팀에 증언했다(채록시간 2차례 4시간 25분). 세 번째는 2006년 5~9월 제주MBC '재일제주인' 취재팀에 했다(채록시간 미상). 이삼룡은 제주MBC 취재팀에 증언한 뒤 얼마 없어 작고했다. 첫 번째 채록과 두 번째 채록시기의 차이는 3년, 두 번째 채록과 세 번째 채록시기의 차이는 1년 2개월의 시간 차이가 난다. 이삼룡은 봉기결정 과정에 참여했던 최후의 생존자였다. 그러나 이들 세 그룹을 만났을 때 이삼룡의 증언이 조금씩 달라 교차증언과 추가 확인 등이 필요하다. 그럼에도 그의 증언은 무장봉기 결정과정을 이해하는 데 도움을 준다. 또 당시 무장봉기 결정회의에 참여했던 김양근의 발언도 있다.주1 그들의 증언을 교차검증하기 위해 신촌회의와 직접적이지는 않지만 김생민의 증언과 1949년 6월 7일 경찰이 이덕구를 사살하는 과정에서 입수했다는 『제주도인민유격대투쟁보고서』(이하 『유격대투쟁보고서』), 당시 인민유격대 출신의 증언 등도 참고했다.주2

무장봉기를 결정한 시기는 언제인가? 『제주4 · 3조사보고서』는 그의 증언을 통해 "(남로당) 제주도당 내부에서 무장투쟁이 결정된 것은 1948년 2월 신촌회의에서였다고 한다"고 밝히고 있다.주3 그러나 이삼룡은 제주4 · 3위원회와의 면담에서 "무장봉기가 결정된 것은 1948년 2월 그믐에서 3월 초즈음의 일이다"고 했으며, 국편에서는 "신촌회의는 사가[私家]에서 저녁에 했어요. 처음 간 집이니까 지금은 기억이 잘 안나요. 날짜는 3월 10일경일까"라고 증언했다. 그는 또 제주MBC와의 대담에서는 "내 생각엔 그것이(봉기결정일) 3월 초를 넘었다"고 말했다. 『유격대투쟁보고서』는 "도상위[島常委]는 3월 15일경 도[島] 파견 '올구'를 중심으로 회합을 개최하여 (중략) 무장반격전을 기획결정"했다고 밝혔다.주4 이삼룡뿐 아니라 『유격대투쟁보고서』조차 날짜를 확실히 밝히지 않은 채 '3월 15일경'이라고만 하고 있다. 이삼룡의 증언을 보면 그는 무장봉기 회의일자를 정확하게 기억하지 못하지만 여러 차례 3월 초 · 중순이라고 언급하고 있다.

무장봉기 결정회의에는 누가 참석했나? 『제주4 · 3조사보고서』는 이삼룡의 말을 인용해 "도당 책임자와 각 면당의 책임자 등 19명이 신촌의 한 민가에 모였다. 참석자는 조몽구, 이종우, 강대석, 김달삼, 나[이삼룡], 김두봉, 고칠종, 김양근 등 19명이다. 이덕구는 없었다. (중략) 그리고 장년파는 이미 징역살이를 하거나 피신한 상태였다. 안세훈, 오대진, 강규찬, 김택수 등 장년파는 이미 제주를 떠난 뒤였다"고 언급했다.

이삼룡은 국편 채록팀과의 면담에서는 "19명이 제주도 도대표자 모임을 했다. 신촌에서. 그건 아무도 모른다. 대정에서 5명이 참가했다. 김달삼,

이종우, 김두봉, 강규찬, 이삼룡이다. 조천이 4명인가 된다. 김양근, 이덕구 하고, 하나는 모르겠다. 대개 다른 지방 출신들인데 한 명씩 참가했다"고 밝혔다. 그는 제주MBC와의 대화에서는 "각 도지역을 일컫는 듯함: 인용자에서 모인 것이, 남로당 제주본부하고 모인 게 19명[이었다]. 각 도, 면 대표가 살금살금 (모여서) 암호가 있으니까. (중략) 굉장히 큰 집에 들어가서 19명이 모였다. 모여서 위원장이 누구냐면, 나는 벌써 죽은 줄 알았는데, 표선 분이었고 (중략) 모슬포 출신자만도 5명. 김달삼, 이종우, 김두봉도 선전부장 (중략)"이라고 말했다. 이삼룡은 3차례의 면담에서 모두 회의 참석자 수를 19명이라고 일관되고 증언하고 있다. 또 2차례는 8명의 이름을, 1차례는 5명의 이름을 밝히고 있다. 3차례 전부 등장하는 참가자는 이삼룡 본인을 비롯해 조몽구, 김달삼, 이종우, 김두봉 등 5명이며, 그 밖의 참가자로는 강대석, 고칠종, 김양근, 강규찬, 이덕구 등이 등장한다. 이삼룡이 제주4 · 3위원회와의 면담에서는 이덕구는 없었고, 강규찬은 제주를 떠났다고 했지만, 국편과의 면담에서는 이덕구, 강규찬이 참가했다고 언급하고 있다.

또 한 가지 주목할 것은 대정과 조천지역 대표들의 적극적인 참가였다. 대정 지역에서 5명, 조천 지역에서 4명이 참석해 대정과 조천면에서만 전체 참가자의 절반에 가까운 9명이 참가했다. 이들 지역은 해방 이전 일제 강점기 때는 항일투쟁이, 해방 이후에는 인민위원회 활동이 활발한 곳이었다. 특히 1948년 3월 제주사회의 민심을 격앙시킨 경찰의 고문치사 사건은 묘하게도 대정과 조천지역에서 발생했다.

무장봉기 문제는 어떻게 제기됐을까? 『제주4 · 3조사보고서』는 이삼룡의 증언을 인용해 "이 자리에서 김달삼이 봉기문제를 제기했다. 김달삼이 앞장선 것은 그의 성격이 급하기 때문이다. 김달삼은 20대의 나이지만 조직부장이니까 실권을 장악했다"고 밝히고 있다. 이 보고서는 "우리가 공격한 후 미군이 대응할 것이라는 것을 예상하지 못했다. 우선 시위를 하면서 어느 정도 효과가 있을 것이라는 정도의 생각이었다. 장기전은 생각하지 않았다.

(중략) 아무튼 우리의 지식과 수준이 그 정도밖에 되지 않았다. 우리가 정세 파악을 못 하고 신중하지 못한 채 김달삼의 바람에 휩쓸린 것이다. 그러나 봉기가 결정된 후 고문치사 사건이 발생하니까 '우리의 결정이 정당한 것 아닌가'하는 분위기였다"고 기록하고 있다.[주5] 『제주4·3조사보고서』에 나온 이삼룡의 증언을 보면 무장봉기 결정 자체가 단견이었으며, 김달삼의 모험주의를 봉기의 주요 원인으로 보고 있다.

이삼룡의 이 증언만으로는 무장봉기의 당위성이나 명분은 보이지 않는다. 그러나 국편과의 면담에서는 무장봉기 결정과정을 보다 자세하게 언급한다.

> 표선면 조몽구 씨가 남로당 위원장이다. 그때 조직부장 김달삼이가 모든 걸 진행했다. 그때 차이는 조몽구만 조금 말했지, 강규찬이라든가, 다 우리 같은 고향분들이니깐, 우리 육촌형님이고, 달삼이도 나보다 아래고, 양광(?)이도 나보다 한살 위고. 그런 정도다. 주로는 우리보다 위에 사람들 몇 사람 있는 거뿐이지, 젊은 사람이 주였다. 왜 그렇게 됐냐 하면, 47년 3·1운동 때 제주도 간부들이 거의 파업이다, 뭐다 하는 바람에 징역 가버렸다. 나도 징역 갈 뻔했다. 보고를 김달삼이가 조직부장을 하니까 했다. 조직부장이 찬부를 물었다.(국편)

김달삼이 조몽구를 제쳐두고, 주도권을 장악하고 봉기를 결정했다는 것은 논리적 설득력이 약하다. 조몽구는 일제 강점기 때 일본에서 노동운동을 전개했던 명망 있는 운동가였다. 김생민의 증언은 이를 뒷받침한다. "3·1사건은 군중을 조몽구가 다 조직했다. 동부에서 1만명, 서부에서 1만명 해서 2만명을 동원하자고 했다. 조천 구좌 합쳐도 1만 명 하기가 힘들었다. 조천부락에서 잘하면 3천~4천 명 왔을 것이다. 3·1절 계획서는 김달삼이 하고 김용관이가 만들었다. 김달삼이는 3·1사건 덕분에 픽업됐다. 김달삼이가 대정면에서 활동하는 데 계획성과 추진성이 있어서 3·1사건 난 후에 바로 픽업된 것이다. 조직책임자로 두지 않고, 차장 그런 것으로 있다가. 조몽구가 상당히 열심히 훈련을 시켰다. 왜 그러냐 하면, 조몽구 눈으로 볼 때 달삼이가 아무리 까불어도 장인 강문석과 조몽구가 동기 아니냐? 그러니까, '이놈 키울 만하다' 해서, 어떻게든지 간에 키우려고, 욕도 잘 듣고, 달삼이한테 욕할 때쯤은 눈물이 쏙 나올 정도로 욕을 했다".주6

남로당 제주도위원회 초대 위원장인 안세훈과 조직책 조몽구가 3 · 1절 시위 당시 경찰의 발포상황에 대처를 못 해 책임추궁을 받아 당 지도부에서 사퇴했을 가능성을 제기한 연구도 있으나,주7 이삼룡의 증언은 회의를 주재한 조몽구가 남로당 위원장을 맡았다고 언급하고 있다. 일제 강점기 일본에서의 노동운동 이력으로 보나 나이로 보나 당 내부에서 조몽구의 발언권이 약화되지는 않았던 것으로 분석된다.

남로당 간부들이 검거되거나 도피하는 바람에 회의 참가자들은 젊은 층이 주류를 이뤘다. 또 직책상 조직부장이 무장봉기 여부를 묻게 된 것으로 추정된다. 김달삼과 회의 참가자들은 제주도 정세에 대해 비슷한 생각을 가졌던 것으로 보인다. 따라서 무장봉기를 김달삼의 '모험주의'라는 개인 성격 탓으로 보는 것은 무장봉기를 이해할 수 없게 한다. 그만큼 3 · 1사건 이후 제주도의 정치적, 사회경제적 상황은 남로당 제주도위원회의 입장에서는 엄중했다.

> (봉기를) 결정할 때는 (이야기들이) 분분 안했다. 신중파는 좀 있었다. 조몽구도 신중파로 그때 위원장이었다. 조몽구는 '우리가 너무 경솔하게 했다가 더 다칠 수도 있지 않은가'라고 말했다.(국편)

일제 강점기 노련한 활동가 출신의 조몽구는 무장봉기를 위해서는 사전 철저한 준비가 필요하다는 견해를 보였다. 이런 그의 발언은 일제하 노동운동 때의 경험이 체득된 데서 나온 것으로 해석된다. 조몽구가 섣부르게 봉기할 경우 더 다칠 수 있다는 발언은 했으나, 조몽구 등 '신중파'들도 봉기 자체를 거부한 것은 아니었다.

> 찬부를 물으니까 찬성이 12, 반대가 아니고 신중히 하자가 7명. 그래서 12대 7로 가결하자고 해서 가결(됐다). 그래서 집행한 거다. 해봤자 총이 있나 무기가 있나? 그런 상황을 각 면 대표들에게 얘기했는데, 그렇다고 면 대표들이 아나? 젊은 사람들 통해서 무기가 없나 하는 것을 토의하면서 시작(했다). 대개 나이 많은 분들이 신중파가 많았다. 조금 두고 보자고 (중략). 주로 대정, 조천이 가장 적극적이었다.[주8]

> 강경파와 신중파가 갈렸다. 신중파로는 조몽구와 성산포 사람 등 7명인데, 그들은 '우린 가진 것도 없는데, 더 지켜보자'고 했다. 강경파는 나와 이종우, 김달삼 등 12명이다. 당시 중앙당의 지령은 없었고, 제주도 자체에서 결정한 것이다.[주9]

> 조몽구 씨는 신중파였다. 그때 집행은 조직부장 김달삼이가 진행했는데, 찬부도 했다. 19명 중에 12명이 찬동하고, 7명이 반대가 아니라 신중파고. 12명은 (결행) 하자는 거였다. 4·3사건은 육지에서, 남로당에서 지령한 것이 아니라고! 이건 제주도 독단(단독)적인 행동이다. 단독행동. 조직부장이 찬부를 물었단 말이여. 그런데, '반대는 안한다.' 반대란 말은 아무도 안 썼다. '신중히 좀 고려할 필요가 있지 않은가'하는 걸 냈지. 그때 회의는 1시간 반 정도 했다. 그렇게 오래는 안 된다. (국편)

3월 6일 조천지서에서 조천중학원생 김용철 고문치사 사건이 일어났다. 이에 조천중학원생들이 조천지서 앞에 몰려가서 책임자 처벌을 요구하며 연좌농성을 벌이는 등 조천지역 주민들의 경찰에 대한 분노는 극에 달했다. 하지만 경찰의 고문치사 사건은 여기서 끝난 것이 아니었다. 3월 14일 모슬포지서에서의 영락리 청년 양은하 고문치사 사건도 지역 청년들을 격앙시켰다. 양은하의 주검은 모슬포 청년들이 서림까지 운구했고, 서림 청년들은 영락리 입구까지, 영락리 청년들이 다시 운반하는 절차를 거쳐 고향으로 돌아왔다.[주10] 이러한 당시 정세의 절박성은 무장봉기의 당위성으로 이어졌다. 이에 대해 남로당 제주도위원회 조천면책을 맡았던 조규창도 "안세훈, 조몽구, 김유환 등의 장년파는 무장투쟁을 반대하지도 않았고 당시에 무장투쟁을 반대하는 의견이 정식으로 제기되지도 않았다"고 했다.[주11] 여기서 이종우가 어떻게 숨졌는지도 무장봉기 결정회의와 연관성이 있는 것으로 보인다. 이삼룡의 증언에는 이종우가 계속해서 무장봉기 결정회의에 참석한 것으로 돼 있다. 이종우는 제주도인민유격대 사령관 김달삼과 학교 시절부터 막역한 친구 사이로 4·3 발발 직전 조천면 선흘에서 20여 명이 모여 입산을 논의하다가 경찰에 발각돼 총을 맞고 붙잡힌 뒤 총살된 것으로 알려졌다.[주12] 그러나 그가 선흘리에서 입산을 논의했다면, 선흘리 회의는 무장봉기 결정회의 이후에 있었던 것으로 보인다. 왜 4·3 직전 20여 명이 모여 입산을 논의했는지는 검토가 필요하다.

무장봉기 대의명분

4·3 무장봉기의 원인은 무엇인가? 경찰의 대대적인 검거와 서청 등의 행패 등으로 제주도민들은 이 시기 막다른 골목으로 쫓겨 가고 있었다. 1947년 12월의 상황은 "빠른 시일 내에 경찰이 정의를 회복하지 못하면 모든 조직들이 제주감찰청을 공격할 것이라는 것"이 제주도의 여론이었다.[주13]

> 주로 논의한 안건은 단선 반대, 그리고 체포한 사람들에 대한 무조건 석방, 민주화를 쟁취하자는 것, 그런 여러가지 조건도 많이 냈다. 5·10선거를 반대하는 것이 주목적이지만, 서북청년들이 너무했다. 경찰하고. 그리고 그때 우리들이 '앉아서 죽느냐, 싸우다 죽느냐'하는 이런 갈림길에 들어서게 됐다. 왜냐하면, 모슬포에서, 조천에서 바로 고문치사 문제가 나오지 않았느냐. 그리고 또 그때 우리 남로당이 한동안 기세가 좋았는데, 막 검거선풍이 불어서, 48년 2·7투쟁이라고 (중략). 그 때 상당히 많이 검거됐다. 그 당시에 고문이 보통이 아니었다. 서청 출신 경찰이 돌아다니면서 막 두드려 패고 (중략). 미친놈들이야. 그렇게 하니까, 우리는, 기왕 이렇게 됐으니까 '서서 죽느냐, 앉아서 죽느냐' 이런 기로에 서게 된 것이었다. 그래도, 제주도의 청년으로서 가만히 있을 수 없지 않느냐? 서북청년들이 이렇게 해서 말이야. 처녀들 데려다 놓고 다 까먹고, 말로만 들은 게 아니다. 같은 동족이

> 라고 생각이 안 된다. 어디 그런 못된 짓거리 하는가. 그런 문제가 나오기 때문에 '우리도 활동해보자.' 죽는 게 그땐 (조금도 두렵지 않았다). 그때 젊은 사람들은 서북청년들, 경찰놈들 하는 것이 너무 가혹해서. 늙은이들 데려다가 두들겨 패고, 막 해가면, 어디 가만히 있게 됐나. 서북청년들을 용서할 수 없었다(국편).

> 우선은 단독정부 반대였다. 그것을 반대하고 미군 철퇴하고, 우리나라 단독정부를 수립하려는 게 하나의 목적이었는데, 그런데 미국의 철통 밑에 5·10선거를 한다고 경찰, 서북청년들이 너무 날뛰어서, 제주도를 너무 깔봤다. 제주에도 청년이 있는데 (중략). 자기들이 뭔데 와서 여자도 강탈하고, 돈도 뺏고 (중략). 제주사람을 사람 취급 안했다. 그래서 우리가 '서서 죽느냐, 앉아서 죽느냐' 하는 상황이었고, 제주 청년도 살아 있음을 보여주자고 한 게 (봉기)원인이었다(제주MBC).

제주도인민유격대 사령관 김달삼도 테러와 학살, 5 · 10선거 반대와 통일독립을 4 · 3 무장봉기의 원인으로 들었다. 그는 1948년 8월 해주 인민대표자회의에 참석해 다음과 같이 말했다.

> 미제국주의의 직접 지휘로 되는 전고미문의 야만적인 테러와 학살, 그리고 파괴 약탈 속에서 신음하여 오던 제주도 인민들에게 미국인들과 그 주구들이 조국의 분할을 공고화하고 남조선을 완전히 미국의 식민지로 만들려는 단독선거 실시가 발표되자 인민들의 적에 대한 분노와 증오가 어찌 폭발되지 않겠습니까. 이에 조국의 통일과 독립을 위하여 단호히 일어서라고 부르짖으면서 제주도 인민들은 자연발생적으로 총궐기하였습니다. 이것이 제주도 4·3인민항쟁이 일어나지 않을 수 없었던 원인이며, 이것이 제주도 인민군 즉, '산사람'들이 생기게 된 원인인 것입니다.[주14]

무장봉기 결정회의에 참여했던 김양근의 발언도 이삼룡의 이런 발언과 비슷하다. 김양근은 "반란동기는 작년 4월 3일경 민간의 충돌을 발단으로 자연발생적으로 봉기된 제주도 인민의 항쟁이다. 이러한 인민항쟁은 외래 XXXX원문 그대로의 침략을 받고 있는 세계 약소민족국가 전 지역에서 일어나고 있는 현상이고, 그 현상의 하나가 바로 이번의 제주도 인민항쟁으로 나타나고 있는 것이다"라고 언급했다. 그가 언급한 무장봉기의 발단이 된 '민간의 충돌'은 청년들에 대한 잇따른 체포 · 고문과 조천에서 김용철의 고문치사 사건 이후 전개됐던 학생들의 시위와 이에 대한 경찰의 강제해산을 의미하는 것으로 보인다. 그도 김달삼이 해주대회에서 무장봉기가 일어날 수밖에 없었던 당위성을 설명하는 것과 같이 '자연발생적'으로 일어난 봉기였음을 강조했다. 남로당 중당당 간부이면서 김달삼의 장인인 강문석도 1950년 4월 4 · 3의 발발원인을 설명하면서 비슷한 시각을 드러냈다.

> 2·7구국투쟁을 전후하여 제주도에서만 무려 1만여 명이 검거되었으며 김용철 양은하 등 열렬한 애국청년들이 계속 학살됐다. 반도의 학살적 조건 하에서 인민들이 무장반격에로 진출하는 것은 당연한 귀결이다. 남조선 인민들의 무장봉기의 맹아는 이미 10월 인민항쟁에서 싹텄으며 2·7구국투쟁에서는 각지에서 초보적인 형태가 나타나 있었다. "또다시 망국 노예가 되느냐", "일어서서 원수와 싸워 이기느냐" 이 두 길만이 놓여 있는 긴박한 정세하에서 영웅적 제주도 인민들은 용감하게 후자의 길을 택하여 일어났다.[주15]

4 · 3 당시 인민유격대 활동을 한 김○○은 "그땐 경찰이라면 이를 박박 갈았지. (중략) 우리가 (4 · 3 이전) 산에 돌아다닐 때 경찰이 죄 없는 영락리 사람(양은하)을 죽인 일이 있었어. 그 관계로 해서 우리가 더 악이 받쳤지. (대정)성안에 사는 청년들 중에는 진짜로 좌익사상을 가진 사람들도 있었지만, 주로 나같이 배우지 못한 사람들이 대부분이었어. (중략) 그때 경찰들은 어디서 엿장수나 하던 육지에서 온 사람들, 서북청년단이라고 했지. 그 사람들이 와서 좋은 대우를 받으며 경찰직을 맡으니까. 이건 뭐 사상이 있든지 없든지 그냥 잡히기만 하면 무조건 개 패듯 하는 거라. 그런 세상이니, 사상이 있어서 입산한 것도 아니고, 매 맞지 않으려고 입산한 거지. 사상이 있는 사람은 항상 피해 다녔거든. 그러면 피해 다니는 사람끼리 또 만나게

되지"라고 회고했다.[주16] 남로당에서 활동했던 강○○은 경찰의 검거를 피해 도피했다. 그는 남로당의 조직 와해 위기를 이렇게 말했다.

> 3·1사건 즈음엔 아직 조직이 탄탄하지 못한 때라 개인적으로 도피했지요. 그러는 가운데 남로당 조직이 더욱 강화되기 시작했어요. (중략) 그런데 도피생활이 길어지다 보니 점점 입산자도 많아지고 분위기는 차츰 봉기하자는 쪽으로 기울었습니다. 잡혀서 맞아죽거나, 숨어 지내다 굶어죽을 바에는 차라리 싸우다 죽자는 게 대부분의 감정이었습니다. 또 서북청년단에게 잡히면 곧 죽을 판이니 조직에 든 사람이든 아니든, 진보적 청년들은 갈 곳이 없었지요.[주17]

김생민은 대의명분을 단선 · 단정반대와 통일정부 수립을 들면서 조금 다른 시각에서 접근하고 있다. 그는 4 · 3 무장봉기를 "항쟁이라고 볼 수 있다"며 무장봉기 원인을 미 · 소 양국과 냉전이라는 틈바구니에서 일어난 사건으로 말한다. "4 · 3사건이 왜 일어났느냐 하면, 그때 사람들은 해방이 되면 모든 것이 자유롭고, 우리가 관리할 수 있는 통일도 되고, 독립도 될 것이라고 해서 한 것이다. 그것은 분명 남로당이 했다. 그리고, 대명제가 있었다. 제주도민의 정서로서, 민족정서로서 반쪽의 정부가 선다고 할 때, 그것을 인정할 사람이 어디 있었겠는가? 통일되는 것을 바라지! 한쪽은 탄압하려고만 들고, 그게 맞물려서 국내 · 국제정세를 봐서 (중략). 항쟁이라고 볼 수 있다. 그러나 자연발생적인 항쟁은 아니다. 군중심리로 와락 일으킨 사건은 아니다. 조직적이고, 5 · 10선거 저지라는 목표가 있었다. 먼 원인은 미 · 소 양국에 있는 것이고, 냉전의 틈바구니에서 좌 · 우 충돌하는 과정에서 도민들이 많이 희생됐다."[주18]

이삼룡의 3차례에 걸친 증언과 『유격대투쟁보고서』, 김달삼 · 김양근 · 강문석 · 김생민 · 김○○ · 강○○ 등의 발언을 종합하면 (1) 경찰과 서청의 테러 (2) 고문치사 (3) 단독정부 수립 반대 및 5 · 10선거 반대 등이 무장봉기의 대의명분임을 알 수 있다.

4 · 3 당시 체포된 김양근도 기자가 "전투준비는 언제부터인가"라는 질문에 "조직적 계획적 항쟁이 아니었기 때문에 전투준비는 4 · 3사건 충돌후부터였다"라며 '조직적, 계획적' 봉기가 아니라는 점을 강조했다. 『제주4 · 3조사보고서』는 4 · 3무장봉기 결정에 대해 "논의과정에서 새롭게 부상한 신진세력들이 국내외 상황을 낙관하고 무리하게 무장투쟁 쪽으로 몰고 갔다. 따라서 그들의 정세판단이 무모했다는 지적도 있다"고 했다.[주19]

이에 대해 이삼룡은 무장봉기 결정에 대한 회고에서 "후회하지 않는다. 우리가 좀 모자랐다는 생각은 든다. 젊은 열의에 하긴 했지만, 이게 도민에게 큰 원한을 가져다 줬구나 하는 생각이 든다. 일본에 와서 2~5년 살면 통일이 될 것이라고 생각했다. 통일돼서 고향에 가고팠지, 북으로 가고 싶지는 않다. 그래서 나는 죽어도 일본에 묻지 마라. 고향에서 아버지 곁에 묻어 달라. 묻지 못하면 모슬포 바다에 던져라. 일본 원수의 땅에 와서 죽어서까지 원수 놈의 땅에 있고 싶지 않아"라고 말했다.[주20] 김생민도 "제주도가 멸시당하는 상황에 왔고, 동 - 서의 이념 싸움에 제주도가 희생됐다. 정책오류도 컸다. 사상의 자유인데, 그렇게 무모하게 아무런 절차 없이 사람을 죽일 수는 없다"고 말했다.[주21]

이삼룡 증언의 핵심 내용은 무장봉기는 시기의 문제였지, 봉기 자체를 반대한 참가자들은 없었다는 것이다. 당시 무장봉기 주도세력들에게 무장봉기는 '앉아서 죽느냐, 서서 죽느냐'의 절박성의 문제였으며, 당위성의 문제였다.

그러나 이들의 무장봉기 결정과정을 살펴보면, 무장봉기 이후의 사태전개에 대한 분석을 내놓지 못한 채 봉기 명분에만 치중했다. 봉기 이후 미군정 시기 경찰만이 아니라 국방경비대의 동원과 미군의 직접적 지원에 대한 분석은 미흡했다. 이들의 무장투쟁 결정과정을 보면 무장대가 실제로 무장투쟁 초기에는 장기 게릴라전을 염두에 두고 무장투쟁을 일으킨 것은 아니었던 것으로 판단된다. 김양근도 "전투가 확대되어감에 따라 우리가 뜻하지 않던 방향, 즉 인민살상이라는 처참한 방향으로 이끌어나게 된 것은 상상 의외의 일이었고, 부끄럽기 짝이 없는 일이다"라고 말했다. 그의 발언을 보면 애초 무장봉기를 결정할 당시 장기전을 계획하거나, 민간인들을 살상하려는 의도가 없었으나 전혀 예상치도 못하게 사태가 악화됐다는 것이다. 서북청년단 등 우익단체와 경찰에 타격을 주면 끝날 것으로 판단했지만 경비대만이 아니라 미군정이 직접 개입하리라고는 예상하지 못했다. 무장봉기 대의명분이 타당하다 하더라도 봉기 주체세력의 안일한 정세판단은 비판받을 수밖에 없다. 결과적으로 무장봉기 주도세력이 감당할 수 없을 정도로 제주도 사태는 걷잡을 수 없이 증폭됐다.

4 · 3 발발과 미군정 · 경비대의 태도

경찰과 서청의 행패, 유 지사의 극우강화정책으로 제주도민들의 민심이 극도로 악화된 가운데 1948년 4월 3일, 제주도인민유격대는 단선 · 단정 반대 및 통일국가 수립을 요구하는 호소문 발표와 '탄압이면 항쟁이다'라는 구호를 내걸고[주22] 11개 지서 및 우익단체 간부의 집과 사무실을 공격하면서 '4 · 3'봉기를 단행했다.

무장봉기는 위에서 언급한 바와 같이 해방 이후 귀환인구의 급증과 전국 최고의 실업률, 식량난, 콜레라의 확산 등 사회경제적 상황, 3 · 1사건 이후 부임한 도지사 유해진의 극우편향 · 강화정책과 미군정의 실정, 좌파 탄압을 구실로 한 제주도민에 대한 경찰과 우익청년단체의 테러와 고문 등 가혹행위, 잇단 고문치사 사건, 남로당 조직의 노출에 따른 위기의식 등이 중층적으로 쌓여 폭발한 것이다.

무장봉기는 유격전(게릴라전) 형태를 띠었다. 미군 방첩대는 "공산주의자들이 4월초 제주도에서 게릴라전을 시작했다"며 "폭도들의 마을 공격은 대부분 5월 상반기까지 일어났으며, 이들은 낮에는 산에 숨었다가 밤에 마을을 공격한다"고 밝히고 있다.[주23] 게릴라전을 시작하는 데 있어 중요한 요소는 주민들을 동원할 수 있는 대의명분이었다.[주24] 무장봉기 주도세력의 관점에서 볼 때, 제주도민들에 대한 대량검거와 잇단 고문치사 사건, 유해진 지사의 극우편향정책은 역설적으로 주민들을 동원할 수 있는 강력한 무기였다. 4·3 발발 당시 9연대장으로 있던 김익렬도 4·3의 발생 원인을 경찰에 의한 대량검거와 고문치사 사건 등을 들었다.[주25]

그러나 무장대는 무기와 조직력, 전투경험 등 군사적 역량면에서 게릴라전을 수행할 능력을 갖추지 못했다. 남로당 제주도위원회 지도부 가운데 전투에 참가한 경험을 가진 인물은 거의 없었다. 학병 출신자는 이덕구 정도였다. 4월 3일 지서 습격에 나섰던 인민유격대 중대장 출신 김○○의 증언은 유격대의 빈약한 무장력과 규율의 정도를 적나라하게 보여준다.

> 지서 습격을 하기 전에는 아무 훈련도 받지 않았지. 총도 단 두 자루뿐인데 왜놈들이 나갈 적에 파묻어둔 거였어. 이걸 파내서 사람들이 꿩 쏘러 다녔던 총들이야. (중략) 그리고 닛뽄도(일본칼)가 몇 개 있고, 그 외에 쇠창도 몇 개 있고. 그날 밤이 되니까 야외에 집결했어. (4월 2일 밤: 인용자) 그 때 다른 사람들이 술을 많이 먹어가니깐 내가 "왜 술을 먹느냐?"고 했지. 동료들이 "술 안 먹고 이 일을 어떻게 하겠느냐?"고 했어. (중략) 조 편성을 해서 새로 1시(새벽 1시)에 행동개시를 하기로 했어. 그래서 시간되니까 대정지서를 향해서 갔지. 그런데 가는 도중에 앞에 섰던 사람이 소변을 보면서 뒤로 빠지고, 또 걷다가 뒤에 가던 사람이 소변보면서 뒤로 빠지고 하는 거라. 앞에 가는 사람이 오줌 싼다고 빠지고 하다보니까 맨 뒤에 선 사람이 맨 앞에 서게 된 거라.[주26]

그의 증언은 4·3 무장봉기 당시 무장대의 허술한 조직과 무규율, 빈약한 무기상황을 그대로 보여주고 있다. 제주도인민유격대는 4·3 발발 직전 제주도 내 8개 읍·면에서 유격대 100명, 자위대 200명, 특경대 20명 등 모두 320명으로 편성됐다. 무장대는 소대 10명, 중대 20명, 대대 40명 등 소단위

조직체계를 갖췄으나 태평양전쟁 시기 일본군이 매장한 상당량의 무기를 이용했다고 주장하는 것과는 달리 무장봉기 초기 이들의 무기는 지극히 빈약했다. 무장대 인원은 5 · 10선거 이후 본격적인 무장봉기에 돌입하면서 7월이 되자 500여 명으로 증가했다.주27 김달삼이 제주도인민유격대 사령관을 맡았고, 초기에는 1연대: 조천면, 제주읍, 구좌면 - 3 · 1지대, 2연대: 애월면, 한림면, 대정면, 안덕면, 중문면 - 2 · 7지대, 3연대: 서귀면, 남원면, 성산면, 표선면 - 4 · 3지대 등 3개 연대로 편성됐다.주28

토벌대와 함께 대정면 지역의 무장대 본부를 찾아갔던 『조선통신』 특파원 조덕송은 "토벌군이 '대정면 인민군사령부'를 습격해서 압수했다는 무기를 살펴봤더니, 곤봉, 구시대의 엽총, 일본도, 죽창, 철창 등이었다. 빈약하기 짝이 없는 그들의 무기, 이로써 최신 무기에 생명을 걸고 버티고 나서야 할 절대성을 도대체 어디에서 찾아야 할 것인가"라고 개탄했다.주29 하지만 그러한 최신식 무기에 무모하게 맞설 정도로 제주도민들은 '앉아서 죽느냐, 싸우다 죽느냐'는 절박성이 있었다.

제주도 주둔 국방경비대의 첫 활동은 1948년 4월 21일 밤 11시 경찰지서와 면사무소를 공격한 '폭도'를 해산시킨 것이다.주30 『공비토벌사』는 "폭도는 한라산의 험준한 지형을 이용하여 정공전법을 피하여 유격전을 기도하였으며, 또한 도민은 폭도들과 혈연관계가 있는 자가 대부분이어서 폭도에게 직접 혹은 간접적으로 협력하는 자가 다수하므로 한라산 폭도 조기소탕에는 지장이 막대했다"고 밝히고 있다.주31

미군정은 제주도 사태를 예의주시하면서 경찰과 경비대 병력을 준비했다. 미군정 경무부는 대응에 나서 4월 5일 전남경찰 100명을 파견해 제주비상경비사령부(사령관 김정호 경무부 공안국장)를 설치하고 수습에 나서는 한편 경무부장 조병옥은 이튿날 공산주의자들이 선거 등록 사무를 정돈停頓 상태에 빠뜨리고 있다고 주장했다.주32

유엔조선임시위원단 사무차장 밀너I. Milner는 위원단의 제주도 시찰에 앞서 4월 7일 제주도의 치안상황에 대해 민감한 관심을 표명했다. 누군가가 그에게 제주도 상황이 심각해 위원단이 갈 수 없다고 말하자 조병옥이 그를 진정시키기 위해 노력했고, 웩커링 준장은 4월 8일 밀너를 만나 피해통계보고서를 전달하는 한편 경찰 증원뿐 아니라 제주도 주둔 경비대도 준비된 상태여서 상황이 잘 통제되고 있다며 그의 우려를 잠재우기 위해 애썼다. 이에 밀너는 4월 9일로 예정된 제주도 시찰을 추진하겠다고 밝혔다.[주33] 계획대로 제주도 시찰에 나선 유엔조선임시위원단 감시 1반의 싱Singh과 마네Manet, 빌라바Villava 그리고 사무국의 밀너와 추홍티가 동행해 시찰한 뒤 다음날인 4월 10일 오후 귀경했다.[주34]

웩커링 준장이 밀너에게 말한 지 이틀 뒤인 4월 10일 국립경찰전문학교 간부후보생 100명이 2차 응원대로 파견됐다.[주35] 경비대 9연대 180명은 4월 14일 제주읍 제1구경찰서로, 50명은 서귀읍 제2구경찰서로 이동해 경비치안에 들어갔다. 4월 19일 현재 제주도 내 경찰은 430명의 남자 경찰과 10명의 여자 경찰이 있었는데 4월 3일 이후 195명이 육지에서 추가 배치됐다.[주36]

제주도 사태의 심각성이 확산되면서 제주비상경비사령부 사령관 김정호의 포고문(4월 8일)과 조병옥의 선무문(4월 14일), 공보실장 김대봉의 담화문(4월 17일), 사령관 김정호의 경고문(4월 18일)과 시국수습을 위한 메시지(4월 19일)가 잇따라 발표됐다. 이들 발표문은 제주도 사태와 관련해 남한을 소련에 예속시키는 공산주의자들의 음모, 계략과 연계한 것이라고 주장하는 내용으로, 김정호는 '폭거'가 계속되면 소탕전을 전개하겠다고 선언했다.[주37]

이러한 과정에서 제주도에 파견된 경무부 사찰과 고문관 코페닝Lester Chorpening은 "경찰과 남조선과도정부의 입장에서 보면 제주도민들에게 정부수립을 위해 어떤 일을 하고 있는지 알리려는 노력을 전혀 기울이지 않았다. 김영배 제주경찰감찰청장은 제주도에 부임한 지 1년 동안 경찰지서 한 곳도 방문하지 않았다. 그는 미국인들의 자문을 받아들이기를 매우 꺼려한다"며 제주도 경찰을 비판했다.[주38] 서울대 사무국장 출신인 김영배는 1947년 3월 31일 발령받고 4월 9일 제주도 경찰 최고 책임자로 부임했다.[주39] 그러나 대량검거가 이뤄지고 유치장이 차고 넘치는 상황에서 1년 이상 지서를 한 곳도 방문하지 않았다는 것은 경찰 최고 책임자로서의 자신의 임무를 방기한 것이었다. 경무부장에게 보낸 이 보고서에는 "4월 19일 현재 제1구서제주경찰서 유치장에 남자 죄수 226명과 여자죄수 2명이 수감돼 있다"며 제1구서의 혁신을 건의하는 한편 과밀수용 문제도 개선돼야 한다고 덧붙였다. 코페닝은 보고서에서 "김영배 청장과 동등하거나 그 이상의 경찰 간부가 선거 이후까지 임시 책임을 맡아야 한다"고 건의했다. 그의 건의 탓이었는지 김영배는 4월 말께 최천으로 교체됐다. 앞서 1947년 11월 미군정청 특별감찰실의 넬슨 중령이 제주도 현지를 감찰하고 지적한 바 있으나 유치장 과밀문제가 해소되지 않은 것은 제주도민들에 대한 경찰의 검거가 여전히 강력했음을 의미한다. 그러나 군정장관 딘은 회고록에서 "나는 기술적으로 남한의 형무소들을 책임졌지만 직접 운영을 통제하지는 않았다. 형무소는 미국인들의 자문과 감독 아래 한국인들에 의해 운영됐다. 나는 전체적으로 대우가 나쁘지 않다고 생각한다"고 말한 바 있다.[주40] 그가 직접 과밀 유치장 시설을 보았으면 이런 식으로 말을 하지 못했을 것이다.

4월 초·중순 무장대의 공세에 이어 4월 말에 이르러 미군정의 강력한 토벌전이 전개되기 시작했다. 무장대에 대한 진압작전도 경찰에서 경비대로 중심이 넘어갔다.

미군정은 1946년 1월 15일 조선국방경비대를 발족시킨 뒤 1~4월 사이에 8개 도에 각각 1개 연대씩 조직한 데 이어 제주도에는 도 승격1946.7.2 이후 전국에서 가장 늦은 11월 16일 모슬포에 9연대를 창설했다. 초대 연대장에는 장창국 부위가 부임했다.[주41] 제주도 주둔 경비대의 목적은 평화와 질서를 유지하고, 혹시 폭동이 일어나면 이를 중지시키는 것이다.[주42] 경비대는 1947년 3월부터 제주 청년들을 대상으로 모병활동을 벌여 1948년 1월이 되자 병력 규모가 400여 명으로 늘어났다.[주43] 장창국에 이어 1947년 4월 육사 2기생 출신 5연대 부연대장이었던 이치업 중령이 9연대장으로 부임했다. 그는 당시 9연대가 "대부분 육지에서 문제를 일으켰던 사고뭉치들이 모인 연대였다"며 김익렬의 부탁을 받고 그를 부연대장으로 기용했다고 말했다.[주44]

경비대는 무장대의 공격 초기 투쟁 구호가 '단선 · 단정반대' 등 정치적 성격을 띠고, 초기 공격이 경찰에 한정되자 중립을 지켰다. 9연대 창설 멤버로 모병활동을 벌였던 9연대 2중대 분대장은 "김익렬 연대장이 조회 때 '군은 가만히 있어라. 군은 상관할 문제가 아니다. 경찰만 상대해서 한다'는 얘기를 간혹 했다"고 말했다.[주45]

1947년 6월 30일부터 1948년 12월 28일까지 9연대 이등상사로 근무한 강덕윤도 "김익렬 연대장이 있을 때는 교전을 한 적이 없고, 출동을 했으나 공비가 피해버려서 큰 싸움은 없었다. 당시 경비대는 중립을 지켰다. 연대장은 제주도민이 피를 흘려서는 안 된다고 강조했다. 경비대는 좌도 우도 아니다. 합법적으로 앞으로 수립되는 정부에 충성한다는 개념이었다"고 말했다.[주46] 경비대의 이러한 인식은 김익렬만 갖고 있었던 것은 아니었다. 경비사관학교 교장을 지낸 이치업에 따르면 경비대 총사령관 송호성도 1947년 1월 13일 3기생 입교식 때 "조선국방경비대는 좌도 좋소, 우도 좋소. 한국군에서 사상적 배경을 문제시 하는 것은 옳지 못하다"고 말했다. 그러나 그 다음 등단한 경무부장 조병옥은 후보생들에게 "방금 송호성으로부터 들은 얘기는 전적으로 잘못됐다"며 공산주의를 맹비난하는 논리를 폈다고 한다.[주47]

2) 무장봉기 초기 미군정 수뇌부의 개입

유엔위원단의 발언과
군정장관의 작전명령

제주도의 고문치사 사건은 당시 5 · 10선거를

감시할 유엔조선임시위원단에게 즉각 보고되지 않았다. 유엔조선임시위원단이 이 사건을 단편적으로나마 알게 된 것은 4월 9~10일 제주도 선거준비 상황을 확인하기 위해 제주도를 현지 방문할 때다. 앞서 언급한 바와 같이 위원단 대표들이 미 고문관제주도 민정장관 맨스필드의 답변 과정을 통해 비로소 사건 내용을 인지하게 됐다. 프랑스 대표 마네는 딘 소장에게 한국 경찰이 때때로 일본식의 가혹행위를 동원한 방법으로 돌아가고 있다는 사실에 대해 주의를 촉구했고, 제주도에서와 같은 행위가 남한의 다른 지역에서도 발생하는지 여부에 의문을 제기했다.[주48] 이 면담에 대해 미연락장교 웩커링 준장은 제주도 민정장관이 위원단에게 경찰의 구타행위를 증언한 것은 미국인들이 남한에서 벌어지는 상황에 대해 진실을 밝히고자 하는 노력을 보여주는 계기로 삼았다고 하지 중장에게 보고했다.[주49] 이러한 웩커링의 발언은 미군정의 일부 실정을 드러냄으로써 오히려 유엔조선임시위원단 대표들에게 부정적인 이미지를 없애려는 의도로 해석된다. 김용철 고문치사 사건을 조사하기 위해 미군정 사법부 민간인 변호사 매기Thomas Magee가 사법부의 미국인 변호사 파견요청에 따라 3월 22일 통역사를 대동하고 제주도로 갔다.[주50] 이 사건과 관련해 5월 6일 제주지방심리원에서 군정재판(재판장 매로 소령)이 열려 경찰관 정대용, 백○○, ○명옥원문 불명: 인용자, 김천일, 지서장 조한용 등에게 징역형과 함께 벌금형이 선고됐다.[주51]

4월 15일 유엔조선임시위원단 일부 대표가 제주도 경찰의 구타행위를 거론하며 군정장관 딘에게 주위원회 참석을 요구했다.[주52] 회의에 참석해 유엔조선임시위원단의 제주도 사건에 대한 우려를 직간접으로 접한 딘 소장은 4월 16일 오후 6시 이들의 우려를 불식시키고, 5·10선거를 성공시키기 위해 해안경비대와 국방경비대에 제주도 합동작전을 구두명령했다. 합동작전은 4월 19일 시작하고 해안경비대의 지원을 받아 국방경비대 1개 대대를 4월 20일까지 제주도에 파견해 전투를 준비하도록 한다는 내용이었다. 부산 주둔 5연대 2대대가 '제주도의 비상사태'를 지원하기 위해 4월 20일 제주도에 도착했다.주53 또 5연대의 상급부대인 3여단 고문관 드로이스Clarence D. DeReus 대위가 통위부장 고문관 프라이스 대령의 지시에 따라 5연대 2대대와 동행했다.주54 경비대원들에게는 카빈과 소총 탄약 90발, 기관총당 탄약 500발을 휴대하도록 했다. 제주도 민정장관 맨스필드 중령은 군정장관 딘 소장의 지시에 따라 경비대의 명령권을 부여받았다.주55

이어 딘 장군은 4월 18일 제주도 민정장관 맨스필드에게 전문을 보내 제주도에 배치된 연락기 L-5 2대와 4월 20일 도착하는 국방경비대 1개 대대를 제주도 주둔 경비대와 함께 작전통제하에 두도록 했다. 딘은 4월 20일에는 '제주도의 파괴분자를 섬멸하고 법과 질서를 회복하기 위해' 경비대를 민정장관 임의대로 사용할 수 있도록 하는 한편 대규모 공격작전에 앞서 '불법분자'들의 지도자들과 접촉하기 위한 모든 노력을 기울이고 그들에게 항복할 기회를 주도록 했다.주56 이와 동시에 주한미군사령관 하지 중장은 호남과 제주도를 위수지역으로 관할하는 미 제6사단장 워드Orlando Ward 소장에게 전문을 보내 맨스필드 중령에게 이 작전과 관련한 모든 지원을 하도록 하는 한편 공격을 받지 않는 한 미군부대는 개입하지 않도록 지시했다. 이 지원에는 6사단 소유의 연락기 2대를 제주도 민정장관의 통제하에 두도록 하고 작전이 끝나면 6사단장의 통제로 다시 귀속시키도록 하는 지시도 포함됐다. 이 지시는 4월 17일 주한미군사령부 작전참모부가 일반참모부에 전화한 내용을 다시 확인한 것이다.주57

이러한 미군정의 지시는 미군정과 경비대와의 관계, 그리고 제주도 소요 진압에 대한 미군정의 역할을 극명하게 보여주고 있는 것이다. 김익렬은 1948년 8월 6일자 『국제신문』 기고에서 "본격적인 전투를 개시한 것은 4월 20일 증원부대가 제주도에서 오고서부터"라고 해 딘의 합동작전명령 사실을 뒷받침하고 있다.

이와 같이 제주도 무력진압작전을 벌일 준비를 마친 끝에 경비대와 경찰의 합동작전은 4월 24일 시작됐다. 경비대가 이날 제주읍을 포위한 가운데 경찰은 60명의 '폭도' 혐의자들의 집을 급습해 60명을 체포했다가 30명을 석방했다.[주58] 『워싱턴 포스트』는 4월 24일 제주도 소요가 '심각한 상황'을 만들어내고 있다며 공산 활동이 증가하고 있는 것 같다고 보도했다.[주59] 『뉴욕 타임스』는 같은 날 "제주도에서 공산주의자들이 선거등록사무소를 공격해 9명의 경찰을 포함한 49명이 지난 2주 동안 희생됐다"고 보도했다.[주60] 『로스앤젤레스 타임스』도 같은 날 "제주도 폭동은 미국 점령지역인 남한에서 유엔 감시하에 치르는 5·10선거를 저지하기 위한 공산주의자들의 새로운 움직임과 일치했다"고 보도했다.[주61] 미국 내 유력 언론들이 일제히 제주도의 사태 전개를 주목하기 시작한 것이다. 『독립신보』의 보도는 미국 언론들의 보도와는 달랐다.

> 당국의 발표는 이 중대사태를 '일부 폭도의 선동'에 귀책(歸責)하고 있다. 그러나 근면하고 소박한 도민들이 '소수의 정치적 음모가의 선동에 속아서' 일조(一朝)에 평화로운 생활과 살아있는 가족들을 내버리고 산악의 동굴에 생명을 도(賭)하는 무장봉기를 결의하였다는 이 설명에는 우리의 이성을 설득할 진실성이 희박한 것을 인정치 않을 수 없다. 더욱이나 이 봉기에 참가한 민중의 막대한 수효는 이러한 설명의 숨길 수 없는 모순을 더욱 명백하게 지적하는 사실이라 할 것이다. 그러나 단선단정을 반대하는 남조선의 모든 애국인민이 결코 일조일석의 정치적 선배의 가열한 시련 속에서 철골(徹骨)의 실물 교훈을 통하여서만이 이 반동 지배의 최후의 귀결인 단선단정에 대한 한사(限死)항쟁을 결의하고 분기하게 된 것과 같이 제주도의 인민들에게도 그들의 피나는 굴욕과 박해의 3년간의 암담하고 특수한 경험이 있었던 것이다.[주62]

왜 제주도민들은 무장봉기를 결의했을까? 해방 이후 3년 동안의 박해와 고통이 수많은 민중들을 무장봉기로 몰고 갔다고 신문은 분석했다.

미군 작전참모의 제주도 작전 확인

미 제24군단 작전참모부 슈M. W. Schewe 중령은 직속상관인 작전참모 타이첸A. C. Tychen 대령[주63]의 지시에 따라 4월 27일 정오 제주도를 방문해 무장대의 진압과 주민 장악에 대한 맨스필드 중령의 작전계획을 확인했다. 슈 중령이 방문할 당시 제주도에는 미 6사단 20연대장 브라운Rothwell H. Brown 대령과 제주도 주둔 20연대 파견대장 가이스트Geist 소령, 그리고 4월 20일 군정장관의 명령으로 제주도에 파견된 경비대 제5연대 고문관 드로이스 대위가 있었다.[주64] 이날 하지 중장은 한국인들이 공산주의자들의 위협에도 불구하고 5·10선거에 매진할 것이라는 성명을 발표하는 등 선거실시에 노력을 기울이고 있던 때였다.[주65] 따라서 미군정은 5·10선거의 성공을 위해 제주도 소요를 하루속히 진압해야만 했다.

하지 중장은 이날 브라운 대령을 통해 맨스필드 중령에게 (1) 국방경비대가 즉시 역할 할 것 (2) 모든 시민소요를 중지시킬 것 (3) 게릴라 활동을 신속하게 진압하기 위해 경비대와 경찰 사이에 명확한 관계설정을 할 것 (4) 미군은 개입하지 말 것 등 4개항의 지침을 시달했다. 미군은 직접 개입 대신 경비대를 동원해 진압하는 방식을 채택했다. 미군의 불개입 지시는 2차례나 제주도 민정장관에게 전달됐다. 미군이 직접 작전에 참여하는 것은 국제문제로 비화될 수 있었고, 여론의 비난을 살 수도 있었기 때문에 전투 현장에 출현하지 않도록 했다. 그리스 내전 시기 국제적인 여론을 의식해 미국무부가 미군 고문관들에게 전투현장에 나서지 않도록 지시한 것과 일맥상통하는 이러한 정책은 트루먼 독트린 이후 미국이 외국에서 택한 군사전략이기도 했다.

작전명령 제1호는 4월 27일 집행됐다. 이 작전에서 미군정은 연락기(조종사 6사단 포인텍스터Poindexter 중위, 제주도 군정중대 번스Robert Burns 대위)를 이용해 경비대 제5연대의 마을 소탕작전을 관찰했다. 제5연대 고문관 드로이스 대위는 차량을 타고 직접 마을에 진입했으나 너무 많은 미군이 마을에 나타나는 것은 바람직하지 않다는 하지 중장의 지침과 맨스필드 중령의 발언에 따라 슈 중령은 동행하지 않았다. 국방경비대의 지휘 아래 경찰은 민간인들을 심사하는 데 참여했다. 작전의 전 과정은 국방경비대 5연대장 김 중령의 개인적 지시 아래 이뤄졌다. 그러나 마을에는 젊은이들이 거의 없거나 들판에서도 목격되지 않았다. 미군은 하지 중장의 지침에 따라 현장에 나서지 않은 채 '보이지 않는 손'의 역할을 하면서 모든 작전계획을 세우고, 경비대를 통해 시행했다. 하지 중장은 제주도 작전의 성공을 염원했고, 제주도 주둔 한국 진압군의 성패에 남한 국민들의 관심이 집중되고 있다고 판단했다. 이런 하지 중장의 입장은 슈 중령에 의해 경비대 김 중령에게 전해졌다. 4월 28일 작전명령 제2호로 전개된 경비대 제5연대의 마을 소탕작전은 슈 중령이 L-5에 탑승해 관찰했다. 슈 중령이 목격한 경비대의 작전은 4월 28일 낮 12시40분 서울로 귀경할 때까지 이뤄졌다. 미군정의 작전계획은 5월 1일까지 5단계로 계속하는 것이었다. 작전명령 계획은 다음과 같다. (1) 작전명령 제3호(4월 29일)=경비대 제5연대, 제9연대가 제주읍과 모슬포에서 시작해 노로악쪽으로 소탕작전 (2) 작전명령 제4호(4월 30일)=경비대 제5연대의 제4지역 내 마을 소탕작전 (3) 작전명령 제5호(5월 1일)=경비대 제5연대, 제9연대의 교래리 방면 오름 소탕작전 (4) 향후 작전은 이들 작전의 결과에 달려있다는 것이었다. 미군정의 작전계획을 보면 4월 27일부터 5월 1일까지 닷새동안 지속되는 것으로 오직 공산주의 척결을 명분으로 무장대 섬멸에 목적을 두었다. 슈 중령은 제주도 상황에 대해 4월 28일 이전의 작전은 상황을 정당화할 만큼 공격적이지 못했다고 평가했다. 이밖에 그는 (1) 제59군정중대 사령관이 강력하게 추진하면 상황을 대처하기에 충분하다. (2) 오름에 있는 것으로 추정되는 공산주의 조직가들과 게릴라들이 내려오도록 신속하고 강력한 조처가 취해져야 한다. (3) 경찰과 대동청년단이 민간인들로 하여금 반경찰적으로 되게 하고, 현재 두려움속에서만 협조하게 할 뿐 협조를 하지 않는 방식으로 활동한다. (4) 폭도(인민유격대)는 1,000~2,000여 명에 이르며, 소규모 단위로 잘 분산배치돼 있다. (5) 제주도 내 부대 간보다 좋은 통신시설이 필요하다고 평가했다.[주66] 이와 같은 평가는 강경 진압정책을 펴야만 선거의 성공적인 실시와 남한 내에서 공산주의 세력을 척결하는 본보기가 될 수 있다는 뜻이기도 했다. 국방경비대 5연대 2대대는 4월 23~30일 제주도 내 해안을 따라 3차례의 도로 행군을 실시하는 동안 행군로 주변에 있는 전 마을을 포위하고 경찰의 지원을 받아 모든 남자와 주민들을 심문했으며 각 마을에서는 공산주의자와 그 혐의자, 무기, 탄약 등에 대한 수색이 집중됐다.[주67]

군정장관과 미군 사단장의 제주도 동시 시찰

슈 중령이 제주도를 떠난 다음 날인 4월 29일, 이번에는 딘 소장이 직접 제주도를 방문했다. 딘 소장의 제주도 방문에는 미 제6사단장 워드 소장 등 주한미군 수뇌부가 동행했다. 이들은 연락기를 타고 작전현장을 직접 시찰했다. 앞서 4월 28일에는 『뉴욕헤럴드트리뷴』 특파원 레이몬드Allen Raymond와 『타임*Time*』과 『라이프*Life*』지의 사진기자 마이던스Carl Mydans가 제주도 현지 취재를 위해 제주땅을 밟았다. 당시 『에이피』와 『유피』가 대부분 서울에서 미군 소식통을 인용해 기사를 작성했던 데 견줘 이들 두 명의 특파원은 4 · 3 초기 제주도를 방문한 몇 안 되는 외신기자들이었다. 레이몬드는 '경찰의 야만성이 제주도 내전의 원인'이라는 제목의 기사에서 "아름다운 제주도에 휘몰아치고 있는 내전의 주요 원인은 경찰의 야만성에 있다"고 진단했다.

> 2명의 신부(오스트레일리아 멜버른 출신의 Austin Sweeney 신부와 에이레 도네갈 출신의 Patrick Dawson 신부: 인용자)들은 성골롬반 외방선교회 신부들이다. 그들은 (태평양)전쟁 시기 본토에서 일제에 의해 투옥된 시기를 제외하면 각각 12년, 14년 동안 제주도에 살고 있다. "모든 이런 소요는 소련의 방식과 맞는다. 그러나 경찰은 좌익을 만들어내고 있다." 스위니 신부는 오늘 제주도를 방문중인 미국 특파원들에게 이렇게 말했다. "당신이 이들 경찰관들 가운데 한 명으로부터 폭행을 당하면 당신은 자연적으로 반란군이 될 것이다. 누가 그렇지 않을 것인가?"

> 스워니 신부는 제주도의 공산주의자들은 극소수라고 말했다. 극소수—이들은 또 (일제 강점기) 지하에서 일본인들에 맞서 투쟁했다—는 산간지대에 반란군들과 함께 있다고 그는 말했다. 이들 신부는 본토에서 들어온 경찰청장을 포함한 제주도의 경찰력이 "일제 경찰에 비해 더 나쁘다"고 말했다. 신부들은 이어 미국당국이 현지 경찰에 심문을 위해 경찰서 유치장에 있는 수감자 폭행을 중지하도록 자문했지만 방문중인 미군 장교들이 등을 돌리기만 하면 폭행은 보편적인 방식으로 계속 일어나고 있다고 말했다.[주68]

신부들은 제주도의 공산주의자가 극소수이며, 경찰에게 폭행을 당하면 누구든지 반발하게 된다고 특파원들에게 말했다. 이들 신부는 해방공간 제주도의 상황을 국외에 알린 유일한 제주도 거주 외국인들이었고, 미군과 미외교관리들에게 정보를 제공하기도 했다. 군정장관 딘과 인터뷰를 한 레이몬드 특파원의 이 기사를 보면 딘 소장의 4·3에 대한 인식을 엿볼 수 있다. 딘은 "경찰의 야만성과 우익 경찰도당의 테러가 실제 제주도 투쟁의 원인이지만, 공산당의 역할도 과소평가해서는 안 된다. 우리는 공산주의자들이 제주도를 무질서 상태로 만들려고 정부에 대항해서 자신들이 할 수 있는 것은 무엇이든지 시위를 하려고 애쓰고 있다는 정보를 가지고 있다. 그래서 우리는 게릴라들을 체포하기 위해 경비대를 파견하고 경찰에 손을 떼라고 명령했다"고 레이몬드에게 말했다. 딘은 경찰의 야만성이나 테러보다는 공산주의자들의 역할에 더욱 무게를 뒀다. 이러한 딘의 입장은 정치고문관 제이콥스가 국무부에 보낸 문서에서도 드러난다. 제이콥스는 "군정장관 딘이 제주도를 방문한 결과 주로 이북 출신의 경찰과 최근 제주도에 들어온 청년단체원들—이들 또한 주로 이북 출신으로 구성된 서북청년회원—에 대한 제주도민들의 원한이 많다는 것을 알게 됐다"고 밝혔다. 그는 이어 "제주도민들은 분명히 본토인들을 싫어하며 남한사람들이 싫어하는 바와 같이 북한 사람들에 대해 특별한 반감을 갖고 있다"고 했으나 미군정은 제주도의 상황을 개선하려는 노력을 기울이지 않았다.[주69] 딘의 방문은 경비대의 출동에서부터 작전명령의 이행에 이르기까지 직접 확인하고, 상황을 살펴보려는 의도가 있었다. 딘과 6사단장 워드는 소형 비행기연락기를 타고 경비대가 마을을 포위하고 심문을 하기 위해 18살 이상의 모든 남성을 체포하는 산간지역을 시찰했다. 미군은 이날 제주도에 체류하고 있던 미군 장교 부인 4명과 아동 3명을 '탈출'시켰다.

슈 중령이 4월 28일 연락기를 이용해 제주도 경비대의 작전 동향을 파악한 데 이어 미군정 최고 책임자만이 아니라 미군 전투부대 사단장이 동시에 소요 지역을 방문한 것은 이례적인 일이다. 이들의 제주도 방문 뒤 미군정은 제주도 사태를 '전면적인 유격전'으로 보고 진압을 강화했다.

딘과 워드의 동시 방문 이후 5월 5일에는 딘과 민정장관 안재홍, 경무부장 조병옥, 경비대 총사령관 송호성 등 미군정 최고 수뇌부가 제주도 현지를 직접 시찰하고, 회의를 열었다. 이 회의는 제주도 진압의 분수령이었다. 이튿날 9연대장이 김익렬에서 박진경으로 교체됐다.

5월 5일 미군정 수뇌부 회의를 연 뒤 서울로 돌아간 딘은 제주도 사태를 '5 · 10선거에 반대하는 북조선 공산군 간자間者에 의한 사주로 일어난 것'으로 간주하고[주70], 선거의 '자유 분위기' 보장과 관련해 성명을 내고 "공산주의자들이 5 · 10선거를 방해하려 하고 있다. 그들은 외국의 지령을 받아 선거 사무 관리의 사무수행을 방해하기 위해 폭행을 하고 있는데 심지어 살인까지도 감행하고 있다"고 발표했다.[주71] 『워싱턴 포스트』도 "딘 소장이 제주도 시찰을 마친 뒤 '북한 공산주의자들이 제주도에 상륙해 선거반대 테러 과정에서 게릴라들을 지휘하고 있다'고 말했다"는 내용의 기사를 실었다.[주72]

미국에서 발간되는 『워싱턴뉴스』는 5월 5일자에서 "스탈린은 유엔 감독하의 선거를 사보타주하기 위한 노력에 유격전을 더하고 있다"며 미국의 언론은 소련의 개입을 기정사실화 하고 제주도 사태를 거론할 정도로 제주도 사건은 국제문제화하고 있었다.[주73]

3) 평화협상과 미군정의 전략

평화협상의 진실

김달삼과 김익렬의 이른바 '평화협상'은 평화 또는 유혈의 갈림길이었을까? 평화협상은 4월 28일 열렸을까? 김달삼과 김익렬 간의 평화협상 내용에 대해서는 아직까지 평화협상 당사자인 9연대장 김익렬의 기록밖에는 발굴된 자료가 없다. 따라서 그가 쓴 협상 내용과 국내 신문, 미군의 일부 문서를 통해 평화협상의 전말을 유추해 보는 수밖에 없다. 김익렬이 직접 평화협상과 관련해 쓴 글은 2편이다. 하나는 평화협상이 끝난 지 3개월 뒤 『국제신문』에 기고한 것이고, 다른 하나는 1969년 육군 중장으로 예편한 뒤 쓴 '4 · 3의 진실'이다. 예편 뒤 쓴 글은 1988년 그가 숨진 뒤 공개됨으로써 사실상 유고가 됐다. 그러나 이 2편의 글은 원고 작성시기가 수십 년의 차이가 난만큼 내용도 상당부분 달라 사실확인이 필요하다.

그는 1948년 8월 6~8일까지 3차례에 걸쳐 『국제신문』에 기고문을 싣고 있다. 경비대는 4월 22일부터 회담을 제의하는 유인물을 연락기를 이용해 뿌리고 27일부터 본격적인 작전에 들어갔다.[주74] 『국제신문』 기고문에 따르면 김익렬은 4월 22일 낮 12시 "민족사상을 고취하고 동족상쟁의 비극을 피하며 평화적 해결을 하기 위하여 '너희들이 원하는 장소에서 책임자와 직접 면담하되 신변은 절대 보장할 것이며 이러한 평화적 용의에 응하지 않으면 산상으로 올라가는 보급을 중단하며 최신식 기계화부대를 동원할 것이다'…"라는 내용의 선포문을 비행기로 뿌렸다. 무장대측은 24일 오전 6시 "평화회담에는 응할 용의가 있으나 신분보장한다는 말은 믿을 수 없다"는 유인물로 응대했다. 이에 경비대는 25일 "절대 신분보장한다"는 유인물을 뿌렸고, 무장대는 26일 "경비대의 신사성을 믿는다. 29일 12시경에 회견하되 장소는 추후 통지하겠다"고 재답변했다. 경비대는 무장대의 답신이 오자 곧바로 회담과 관련한 회의를 열었으나 5월 1일 메이데이를 앞둔 시점에 전투행위를 중지하고 29일까지 기다리는 것은 '반란군'의 세력을 만회시키고 메이데이 행사에 큰 힘을 주는 것이 된다는 결론을 내리고 27, 28, 29일 전투를 개시했다고 김익렬은 적고 있다. 이어 29일 낮 12시 연대 정보부에 30대 중반의 농부가 찾아와 "무조건 항복한다"는 말을 전하면서 30일 낮 12시 안덕면의 산간부락에서 회견을 제의하고, 쌍방 3인 이하로 하되 비무장으로 하자는 요구조건을 전달했다. 이에 김익렬은 즉시 참모회의를 열고 이러한 요구조건에 대한 응수조건을 토의했다고 적고 있다.[주75] 김익렬은 기고문에서 "27, 28, 29일 3일간은 맹렬한 전투를 개시하였는데 이 전투는 제주도 소탕전 중 제일 격렬한 전투였다"고 언급했다. 김익렬의 이런 발언은 앞서 언급한 미군 보고서의 내용과 일치한다. 4월 27일은 군정장관 딘이 선거 방해자에 대한 신속한 수색과 재판 등 엄벌방침을 경무부장과 사법부장에게 통보한 날이었다.[주76]

기고문을 보면 9연대장 김익렬은 4월 30일 예정된 대로 제주도인민유격대 사령관 김달삼을 만났다. 김익렬은 이 자리에서 (1) 완전한 무장을 해제할 것 (2) 살인 방화 강간범인과 그 지도자의 전면적 자수 (3) 소위 인민군의 간부 일체를 인질로써 구금한다 (4) 단, 이상 3조건은 조약일로부터 7일간으로 한다는 요구사항을 제안했다. 이에 대해 김달삼은 무장봉기는 범죄가 아니며, 유격대의 봉기가 범죄라면 경찰과 사설단체(대청 · 서청 등: 인용자)의 살인 방화 강간 약탈은 왜 범죄가 되지 않느냐며 이번 사건의 원인은 경찰과 사설청년단체들에게 있다고 주장했다. 그러나 김익렬은 항복한다는 전제조건 하에 회담이 시작된 만큼 이러한 조건을 받아들여야 한다고 주장했고, 김달삼이 이를 받아들였다고 적고 있다. 김달삼은 또 (1) 단정반대 (2) 제주도민의 절대자유 보장 (3) 경찰의 무장해제 (4) 제주도 내 관청 고급관리를 전면적으로 경질할 것 (5) 관청 고급관리의 수회자收賄者를 엄중처단할 것(수십 장 되는 명부를 제출하였다) (6) 도외 청년단체원의 산간부락 출입금지 등 6가지 요구조건을 제시했으나 김익렬은 이를 전면 거부해

결국 경비대측의 요구대로 통과됐다고 밝혔다.

다음은 군생활 예편 뒤 쓴 '4 · 3의 진실' 유고다. 김익렬은 이 유고에서 무장대측의 반응을 기다리다 답변이 오자 맨스필드 중령과 드로이스 대위로부터 협상지침을 받았다고 기록하고 있다. 그 내용은 (1) 평화회담에 필요한 일체의 권한행사에서 미군정장관 딘 장군을 대리한다. (2) 폭도들의 살인, 방화 등 범법자에 대한 재판에서 극형을 면할 수 있도록 사면 약속을 할 수 있는 권한을 주며 기타 범죄에 대해서는 불문에 부칠 수 있는 권한을 준다. (3) 서면으로 조인된 모든 약속의 이행은 군정장관 딘 장군이 책임진다는 것이었다. 유고에는 전단을 통해 협상을 위한 협의가 이뤄진 것으로 나왔을 뿐 30대 농부로 보이는 인물이 찾아와 무조건 항복한다는 전제조건을 밝히고 회담하자고 했다는 내용이 없다.[주77]

협상을 위한 과정도 다르지만 요구조건과 협상 일정도 다르다. 유고를 보면, "폭도측에서는 (1) 연대장이 직접 회담에 나와야 한다 (2) 연대장 혼자서 와야지 수행인이 2인 이상이면 안 된다 (3) 장소와 시일은 자기들이 결정하되 장소는 폭도진영이라야 한다고 못 박았다"고 했다. 이에 김익렬은 "폭도들의 요구조건을 전부 수락하고 홀로 적지에서 회담하기로 결정하였다. 이렇게 해서 연대장과 폭도 두목과의 평화회담의 날짜가 4월 말로 결정되었다"고 밝히고 있다.

김익렬은 또 유고를 통해 김달삼과 협상에서 (1) 전투행위 즉각 중지 (2) 무장해제 (3) 범법자 명단 제출 등 3개항을 요구했고, 김달삼은 (1) 민족반역자, 악질경찰, 서북청년단의 추방 (2) 제주도민의 경찰이 편성될 때까지 군대가 치안을 맡고 현재의 경찰 해체 (3) 의거 참여자를 전원 불문에 부치고 안전과 자유의 보장 등 3개 항을 요구했다고 밝히고 있다. 이들의 회담에서 김익렬의 요구사항 (1), (2) 조건과 김달삼의 요구사항 (1), (2) 조건에 합의했고, 범법자 문제에 대해서도 김익렬이 도외 및 해외 탈출을 배려하겠다는 선에서 합의했다고 적고 있다.[주78] 그러나 기고문에서는 김달삼의 요구조건 가운데 '민족반역자, 악질경찰, 서북청년단의 추방'은 없고, '경찰의 무장해

제'는 아예 거부했다고 밝히고 있다. 제주도인민유격대가 무장봉기를 일으킬 때 내세웠던 '단선반대'에 대한 요구는 어느 쪽에도 없다. 전체적으로 기고문에서는 김달삼의 요구사항 자체를 김익렬이 전면 거부한 것으로 나와 있으나, 유고에서는 양자 간에 어느 정도의 타협이 이뤄진 것으로 나왔다.

그러나 1947년 3 · 1절 기념대회 때까지 남로당 대정면책을 맡았고, 협상 직후인 5월 초 두 차례나 김달삼을 만난 이운방은 김익렬의 유고에 대해 정면 비판했다. 그는 "'4 · 28 평화협상'에서 김익렬이 주장하는 바와 같이 인민유격대측이 굴욕적인 합의를 받아들였다면, 그것은 합의가 아니라 굴복한 것이며 4 · 3항쟁은 구국항쟁이기 전에 소수의 무모분자들에 의한 아희兒戲에 불과한 것이 되고 만다"고 강하게 비판했다. 그는 유고에 따르면 김익렬은 김달삼에게 조롱과 고자세, 질책, 훈시로 일관한 반면 김달삼은 저자세를 유지한 것으로 돼 있는데, 이는 협상이 아니며 합의는 더더욱 아니라고 지적했다.

이운방은 평화협상 직후인 5월 2일 대정면 하모리의 한 사가에서 열린 회의에서 김달삼을 1947년 3월 사건 이후 1년 2개월 만에 만났다. 이 자리에서 김달삼은 평화협상에 대해 언급하지 않은 채 "우리들에게는 모든 내외정세의 성숙에 의하여 충분한 승산이 있다"고 말했다는 것이다. 또 그로부터 며칠 뒤에도 같은 장소에서 만나자 김달삼이 "경찰력만으로는 4 · 3부대의 진압은 불가능한 일이며 경비대는 중립적이면서도 오히려 유격대에 대하여 호의를 갖고 있기 때문에 이승만미군정의 무리가 의뢰할 곳은 미점령군밖에 없게 된다. 그러나 미점령군이 우리 사업에 직접 간여하게 된다면 그것은 크나큰 국제문제로 화할 염려가 있기 때문에 이 또한 바랄 수 없는 일이다"하고 말했다고 한다. 이운방은 "이런 상황에서 김달삼이 자신의 요구조건을 거의 불문에 부치고 상대방의 요구조건을 거의 그대로 이렇다 할 반대급부도 없이 받아들이는 굴욕적인 협상에 응할 리가 있겠는가"라고 반문했다. 이운방은 또 유고에 나온 평화협상 당시 무기에 대해서도 강한 의문을 제기했다. 유고에서 학교 운동장에 500~600명의 폭도들이 있었으며, 대부분이 농민 · 청년 남녀로 여자가 과반수인데 무기는 미제 카빈이 많았고, 일부는 구 일본군 99식 소총으로 전부 합해 200명 정도가 무기를 가졌다는 부분에 대해서도 그는 "이것은 과장의 한 표본"이라며, "당시 대정면의 유격대가 보유한 총기는 단 3정뿐이다"라고 말했다.[주79]

평화협상의 개최일자와 장소

『국제신문』 1948년 8월 6일자는 평화협상 날짜를 4월 30일로, 유고는 4월 말로 적고 있다. 통상적으로 알려진 4월 28일의 평화협상설은 초대 9연대장을 지낸 장창국이 쓴 『육사졸업생』에 나와 있다. 이 책에는 "1948년 4월 28일 오전 11시였다. 이윤락 중위 9연대 정보주임장교: 인용자가 반도의 통보를 받아왔다. 오후 1시에 회담하자는 것이었다"며 4월 28일로 못 박고 있다. 그러나 이 책에는 김달삼이 학병 출신으로 일본 복지산 육군예비사관학교를 나온 일본군 소위였다고 하는 오류를 범하는가 하면 직접 당사자가 아닌 간접 경험자의 입장에서 서술하고 있다.[주80] 김달삼의 이력서에는 1943년 4월 5일 일본 중앙대 전문부 법학과에 입학해 1945년 9월 30일 졸업한 것으로 돼 있다.[주81] 이에 대해 제민일보 4 · 3 취재반은 장창국이 4 · 3관련 글을 쓸 때 김익렬이 많은 자료를 제공했으나 자신의 이야기와 기존의 검증되지 않은 자료를 짜깁기 해 발표하는 바람에 김익렬이 충격을 받았다고 적고 있다.[주82]

회담장소와 관련해 『제민일보』는 '편집자 주'를 달고 평화협상이 열린 장소를 구억국민학교라고 밝혔다. 그러나 협상장소 또한 기고문과 유고가 다르다. 『국제신문』에는 '제주도 한라산 산록 일대에 강제부역으로 만든 길하치마키도로: 인용자'을 따라 1시간 30여분 동안 40마일64㎞을 달린 끝에 '안덕면 산간부락'의 '농가'에서 협상했다고 돼 있으나,[주83] 유고에는 '대정면사무소'를 지나 산길도로를 따라 한라산을 향했고, 부대에서 직선거리로 15㎞ 지점에 있는 '제주도에서 제일 높은 고도에 위치하고 있는 산간부락 초등학교'에서 했다[주84]고 명시함으로써 혼란스럽게 하고 있다. 『국제신문』 기고문에는 "해발 300m나 되는 이 지점에서 우리 경비대가 주둔하고 있는 대대·중대들의 자동차와 병사들이 성냥곽을 흐트러트려 놓은 듯이 내려다보인다"고 설명했다.[주85] 반면 유고에는 "그곳은 연대본부가 내려다보일 정도로 높은 고지 부락이었다. (중략) 국민학교로 가라고 안내했다. 이 학교는 제주도에서 제일 높은 고도에 위치하고 있는 산간부락 초등학교였다. 학교의 위치는 한라산의 밀림지대가 동북으로 지척지간에 있으며 동남으로 중문면 일대에서 해안선까지, 서남으로는 대정면 일대와 모슬포까지 특히 9연대의 영내가 육안으로 내려다보이는 곳이었다"고 적고 있다.[주86] 유고의 내용대로라면 구억국민학교에서 중문면 해안에서 대정면 해안까지 보여야 하고, 9연대 주둔지가 보여야 한다. 그러나 구억국민학교 위치에서는 중문면 해안이 보이지 않는다. 기고문에서 밝힌 하치마키도로도 구억국민학교에 이르는 곳에는 없다. 학교 운동장이 500~600여 명이 활동할 수 있을 정도로 넓지도 않다. 하지만 기고문과 유고 모두에서 9연대 주둔지가 보였다고 한다. 협상은 학교에서 열렸는가? 아니면 다른 지역 농가에서 열렸는가?

김익렬은 기고문에서 무장대측 연락원이 온 뒤 즉각 참모회의를 열고 회담 조건을 토의했다고 했으나, 유고에서는 제주도 민정장관 맨스필드와 경비대 5연대 고문관 드로이스 대위로부터 협상지침을 받았다고 밝히고 있다. 김익렬은 또 유고에서 권한행사와 관련해 딘 장군을 대리하고, 범법자에 대한 사면권을 주기로 했다고 했으나 기고문에서는 이에 대한 언급이 없다. 왜 이처럼 김익렬의 증언이 다를까?

협상 이후의 내용은 기고문과 유고가 완전히 달라 혼선을 더욱 부채질하

〈표 14〉 김익렬의 신문 기고문과 '4·3의 진실'의 '평화협상' 내용 차이

	요구조건			
	『국제신문』	비고	유고	비고
김익렬	1.완전한 무장해제	김달삼의 반응: 모든 요구조건 수용	1.전투행위 즉각 중지	김달삼의 반응: 1, 2 조건 합의 양측은 72시간 내 전투 완전 중지 및 5일 이후의 전투는 약속위반으로 간주. 무장해제는 단계적으로 하되 약속 위반하면 즉각 전투 재개에 합의
	2.살인·방화·강간범과 그 지도자의 전면 자수		2.무장해제	
	3.인민군(무장대) 간부 일체를 인질로 구금		3.범법자 명단 제출 및 즉각 자수	
	4.위의 조건은 조약일로부터 7일간으로 함			
김달삼	1.단정반대	김익렬의 반응: 모든 요구조건 거부	1.민족반역자, 악질경찰, 서북청년단의 추방	김익렬의 반응: 1, 2 조건 합의. 단, 범법자 문제에 대해서는 도외 및 해외탈출 배려키로 합의
	2.제주도민의 절대자유보장		2.제주도민의 경찰 편성 전 군대가 치안 담당 및 현재 경찰 해제	
	3.경찰의 무장해제		3.의거 참여자에 대한 전원 불문 및 안전과 자유 보장	
	4.제주도내 관청, 고급관리 전면 경질			
	5.관청 고급관리 수회자 엄중처단(명부제출함)			
	6.도외 청년단체원의 산간부락 출입금지			

고 있다. 김익렬은 『국제신문』 기고문 마지막에 "그날 밤부터 시작한 작전회의와 최고부의 명령은 놀랄 만한 것이었다. 이제는 반란군의 근거지를 알았으니 곧 총격을 개시하라는 것이었다. 나와 김달삼과의 회견은 하나의 전략적인 것이라고 최고부에서 말하였다. 나는 그 의도는 전략적이었으나 이 사건의 평화로운 해결을 위하여 또한 유일한 방법이라는 것을 주장하였으나 나의 의견은 통과를 보지 못하고 그날 밤부터 총공격은 개시되었고 반란군도 상당한 기세로 대전하여 왔으며(중략)"라고 밝혔다.[주87]

평화협상은 전략적이었으며, 협상 당일 오후부터 최고회의와 최고부의

명령이 있었고, 총공격이 개시됐다는 것이다. 그러나 유고는 평화협상의 결과에 따라 전투가 중지됐다고 밝히고 있다. 유고에서는 "귀대 즉시 회담 성공을 알리고 무장을 해제시킨 뒤 수용소 설치를 명령하고는 급거 제주읍으로 향하였다. 밤늦게 제주읍에 도착한 나는 군정장관 맨스필드 대령에게 일체의 보고서를 제출하였다. 맨스필드 대령은 나의 성공을 대단히 기뻐하며 칭찬을 하였다. 그리고 나의 요청에 의하여 전 경찰은 지서만 수비 방어하고 외부에서의 행동을 일절 중지하라는 명령이 내려졌다. (중략) 폭도들은 약속대로 대정 · 중문면 일대에서는 그날로 즉각 전투를 중지하고 점차적으로 서귀포 · 한림 · 제주읍에 이르는 일대에서도 전투를 완전히 중지해 나갔다"고 적고 있다.[주88] 그러나 평화협상 당일 오후부터 총공격을 했다는 기고문의 내용과 24군단 작전참모부 슈 중령이 확인한 작전 계획이 들어맞고 있다.

앞서 언급한 바와 같이 제24군단 작전참모부 슈 중령의 보고서는 4월 29, 30일과 5월 1일의 작전 결과에 대한 설명은 없지만, 29일에는 군정장관 딘이 제6사단장 워드 소장과 함께 제주도를 방문해 작전지역을 시찰한 것으로 나타나 5월 1일까지 작전이 계속된 것으로 판단된다. 따라서 결국 평화협상은 4월 28일에는 이뤄지지 않았다고 결론을 내릴 수 있다. 평화협상은 김익렬이 『국제신문』 기고문에서 언급한 점과 유고를 유추해보면 4월 30일로 추정된다.

양정심은 인민유격대의 무장봉기 목적이 5 · 10선거를 저지해 통일독립국가를 건설하고 경찰과 서청의 탄압에 맞선 자위적 투쟁이며, 회담 시점에서 유격대의 전력이 증강되고 있던 상황으로 볼 때 김익렬의 주장대로 김달삼이 자신의 요구조건을 수용했다고 보기 어렵다고 평가했다. 그는 유격대가 회담에 응한 이유로 무장봉기 초기부터 경비대의 중립을 주장해 왔고, 직접 교전을 피하려고 했기 때문이라고 분석했다.[주89]

평화협상과 미군정의 대응

그렇다면 기고문에서 언급하고 있는 '최고부의 명령'은 누구의 명령일까? 24군단사령관 하지 또는 군정장관 딘일까? 제주도에 있던 제주도 민정장관 맨스필드일까? 아니면 경비대 사령관일까? 평화협상이 벌어진 시기 미군정 수뇌부의 동태를 통해 이를 유추할 수 있다. 24군단 작전참모부 슈 중령은 27, 28일, 군정장관 딘과 6사단장 워드 소장은 29일 제주도를 방문했다. 김익렬의 기고와 슈 중령의 보고서를 보면 이들이 방문한 기간은 소탕전이 치열하게 전개되던 때였다. 딘은 4월 20일 맨스필드 중령에게 제주도 작전을 맡겼고, 5연대 고문관 드로이스 대위가 딘의 명령에 따라 제주도에 파견된 상태였다. 경비대 5연대장도 제주도 작전에 참가하고 있었다.

김익렬이 평화협상을 위한 유인물을 뿌리기 전 군장장관 딘은 맨스필드에게 공격작전에 앞서 불법분자들의 지도자들과 접촉하도록 지시했고, 24군단사령관 하지는 국방경비대가 즉시 활동을 개시하고, 모든 시민소요를 중지시키도록 하는 지침을 맨스필드에게 내렸다. 이러한 지침에 따라 김익렬은 4월 22일부터 평화협상을 위한 전단을 뿌리기 시작했다. 김익렬은 이해 8월 "제주도의 모든 군사행동은 당시 최고작전회의 참모인 드로이스 대위의 지휘였다"고 밝혔다.[주90]

서울의 한 외신기자는 5월 2일 다음과 같이 제주도 상황을 보도했다. "잘 조직된 게릴라가 미국이 점령하고 있는 제주도의 한 마을을 공격해 3시간 동안 장악한 뒤 토벌대에 쫓겨났다. 미육군의 초계기가 섬 상공을 비행한 뒤 다음과 같이 보고했다. '3개 마을이 게릴라로부터 위협을 받았다. 이러한 공격은 최근 폭동을 일으키고 지서 공격을 중단한 공산분자들이 지도하는 것으로 믿어진다.' 지난주 제주에 급파된 응원경찰은 오늘의 공격을 전면적인 유격전의 시작으로 보고 있다. 그들은 폭도들이 여자 4명을 포함해 적어도 7명을 살해했다고 진술했다".[주91] 경비대 총사령부 정일권 총참모장은

5월 3일 이후 브라운 소장(브라운 대령의 오기로 보임: 인용자), 딘 군정장관 등 현지 지휘사령부의 명령에 의하여 단시일 해결책으로 단연 공격작전으로 나가게 되었다고 밝혔다.[주92] 김익렬과 김달삼의 회담 이후 '최고부'의 지시에 따른 전면적인 공격이 곳곳에서 언급되고 있는 것이다.

결국 평화협상을 전후한 과정을 보면 4월 27~28일 주한미군사령부 참모슈 중령의 제주도 방문과 작전지역 시찰, 24군단사령관 하지와 군정장관 딘의 지시는 강경진압을 통한 선거의 성공적인 실시와 남한 내 공산주의 세력의 척결이라는 두 가지 측면에서 이뤄졌다. 그리고 김익렬과 김달삼의 협상은 기본적으로 제주도 민정장관 맨스필드 중령과 5연대 고문관 드로이스 대위의 유기적인 관계 속에서 철저하게 미군정의 의도대로 작전이 이뤄졌다.

미군정은 5·10선거를 감시하기 위해 한국에 온 유엔조선임시위원단을 만족시키고 선거를 성공적으로 치르기 위해 무장대의 본거지를 파악하고, 그 규모나 무장력 등을 직접 살펴보는 한편 평화협상을 통해 이들을 안심시키고 공격하려는 양동작전을 구사한 것으로 판단된다.

평화협상에 임할 때 "유혈을 최소화하고 이 폭동을 평화적으로 해결하기 위한 방법이라면 물불을 가릴 필요가 없었다"[주93]는 김익렬의 주장처럼 평화협상이 지켜졌더라면 유혈사태는 최소화할 수 있었을지 모른다. 그러나 이런 주장이 이뤄지기에는 트루먼 독트린 이후의 당시 국제정세와 공산세력 척결이라는 미군정의 의도가 너무나 뚜렷했다. 따라서 평화협상은 미군정이 협상을 통해 유혈사태를 막기 위한 것이 아니라 처음부터 5·10선거의 성공을 위한 '공산세력 척결'이라는 미군정의 계획된 전략이었음을 확인할 수 있다.

2. 제2국면(1948.5~1948.10): 미군정 주도의 진압작전

1) 제주도 5·10선거 실패와 미군정의 강경대응

미군정의 전면적 공세

1948년 5·10선거가 끝나면서 38선 이남 지역에서의 정치폭력은 크게 줄어들었다. 그러나 제주도는 5·10선거를 전후해 무장대의 공격이 적극적이고 강력하게 전개됐으며 이에 맞서 미군정과 국방경비대가 진압을 강화해 나간 뜨거운 지역이 되고 있었다. 경비대 5연대 2대대와 제주도 주둔 9연대는 5월 8일 새벽 5시 금악오름을 습격했다.[주94] 미군정 군수참모부는 5월 10일에는 실탄을 항공기편으로 제주도에 보냈다.[주95] 이처럼 미군정 주도하의 제주도 작전은 치밀하게 강도를 더해가고 있었다.

5·10선거가 실패한 직후인 5월 12일, 극동사령부는 제주도의 소요진압을 위해 구축함 크레이그Craig호를 제주도에 급파하고[주96] 일주일 이상 제주읍에서 3마일 떨어진 연안에서 정찰활동을 벌였다.[주97] 크레이그호가 5월 12일 극동해군사령부로 제주도 관련 지도를 요청하자, 주한미군사령부는 제주도 전역의 수심을 보여주는 일본지도와 함께 축척 5만분의 1인 제주도 눈금 지도 10장을 크레이그호에 전달하기 위해 59군정중대 사령관에게 비행기로 급송하기도 했다.[주98] 극동해군사령부 사령관은 또 크레이그호 함장에게 필요시 제주도 군정중대를 지원할 준비를 하도록 명령했다. 극동사령부는 이어 전투기를 사용해야 할 정도로 상황이 악화될 경우 제주도 작전에 전투기 사용까지도 고려했다.[주99] 이는 4월 하반기의 경비대 증강 정도의 차원은 물론 유엔조선임시위원단의 선거 결과 평가와는 달리 미군정이 제주도 사태를 심각하게 보고 있다는 것을 입증한다.

크레이그호가 제주 부근 해역에 모습을 드러낸 5월 12일 통위부 고문관

미 구축함 크레이그호(U.S.S. JOHN R. CRAIG)가 최근 제주도를 방문한 기간에 제주항에서 촬영된 모습(1948.5.15) ©NARA

프라이스Terrill E. Price 대령은 9연대 고문관 리치James H. Leach 대위에게 무전통신문을 보내 스탠리Stanley 중령이 첫 비행기편으로 제주도에 급파되는 사실을 통보했다.[주100] 통위부 고문관 도날드슨S.S. Donaldson 대위도 59군정중대 사령관에게 "금요일(5월 14일: 인용자) 비행장에서 스탠리 중령을 만나라"는 전문을 보냈다.[주101] 4·3 진압과정에서 중요한 역할을 할 로버츠William L. Roberts 준장은 5월 20일 프라이스 대령 후임으로 통위부 고문관으로 부임했다.[주102]

미군정은 제주도 사태를 트루먼 독트린을 가져온 그리스 내전과 견주기에 이르렀다. 미군정은 제주도 5·10선거가 실패한 데 대해 "공산주의자들이 제주도에서 강력한 (선거방해) 시도를 했으며, 분명히 다른 지방과 북한으로부터 많은 수의 훈련된 선동가와 다량의 무기, 탄약을 들여왔다"며 "이런 시도는 계속되고 있고, 공산주의 라디오 방송에서는 제주도를 '동양의 그리스'로 취급할 것"이라고 보았다.[주103]

브라운 대령의 제주도 파견

제주도 5·10선거를 전후해 미군정은 무장대의 공세를 저지하지 못하자 미 6사단 20연대장 브라운 대령을 5월 초·중순께 제주도 최고 지휘관으로 파견했다.[주104] 그는 고문관들에 대한 책임뿐 아니라 경비대와 경찰 등 제주도의 모든 작전을 지휘·통솔하는 최고 지휘권을 가졌다.[주105] 남조선과도정부 보고서도 "경찰이나 경비대 모두 미군 고위 장교의 지휘 아래 있다"고 언급했다.[주106] 전후 미국이 외국의 '전투 현장'에 현지 군대가 아닌 미군을 진압작전 책임자로 파견한 것은 유례가 없는 일이었다. 이는 현지 군사력의 육성을 통해 민주국가를 보호하겠다는 트루먼 독트린의 정책과도 배치되는 것이었다. 그만큼 제주도의 상황이 미국 지휘관이 직접 작전을 지휘할 정도로 심각한 상황이라고 판단했기 때문으로 분석된다. 브라운 대령은 제주도를 관할하는 20연대장으로 수시로 제주도를 방문했으며, 슈 중령의 제주도 현지 작전 확인 때도 제주도 작전에 개입할 정도로 사정을 잘 알고 있었다.

브라운 대령은 2차 세계대전 당시 중국-버마-인도 전구戰區에서 참전한 탱크장교 출신이다.[주107] 그는 1943년 10월 1일 인도 람가르Ramgarh에서 중국 국민당군과 미군이 공동 창설한 제1임시탱크단1st PTG 사령관을 지냈다. 브라운 대령 휘하에 있던 한 병사는 그를 '전선의 전사front-line fighter'였다고 할 정도였다. 그는 또 스틸웰 장군과 함께 장제스로부터 전투에서 중국군 부대를 지휘할 권한을 인정받은 유일한 미군 장교였다.[주108]

브라운 대령이 제주도에 파견된 정확한 시기는 밝혀지지 않았다. 『제주4·3조사보고서』는 24군단 작전참모부 슈 중령의 보고서와 브라운 대령의 기자회견 내용, 제주도에 배치된 미군 고문관들의 증언을 분석해 그의 제주도 부임일을 5월 20일경으로 추정했다.[주109] 그러나 통위부 고문관 프라이스 대령이 5월 12일 9연대 고문관 리치 대위에게 통신문을 보냈고 9, 11연대 고문관을 지낸 리치 대위가 자신이 부임했을 때 9연대가 모슬포에 있었으며, 브라운 대령과 휘하의 참모들도 있었다고 언급한 점으로 미뤄 브라운 대령의 제주 파견은 5월 초·중순경으로 유추할 수 있다.

주한미군사령관 하지 중장은 제주도 59군정중대와 미군 방첩대 제주지구대도 모든 가능한 방법으로 브라운 대령을 지원하도록 명령했다. 브라운 대령의 제주도 진주는 5 · 10선거의 실패로 '위신'에 타격을 입은 제주도 사태를 무력진압하고, 6 · 23 재선거의 성공적인 실시에 매진하겠다는 미군정의 의사표시였다.[주110]

제주도에 파견된 브라운 대령은 '평정계획'을 진행했다. 11연대 고문관 출신 웨솔로스키 중위는 브라운 대령이 평정계획을 실시하고, 소요 사태를 거의 진정시켰다고 평가했다.

> 그는 모든 고문관들을 책임지고 고문단을 조직했다. 평정계획(pacification plan)이 있었다. (중략) 모든 것이 진정됐다. 그는 초기 사태를 거의 완전하게 진압했다. 그는 자신이 할 수 있는 일이라면 무엇이든지 어느 곳에서든지 적의 점령하에 있는 많은 고립지역을 찾아내는 중요한 역할을 했다.[주111]

브라운 대령은 '작은 마을을 고립시키고 주민들을 심사하는 작전'을 전개했다.[주112] 그는 5월 22일 첫째, 경찰은 해안마을을 보호하며, 무기를 소지한 폭도를 체포하는 한편 무고한 주민을 살해하거나 공포 분위기 조성 행위를 중단한다. 둘째, 경비대는 제주도내에 조직된 인민해방군을 진압한다. 셋째, 경찰이나 경비대에 체포된 포로조사를 위한 심문소를 세운다. 넷째, 민간 행정기구 관리들은 경찰과 경비대의 보호를 받고, 행정기관의 기능은 최대한 빠른 속도로 회복시킨다는 계획을 세웠다.[주113] 그는 부임 초기 무장대가 절단한 전신주 복구와 도로 이용을 위해 정리작업을 하는 동시에 정찰활동을 펼쳐 무장대가 장악하고 있는 고립지역을 찾아내는 데 주력했다.[주114]

이와 함께 주민들에 대한 선무작전의 하나로 제주비상경비사령관(경찰) 최천과의 회담을 통해 1948년도 하곡수집 철폐 계획 등도 발표했다.[주115] 이런 사실은 6월 2일 군정장관 딘을 대리한 브라운 대령 명의로 "군정장관 딘 소장은 제주도 사람들의 양식이 필요하다는 것을 잘 알아서 이번에는 제주도에서 보리 수집을 하지 않을 것을 선언했습니다"라는 내용의 호소문

으로 작성돼 저주도 전역에 공중살포 됐다.[주116]

브라운이 제주도에 부임한 뒤 자신의 직속 상관인 6사단장 워드 소장은 5월 19일 그에게 "제주도 문제가 경찰의 증오심에 의해 발생됐다고 인식하며, 이런 소요는 시민들이 불신하는 인사들을 교체하는 등 적절한 조치를 통해 자극적 요인들을 제거할 때까지 계속될 것"이라는 견해를 밝혔다.[주117]

브라운 대령은 제주도에 특파된 기자들과 함께 여러 차례 제주도를 답사하고, 재선거를 성공적으로 치르기 위한 조건을 만들어내려고 애썼다. 그의 자신감은 곳곳에서 묻어났다. 그는 6월 2일 제주도 정세와 관련한 기자회견에서 "내가 오기 전에는 경찰과 육·해군 사이에 서로 협력을 안 한다는 말을 듣고 있었는데 그런 일이 없어졌다. 지난 5·10선거 때는 성적이 좋지 못하였는데 백성들을 보호함으로써 6월 23일 재선거 시에는 자유롭게 자기네의 대표를 선출하도록 될 것이다. 여하간 사태는 6월 23일까지에는 진정될 것이다"고 밝힐 정도로 6·23 재선거의 성공적인 실시에 강한 의지를 드러냈다.[주118] 그는 또 "나의 계획대로 나간다면 약 2주일이면 대개 평정되리라고 믿는다"고 호언장담했다.[주119] 그가 밝힌 계획은 (1) 경찰은 한라산을 중심으로 한 주변도로로부터 4km까지 치안 확보 수행 (2) 국방경비대는 제주도의 서쪽으로부터 동쪽 땅까지 휩쓸어버리는 작전 진행 (3) 해안경비대는 하루 두 차례 제주도 일대 해안 순회 및 수송하도록 하는 것이었다.[주120] 아시아 대륙의 광활한 전쟁터에서 수많은 전투를 경험하며 '전선의 전사'라는 호칭을 얻었던 브라운 대령은 변변한 무기도 없이 고립된 섬에서 치고 빠지기식의 게릴라전을 시도하는 무장대의 조기 진압을 장담했지만 점점 더 수렁으로 빠져들어갔다.

대게릴라전과 제주도민 무차별 체포

6·23 재선거를 성공시켜야 한다는 임무를 부

여받은 브라운 대령은 제주도 중산간 곳곳을 누비며 작전을 독려했다. 미군과 경비대 정보요원들은 5월 23일 현재 구금돼 있는 432명의 혐의자들에 대한 심사를 진행했다.주121 5월 22일부터 6월 30일까지 검거된 주민만 5천여 명에 이르렀다.주122 브라운 대령의 작전참모로 대부분의 작전 지역에 진입했던 리치 대위는 "5월이 끝나가자 우리는 4천 명을 심문했다. 공산인민군 숫자가 3천~4천 명이라고 추정됐지만, 무장비율은 10%도 안됐다"고 밝혔다.주123 무장비율이 10%도 되지 않았다는 그의 발언은 중산간 지역의 제주도민들을 게릴라 또는 게릴라 동조자로 간주해 무차별 검거한 것이라고 할 수 있다. 영자신문 『서울 타임스Seoul Times』는 6월 4일자에서 통위부 보고서를 인용해 3,126명이 구금돼 있다고 보도했다. 군 · 경과 유격대 사이에 낀 제주도민들은 사방을 옥죄는 공포에 몸을 떨었다. 남조선과도정부 보고서는 "제주도민들은 낮에는 마을주민이 되고, 밤에는 반도가 됐다"고 밝혔다.주124

『조선통신』 조덕송 특파원은 이 보고서처럼 주민들이 경비대와 경찰이 나타나면 산속으로 숨어들었다가 그들이 가버리면 다시 집으로 돌아오는 생활을 계속해야 했던 주민들의 '생존'을 건 도피생활을 이렇게 보도했다.

> 농림기임에도 들판에서 볼 수 없는 촌민을 만나려 일행은 부득이 마을로 들어갈 수밖에는 없었다. 철갑 군대무장을 빌려 입은 일행의 모양을 무엇으로 인정하였는지 길에 서있던 마을사람들은 피하는 듯 집안으로 들어간다. 순박하여야 할 그들의 표정이 왜 이다지도 공포와 회의의 빛에 말없이 어두우냐. 이 마을 역시 한번 산으로 올라갔다 돌아온 사람들이다. 간신히 일행의 신분 목적을 알린 다음 더듬더듬 대답하는 그들의 말을 들었다. 다시 부락으로 돌아왔지만 옷을 벗고 밤잠을 잔 적이 없었다. 눈 앞에다 거두어드릴 곡식을 두고도 무서워서 밭에 갈 수 없고 산사람이 오면 또 언제 산으로 올라가게 하게 될는지! (중략) 국방경비대나 경찰이 주둔하면 그들은 양민이 되고 산사람이 내려오면 또한 그들 자신도 산사람이 되는 것이다.주125

국내 언론과 미군 보고서를 종합한 보고서는 "많은 우익인사들과 경찰이 납치돼 교수형에 처해지거나 목이 잘렸다"며 무장대의 공격만을 보고했다.[주126] '생존'이 최대의 목적이고 목표였던 제주도민들은 군·경이나 무장대의 마을 진입에 따라 친정부 주민이 되거나 '공산주의자'들의 동조자로 바뀌었다. 브라운 대령은 기자들에게 "원인에는 흥미가 없다. 나의 사명은 진압뿐이다"라고 말했다.[주127] 『조선통신』 특파원 조덕송은 브라운 대령이 "'원인에는 흥미가 없다. 나의 사명은 진압뿐이다'라고 말했다"고 보도했다.[주128] 조덕송은 브라운 대령의 이런 호언장담에 맞서 '원인 없는 결과는 없다'고 응대했다.

> 육지에서 며느리를 데려오기는 하나 딸자식을 섬 밖으로 내보내지 않는 도민들은 누구나 다 일가이며 친척이다. 오랜 피에 매어있는 그들 혈족의 생활전통은 한사람의 이해가 곧 전도민의 그것이 되는 깊은 연결성을 가지고 있다. 봉건세력이 발달되지 못한 이곳에는 착취층이 없다. (중략) 그러나 33만 전도민이 총칼 앞에 제 가슴을 내어밀었다는 데에서 문제는 커진 것이다. 원인 없는 결과는 없다. 진정시키고 또다시 일어나지 않도록 함에는 당국자의 현명한 시책이 필요하다. 무력으로 제압하지 못하는 이 광란을 통하여서 제주도의 참다운 인식을 하여야 되며 민심을 유린한 사정이 얼마나 참담한 결과를 가져오는가를 뼈아프게 느껴야 할 것이다.[주129]

브라운 대령의 작전은 전형적인 대게릴라전 전략으로 해안봉쇄를 통한 고립작전, 토끼몰이식 빗질작전, 강제소개 등의 정책을 시행했다. 군정장관 대리 콜터John B. Coulter 소장의 비망록은 브라운 대령의 작전계획 및 실행상황을 보여주고 있다. 이 비망록은 (1) 국방경비대 4개 대대가 제주도의 동서남북에 각각 주둔하고 있다. 경찰은 해안지역 치안에 책임을 맡고 국방경비대는 해안지역을 제외한 모든 지역을 책임진다. (2) 모든 대대가 동시에 공동목표로써 산간 고지대를 향해 내륙으로 작전을 전개하는 경비대 지역의 수색은 완료될 예정이며, 군인들은 오늘 자신들의 부대로 돌아갈 예정이다(6월 16일). (3) 이 작전[주130]에서 3,000여 명이 체포돼 심사를 받았다. 현재 여성 2명을 포함해 575명이 제주의 포로수용소에 있으며, 4개 심문팀의 심사를 받고 있다는 내용을 담고 있다.[주131] 이 비망록에서 브라운 대령은 콜터에게 전체 주민의 80%가 공산훈련을 받은 요원들 및 공산주의자들과 연계돼 있는 것으로 추정된다고 말했다. '6월 23일까지는 진정될 것', '나의 사명은 진압뿐'이라던 브라운 대령의 자신감은 제주도민의 80%가 공산주의자들과 관련돼 있다는 주장으로 변질됐다.

브라운 대령의 작전 아래 11연대의 '비민분리' 정책은 오히려 중산간 지역으로 피신했거나 미처 피신하지 못한 주민들을 '공산주의자'나 '폭도'로 체포함으로써 민간인들의 희생을 가져왔다. 진압군에 의한 무차별적 폭력은 이러한 소탕작전의 전개과정에서 종종 일어난다.[주132] 제주도 전역에 걸쳐 토벌작전이 전개되면서 현지에서 체포한 혐의자를 호송하지 않고 즉결처분하는 사례도 나타났다.[주133] 경찰도 경비대의 공세에 힘입어 강력한 토벌에 나섰다. 『조선중앙일보』 특파원 천길봉을 만난 제주사람들은 "죽으려야 죽을 수 없고 살려야 살 수 없다"고 울부짖었다.

> 부락민 40~50명이 지금 경비전화선 복구와 지서돌담 구축 공사 부역으로부터 돌아온다. 맥없이 일행 앞을 지나던 그네들이 제주출신 일행의 한 사람 말에 수시로 사방을 둘러싸고 울음의 바다를 이루고야 만다. 들고 있던 괭이를 돌 위에다 두드리면서 "죽으려야 죽을 수 없고 살려야 살 수 없다"고 울부짖는가 하면 공포와 울분에 북받친 60노파는 무어라 문표를 가리키며 가슴을 두드린다. 붙어있던 집집 문표가 하룻밤에 없어지자 전부락민이 지서에 인치되어 난타 당하였고 또한 학대받고 있다 한다. 죄는 폭도에 있는 것인가, 부락민에 있는 것인가. 총소리는 잠잠한데 주름잡힌 이맛살에 왜 이다지도 우색이 가득하며 터질까 염려되는 울분에 잠겨 있다. 지금은 어떠한가 하는 기자의 말에 "먼 곳 총은 무섭지 않으나 가까운 총부리가 무섭수다"라고 고함으로 응수한다.[주134]

미군이 있었던 현장에서 붙잡힌 사례도 나타났다. 1948년 6월경 북제주군 조천면 북촌리 집 앞 굴속에 숨었다가 모두 9명이 붙잡힐 때 함께 붙잡힌 강서수는 이렇게 증언했다. "밤에 숨었다가 밝아갈 때 붙잡혔는데, 나와서 보니 경찰관들이 죽 포위를 했더라고. 모자를 보니까 졸병들이 아니고 높은 놈들 같았어. 미국놈들 하고. 굴에서 나오니까 우리에게 수갑을 채워가지고 동쪽을 향해 엎드리라고 해. 사복을 입은 미국사람들은 키가 큰 놈들이었는데 세 명인가 네 명인가 돼. 따로 한 차를 탔으니까. 미국놈들이 '빨갱이' '빨갱이'하고 한국말을 하면서 총을 갖고 쏘는 시늉을 하는 거야. 미국놈이 지시하면서 (경찰관들이) 같이들 막 모여들어. 우리는 경찰차에 타고 자기네(미국인)는 자기네 차에 타서 같이 제주시로 넘어갔지."[주135] 이에 대해 미군 정보보고서는 "6월 22일 폭도 9명이 북촌리의 한 동굴에서 생포됐다. 이들 중 2명은 6월 16일 경찰 2명을 살해했다고 자백했다. 경찰은 사제 수류탄 수발을 압수했다"고 보고했다.[주136] 경찰에 연행된 뒤 가혹한 고문을 당했던 강서수는 "까막눈인 자신이 무엇을 알 수 있었겠느냐"고 항변했다.

상공에는 미군 정찰기가 날고, 제1선에는 전투를 지휘하는 미군의 지프가 질주하고 있으며, 해양에는 근해를 경계하는 미군함의 검은 연기가 끊일 사이 없이 작전을 벌였다.[주137]

그러나 브라운 대령은 자신의 지휘에도 불구하고 자신에게 부여된 재선거 실시를 위한 분위기를 만들지 못했을 뿐 아니라 재임기간 중 박진경 연대장 암살사건까지 일어났다. 그는 선거반대 소요가 성공한 이유를 "(1) 제주도 민정장관의 정책 실패 (2) 응원경찰대가 저지른 지나친 만행과 공포감 조성 (3) 경비대 내 공산주의 동조자들의 침투로 인해 11연대장 2명이 공산주의 선동가들과 협상하는 바람에 초래된 지연전술(제주도 민정장관이 강력하고 적극적인 조치를 취했다면 경비대는 즉각 효과를 거둘 수 있었다) (4) 제주도민들에게 만연된 공포감과 행정조직 기능의 완전 붕괴 (5) 정부의 통제에 반감을 갖는 제주도민들의 특성과 법 없이도 살았던 제주도의 역사적 배경 (6) 제주도민간의 혈연관계"로 분석했다.[주138] 브라운 대령은 사태해결을 하지 못한 데 대해 제주도 민정장관 맨스필드의 무능과 경찰, 제주도민

탓으로 돌렸을 뿐 미군정의 정책적 오류와 원인 치유 방안은 제시하지 못했다.

브라운 대령은 제주도 진압작전 실패와 함께 20연대에서 전출된 것으로 보인다. 그는 7월 2일 제6사단장 워드 소장에게 보낸 서한에서 "6사단과 20연대를 떠나게 돼 깊은 유감"이라고 말했다. 그는 이 서한에서 제주도 '폭동'의 원인에 대한 많은 견해 차이가 있다는 것을 알게 됐다며 한 가지 절대 확실한 것은 제주도가 공산주의자들의 기지로서 조직됐다는 것이고, 증거는 일단 그 문제에 대해 파고들기만 하면 논쟁의 여지가 없다고 말했다.[주139]

2차 세계대전 때 아시아의 전쟁터를 누비며 일본군과 전투를 치렀던 브라운 대령이었지만 사건의 '원인'을 치유하지 않는 제주도 사태는 물리력만으로 진압하기에는 한계를 노정시켰다.

2) 미군정의 진압실패와 재선거의 무기연기, 연대장 암살사건

미군 고문관의 개입과 역할

5·10선거를 앞둔 중요한 시기인 5월 5일 군정장관 딘, 민정장관 안재홍, 경무부장 조병옥 등 미군정 수뇌부의 제주도 총출동과 미군과 경비대 지휘관의 교체는 제주도 사건이 안고 있는 폭발성을 단적으로 보여준다. 9연대 고문관 리치 대위는 2차 세계대전 때 패튼George Patton 장군 휘하 탱크부대에 근무했다.[주140] 그는 5·10선거 직후와 브라운 대령의 제주도 최고 지휘관 부임 및 진압작전, 박진경 연대장 암살사건 당시 제주도에 있었던 고문관이다.[주141] 그는 1947년 한국에 부임해 통위부 고문관 프라이스 대령에게 신고하러 가자 프라이스 대령이 그에게 미래 한국의 웨스트포인트가 될 사관학교 교관으로 배치하겠다고 말했다. 이어 프라이스 대령은 그에게 "송호성 장군과 하우스만James H. Houseman 대위를 만나라. 그러면 귀관을 그곳으로 데려갈 것이다"라고 말했다. 당시

하우스만은 경비대사령관 송호성의 고문관겸 연락장교였다. 송호성 사령관과 하우스만 대위는 리치 대위에게 제주도에서 살해사건이 일어나고 있고 민간업무와 공공 교통수단이 붕괴되고 있으며, 주민들이 공산주의자와 그 동조자들로 인해 괴롭힘을 당하고 있다고 주의를 환기시켰다. 그리고 나서 그들은 리치 대위에게 사관학교 근무 대신 제주도에 가도록 했다. 이에 따라 그는 경비대 9연대 고문관으로 1948년 5월 초 데이비슨Lonnie Davidson 중위를 포함한 고문관들과 함께 제주도에 파견돼 7월 하순경까지 근무했다. 리치는 제주도에 부임하기에 앞서 경비대사령부 송호성 사령관으로부터 김익렬 연대장이 비효율적인 지휘관이며, 9연대는 반란에 동정적인 병사들이 많다는 얘기를 들었다고 한다.[주142]

그는 제주도에 파견되기에 앞서 경비대사령관 송호성으로부터 제주도 소요와 관련해 가능한 한 빨리 전신주와 도로를 파괴하고 민간인 지도자들을 살해하고 있는 공산주의자들에 대한 대응을 요청받았다.[주143] 김익렬 연대장은 유고에서 "딘 장군은 박진경 중령에게 극비명령을 내렸던 것이다. 그것은 말할 것도 없이 제주도 전역에 대한 초토작전 명령이었다"고 밝혔다.[주144] 이에 대해 리치 대위는 "나는 딘 장군의 명령을 박진경에게 전달하는 연락관이었다"며 "그러한 내용은 터무니없는 이야기"라고 반박하기도 했다.

미군정은 미군 점령 기간의 핵심 과제였던 5·10선거가 제주도에서 실패하자 대대적인 토벌작전을 감행했다. 온건정책을 폈던 김익렬 중령 대신 9연대장으로 부임한 박진경 중령은 취임하자마자 강력한 진압의지를 다졌다.

김익렬은 유고에서 "박 연대장은 연대장 취임식 자리에서 '우리나라 독립을 방해하는 제주도 폭동사건을 제주도민 30만을 희생시키더라도 무방하다. 독립하는 것이 더욱 중요하다'고 역설했다"고 적고 있다.[주145] 9연대 출신 병사도 "박 연대장은 취임식에서 '제주도는 동서 길이 200리의 작은 섬이다. 동에서 서로 이 잡듯 소탕전을 벌이면 불과 일주일이나 보름이면 폭도진압이 가능할 것'이라고 강한 톤으로 연설하던 것이 기억난다"고 말했다.[주146]

박진경은 일본군 학병 출신으로 태평양전쟁 말기 제주도에서 근무한 경험이 있어 한라산에 구축한 진지 구조와 지형을 파악하고 있었다.[주147]

그러나 강경진압에 반발한 9연대 소속 하사관 11명을 포함한 병사 41명이 5월 20일 모슬포에서 부대를 탈영해 무장대에 가담하는 사건이 발생해 경비대와 미군정에 충격을 줬다.[주148] 9연대는 사건 직후 무장해제됐다. 주한미군사령부 정보보고서는 "얼핏 생각하면 연대를 폐지하는 것이 바람직하지만 장기적인 안목으로 볼 때 연대 내 공산분자들이 탈영함으로써 병사들의 신분을 확인할 수 있게 돼 잔류 병사들을 신뢰할 수 있게 됐다"고 논평했다.[주149] 경비대사령부는 1948년 5월 4일 수원에서 창설된 11연대를 5월 15일 제주도로 이동시키면서 기존의 9연대를 11연대로 통합하도록 하고, 11연대장에 9연대장 박진경 중령을 임명했다. 이 11연대는 기존 9연대의 1개 대대, 부산 5연대의 1개 대대, 대구 6연대의 1개 대대, 11연대가 수원에서 창설될 당시의 1개 대대와 연대 기간요원 등 전국의 병사들로 구성됐다.[주150] 이처럼 전국 각지에서 병사들을 선발한 데는 이유가 있었다. 리치는 11연대의 편성과 진압작전을 위해 제주에 들어오는 경비대에 대한 제주도민의 시각에 대해 이렇게 말했다.

> 11연대의 편성은 재미있었다. 송호성 사령관은 남한의 서북부 지역에서 (병사들을) 조금씩 선발해 모았다. 그는 이렇게 편성하면 병사들이 서로 잘 모를 것이고, 그래서 그들을 신뢰하기가 더욱 쉬울 것이기 때문에 좋은 아이디어라고 생각했다. 그들 사이에 공산주의자들이 있다면 서로 소통하기가 어려울 것이기 때문이었다. 그들은 규율이 있는 좋은 병사들이었지만 제주도민들은 특히 새로 오는 병사들이 침략군(invading force)처럼 보이는 엘에스티에 타고 도착했기 때문에 이방인과 같이 그들을 불신했다.[주151]

그의 말에 따르면 병사들을 서로 모르도록 함으로써 그들을 신뢰할 수 있게 됐다고 했다. 또 제주도민들의 눈에는 11연대 병사들이 '침략군'이었고, '이방인'이었다. 그는 제주도에 도착했을 때 9연대가 모슬포에 있었는데, 미국의 주방위군과 다를 바가 없을 정도로 비효율적이었으며, 11연대는 제주읍에 주둔지를 정했다고 밝혔다.[주152] 그는 송호성 사령관이 9연대장 김익렬을 박진경으로 교체하고, 본토에서 11연대를 파견한 것은 큰 사건이었다고 평가했다. 리치는 자신을 포함해 미군 고문관 3명과 미군 사병 3명 등 6명이 있었으며, 연락기 2대와 낡은 목재 소해정을 해안 감시선으로 개조한 2척의 선박을 지휘했다.[주153]

9연대의 일부 부대가 11연대로 합편됐지만, 통상적으로 9연대로 불렸던 것으로 보인다. 리치는 박진경을 9연대와 11연대 등 2개 연대를 지휘하게 했으며, 김익렬이 교체되기 전 자신이 박진경에게 제주도를 살펴봐야 한다며 연락기를 내줘 모슬포 9연대에 가도록 했다고 한다.[주154] 당시 김익렬은 9연대에 있었고, 박진경에게 보고하고 있었다고 리치는 말했다. 김익렬은 조선경비대총사령부 특명 제61호[1948년 5월10일]에 따라 1948년 5월 6일부로 서울총사령부로 전입됐다는 기록이 있다.[주155] 그러나 리치의 증언에 따르면 김익렬은 곧바로 이동하지 않고 일정기간 9연대 부대에 있었던 것으로 보인다. 리치는 자신의 임무를 "중산간 지역 내륙에 숨어있거나 제주도를 둘러싼 해안마을의 농민과 관리들을 테러하고 있던 소규모 공산주의 동조자들의 습격과 혼란을 종식시키는 것"이었다고 회고했다.[주156]

해안경비대는 경비함정인 소해정[JMS]보다 톤수가 큰 소해정[YMS]을 출동시켰는데, 해안경비대의 함정이 전투에 참가한 것은 이때가 처음이었다. 이들 함정은 국방경비대와 경찰 병력, 군수품을 수송하고, 제주도 연안을 봉쇄해 무장대의 해상탈출을 차단하는 임무를 수행했다.[주157] 4·3 당시 해안경비대 경비함정 정장이었던 강기천은 "임무를 수행하고 제주도에서 돌아올 때는 '폭동' 때에 다친 민간인 부상자들과 '폭동' 진압을 하다가 다친 군인이나 경찰 또는 서북청년단 단원들을 육지로 수송해 오기도 했으며, 현지 주둔 육군 진압부대의 요청에 따라 서귀포에 있는 병력을 제주읍으로 이송하기

도 했다"고 밝혔다. 당시 일주도로는 이용이 어려워 선박을 이용했다.[주158]

박진경의 작전개념에 대해 『대비정규전사』는 연대 병력을 대대 및 중대 단위로 한림, 성산포에 분산 배치해 경비와 소탕작전을 병행하기로 하고, 1차로 주민 자체방위로서 마을 주위에 돌담을 구축하는 방벽 건설과 자위대 조직을 통한 경비 강화 등 선무공작에 주력하고, 2차로 적극적인 '공비소탕작전'을 벌였다고 밝히고 있다.[주159]

그러나 토벌작전에 나섰던 병사들의 증언은 이와 다르다. 9연대 출신 조팔만은 박진경 연대장이 부임 후 본격적인 토벌작전이 실시됐다고 밝히고 있으며,[주160] 5연대에 편입돼 제주에 파견된 유○○도 "박진경이 공비토벌을 맹렬히 했다"고 증언했다.[주161] 6연대 2대대 소속으로 5연대 작전 지원을 위해 제주도에 파견된 한 병사는 1948년 5월 수색 및 마을경비를 실시했으나, 마을은 노인과 부녀자뿐이었으며 산간마을은 '공비'들에 의한 사용과 연락을 차단하기 위해 전부 소각시켰다고 말한다.[주162]

리치는 "박진경과 또 다른 경비대 장교가 일본군 출신으로 그들은 보병전술과 게릴라전술을 완전히 이해했다"며 박진경을 위대한 인물great man로 평가했다.[주163] 토벌대는 '공비'들의 정보망을 차단하고 좌파세력에 위협을 준다는 구실로 좌파 혐의자들을 찾아내 공개 처형하기도 했다. 백선엽도 인정하는 바와 같이, 이러한 강경진압과 이에 대한 무장대의 대응은 수많은 무고한 제주도민들의 학살을 가져왔다. 백선엽은 4·3 당시 대다수 희생자들이 "직접적인 토벌전의 결과로서라기보다는 밤낮으로 지배권이 바뀌는 보복의 악순환 속에서 숨져갔다고 해도 과언이 아니다"라고 말했다.[주164] 리치는 경비대 장교들과 작전계획을 논의하고 작전에 깊숙하게 개입했다. 그는 때때로 박진경과 함께 11연대를 이끌고 중산간 지역으로 들어가 소규모 아지트에서 '반란군rebel'들을 찾아내고, 해안마을 보호작전을 지원하기도 했다.[주165] 당시 작전에 대해 그는 다음과 같이 말했다.

> 나는 폭도들을 체포하고 마을주민들에 대한 살해를 종식시키는 한편 제주도 내륙의 반란을 분쇄하고 해안마을들을 보호하기 위해 위협받는 중산간 주민들을 보호지역으로 이동시키는 박진경을 지원했다. 나는 11연대를 산간지역으로 투입하는데 박진경과 함께 일했다. 우리는 소규모 반란군 아지트들을 발견했다. 내가 개인적으로 목격하지는 않았지만, 경비대는 사적 재판을 열고 그들 가운데 여러 명을 총살했다.[주166]

연대 고문관 출신 리치의 이런 증언은 주민들에 대한 수용소 설치와 강제 소개가 이뤄지고, 즉결처형이 있었다는 것을 보여줄 뿐 아니라 미군 고문관들이 경비대와 함께 작전에 직접 개입하고 참가했음을 보여준다.

연대장 암살사건과 미군정의 대응

6월 18일 새벽 일어난 박진경 연대장 암살사건은 경비대 내부는 물론 미군 고문관들에게 상당한 충격파를 던졌다. 군정장관 딘 소장과 통위부 고문관 로버츠 준장, 경찰 관계자들이 사건 당일 제주도에 급거 도착했다.[주167] '가장 훌륭한 한국의 부대장 및 야전지휘관 가운데 한 명으로 평가'[주168]받던 박 연대장 암살사건은 미군정의 비상한 관심을 모을 수밖에 없었다. 리치는 박진경이 밤중에 자신과 전화하고 난 뒤 11연대 사령부에서 암살당했다고 말했다.

> 어느 날 아침, 경비병이 브라운과 나에게 와서 박 연대장이 살해됐다고 했어요. 우리가 달려가 보니 박 연대장이 바닥에 누워 있었고, 총알이 바닥을 관통했어요. 즉시 프라이스 대령에게 전화를 걸었지요. 군정장관 딘과 군사고문단장 로버츠, 경무부장 조병옥이 왔어요. 그들은 무기를 검사하기 위해 탄도조사팀(총포연구자)을 데리고 왔지요.[주169]

중대장 이세호도 박 연대장의 진급 축하연에 참석했다. 그는 "축하연에 참석했다가 돌아와 자고 있는데 느닷없이 연대작전인 임부택 씨가 뛰어와서 '연대장이 피살됐다'고 하면서 '제주와 한라산 중간에 부대를 배치하고 움직이는 놈은 다 잡아라'라고 했다"고 말했다. 그는 이에 따라 어승생악 앞에 병력을 배치했으나 아무도 잡지 못했다고 증언했다. 곧바로 방첩대와 미군 범죄수사대CID, 경찰이 강도 높은 수사에 들어갔다.[주170]

박진경 암살사건 수사결과 9연대 3중대장 문상길 중위를 비롯해 강승규 일등중사, 황주복 하사, 김정도 하사, 손선호 하사, 배경용 하사, 양회천 이등상사, 신상우 일등중사 등 8명이 체포됐다. 미군 고문관과 미군 보고서의 박진경에 대한 평가와 박진경과 함께 있었던 병사들의 평가는 극과 극이었다. 8월 12일 열린 공판에서 문상길은 증인심문을 통해 다음과 같이 진술했다.

> 4월 3일 제주도 소요가 봉기된 이후 전 11연대장(9연대장의 오기: 인용자) 김 중령 재임시와 박 대령 부임 후의 대내 공기는 전반적으로 변하였다. 경찰의 폭도와 도민에 대한 무자비한 탄압에 대하여 김 중령 지휘 밑의 경비대는 도민을 선무하기에 노력하여 그들의 신뢰를 받았으나 박 중령 부임 후로는 경찰과 협력하여 소요부대에 무조건 공격 명령이 내렸으며 도민도 탄압하기 시작했으므로 도민들의 신뢰를 잃게 되고 경비대 내부공기도 동요하였다. 나는 김 중령의 동족상잔을 피하는 해결방침에 찬동하였으며 처음으로 김달삼을 만난 이유는 김 중령과 회견시키기 위하여서였고, 두 번째는 박 대령 부임 후였는데 그때 김달삼은 30만 도민을 위하여 박 대령을 살해했으면 좋겠다고 하였을 뿐 절대 지령을 받지는 않았다고 주장하는 동시 심리조서에 서명 날인한 것은 전기고문 끝에 눈을 막은 후 조서에 대한 기록 내용 여하를 모르고 강제적으로 무조건 날인한 것으로 이 법정에서 진술한 것이 진실이라고 굳게 그 조서날인에 대하여 부인하였다.[주171]

문상길은 전기고문을 받고 눈이 가리워진 채 진술조서에 서명했다. 박진경을 암살한 손선호는 같은 날 증인심문에서 "3천 만을 위해서는 30만 제주도민을 다 희생시켜도 좋다. 민족상잔은 해야 한다고 역설하여 실제 행동에 있어 무고한 양민을 압박하고 학살하게 한 박 대령은 확실히 반민족적이며 동포를 구하고 성스러운 우리 국방경비대를 건설하기 위하여는 박 대령을 희생시키는 수밖에 없다고 생각했다"고 밝혔다. 그는 이어 "전 연대장 김익렬 중령이 있을 때에는 평화적 해결을 위하여 삐라 등으로 선무공작을 했었으나 박 대령이 내임하자 직접 공격명령을 내리고 만약 부락민이라도 명령에 응하지 않을 때는 무조건 사살해도 좋다고 하였다"고 덧붙였다.[주172] 이와 관련한 진술 내용이 다른 신문에는 구체적으로 적시돼 있다. 그는 "박 대령의 30만 도민에 대한 무자비한 작전 공격은 전 연대장 김 중령의 선무작전에 비하여 볼 때 그의 작전에 대하여 불만을 가지지 않을 수 없었다. 그러한 그릇된 결과로 다음과 같은 사태가 벌어졌다. 우리가 화북이란 부락에 갔을 때 15세가량 되는 아이가 그의 아버지의 시체를 껴안고 있는 것을 보고 무조건 살해하였다. 또 5월 1일 오라리란 부락에 출동하였을 때 수많은 남녀노소의 시체를 보았을 뿐인데 이들에 대한 자세한 조사결과 경찰의 비행임을 알게 되었다. 사격연습을 한다고 하고 부락의 소, 기타 가축을 난살하였으며 폭도가 있는 곳을 안내한 양민을 안내처에 폭도가 없으면 총살하고 말았다. 또 매일 한 사람이 한 명의 폭도를 체포해야 한다는 등 부하에 대한 애정도 전혀 없었다"고 말했다.[주173]

최후 변론을 한 민간변호사 김양은 박진경 연대장 참모 임부택 대위의 진술을 인용해 박진경이 "조선민족 전체를 위해서는 30만 도민을 전부 희생시켜도 좋다", "산사람 토벌을 주목적으로 하는 것보다 각 부락을 수색해 부락민을 전부 검거하라", "양민여부를 막론하고 도피하는 자에 대해서는 3회 정지명령에 불응하면 총살하라"고 지시했고, 이에 피고인들이 "민족을 위한 거사로 살해를 결정했다"며 선처를 호소했다. 그는 또 정지명령에 불응한다고 총살당한 부락민이 임 장교의 기억에 남은 것만으로도 20~30명이 넘는다고 밝혔다.[주174]

고등 군법회의(재판장 이응준 대령)는 8월 14일 선고공판을 열어 문상길 중위와 신상우 일등상사, 손선호 하사, 배경용 하사 등 4명에게 총살형을 선고했다. 이들 가운데 문상길 · 손선호는 9월 23일 형이 집행됐고 신상우 · 배경용은 집행 직전 특사에 의해 무기형으로 감형됐다.[주175] 박진경 암살사건은 군부 내의 숙군만이 아니라 4 · 3의 진압과정에서 일대 전환을 가져올 정도로 후폭풍을 불러일으켰다. 김점곤은 "박진경 연대장 암살사건은 전국적으로 충격이 컸고, 군에도 커다란 충격이었다. 제주도 사건에서 이건 대단히 중요하다"며 "박진경 대령이 죽자 군정장관 딘 장군이 이래서는 안 되겠다 싶어 그 뒤에는 적극적으로 나왔다"고 말했다.[주176] 이 사건은 미군정과 경비대의 토벌작전을 강화하는 계기가 돼 무장대와 진압군 사이에 놓인 민간인들의 피해는 급격히 늘어났다.[주177] 그러나 제주도민의 입장에서는 박진경 암살 전과 후의 진압의 강도는 마찬가지로 가혹했다.

경비대 총사령부는 박진경의 후임 11연대장으로 6월 21일 최경록 중령을, 부연대장으로 송요찬 소령을 임명했다. 최경록은 제주도로 부임하면서 (1) 암살범의 조속 검거 (2) 공비토벌보다 암살범 체포 주력 (3) 민심 평정 등 3가지 임무를 딘 소장으로부터 부여받았는데 그것으로 "그 사람(딘 소장)이 얼마나 박진경 연대장을 사랑했다는 것을 알 수 있다"고 말했다.[주178] 경비대는 최경록 연대장이 부임하던 날인 6월 21일을 포함해 22, 25, 26일 등 잇따라 수색작전을 전개해 '폭도' 253명을 체포했다. 25일에는 '폭도' 176명을 체포했으나 노획물은 무기류는 없고 돈과 식량뿐이었다.[주179] 6월 26일에는 오후 6시부터 다음날 오후 6시까지 만 하루 동안 전개된 작전에서 '폭도 혐의자' 176명을 체포했다.[주180] 박진경 암살사건 이후 대대적인 체포가 이뤄졌음을 알 수 있다. 최경록의 작전에도 불구하고 경비대는 무장대와 조우하지 못했다. 그는 진압작전 마지막 날인 7월 15일 중앙에서 특파된 기자들과 만나 "지금까지 한라산을 중심으로 토벌을 4회 한 일이 있었는데 산사람들을 체포할 수는 없었다"고 말했다.[주181] 이 시기 수용소 시설은 형편없었다. 수용소 시설은 운동장에 야영용 천막을 쳐 비바람을 겨우 피할 수 있을 정도여서 비가 오면 물이 새고 습기 때문에 바닥에 깐 가마니가 젖을 정도로 열악하고, 주위에는 무장한 경비대원들이 감시했다. 천막수용소 2곳에 수용인원은 40여 명으로 20살의 청년에서부터 60살의 노인도 있었다고 신문은 보도했다. 눈에 띄는 것은 이들이 산에서 체포된 것이 아니라 자기 마을에서 농사를 짓다 붙들려온 것으로 4월 중순부터 3개월째 수용소 생활을 하고 있었다.[주182] 『조선중앙일보』 특파원 천길봉은 제주도민들의 안타까움을 이렇게 표현했다.

> 어부를 기다리는 바닷가 노점은 차마 볼 바에 없고 우후(雨後)의 싸늘한 바람에 한 둘의 경관, 경비대가 오락가락할 뿐이다. 대문 없고 도적 없고 거지 없다는 삼무의 평화경 이곳 제주도는 도민의 보고요 또한 마당인 바다를, 그리고 생계의 근원인 산을 잃은 채 눈앞에 떡을 두고 먹지 못하는 고통에 도민의 생활고는 한결 같다. 삼다의 600리 제주도 주변 부락에는 청년을 구경하기 어렵다. 그들은 무차별 집단 검거를 피하여 소위 인민해방군의 전위대에 몸을 던져 버렸다 한다. 조와 감자심기에 한창일 들판에는 늙은 노파들의 그림자만이 드문드문 보일 뿐이다. 신(新) 경찰청장의 강연에 갔다 오던 수백 군중이 일행을 둘러싸고 발버둥 치며 백성을 살게 하라고 외친다. 가장 큰 고통이 무엇이냐고 묻는 기자의 말에 "호적에도 없는 아들과 딸을 내놓아라는 데는 질색하겠다" 한다. 오늘부터 출어허가도 내렸고 동외(洞外)의 통행허가며 여러 가지의 납부금도 금지된다고 전하는 지서원의 말을 도시 곧이 듣지를 않는다. 가면 갈수록 즐비한 송덕비와 선정비는 그 옛날의 이곳을 말없이 가리키고 있건만 지금 도민은 어떠한 선정비를 바라는 것인가.[주183]

4·3이 진행되면서 제주도민들은 농경지를 경작하지 못하고, 출어를 하지 못해 극심한 생활고를 겪었다. 게다가 없는 자식들을 찾아내라는 군·경의 강요에 제주도민들은 신음하고 있었다. 국방부 전사편찬위원회의 『대비정규전사』와 군사편찬연구소의 『4·3사건토벌작전사』는 똑같이 최경록이 "공비와 주민을 분리하기 위하여 피난민 수용소를 설치하고 작전으로 인하여 폐허화된 지역의 주민과, 공비들에게 가담한 주민을 선무공작을 통해 하산시켜 피난민 수용소에 수용했다"며 "이러한 조치로 주민들은 하나 둘씩 공비들과 분리되어 갔다"고 밝히고 있다.[주184] 대게릴라전에서 나타나는 '비민분리'와 '집단수용소'의 설치는 4·3의 전개과정에서 초토화 시기 이전부

터 나타났다. 제주도 소요사태가 어느 정도 가라앉자 송호성 사령관은 11연대의 대부분을 인천으로 철수시켰다. 11연대와 함께 철수한 리치는 "최 연대장이 매우 만족스럽게 임무를 수행해 그들과 함께 활동하는 것이 즐거웠다"고 말했다.[주185]

6 · 23 재선거의 무기 연기와 미군정의 인식

미군정은 강력한 진압작전에도 불구하고 6 · 23 재선거를 치를 상황을 만들지 못했다. 미군정은 6월 10일 행정명령 제22호를 발표하고, '인민의 의사를 대표할 수 있는 평화롭고 혼란 없는 선거를 보장하기 위해' 제주도 재선거를 무기한 연기했다.[주186] 미군정은 제주도 소요가 진정되지 않은 상태에서 6 · 23 재선거가 치러진다면 제주도 사태가 더욱 악화될 것으로 판단한 것이다.[주187] 미군이 남한을 점령한 이후 제주도에서처럼 격렬한 저항에 부딪쳐 본 적도 없고, 두 번씩이나 '점령기간의 핵심적 임무'라던 선거가 실패한 적도 없었다. 제주도 5 · 10선거와 6 · 23 재선거의 연속 실패는 제2차 세계대전 이후 추구해왔던 미국의 대한정책 실패를 상징적으로 보여준다.

재선거의 무기연기를 발표한 닷새 뒤인 6월 15일 제주도를 방문한 군정장관 대리 콜터 소장은 '제주도 방문'이라는 제목의 비망록에서 "경찰의 가혹행위와 제주도의 경제상황이 공산주의자들의 활동에 크게 기여해 장기적으로 철저한 처방이 요구되며, 참을 수 없을 만큼 나쁜 경제상황에 대한 확실한 조치가 취해지지 않으면 개선될 수 없다. 이런 상황이 즉각 개선되지 않는 한 정치 · 경제적으로 심각한 문제가 예상된다"고 평가했다. 그는 제주도 최고 지휘관 브라운 대령과의 면담과 개인적인 시찰을 통해 군정청이 신속하게 조처를 취해야 한다고 건의했다. 콜터의 건의사항은 (1) 공보원(주로 한국인들)은 제주도민들에 대한 광범위한 재교육을 지체 없이 실시

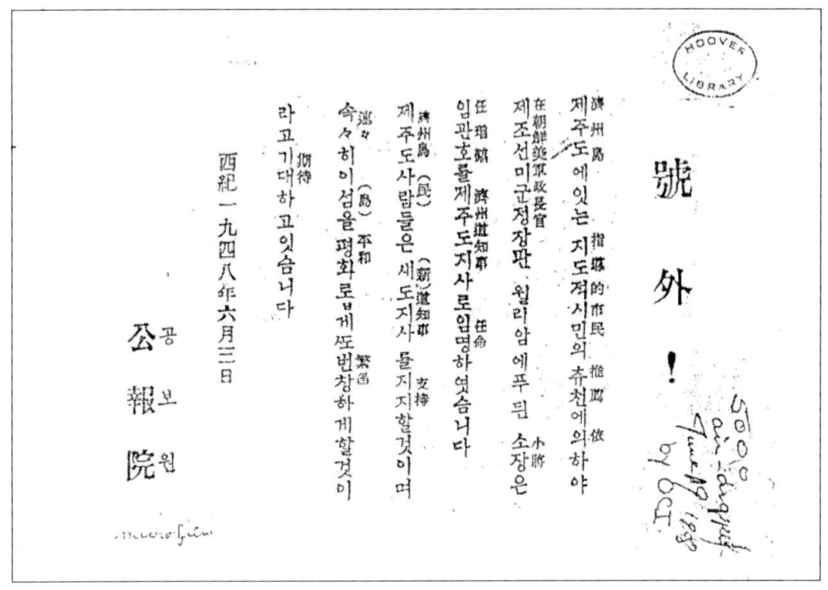

號外!

제주도에 잇는 지도적 시민의 츄천에 의하야 제조선미군정장판 윌리암 에푸 띤 소장은 임관호를 제주도지사로 임명하엿슴니다

제주도사람들은 세도지사를 지지할것이며 속々히 이섬을 평화로ㅂ게 또번창하게할것이라고 기대하고잇슴니다

西紀一九四八年六月三日

공보원
公報院

유해진 지사를 임관호 지사로 교체한 사실을 알리는 호외.

해야 한다. (2) 효율적이고 신뢰할 만한 경찰이 필요하다. (3) 경찰이 치안을 맡을 때까지 기동성 있고 효율적인 경비대가 주둔해야 한다. (4) 고구마 재배와 주정공장의 가동과 관련해 현재의 참을 수 없는 상황을 치유하기 위한 조치가 취해져야 한다는 것이었다. 콜터는 1948년 8월 27일 하지 중장이 육군부로 전출되자 주한미군사령관에 취임했다.주188 콜터가 이 문서를 작성한 직후인 6월 17일 제주도 경찰감찰청장이 최천에서 제주도 출신 김봉호로 교체됐다.주189

브라운 대령의 대대적인 작전에도 불구하고 제주도 선거는 무기연기됐다. 그런데도 그는 6월 22일 제주도 신문기자단과 치안상태를 시찰하고 기자회견을 열어 제주도 사태가 진정됐다고 강조하려고 애썼다. 그는 이 자리에서 "여러분이 친히 본 바와 같이 우리가 오늘 통과한 길은 약 1개월 전에는 위험해서 통행치 못하였던 것이다. 그러나 지금은 아무런 사고가 없어서

도내 도로, 전선은 모두 복구되고 있으면 얼마쯤 치안도 회복됐다고 본다. 그네들은 지금 해산 상태에 있으며 대중적 행동을 못 하고 있고 각지마다 군 · 경 · 민 삼자일체가 되어 치안 회복에 노력하고 있는 것을 보았다"고 말했다.[주190]

미군정청 특별감찰실의 경질 건의에도 요지부동이던 미군정은 워드 소장과 콜터의 건의 등으로 4 · 3이 발발한 뒤에야 도지사 유해진을 해임하고 제주도 출신 임관호로 교체했다. 미공보원은 1948년 6월 3일 도지사 교체를 알리는 '호외'를 발행해 6월 19일 5천여 부를 비행기로 살포했다. 내용은 다음과 같다. "제주도에 있는 지도적 시민의 추천에 의해 재조선 미군정장관 윌리엄 F. 딘 소장은 임관호를 제주도지사로 임명했습니다. 제주도 사람들은 새도지사를 지지할 것이며 속속速速히 이 섬을 평화롭게 또 번창하게 할 것이라고 기대하고 있습니다."[주191] 미군정의 이런 조처는 너무나 늦은 것이었다. 신임 지사 임관호는 『강원일보』 특파원 서두성을 만난 자리에서 "민심지도는 민의의 참다운 소리를 존중하여 사태의 급속 수습을 기하겠다. 방금 각 지방 순회 좌담회를 개최하여 실제적인 각 방면의 의견을 듣고 있다"고 밝혔다. 그가 제시한 방안은 "(1) 금번 사태로서 피해를 입은 이재민 구제대책으로는 중앙으로부터 국고의 보조를 받아 이재민구원회를 조직하고 강력한 구호사업을 개시할 방침이다. (2) 청년단체의 탈선행위에 대하여는 경찰당국과 긴밀한 연락으로 철저단속할 것이며, 일반 양민들에게 자극을 주는 일체의 행동을 엄금하겠다. (3) 일반 행정관청은 물론 경찰 내부에까지 잠복하고 있는 탐관오리의 숙청을 기하여 일반 민심을 안정시키며 일반으로부터 신임을 받을 관도官道를 세움으로써 관 · 민 일체화를 추진하겠다. (4) 초 · 중등학교가 모두 복구되었으나 아직 출석률이 40% 내지 50%밖에 안 되는 상황이므로 앞으로 학부형의 협력을 얻어 조속히 종전의 사태를 복구시킬 방침이다"고 밝혔다.[주192] 그러나 서청의 횡포는 계속됐고 학교의 정상수업은 이뤄지지 않았다.

제주도의 경제상황 또한 개선되지 않았다. 미군정은 제주도에 미국식 제도의 도입만이 제주도의 미래와 경제발전에 희망을 줄 것이라고 확신했는데도 물가는 폭등해 제주도의 쌀값은 6월 1말당 1,081원(전국 평균 978원)으로 전국에서 가장 높은 데 이어 7월에는 1,879원(전국 평균 1,166원)으로 74%나 뛰었다.[주193] 4·3으로 농사를 짓지 못하고 본토로부터 쌀을 들여와야 하는 제주도민들로서는 이중 삼중의 고통에 시달렸다.

3) 정부 수립 전후 미군정과 제주도

경비대의 제주도 작전과
미군 고문관의 경험

미군정은 정부 수립을 위한 정지작업에 들어갔다. 미군정의 무차별적인 체포와 계속된 작전 등으로 제주도 소요는 어느 정도 가라앉은 듯이 보였다. 미군정은 별다른 사건 없이 신생 대한민국 정부에 권력을 이양하거나 군대를 철수할 수 있도록 1948년 여름을 보낼 수 있기를 희망했다. 남한의 국제적인 지위는 여전히 불안한 상태에 있었고, 유엔총회 회기 중에 대한민국 정부가 승인을 받을지도 미지수였다.[주194] 이에 따라 미군정은 남한 단독정부 수립을 위해 내부의 불안요소 제거를 명분으로 제주도에서 소탕작전을 계속했다.

로버츠 준장의 명령으로 11연대 3대대 고문관으로 부임한 웨솔로스키 Charles L. Wesolowsky 중위는 작전고문관도 맡았다. 웨솔로스키는 미육군사관학교 출신으로 1948년 6월경부터 8월 18일까지 제주도에서 근무했다. 그는 처음 최경록 연대장의 11연대 부고문관겸 1대대 고문관으로 부임했다가 뒤에 송요찬 연대장이 이끄는 9연대 고문관으로 근무했다. 그는 11연대와 함께 여러 차례 소탕작전에 참가했으며, 한라산에도 작전을 나간 그는 한번은 2~3주 동안 남쪽지역에서 한라산을 향해 소탕을 벌이는 작전이 있었는데 '적'으로 간주할 만한 사람들의 징후는 전혀 찾지 못했다고 회고했다. 또한 연락기 L-5도 웨솔로스키의 지휘하에 두고 제주도 전역을 비행하면서 정찰과 물자수송을 담당했다.

> 그때 경비대가 매우 적극적으로 한라산까지 작전에 나섰기 때문에 희생자가 많지 않았습니다. (중략) 나는 한라산 정상까지는 가지 않았습니다. 그러나 어느 정도 높이까지는 올라갔습니다. 훈련장 같은 것이 있고, 탄약과 무기를 은닉했다고 하더군요. (중략) 나는 마을에 진입해 본 적이 있어요. 우리는 대형을 갖추고 마을을 통과해 행진했습니다. 그리고 2척의 소해정을 지휘했는데 15~16피트 정도 되는 소형목선이었습니다. 우리는 1개 중대를 승선시키고 제주읍 반대편의 작은 마을 마을로 진입했습니다. 그곳 주민들은 공산주의자들에게 괴롭힘을 당했어요. 그들에게 우리가 거기 있다는 것을 보여주려고 했죠. 군사적이라기보다는 정치적 행위였습니다."[주195]

그는 "제주도의 미군 정보담당자들이 약간 과도한 열정을 갖고 공산주의자들과 싸우는 것 같았다. 나의 임무는 반란을 진압하고, 선동자를 섬멸하며, 민간정부를 회복하는 것이었다. 내가 할 수 있는 것은 섬멸에 관한 것이었다"고 말했다.[주196] 경비대의 대대적인 소탕작전이 전개되는 동안 무장대와의 전면적인 전투는 8월 2일 서광리에서의 교전[주197]을 제외하고는 8월 중순까지 거의 없어 외관상 미군정의 진압작전이 성공한 것처럼 보였지만 이는 경비대의 무차별적인 토벌작전을 피해 무장대가 지하로 숨어들어 갔기 때문이었다.

웨솔로스키가 9연대 고문관으로 활동하던 막바지 시기인 8월 6일 켈소Minor L. Kelso 중위가 제주도에 부임했다. 켈소는 1948년 한국에 들어온 뒤 기지통신보급장교 고문관으로 배치됐으나, 보병 부대로 재배치해 줄 것을 요구해 1948년 8월 6일부터 10월 초순경까지 대대 고문관으로 제주도 모슬포 주둔 대대에 부임했다. 1946년 미육군사관학교를 졸업한 그는 4·3과 여순사건을 차례로 경험했으며, 한국전쟁 때는 공수부대원으로 참전했다. 켈소 중위는 대대 고문관의 주요 역할은 무기와 장비의 적절한 보수와 유지였지만, 제주도 주둔 9연대가 전투에 참가할 정도로 훈련이 잘 되지는 않았다고 기억했다. 그는 모슬포 주둔 대대가 해안에서 멀리 벗어나 본 적이 없다고 말했다.

> 내가 아는 한 공산 게릴라들이 산간지역의 대부분을 장악했다. 하지만 내가 배속된 대대는 해안에서 벗어난 적이 없었다. 게릴라와의 교전 시도를 관찰한 유일한 시기는 해안을 따라 움직이는 무엇인가가 있을 때였다. 나는 야간에 선두그룹과 함께 있었다. 많은 병사들이 적이라고 생각한 물체를 사격했는데 그 물체는 빨랫줄에 걸려있는 옷이었다. 그만큼 그들의 훈련이 빈약했다는 것을 알았다.

그는 자신의 전임자는 모르겠다며 자신이 기억하는 한 모슬포에 주둔했던 첫 대대 고문관이라고 말했다. 그는 경비대 장교들과 날마다 비공식적 관계를 유지하면서 식당에서 그날의 활동을 논의하고 계획했지만 9연대장이었던 송요찬을 모른다고 말했다.[주198]

7월 12일 통위부 이형근 참모총장은 "대체로 제주도 사건은 일단락되고 민심은 안정됐다. 앞으로 종래와 같은 폭동은 없을 것이다"라고 천명했다.[주199] 이어 경비대 총사령부는 7월 15일자로 11연대에 합편됐던 9연대 병력의 배속을 해제해 (재편)9연대를 부활시키면서 연대장에 기존 11연대 부연대장인 송요찬 소령을, 부연대장에는 11연대 대대장인 서종철 대위를 각각 임명했다.[주200] 7월 21일 3여단의 5연대와 6연대에서 각각 1개 대대씩 2개 대대를 차출해 제주에 증파하고 11연대는 7월 24일 수원으로 철수했다.

경비대 9연대의 활동

송요찬이 9연대장으로 있던 7월 하순부터 8월 하순까지 9연대의 활동내용은 〈표 15〉와 같다.[주201] 표를 보면 이 시기가 4·3 무장봉기 이후 비교적 경비대의 작전이 부분적으로 이뤄졌을 뿐 상대적으로 조용한 시기였음을 보여주고 있다.

표에는 미군 장교들의 입회하에 8월 3일 사형선고를 받은 경비대원 3명

〈표 15〉 제9연대 활동내용(1948.7.21~8.22)

일자	주요 활동
7.21	방첩대가 폭도 150여 명이 어승생악 부근에서 훈련받고 있고, 무장 폭도들이 노로악에서 적은 수의 폭도들과 연락을 취하고 있다고 보고. 이에 따라 작전명령 제1호 발효. 작전 종료 기간에 부대는 지정된 위치로 이동 및 훈련실시 예정
7.23	11연대 부대 이동 완료. 작전 준비 진행중
7.24	모슬포 비행장에 사격장 설치. 부대 이동과 작전 준비 진행중
7.25	부대 공격 개시. 목표지점 도달. 작전중
7.26	제1대대 귀환. 노획물: 일제 탄약10발, 창 1개, 일제 소총 노리쇠 1개
7.27	제3대대: 폭도 전령 1명 체포. 전령은 10만 엔과 100여 명의 처단 대상 우익인사 명단 소지. 이들 가운데는 폭도 활동과 관련해 경비대에 정확한 정보를 줬던 인사도 포함. 경찰고문관에게 명단을 줘 이들을 보호할 수 있도록 할 것임. 전령 탈출. 제2대대: 포로 9명 체포. 심문받고 석방됨
7.28	송요찬 소령, 제5여단과 행정 및 보급문제 조율 위해 목포 선편으로 광주행
7.29	경비대 사령부의 명령에 따라 모든 부대가 새로운 장소로 이동중
7.30	적은 수의 폭도부대가 한림지역에서 보급품을 확보하기 위해 활동중이라는 방첩대의 보고서를 경찰고문관과 논의. 경비대가 기초훈련을 위해 시간이 필요하기 때문에 경찰이 활동 예정
7.31	연대 사령부와 제1대대 지역검열 실시. 특수정보원들이 제주 주둔 경비대원들이 공산주의 선전활동을 유포하고 있다고 보고한 것을 경찰고문관으로부터 보고받음. 이들 정보원들에게 연루된 경비대원들의 명단 제출 요청
8.1	7월 31일 오후 11시께 통행금지시간 식당영업문제로 경비대 정보요원과 경찰 사찰과 형사 간에 싸움. 경찰 고문관과 경비대 고문관이 조사하고, 경찰 책임자와 제9연대장 간에 회의 개최. 경비대원과 경찰관 마찰 방지 위한 조사위 구성 예정.
8.2	시코어(Secore) 대위, 리드(Reed) 대위, 야고다(Jagoda) 대위 제주 도착. 천막 40개가 부족한 것이 발견됐는데 조사결과 11연대 2대대장이 천막을 20만 원에 민간인들에게 판매한 것으로 보임. 이 사건은 제11연대가 본토로 이동한 뒤 발생
8.3	집합 완료. 사형 선고 받은 경비대원 3명 총살
8.4	경찰이 폭도 2명 사살. 이들 가운데 1명은 경비대 탈영병, 시코어 대위 제주발
8.5	연대 정보과(S-2) 재편중. 제주도 출신 정보과 소속은 1대대로 전출됨. 정보업무에 대한 경찰, 경비대와 방첩대 사이 연락 개선
8.6	군기대, 서귀포에서 분대 천막 21개 회수
8.7	폭도활동이 지난주 증가했다고 경찰 보고. 폭도들은 마을에서 식량 확보중
8.9	연대장, 연대참모, 대대장 회의. 보급절차와 참모기능 확정. 군정장관이 인민군 소속 300명이 기관총

	12정을 가지고 본토에서 출발했다는 정보를 서북청년단으로부터 받았다며 정보 제공, 인민군 40명이 함덕리에 도착해 교래리로 향했다는 경찰보고 접수. 이 정보를 제2대대에 넘겨줌. 민간용 트럭이 비상시기인 8월 13~17일 부대 이동을 위해 제주에 징발될 예정.
8.18	웨솔로스키 중위 서울 귀환. 라이언 신부가 폭도 40여 명이 상효마을 주민 5명의 집을 습격해 이들을 찔렀다고 보고. 주민들은 북한선거를 위한 선거인 투표용지 서명을 강요받음
8.19	경찰간부가 밤 11시 30분께 한림리에서 폭도들에게 피살
8.20	제1대대 사격 완료. 폭도 활동 없음
8.12	제주도 출신 부대원들이 작전과(S-3)에서 전출되는 것이 이뤄짐. 폭도활동 보고되지 않음
8.13	송당리 제2대대 감찰 실시. 대대장은 아파 막사 잔류
8.14	대대장에 대해 조사차 송당리에 대한 항공감찰 실시
8.15	세화지서, 대천동 부근에 폭도 30여 명 있다고 보고. 확인 위해 정찰대원 25명 파견. 항공감찰 결과 별다른 사항없음
8.16	정찰대원은 2대대와 3대대에서 파견. 결과없음
8.17	해안경비대 함정이 북한에서 온 러시아 선박 차단. 선박은 보급임무를 수행하는 것이 명백함. 경찰은 보급품이 있는지 조사중
8.22	제3대대 정찰대원 4명이 서귀면 서홍리 부근 폭도 15명을 체포하기 위해 파견됨

에 대한 총살형이 이뤄졌다는 보고가 있다.[주202] 당시 처형은 경비대 독자적으로 수행할 수 있었던 게 아니라 미군의 입회 아래 이뤄지게 돼 있었다. 표에 나온 리드 대위의 제주도 방문 결과 보고서는 이런 상황을 보여주고 있다. 리드는 하우스만에게 보낸 '정보참모부의 제주도 방문 수기'에서 "내란, 탈영 등의 혐의를 받은 3명의 경비대원들에 대한 처형은 1948년 8월 3일 오후 3시 40분 제주읍 교외 (좌표 952-1149) 지점에서 집행됐다. 사전 계획이나 '예행연습'의 부족으로 매우 허술하게 진행됐다. 7차례의 일제 사격 끝에 집행됐다"고 밝혔다.[주203] 이 보고서는 당시 9연대의 대대 주둔지와 정보참모 탁성록에 대해서도 언급하고 있다. 보고서는 "9연대 사령부와 1대대옛 모슬포 대대가 제주읍에 주둔하고 있다. (중략) 연대 고문관 웨솔로스키 중위가 경험이 없고, 송(요찬) 소령을 잘 다루지 못한다. 송 소령은 9년간의 일본군 하사관 경력이 있으며 매우 강한 의지의 소유자다. 잘 지도만 하면 연대를 확실히 장악할 것이다. 2대대과거 5연대 2대대는 송당리와 정의 사이에 주둔하고 있다. 이 대대는 조셉Joseph 중위[주204]의 자문을 받고 있는 대위가

지휘한다. 이 대대는 사병 723명, 장교 12명으로 구성돼 있다. (중략) 3대대[과거 6연대 3대대]는 현재 모슬포에 주둔하고 있다. 모슬포로 가던 도중 타이어 펑크로 귀덕리에서 중단했다. 대대 고문관이 8월 6일 도착할 예정이다"고 돼 있다. 여기서 말하는 도착 예정인 고문관은 마이너 켈소다. 이 보고서는 또 악명 높았던 탁성록과 관련해 "탁성록 대위(차량사고로 병사를 과실치사한 혐의)가 지난달 9연대 정보주임[S-2]을 맡기 위해 지난달 석방됐다. 아직 근무하지 않고 있다. 이 문제는 주시할 것이다"라고 돼 있다.[주205]

그러나 이 시기 군정장관이 서북청년단으로부터 입수했다며 인민군 300여 명이 제주도로 출발했다거나 40여 명의 진주, 러시아 선박 차단 등의 보고는 당시 상황으로 봐서 상당히 비중이 있을 것으로 보이지만 추가 보고가 없고, 주한미군사령부 정보참모부 보고서 등에도 나타나지 않는다. 이런 점으로 보아 허위 또는 과장 보고일 가능성이 크다. 이 시기 고문관으로 활동한 웨솔로스키는 게릴라와 관련해 북한의 개입 증거를 확인하거나 찾을 수 없다고 밝혔다. 경찰도 북한을 통해 어떠한 대량의 무기가 제공된 것으로 보지 않는다고 논평했다.[주206]

미군 고위 관계자들의 제주도 사건 인식

브라운 대령은 딘 소장에게 (1) 최소한 1년 동안 경비대 1개 연대를 주둔시킬 것 (2) 제주도 경찰을 효율적이고 훈련된 경찰로 재조직할 것 (3) 장기적이고 지속적인 미국식 교육 프로그램을 만들 것. 이는 공산주의 해악을 적극적으로 입증하고, 미국식이 제주도의 미래와 건전한 경제발전에 긍정적인 희망을 준다는 것을 보여주는 것이며, 공산주의자들의 선전선동에 효과적인 역선전을 하는 것이다. 또 미국의 정치적 위상을 강화시켜주고 공산주의자들에 대한 압력을 가하게 되는 것을 의미한다. (4) 제주도 행정기관을 부패와 비효율성이 없는

기관으로 만들 것을 건의했다.[주207]

브라운 대령 휘하 참모로는 포티어스Portius 소령을 비롯해 리치 대위, 몽고메리Montgomery 중위와 2~3명의 장교들이 있었다.[주208] 이 가운데 포티어스 소령과 리치 대위는 9연대에서 근무했다. 작전 참모이기도 한 리치 대위는 대부분의 작전지역에 진입했다. 뱅스볼로 대위는 경찰 고문관으로 활동했다. 뱅스볼로는 특수부대 출신으로 제주도에 들어올 때는 허리에 쌍권총을 차고 있어 마치 전쟁터에 나가는 군인처럼 보였다고 한다. 웨솔로스키 중위는 제주도에 부임한 지 3주일 정도 있다가 브라운 대령과 포티어스 소령, 뱅스볼로 대위 등이 떠났다고 밝혔다.[주209]

정부 수립을 앞두고 딘 소장은 브라운 대령의 보고서를 토대로 제주도 민정장관 노엘Edgar A. Noel 소령에게 브라운 대령의 건의사항을 완전 이행하도록 지시하고 이와 동시에 '모든 방법을 동원해' 제주도의 안전을 지키기 위해 노력하겠다고 다짐했다. 딘 소장은 "제주도를 원상태로 회복시키기 위해 우리는 제주도민들에게 군정청이 무엇인가 명확하고 건설적인 방안을 갖고 있다는 것을 보여줘야 한다. 서울에 있는 모든 정부 부처에도 제주도 문제를 최우선 관심사로 두도록 지시했다"고 언급했다.[주210] 그만큼 제주도 문제는 1948년 7월 미군정의 최대 현안이었다.

딘은 브라운 대령의 건의사항을 7월 30일 비망록을 통해 경무부장에게도 통보했다. 딘은 이 비망록을 통해 "국방경비대는 야전훈련을 위해 제주도에 연대들을 교대시킬 계획이다. 1개 연대가 4~6주 동안 제주도에 주둔할 것이며 산간지대에서 상시 연대 훈련이 이뤄질 것이다. 이는 반대세력을 산으로 도주하는 것을 막고, 반대세력들이 산간지대에서 편성되고 훈련하는 것을 차단하는 데 기여할 것이다. 현시점에서 제주도의 임시 과잉 경찰력을 너무 빠르게 줄여서는 안 된다. 제주도 경찰청장은 제주도지사를 위해 일하도록 교육받아야 한다. 항상 제주도지사가 제주도의 1인자이고, 경찰과 경비대는 치안과 공공질서를 유지하기 위한 지사의 도구라는 점을 명확하게 이해

시켜야 한다"는 지침을 보냈다.[주211] 대한민국 정부수립이 다가온 이 시기에도 딘은 경비대와 경찰에 대한 훈련과 편성을 지시하는 입장에 있었다.

딘의 지시는 스스로 제주도 정책의 실패를 자인하는 것이었다. 미군정청 특별감찰실이 1948년 3월 각종 비위사실을 들어 유해진 지사를 경질토록 했는데도 이를 거부했던 딘이 6월 초 그를 경질하고, 7월에는 부패와 비효율성이 없는 행정기관을 만들도록 지시한 사실은 이를 입증한다.

남한 내 군사고문관들의 책임을 맡고 있던 통위부 고문관 로버츠 준장은 제주도 소요를 어떻게 인식했는가? 당시 제주도 주둔 9연대 고문관인 웨솔로스키 중위와의 대화와 한국전쟁 당시 납북된 미군정 고위인사들의 발언을 통해 이들의 사고를 볼 수 있다. 9연대와 교체한 11연대가 7월 경기도 수원으로 이동하자 함께 동행한 웨솔로스키 중위는 로버츠 준장에게 신고했다. 그리고 그는 그 자리에서 로버츠의 명령으로 다시 송요찬 소령이 연대장으로 있는 제주도의 9연대 고문관으로 배속됐다.

다음은 웨솔로스키가 제주도 근무를 끝내고 7월 11연대와 수원으로 이동해 로버츠 준장에게 신고할 때 있었던 로버츠 준장과 웨솔로스키의 대화내용을 정리한 것으로, 웨솔로스키의 구술을 재구성한 것이다.

로버츠: 귀관은 제주도 사태에 대해 어떻게 생각하는가?

웨솔로스키: 당분간 진정될 것이라고 생각합니다. 그러나 언제 어느 방향으로 전개될지 모르는 까다로운 상황입니다. 나쁜 상황으로 재발할 수도 있습니다. 소요를 막기 위해 우리가 할 수 있는 일을 해야 합니다.

로버츠: 9연대가 모슬포에 주둔해 훈련하는 계획에 대해 어떻게 생각하는가?

웨솔로스키: 좋은 생각이 아닙니다. 제주도 전 지역에 중대 규모의 정찰기지를 세워야 합니다. 그리고 통제와 군수, 통신, 무기에 집중하면서 야외에서 훈련해야 합니다.

로버츠: 부대가 휴식을 취하기에 좋은 시기가 되리라고 생각하는가 아니면 정찰이 어느 정도 필요하다고 생각하는가?

웨솔로스키: 우리는 문제를 제거하지 못했고, 다만 지하로 숨어들었습니다. 상

황이 지하로 들어갔으나 제거됐다고는 생각하지 않습니다. 우리 자신들을 보여주는 것뿐 아니라 우리의 힘을 보여주기 위해서라도 폭넓은 정찰활동을 계속해야 합니다. 3곳의 정찰거점을 만드는 것이 좋습니다.

로버츠: 귀관이 제주도의 고문관들을 책임진다. 제주도로 돌아가라.

로버츠 준장은 제주도에서 돌아온 고문관을 통해 상황을 파악한 뒤 의견을 듣고 곧바로 조치를 취했다. 로버츠의 명령에 따라 웨솔로스키는 엘에스티에 고문단이 지원한 차량을 싣고 제주도로 갔다.[주212] 이 대화내용을 보면 로버츠 준장은 제주도 진압작전과 관련해 9연대의 훈련장소 선정이나 훈련방안까지도 강구하는 등 제주도 사태에 대해 많은 관심을 표명하고 소탕작전에 임했음을 알 수 있다. 웨솔로스키의 서명이 들어간 9연대 전투일지를 보면 그는 적어도 1948년 7월 21일 이전 제주도에 재파견됐다.[주213]

딘 소장은 8월 8일 제주도 민정장관 노엘 소령에게 "한국인들의 눈에는 8월 15일부로 주한미육군사령부는 주한미육군사령부의 민정단으로 남게 된다. 군정단은 민정단 산하의 파견대가 될 것이지만 이러한 변화는 건물과 차량 등 눈에 보이는 것에만 적용된다"며 "모든 공식 서류와 엄밀한 군 통신은 지정된 군정으로 넘어갈 것"이라고 주지시켰다. 그는 이어 "따라서 귀관은 공식적인 59군정중대 사령관으로서 임무를 계속 수행하겠지만 민정단 파견대의 민정장관"이라고 덧붙였다.[주214]

8월 15일 정부 수립 이후에도 여전히 미군은 한국군에 대한 지휘권을 가졌다. 이는 정부 수립 후인 1948년 8월 24일 이승만 대통령과 주한미군사령관 하지 중장은 '대한민국 대통령과 주한미군사령관 간에 체결된 과도기에 시행될 군사안전에 관한 행정협정이하 한·미군사행정협정'에 따른 것이었다. 협정 제1조는 "주한미군사령관은 본국 정부의 지시에 따라서 또한 자기의 직권 내에서, 현존하는 대한민국 국방군을 계속하여 조직, 훈련, 무장할 것을 동의한다. 단 동 사령관의 이에 대한 책임은 군대의 한국 철퇴와 동시에 종료한다"고 돼 있다. 제2조는 "미군 철수의 완료시까지, 주한미군사령관은 공동안전을 위하여 또는 대한민국 국방군의 조직, 훈련 및 장비를 용이케 하기 위하여 필요하다고 인정하는 대한민국 국방군(국방경비대, 해안경비대 및 비상지역에 주둔하는 국립경찰 파견대를 포함함)에 대한 전면적인 작전상의 통제를 행사하는 권한을 보유한다"고 돼 있다.[주215] 이 협정에 따라 8월 26일 로버츠 준장을 단장으로 한 임시군사고문단[PMAG]이 조직됐고, 주한미군 철수가 끝난 1949년 6월 30일까지 한국군에 대한 작전통제권을 갖게 됐다. 이어 7월 1일에는 주한미군사고문단[KMAG]이 발족했다.[주216] 군사고문단은 한국의 육군과 해안경비대, 국립경찰로 구성되는 보안군의 조직과 행정, 장비, 훈련을 책임졌다. 미고문관 제도는 미군의 남한 점령과 함께 시작됐고, 발전했다.[주217] 초기 미군 고문관들은 한국군 창설과 확대, 교육 및 훈련 전담 등을 통해 한국정부 수립 후의 군 확립에 결정적인 역할을 하는 조직으로 기능했다.[주218] 주한미군사고문단의 『고문관 편람』에는 고문관의 임무를 (1) 대한민국의 법과 질서 유지 (2) 공격에 대비한 38선(남한과 북한 사이의 경계선)의 방어 (3) 남한내 파괴분자들의 진압과 섬멸 (4) 게릴라의 남한 침투 저지와 게릴라전의 격퇴 및 진압 (5) 사람, 상품과 물건의 한국 밀수출입, 해적 저지에 대비한 한국 해안의 보호 등으로 돼 있다. 고문관들은 또 지휘하지 않고, 자문한다고 돼 있다.[주219] 그러나 남한 내 파괴분자의 진압과 섬멸이나 게릴라전의 격퇴 및 진압이 고문관의 임무였듯이 고문관들은 남한 내 게릴라 토벌작전에서부터 한국군의 지휘부 통제에까지 지속적으로 관여했으며 상당한 영향력을 행사했다. 하우스만은 정부수립 후부터 자신을 포함해 이승만과 국방장관, 육군총참모장, 로버츠 고문단장 등 6명이 상시 참여하는 군사안전위원회가 매주 열렸다고 말했다.[주220]

3. 제3국면(1948.10~1949.5): 초토화와 학살

1) 여순사건과 초토화의 관계

여순사건의 영향과 제주도

1948년 9월 15일부터 시작된 주한미군의 철수와 뒤이은 여순사건의 여파는 제주도에서 초토화로 나타났다. 미국은 주한미군의 철수를 앞두고 신생 대한민국 정부 내의 암적 요소로 간주되는 '공산주의 세력의 척결'을 시도해 남한 정부의 토대를 굳건히 하고 아시아에서 미국의 위신을 세워야 했다. 4월부터 계속된 제주도 사태는 5·10선거와 6·23 재선거를 파탄내면서 이미 미국의 위신에 큰 타격을 가했기 때문에 제주도 사태를 진압해야만 미군의 명예로운 철수를 담보할 수 있었다. 한편, 신생 대한민국 정부로서는 철수문제가 제기되는 상황에서 미국의 군사·경제원조에 대한 새로운 약속과 유엔으로부터 승인을 받아 국가의 정통성을 확보하고 내부를 안정화시키는 것이 급선무였다.

'한·미군사행정협정'에 따라 정부 수립 이후에도 한국군의 작전지휘권은 주한미군사령관이 갖고 있었기 때문에 경비대의 모든 작전명령은 이를 발표하기에 앞서 해당 미고문관을 거치도록 돼 있었다. 로버츠는 "국방경비대의 작전통제권은 여전히 주한미군사령관에게 있으며, 경비대의 작전에 관한 모든 명령은 발표되기 전에 해당 미고문관을 통과해야 된다는 사실은 매우 중요하다"고 국무총리 이범석에게 상기시킬 정도였다.[주221]

제주도 주둔 고문관들은 미군의 철수 때까지 제주도에 남아 현지 작전에 대한 조언과 한국군에 대한 훈련을 실시했다.[주222] 정부 수립을 전후한 시기 제주-목포 간 정기여객선편의 여행증명제도 부활(8월 13일)과 경찰의 제주도 해안선 봉쇄(8월 20일), 응원경찰대의 내도(8월 26, 30일), 5여단 참모장 오덕준 중령의 방문(8월 30일), 제7관구 경찰청 소속 경찰관들의 내도(8월

31일) 등을 거쳐 10월 5일 제주 출신 제주경찰감찰청장 김봉호가 평안남도 출신 경무부 공안과장 홍순봉으로 교체됐다. 앞서 김봉호 청장은 9월 초 응원경찰대의 증원은 단기간에 사태를 해결하기 위해 딘 소장 등이 미리 계획했다고 밝혔다.[주223] 정부 수립 후에도 미군 수뇌부는 공산주의 세력의 척결을 명분으로 제주도 소요 진압에 개입했음을 보여주는 대목이다.

미군사고문단의 정책적 결정을 바탕으로 작전이 이뤄지기도 했다. 로버츠 준장은 10월 9일 제5여단 고문관 트레드웰James H. W. Treadwell 대위에게 보낸 서한에서 "제주도 부대들에 대한 검열 결과 신발, 의복, 지도, 소총, 실탄, 식량 등 모든 범주의 주요 장비들이 현저하게 부족했다. 지적된 사항에 대한 시정조치를 즉각 취하고 보고할 것"을 지시했다.[주224] 이와 함께 제9연대도 10월 6일 무장대와의 교전에서 병사 1명이 죽고, 4명이 부상당했다며 무전기와 총기류, 탄약 등을 즉각 보내주도록 고문단장에게 요청했다. 그의 요청 직후 10월 11일 제주도경비사령부가 창설됐다.[주225]

제9연대장 송요찬의 포고령 발표 이틀 뒤인 10월 19일 제주도로 증파될 예정이던 14연대 1대대가 제주도 출병을 거부한 여순사건이 일어났다. 14연대 병사들은 21일까지 여수와 순천을 비롯한 주변 지역을 장악했으나 27일까지 토벌군에 의해 진압됐다. 모슬포 주둔 대대 고문관으로 근무했던 켈소는 여순사건을 최초로 목격한 미군 고문관이다. 그는 "순천에서 내가 가고자 하는 지역에 지프를 몰고 가기 위해 도로에 죽어있는 민간인들을 끌어내기도 했다. 처형에는 여성과 어린이들도 포함돼 있었다"고 밝혔다. 그는 또 "경비대가 시내를 장악한 뒤 공산주의 협력자로 의심되는 사람들을 체포했으며, 순천에 살았던 나의 통역사의 삼촌도 체포됐었으나 통역사가 나에게 그가 공산주의자가 아니라고 말해, 내가 그를 구해줬다"고 말했다. 그는 이어 "아마도 많은 경비대원들이 민간인들을 죽였을 것"이라며 "여수에서 나는 개인적으로 한 군인이 살려달라고 애원하는 3명의 비무장 민간인들을 죽이는 것을 보았고, 내가 처형을 막기 전에 그들을 모두 사살했다"

며 여순사건의 잔인성을 회고하기도 했다.

여순사건의 여파는 숙군작업으로 이어졌다. 주한미군사령관 콜터 소장은 11월 초 맥아더 사령관에게 전문을 보내 "한국정부는 육군과 해안경비대, 국립경찰의 파괴분자들을 뿌리 뽑아 문제를 해결해야 하고 신병을 모집해 훈련, 교화시켜야 한다"고 밝혔다.[주226] 미군 수뇌부가 한국군 내의 숙군을 먼저 고려한 것이었다. 제9연대 병사의 집단 탈영과 박진경 연대장의 암살 직후 국방경비대에 대한 제한적인 숙군작업에 착수했었으나 여순사건 이후 대대적이고 본격적인 숙군작업이 시작됐다. 일본 관동군 헌병 출신 김창룡이 주도해 1949년 봄까지 6개월 남짓 걸쳐 진행된 숙군작업에서는 5천여 명의 장교와 사병들이 숙청됐다. 이 숫자는 여순사건 당시 전군의 10%에 이르는 숫자였다. 그러나 그 가운데는 죄가 없는 병사들이 많았다.[주227]

한국군 숙군에 대한 미군사고문단의 시각은 서한에 잘 나타나 있다. 주한미군사고문단이 미보병 제2군사령관 멀린스C. L. Mullins Jr.에게 1949년 7월 보낸 서한을 보면 여순사건을 언급하면서 "뿌리 뽑는다는 것은 간단한 절차다. 연대 지휘관들이 임명하는 사람들로 구성된 즉결 및 특별재판소는 사형을 선고하려고 노력하고 있고, 또 그렇게 하고 있다. 즉결재판소에서 근무하는 훌륭한 장교라면 오전에 60~70건을 판결하고, 오후에는 처형을 감독할 수 있다. 탄약이 부족할 때는 죽창이 매우 유용하게 사용된다. 그러나 죽창은 여러 번 찔러야 하기 때문에 병사들이 쉽게 지쳐버린다. 그러나 많은 병사들은 피곤할 줄도 모르고 제비뽑기를 한다"고 언급했다.[주228] 여순사건은 유엔에서 한국문제에 관한 논의를 앞둔 시점에서 발생해 대한민국 정부에게는 곤혹스런 사건이었을 뿐만 아니라 국민들에게도 커다란 불안감을 던져주게 됐다. 여순사건은 또 제주도 상황에 직접적 영향을 주게 됐다.[주229]

여순사건이 일어나자 주한미군사령부 작전참모부 고문관 웨스트West는

10월 22일 낮 12시 50분 제주도 주둔 9연대 고문관 버제스F. V. Burgess 대위에게 무전을 보내 "정찰을 시작하고 본토로부터 오는 반란군일 가능성이 있는 사람은 찾아낼 것"을 지시했다.[주230] 이어 오후 2시에는 정보주임에게 전화로 "여순사건과 관련한 심사가 이뤄질 때까지 제주도 상륙을 감시하고 모든 사람을 체포하도록"지시했다.[주231] 여수와 제주도 간 해상에서는 해안경비대 소속 함정 8척이 정찰에 들어갔다.[주232] 9연대의 한 장교는 "성산포에 여수에서 반란을 일으킨 자들이 산쪽에 합세하려고 배를 타고 온다는 첩보가 있어서 연대에서는 나보고 가라고 해서 우리 소대가 출동을 했고, 배가 들어온다는 (송요찬) 연대장의 명령에 따라 캘리버-50 기관총 등 모든 화기로 집중사격을 한 결과 접근하던 방향을 돌려 성산포에서 서귀포쪽으로 사라졌는데 나중에 그곳에 가보니 우리 해군 배인데 사방에 탄흔이 있었다"고 말했다. 자국 경비정을 향해 사격을 가하고, 나중에야 확인할 수 있을 정도로 당시 군의 정보는 어두웠다. 미군 고문관들은 작전계획 수립에 참여했을 뿐 아니라 진압작전에도 직접 개입했다.[주233] 여순사건은 군사고문단이 채택한 시스템에 대한 '시험무대'가 되었고, 전투에서도 한국군 파트너에게 적절히 충고를 할 수 있다는 것을 보여준 '무대'[주234]라고 할 정도로 남한의 소요 진압에 깊숙이 개입했다.

한·미 양국을 긴장시켰던 여순사건이 진압되자 미군 수뇌부와 정부는 자연스럽게 제주도 사건 진압에 관심을 쏟게 됐다. 제주도 문제 또한 정부의 정통성을 확보하기 위한 긴박한 문제였기 때문이었다.[주235]

포고령과 계엄령, 초토화

제9연대장 송요찬은 10월 17일 발표한 포고령을 통해, 10월 20일 이후 해안선으로부터 5㎞ 이외의 내륙지역에 대해 통행금지를 선포했다.[주236] 5㎞ 이내의 내륙지역을 '적성지역'

으로 간주해 포고령을 위반한 자에 대해서는 총살에 처하겠다는 것이었다. 이는 대게릴라전 전략에 나타나는 '자유발포지대free fire zone'의 설정이었으며, 일본군이 중국에서 사용한 '무주지대free populated zone'의 설정이었다. 이러한 자유발포지대의 선언은 민간인만 섬멸하는 게 아니라 그들의 생존수단까지도 파괴했다.[주237] 베트남전에서는 요새화된 마을이 건설되면 주변 지역은 사실상 미군의 공격용 헬기와 야간에 폭격기의 무제한적이고 무차별 표적지대가 됐다. 따라서 한 지역이 자유발포지대로 선언되면, 지상군이나 공군이 그곳에서 보이는 사람은 누구든지 적군으로 간주했다.[주238] 제9연대 출신 진○○은 "포고문에 지시된 대로 해안 5km 이내로 내려오지 않은 중산간 마을은 공비들의 보급의 원천이고 정보수집, 은신처 역할을 함으로 불을 지를 수밖에 없었다. 그리고 해안으로 오지 않고 한라산으로 올라간 인원이 많았다. 해안마을은 돌담을 축성하여 자체방위를 하였으며, (중략) 작전부대는 전단살포 등 선무공작을 해서 주민을 하산시키고, 내려오지 않고 공비와 같이 있는 주민은 토벌작전 때 불가피하게 희생될 수 있었을 것이다. 공비와 합류한 주민들 대부분 공비와 인간관계를 맺고 있으니까 해안으로 내려오지 못하였으며 해안에 내려와도 경찰의 감시대상이 됐다"고 말했다.[주239]

그러나 포고령은 교통과 통신수단의 미흡으로 중산간 마을에 제대로 전달되지 못했고, 산속으로 피난가거나 미처 피난가지 못한 주민들은 '공비'로 분류되기에 이르렀다. 제9연대에 있던 강덕윤은 "해안선 5마일 이내로 중산간 지역 주민은 전부 내려오라고 포고령을 내렸는데 행정계통을 통해서 하달이 잘 안됐다. (중략) 중산간 마을사람들이 대부분 산쪽으로 올라가 토굴생활을 했다. 해안선으로 내려온 사람은 적었다. 그리고 후에 폭도로 지명되었고 귀순했다"고 증언했다.[주240] 무차별 수색 및 검거작전에서 살아남은 사람들은 마을에 남아있으면 죽을 상황에서 생존을 위해 산속으로 들어갔다. 이러한 상황에서 잡혀온 '공비'들은 대부분 조사를 받은 뒤 처형되거나 육지 형무소로 이송됐다. 제9연대 정보과 선임하사 이○○이 기억하는 처리기준은 다음과 같다. (1) 남로당 도당 및 면당 간부, 인민위원회 간부: 즉결처형 (2) 농민회 간부, 부녀회 간부: 즉결처형 (3) 부역자: 목포형무소. 그러나 이러한 기준은 철저한 조사를 할 수 없었던 상황에서 무고한 민간인들도 처리대상에 포함될 수밖에 없었다.

경찰에 붙잡혔다가 산에 올라갔던 김생민은 경찰에 전향하기 전 조천면 물찻오름 지경에서 성산, 조천, 남원 일대에서 올라온 노약자와 부녀자, 아이들을 통제해 대피훈련을 하고 식량 배급을 통제하는 난민통제책임자로 일할 정도로 산간지역으로 피신한 주민들이 많았다고 말했다.[주241]

포고령은 사실상 계엄령이나 마찬가지로 9연대에게는 강력한 무기로 작용했다. 채명신의 말을 빌리면, "4 · 3사태의 제주도는 송 장군의 부대가 본격적인 작전을 개시하면서부터 피비린내 나는 전쟁터로 탈바꿈하게 됐다."[주242] 백선엽은 "토벌부대가 거치게 마련인 중산간 부락의 공비 가족이나 첩자들이 토벌부대의 움직임을 미리 공비들에게 통지했으며 원시림 속에 몸을 숨기면 지척에서도 알아볼 수 없을 정도였다. 9연대의 중산간 부락 소개는 이런 배경에서 이루어졌다"고 말했다.[주243]

토벌대의 초토화에 맞서 무장대의 공세도 강화됐다. 송요찬의 포고문 발표와 여순사건으로 직접적인 영향을 받은 무장대는 10월 24일 선전포고와 함께 호소문을 발표[주244]하고 공세를 강화했다. 10월 28일 새벽에는 무장대 50여 명이 제주읍 삼양리의 지서를 습격했다. 제주읍에서 응원부대가 가던 도중에는 도로 장애물에 의한 매복에 걸려 경찰관 1명이 숨졌다. 경찰은 무장대 대원 3명을 사살했다. 이들의 주검은 9연대 고문관 버제스 대위가 직접 확인했다. 경찰은 99식 소총 2정과 일제 철모 3개, 수류탄 2개를 노획했다. 10월 28일 밤에는 제주읍 내와 삼양리 사이에 14곳의 도로 장애물이 설치됐다. 이날 저녁에는 연대장 송(요찬) 소령이 연대 내 공산주의 세포들인 1대대 병사 17명을 체포했다. 송요찬은 자신의 숙소에서 헌병대로 전화를 하다 우연히 병사 2명의 대화를 듣게 돼 체포하게 됐는데 29일 밤 이들 가운데 6명을 처형했다.[주245] 9연대 정보과 선임하사 이○○도 이 상황에 대해 "10월 말께 야간에 연대 통신대 선임하사가 경찰 통신병하고 전화통화 내용을 우연히 듣게 되었는데, 통화내용이 군 · 경, '재산무장대'가 합세해 11월 1일 0시에 공격하겠다는 내용이었다. 5중대를 비상 걸어 1대대를 포위하고 전원 조사했다"고 말했다. 그는 "당시 제주도에서 창설한 1대대 병사들에게 의심이 갔고, 전기고문과 거꾸로 매다는 등의 고문을 거쳐 용의자 다수를 체포했으며, 연대 구매관도 체포됐다. 우리가 이렇게 내부 단속을 하고 있으니까 다음날인 11월 1일 밤에 산에서 내려왔으나 군 · 경에서 반응이 없자 외곽에서 사격만하다가 격퇴됐다"고 말했다. 토벌대의 공세는 그동안의 전투경험과 무기와 보급품의 지원으로 더욱 강력해졌다.

로버츠 준장은 10월 28일 참모총장 채병덕 대령에게 전문을 보내 "해안경비대의 순찰에도 불구하고 공산 잔당들이 제주도와 남해안의 작은 섬으로 피신하는 징후가 있다. 정찰과 경계를 강화해 문제가 될 대규모 집결을 막아야 한다"고 건의했다.[주246] 이어 29일 북제주군 애월면 고성리 부근에서 제2차 작전을 벌여 135명을 사살했다. 11월 1일 새벽에는 민간인 5명의 희생자 주검이 제주읍 해안가에 밀려왔다고 임시군사고문단이 보고했다. 바다에 수장되거나 바닷가에서 희생된 이들이 파도에 떠밀려 온 것으로 보인다. 11월 2일에는 연락기를 동원해 항공관찰을 실시한 결과 도로 장애물이 제주도 남쪽 도로에 설치됐고, 전신주들이 절단된 모습도 관찰됐다.[주247]

주한미군사령부는 11월 6일 극동사령부에 게릴라들이 제주도에서 계속해서 활동하고 있지만 제주도 주둔 경비대가 성공적인 작전을 수행하고 있으며, 마침내 적어도 당분간은 평온한 상태를 회복할 것이라고 보고했다.[주248] 하지만 무장대는 토벌대의 소탕작전에 매복전과 기습으로 대응했다. 일반적으로 게릴라들은 지형에 익숙하며 이들은 자신들의 지역에서 싸워야 하는 토벌대에 맞서 이를 활용한다. 이러한 상황에서 게릴라들은 매복과 소규모 전투를 할 수 있으며, 추적을 당하지 않고 탈출할 수 있다.[주249] 제주도의 무장대도 이러한 지리적 이점을 활용해 토벌대를 곤경에 빠뜨리곤 했다.

제주읍 월평리에서는 무장대와 2연대 2대대 6중대간의 전투가 밤새 치열하게 벌어졌다. 이 전투에서 6중대장 전동식은 대퇴부에 부상을 입어 후송됐고, 소대장 이동준은 처음에는 가슴에 총탄을 맞았으나 다행히 가슴에 두르고 있던 기관총탄 연결고리에 맞았고, 두 번째는 허리에 차고 있던 권총 탄창에 맞아 목숨을 건졌다. 이 전투에서 병사 2~3명도 희생됐다. 이에 대해 미군 방첩대 보고서는 11월 21일 새벽 5시 월평리에서 폭도 15명이 경비대와 교전 중 사망했고 경비대원 3명이 월평리 부근에서 주택에 방화하는 것이 목격됐다고 밝혔다.[주250] 9연대 특공대장이었던 김○○는 1948년 12월 12일 '적'이 집결해 있는 것을 발견해 공격하면서 굴을 수색하다 집중사격을 받고 수명이 희생됐고, 자신도 옆 바위로 포복하려다 총탄에 맞아 쓰러졌다고 말했다. 그는 또 어느 날인가 "고지대의 평탄한 곳에서 잠복하다가 밤에 뛰는 놈을 사살하였는데 20여 명 정도 성과를 보았다. 한번은 적의 일본도에 죽을 뻔했다. 밀림지대에서 수색작전을 하고 있는데 적이 숨어 있다가 나를 내리쳤다. 나는 재빨리 피했고, 뒤따르던 당번병이 그 자를 쏘았다"고 말했다.

정보 수집의 한계 등으로 상당부분 희생자 집계가 누락된 것으로 추정되는 주한미군사령부 정보참모부 보고서만 보더라도 11월 1일부터 21일까지의 제주도 상황은 〈표 16〉에서 보듯이 경비대원 5명과 경찰관 1명 사망을 제외한 희생자가 358명으로 하루 평균 17명이 사살된 것으로 나타났다. 11월 13일에만 156명이 사살됐다.[주251] 그러나 경비대의 작전에는 자신들의 전과를 과장 보고한 경우도 있는 것으로 보인다. 〈표 16〉에 나온 11월 11일의 신엄리 사건의 경우 인민유격대의 습격으로 주택 80채가 불에 탔으며, 폭도 80명을 사살했다고 보고됐으나 당시 현장을 목격한 김여만은 주택 4채가

〈표16〉 제주도 소요현황(1948.11.1~11.20)[주253]

일자	주요 내용	출처
11.1	폭동 음모 관련 75명 체포	①
11.3	제주읍. 민간인 7명 숨진 채 발견. 공산주의자들로 판명	②
11.4	제주읍 경비대에 수감중인 14명이 탈출했다가 6명 검거	③
11.5	제주읍. 사살된 경비대원 2명 발견	③
	중문리. 폭도 50명, 경비대 1명, 경찰관 2명 사망, 경찰관 9명 부상, 건물 40채 방화	④
11.7	서귀포. 폭도, 지서 1곳과 건물 7채 방화	④
11.9	서청, 제주도청 총무국장 김두현 폭행치사	⑤
11.10	월랑봉. 경비대와 폭도 교전. 폭도 21명 사살, 노획물: 수류탄 12발	⑥
	토평리. 폭도 25명 사살	⑥
11.11	신엄리. 폭도들이 주택 80채 방화, 폭도 80명 사살	⑦
	조천리. 폭도, 주택 30채 방화, 경찰관 1명 피살	⑦
11.13	행원리. 경비대, 폭도 115명 사살	⑧
	화전동. 경비대, 폭도 37명 사살	⑧
	오등리. 경비대, 폭도 4명 사살(1명은 탈영병)	⑧
11.16	노형리. 주택 100채 방화	⑨
11.18	북촌리. 경비대원 2명 피살, 2명 부상	⑨
11.19	대정. 폭도 70여 명이 지서 습격. 폭도 3명 사살, 주택 3채 소실	⑨
	산천단. 미항공정찰대, 주택 4채 화재와 경비대원 10명 목격	⑩
11.21	월평리. 경비대, 폭도 15명 사살	⑩

방화되고 3명이 희생됐다고 증언했다.[주252]

11월 15일 토벌대가 들이닥친 표선면 가시리에서는 30명의 주민이 희생됐다. 이들 가운데 60대 노부부인 안만규·김인하는 손녀(3살)와 손자(1살)를 데리고 냇가 주변의 굴을 찾아 몸을 숨겼지만 아기 울음소리가 새나가자 이를 알아 챈 토벌대가 굴 안으로 수류탄을 던져 모두 희생됐다.[주254] 한 병사는 서귀면 중문리 지역에서 동굴 속에 숨어있던 주민 3명을 향해 로켓포를 발사했다.[주255] 이들이 무기를 갖고 있던 무장대였는지, 산으로 피신한 주민들이었는지의 판단은 토벌대로서는 중요하지 않았다. 송요찬은 직접 연락기를 타고 수류탄을 던지기도 했다. 송요찬의 경호를 담당했던 한 병사는 "고문관이 타고 다니는 L-19 비행기가 있었는데 그때 송 연대장이 그것을 타고 수색을 하면서 밑에 뭔가 있으면 수류탄을 던지고 했다"고 기억한다.[주256]

강력한 토벌작전에도 무장대의 공세가 거세지자 이승만 정부는 결국 계엄령이라는 카드를 꺼내들었다. 11월 17일 대통령령 제31호로 선포된 '제주도지구 계엄선포에 관한 건'은 "제주도의 반란을 급속히 진정하기 위하여 동 지구를 합위合圍지경으로 정하고 본령本令 공포일로부터 계엄을 시행할 것을 선포한다. 계엄사령관은 제주도 주둔 육군 제9연대장으로 한다"고 돼 있다.[주257] 계엄령의 선포는 시민권의 제한만이 아니라 민간인 학살을 정당화 할 수 있는 제도였다.

미국은 계엄령 선포 사실을 알고 있었을까? 당시 제주도에 내려진 계엄령과 관련한 자세한 내용을 담은 문서는 아직까지 발굴되지 않았다. 서울의 미외교사절이 국무부와 합동참모본부, 극동사령부에 보낸 문서에는 11월 22일 남한 정부 공보처장(김동성)이 발표한 내용이라며 "계엄령과 관련한 질문과 관련해, '폭동지역에 민간인 법정을 운영하고 있기 때문에 우리는 아직까지 진짜 계엄령을 선포하지 않았다. 언어장벽 때문에 일부 오역이 있어왔다. 정확한 번역은 제주도와 순천과 같은 폭동지역에 아직도 효력을 발생중인 '비상사태emergency state'일 것이다'라고 해명했다"고 보고했다.[주258]

이승만이 계엄령 선포 문서에 서명한 것이 11월 17일이지만, 공보처장은 엿새 뒤에 계엄령은 선포되지 않았으며, '비상사태'의 오역이라고 공식 발표했다. 어떻게 이런 일이 발생했을까? 공보처장의 발표는 대외용인가? 대외용이라면 왜 그랬을까? 이와 관련해 국내와 미국의 문서가 추가 발굴되지 않은 상태에서 계엄령의 실체를 정확하게 파악하기는 어렵다. 그러나 공보처장의 이런 발표 다음 날인 11월 23일 국내 언론에는 계엄령 포고 제1호로 교통제한, 우편통신 신문 잡지 등 검열, 부락민 소개, 교육기관에 대한 제한,

청소 벌채 및 도로의 수리 보전 및 폭동에 관한 벌칙 등 7종목의 세칙이 발표됐다.[주259] '계엄령'이 '비상사태'의 오역이라고 했으나 국내 언론은 정부의 계엄령 발표를 뒷받침했다. 이 계엄령은 같은 해 12월 31일 대통령령 제43호로 해제됐다.[주260]

포고령과 계엄령, 초토화는 동의어였다. 초토화는 1930년대 만주에서 일본군이 만든 집단마을과 베트남전쟁에서 미군이 취한 전략촌의 원형이 되는 전술이었다.[주261] 식량과 가축, 건물, 기타 작전지역 내의 주민이 거주할 수 있는 모든 시설을 파괴하는 군사전략이기도 한 초토화는 저항 응징 또는 저항하려는 적의 능력을 감소시키거나 군이 퇴각할 때 적에게 가치 있는 것을 아무 것도 남겨놓지 않기 위해 채택된다. 이러한 사례는 과테말라나 베트남에서도 찾아볼 수 있다. 1982년 3월 과테말라에서 정권을 잡은 몬트Efrain Rios Montt는 적성지역으로 분류된 마을을 대상으로 초토화작전을 전개했다. 과테말라군은 마을을 빨간색, 핑크색, 노란색, 녹색 마을로 분류하고, 녹색으로 분류된 마을은 게릴라로부터 자유로운 마을로 간주해 그곳 주민들은 감시만 받을 뿐 대체적으로 자유행동을 허락했다. 반면 빨간색으로 분류된 마을은 공산주의자들의 통제 하에 있는 것으로 간주하고, 군은 어린이를 포함해 반란군과 주민들을 구분하지 않은 채 모두 학살했다. 이 결과 400개 이상의 원주민 토착마을이 잿더미로 변했다. 최종적으로 15만 명 이상이 학살되고, 5만 명 이상이 행방불명된 과테말라내전의 희생자들은 군부가 게릴라 통제 지역에 있다고 분류한 지역에 살았다는 죄밖에 없는 무고한 원주민들이었다.[주262]

9연대 출신 장교와 하사관의 말을 종합하면 9연대의 초토화 전략은 위에서 보듯이 모든 것을 없애는 것이었다. 9연대 군수참모였던 김정무는 "그때에 초토화작전이라는 말을 했는데, 싹 쓸어버린다는 말이었다. 그러니까 (중산간 마을에) 그 사람들이 있음으로 해서 산에 올라간 무장세력이 거기에서 도움을 받으니까 분리시킨다는 것이었다. 거기에 있는 사람은 적이라는 작전개념이었다"고 말했다.[주263] 9연대 선임하사였던 윤○○도 "송요찬 연대장은 초토화작전을 폈다. 거처 가능한 곳을 없애라. 또는 불태워 버리라고 했는데 이런 건 육지에서도 없었다. 초토화작전이 상부의 지시인지 또는 연대장 독단인지는 모르겠다"고 증언했다. 해방 이후 처음으로 전쟁 시기가 아닌 상태에서 벌어진 초토화의 무대는 제주도였다.

1948년 12월 12일 프랑스 파리에서 열린 유엔 총회에서 48대 6으로 대한민국 정부가 승인되고, 미 · 소 양군 철수 및 통일 달성 임무를 위해 향후 1년 동안 유엔한국위원단을 설치하기로 의결했다.[주264] 남한 정부가 국제적으로 인정받았지만 제주도 사건이 끝난 것은 아니었으며, 오히려 유엔의 정부 승인 이후 초토화는 더욱 철저하게 이루어졌다. 9연대와 교대한 2연대도 9연대의 전략을 그대로 이어받았다. 제주도의 5 · 10선거 실패로 남한 정부의 정통성을 우려했던 이승만 정부는 이제 제주도 공산주의 세력의 제거에 아무런 구애를 받지 않게 됐다.

주한미군사령부 정보참모부는 1948년 한 해 동안 1만 4천~1만 5천여 명의 제주도민이 희생된 것으로 추정했다. 또 이들 가운데 최소한 80%가 정부군에 희생됐으며, 주택의 3분의 1이 파괴됐고, 전체 제주도민의 4분의 1의 마을이 해안마을로 강제소개됐다고 분석했다.[주265] 중산간 마을주민들에 대한 이러한 무리한 강제소개정책은 정부군과 제주도민의 관계를 더욱 악화 분열시키는 상황을 만들었다. 〈표 17〉과 〈표 18〉은 초토화 시기 9연대의 전투일지를 바탕으로 작전상황을 11월 하반기와 12월로 나눠 표로 재구성한 것이다.[주266]

'9연대 전투일지'는 초토화가 본격적으로 벌어진 11월 하순부터 12월 하순 사이 상황을 파악할 수 있다. 이 '9연대 전투일지'는 통계로서 완벽하다고 볼 수는 없지만 희생자수와 노획물을 비교하면 대량학살을 가늠해 볼 수 있는 중요 문서로 평가된다. 이 문서에는 1948년 11월 21일부터 12월 20일까지 한 달 동안의 9연대 작전활동을 담고 있다. 이 전투일지는 군사고

〈표 17〉 초토화작전시기 제9연대 전투일지(1948. 11.21~11.30)

일자	부대	주요 활동
11.21	2대대	조천리 부근에서 66명 사살, 2명 체포, 노획물: 일제 99식 소총 1정, 99식 탄약 50발, 카빈 탄약 7발, 등사기 1대
	3대대	한 적군으로부터 대정 부근 적 보급창고 위치 정보 입수
11.22	3대대	보급창고 공격. 88명 사살, 4명 체포, 노획물: 일본도 3자루, 군복 45벌, 담요 19장, 대형천막 1개, 소형천막 1개, 등사기 1대, 수류탄 1개, 다이너마이트 2개, 99식 탄약 250발
11.23	2대대	선흘 부근 동굴에서 적 보급창고 발견. 15명 사살, 1명 체포, 노획물: 일본도 1자루, 공산주의자 모자 3개, 담요 8장, 일부 비밀 명령서 등
11.24	2대대 F중대	노형리 부근에서 적과 교전. 79명 사살, 노획물: 일제 99식 소총 4정, 일제 38식 소총 2정
	2대대	교래리 부근. 5명 사살, 노획물: 일제 99식 탄약 2발, 카빈 탄약 5발
		조천리 부근. 3명 사살, 16명 체포. 노획물: 칼 1자루, 담요 8장, 쌀 포대 2개, 일부 비밀명령서
	3대대	서귀포 부근. 6명 사살
11.25	2대대	성산포 부근. 70명 사살, 노획물: 일제 99식 소총 2정, 99식 탄약 37발, 다이너마이트 12개, 외투 50벌
		함덕리 부근. 50명 사살, 11명 체포
11.26	2대대	보평리(함덕 동남쪽) 4명 사살
		교래리 부근. 59명 사살, 129명 체포, 노획물: 미제 45구경 권총 1정, 창 77개, 일제 철모 2개
11.27	2대대	선흘리 부근. 43명 사살, 51명 체포, 노획물: 일제 총검 3자루, 창 12개, 쌍안경 1개, 쌀포대 15개
		어승생악. 12명 사살, 노획물: 쌀 포대 200개, 숯 상자 20개
		함덕리 부근. 17명 사살, 110명 체포, 노획물: 수류탄 6개, 뇌관 9m
	3대대	토평리 부근. 3명 사살, 5명 체포, 노획물: 침낭 9개, 쌀 포대 6개, 의류
11.28	2대대	수장악(함덕리 남쪽) 64명 사살, 노획물: 일제 99식 소총 2정, M1 탄약 180발, 일제 44식 탄약 25발, 일제 철모 8개, 미제 철모 1개, 쌀 포대 80개, 천막 7개, 휘발유 2드럼, 일부 의약품
11.29	1대대	월평리 부근. 5명 사살, 노획물: 쌀 포대 11개
	2대대	상명리 부근. 9명 사살, 3명 체포, 노획물: 창 8개, 쌀, 의약품, 기타 물품 트럭 1대분
11.30	1대대	월평리 부근. 6명 사살, 노획물: 칼 1자루, 천막 1개, 우의 1개
	2대대	선흘리 부근. 6명 사살, 노획물: 창 5개, 배낭 4개, 미제 군복 1벌, 등사기 1대, 시계 1개, 쌀 포대 4개, 선전 유인물
	2대대 F중대	애월리 부근. 5명 사살, 4명 체포, 노획물: 칼 2자루, 창 4개, 총검 1자루, 담요 17장, 의복배낭 2개, 쌀 포대 40개, 나무막사 1개, 천막 3개 등

문단장 로버츠에게 보고됐고, 로버츠는 다시 '주간 제주도 작전 보고서'라는 이름으로 재작성돼 24군단 작전참모부에 보냈다.[주267]

11월 21일부터 30일까지 열흘 동안 9연대의 일일 작전내용을 담은 〈표 17〉은 대대별로 가공스러울 정도의 제주도민 학살상황을 보여주고 있다. 일부 과장된 '전과'가 있거나 누락된 보고가 있겠지만, 이 표상으로만 열흘 동안 615명을 학살한 것으로 나타났다. 하루 평균 61.5명의 제주도민이 학살된 것이다. 그러나 이 시기 9연대가 노획한 총은 12정과 칼 11자루에 지나지 않는다. 11월 22일 9연대 3대대가 대정 부근의 보급창고를 공격해 88명을 사살했으나 이들의 노획물은 일본도 3개, 수류탄 1개, 다이너마이트 2개, 옛 일본군 99식 탄약 250발이 전부였다. 11월 25일에는 2대대가 성산포 부근에서 70명을 사살했으나 노획물은 일본군 99식 소총 2정과 탄약 37발, 다이너마이트 12개가 전부였다. 특히 함덕리 부근에서는 50명을 사살하고 11명을 체포했다고 보고했으나 노획물조차 없었다. 11월 27일에는 선흘리 부근에서 43명을 사살했으나 창 12개와 일본군 총검 3개가 전부였다. 12월 6일 9연대 3대대가 서귀포 북쪽에서 51명을 사살했지만 노획물은 창 1개뿐이었다.

제주4·3위원회가 작성한 『제주4·3조사보고서』에 나온 희생자 신고내용을 월별로 보면 1948년 11월 2,205명, 12월 2,974명, 1949년 1월 2,240명으로 나왔다.[주268] 3개월 동안 하루 평균 73~99명의 제주도민들이 학살된 것이다. 이승만은 9연대장에게 '가능한 한 최대한 빠른 시간 안에at the earliest possible time' 봉기 진압을 명령했으며,[주269] 이러한 그의 명령은 제주도 주둔 9연대로 하여금 토벌을 명분으로 한 학살을 재촉했다. 〈표 18〉은 12월 1일부터 20일 사이 9연대의 작전내용을 보여주는 것으로 12월 7일부터 11일까지 5일 동안과 12월 19일의 무장대측 사상자가 빠진 것이다. 이 표만으로도 군인 11명 사망과 8명 부상을 제외한 사살자수는 677명으로 하루 평균 48.3명이 학살됐고, 162명이 체포됐다.

〈표 18〉을 보면 9연대 3대대는 12월 13일 경찰과 민간인 등 3천여 명을

〈표 18〉 초토화작전시기 제9연대 전투일지 (1948.12.1~12.20)

일자	부대	주요 활동
12.1		보고 없음
12.2	2대대	침악 부근. 아군 1명 사망, 1명 부상, 적 28명 사살, 노획품: M1 2정, 카빈 1정, 일제 99식 소총 4정, 일제 44식 소총 1정, 총검 2자루, M1 탄약 56발, 99식 탄약 18발, 38구경 탄약 30발, 카빈 탄약 11발, 수류탄 4개, M1 탄약 노리쇠 4개, 일제 철모 10개, 털모자 1개, 쌀 포대 2개
12.3	1대대	보고 없음
	2대대	교래리 부근. 15명 사살, 노획물: 담요 15장
	3대대	서귀포 부근. 48명 사살, 노획물: 쌀 포대 5개, 고구마 포대 20개, 일제 철모 6개, 마차 1개
12.4	1대대	오등리 부근. 5명 사살, 노획물: 일제 셔츠 4벌, 코트 3벌, 배낭 3개, 신발 2켤레, 담요 9장, 총검 1자루, 털모자 1개, 우의 3벌
	2대대	보고 없음
	3대대	모슬포 부근. 5명 사살, 1명 체포, 노획물: 쌍안경 1개, 천막 1개, 쌀 포대 40개, 덮개 13장, 의복 배낭 6개, 타이어 2개
12.5	1대대	보고 없음
	2대대	침악 부근. 18명 사살, 7명 체포, 노획물: 담요 4장, 선전 유인물
	3대대	모슬포 주변 산악지역. 37명 사살, 5명 체포, 노획물: 철모 1개, 일본도 1자루, 기름 1드럼, 기타 물품 트럭 2대분
12.6	1대대	월평리 부근. 5명 사살, 1명 체포, 노획물 일제 총검 1자루, 천막 1개
	2대대	교래리 부근. 34명 사살, 8명 체포, 노획물: 담요 1장
	3대대	서귀포 북쪽 부근. 51명 사살, 33명 체포, 노획물: 덮개 9장, 창 1개, 일제 털목도리 23개
12.12	1대대	보고 없음
	2대대	송당리 부근. 14명 사살, 8명 체포, 노획물: 쌍안경 1개
		침악 부근. 31명 사살, 8명 체포
12.13	1대대	보고 없음
	2대대	보고 없음
	3대대	창으로 무장한 민간인 3천 명을 동원해 대정에서 신예리까지 한라산을 향해 공격. 민간인 100명당 군 1개 분대 활용. 105명 사살, 노획물: 일제 99식 소총 10정, 칼 1자루
12.14	1대대	금악 부근. 적군 10명과 교전. 8명 사살, 노획물: 일제 99식 소총 3정, 일제 38식 소총 1정, 1대대 장교 1명 부상

	2대대	도송리(좌표 미상). 6명 사살, 8명 체포
	3대대	한라산, 48명 사살, 노획물: 배낭, 담요 각1장, 쌀 포대 13개, 감자 포대 20개
12.15	9연대	대전 이동 준비 완료. 현재 전체 연대는 경찰, 민간인들과 작전 중. 한라산을 완전 포위했으며, 오후 8시 종료 예정. 결과는 보고되지 않음
	1대대	금악. 10분간 교전. 아군 1명 사망, 4명 부상, 적 16명 사살
	2대대	월평리 부근. 13명 사살, 3명 체포, 노획물: 철모 3개, 담요 1장, 우의 2벌, 창 1개, 군복 1벌, 쌀 포대 2개
12.16		좌익 250여 명이 함덕리 주둔 부대에 귀순. 좌익 500여 명이 중문으로 귀순
		제2여단 제1대대가 오후 4시 55분 도착. 3대대와 현재 교대 중
12.17	3대대	두모리 부근. 12명 사살, 노획물: 총검 1자루, 칼 6자루, 낫 2개, 담요 5장, 쌀, 의류
12.18	2대대	교래리 부근. 경찰, 민간인과 합동작전. 130명 사살, 50명 체포, 노획물: 일제 99식 소총 1정, 99식 탄약 2발, 창 32개, 칼 40자루, 담요 16장, 덮개 31장, 쌀 포대 247개, 취사용 그릇 10개, 사발 100개, 좌익서적
	3대대	의귀리 부근. 노획물: 쌀 포대 20개, 숯 포대 40개
12.19	2대대	침악 부근. 36명 사살, 30명 체포, 노획물: 일본도 2자루, 담요 12장, 취사용 그릇 6개 등
	9연대 7중대, 2연대 2중대	신엄리 부근. 적과 소규모 교전. 제7중대: 9명 전사(7중대장 포함), 1명 부상, M1 소총 3정, 박격포 1문, 경기관총 1정, 카빈 1정, 탄약 370발 분실, ¾톤짜리 트럭 피해, 제2중대: 1명 사망, 1명 부상, 적군 사상자 알려지지 않음. G-2 부고문관 카바노(Cavanaugh) 중위가 상세한 내용 줄 수 있음
12.20	2대대	고악 부근. 12명 사살, 노획물: 우의 1벌

동원해 남제주군 대정면에서 남원면 신례리에 이르는 지역을 한라산쪽을 향해 작전을 벌여 105명의 적을 사살했다고 보고했다. 표에 나타난 2대대의 12월 18일 작전은 주한미군사령부 정보참모부의 정보보고서에도 나타나는데, "12월 18일 제9연대 제2대대가 민간인과 경찰의 도움으로 작전을 벌여 130명을 살해하고 50명을 체포했으며 소총 1정, 칼 40개, 창 32개를 노획했다"고 기록하고 있다.[주270] 미군 고문관들조차 희생자수와 무기수의 심각한 불균형 문제를 제기하기도 했으나, 군사고문단장 로버츠와 주한미대사는 제주도의 토벌작전을 적극 고무 · 격려했다. 희생자수와 무기수의 엄청난 불균형은 제주도민에 대한 일방적 학살을 의미했다.

4·3 진압 지휘관들의 일본군 경력

4·3 시기 제주도 진압의 책임을 맡았던 주요 지휘관이었던 박진경, 최경록, 송요찬, 함병선, 유재흥 등은 모두 일본군 출신이었으며, 일본군에서의 경험은 제주도에 부임하는 이유이기도 했다. 앞서 언급한 바와 같이 박진경은 학병 출신으로 태평양전쟁 말기 제주도에서 일본군 장교로 근무해 제주도에 구축된 진지 구조와 지형에 익숙했다. 박진경 암살사건 이후 부임한 11연대장 최경록은 일본군 지원병 1기 출신으로 태평양전쟁 당시 실전경험이 풍부했다. 그는 일본군 제78연대(서울)에서 하사관 후보생 시험에 합격한 뒤 군조 때 일본 육사시험에 합격해 입교 대기 상태에 있다가 20사단에 동원돼 입교를 포기했다. 그는 남태평양의 뉴기니에서 전투를 하다 종전이 돼 준위로 귀국한 경력의 소유자다.[주271] 육군 참모총장을 거쳐 1961년 육군 중장으로 예편한 뒤 주멕시코, 주영국대사를 지내고, 1980~1985년 주일대사를 역임한 그는 1989년 1월 11일자 일본 『산케이신문』에 '군 강화, 아시아의 방파제로'라는 제목의 기고에서 "일본은 자위대의 명칭을 일본국군으로 바꾸고 당당히 군사력을 강화해 아시아의 방파제가 되기를 기대한다"고 썼다가 파문을 일으키기도 했다. 그는 이 기고문에서 "일본의 평화헌법은 나도 알고 있지만 자위대는 누가 봐도 군대다. 실체를 속이고 '자위대'라고 하는 것은 극단적으로 말하면 사칭이 아닌가. (중략) 도대체 세계의 일부 국가와 일부 국민의 눈치를 볼 필요가 어디에 있는가. (중략) 한국의 중심세대 중에는 일본 군국주의의 부활과 재침략을 경계하는 소리가 있는 것도 사실이다. 그러나 이는 일본에의 내정간섭을 의미하는 게 아닌가. (중략) 일본은 재래식 무기와 군인을 강화하기 바란다. (중략) 양국은 정말이지 피를 나눈 형제국이다. (중략) 아시아의 강국 일본이 자위대를 '일본국군'으로 개칭, 당당히 군사력을 강화하여 아시아의 방파제가 되기를 기대한다"고 밝혔다.[주272] 그러나 이 기고문에 대해 국내의 순국선열유족회가 그의 집 앞으로 찾아가 사과를 요

구했고, 그는 결국 같은 달 15일 공식 사과했다.[주273]

송요찬은 일본군지원병훈련소에서 조교생활을 하고 조장상사까지 진급한 일본군 지원병 출신이다. 제2연대장 함병선도 제주도 토벌작전을 전개한 전임 지휘관들과 마찬가지로 일본군 지원병 출신이며, 낙하산부대에서 근무한 경험을 가진 일본군 준위 출신이다.[주274] 2연대 출신 최갑석은 함병선에 대해 "함 연대장은 국내 전투에는 한 번도 빠진 적이 없이 참가한 군인이었다. 그는 국군에 들어와서는 여순사건, 제주4 · 3사건, 옹진지구 전투, 홍천 전투, 춘천 수복 전투, 6 · 25전쟁 등 한국군의 전장에는 반드시 그 복판에 있었으며 혁혁한 전공을 세웠다. 일본군 준위와 상사 출신은 사관학교 출신보다 실전 경험이 많고, 그래서 전쟁의 난국에는 머리 좋은 장교들보다 이들의 용맹성 · 효용성이 더 높다는 평가를 받았다. 함 연대장이 그 대표적 인물인 것이다"라며 함병선의 일제 강점기 일본군으로서의 실전 경험을 높게 평가했다.[주275] 함병선에 대해 "태평양전쟁 당시 일본군 공수부대원으로 용맹을 발휘한 실전 경험을 살려 선두에서 부하들을 지휘함으로써 초기 토벌작전의 모범을 보여주었다"고 평가한 기록도 있다.[주276] 2연대 1중대 소대장 문○○는 1949년 3월 5일 육사 8기 졸업과 함께 제주도로 부임한 이유에 대해 "제주도는 원래 갈 곳이 아니었는데 일본군 경력이 있어서 임관 직후 바로 작전에 투입될 수밖에 없었다"고 말했다.

제주도지구전투사령부 사령관으로 토벌을 지휘한 유재흥은 일본 육사 55기로 일본군 대위 출신이며, 해방 이하 한국전쟁이 끝날 때까지도 한국어가 서툴러 통역의 도움을 받기도 했다. 유재흥은 대위 시절인 1943년 이광수 · 최남선 등과 함께 일본 메이지대학에서 조선인 학병 지원을 촉구하는 연설을 할 정도로 친일부역 장교 출신이다.[주277] 주한미대사관은 그를 말과 행동이 너무 일본식이기 때문에 한국적 방식에 적응할 수 없지만, 동급의 한국군 장교들보다 훨씬 더 영어를 잘 구사하고 이해한다고 평가했다.[주278] 국방경비대 사관학교(육사) 4기로 1947년 9월 10일 졸업한 황인성은 임관과 동시에 동기생 4명과 함께 9연대 소대장으로 발령을 받아 1948년 1월 광주의 4연대 지불관으로 전출될 때까지 제주도 주둔 9연대 1소대장으로 근무했다. 그에 따르면, 당시 육사에서는 일본군의 『보병조전步兵操典』, 『작전요무령作戰要務令』 등을 사용했고, 미군의 야전교범도 조금씩 번역돼 사용되기 시작했다.[주279] 일본군과 미군의 군사교육이 혼합된 체제였다.

2) '비인간화'와 대량학살

토벌대의 대게릴라전 원칙

대게릴라전에서의 대량학살 이론은 4·3 당시 군·경 토벌대의 진압과정에서 구체화되고, 철저하게 적용됐다. 9연대는 11연대의 '무행동 전략do-nothing policies'을 즉각적으로 '무차별적 테러통치indiscriminate reign of terror'로 대체했다.[주280] 9연대는 '공비들의 근거지를 없애 주민과 공비들을 완전 분리한다'는 '비민분리' 개념 하에 철저한 소개작전을 전개했다.[주281]

대량학살을 초래한 9연대의 대게릴라 작전에 대한 인식은 무엇인가? 9연대장 송요찬은 14년 뒤인 1962년 1월 정부 내각수반 자격으로 미 8군의 요청에 따라 '대게릴라전에 관한 수기'를 제공했다.[주282] 이 글은 자신의 경험을 토대로 작성한 일종의 체험담이지만 그의 전략을 파악할 수 있는 중요한 문서다. 미 8군사령부 참모장 러셀Sam C. Russell 소장은 '대게릴라전'이라는 제목으로 미 8군 예하 각 부대에 보낸 이 문서에서 송요찬 당시 내각수반을 "비상할 정도로 성공한 남한의 게릴라 전사였다. 모든 지휘관들은 송 내각수반이 준비한 원고를 적극 검토하고, 이런 원칙들을 현행 게릴라전 훈련에 적용할 수 있도록 고려하기 바란다"며 송요찬의 대게릴라전 원칙들을 익힐 것을 요구했다. 송요찬의 대게릴라 전술 또한 마오쩌둥의 유격전법과 비슷하다.

> 공산 게릴라들은 물속의 물고기에 비유할 수 있다. 물이 마르면, 연못 속의 물고기는 죽게 된다. 바꿔 말해서, 우리가 연못을 말리지 않거나, 연못에 독약을 투입하지 않은 채 물고기에 대한 중무장 작전을 벌인다면 그 작전은 비효율적이 될 것이다. 추적자들이 배수하는 대신 헛되이 물고기를 추적하는 데 힘을 쓰면 그들은 결국 지쳐버리게 되고, 많은 사상자와 함께 게릴라들의 역습을 받게 된다. 그들은 장비를 잃게 되고, 이는 게릴라들의 재산이 될 것이다.

송요찬은 대게릴라전 원칙에서 배수작전만이 아니라 '독약 투입' 논리도 전개하고 있다. 애초 마오쩌둥의 유격전법은 물을 빼내 물고기를 살 수 없도록 하는 것이었으나, 물에 독약을 풀어 넣음으로써 보다 쉽게 작전을 벌이는 방안을 제시하고 있다. 포고령을 통한 '적성지역'의 설정과 주민소개, 마을방화는 그의 대게릴라전 원칙처럼 연못을 말리고, 독약을 투입하는 것이었다. 이는 '비민분리'라는 명분으로 한 소개정책을 넘어 아예 무차별적인 폭력을 의미하는 것이기도 했다.

그는 이 수기에서 게릴라전은 정치조직이 약하고 지역주민들이 중앙정부에 불만족하거나 냉담한 곳에서 가장 효과적이라고 보았으며, 은신, 식량, 정보 수집을 위해 농촌지역의 주민들에게 주로 의존하는 게릴라들의 속성상 군사작전 진행과 함께 다음과 같은 '정치적 준비'가 반드시 취해져야 한다고 주장했다.

> (1) 계엄령은 게릴라와 협력하는 사람들에 대한 경고용으로 선포돼야 한다.
> (2) 대첩보 활동은 엄격한 정부/군사적 통제 하에 나와야 한다. 우호적인 정보원으로서 활동하는 마을이나 지방에서 가능한 한 많은 민간인들로 조직돼야 한다. 이들 민간인들과의 비밀접촉 장치가 마련돼야 하며, 그 지역의 군사정보망에 의해 운영돼야 한다.
> (3) 마을주민들과 지방민들의 필요성이 고려돼야 하며, 이뤄져야 한다. 식량, 보호, 의약품은 필요한 만큼 공급돼야 한다. 주민들이 정부군이 자기들 편이라고 인식하고, 정부가 자신들의 복지와 매우 중요하게 관련 있다는 것을 인식하도록 하기 위해 모든 노력을 취해야 한다. 이 지역에서 우리의 공개적인 작전과 선전

활동간 긴밀한 연락이 유지돼야 한다.

게릴라와 협력하는 사람들에 대해 경고하기 위해 선포되는 계엄령은 대량학살을 가져올 수 있다. 군사작전과 함께 정치적 준비 차원에서 계엄령 선포와 정보망 활용, 선무작전 등으로 이어지는 일련의 과정은 1948년 10월 이후 제주도에서 벌어진 초토화 시기에 적용됐다. 송요찬은 정보망의 활용을 강조하고 있는데, "초기 작전 시기 공격을 시작하기에 앞서 정보망이 완전하게 작동해야 한다"고 밝히고 있다. 그는 일반 정보망이 수립되면 효용성을 검증해야 하며 이를 위해 "게릴라들이 야간에 마을을 돌아다니기 때문에 병사는 게릴라로 위장할 수 있고, 마을을 배회할 수도 있다"며 위장전술의 활용을 제시하고 있다. 이러한 그의 전술은 9연대와 2연대에 의해 제주도에서 사용됐다.

1948년 12월 국무총리겸 국방장관 이범석이 국회에서 도로변 총림 벌채와 보갑제의 실시 등의 발표[주283]는 대게릴라전 원칙에 '충실한' 정책이었다. 이 정책은 일본군이 중국에서 실시하고, 독일군이 그리스에서 실시했던 대게릴라 전략으로 주민들을 강제소개하고, 도로 주변의 나무를 베어내 무장대의 습격에 대비한다는 것이었다. 또한 '폭도에 대한 협력자의 철저한 처단을 단행한다'고 공포한 것은, '도민 다수가 폭도 동조자'로 인식하는 상황에서 도민 다수를 테러하겠다는 의미였다.

송요찬의 대게릴라전 원칙들은 제주도 사건과 지리산 토벌작전에서의 경험에 따른 것으로, 4·3은 대게릴라전 군사교리의 개발을 위한 시범무대이자 적용무대였다. 6연대 2대대로 입대했다가 1948년 7월 제주도에 파견된 9연대 병사는 "주민들은 공비들이 행방을 질문하면 무조건 '모르쿠다모르겠습니다'라는 말 한마디였다. 주민들로부터 공비에 대한 정보 획득이나 신고는 아예 기대할 수도 없었다. 주민들의 대부분이 공비들과 연관을 갖고 있어 공비들과 내통하고 있는 인상을 받았다"고 말했다. 병사들은 주민들이 무장대의 행방을 모른다고 말하는 것을 '폭도'에 대한 동조 내지는 협력으로 인식했다.[주284] 베트남전에서도 당시 남베트남 군인들이 베트콩 가족들을 살해한 데 대해 한 미군은 "그들은 게릴라들의 친척이었고, 의심의 여지없이 베트콩에 동조적이었으며, 그들을 지원했다. 그들은 비전투원의 신분이 아니다"라고 말했다. 이 미군은 남베트남 장교들이 종종 위협하기 위해 이들을 죽이고 집을 파괴하며, 가축을 도살하기를 원했다고 결론을 내렸다. 평정작전의 이론은 농민들을 베트콩을 지지하지 못하도록 테러하는 것이었다.[주285]

대게릴라전에서 대량학살을 야기하는 주요 원인인 무장대와 주민을 분리하는 강제소개와 견벽청야축성 정책은 2연대에서도 계속됐다. 만주에서 일제 경찰로 활동했던 제주경찰감찰청장 홍순봉은 자신이 마을마다 성을 쌓아, 후방 차단과 함께 민간인 분리정책을 경무부장 조병옥에게 제안했고, 이것이 채택돼 1948년 10월 6일 제주도에 부임하게 됐다고 말했다.[주286] 이러한 전략은 일본군이 중국에서 전개했던 대게릴라 토벌전략이었다. 마오쩌둥은 '견벽청야堅壁淸野'를 작전을 협조하는(견벽) 동시에 적으로 하여금 식량을 얻지 못하게 작물이 익었을 때 신속하게 거둬들이는 것(청야)이라고 정의했다.[주287]

2연대 부대장의 이름을 따 '함명리'로 개명한 봉개리나 조천면 낙선동에 주민들을 집단수용하기 위한 전략촌 등 집단수용소의 건설은 일종의 '비민분리'정책이었다. 2연대 소대장 이○○은 "공비하고 민간인을 구별하기가 상당히 힘들었다. 그래서 산간에 있는 마을 사람을 전부 철수시켜서 도시에 집결시켰다. 그래가지고 마을 단위로 성을 쌓았다. 그러자 잔비하고 민간인하고 완전히 떨어졌다. 공비가 식량을 구할 수가 없게 되고 한 1년 있으니까 완전히 없어졌다"고 회고했다.[주288] 주민들은 마을 주변의 성을 쌓는 데 동원되고 보초를 서야 했으며, 해안마을로 내려온 중산간 마을주민들은 집단수용소나 친인척 집을 찾아 들어가야 했다.

제주도민 '비인간화'하기와 국가폭력

한국전쟁을 제외하고 한국 현대사에서 4·3만큼 학살의 규모가 크고 진행기간이 길었던 사건은 없었다. 일제 강점기에도 없었던 대량학살이 어떻게 제주도에서 일어났을까? 대량학살은 의도적이었을까? 대량학살을 촉발시킨 동인은 무엇이었을까? 4·3 토벌작전은 내용적으로 보면 계엄령 실시, 적성지역 설정과 비민분리, 방화와 초토화, 민간인 소개, 집단수용, 대민 선무공작 등의 대게릴라 작전개념에 근거해 이뤄졌다.[주289]

1948년 남한 내 좌파세력은 한국정부의 적이었고, 체제 밖의 세력이었다. 정부는 평양과 모스크바의 공산주의자들이 이들을 지원하고 있다고 확신했다.[주290] '붉은 섬', '빨갱이섬'으로 규정된 제주도는 대한민국 체제 밖의 세력이었다. 강성현은 중산간 지역에 한정됐던 '빨갱이 마을'이 시간이 지남에 따라 '빨갱이섬'으로 확장됐다고 말했다.[주291] 그러나 제주도를 '붉은 섬'으로 규정한 것은 4·3 무장봉기 발발 훨씬 이전으로 좌익 근거지설이 제기됐던 1947년 3월로 거슬러 올라간다. 이미 이 시기 미군정과 경찰은 제주섬 자체를 '붉은 섬'으로 간주했고, 그 뒤 제주도에 들어온 서청은 제주도를 '모스크바'로 인식했으며 이는 대량학살의 계기를 만들었다.

경찰은 4·3 무장봉기 발발 때부터 원인은 무시한 채 줄곧 '소련의 사주나 북로당의 사주에 의한 폭동'으로 규정해 무력진압만을 강조했다. 경무부장 조병옥은 1948년 5월 16일 "남로당은 전조선적 파괴폭동의 계기를 조성하기 위한 제주도 소요를 야기했다"고 격렬한 어조로 제주도 사태를 비난했으며[주292] 공보실장 김대봉도 "제주폭동은 모스크바의 눈으로 보면 크게 의미가 있고 이익이 있다"고 주장할 정도였다.[주293] 토벌대의 입장에서 볼 때 좌파세력은 제주도민들이었다. 남한에 주둔했던 미군의 판단도 다르지 않았다. 9연대 고문관 리치 대위는 제주도를 합법정부legitimate government를 위협하는 반란을 저지하기 위한 합법적 군사작전legitimate military action 지역이었다고 회고했다.

'선택적' 폭력이 민간인들의 지지를 얻는 데 실패하거나 항복을 유도하지 못할 때 게릴라와 주민들을 분리할 목적으로 테러와 강제소개, 마을 방화 등 활용가능한 모든 물리력을 동원해 해결하려는 강압적 대량학살은 의심이 가는 인종집단이나 전 지역의 주민들을 대상으로 하는 제노사이드적 상황으로 확대될 수 있다.[주294] 정부와 군·경 토벌대의 눈에 제주도민들은 4·3 시기 '의심스러운' 인종집단이었다.

제주도에 부임한 군인들의 눈에도 제주도는 공산주의자들의 섬이었다. 국방경비대 사관학교[육사] 5기로 1948년 4월 6일 졸업하자마자 9연대에 배치돼 4개월 동안 근무한 채명신은 "소대원들의 눈초리에서 공산당 소굴 한복판에 내던져졌다"는 느낌을 받았다. 그는 동기생 9명이 9연대로 발령받자, 통위부 인사참모 박진경 중령을 만나 제주도로 발령받게 된 이유를 물었다. 이에 대해 박진경은 "인사비밀인데 내가 그곳 9연대장으로 가게 됐다. 9연대 사병들이 모두 제주도 출신들뿐이니 어떻게 그 폭동을 진압할 수 있겠나. 그래서 고심 끝에 내가 귀관들을 뽑았지"라고 말했다. 채명신의 회고록에 따르면 박진경의 제주도 부임은 미군정 수뇌부가 제주도에서 회의를 했던 5월 5일이 아니라 이보다 한 달여 앞선 4월 초에 이미 결정된 것으로 보인다. 그는 "사방이 온통 붉게 물든 눈동자들로 둘러싸여 있었으니 토벌작전이 제대로 이루어질 수가 없었다"고 말할 정도로 그의 눈에 비친 제주도는 '붉은 섬'이었다.[주295] 1948년 7월 11일에는 제주도 내 군·읍·면장 합동회의가 열려 각 읍·면장은 무고한 도민의 감정을 저해하는 '빨갱이'라는 말을 각 관청에서부터 사용하지 않는 것이 좋겠다고 결의하고 임관호 지사가 즉석에서 채택해 실시하기로 했다.[주296] 그러나 이는 이 자리에서의 결의였을 뿐 '빨갱이'라는 딱지는 4·3 내내, 그리고 그 이후에도 제주도민들을 따라다녔다. 제주도에서 진압작전에 참여했던 9연대 출신자는 중산간 지역 주민들을 피난시키고 다시 들어오지 못하도록 마을을 방화했다고 한다.

> 도로에서 20리인가 30리 한라산 쪽으로 더 들어가서 그때부터는 완전히 민간인들을 피난시키고 공비가 들어오지 못하도록 불을 질렀다. 그래서 우리는 중턱을 헤매면서 공비토벌 단계에서 방향을 바꾸어서 먼저 마을단위로 책임구역을 맡아서 주민들에 대한 선무공작으로 해변으로 전부 소개하라, 며칠간 여유를 주고서 그 사람들을 소개시킨 다음에 우리는 공비토벌을 하면서 불을 놓았다. 우리는 어떤 방법으로 했느냐 하면, 새벽 1시 아니면 2시 이 정도 되면 공비들이 마을에 들어와 있을 때가 아닙니까. 그러면 중대단위 소대단위로 그 마을을 포위하고 있다가 한 놈 두놈이 날이 새면 뛰는 것을 이것은 공비다 그래서 잡아넣고 그리고서 거기서부터 불을 질렀다. 우리는 공비가 아닌가 싶어서 사격을 하다가 보면 말 아니면 소가 그대로 자빠진다 이것이다.[주297]

'한놈 두놈이 뛰는 것'을 '공비'로 간주해 잡고 방화했다는 것은 무엇을 의미하는 것인가? 마을에 불을 지르기 전에 선무공작으로 주민들을 해안마을로 강제소개하기도 했지만, 그러한 소개령을 몰랐던 민간인들은 군 · 경 토벌대에게는 '공비'였고, 토벌 대상이었으며 제주도민들은 '이민족' 또는 '인간 이하의 존재*Untermenshen*'였다.

군 · 경 토벌대는 무장대를 '폭도', '공비', '빨갱이' 등으로 비인간화했으며, 무장대 또한 경찰을 '검은개'로, 군을 '노랑개'로 부르면서 자신과 구별되는 집단에 대한 폭력을 정당화했다. 이들은 나와 같은 집단 구성원으로부터 상대편을 배제함으로써 '살인'에 대한 심리적 거부반응을 완화했다. 보복작전은 적군의 사살을 전우를 죽인 적군에 대한 복수행위로 정당화함으로써 살인이라는 도덕적 부담감에서 해방됐다.[주298] 제노사이드 연구가 쿠퍼가 "희생자들을 동물이나 대상물의 수준으로 강등시키는 것"을 '비인간화'라고 했듯이, 4 · 3 시기 비인간화는 이데올로기적 정당화를 위한 대량학살의 원인이 됐다. 김생민은 "제주도민을 사람으로 보지 않고 제거대상으로 바라본 것이 큰 죄악 중의 죄악이다. 원래 폭동은 법에 구애되지 않게 일어나는 것이다. 사람을 죽이든 불을 놨든. 그러나 진압은 법에 의해서 진압되는 것이다"라고 말했다.[주299] 하지만 제주도 곳곳에서 법을 지키지 않은 채 학살이 자행됐고, 테러가 일어났다.

무장대의 약탈과 습격, 살인도 비판 받아야 한다. 초토화 시기인 1948년 11월 28일 오전 무장대는 남원면사무소와 경찰지서 소재지인 남원리 1구와 위미리를 습격했다. 이들은 남원 주민 30여 명을 무차별 학살하고 집집마다 불을 질렀으며, 위미에서도 식량을 약탈하고 주택을 방화하는 한편 부녀자와 어린아이를 포함해 30여 명을 학살했다.[주300]

제주도 사투리 또한 토벌대에게는 이민족적 시각을 갖게 한 원인이 됐다. "사람을 보면 전부 공비 같고 누가 공비인지 누가 공비가 아닌지 몰랐다. 곤란한 것은 언어가 통하지 않기 때문에 곤란했다. 일본말로 하니까 다 통했다. 일본말들을 잘했다. 그 다음부터는 괜찮았다"는 것은 무엇을 의미했는가?[주301] 이○○도 "주민과 언어소통이 불가능했다. 일본어로 통하는 편이 의사소통이 잘 되는 형편이었다"고 말했다.[주302] 11연대 1대대 부중대장이었던 정○○도 무장대와의 교전은 없었지만 "제주도 말을 알아듣지 못하여 주민들과 말이 통하지 않아 애를 먹었다"고 말했다. 앞서 1947년 4월 9연대장으로 제주도에 부임한 이치업도 "제주도 본토박이들은 우리 한국말을 쓰면서도 제주도 방언을 사용했다. 육지사람들은 이 방언을 조금도 이해할 수 없었다. 바로 이것이 제주도가 유배지라고 여겨지는 가장 큰 이유였고 (중략)"라고 회고록에서 밝혔다.[주303]

일본어로 말해야 의사소통이 되고, 제주말을 이해하지 못했다는 군인들의 인식은 제주도민과 제주도가 '동일민족', '하나의 민족'이라기보다는 '이민족' 또는 '점령지역'이나 '적지'였다는 의미다.

대통령에서 정부 각료에 이르기까지 친일경찰의 행위와 공산주의자에 대한 경찰의 고문행위를 옹호했다. 이승만은 제주도에서 진압작전이 한창이던 1949년 2월 5일 유엔한국위원단 대표단을 면담하는 자리에서 "일본인들이 조선에서 공산주의를 소탕하는 데 매우 효과적이었다"고 말할 정도로 어떤 수단을 써서든지 좌파를 배제하려 했다.[주304] 그는 공산주의를 배제하는 데 있어서 일제 경찰의 방법을 옹호할 만큼 '공산주의'는 '절대 악'으로 간주했다. 내무장관 김효석은 1949년 12월 11일 대구에서 연설을 통해 "대한민국을 파괴할 목적으로 살인과 방화 등을 자행하다 체포된 공산주의자들을 심문하면서 고문을 사용하는 것은 어쩔 수 없는 일"이라고 주장했고, 내무차관 장경근도 "공산주의자들을 고문하지 않는 한 그들은 고백하지 않을 것이기 때문에 때때로 고문을 사용해야 한다"고 오히려 고문을 권장했다.[주305] 유엔한국위원단 대표로 한국에 온 오스트레일리아 대표는 1949년 2월 "한국의 경찰제도는 전쟁태평양전쟁 전 일제 경찰과 방법이나 권력 면에서 동등한 것 같다. 임의 체포와 고문, 혹은 이 둘을 합쳐놓은 위협은 여전히 정치적 반대자들을 다루는 데 있어 일반적인 절차다"라고 비판했다.[주306] 쉬한Neil Sheehan은 베트남전쟁 당시 "사이공 장교들은 도살과 새디즘에 아무런 죄의식을 느끼지 못했다. 그들은 농민들을 일종의 하위종subspeices으로 간주했다. 그들은 인간의 목숨을 앗아가고, 인간의 주거지를 파괴하지 않았다. 그들은 반역적인 동물들을 절멸시키고 있었고, 그들의 소굴을 제거하고 있었다"고 말했다.[주307] 미군이 20세기 초 게릴라들을 상대로 싸운 필리핀에서도 이러한 인식은 마찬가지였고, 제주도에 있던 토벌대의 인식도 이와 유사했다. 토벌대는 '양민'을 학살하지 않았고 '공산주의자', '빨갱이'들을 학살했던 것이다. 이들에게 공산주의자들은 인간이 아니었다. 이는 마조워가 말하는 '전쟁과 사회적 불안정으로 창출된 비인간화dehumanization'였으며, 비인간화는 학살에 대한 도덕적 억제력을 손상시켰다.[주308]

서청의 폭력과 제주도민

우익단체는 해방공간 정치폭력의 중심에 있었다. 이들

의 활동 목적은 적대세력 제압과 선거동원 체제로 가동하는 것이다.[주309] 외곽단체 가운데 규모나 정치테러 면에서 가장 두드러진 단체는 서북청년회[약칭 서청]였다. 주한미군사령부의 1947년 5월 정보보고서는 서청에 대해 "공산주의와 유사한 단체라면 모두 극도의 복수심 섞인 적개감을 갖고 있다. (중략) '반민주적'이라고 의심되는 인사들에 대해 정열적으로 맹렬한 공격을 퍼부으며 '빨갱이 사냥red hunt'에 매달렸다"고 밝혔다. 미군정은 서청을 자신들의 의도에 따라 행동할 수 있는 조직으로 간주했다. 보고서는 "서청은 타 우익단체들과의 우호적인 관계를 유지해나가겠지만, 이승만의 의지대로 움직일 것이다. (중략) 서북청년회는 회원은 많지 않으나 극렬 행동을 서슴지 않으며 그 세력이 확장되고 있다. 그들은 적극 부인하고 있지만 좌익 혐의자들에 대한 테러통치를 계속할 것이다. 그들 조직은 유용하다. 그들은 반탁시위를 벌여야 한다는 요청을 받으면 기꺼이 반탁 시위대를 조직할 것이다"라고 보고했다. 이러한 서청은 미·소 공동위원회와 모스크바 3상회의 결정에 반대해 우익 테러활동을 강화했다.[주310]

출범 당시 조직부장이었던 전두열은 "대소사건에 피의 투쟁을 계속하면서 조직을 확대해 나갔다. 이리하여 전국적인 강대한 조직과 투쟁력을 겸비한 위력을 내외에 떨친 것은 1947년 3·1절 시위사건이다"라고 회고했다. 서청 본부는 1947년 6월 10일 남선파견대 본부를 대전에 설치하고 총책임자에 임일을 임명했다. 전두열은 이에 대해 "임일은 장군 칭호를 가지고 신탁통치를 지지하는 민족반역도당과 친일파들을 때려 부수는 일에 앞장섰으며, 서청원들의 용맹성은 초인간적이었다"고 언급했다.[주311] 서청 간부 출신의 발언처럼 서청은 '용맹성'을 가지고 '초인간적'으로 '피의 투쟁'을 전개하면서 조직을 확대했다.

도지사 유해진은 1947년 4월 부임하면서 서청 단원 7명을 데리고 왔다. 서청 단원들은 이해 초부터 제주에 들어왔다. 우도의 남로당 책임을 맡고 있던 고성화는 "하루는 지서 주임이 와서 '서북청년단이 내려와서 빨갱이를 잡는다고 하니 주의하시오!' 하고 날 보고 경고를 주고 갔다. 그게 1947년 3월 4일인데 '내일은 우도에도 들어올지 모른다'고 했다"고 회고했다. 이로 인해 그는 3월 5일 구좌면 종달리로 나와 1개월 남짓 종달리와 우도 두 마을을 오가면서 생활했다.[주312] 4·3의 배경은 "제주도가 처해 있던 특수한 환경을 이용해 무력으로 목적을 달성하려 했던 좌파세력들의 집요한 공작이었다"고 주장하는 백선엽도 "서북청년단에 대한 제주도민의 감정은 결코 고울 수가 없었다. 오랜 세월 그물망 같은 혈연·지연의 유대 속에서 살아온 그들에 있어서 외지인일 수밖에 없는 서북청년단은 애초 불편한 존재였다. 더욱이 '빨갱이들 때문에 고향에서 떠나왔으니 빨갱이 잡는 일이 지상 최대의 목표'라고 공공연히 떠들어대며 친척이나 이웃사람에 대해 불리한 증언을 하도록 강요한 서청의 행동은 '정복자'의 태도와 다름없었다"고 말했다.[주313]

서북청년단 제주도 단장 안철은 1947년 11월 18일 미군 방첩대 제주지구대에 "제주도는 조선의 '작은 모스크바Cheju-Do is the "Little Moscow" of Korea' "라며 이를 입증해 보이겠다고 할 정도였다.[주314] 그는 서청 제주도지부의 정책은 공산당을 궤멸시키는 것이라고 말했다. 이들은 활동자금 모금수단을 테러에 의존했고, 구타와 협박사건을 자주 일으켰다.[주315]

본격적으로 서청이 제주도에 파견된 것은 4·3 발발 이후다. '때려라 부숴라 공산당'을 실천구호로 내건 서청에게 제주도는 '최후의 결전장'이었다. 서청 위원장 문봉제의 지시에 따라 김연일 서청 경북도지부 감찰위원장이 제주도 '평정'에 참여할 실천부대에 지원자를 모집한 결과 500여 명이 참여했다. 이경남이 『경향신문』에 기고한 '청년운동 반세기'에는 서청의 제주도 파견 과정이 자세하게 기록돼 있다.

> '제주도는 공산반도에 의해 불타고 있다. 육지에서 공산당 평정을 마친 용맹한 서청을 제주도는 학수고대하고 있다. 제주도 평정에 파견할 실천부대를 편성하라-' 문봉제 위원장의 이 같은 지시문이 내려오자 서청 합숙소는 함성과 열기로 들끓었다.

> '내가 지원자를 모집했더니 500여 명이 손을 들며 '가자 제주도로'라고 외치는 겁니다. 어차피 멸공전선에 몸을 던진 이상 미평정지구이니 제주도를 최후의 결전장으로 삼겠다는 서북 사나이들의 의기였어요.' 김연일 감찰위원장은 500명 회원을 이끌고 파도 높은 뱃길에 올랐다. 그의 직함은 어느덧 '대대장'으로 바뀌었다. 서울과 부산지구에서 200명이 가세했으므로 서청 특공대대는 700명 병력으로 구성되었다. '서청의 제주도 파병은 서청 활동의 하이라이트였다고 생각합니다. 북한에서 탈출한 젊은이들이 남한의 최남단 제주도를 최후의 결전장으로 삼았으니 말입니다.' 그의 말은 진솔하고 비장미를 느끼게 한다. 한라산 중턱과 산기슭에 묻힌 서청 회원들의 묘표(墓標)없는 무덤들이 천금의 무게로 그의 말을 뒷받침해 주고 있다.[주316]

그런데 김연일이 대대장으로 이끌었다는 서청 대대에 대한 군 관련 기록이나 이들이 언제 제주에 파견됐는지에 대한 기록은 없다. 양봉철은 이들이 군적을 부여받은 정규 군인이 아니라 이승만의 담화에 나오는 '민병대'로 활동한 것 같다고 분석했다.[주317] 이 글을 연재한 이경남은 서청의 활동에 대해 "반항분자에 대한 가차 없는 철퇴가 '난폭한 탄압'이라고 비쳐진 것이 사실"이라며 '난폭한 탄압'을 언급했다. 그는 "서청 회원들은 이를 갈며 죽창을 다듬었다. 김재능 제주도 단장과 최천 경찰국장은 긴밀히 협조하여 좌익 아지트를 차례로 까부수기 시작했다. 죽창을 휘두르는 서청 회원들의 용맹 앞에 공산분자들은 비슬거리기 시작했으며, 강력한 치안이 확보됐다"고 말했다. 최천이 제주경찰감찰청장으로 있던 때는 1948년 4~6월이다. 이를 갈며 휘두르는 서청의 죽창은 누구를 향했는가.

여순사건 진압 이후 서청 단원들은 경찰이나 군인으로 제주도에 대거 내려왔다. 이승만과 내무장관은 경비대에 6,500여 명, 경찰에 1,700여 명의 서청을 투입하기로 했는데, 이들은 전국의 9개 경비연대와 각 경찰국에 배치될 예정이었다.[주318] 11월 12일 2개 중대를 제주도에 추가 파견할 계획이던 한국군은 이를 취소하고 제주도에 주둔중인 3개 대대를 주로 서북청년단으로 충원하는 새로운 계획을 추진했다.[주319] 같은 달 중순 경찰에 지원한 서청단원들은 수도경찰청의 감독 아래 12일 동안의 훈련을 받고 제주도에 배치됐다.[주320] 12월 20일 서청단원 200명의 2연대 입대는 서청 지도부와 2연대장 함병선 간에 비밀리에 계획됐다.[주321] 서청은 제주도에서 무소불위의 권력을 행사했다. 4·3을 겪은 제주사람들이 서청을 가리켜 '인간이 아니었다'고 하는 말은 서청에게는 '투우사처럼 용감했다'는 말과 동의어였다. 제9연대는 서청 단원들을 군에 편입시켜 4개 소대 80명 규모의 '특별중대'를 만들었다.[주322] 성산면 대한청년단 훈련부장이었던 이기선은 "서청 특별중대는 과거 감정이 있던 주민들에게 멋대로 죄명을 씌워 처형했다. 나도 몇 번 끌려가 손과 발이 묶인 채 장작으로 맞았는데 다른 사람에게 의지해야 움직일 수 있을 정도로 고문이 심했다"고 말했다. 같은 면 대동청년단장이었던 고성중은 "서청은 참으로 지독했습니다. 오죽했으면 경찰이 나서서 일시 가두기까지 했겠습니까. 주정공장 창고 부근에는 부녀자와 처녀들의 비명소리가 끊이지 않았습니다"라고 증언했다.[주323] 9연대 선임하사 윤○○은 서청의 행패가 사건의 확대에 결정적인 역할을 했다고 말했다. 그는 "서북청년들이 고얀 놈들이다. 처녀를 겁탈하고 닭도 잡아먹고 빨갱이로 몰기도 하고, 이놈들이 사건을 악화시켰다. (중략) 주민들은 도망갈 곳이 없으니까 산으로 올라갔다"고 말했다. 11월 중순 제주경찰에 서청 단원 200명이 배속됐는데, 이들은 '200명 부대'로 불렸다. 당시 서청을 모집할 때 평안남도 출신의 제주도경찰감찰청장 홍순봉과 제주도 서청 단장 김재능이 직접 서울에 올라가 지원을 독려했다.[주324] 미군 정보보고서는 10월 1일 그동안 제주도에서 서북청년회가 경찰과 경비대를 지원하게 된 것은 미군장교들의 요청에 따른 것이라고 밝히고 있다.[주325] 11월 9일에는 제주도청 총무국장 김두현이 서청에게 고문치사당했다. 서청 제주도지부 단장 김재능은 자신의 사무실에서 심한 매질을 한 끝에 김두현이 실신하자 숨이 끊어지지 않은 상태인데도 밖으로 내버려 숨지게 했다. 12월 말에는 김재능이 군대의 비호를 받고 지역 일간지 『제주신보』의 경영권을 강제로 빼앗았다. 이 과정에서 사장 김석호는 서청 단원들로부터 폭행을 당하면서 "법치국가에서 어떻게 남의 회사를 강제로 빼앗을 수 있느냐. 이것은 순전히 강탈이므로 절대 당신들의 요구에 응할 수 없다"고 항의하기도 했다. 사장 폭행을 목격한 김용수 편집국장이 따졌으나 서청은 직원들을 모두 신문사 밖으로 내쫓았다. 그날 밤 김용수는 집에서 서청 단원 3~4명에게 끌려가 서청 특별공작대에서 고문을 당하고 총살직전에 2연대 부연대장 장호진의 도움으로 구사일생으로 살아나기도 했다.[주326] 1949년 2연대 1대대장이었던 전부일도 "서북청년단이 산 쪽에 협력했다고 해서 남편이 보는 앞에서 부인을 쏴 죽이고 (중략) 그리고 한번은 연대 정보인가 그 사람이 그 뒤에 죽었는데 나보고 와보라고 해서 가서 보니 여자를 발가벗겨놓고 빙빙 돌리고 있어서 이를 중지시킨 일도 있다"고 말했다. 살기 위해 외도지서 특공대에 편입했던 고치돈은 당시 서청 출신 경찰의 야만적인 행위를 이렇게 증언했다.

> 서북청년단 출신 경찰 이윤도의 학살극은 도저히 잊을 수 없습니다. 그날 지서에서는 소위 '도피자 가족'을 지서로 끌고 가 모진 고문을 했습니다. 그들이 총살터로 끌려갈 적엔 이미 기진맥진해서 제대로 걷지도 못할 지경이 됐지요. 이윤도는 특공대원에게 그들을 찌르라고 강요하다가 스스로 칼을 꺼내더니 한 명씩 등을 찔렀습니다. 그들은 눈이 튀어나오며 꼬꾸라져 죽었습니다. 그때 약 80명이 희생됐는데 여자가 더 많았지요. 여자들 중에는 젖먹이 아기를 안고 있는 사람도 있었습니다. 이윤도는 젖먹이가 죽은 엄마 앞에서 바둥거리자 칼로 아기를 찔러 위로 치켜들며 위세를 보였습니다. 도평리 아기들이 그때 죽었지요. 그는 인간이 아니었습니다. 그 꼴을 보니 며칠간 밥도 못 먹었습니다.[주327]

'적지'였던 제주도에서 서청에게는 걸림돌이 없었다. 서청 위원장 문봉제는 이렇게 말했다.

> 서청 회원들은 투우사처럼 용감했어요. 전과가 큰 만큼 희생도 많았죠. 서청의 희생자가 대부분 제주도에서 났다고 해도 과언이 아닐 만큼 큰 피해였습니다. 피비린내 나는 살육전이었으니까 제주도민의 억울한 희생도 많았죠.

문봉제는 이처럼 서청의 제주도 활동을 '피비린내 나는 살육전'이라고 표현했다. 그런 그도 인정하듯이 서청의 제주도 '평정'은 '살육전'이었고, 서청에게 제주도는 '악몽의 섬'이었다.[주328] 해방 이후 서울 장안의 폭력조직인 명동파의 이화룡도 서청 감찰부장으로 제주도 토벌작전에 참가했다.[주329] 미군도 서북청년단을 적극 활용했다. 군정장관 딘은 1948년 7월 2일 59군정중대 사령관 노엘이 제주도 경찰조직 강화 계획을 제안한 데 대해 정보 목적으로 필요하다고 생각하는 최소한의 서청 단원수를 유지하도록 이들의 철수를 조정할 권한을 승인했다.[주330]

특별중대에 소속된 서청단원들은 민간인 복장을 한 채 무장대 아지트를 찾아다니기도 했다. 6연대 2대대 인사계로 근무하다 서청 특별중대에 배치된 이기봉은 "그때 서북청년단이 해체돼 구성이 됐는데, 그것이 중문리에 있었다. 그들이 공비를 한 150명 잡았다. 그때 산간벽지에 있는 사람을 전부 해안지대로 내려오라고 해서 안 내려오는 사람은 전부 공비로 인정을 했다. 거기서 그렇게 하면서 적의 아지트도 발견했다. 서북청년단이 민간복을 입고 1개 중대쯤으로 산으로 올려 보낸다. 올라가서 공비가 부르면 간다. 가서 잘못하다가 얻어맞으면 '나도 너희들을 돕기 위해서 올라왔다' 해서 적의 아지트를 발견해 소탕을 한 적이 있다"고 말했다.

무장대의 기습을 받은 9연대의 보복작전은 야만적이었다. "1948년 12월경 7중대가 조천지역에서 공비부대와 수색대가 접전해 잔류중인 (성산포) 중대장 탁 중위를 포함한 1개 분대가 3/4톤 트럭을 타고 출동하다 조천 동쪽에서 무장대의 공격을 받아 운전수가 즉사하고, 병사 1명을 제외한 중대장과 병사들이 전멸했다. 사건이 일어나자 토벌대가 보복에 나섰는데 총기를 사용한 것이 아니라 총검을 사용했다. 작전에 참가했다가 12월 2연대와 교체돼 다른 지방으로 간 병사는 칼 등으로 찔러 죽이는 '척살'은 기억 속에 오래 남았다고 증언한다. 이 병사는 "탁 중대장이 전사한 뒤 보복작전을 실시했다. 지시에 의하여 (기도비닉을 위해) 발포를 극력 삼가고 대검전인

데 공비를 척살하면 인상이 오래 남았다. 그것이 싫어 자원해서 BAR자동화기: 인용자 사수를 원했다"고 말했다.[주331] 한 병사는 보복작전에 대해 다음과 같이 말했다.

> 한림에서는 우리 중대가 습격을 갔다가 공비 습격을 받아서 중대장하고 소대장 한사람 하고 대원이 한 15명 죽었다. 나는 중대장이 전사했다는 이야기를 듣고 대대 감시요원 1개 소대 가량을 데리고 갔는데 (중략) 그때 용의자는 200~300명 잡았다. 그 자리에서 즉결처분한 것도 한 150명 된다. 그러다가 (1949년) 3월 1일날 교대했다. 2연대하고 교대했지. 특별중대는 2연대에 인계하고 왔는데 어떻게 됐는지 모르겠다. 그 사람들은 전부 군인이 아니니까 인계를 했다. 그 사람들이 빨갱이를 잡는 데는 참 용감하다.[주332]

체포된 용의자 200~300명 가운데 150명을 현장에서 서청 특별중대가 처형했다는 얘기다. 이들의 보복작전은 무차별적 폭력이며 대량학살이었다.

민보단원들은 학살의 가해자이면서 피해자이기도 했다. 이승만의 제주도 방문을 일주일 남짓 앞둔 1949년 4월 1일 현재 제주도 내의 군·경 토벌대 숫자는 군 2,622명, 경찰 1,700명, 민보단 5만여 명이었다.[주333] 당시 제주도 인구가 25만~28만여 명인 점을 감안하면 전체 인구의 5분의 1 정도가 토벌활동에 동원된 것이다. 이들 민보단원들은 군·경 진압작전에 자주 동원됐으며, 심지어 처형에 동원되기도 했다. 또 진압작전에 참여했거나, 보초를 서다가 무장대의 습격으로 목숨을 잃거나 부상을 입는 경우도 있었다. 이와 함께 무장대와 내통했다는 오해를 받거나 근무가 태만하다는 이유로 군·경에 사살되는 일도 있었다.[주334]

1948년 12월 18일 군·경·민 합동작전 당시 구좌면 세화리 이른바 '다랑쉬굴' 속에 수류탄을 터뜨리고 입구에서 짚에 불을 지펴 굴속에 피해있던 7살 된 어린이를 포함해 20대 남녀 11명을 질식사시켰다. 다랑쉬굴에서 25일 동안 피신생활을 하였던 채정옥은 "굴 안에 있던 사람들이 고통을 참지 못해 손톱으로 땅바닥을 파거나 귀 · 코에서 피를 흘리는가 하면 괴로운 표정으로 바위에 머리를 부딪치며 처참하게 숨져 있는 것이 발견돼 주검을 차례로 눕혔다"며 당시의 참상을 증언했다.[주335]

대한민국 정부는 언론에 재갈을 물렸다. 군 · 경에 의한 학살은 보도가 불가능했다. 공보부는 언론사에 보도지침을 내려 '반란군'의 행위를 묵과하는 논평이나 반역행위에 대한 동정어린 표현도 할 수 없도록 했다. 남한에서의 '반란군'에 대한 진압행위가 '잔학한 민족학살'임을 의미하는 표현은 그것이 반란군과 국군이 같다는 생각을 심어주는 경향이 있게 돼 이를 사용하지 말아야 한다는 것이었다.[주336] 4 · 3의 전개과정에서 수많은 제주도민이 죽어간 비극적인 상황은 외부세계에 알려지지 않은 채 미군과 토벌대, 그리고 제주도민만이 알고 있었던 것이다.

'민간인 대량학살 계획'과 '가혹한 탄압'

중산간 지역내륙지역의 모든 민간인은 적으로 간주한다는 송요찬의 10월 17일자 포고령, 그리고 11월 17일 공포된 계엄령은 '충실히' 이행됐다. 9연대는 "적극적인 공격"으로 "만족할 만한 성공"을 거뒀으며, 그 이면에는 "모든 주민들이 게릴라 부대에 도움과 편의를 주고 있다는 가정 아래 민간인 대량학살계획program of mass slaughter among civilians"을 채택했던 것이다.[주337] 이러한 사례는 일본군의 중국 동북지방을 침략했을 때도 나타났다. 1942년 5월 일본군은 오카무라 장군의 '모두 죽이고, 모두 태우고, 모두 약탈하는' '삼광정책'을 수행했다. 삼광정책의 본질은 한 지역을 포위하고, 그 속의 모든 것을 죽이고, 모든 것을 파괴해서 그 지역을 사람이 살 수 없는 지역으로 만드는 작전이었다. 1942년 5월 28일 안궈현 부근의 마을에 대한 공격에서 일본군 300여 명은 지역을 포위하고 동굴에 독가스를 집어넣어 800명의 중국인들을 학살했다. 허베이 동부 루안현 판차타이에서는 1,280명을 처형하고 모든 가옥을 불태웠다. 이러한 정책은 공산주의자와 주민들 간에 존재하는 긴밀한 협력을 파괴하려는 목적으로 사용됐다.[주338]

송요찬의 포고처럼 중산간 지역에 피신했거나 살고 있는 주민들은 '적'으로 간주됐으며, 무차별 학살됐다. 초토화 시기 제주섬은 '죽음의 섬'이었고, '킬링필드'였다. 그러나 이범석 국무총리가 1948년 12월 7일 제1회 국회 제124차 본회의에서 밝힌 제주도 사태의 원인은 진실과는 너무나 동떨어진 것이었다. 이 총리는 제주도 사건의 원인을 첫째, 본토와 격리돼 해방 직후 소위 인민공화국의 선전모략이 존속함, 둘째, 제주 출신 재일 노동자 10만여 명이 좌익사상을 포기치 않고 고집함, 셋째, 행정관청에 대한 악감, 특히 배타심 왕성한 제주지역에 타도 출신 경찰관이 복무한다는 사실, 넷째, 남로당과 북로당의 모략과 준동이라고 주장했다. 당시 대한민국 정부 관리들의 눈에 제주도민들은 '양민'이 아니었고 '공산주의자'들일 뿐이었다. 그러나 이러한 주장에 대해 주한미사절단조차도 냉소적인 태도를 보였다.[주339] 주한미사절단이 국무부에 보낸 보고서는 "제주도민들의 편협한 사고는 단지 부분적인 설명일 뿐이며 제주도의 치안유지 책임자들 간의 통제와 조정기능 결핍으로 제주도민들의 불만이 나왔고 소요를 억제하는 데 실패하는 결과를 초래했다. 경찰의 극단적 폭력행위는 더욱 적대적이고 공포심을 가져왔다. (중략) 정보참모부는 제주도 노동자 10만여 명이 일본에 있는지에 대해 의심스럽게 여긴다. 지극히 가변적인 상황으로 인해 제주도와 관련한 추정은 신뢰할 수 없으며 따라서 제주도에서의 초기 평정은 의심스럽다"고 평가했다.[주340] 미군과 미외교관리들의 제주도 사태를 보는 눈은 혼란스럽다. 대한민국 정부의 발표를 신뢰할 수 없다고 하다가 정부의 토벌작전을 자주 부추겼다.

2연대는 제주도로 이동하자마자 연일 소탕작전에 나섰다. 2연대는 제주도 진주와 함께 "종래의 미온·소극작전을 떠나 적의 최후의 한 명까지 섬멸을 기하는 포위 고립화 작전을 실시하는 한편 이(창정) 소령이 영도하는 민사처를 중심으로 폭도의 귀순 공작을 시작"했다.[주341] 9연대에서 초토화가 이뤄지고 수많은 인명이 살상됐는데도 2연대는 기존의 작전을 '미온 · 소극 작전'이라고 평가한 것이다.

백선엽의 회고록을 보면 "함병선은 '제주도에 부임해 가장 먼저 해야 할 일은 선무공작이었다. 전임부대들이 중산간 부락을 초토화한 때문이었다. 국내전에서는 초토화를 금기로 하는 것이 원칙이었는데 이해하기 어려웠다'고 말했다"고 했다.[주342] 함병선이 9연대와는 달리 자신은 선무공작을 했다고 설명했지만, 그의 대게릴라전 원칙은 주한미대사관의 드럼라이트 Everett F. Drumright가 '잔인한 작전'(이 작전은 신분이나 무기의 소지여부를 가리지 않고 폭도지역에서 발견된 모든 사람을 사살하는 것을 포함한다: 원문)이라고 언급할 정도였다.[주343] 9연대와 2연대 교대시기인 12월 19일 무장대는 신엄리 습격을 시작으로 활동을 재개했다.[주344] 2연대는 9연대의 작전을 인계받아 12월 21일부터 28일까지 8일 동안 503명을 사살하고, 176명을 체포했다.[주345] 최갑석은 "1948년 12월 29일 제주도에 들어온 함병선은 본부와 2대대를 제주시에, 1대대를 서귀포에, 3대대를 한라산 북쪽 오등리에 배치해 초기 소탕작전을 벌였으나 쌍방의 희생이 컸다"고 말했다.[주346]

1948년 7월 다른 지방으로 이동했다가 12월 28일 제주도 출동명령을 받아 다음날 다시 제주도에 파견된 유○○은 "연대본부는 농업학교에 들어가 있었고, 1대대가 거기에 있었는데 그날 저녁부터 출동을 계속했다"며 "그때 당시에는 해안선 4km 한라산을 중심해서부터는 작전지역으로 있어서 작전이 매일 있었는데, 3시경에 나가면 9시경에 들어오고 했다"고 말했다.[주347] 해안선에서 일정 거리를 두고 떨어진 지역의 내륙지역을 '적지'로 간주해 작전을 벌인 것은 9연대만이 아니라 2연대에서도 비슷하게 적용됐고 실행됐다. 최갑석은 "산으로 숨어든 빨치산들이 게릴라 전술을 쓰기 때문에 언제 어느 때 거리에 출몰할지 모르고, 또 누가 적인지도 확인할 수 없는 것이다. 전선이 있는 것도 아니고, 그래서 모두 적이라고 볼 수도 없고, 아니라고 볼 수도 없었다. 내전의 어려움은 바로 여기에 있었다"고 말했다.[주348]

1월 3일 50여 명 규모의 무장대가 한림면 상명리를 습격해 주민 31명과 경찰 1명을 살해하고 주민 30명을 납치했다. 주택 30채도 불에 탔다. 이날 오후 8시께에는 제주도청이 소실되는 등 무장대의 공세가 계속되자 함병선은 1월 4일, 12월 31일 끝난 제주도의 계엄령을 지속시켜 줄 것을 사령부에 건의했다.[주349] 이어 같은 날 육·해·공군 합동작전으로 대응했다. 해군함정은 37㎜ 포로 사격을 가했고, 공군은 L-4, L-5기로 수류탄과 폭탄을 투하했다. 이런 작전은 2월에도 계속됐다. 군사고문단 보급고문관 우스터스P. C. Woosters 중령도 로버츠 준장에게 2월 10일 2연대에 대한 시찰보고를 하면서 "연락기가 전단살포와 함께 수류탄과 박격포탄을 무차별 떨어뜨리고 있다"고 밝혔다. 보고서는 또 육·해·공군의 합동작전 결과 "해안에서 한라산에 이르는 4㎞ 이내의 부락은 대부분 군·경의 토벌작전으로 초토화되고, 토벌대는 재판 없이 주민들을 처형함으로써 제주도민들을 자극했다"고 밝혔다.[주350]

앞서 이승만은 1월 21일 국무회의 자리에서 "미국이 한국의 중요성을 인식하고 많은 동정을 표시하지만 제주도, 전남사건의 여파를 완전히 발근색원하여야 그들의 원조는 적극화할 것이며, 지방 토색 반도 및 절도 등 악당을 가혹한 방법으로 탄압하여 법의 존엄을 표시할 것이 요청된다"고 밝혔다.[주351] 미국의 원조를 얻기 위해서는 제주도와 전남지방에서 '가혹한' 방법으로 탄압하도록 한 대통령의 지시는 무장대만이 아니라 일반 주민들에 대한 무차별 폭력으로 나타났다. 이어 한국군 총참모장 채병덕 준장은 1월 26일 유엔한국위원단 1진의 1월 30일 입국을 앞두고 위원단 활동과 국민정서를 안정시키기 위해 폭도와 반란군을 완전히 소탕하도록 육군과 해군에 명령하는 한편 1개 대대 병력의 파견을 육군에 지시했다.[주352]

'가혹한 방법'으로 탄압을 지시한 이승만은 1월 28일 열린 국무회의에서

"제주도사태는 미 해군이 기항하여 호결과를 냈다하며 군 1개 대대, 경찰 1천 명을 증파하게 되었으니 조속히 완정完靖하여 줄 것"을 독려했다. 경찰의 제주도 파견은 애초 1천 명이었으나 최종적으로는 500명이 파견됐다.[주353] 이승만의 발언에 나타난 미해군 함정이 제주도에 기항해 어떤 역할을 했는지는 알려지지 않았으나 정부 수립 이후에도 미군이 제주도 진압에 영향력을 행사하고 있었다는 것을 의미한다.

5·10 재선거의 성공적인 실시를 위해 이승만 정부는 미군의 협조를 얻어 걸림돌 제거에 총력을 기울여 나갔다. 공군은 1월 24일 제주도 사태 진압차 출동해 지상부대 간의 긴급연락, 삐라살포, 적정 정찰, 지휘관 운송 등을 담당하면서 4월 14일까지 활동했다.[주354] 1월 31일에는 제6여단 유격대대가 제2연대와 함께 작전에 참여하기 위해 제주도로 이동했다.[주355]

이런 상황이 보고되는 가운데 정부는 소탕작전을 위해 1949년 3월 2일 지리산지구전투사령부와 함께 제주도지구전투사령부를 창설했다.[주356] 제주도지구전투사령관에 유재흥 대령이, 참모장에는 2연대장 함병선 중령이 각각 임명됐다. 유재흥은 기존 제주도 주둔 2연대와 유격대대 병력 외에 제주도 경찰과 응원경찰, 우익청년단 등을 총괄하는 권한을 가졌다. 고문관에게 매우 협조적인 사령관 유재흥 대령은 하버러Walter J. Haberer 중령의 자문을 받아들이면서 작전을 수행했다.[주357]

유재흥의 작전개념은 '완전포위' 개념이었다. 그는 직접 연락기를 타고 한라산 상공을 비행하면서 작전명령을 내리다가 추락했으나 비행기가 나무에 걸린 덕분에 조종사와 함께 탈출해 귀환하기도 했다. 이 시기 '폭도'라는 이름으로 희생된 제주도민은 공식집계만 보더라도 3월의 경우 500여 명에 이르렀다. 이범석은 1949년 3월 국회에서 1단계 지형지물 숙지와 비민분리, 2단계 내륙지역으로부터의 축출, 3단계 추격 섬멸전이라는 대게릴라전의 정책을 설명했다.[주358] 『뉴욕 타임스』는 3월 15일자 '한국에서 반란군 추적 개시돼'라는 존스턴Richard J. H. Johnston의 기사를 통해 한국군의 제주도 토벌 상황을 이렇게 전했다.

> 이승만 대통령은 13일 육군 지휘관들에게 북한 공산주의자들의 명령에 따라 마을을 방화하고, 지방에서 식량을 약탈하는 반란군들을 체포하거나 소탕하라고 명령했다. (중략) 정부 소식통은 14일 반란행위로 제주도가 마비됐고, 25만여 명 대부분을 내륙지방에서 해안마을로 강제소개했다고 말했다. 정부 대변인은 지난해 여름 이후 공산주의자들에 의해 죽은 제주도민 숫자가 1만 5,000여 명이라고 말했다. 1만여 채의 가옥은 방화로 파괴됐다고 그는 덧붙였다. 골롬반수도회의 스위니 신부는 13일 서울에 도착한 서한을 통해 제주도민 대다수가 기아로 고통을 겪고 있다고 밝혔다. 그는 일부 지역에서는 주민들이 하루에 감자 1개로 연명하고 있다고 말했다.

초토화가 강력해질수록 제주도민들의 삶은 한계점에 이르렀다. 그러나 무장대 소탕을 지도하기 위해 3월 10일 내무장관 신성모와 함께 제주도에 파견됐던 국무총리 이범석은 기아로 고통을 겪고 있다는 신부의 인식과는 달리 "제주도의 식량문제가 그렇게 긴박하지 않은 것을 느꼈다"며 굶주림에 허덕이는 제주도 현지 실정과는 전혀 다른 발언을 했다.[주359] 이러한 인식의 차이는 1947년 이후 마찬가지였으며 전혀 개선되지 않았다. 제주도지구전투사령부는 3월 2일 창설 이후 3월 25일까지 무장대에 대한 사면계획을 실시하고, 그 이후에는 강도 높은 소탕작전을 실시할 것이라고 밝혔으나[주360] 이미 그 이전부터 강력한 토벌작전을 전개했다.

주한미사절단 대리대사 드럼라이트는 3월 28일 "경찰의 지원을 받은 한국군이 지리산, 전라남도, 제주도에서 만족할 만한 결과를 내며 토벌작전을 계속하고 있다. 게릴라들은 수세적일 뿐 아니라 무기와 인력의 손실로 고통을 겪고 있다. 그러나 게릴라들이 수적으로 적지만 산간지역 도피처에 몸을 숨기고 있는 것이 현재 명백하며, 지속적인 장기작전으로 이들을 완전히 뿌리 뽑을 필요가 있다"고 국무부에 전문을 보냈다.[주361] 드럼라이트가 '완전히 뿌리 뽑을 필요가 있다'는 것은 앞서 이승만이 '가혹한 방법으로 탄압'하라는 것과 같은 의미라고 볼 수 있다.

제주도 내 곳곳에서 군 · 경에 의한 학살이 자행되는 가운데 제주의 유학자 김경종(1888~1962)은 1949년 이승만에게 '여이승만서(與李承晚書)'로 시작하는 4 · 3의 진상을 적은 장문의 편지를 보냈다.[주362] 이 편지가 이승만에게 건네졌는지는 알 수 없지만 그는 이 편지에서 4 · 3 당시 군인과 경찰, 서북청년단의 제주도민에 대한 가혹한 행위와 학살을 폭로하면서 무고한 도민의 원한을 풀어달라고 호소했다.

> (중략) 양민 소개령이 내려져 불사르니 불량한 자들은 산속으로 도피하고 선량한 자들은 바닷가 마을로 소개되었습니다. 진정 그 세력이 처음에 어찌하였습니까? 경찰은 산속으로 도피한 자들은 쫓지 않고 해안 마을로 소개된 사람들을 체포해 한 장소에 모아 세워두고 눈을 감도록 명령을 내리고는 한번 순찰을 합니다. 눈을 감으라고 거듭한 연후에 매수한 사내를 시켜 지목하게 합니다. 무수한 사내의 가리킴이 많으면 얻은 것 또한 많아집니다. 그러므로 이쪽 저쪽을 가리키고 동쪽 서쪽을 가리키는 대로 모두 죽여버립니다. 아아! 이 무슨 참담한 지경입니까? (중략) 군인들이 지난간 곳에는 옥석이 함께 불타지만 얼굴에는 혹여 괴이치도 않습니다. 이른바 지방치안의 책무로써 그 무고한 사람들을 죽이는 것을 즐기는 것처럼 합니다. 아아! 경찰들은 저 무슨 마음입니까? 또한 겨를 없이 소개되다 도중에 방황하는 자들이 소개된 자들이 참혹함을 당하는 것을 보고는 놀라서 노인을 부축하고 어린아이를 이끌고 산속으로 들어가 버리니 이것이 이른바 연못으로 물고기를 몰고 수풀로 참새를 모는 것입니다. (중략) 서북청년단의 불학무식한 자들로 특수부대를 만들어 종일 수색하고 체포해 구금합니다. 한 명의 이름을 불러 고문하고 좌우로 붙잡아 폭행해 기절하면 '산폭도에 가담했느냐?' '남로당에 가입했느냐' '돈과 곡식을 많이 줬느냐' 기절한 사람이 답할 수 없고 다만 고개를 흔들고 턱을 움직이면 '저놈이 모두 자수하고 승낙했다'며 청취서를 작성해 사찰과와 경찰국·서장에 이를 보냅니다. 군사재판은 청취서에 따라 재판을 해 1, 2, 3, 4, 5년을 선고합니다. (중략) 각하께서 밝게 살펴 만약 이러한 말들을 믿지 못하겠다면 먼저 본생을, 길러진 경찰의 못된 습관이 참혹하게 죽은 귀신들에게 원한을 맺게 하였다고 망언한 죄로 먼저 다스려 주십시오. 그렇지 않다면 당시의 경찰들을 먼저 쫓아내고 사람

사는 세상에 용납하지 못하게 해 죄가 없는 참혹하게 죽은 혼령들을 널리 불러내 죽은 귀신들의 원한을 풀어주십시오. (중략)

3) 미군·미외교관리들의 역할과 개입

초토화 시기 제주도 주둔 미군 고문관의 기억

초토화 시기 9연대 고문관이었던 피쉬그룬드Harold S. Fischgrund 중위는 자신의 임무를 한국군에게 보급품을 전달하고 훈련을 지원하는 한편 어떤 방법으로든지 한국군의 작전을 자문하는 것이라고 밝혔다. 그는 인사, 정보, 작전, 군수 등 모든 참모들과 상의했다. 또 한국군의 회의에 참석해 인사와 군수, 정보분야 등에서 미군 방식을 도입하도록 노력했다고 말했다.[주363] 1942년 8월 임관해 2차 세계대전 당시 벨기에, 프랑스, 독일, 체코슬로바키아에서 전투에 참전했으며, 훗날 베트남전에서도 고문관으로 활동한 그를 두고 동료들은 '전사warrior'로 평가했다. 그는 1948년 8월 15일 한국에 도착해 친구 예이츠Eames Yates 대위의 소개로 당시 경비대사령관 고문관 하우스만을 만나 임시군사고문단에 배속됐다. 서울에 있던 9연대 부고문관겸 대대 고문관으로 배치 받았던 그는 9연대와 함께 제주도로 이동했다. 그의 여행명령서에는 1948년 10월 4일 제주도에 무기한 파견근무 가는 것으로 돼 있다. 그러나 그의 파견일이 정확하지는 않다. 또 다른 문서는 10월 20일부터 파견근무 가는 것으로 나와 있다.[주364] 그가 대대 고문관으로 부임할 당시 연대 고문관은 버제스 대위였으며, 버제스가 12월 초 제주도를 떠나자 연대 고문관으로 12월 말까지 근무했다. 그는 제주도에 부임하기 전 제주도에 소요가 있다는 것은 알고 있었지만 심각성에 대해서는 아무런 얘기도 듣지 못했다고 회고했다. 그는 1949년 1월 대위로 진급한 뒤에는 여순사건 빨치산들을 소탕하기 위한 지리산지구전투사령부 정일권 사령관 고문관으로 활동했으며, 같은 해 11월 22일 군사고문단 작전참모부 부고문관으로 제주도를 시찰하기도 했다.[주365] 그러나 그는 4 · 3이 일어난 이유와 진압과정에서 군 · 경의 가혹한 행위에 대해서는 잘 알지 못했다고 했다.

> 제9연대의 임무는 제주도 주변의 도로를 방해물을 제거하는 것이었고, 그래서 그들은 그 임무를 수행했다. 한라산 중심으로 섬의 내륙에 있는 사람은 누구든지, 누구든지는 아니겠지만 적으로 간주됐다. 확실히 그들은 주민들로 하여금 해안마을로 이주하도록 알렸다.

피쉬그룬드는 이러한 사실과 중산간 지역 주민들을 소개한 사실을 인지했다. 하지만 송요찬이 포고령 선포를 자신과 논의한 적은 없었고 계엄령 또한 모르며 한국군들이 무시하기도 했다고 말했다. 피쉬그룬드 중위는 혼자서 또는 송요찬과 함께 성조기를 매단 지프를 타고 일주일에 한차례 정도 제주도를 돌았다. 그러나 그는 9연대의 전투를 본 적이 거의 없다고 했다.

고문관들의 역할은 한국군에 '자문'하는 것이었지만 한국어를 못 했고 한국군은 영어를 못 했기 때문에 자신은 단지 '명목상의 대표figurehead', 즉 '진짜 고문관'이었다고 강조했다. 경찰에 있던 김생민도 "경찰에서 100명을 연행했다고 하면 그 숫자를 미군정에 보고하겠나. 왜 미군정이 눈봉사라고 하는지 아느냐. 경찰관들이 계엄사령부가 임의로 사형한 숫자를 다 보고했겠나. 미군정이 그 사람들을 다 죽이게 동의했겠나. 미군정이 알았다면 그렇게 사람 죽이는 데 동의하지는 않았을 것이다. 그러니 미군정 정보라는 것이 마지못해 나타난 숫자지 정확한 숫자를 알 수 없었을 것이다"라고 말했다.[주366]

그의 제주도 주둔 기간은 선임이었던 버제스 대위와 함께 4 · 3의 진압과정에서 가장 많은 인명과 재산피해가 났던 시기였다. 그는 9연대 전투일지를 통해 많은 사살자가 발생했음을 알고 있었지만 "무고한 사람들이 희생됐다는 보고는 어떤 것도 받은 적이 없다. 나는 제주의 가난한 농민들과 어민들이 각 마을 경찰들의 함정에 걸렸다는 것을 알았다. 무고한 사람들이 죽었다는 사실은 몰랐지만 느꼈다. 하지만 나는 경찰을 통제할 아무런 권한도 없었다"고 말했다. 그는 무기수와 사망자 숫자의 불일치 때문에 송요찬에게 (희생자수에 맞는) 무기를 보고 싶다고 말했다고 회고했다.

> 오전 회의에서는 무엇인가가 있었다. 그들은 얼마나 많은 사람이 죽었고, 얼마나 많은 무기를 노획했는지 말하곤 했다. 항상 무기수보다 사망자 숫자가 많았다. 그래서 나는 무기를 보자고 요청했고, 때로는 무기를 볼 때도 있었지만 보지 못할 때도 있었다. 그래서 나는 당신들의 보고서를 믿지 못하기 때문에 당신들은 나에게 무기를 보여줘야 한다고 말했다. 나는 전투교전에서 죽은 사람 숫자와 노획한 무기수의 불일치에 대해 의문을 제기했다. 정확한 답변을 들은 적은 없지만, 나의 문제 제기 이후 나온 보고서들은 사망자수와 무기 숫자가 보다 근접한 수치로 반영됐다는 데 주목했다. 이것은 송요찬과의 까다로운 문제(touchy point)였다.[주367]

고문관 이외의 미군들도 제주도에서 활동했다. 피쉬그룬드는 미군 방첩대 요원 2명 가운데 한 명의 이름이 고큰아우어Gochenhower라며, 이름이 매우 특이해서 기억하지만 계급은 모른다고 했다. 또 때때로 니콜스Nichols라는 사람을 만났는데 중앙정보부CIA 요원이나 공군정보팀 요원으로 들었지만 자신들의 업무에 대해 이야기기 하지 않았다고 했다.[주368] 그의 발언을 보면 초토화 시기 중앙정보부와 미군 방첩대가 제주도에서 정보를 수집했음을 알 수 있다. 그는 또 제주도에 있는 동안 경찰의 가혹행위 소문을 들었으나 그러한 내용의 보고서를 본 적은 없다고 했다.

1948년 서울의 고문단사령부에 있었던 고문관 섀클턴Robert G. Shackleton은 제주도에서 일어난 대량학살에 대해 전혀 모른다고 말했다. 그는 "그 시기에 제주도에서 수천여 명의 학살이 일어났다면 그 정보를 들었을 것"이라며, "하루에 수십 명, 많게는 100명 이상이 사살되는 '중요한 사건'들이 미군 당국의 주목을 피할 수 없었을 것이고, 미군 당국은 대량학살과 관련해 어

떠한 행동을 확실히 취했을 것"이라고 말했다.[주369]

그러나 제주도에 파견된 고문관들은 고문단사령부에 작전상황을 보고했다. 피쉬그룬드는 당시 제주도 상황을 "소문에 따르면 평양에서 지령을 받는 제주도 공산주의자들이 촉발한 문제로 한국정부가 어려움을 겪고 있다고 들었다"고 말했다. 하지만 그는 제주도 사건에 북한이 개입했다는 것은 들었을 뿐이지, 증거를 본 적은 없다고 했다. 심지어 그는 김달삼이 소련 잠수함을 이용해 제주도에 침투한 한국계 소련인으로 알고 있었다.[주370] 그만큼 미군 고문관들도 제주도 사정에 대한 정보가 어두웠다.

미군 고문관들은 송요찬에 대해 호의적이었다. 웨솔로스키는 송요찬을 '매우 강인하고, 매우 거친' 연대장이었다고 평가했다. 그리고 송요찬의 그러한 성격이 자신에게 필요했던 점이었다고 회고했다. 피쉬그룬드는 제주도 근무 내내 송요찬과 활동했다. 거의 날마다 송요찬과 만나 대화를 나누고 좋은 관계를 유지했다는 그는 "송요찬은 정말 유능하고 실력 있는 지휘관이었다"며 '매우 강인한 인물'이라고 평가했다. 그는 또 "그의 대위는 바빴다"고 덧붙였다. '그의 대위'는 서종철로, 당시 제9연대 부연대장겸 작전을 담당해 모든 작전현장에 나갔다고 말했다. 제9연대가 제주도 작전을 끝내고 제11연대와 교체되자 피쉬그룬드도 함께 이동했다. 그의 후임자로 사브레스키Sabreski 중위가 11연대 고문관으로 부임했다.

미군사고문단장과 외교관리들의 역할

주한미사절단의 제주도 사태에 대한 평가는 갈피를 잡지 못할 정도로 오락가락했다. 제주에서 무차별 학살이 진행되는 가운데 여순사건의 경험으로 신경을 곤두세웠던 무초는 1948년 11월 3일 국무부에 보낸 전문을 통해 "제주도 사건은 (중략) 지속적인 정부의 압력으로 공산주의자들을 저지하고 있으나 그러한 노력도 상황을 개선시키지 못하고 있다. (중략) 제주도 공산주의자들을 섬멸하는데 있어 정부의 눈에 보이는 무능력에 대한 긴장감이 여전하다"며 한국군의 '능력'을 우려했다.[주371] 이는 남한 정부로 하여금 제주도 사태의 진압을 위해 더욱 강력한 진압작전을 전개하도록 촉구하는 것이나 마찬가지였다.

제주도 내 곳곳에서 민간인 학살이 일어나고 있는데도 군사고문단장의 평가는 달랐다. 군사고문단장 로버츠 준장은 11월 초 송요찬 연대장이 강력하고 적극적으로 활동하며, 군·경의 협력이 원활하고, 중앙정보부의 활동도 우수하다고 평가했다.[주372] 송요찬은 앞서 로버츠에게 정찰 조종사 에릭슨Fred M. Erricson 중위에 대해 "수차례에 걸친 제주도 정찰비행을 통해 반란군의 집결지, 사령부, 정부군과 반란군 간의 전투를 보고함으로써 9연대의 반란군 진압에 기여했다"고 감사의 뜻을 표시했다.[주373] 이에 로버츠는 12월 18일 이범석 총리에게 "제주도에서의 우리의 작전에 대해 귀하가 관심을 가져야 한다"며 제주도의 상황을 전했다. 로버츠는 이 서한에서 방금 받은 보고서라며 "송요찬 중령이 이끄는 9연대가 제주도 주민들로부터 완전한 정보와 협력을 받고 있다. 최근 실시된 작전에서 창으로 무장한 제주도민들이 소수의 한국군 장교 및 병사들과 함께 참가했다. 한 작전에서는 제주도민 3천여 명이 한라산 기슭의 무장대들을 에워싸고 진격했다. 소수의 한국군이 이들을 지도했고, 100여 명의 적 사상자를 냈다. 몇몇 무기와 식량 창고를 노획했다. 12월 11일 오후 6시에는 9연대 1개 중대가 토평리 부근에서 1천여 명의 주민들을 이끌고 105명의 무장대를 사살하고,[주374] 그들이 무기와 장비를 노획했다. (중략) 송요찬 중령은 초기 제주도민들의 호전적 태도를 전심전력의 협력으로 바꾸는데 대단히 잘 지휘하고 있다"는 보고서를 보냈다. 이어 로버츠는 "유능하고 믿음직한 장교들이 이끌고 지휘하는 평화애호 주민들에 의한 작전 결과에 대해 언론과 라디오, 그리고 대통령의 공포에 의해 크게 홍보돼야 한다고 건의한다"고 밝혔다.[주375]

초토화로 수많은 제주도민이 '폭도', '공산주의자'라는 딱지가 붙은 채 대량학살되는 가운데 주한미사절단의 드럼라이트가 국무부에 보낸 문서를 보면 국무부도 제주도 사태의 전개를 예의주시한 것이 드러난다. 11월 21일부터 12월 20일까지의 제주도 상황과 관련해 방첩대 지구대가 제출한 '정치개관' 보고서를 국무부에 보낸 미사절단은 "국무부가 인식하고 있는 바와 같이 제주도는 한동안 남한 내 소요의 중심지였다. 지형은 게릴라 활동에 이상적이고 주민들의 지역특성과 본토인들에 대한 반감이 공산분자들에 의해 부추겨져 제주도를 계속 불안한 상태에 놓이게 했다"고 분석했다. 국무부가 제주도 사태를 인식하고 있다는 것이다. 이어 이 보고서는 "지난 1~2개월 동안 제주도의 공산분자들에 대한 진압이 만족스러울 만큼 진전을 보이고 있다. 이는 부분적으로 제9연대에 의한 공격적인 진압작전 때문이며, 또 한편으로는 소요를 진압중인 토벌대에 협력하는 민간인들이 늘어나는 추세 때문이기도 하다"고 밝혔다.[주376] 그러나 주한미사절단은 11월 21일 무장대 규모와 관련해 "제주도의 현재 인원 규모는 300~1,500명으로 추정된다. 보고에 따르면 최근 국방경비대에 의해 타격을 입은 희생자는 300명이다"라고 밝히고, "이들 모두가 진짜 게릴라들이라는 것은 매우 의심스럽다"고 논평했다.[주377]

이 시기 남한에 들어온 유엔한국위원단의 오스트레일리아 대표는 1949년 2월 5일부터 23일까지의 남한에서의 활동을 본국에 보고하면서 "남한에서의 미국의 관심은 전략적이라기보다는 정치적이다. 군사적 견지에서 보면, 남한은 미국이나 잠재적 적국에 가치가 없다. 군사 훈련과 경제원조는 반공정권을 육성하는 세계적 프로그램의 일부분이다"라고 말했다.[주378] '세계적 프로그램의 일환'이라는 것은 미 · 소 대결의 장에서 트루먼 독트린의 착실한 실행을 의미하는 것이었다.

주한미사절단은 2월의 제주도 상황에 대해 "상상도 할 수 없을 정도로 더욱 악화됐다"고 지적했다. 주한미사절단이 보고한 '1949년 2월 정치요약'에는 "제주도는 이전보다 혼란이 더욱 악화된 것으로 밝혀졌다. 게릴라 도당들은 섬의 중심부를 관통해 마음대로 날뛰고 있다. 큰 읍·면과 가까운 일부 해안지역과 1마일 이내 내륙만이 공산주의자들의 활동으로부터 안전하다. 한국군이 방어성향의 전술을 구사하는 동안 게릴라들은 섬의 마을 가운데 70%를 파괴했다. 수만 명의 난민들이 피난처와 식량을 구하기 위해 읍 교외에 붐비고 있다"고 언급했다.[주379] 송요찬의 토벌작전을 높이 치하했던 군사고문단은 2군 사령관 멀린스에게 보낸 서한에서 "제주도 반도들의 장기간에 걸친 저항은 부분적으로 군·경의 무능한 지휘관들 때문이었다. 그들은 공산주의자들과 마찬가지로 주민들을 살해하고 마을을 불태우는 데 똑같이 무자비ruthless했다"고 정반대로 평가했다.[주380] 이 서한에서는 군·경이 제주도에서 무자비했다고 언급하고 있으나 이러한 지적은 이들의 작전자문에는 결코 반영되지 않았다.

주한미사절단의 보고는 제주도 사태 진압과 관련해 만족스럽다는 견해에서 더욱 악화됐다는 보고에 이르기까지 다양하게 나왔다. 『뉴욕 타임스』의 설리반Walter Sullivan은 1950년 2월 1일자 '한국 경찰의 야만성 엄습'이라는 제목의 기사에서 고문과 공산주의자들에 대한 대량처형이 사람들을 공산주의 후원자로 몰아가고 있다고 비난했다. 그는 "일부 관찰자들은 남한 경찰이 정부 성공의 주요 장애물—그들은 보통 사람들을 공산주의 후원자로 몰아넣고 있다—이라고 믿는다. 많은 미국인들은 공산주의자들에 대한 고문치사와 대량처형에 전율한다"고 보도했다.[주381] 그는 3월에도 게릴라전과 관련해 "세계적으로 보더라도 남한의 많은 지역이 전대미문의 테러 공포로 어두워졌다. 경찰, 농민, 게릴라들의 생명에 똑같이 그림자를 드리우는 것은 일반적인 일이다. 경찰은 게릴라들의 습격으로 잔인하게 죽어가고 있다. 정부군에 체포된 무장한 사람들은 그들의 마을로 끌려가 재판 없이 총살되고, 반면교사용으로 나무에 묶인다. 농민이 어느 한쪽과 협력하면, 그는 그 반대쪽의 손으로 폭력적 죽음의 위협에 직면한다. 협력하지 않으면, 그는 혐의자로 간주되고 위험에 처하게 된다"고 보도했다.[주382] 군·경과 게릴라

사이에 낀 주민들은 어디에서건 공포에 떨었으며, 공산주의자들에 대한 가혹한 처벌은 전율할 만한 것이었다.

이승만은 1949년 3월 8일 국무회의에서 국방장관과 내무장관에게 제주도와 전남 등지를 철저히 소탕하라고 또다시 지시했다.[注383] 주한미사절단 드럼라이트는 3월 10일 로버츠 준장에게 제주도 상황과 관련해 서한을 보내 "제주도가 상당히 심각한 상황에 처해있으며, 이런 상황을 타개하기 위해 적극적인 조치가 취해져야 한다"고 밝혔다.[注384] 제주도 사태의 진압에 대해 미사절단이 적극적인 진압을 요청한 것이다. 이에 다음날 로버츠 준장은 드럼라이트에게 회신을 보내 "한국의 대통령과 국무총리에게 제주도의 게릴라와 군사작전 등에 대해 강력한 서한을 보냈다"고 밝혔다.[注385]

이 시기에도 주한미사절단의 보고는 '반도 동조자'들이 제주도를 장악하고 있다고 언급했다. 주한미사절단은 '1949년 3월의 정치요약'에서 "3월 초순까지 한국 정부 관리들은 국가 안의 고름이 흐르는 상처에 이상할 정도로 무관심한 것처럼 보였다. 경찰은 자신들의 활동을 비교적 안전한 제주읍으로 제한했다. 군은 자신들의 주둔지역 안에서만 작전했다. 150~600여 명의 핵심 전투원들에 의해 고무된 1만 5천여 명으로 추정되는 반도 동조자들이 섬의 대부분 지역을 통제했다. 제주도 인구의 3분의 1이 제주읍에 몰려들었고, 6만 5천여 명은 집과 식량이 없다. 정부는 마침내 조처를 취하기로 했다. 미군 정보기관의 정보보고, 서울을 방문중인 제주도민들의 보고, 그리고 국회의 언급으로 자극받은 국방장관 신성모는 3월 초순 직접 제주도에 가 반도들에 대한 효과적인 공격작전을 개시해 상당한 효과를 거뒀다. 경찰이 해안가에 있는 읍·면을 보호하는 동안 4개 대대는 현재 반도들을 산으로 내몰고 있다. 4척의 해군 함정은 섬 주변을 순찰하고 있다"고 밝혔다.[注386]

이승만이 제주도 소탕작전을 강화한 가운데 무초는 4월 4일 이승만과의 면담에서 "한국은 제주도와 전라남도에서 날뛰는 게릴라 도당을 제거하고 보안군을 훈련시킴으로써 남한에서의 입장을 굳건히 해야 한다"며 제주도 사태의 진압을 격려하고 고무했다. 이에 이승만은 무초에게 "대한민국의 공산분자들에 대한 소탕의 중요성을 인식하고 있으며, 이를 끝내기 위한 조처가 착실히 진행되고 있고 한국군을 재편성할 계획을 공식화했다. 신임 국방장관에게 사회장관과 함께 제주도로 가도록 지시했다. 국방장관이 한국군 재편성을 위해 조속히 서울로 돌아오는 반면 사회장관은 제주도를 전면적으로 통제하기 위해 제주도에 머물 것"이라고 말했다.[주387]

북한 · 소련 연계설과 미국

제주4 · 3의 전개과정에서 북한 또는 소련 연계설로 등장하는 것이 소련 선박 또는 잠수함이다. 잠수함이 제주도 연안에 나타났다는 보고가 나올 때마다 외신에 대대적으로 보도됐으나, 이러한 정보보고와 언론보도는 허위보고나 허위보도로 판명됐다. 북한 또는 소련 잠수함의 제주도 연안 출현설은 미군과 한국군에 의해 반복적으로 시도됐다. 잠수함 출현설이 최초로 제기된 시점은 1948년 10월이다. 국내 언론들은 일제히 제주도 59군정중대 사령관 노엘 소령의 발언을 인용해 10월 8일 제주도 부근 연안에서 북한기가 휘날리는 잠수함이 출현했다고 보도했다. 홍콩의 『사우스차이나모닝포스트』는 10월 16일 『에이피』 통신을 인용해 "서울, 10월 11일 - 코리아퍼시픽프레스 제주도 특파원이 북한공산정권 표식이 휘날리는 잠수함 한척이 금요일(8일: 인용자) 제주도에서 5마일 떨어진 연안에서 보였다고 보도했다. 군 소식통은 보다 일찍 그 시간에 소련기가 휘날리는 잠수함 한척을 그 연안에서 보았다는 보고서를 입수했다. 모든 국가의 선박들은 한 · 일 간 해협을 이용할 수 있다"고 보도했다.[주388] 이에 대해 주한미군은 노엘 소령에게 긴급 메시지로 자세한 보고와 깃발에 대해 상세한 설명을 요청했다.[주389] 그러나 이 보도는 특파원의 보도를 통해 북한기가 보인다고 했으나 또 다른 소식통은 소련기가 보였다는 식으로 보도함으로써 신뢰도를 떨어뜨리고 있다. 더욱이 그 뒤의 후속 보고나 보도는 없었다.

1949년 1월에도 소련 잠수함이 제주도 연안에 나타났다는 외신들의 대대적인 보도가 터져 나왔다. 『뉴욕 타임스』와 『워싱턴 포스트』는 1월 9일자 '소련 잠수함에서 제주 공격신호'라는 제목의 기사를 통해 한국 정부 관계자의 말을 빌려 1월 8일 3척의 소련 잠수함들이 4일전 남한 연안에 나타났으며, 제주읍을 공격하라고 게릴라들에게 신호를 보냈다고 보도했다. 『워싱턴 포스트』의 기사는 다음과 같다.

> 최치환은 3척의 러시아 잠수함들이 나흘 전 남한 연안에 나타나 공산 게릴라들에게 제주도의 도청 소재지 공격을 개시하라고 신호를 보냈다고 밝혔다. 최는 소련 잠수함들이 1월 4일 제주도 연안에 나타났다고 말했다. 그는 그들이 제주도 내 200여 명의 공산 반도들에게 신호를 보내 많은 사상자와 피해를 야기하도록 했다고 밝혔다. (중략) 최는 2척의 잠수함은 오후에 삼양리 연안에 나타났고, 1척은 야간에 한림리 연안에 나타났다고 말했다. 그는 제주경찰이 소련기가 확실히 연안에서 보인 것으로 보고했다고 말했다. 삼양리 연안에 있던 잠수함들은 불빛으로 신호를 보냈지만 사격을 하거나 산간 내륙에 포와 기관총들을 은닉한 1천여 명으로 추정되는 게릴라들에게 보급품을 전달하려고 상륙을 시도하지는 않았다. 잠수함들은 해수욕장에서 경찰의 강력한 소총 사격에도 4시간 동안 삼양리 연안에 머물렀다고 그는 말했다. 그는 한림리 연안의 잠수함은 다음날 오전까지 떠나지 않았다고 덧붙였다.[주390]

『사우스차이나모닝포스트』는 비슷한 기사를 내보내면서 잠수함이 삼양에서는 오후 2시, 한림에서는 오후 10시에 각각 나타났다고 시간까지 적시하고 있다.[주391] 이와 똑같은 보도가 필리핀 마닐라의 DZRH 방송을 통해서도 나왔다.[주392] 소련 잠수함의 제주도 연안 출현 보도는 미국, 동남아, 심지어 오스트레일리아의 언론에까지 대대적으로 이뤄졌다.

그러나 이들 보도는 허위보도다. 정부 관계자의 말을 인용해 소련 깃발이 선명하게 보일 정도로 가까이 잠수함들이 들어와 4시간 또는 다음날 오전까지 머물렀다는 것인데, 그렇다면 그 시간에 한국군과 미군은 아무런 조처를 취하지 않았다는 얘기가 된다. 또 무장대가 1,100여 명이나 되며 이들이 산간지역에 중화기와 기관총들을 매장하고 있다는 것도 허위보도다. 『유피』통신은 상당시간 소련 잠수함들이 제주연안에 머무는 사이 미해군 함정이나 남한의 경비함정이 접근하지 않은데 대해 왜 의문을 갖지 않았을까. 소련 잠수함이 한꺼번에 3척이나 출현했다면 당연히 주한미군사고문단의 주목을 피할 수 없었을 것이지만 그 뒤에 조처를 취했다는 보도는 없다. 이처럼 외국의 언론들은 소련 잠수함의 출현설에 대해 직접 현장을 목격한 것처럼 자세하게 보도했으나 이를 뒷받침할 만한 증거는 나오지 않았다. 소련 잠수함의 출현은 곧 소련군의 출현이며, 이는 소련의 직접 개입을 의미하는 것으로 해석할 수 있다. 따라서 『유피』통신의 이런 보도는 냉전 초기 소련의 '팽창 의도'를 세계에 보여주고, 제주도를 미·소의 직접 대결의 장으로 인식하도록 세계 여론을 형성하려 했던 것으로 분석된다.

정부 고위관리들은 소련 잠수함의 출현설을 놓고 서로 논박하기도 했다. 『뉴욕 타임스』는 국무총리 겸 국방장관 이범석이 3월 16일 기자회견을 열고 소련이 적극적으로 남한 내 반정부 게릴라 세력을 적극 지원하고 있다고 비난했다고 보도했다. 엿새 동안에 걸쳐 호남과 제주도를 시찰한 이범석은 "러시아제 소형 기관총과 탄약을 반도들로부터 노획했다. 소련이 제주도로 훈련받은 게릴라 간부들을 북한에서 몰래 침투시키고 있다는 추가 증거가 있다"고 말했다. 이범석은 게릴라들이 외부로부터 지원을 받고 있다는 증거가 있느냐는 기자의 질문에 "소련 기관총의 노획이 한 가지 증거"라고 말했다.[注393] 그러나 내무장관 신성모는 "소련 잠수함들이 제주도 연안에 나타나지 않았다"고 반박하는 일이 빚어졌다.[注394] 싱가포르의 한 언론은 3월 17일 "남한 국무총리가 반도 500여 명과 동조자 5천여 명이 개입됐다고 말했다. 한국군이 작전에 들어가 소련제 기관총들을 노획하고 소련식 훈련을 받은 한국인 지도자들을 체포했다. 군·경합동토벌사령부가 설치됐으며, 정부는 이달 말까지 상황을 완전히 통제할 것으로 기대한다고 총리는 전했다"고 보도했다.[주395] 이러한 제주도 사태와 북한, 소련을 연계하는 한국 정부 관계자의 발언은 허위 발언이거나 추측성 발언이었고, 이를 그대로 받아 보도한 외국 언론의 보도는 오보였다. 주한미군사령부 정보참모부는 정보보고를 통해 "반란군이 본토와 북한으로부터 병참지원을 받고 있다는 소문이 있으나 이런 보고를 입증할 증거는 없다. 한국 해군에 의한 지속적인 정찰활동과 정찰비행, 해안마을에서의 경찰의 치밀한 감시는 외부의 지원 가능성을 배제시키고 있다"며 이범석의 발언을 일축했다.[주396] 그럼에도 이러한 보도들은 제주도를 소련의 전초기지로서, 미국의 대소봉쇄를 위한 전진기지로 간주하도록 했다고 할 것이다. 이 시기는 또 그리스 내전 이후 미국의 대소 봉쇄정책이 격화되던 시점이었다.

4) 이승만의 제주도 방문과 5·10 재선거

일본으로의 도피와 생존

토벌작전의 강화로 제주도민들의 희생이 크게 늘어나는 가운데 산으로 피신하거나 해안마을로 가지 못한 사람들에게 한줄기 빛은 일본이었다. 이들의 일본 밀항은 4·3의 전개과정에서도 계속 이어졌다. 1946년까지의 밀항이 '생계'를 위한 것이었다면, 1947년 이후에는 '생존'을 위한 것이었다. 한국에서 일본으로의 밀항 루트는 주로 일본 야마구치현과 북규슈 사이의 경로를 이용했다. 그러나 1948년 10월 하순께 일본 해양경찰의 경비가 강화되자 밀항선들은 남규슈가고시마로 경로를 바꿨고, 분고만을 통해 내해로 들어갔다. 특히 한국 내 상황이 악화되면서 이 시기 밀항자들이 급증했다. 밀항자들이 모두 제주도 출신자들인 점을 고려하면 초토화 시기와 맞물려 생존을 위해 일본으로 도피한 것으로 추정된다. 10월 들어 날마다 한국의 밀항자들이 붙잡혔고, 300여 명에 이르렀다.

〈표 19〉 에히메현에서 붙잡힌 제주도 출신 밀항자들의 성별, 연령, 직업 분포

성별		연령							직업					
남	여	10살 이하	11-19	20-29	30-39	40-49	50-59	60-69	농민	노동자	학생	무직	선원	기타
213	76	21	56	94	77	30	9	2	198	10	7	41	9	24

에히메현으로 밀항하다 붙잡힌 사례는 9월까지는 많지 않았다. 제주도민들은 에히메현의 지리적 특성에 밝았다. 해산물을 채취하기 위해 제주도에서 해녀들이 에히메현으로 물질을 다닌 덕분에 에히메 남부지역을 훤히 파악하고 있었기 때문이었다. 더욱이 에히메조선인연맹의 나와노이시 지부 회원들은 대부분 제주도 출신들이었고, 지부장과 간부들도 제주도 출신들이었다. 이 시기 제주에서 일본 에히메현으로 밀항하다 붙잡힌 제주 출신 289명의 이름과 직업, 나이, 성별, 주소, 밀항 이유 등이 일본 경찰의 기록에 남아있다. 이들은 5차례에 걸쳐(1차 63명, 2차 58명, 3차 4명, 4차 120명, 5차 44명) 일본 해양경찰에 붙잡혔다. 이를 표로 재구성하면 〈표 19〉, 〈표 20〉과 같다.

일본 에히메현 경찰이 검거한 제주사람들은 대부분 한림면과 애월면 출신들이었다. 〈표 19〉를 보면 초토화가 시작되는 시점 제주 출신 일본 밀항자는 남자가 여자보다 3배 가까이 많다는 것을 알 수 있다.

또 20대가 33%, 30대 27%, 10대 19%, 40대 10%, 10살 이하(부모 동반) 7%, 50대 이상 4%다. 활동이 가장 활발한 20~30대가 전체의 60%를 차지하고 있다. 10대까지 포함하면 80% 가까이 됨을 알 수 있다. 제주도 출신 밀항자들의 직업은 농민이 압도적으로 많아 전체의 69%를 차지하고 있으며, 그 다음으로는 노동자 10명, 선원 9명, 학생 7명 등의 순으로 나타났다.

일본 경찰에 밝힌 이들의 밀항 동기는 매우 다양하다. 일본에 거주하는 가족과 친지를 방문하거나 일자리를 구하기 위해 밀항했다는 동기가 전체의 72%에 이른다. 그러나 이들 가운데 상당수는 4·3을 피해 일본으로 건너

〈표 20〉 제주도 출신 밀항자들의 밀항 동기

가족·친지 방문	일자리	학업	한국 생활 곤란	과거 일본 거주	불법 한국행 뒤 귀환	기타
161	48	13	5	9	6	47

간 것으로 보인다. 한림면 옹포리의 조씨 남자(27살)의 밀항 동기는 '이념차이difference in thought로 제주도에서 살 수 없어 오사카를 방문'하는 것이라고 돼 있다. 옹포리와 판포리 출신 남자 2명(26, 27살)이 '혼란으로 인한 피신처' 물색을 동기로 밝힌 것도 이를 뒷받침해준다.[주397]

정부의 총공세와 이승만의 첫 방문, 무초의 인식

제주도지구전투사령부는 1949년 3월 2일 창설된 이후 민보단과 함께 제주섬을 완전히 횡단하는 선을 형성하고, 산을 빗질하듯 쓸어내려 무장대를 섬의 반대편에 주둔하는 경찰 쪽으로 몰아가는[주398] '토끼몰이식' 작전을 구사했는데 이는 지리산지구 토벌작전에서도 사용됐다. 이 작전은 브라운 대령이 제주도에서 시작한 이후 줄곧 시행돼 온 정책이기도 했다.

이승만의 지시에 따라 4월 7일 사회장관 이윤영과 국방장관 신성모가 제주도를 방문했다.[주399] 이들의 방문은 5 · 10 재선거를 목전에 두고 이승만이 직접 제주도를 방문하기에 앞서 민심을 수습하고 무장대를 섬멸하는 데 목적이 있었다. 이에 따라 이승만의 방문을 앞두고 소탕작전은 막바지 절정에 이르렀다. 무초는 4월 9일 국무부에 "그(이승만)가 돌아오면 그의 성명에 토벌군의 효율성을 격려하고 제주도와 전라남도의 상황과 그들이 보안을 유지하며, 국가를 방어하는 데 유능하다는 확신이 포함될 수 있기를 희망한다"고 전했다.[주400] 무초는 같은 날 다시 국무부에 "국방장관 신성모가 게릴라들을 소탕하고 질서를 회복할 때까지 잔류하라는 이 대통령의 긴급 명령을 받고 현재 제주도에 있다. 이전에도 신은 내무장관 시절 비슷한 지시를 받았지만 국방장관직을 맡기 위해 내각에 호출된 바 있다. 이번 주 초 출발 직전 그는 신뢰성이 떨어지고 겁 많은 경찰 대신 군 토벌대와 활동했기 때문에 소탕이 훨씬 쉬울 것이라고 언급했다. 실제로 그는 반도들이 산간지역 요새 주변에 있고, 더 이상 오래 버틸 수 없다고 말했다. (중략) 제주도가 남한에 혼란을 퍼뜨리고 테러를 가하기 위한 소련의 주요한 노력의 장소로 선택됐다는 것은 통제를 받고 있는 라디오방송에서 터져 나오는 선전 특성을 보면 분명해진다. (중략) 소련 스파이Soviet agents들이 큰 어려움 없이 제주도에 침투하고 있음이 확실한 것 같다. 신 장관은 그들 대부분이 북한에서 소형어선을 타고 도착했다고 언급한다. 신은 해안경비대가 제주도 연안 정찰에 노력하고 있지만 현재의 소수 선박으로 확실한 봉쇄를 하는 것은 불가능하다고 말한다. 국무총리와 신 장관 사이에 이에 대해 논쟁이 있었으며, 특히 의회에서 논란이 있었는데 소련 선박과 잠수함들이 제주도 근처에 나타난다는 계속되는 보고서들이 있다. 제주도 작전 사진을 보면 정부군과 게릴라 양쪽 모두 비정상적인 가학적 경향이 있다. 광범위한 약탈·방화와 함께 여성과 어린이들을 포함해 마을 주민들에 대한 대량학살mass massacre을 의미하는 잔혹행위를 보여주는 증거가 보고됐다. 몇몇 경우에는 군이 게릴라들에 대한 보복작전에 책임이 있는데 이는 비무장 마을주민들에 대한 보복을 가져온다"고 보고했다.[주401] 미국 정부를 대표해 한국에 파견된 무초는 양쪽의 잔혹성, 대량학살, 비무장 주민들에 대한 보복 등을 거론하면서도 문제제기보다는 제주도와 소련의 연계를 계속해서 강조했다. 그는 소련 잠수함의 제주도 연안 출현설을 놓고 이범석과 신성모 간에 앞서 언급한 논쟁을 거론하면서도 소련 잠수함과 선박의 출현설에 무게를 두었다. 하지만 이는 소문에 불과할 뿐 진실과는 거리가 멀었다. 반면 잔혹행위와 관련해서는 아무런 논평이 없다.

소련이 남한 테러의 전초기지로서 제주도를 채택했고, 소련의 스파이들이 어려움 없이 제주도에 침투하고 있다는 무초의 인식은 아시아에서 반공 보루를 세우려는 미국의 정책과 배치되는 것이기 때문에 이승만에게 제주도를 토벌해야 할 당위성을 부여했을 뿐 아니라 제주도를 공산주의 방벽을 구축하기 위한 일종의 시험무대로 삼은 것이라고 할 수 있다.

이들은 오직 공산세력의 척결에 관심을 뒀을 뿐 제주도에서 죽어간 수많은 사람들이 누구인지, 왜 죽어갔는지에 대한 언급은 없었다. 제주도 사건이 사실상 진압되자 4월 16일에는 국방장관 신성모와 군사고문단장 로버츠가 만나 일부 한국군 병력의 제주도 철수에 합의했다.[주402] 또 서청과 제주도민 사이의 적대감으로 전 · 현 서청회원들도 철수시키는 방안이 계획됐는데, 이 방안에는 군 · 경에 배치된 서청회원들도 포함됐다. 로버츠는 본토로 복귀하게 되는 대대는 2연대 내 서청으로 이뤄진 서북대대이며, 서청 출신 경찰도 본토로 복귀시켜야 한다고 주장했다.[주403] 여기서 언급하는 서북대대는 2연대 3대대다. 3대대는 조천면 함덕리에 본부를 뒀고, 무장대의 매복 · 기습에 대한 보복으로 1949년 1월 17일 북촌리 주민 집단학살극을 벌였다. 9연대의 '서청 특별중대'와 2연대의 '서북대대'는 현지 연대장이 임의로 편성할 수 있는 성격의 부대가 아니며, 육군 수뇌부와 대통령 이승만의 결정과 지시에 따라 편성된 부대였다.[주404] 주한미군사령부 정보참모부는 한국측 정부자료를 인용해 1949년 3월 1일부터 4월 30일까지 '반도' 사살 1,075명, 체포 3,509명, 투항 2,063명인 반면 보안군(토벌대)은 사망 32명, 부상 17명의 인명피해가 있었다고 보고했다.[주405]

그러나 이 보고서는 이처럼 '반도'들의 숫자가 많은 이유에 대해 토벌대가 제주도 중산간 지역에 거주하는 주민 모두를 통상적으로 반도로 분류해 놓았기 때문이라고 논평했다. 양민 학살이 자행된 사실을 알고 있으면서도 공산주의 세력의 척결을 최우선 과제로 한 미국과 이승만 정권은 이를 문제 삼지 않았던 것이다. 주한미대사관은 5월 2일 "경찰의 지원을 받아 2개월도 채 되지 않은 공세적인 군 작전으로 제주도와 전라남도 동부지역의 소요지역은 사실상 정상 상태로 회복했다"고 국무부에 보고했다.[주406] 5 · 10 재선거를 엿새 앞둔 5월 4일에는 주한미대사관 참사관 드럼라이트와 해군 무관 가블러Paul Garbler 중위가 사흘 일정으로 제주도 소요 상황을 직접 보고 제주도의 장래 이용가능성을 확인하기 위해 제주도를 방문해 고문단, 제주도 주둔 한국군 지휘관, 제주도민들과 대화를 나눴다.[주407] 제주도에는 당시 미군사고문단 파견대 책임관 하스켈R. R. Haskell 대위와 호튼R. L. Horton 소위가 있었고, 로이터와 아인엔스INS 특파원으로 제주도 취재에 나서 일주일 동안 머물고 있던 사라 박Sara Park도 있었다. 드럼라이트 등은 제주도에 체류하고 있는 동안 일반 마을 및 방화된 뒤 복구되고 있는 마을 방문, 무장대 근거지 및 군부대 주둔지에 대한 항공정찰, 유재흥 대령과 휘하 장교들과의 대화시간 등을 가졌다. 드럼라이트 일행은 제주도 주둔 미군사고문단원이 1948년 4월 3일 이래 '폭도'와 '비참가자' 등 모두 1만 5천여 명의 민간인이 사살된 것으로 추정하고 여러 차례의 작전기간에 비참가자들을 무차별 사살한 책임은 양측 전투대원들에게 있다고 언급했다. 미대사관 관리들은 또 사령관 유재흥과 함께 비행기를 타고 제주도지구전투사령부와 무장대 주둔지를 둘러보는 한편 한라산 위쪽으로 무장대를 몰아가는 작전을 시찰하던 중 한 여인이 군대에 우호적이라는 표시로 긴 막대기 끝에 소형 태극기를 매단 채 일하는 모습을 보기도 했다. 이들 관리는 유재흥이 아직 소련제 장비를 노획하지 못했으나 '제주폭동'의 지도부가 북한, 만주, 소련 연방에서 소련식 훈련을 받았다고 느낀다고 기록하고 있다. 이들은 논평을 통해 유재흥이 동의하는 바와 같이 관리들의 지방업무에 대한 시행착오가 무장대의 폭동 원인이 아니며, 제주도 폭동은 외부로부터 후원을 받아 부분적으로 성공적이었다는 사실이 중요하다고 밝혔다. 이처럼 미대사관 관리들은 제주도 사건 관련 지도부가 북한이나 소련과 연계돼 있다는 강한 인식을 갖고 있었다. 그러나 이범석이 3월 소련제 무기를 노획했다는 등의 발언과는 달리 유재흥은 소련제 장비를 노획하지 못했다고 밝히는 등 정부 고위 관계자와 현지 사령관의 서로 손발이 맞지 않았음을 보여줬다.

제주도 5 · 10 재선거

제주도지구전투사령부의 작전에 뒤이어 이승만은 4월 9일 정부 수립 이후 처음으로 제주도를 방문해 '반도에 대한 정력적이고 성공적인 진압'을 한 유재흥 대령과 경찰, 민간기관을 격려했다. 그는 제주읍 교외의 난민수용소에 체포된 2,500여 명의 '산사람mountain people'들을 대상으로 한 연설에서 "과거를 잊어라. 과거지사는 과거지사다. 여러분들의 임무는 이제 대한민국의 충성스러운 시민이 되는 것이다"라고 말했다. 이어 그는 제주읍 광장에 운집한 7만 5천여 명의 제주도민들에게 행한 연설에서 미국을 칭찬하고 경제협조처의 원조에 대해 무초 대사에게 감사를 표시하는 한편 경제협조처의 원조가 한국의 여타 지역뿐 아니라 제주도민들에게도 훨씬 발전적인 삶을 의미할 것이라고 말했다.[주408] 무초는 이승만이 제주도를 방문하고 돌아온 이틀 뒤 그를 만났는데 "(이승만은) 제주도 방문 결과를 알려주게 된 데 대해 매우 흥분했다. 그는 군의 작전으로 공산주의자들이 완전히 섬멸될 것으로 확신했다"고 국무부에 보고했다.[주409]

5 · 10선거는 대한민국 정부 수립 후 처음으로 국회 의석수 200석을 모두 채우고, 남한 내부의 소요를 종식시킴으로써 체제의 안정을 대내외에 선전할 수 있기 때문에 이승만 정부뿐 아니라 미국으로서도 중요한 것이었다.

4월 9일 후보자 등록 및 유권자 등록을 마감한 북제주군의 5 · 10 재선거에는 갑 선거구가 전체 유권자 3만 8,230명 가운데 3만 6,387명이 등록해 95%의 등록률을, 을 선거구는 유권자 2만 6,649명 가운데 2만 5,847명이 등록해 96.5%의 등록률을 보였다.[주410]

5월 10일 실시된 국회의원 재선거 결과 갑 선거구에서는 독촉 소속의 홍순녕이 9,664표를 얻어 함상훈(8,700표), 김인선(7,840표), 김시학(3,752표), 양귀진(2,208표), 문대유(2,048표)를 누르고 당선됐다. 북제주군 을구에서는 대한청년단 소속의 양병직(5,766표)이 양제박(4,764표)을 누르고 당선됐다.[주411] 주한미대사관은 5월 14일 국무부에 전문을 보내 제주도 5 · 10 재선거의 성공적인 실시로 대한민국 국회가 정부 수립 이후 처음으로 모든 의석을 채우게 됐다고 보고했다. 무초 대사는 이 전문에서 "이번 선거는 지난 4개월 동안 제주도에서 한국군의 활동이 마침내 달성돼 1년 이상 전체 30만 명의 주민 가운데 5% 정도가 피살된 제주도에 조만간 혼란이 끝나고 마침내 평화가 오는 것을 상징한다. 선거 실시로 제주도의 군사작전이 공식적으로 종료됐다는 정부의 몇몇 보고서가 발표됐다. (중략) 선거에서 이들 2명(홍순녕, 양병직)을 선출함으로써 현 국회는 처음으로 전체 의석을 채우게 됐으며, 전통적으로 고립적이고 본토(중앙정부)에 다소 원한을 품은 제주도민들과의 결속을 확실히 할 수 있을 것이다"라고 밝혔다.[주412] 그러나 5 · 10 재선거가 치러졌지만 무초가 언급한 바와는 달리 제주도에서는 계속적으로 집단처형이 자행됐고, 중앙정부와 제주의 결속도 강화되지 않은 채 소외지역으로 남았다.

5 · 10 재선거를 시찰하기 위해 5월 8일부터 13일까지 제주도에 체류했던 유엔한국위원단은 1948년 5 · 10선거 때와 마찬가지로 감시활동을 벌였다.[주413] 이들은 프랑스 대표 코스티유와 인도 대표 싱, 그리고 사무국 직원 6명, 한국인 통역사 2명으로 구성됐다. 이들은 내무장관과 제주도에 최소한의 의전만 요청했으나 가는 곳마다 관리들과 동원된 듯한 도민들의 환영을 받았다. 또한 철저한 보안대책 때문에 유엔한국위원단 시찰단은 완전한 행동의 자유와 융통성 있는 활동을 하기가 어려웠다. 이 때문에 시찰은 철저하게 주민들과 격리된 채 경찰과 지방관리들이 지켜보는 가운데 보고 들은 것만을 위주로 이뤄져 정확하게 제주도의 상황을 파악하는 것은 불가능했다. 드럼라이트도 국무부에 유엔한국위원단의 단기간 시찰로는 제주도 사

태를 설명하기에 역부족이라고 보고했다. 인도 대표 싱과 사무국 직원 3명으로 구성된 제1반은 선거 이튿날인 5월 11일 제주주정공장에 있는 수용소를 방문했다. 수용소에는 2천여 명이 수용돼 있었는데 여자가 남자보다 3대 1 정도로 많았고, 이들의 품에 안긴 유아들과 아동들이 많았다고 보고서는 전했다. 5 · 10 재선거 당선자인 북제주군 갑 선거구의 홍순녕(대한독립촉성국민회)은 시찰단에게 4 · 3으로 인해 농경지가 황폐화 되고, 대량의 보리 소실과 비료의 부족 등으로 식량이 매우 부족해 10월 추수 이전에 미곡 6만 석이 들어오지 않는 한 도민들이 기아에 직면할 것이라고 우려했다. 프랑스 대표 코스티유 등으로 구성된 제2반은 내무장관과 제주도청에 최소한의 경찰호송만을 여러 차례 요청했으나, 경찰이 가득 찬 트럭이 선도하고 또 다른 경찰차량이 뒤따르는 가운데 시찰해야 했다. 이들은 마을에 들를 때마다 주민들이 길가에 줄을 지어 국기를 흔들며 환영하고, 창을 든 보초들과 경찰관들이 교대로 모든 도로를 따라 서 있었다고 밝혔다. 이들이 방문한 서귀포 수용소에는 남녀노소 200여 명이 건물 2채에 있었는데, 한곳에는 이미 심사를 받은 사람들이 수용됐고, 나머지 한곳에는 조사를 받고 있는 사람들이 수용돼 있었다. 이들은 또 구좌면 동복리가 완전히 폐허된 상태를 발견했다. 시찰단은 (1) 제주도가 원거리에 있고 전략적 요충지로서 남로당이 해방 뒤 자신들의 활동거점으로 선택했다 (2) 제주도의 궁핍한 경제상황이 극단주의자들의 정치적 활동에 번식장소를 제공했다 (3) 본토와의 긴밀한 접촉 결여로 인한 지방색 초래와 정부에 대한 불화 조성으로 소요를 야기했다 (4) 당국이 자발적이거나 강요에 의해 도피한 주민들을 처벌하기 위해 취한 무차별적 조치로 반도 지도자들에게 보다 큰 세력을 규합하는 기회를 제공했다는 것을 제주도 사태의 주요 원인으로 들었다. 이밖에 서청의 무소불위의 권한행사도 원인으로 꼽았다. 시찰단은 "처음에는 반도들과 경찰 간의 싸움이었다. 그러나 점차 주민뿐 아니라 군대도 휩쓸려갔다. 주민들은 협박을 받거나 당국의 보복이나 처벌을 피하기 위해 반도 쪽에 가담했다.

양쪽이 파괴를 일으켰고, 잔인성을 노정했다"고 지적했다.[주414]

이 보고서는 제주도에서의 파괴행위를 양비론으로 몰아갔을 뿐 어디에도 사건의 보다 근본적인 원인과 토벌대의 무차별 작전, 그리고 이에 따른 대량학살을 언급한 대목은 없다. 그럼에도 군 · 경에 의한 보복이나 처벌이 두려워 주민들이 무장대측에 가담하고 있으며, 무장대와 군 · 경 양측 모두 잔혹성을 보였다고 분석한 것이다.

포로수용소에 구금된 무장대 지도부 가운데 한 명은 6월 19일 신문기자와의 면담에서 "(유엔위원단과) 얘기도 해보았으나 아무 흥미가 없었다. 도대체 유엔은 본래의 사명과 너무나 동떨어진 방향으로 걸어 나가는 것 같다"며 유엔한국위원단 시찰단의 시찰에 강한 불만을 드러냈다.[주415] 제주도지구전투사령부는 5월 5일 해체돼[주416] 5 · 10 재선거가 끝나자 5월 13일 목포로 떠났다.[주417] 해상작전을 벌인 해군 제3특무정대(사령관 남상휘)도 5월 10일 목포항으로 귀환했다.[주418] 미국과 이승만 정부는 제주도 5 · 10 재선거 실시를 통해 남한 정부의 안정을 대내외적으로 알리고, 남한 내 공산세력의 제거를 통한 아시아의 반공보루로서의 역할을 확고히 하려고 시도했다. 그리고 이 과정에서 수많은 제주도민들이 죽어갔다.

4. 제4국면(1949.5~1954.9): 최후의 군사적 동원과 미국

1) 미국 인식과 군·경의 부정행위

도지사의 제주도 상황 평가와 무초의 국무부 보고

5 · 10단선을 반대로 내건 4 · 3 무장봉기, 더 나아가 1947년 3 · 1절 시위에서부터 시작된 제주도 소요는 1949년 5 · 10 재선거로 정점을 맞았

다. 제주도의 수용소에는 여전히 많은 도민들이 구금돼 있었고, 제주도에 주둔중인 토벌대의 행패도 심했다. 김용하 제주도지사는 5월 26일 제주행 항공편을 알아보기 위해 미대사관을 방문해 드럼라이트와 대화하는 자리에서 "6,000~2,000여 명이 읍내에 위치한 경비가 있는 3곳의 수용소에 있는 것으로 추정된다. 4,000여 명은 경찰의 엄격한 감시 하에 있는 마을에 거주한다"고 말했다.[주419] 6월 16일에도 제주행 항공편을 알아보기 위해 미대사관 관계자들을 만난 김용하는 제주도 주둔 2연대가 도민들을 매우 고압적으로 다루고 있으며, 서북청년회가 독단적이고 잔인한 태도로 도민들을 대하고, 경찰국장마저 이 단체 출신이라는 점이 더욱 사태를 악화시키고 있다고 말했다. 김 지사는 이 자리에서 "현 연대장인 함 대령이 전임 유재흥 대령만큼 결코 좋은 사람이 아니며, 그가 전출되기를 바란다"고 말했다. 하지만 무초는 그의 말을 신뢰하지 않았다. 김 지사와 면담한 참사관 드럼라이트는 "(무초) 대사는 도지사가 현재 제주도에 주둔 중인 한국군들의 부정행위를 과장하고 있다고 믿고 있다"고 평가했다.[주420] 무초는 제주도에서 수많은 주민들이 학살되는 가운데 원인을 찾아 해결하려는 노력은 하지 않은 채 한국정부의 입장에 경도돼 있었다.

무초는 김용하가 대사관을 방문한 날 한국의 국방장관과 교통장관에게 한국군이 제주도와 지리산 작전에서 거둔 '성과'를 언급하며, 그러한 행위에 충분히 대처할 수 있다고 추켜세웠다.[주421] 사건이 사실상 진압된 뒤에도 이승만은 무기 구입을 위해 제주도를 명분으로 삼았다. 이승만은 5월 22일 맥아더에게 서한을 보내 "우리는 제주도와 기타 다른 영향을 받은 지역을 완전 소탕하기 위해 우리가 할 수 있는 모든 것을 하고 있다. 그러나 이 소탕작전은 훌륭하게 전개되지 않고 있다. 왜냐하면 우리는 해안선을 따라 더 많은 공산주의자들의 끊임없는 침투를 막을 방법이 없기 때문이다. 우리는 고속 순찰함과 비행기, 해안을 방어하기 위한 수척의 주력함이 필요하다"고 호소했다.[주422] 이승만에게 제주도는 반공의 최전선이자 격전지였다.

유엔 한국대표 조병옥도 5월 16일 워싱턴에서 기자회견을 갖고 한국은 극동의 민주주의 보루로서 투쟁하고 의무를 충실히 수행할 것이라며 제주도 사건을 예로 들며 공산주의 세력에 대항하는 미국의 원조를 요청했다.[주423]

이승만은 8월 15일 정부 수립 1주년을 맞아 "대한민국 정부가 수립됐을 때 제주도는 대부분 잔인한 공산테러분자들의 손아귀에 있었다. (중략) 그러나 지난 봄까지 공산세력은 궤멸됐고, 선거는 평화적으로 치러졌다. 정부가 우리 수중에 들어오기 전에 군대에 침투하기 위해 민주주의 절차의 이름으로 허용됐었던 공산주의자들은 대부분 근절됐다"고 대내외에 천명했다.[주424] 무초는 10월 13일 국무부에 "전략적으로 가장 중요한 섬most strategically important island에서 제주도 작전이 놀라우리만큼 성공을 거둬 공산폭도들이 완전히 재기불능 상태가 됐음을 보고하게 돼 기쁘다"고 보고했다.[주425]

4 · 3 진압 시기 미군 수뇌부의 인식

오스트레일리아의 『배리어 마이너*Barrier Miner*』지는 1950년 9월 29일 영국 런던에서 수신한 소비에트 통신을 인용해 미군 고문관들이 제주도에서 3만 5,000여 명의 주민을 학살하고, 1만여 채의 집을 파괴하도록 남한정부에 명령했다는 기사를 실었다. 이 기사를 보면 한국전쟁 전 내무장관을 지내다가 납북된 김효석은 주한미대사 무초와 군사고문단장 로버츠가 자신에게 "적은 파괴돼야 한다. 주저해서는 안 된다"고 말했으며, 제주도가 중요한 전략적 요충지로서 봉기 진압이 '절대 필요'하다고 언급했다고 말했다. 그는 또 토벌작전은 로버츠의 직접 명령 아래 이뤄졌다고 말했다.[주426] 미군정 시기 민정장관을 지냈고, 한국전쟁 때 납북된 안재홍도 제주도 학살이 미군 수뇌부의 지시에 따라 이뤄졌다고 말했다.

> 1948년 5월 초 나는 '경무부장' 조병옥, '국방경비대 사령관' 송호성 등과 함께 미군정 장관인 딘을 따라 비행기편으로 제주도에 갔던 일이 있다. 그것은 1948년 4·3 봉기 이래 날로 높아 가는 제주도 인민항쟁을 진압하기 위해서였다. 우리 일행이 온다는 연락을 받은 도지사와 군관계자들은 비행장에 어마어마한 경비를 펴는 한편 직접 수많은 수행원들을 데리고 마중까지 나왔었다. 이때 딘은 그들을 한 청사에 모아놓고 "나 군정장관이 죽더라도 군정장관 할 사람은 얼마든지 있고 안 민정장관이 죽더라도 민정장관 할 사람은 얼마든지 있겠는데 반란자 토벌이 긴박한 이때 뭘하러 비행장 경비에는 그토록 열중하느냐"고 하면서 "체코슬로바키아에서 공산당 '진압'을 등한히 하다가 전국이 적화된 것을 모르느냐? 하루속히 그 뿌리를 뽑아 치우지 않으면 위험하다"고 불호령을 하는 것이다. (중략) 그때 그는 나와 따로 행동했기에 자세한 내막은 알길 없으나 미군 두목들이 준엄한 '반란자 진압' 명령을 준 것만은 틀림없다. 우리 일행이 서울에 돌아왔을 때다. 당시 미 군사고문단장인 로버트는 '경무부장' 조병옥과 '국방경비대사령관' 송호성을 따로 불러놓고 "미국은 군사상으로 필요했기 때문에 제주도 모슬포에다가 비행기지를 만들어 놓았다. 미국은 제주도가 필요하지 제주도민은 필요치 않다. 제주도민을 다 죽이더라도 제주도는 확보해야 한다"고 지시했다. (중략) 1950년 6월 25일 당시까지 '주한미대사'이던 무초가 국방·내무 등 제 '장관'들을 얼려대고 달래가면서 '북진'전쟁을 위한 무력준비와 후방의 애국역량 파괴분자 등을 위한 '총독'적인 지시 간섭을 계속했다는 것은 널리 알려져서 비밀이 아니다. 특히 이 기간에 미국인들과 이승만 도당은 '후방안전'이란 구실 하에 애국적 반항역량에 대하여 가장 잔인하고도 야수적으로 탄압하고 학살하였다. 그 중에도 제주도 주민들에 대한 야수적 만행은 미국 침략자들의 살인자적 본성을 그대로 드러내 놓았다. 제주도 주민들에 대한 '토벌'은 다름 아닌 미군사고문단장인 로버트에 의해 직접 조직되었고 그의 현지 지휘하에 감행되었다. 그들은 제주도에서 1950년까지 무려 7만 여 명의 도민을 학살하였다.[주427]

납북된 상황에서 안재홍과 김효석의 설명이 과장되고 신뢰성에 의문을 제기할 수도 있으나 이들의 증언은 한결같이 미군이 제주도의 전략적 중요성을 인식하고 있으며, 군사고문단장이 토벌을 독려한 사실을 언급하고 있다.

1950년 8월 북한군의 포로가 됐던 딘 소장은 북한의 영관급 장교들로부터 군정장관으로 재임시 여러 차례 4 · 3과 관련한 심문을 받았다. 딘은 제주도에 군대와 경찰을 파견한 이유와 파업을 벌였던 철도 노동자들을 투옥한 이유 등에 대해 질문을 받았다. 이들은 딘 소장에게 4만여 채의 불에 탄 주택, 무장대와 그 동조자들의 피살, 경찰 간부와 군인들의 죽음을 포함해 1949년의 무장대와 공산주의자들에 대한 탄압 정책과 관련해 노획한 남한 정부의 보고서를 증거물로 들이대기도 했다. 심문관들은 제주도에서 딘 소장과 토벌대 지휘관들과 함께 찍은 사진들을 보여주기도 했다. 딘은 이 회고록에서 게릴라들이 제주도에서 끊임없이 우리 점령정부미군정: 인용자와 신생 남한정부를 괴롭혔는데 제주도가 고립된 지역이어서 통제가 매우 어려웠다고 밝혔다. 딘은 "군정장관 재임 때 질서를 회복하기 위해 경비대와 경찰을 파견했다. 그러나 그들은 일시적으로 산간에 있는 공비들과 싸우기보다는 서로 싸우는 것처럼 보였다. 브라운 대령은 제주도 감찰 기간에 민간인 여성이 즉결처분됐다는 증거를 발견했고, 나는 법무장교를 내려 보냈다. 그는 몇몇 경찰을 기소했고, 그들은 각각 25년형을 선고받았다. 또 다른 시기 나는 제주도에 경비대, 경찰 지휘관 및 민정장관과 함께 피의 혼란을 중지시키기 위해 그들이 발표한 명령을 확인하러 제주도에 갔다. 이러한 노력에도 불구하고 1948년 선거는 완전히 망쳤고, 투표함은 도난당했으며, 유권자들은 위협받았다. 결과적으로 나는 제주도의 선거무효를 선언하고 재선거를 명령했다. 한국인들이 정권을 잡은 뒤에도 제주도는 남한정부의 계속된 문제거리였다"고 말했다.[주428] 북한군에 포로로 잡혀있었던 딘의 회고록에는 4 · 3에 대한 입장은 이상하리만큼 거의 나타나지 않았다. 그가 의도적으로 4 · 3 부분을 삭제했는지, 사건 자체를 하찮은 사건으로 취급했는지, 아니면 생각조차 하기 싫은 악몽과도 같은 사건으로 보았는지는 의문이다. 하지만 그가 4 · 3의 전개과정에서 여러 차례 제주도를 시찰했고, 직접 작전명령을 내렸던 점으로 봐 4 · 3을 몰랐을 리는 없었을 것이다.

하지 사령관의 전 정치고문관이자 이승만의 개인 고문관격인 굿펠로우 Preston M. Goodfellow 대령도 제주도 사건 진압을 고무했다. 그는 1948년 말 이승만에게 "한국문제와 관련하여 국무장관 애치슨Dean Acheson과의 많은 대화를 통해 게릴라들이 속히 제거돼야 하며, 많은 사람들이 한국이 공산주의자들의 위협을 어떻게 대처하는지 지켜보고 있다. 나약한 정책은 워싱턴의 지지를 상실하고, 위협에 잘 대처하는 것만이 많은 지지를 얻을 것"이라고 밝혔다.[주429] 굿펠로우 대령의 이런 조언은 이승만에게 적극적으로 내부의 적을 소탕하도록 격려하는 것이었다. 이에 이승만은 1949년 2월 2일 굿펠로우에게 "제주도에 대규모 경찰과 군 응원대를 파견했고, 공산 테러리스트들은 조만간 체포될 것이다"라고 답신했다.[주430]

로버츠 준장은 1949년 2월 7일 육군장관 로얄에게 보내는 보고서에서 "제9연대의 기습공격은 산간마을의 주민들을 해안지역으로 소개시킴으로써 비효율적이었다"며 "수많은 무고한 민간인들이 죽어갔고, 그들의 대부분은 게릴라의 공격으로 피살됐으며, 일부는 확실히 한국군에 의해 희생됐다"고 밝혔다.[주431] 앞서 언급하는 바와 같이 송요찬을 격려해 대통령에게 성명을 발표하도록 요청했던 로버츠 준장이 2개월도 채 지나지 않아 어느 정도의 과실도 있다고 지적하는 비판적인 태도를 보인 것이다. 이와 같은 로버츠 준장의 이중적 태도는 공산주의 세력의 척결을 통해 남한을 아시아의 반공보루로 삼기 위해 한국군과 한국정부에 토벌을 독려하는 한편 한국군의 토벌과정에서의 오류를 지적함으로써 여론의 악화를 사전에 차단하려는 의도로 보인다.

집단처형과 군·경-서청의 횡포

1948년 하반기부터 있었던 선무공작과 사면계획으로 귀순한 주민들 가운데 상당수가 고문을 받은 뒤 형식적인 재판을 받거나 재판절차도 없이 다른 지방 형무소로 이송돼 수형생활을 했다. 이들 가운데 많은 수는 한국전쟁이 발발한 뒤 행방불명됐다. 군사법당국은 6월 3일부터 7월 12일까지 민간인 1,652명과 군인 47명을 기소해 345명에게 사형을 선고했고, 238명에게는 무기징역, 311명에게는 15년형, 705명에게는 7년 이하의 징역형을, 54명에게는 무죄를 선고했다. 46명은 석방했다.[주432] 국방부는 6월 9일 인민유격대 사령관 이덕구가 6월 7일 사살돼 제주도 소탕전이 완전 종식됐다고 발표했다.[주433]

이덕구의 주검처리에 대해서는 의견이 다르다. 이덕구의 외조카 강실은 당시 주검의 신원을 확인해 달라는 경찰의 요구에 따라 신원을 확인했다고 한다. 그는 이덕구의 주검이 하루 동안 제주경찰서 정문 앞에 전시했다가 화장됐다고 말했다.[주434] 그러나 당시 이덕구의 주검은 며칠 동안 전시됐고, 나중에는 제주경찰서 유치장에 수감됐던 여성들이 그의 효수된 머리를 며칠 동안 전봇대에 매달고 내리는 일을 했다는 증언도 있다.[주435]

1949년 8월 13일부터는 제1독립대대가 소탕작전을 벌였다. 이승만의 승인에 따라 10월 2일 오전 9시 제주비행장에서 군법회의에서 사형선고를 받은 249명이 육군 헌병의 지휘하에 집단처형됐다. 처형된 사람들 가운데 21명은 9연대 탈영병들이다.[주436] 한국전쟁 이전 정부의 승인에 따라 249명을 한꺼번에 처형한 것은 유례가 없는 일이었다. 제1독립대대 소대장은 “우리 중대가 제주비행장에 주둔하고 있었는데 어느 날 제주비행장의 벌판에 호를 크게 2개를 파고 반도들을 사형 집행하는 것을 목격했다. 한 200~300여 명 정도가 눈을 가린 채 총살됐는데 이들을 묻었던 무덤이 나중에 얼마쯤 내려앉았던 기억이 난다. 현장지휘는 헌병장교 윤○○이다. 그때는 참으로 옥석을 가리기 힘들었을 것이다”라고 말했다. 그는 “제주경찰서 유치장을 들여다보니 비좁은 공간에 너무 많은 인원을 수용해서인지 수용된 사람들의 얼굴이 뿌옇게 떴었다. 움직이지 못하고 잠도 제대로 못 자고 먹지도 못한 것 같았다. 빨갱이란 게 무엇인지, 이들 중에는 주모자도 있겠지만 아마 양민이 대부분일 것이다. 경찰서 유치장의 좁은 공간에 많은 사람이 갇혀있는 것을 보고 가슴이 아팠다"고 말했다. '빨갱이'란 누구를 가리키는가? 이 소대장의 증언처럼 처형된 사람들은 단순 가담자이거나 양민이 대부분이었을 것으로 보인다.

10월 24일에는 봄철 소탕작전이 끝난 뒤 처음으로 무장대가 활동에 나섰으며, 이들 가운데 3명이 토벌대에 사살됐다.[주437] 무장대의 활동이 사실상 끝난 1949년 하반기에도 제주도민들의 삶은 나아지지 않았다. 11월 초순 김용하 지사가 미대사관 관리들에게 서청단원들이 계속해서 말썽을 일으키고 있고, 군 장교들이 소나 말들을 육지로 수출하는 등 사업을 벌이고 있는가 하면 군인들이 어획량의 3분의 1을 강취하고 있다고 비난했다.[주438] 그러나 그는 오히려 11월 15일 비리혐의로 고발돼 대동청년단 제주도지부 단장과 대한독립촉성국민회 제주도지부 총무부장을 지낸 김충희로 교체됐다.[주439]

초토화 시기 제주도에 근무한 적이 있는 군사고문단 작전참모부 부고문관 피쉬그룬드 대위는 김용하 지사가 서청과 군장교들의 불법행위를 거론하며 비판하자 이를 확인하기 위해 11월 16~19일 제9연대 초대 연대장이었던 장창국 대령과 함께 제주도 감찰활동을 벌여 군·경의 불법행위를 확인했다. 피쉬그룬드는 11월 22일 시찰보고서에서 완전히 파괴된 내륙 마을 2곳을 방문한 결과 밭은 경작되고 있었지만 재건의 징조는 눈에 띄지 않았고, 주간에 밭에서 농사를 짓기 위해서는 경찰의 통행증을 받아야 한다고 밝혔다. 또 제주도에 체류 중인 서청 가운데 300명은 경찰에 남아있고, 200여 명은 사업을 하거나 제주도청 등에 근무하는데 이들 가운데 상당수가 부자가 되거나 제주 출신들보다 더 많은 혜택을 받는 상인이어서, 도민들이 서청에 상당한 원한을 가지고 있다고 지적했다. 그는 부지사와 군 사령관이 이북 출신으로 서청에 동정적이고, 서청이 운영하는 『제주신보』는 그들이

원하는 것만 보도한다고 비판했다. 보고서는 또 서청 출신 상인들은 사업을 위해 군·경, 정부의 이름을 사용하기도 하고, 2연대는 어획량의 3분의 1을 강제 징수하는가 하면 유치장에는 300여 명의 '반도'들이 수감돼 있다고 밝혔다. 보고서는 700여 명으로 구성된 제1독립대대가 주둔중인데 모슬포에 600여 명 이상이 있고, 제주읍 본부에는 70여 명 이상이 주둔하고 있지만, 특무대 요원 17명의 활동을 전혀 통제하지 못한다고 지적했다. 이에 따라 피쉬그룬드는 군사고문단장에게 한·미 경제협조처팀의 제주도 감찰, 모든 서청의 철수, 군사령관의 군부대 지휘, 제주 출신 국회의원들의 잦은 지역구 방문, 유치장 수용자의 이송, 군·경 고문관의 정기 방문, 특무대와 헌병대의 축소, 보급체계를 제외한 제1독립대대의 모슬포 이동 등을 건의했다.[주440] 피쉬그룬드의 보고서는 사실상 김용하 지사의 발언 내용과 같다.

2연대 출신 전○○은 "서북청년단과 우리 군인들이 나쁜 짓을 많이 했다. 육지에서 간 사람들이라 해산물 등을 육지로 빼내고, 공연히 전과를 부풀려서 보고도 하고 말이야"하고 비판했다.

중산간 마을이 황폐화 돼 경작을 못 하는 제주도민들이 당면한 큰 문제는 굶주림이었다. 제주도지사 김충희는 1950년 4월 "보릿고개를 앞둔 도민의 생활은 극도로 곤란하여 10만 가까운 기아자는 의식주가 전부 없다"고 호소했다.[주441] 중산간 지역의 농경지를 개간할 수 없었던 도민들은 여전히 굶주림 속에 살아야 했다.

1949년 12월 28일 해병대 5개 중대 병력이 제주도로 이동했다. 당시 제주도에는 육군 1개 대대 병력만 주둔하고 있었는데 병력 교대나 물자 수송, 환자 이동 등을 해군 선박에 의존해야 하는 번거로움 때문에 경남 진주 해병대와 제주도의 육군 임무를 교대하면 이러한 문제를 해결할 수 있다는 생각에 이동하게 됐다고 한다. 해병대 사령부(사령관 신현준 대령)는 2개 대대로 편성해 1대대(대대장 김병호 대위)는 1, 2중대로 편성하고 2대대(대

대장 고길훈 소령)는 5, 6, 7중대로 편성해 토벌작전을 벌였다.[주442]

2) 한국전쟁과 4·3, 미국

미대사관 관리들의 제주도 시찰과 건의

한국전쟁 발발 이후 정부는 4·3과 관련해 사실상 '도망자' 수준으로 전락한 이른바 '폭도'들을 뿌리 뽑는 데 집중했다. 한국 내 미국 관리들은 여전히 제주도의 사태 추이에 관심을 가졌다. 주한미대사관은 1950년 8월 13일 제주도의 아일랜드 출신 신부가 공산주의자들이 날뛰기 시작해 상황이 악화됐고, 제주도가 중대한 위험 국면에 직면했다고 말하자 상황을 직접 시찰하기 위해 해군 무관 세이퍼트John P. Seifert 중령 등 대사관 관리들이 8월 15일부터 17일까지 제주도를 방문해 도지사를 비롯한, 도청 간부, 해병대 지휘관, 경찰 간부들을 면담했다.[주443] 세이퍼트와 2등 서기관 맥도날드, 부영사 로우가 팀을 이뤄 제주도를 방문했으며, 맥도날드는 한국 문교장관과 동행했다. 이와 관련해 드럼라이트는 국무부에 보낸 시찰 결과 보고서에서 해병대가 곧 철수해야 하며, 앞으로 제주도에 대해 보다 관심을 기울이겠다고 밝혔다. 세이퍼트 등 제주도를 시찰한 이들은 제주도 내륙지역에 15~30명의 무장 게릴라를 포함해 100여 명 정도의 게릴라들이 활동하는 것으로 추정했으며 계엄령이 제주도에 내려졌지만 불필요하고, 경찰은 계엄령 하에서 해병대의 통제를 받고 있다고 밝혔다. 8월 5일 현재 제주도에는 2,254명의 해병대 장교와 병사들이 있으며, 대게릴라 작전을 책임진 경찰은 1,150명이 있지만 9월까지 1,500명으로 증원중이고, 경찰을 지원하는 민간인 자위대 3,000명이 있다. 해병대 병력 가운데 1,600명은 신병으로 부산과 포항에서 모집한 360명을 제외하고는 모두 제주도 출신들이었다. 해병대는 이 시기 훈련에만 집중했다. 제주도 내 경찰서 유치장에는 모두 1,120명이 수감돼 있었다. 제주도경

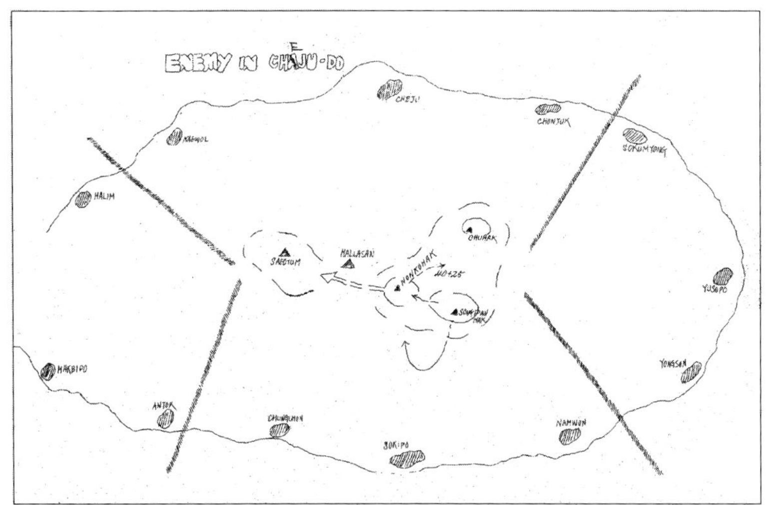

〈지도 3-3〉 한국전쟁 발발 직후 토벌 작전지도, NARA

찰국은 제주도를 방문한 이들 미대사관 관리들에게 경찰관 300여 명이 대게릴라 정찰에 투입되고 날마다 검문초소를 운영하고 있으며, 6월 25일 전쟁 발발 이후 8월 중순까지 보도연맹원 700여 명을 검거했다고 말했다. 경찰은 또 잠재적 파괴분자들인 보도연맹원 2만 7천여 명과 4 · 3 당시 공산주의자 혐의로 죽은 친인척 5만여 명이 존재한다고 덧붙였다. 미대사관 관리들은 보고서에서 경찰과 관련해 대게릴라 전투 경험이 있는 미고문관 1명이 배치돼야 하고, 고문관은 소수의 무장 게릴라와 오름에 있는 지지자들을 소탕하며 향후 게릴라 활동의 재발방지를 위한 일환으로 내륙에 정찰초소를 세워 공격적인 토벌작전을 즉시 시작해야 한다고 건의했다. 또 토벌작전과 정찰활동을 위해 전투경찰대대가 창설돼야 하며, 보병 및 게릴라 전술훈련을 받아야 하고 해병대를 보다 위급한 본토로 철수시키는 게 바람직하다고 밝혔다. 맥도날드가 주로 쓴 이 보고서에 대해 드럼라이트는 국무부의 지리부서와 정보부서에 상당한 가치가 있을 것이며 한국정부에도 가치가 있다고 판단해 국무총리 서리와 내무장관에게도 사본을 보냈다고 덧붙였다.

이와 같은 건의가 있고 난 뒤 제주도비상경비사령부는 8월 24일 무장대를 소탕하기 위한 전투신선대를 조직했다.[주444] 해병대 사령부의 본토 철수도 8월 31일 이뤄졌다.[주445]

미대사관은 제주도에 있는 경제협조처 고문관들로부터 무장대에 의해 11월 6일 제주읍 부근에서 경찰관 6명과 자위대원 2명이 피살된 데 이어 9일에도 경찰관 9명이 제주읍 부근에서 피살되고 1명이 부상을 입는 한편 소총 16정과 탄약 1,500발을 도난당했다는 보고를 받자마자 국무총리 서리에게 구두와 서면으로 의견을 나누고, 경찰청장과 내무장관에게도 그 내용을 구두전달했다. 대사관은 이어 2~3일 내로 제주도의 상황을 조사하기 위해 장교를 보내겠다고 11월 15일 국무부에 보고했다.[주446] 한국전쟁 초기 전선이 밀려 상황이 급박해졌다고 느낀 미대사관은 제주도에서의 게릴라 활동에 다시 민감하게 반응하며 한국 정부의 고위관계자들과 게릴라 소탕을 위한 논의를 벌였다. 미대사관은 이어 11월 20일 대사관 항공연락장교 브라운Brown 대위와 3등 서기관 맥도날드John E. Macdonald를 제주도에 파견했다. 이들은 제주도에서 경제협조처 직원, 도우슨 신부, 제주읍 주한미공보원 한국인 원장 홍, 경찰청 부청장 김상봉 등을 만났다. 이들의 시찰 내용을 요약하면 (1) 제주도는 11월 10일경의 습격 이후 조용하다 (2) 게릴라수는 50여 명(경찰)에서 100여 명(민간인)으로 추정되며 소총은 40여 정이 있는 것으로 보인다 (3) 지방민들은 실질적으로 숯 제조와 벌목을 차단당해 테러를 당하고 있다. 말 방목도 간섭받고 있다 (4) 게릴라 진압에 대한 정부의 계획은 ① 고지대에 50마일 반경으로 12개 지점에 500~600명의 경찰관 배치 ② 250여 명의 친척 구금 ③ 게릴라 1인당 10만 원의 현상금 제공 ④ 1개월의 정부 계획기간에 작전을 끝낼 경우 단체 승진, 개인 특별승진 약속 ⑤ 작전 실패 때 대대적인 경찰 해고 (5) 현재의 공산주의 선전활동에 대응하기 위한 홍보 강화 등이었다. 그러나 미대사관 관리들은 정부의 계획이 제주도

현지관리들로부터 반응을 얻지 못하고 있고, 1개월의 시한도 너무 낙관적이라고 지적했다.[주447]

최후의 군사적 동원과 사건의 종결

유엔군이 전선에서 밀리자 제주도의 중요성이 점점 높아져갔다. 미국은 유엔군이 한반도에서 철수할 경우 한국정부의 소재지로서 제주도의 이용에 영향을 끼치는 여러 가지 사안을 심각하게 검토하는 시점이었다.[주448] 『뉴욕 타임스』의 특파원 존스턴은 1951년 1월 1일 서울발로 "전면 철수가 단행될 경우 한국군을 어떻게 하느냐는 문제와 관련이 있다. 일부 한국군 측에서는 10만여 명 이상 되는 군대를 제주도로 이동시켜야 한다는 제안이 있다. 대한민국 정부는 제주도에 국민당 정부가 대만에 세운 것과 유사하게 제주도에 망명정부를 옮길 수도 있다는 비공식적 제안을 하고 있다. 그렇게 되면 이승만 정부는 북한의 제주도 장악이나 정권 장악 또는 제거로부터 유엔의 해상과 항공망 보호를 통해 견딜 수 있다"고 보도했다.[주449] 이어 『시카고 데일리 트리뷴』의 심몬스Walter Simmons도 1월 5일 도쿄발로 "미국은 이승만 대통령, 내각, 유력 인사들에게 피난처를 제공할 것으로 보인다. 예지력 있는 수천여 명의 피난민들이 이미 제주도로 가고 있다. 제주도는 반도의 남단에 있는 돌투성이 화산도다. 너비 20마일, 길이 50마일의 제주도에는 인구 25만여 명이 있고, 대만이 중국에 대한 위치와 마찬가지로 한국에 대해서도 같다. 제주도는 일본 내 두 번째 중요한 미해군기지 사세보로부터 125마일밖에 떨어져 있지 않다. 한국에서 중공군이 승리할 경우 제주도는 미해군에 의해 상륙공격으로부터 보호받을 수 있으며, 미군기지로 점령될 수 있다"고 보도했다.[주450] 『뉴욕 타임스』의 설리반은 1월 15일 유엔발로 '이(승만), 제주도 이동 신중히 고려'라는 제목의 기사를 통해 "현재 부산에 임시수도를 둔 남한정부가 제주도로 추가 철수할 것을 고려하고 있는 것으로 알려졌다. 이는 대만에 대한 국민당군에 의한 것과 놀라울 정도로 유사한 문제를 미국—그리고 유엔—에 안겨줄 것이다. 제주도는 한국에 속하지만 동중국해의 좋은 지점에 있고, 본토에서 침략이 어려울 것이다. (중략) 남한 정권은 본토를 상실할 경우 미국의 지원을 받으면 제주도를 지킬 수 있을 것이다. 그와 같은 원조가 없으면 생존이 어렵다. 제주도는 대만의 풍부한 벼의 생산지와는 달리 척박한 돌투성이 땅이다. 대만과는 달리 좋은 항구나 현대식 비행장도 없다. 미공군이 사용하는 활주로 한 곳이 있다. 1948~1949년의 지속된 게릴라전으로 제주도 전체 3만여 채 가운데 1만여 채가 파괴됐다"고 보도했다.[주451] 주한 미대사관은 1951년 1월 18일 국무부에 보낸 보고서를 통해 "1947~1950년 공산 반란 전에는 농사에 종사하는 사람들의 상당수가 제주도 내륙지역에 살았다. 그러나 공산주의자들의 약탈이 특히 1948년에 맹렬해 대부분의 내륙에 살던 주민들이 해안으로 보호받기 위해 탈출했다. 심지어 오늘날까지 농민들은 고립된 내륙지역의 생활을 두려워한다. 그러나 안보 상황이 개선되면서 경작지대가 조금씩 한라산록으로 올라가고 있다. (중략) 도지사와 제주도 해군사령관, 경찰에 따르면 제주도에 게릴라 문제가 여전히 존재한다. 모든 이들 소식통은 50~60여 명의 무장공비들이 여전히 한라산 깊숙한 곳에서 버티고 있는 것으로 추정했다. 이들 게릴라에 대한 공세 작전이 눈과 빙판 때문에 이동이 어려워 당분간 중단됐다. 최근 게릴라 작전은 고립된 주거지의 식량, 말, 여자들을 대상으로 한 습격에 제한되고 있다. 18개의 초소가 게릴라 위치 주변에 세워졌다. 게릴라들에게는 실제 억제효과가 있다. 이 소수의 무장도당이 제주도민들을 불안상태에 놓아두고 있어 영원히 제거돼야 한다"고 보고했다.[주452] 제주도 주둔 유엔 민사처는 게릴라 도당들의 작전이 중앙집중화되고 있다는 증거가 점차 많아지고 있다며 제주도 경찰에 대한 활성화 프로그램을 통해 강력하게 지원해야 하는 중요성이 커지고 있다고 언급했다.[주453]

해병대와 경찰의 작전으로 제주도 소요가 거의 소탕됐다고 판단했으나 1952년 초부터 소수의 무장대가 활동을 재개했다. 10월 20일 주한미군사고문단 작전참모부의 맥기브니McGivney 중령이 작성한 '제주도의 대공비 작전' Anti-bandit Operation on Cheju-Do 보고서는 각종 관련부서의 검토를 거쳐 11월 4일 "소규모 공비들과 대처하는 최상의 방법은 대게릴라 전술을 교육받은 소수 기동부대와 같은 부대에 의한 것"이라고 언급했다. 이 시기 주한미군사고문단 정보참모부는 '공비' 숫자를 80명 규모로 추정했다. 11월 6일에는 군사고문단의 모슈어가 고문단 단장에게 이 보고서를 보내며 "최근 제주도에서 공비들의 증가와 심각성에 비춰 지체 없이 모든 공비들을 제거하기 위해 가능한 모든 수단을 채택하는 것이 시급하다. 따라서 이 대공비특수부대special anti-bandit force 신설에 대한 자세한 계획을 추진하고 이를 논평이나 의견제시용으로 사령부에 제출할 필요가 있다. 계획은 특히 1952년 12월 1일 이전에 집행할 수 있어야 한다"고 밝혔다.[주454] 이러한 건의가 이뤄질 무렵인 11월 1일 제주도비상경비사령부(사령관 이경진 제주도경찰국장)는 전방전투사령부(일명 100사령부)를 설치해[주455] 소탕작전을 벌였고, 12월 25일에는 '잔비' 소탕을 위해 경기 · 충남 · 경북에서 1개 중대씩 3개 중대의 경찰병력이 파견돼 토벌에 나섰다.

1953년에 작성한 것으로 추정되는 문서에는 무장대의 숫자가 더욱 줄었고, 경찰은 이들을 모두 파악하고 있었다. 호머스Henry Homers 중령이 작성한 이 문서를 보면, 1948년의 반란에 대한 경찰의 야만적인 진압brutal suppression에 참여해 주민들이 두려워하고 증오한다고 언급했다. 호머스는 제주도 상황에 대처하기 위한 전제조건으로 (1) 내부 안보의 최대 책임은 대한민국 정부의 공적 책임이다 (2) 대한민국 경찰을 고무하고 지원하며 위신을 갖도록 하는 게 바람직하다 (3) 육군과 경찰 간의 시기심이 경찰의 육군 군사작전 지원 활용을 방해한다 (4) 국내적으로 그리고 국제정치적인 이유로 미군부대와 미국의 영향력이 보여서는 안 된다는 것은 기본적이다 (5) 확신, 테러나 경제적 곤란에 따른 불만족으로 유인된 동조자들은 '공비들'에게 정보와 약간의 식량과 의복을 제공하고 있다 (6) 대규모 군사작전은 비현실적이고 바람직하지 않다고 밝혔다. 이 문서는 또 제주도의 무장대 규모가 무장게릴라 39명, 비무장 게릴라 35명으로 보고됐는데 제주도 경찰고문관은 남자 30명, 여자 17명이 활동그룹이며, 과거 이들 모두가 무기를 사용하지 않았지만 무기 활용이 가능하다고 밝혔다. 이들은 모두 제주도 출신으로 외부와의 접촉 증거는 없으며 식량과 의복이 부족해 심한 곤궁상태에 빠졌다고 분석했다. 또 무장대원의 이름과 옛 거주지가 모두 알려졌지만 가족들로부터 지원을 받고 있다는 증거는 없다고 덧붙였다. 호머스는 도지사나 경찰국장의 이름으로 작전을 통제하고, 훈련된 육군 부대에서 차출해 기동타격대를 조직하는 한편 경찰을 격려하기 위해 '공비' 체포와 항복에 현상금을 거는 방안을 제안했다. 그는 또 투항 공비나 이탈 공비에 대해서는 포로로 예우하고 가담 정도가 경미할 경우에는 갱생과 사면, 투항자 및 투항자 가족 보호 등을 제안했다. 그는 경찰이 최초의 이탈 공비를 가혹하게 다룰 경우 이러한 계획은 실패로 돌아갈 것이기 때문에 작전에 관련된 모든 인력은 투항 공비에 대한 학대가 전체 작전을 무위로 돌릴 것이라는 점을 확실하게 인식해야 한다고 언급했다. 따라서 모든 지휘관들은 이에 대해 개인적으로 책임을 져야 한다고 지적했다.[주456] 호머스의 문서를 보면 미군은 미군부대와 미국의 영향력이 대외적으로 드러나서는 안 된다는 점을 강조하고 있다. 1948년 4월 주한미군사령관 하지가 제주도 현지 미군 장교들에게 명령을 내릴 때도 보이지 않도록 하라는 것은 한국전쟁 시기에도 마찬가지였다. 미국은 전적으로 '보이지 않는 손'의 역할을 하고 있었다. 1953년 1월 29일에는 유격전 특수부대인 무지개부대가 투입돼 막바지 토벌작전을 벌였다. 제주도경찰국이 한라산 금족령禁足令을 해제한 것은 1954년 9월 21일이었다.

트루먼과 미의회의 4·3 인지

그렇다면 미국의 개입과 관련해 미국의 정책결정자들은 어느 선까지 제주에서 일어난 학살사건을 인지했는가? 4·3 관련 미국문서들의 발굴에도 불구하고 미국의 정책결정자들이 4·3에 대해 논의했는지 여부는 거의 알려지지 않고 있다.

그러나 트루먼 대통령은 최소한 제주도에서 수많은 사람들이 죽었다는 사실은 알고 있었다. 상원의원 콘낼리의 회고록을 보면 미국은 1948년 9월 남한에 주둔하는 미군 규모를 감축하려고 했으나 여순사건으로 철수를 늦췄다. 그러나 1948년 12월 12일 유엔총회에서 대한민국 정부를 승인하면서 가능한 빠른 시일 안에 미군 철수를 건의했다. 그리고 12월 25일 소련이 갑자기 북한에서 완전 철수를 발표하자 미국도 유엔의 건의를 따르지 않을 수 없게 됐다. 합참은 주한미군 철수문제와 관련해 트루먼에게 한국의 안보 관련 3가지 문제를 제출했다. 이에 트루먼은 이들 문제에 대해 콘낼리와 어느 정도 상세하게 논의했는데 여기에 제주도 사건이 포함돼 있다. 콘낼리는 "가장 중요한 문제는 남한 내부의 공산반란 문제였고, 두 번째는 국경선 침범문제였으며 세 번째는 북한과의 전쟁문제였다. 국내 반란 가능성과 관련해 몇 명의 알려진 공산주의자들이 남한에서 암살됐다. 이승만 정부의 한 각료가 '경찰에 의한 공산주의자들에 대한 고문은 비난받을 일이 아니다'라고 말한 것으로 알려졌다. 그리고 제주도에서 일어난 공산반란으로 1만 5천여 명으로 추정되는 공산주의자들Reds이 학살됐다slaughtered"고 밝혔다.[주457] 2차 세계대전 종전 이후 전시가 아닌 상황에서 1만 5천여 명이 학살된 것은 드문 사례였다. 그러나 트루먼과 콘낼리의 대화에서는 그 이상의 언급은 없다. 회고록에 나온 바와 같이 이들의 시각으로는 희생된 사람들이 '공산주의자들'이었고, 이들을 학살한 것은 공산주의 침투를 저지한 것이었다.

남조선과도정부 수석고문관을 지낸 존슨은 경제협조처 한국과장 자격으로 의회 청문회에서 "한국군의 첫 테스트는 제주도 사건"이라며 제주도에서의 대게릴라전을 언급하고 있다.[주458] 존슨의 눈에는 4·3이 국방경비대의 대게릴라전 시초였다.[주459] 1949년 6월 대한원조프로그램을 놓고 의회에서 열린 청문회에서 제주도 사건을 놓고 미국의 입장이 나오기도 했다. 6월 21일 하원 외교위원회에서 풀턴Fulton 의원이 남북한의 병력규모를 질문하면서 미국이 의존할 수 있는 남한군의 병력수를 묻자 육군부의 길크라이스트Alonzo N. Gilchrist 대령은 "신뢰성의 문제"라며 존슨에게 답변을 넘겼다. 이에 존슨은 "테스트는 2가지 사건에서 나왔다. 하나는 공산주의자들이 내륙으로 철수한 제주도에서 나왔다. 전쟁 시기태평양전쟁 일본은 제주도에 6개 사단을 주둔시켰고, 이들 일본군은 섬 중앙에 있는 산간지역 동굴에 상당 정도의 보급품들을 남겨두었다. 그들은 잘 보급 받았다. 그 중심으로부터 공산 습격자들은 차례차례 마을을 습격했다. 이들을 저지하는 것이 한국군 최초의 테스트였다. 나는 1949년 3월 제주도에 있었으며, 작전은 사실상 끝났다. 한국군은 점점 더 주변을 조여 나갔다. 한국군은 이 작전에 개입할 당시 전투 훈련을 받지 않았으며, 결과적으로 그들은 직접적으로 몇 가지 어려움에 부딪쳤다. 그것은 1948년 여름에 있었다. 그리고 작전은 1949년 봄까지 계속됐다. 그러나 성공적으로 달성됐다. 두 번째 테스트는 여수사건이었다. 여수사건은 1개 연대의 공산주의 세포가 소련군이 북한에서 침략하고 있고, 그들의 동료들에게 같은 편에 서도록 권유하면서 일어났다. 이 사건으로 인해 한국군대의 내부 강화와 충성심을 위한 또 다른 테스트가 나왔다. 우리가 가진 마지막 정보는 아직 체포되지 않은 반군이 지리산에 15~20명 정도밖에 남아있지 않다는 것이다. 이들 사건이 한국군이 테스트를 받은 2가지 사건이다"라고 말했다. 이어 풀턴이 남한인들이 '정의'라는 차원에서 일하는지, 극단적으로 군대의 법률에 따라 일하는지 묻자 존슨은 여순사건과 제주사건을 비교하면서 답변했다. 그는 "여수사건에 대해 언급하겠다. 육군 1개 연대 내에 반란이 있었다. 반란 주모자들은 반역자로 총살됐다. 반면 상당수의 오도된 주민들이 공산주의 대의명분을 따르도록 하는 데 요구받은 제주도의 경우는 전체 과정이 달랐다. 일반사면이 공포됐고, 그 결과 반군 지도자들 가운데 소수만이 투옥됐으며 대다수는 정부편으로 넘어왔다"고 덧붙였다.[주460] 존슨의 의회 증언은 오류투성이다. 그는 의회에서 제주도의 무장대가 일본군의 무기로 잘 보급 받았고, 대다수의 도민들이 정부 편으로 넘어왔다고 증언했다. 그러나 앞서 4 · 3 무장봉기 발발 당시 상황에서 알 수 있듯이 무장대의 조직과 무기는 빈약했으며, 사건의 전개과정에서 수많은 도민들이 희생된 부분에 대해서는 언급하지 않았다. 이와 함께 미군정의 실정과 정책적 판단 오류 등에 대해서도 언급하지 않았다.

존슨은 제주도를 여러 차례 답사했던 것 같다. 그는 제주도의 지리적 위치를 동중국해에서 최고의 위치superb location에 있다고 말했다. 1946년 콜레라 발생 시기 제주도를 방문한 바 있고, 1949년 3월에도 방문했던 그가 언급한 일반사면은 당시 유재흥이 실시했던 사면정책이다. 그러나 다른 미국 관리들처럼 그도 4 · 3 무장봉기의 원인이나 전개과정보다는 공산주의자들과의 전투 정도로만 인식했다. 미군과 미국 관리들은 4 · 3을 '공산진영'대 '자유진영'의 싸움으로 간주했다.

존슨은 1950년 5월 11일에도 하원 세출위원회 소위원회에 출석해 군사상황과 관련한 질문을 받았다. 위글스워스Wigglesworth가 "한국에 미군이 없는 게 맞느냐"는 질문에 존슨은 "현재 주한미군은 없다"고 답변했다. 그는 이어 "대신에 500명의 장교와 사병으로 구성된 주한미군사고문단이 있다. 10만 명의 훈련받은 한국군도 있다. 한국군은 우리 고문관들이 잘 훈련시켰고, 어느 정도 단련된 군대다. 이들은 처음에 제주도에서 공산주의자들에 대한 작전으로 단련됐다. 공산주의자들의 근거지는 섬의 중앙에 있고, 중앙에서부터 모든 해안 마을들에 대해 약탈습격을 하고 있었다. 당시 한국군이 주변에서 시작해 안으로 압박을 가하고 공산주의자들을 제압할 필요가 있었다. (중략) 주변지역을 압박하는 데 상당한 용기와 전술적 경험이 들어갔다"고 말했다.[주461] 존슨의 시각에서 보면 4·3 진압은 한국군의 전투경험을 쌓게 된 좋은 기회였다. 그는 또 한 달 뒤인 6월 13일에는 대한경제원조와 관련해 상원 세출위원회의 청문회에 참석해 남한의 게릴라 상황을 증언하면서 "제주도의 게릴라 제거는 힘든 일tough job이었다"고 설명했다.[주462]

미군 수뇌부와 미국 외교관들은 전적으로 남한의 군과 정부 관리들의 발언에 의존했고, 이들은 당시 미군정이 제주도를 '붉은 섬'으로 규정했던 연장선에서 제주도를 바라봤다. 존슨의 발언에는 제주도에서 미군의 직간접적인 역할에 대해서는 암시적이기만 한 채 미군이 직접 진압을 진두지휘했다는 부분은 없고, 정부군과 '반군'과의 싸움으로만 설명했다.

1949년과 1950년 미의회에서는 남한과 그리스의 상황의 유사점과 차이점, 미국의 국가안보에 미치는 영향, 남한의 병력규모와 이의 신뢰성에 대한 질문도 쏟아졌다. 이러한 질문과 답변 와중에 4·3문제가 언급됐다. 그러나 4·3과 관련한 모든 발언은 공산주의 봉쇄 내지는 저지라는 측면에서 다뤄졌을 뿐 그곳에 살고 있는 주민들의 생사는 관심 밖의 사안이었다.

대소봉쇄정책의 입안자인 케난은 하원 청문회에서 롯지 의원의 "한국에서 게릴라전이 일어날 경우 국무부는 그리스에서 기울인 노력과 똑같이 기울일 계획을 만들었는가? 국무부는 한국이 그리스에서처럼 동일한 정책을 보장할 만큼 중요성이 충분하다고 생각하는가?"라는 질문에 "의심의 여지가 없다. 한국에서 내전이 일어나면 그리스 합법정부를 위해 취하는 것처럼 똑같은 태도로 한국 합법정부를 위해 (정책을) 취할 것이다"라고 답변했다.[주463] 케난은 1950년 6월 대한원조법안과 관련한 의회 청문회장에서 남한과 그리스 상황의 유사점과 차이점에 관심을 보인 의원들의 질의에 대해 "나는 한국에서 현재 우리가 무엇을 건의하고 있는지와 그리스에서 우리가 무엇을 하고 있는지의 관계에 대해 매우 신중하게 생각한다. 상황은 다르지 않다. 이들 간에는 상당한 유사성이 있다. 그리스 역시 우리는 미군을 보내지 않았다. 물론 우리는 결코 그리스에 미군을 주둔시킨 적이 없고, 한국에서 철수하는 것과 같은 미군 철수 문제가 없다. 우리는 주로 원조프로그램과 현지 국민들을 통해 그 일을 하려고 노력해왔다. 상황이 꽤 비슷하다고 생각한다"고 말했다.[주464] 그러나 앞서 언급한 바와 같이 미군은 제주도에 지휘관을 파견하면서까지 직접 개입했다.

한국전쟁이 발발한 이후 미국의 그리스 내전 개입의 경험은 미국의 반응에 영향을 끼쳤다. 트루먼은 북한의 침공 소식이 알려진 직후 심야에 성명을 준비하기 위해 보좌관들을 만난 자리에서 "한국은 극동의 그리스다. 우리가 현재 충분히 강력하면, 우리가 3년 전 그리스에서 했던 것처럼 그들과 맞서 싸운다면, 그들은 어떠한 조치도 취하지 못할 것"이라고 주장했다.[주465]

3) 주한미공보원의 4·3분석

행정적·경제적·문화적 측면의 4·3 영향

4·3의 영향은 사건 이후 제주사회 곳곳에 스며들었다. 제주도 주재 미공보원이 한국전쟁 시기인 1951년께 작성한 '제주4·3사건이 제주도의 행정, 경제, 문화면에 끼친 영향'을 분석한 것은 시사하는 바가 크다.[주466] 한국전쟁 시기 작성된 이 문서는 영문과 국문 혼용으로 돼 있으며, 4·3에 대한 분석을 시도하고 있다.

> (1) 행정면: 1948년의 4·3사건에 앞서 1947년의 3·1사건, 또 1948년의 2·7사건의 좌익적 폭동사건으로 말미암아 4·3사건이 군·경의 대량 입도(入島)로 인한 진압이 완료된 1949년 4월까지 약 2개년간 동기의 선악을 불문하고 폭도의 토벌을 최고 목적으로 하지 않으면 안 되었던 객관적 상태와 이를 총에 호소해서라도 강요하게 된 군·경의 행동들이 완전히 지방행정을 마비케 했으며, 더욱이 도청의 소실 및 이 사건으로 말미암아 중앙정부로 하여금 제주도는 빨갱이 소굴이라는 선입관을 갖게 한 것이 제주도의 여론은 완전히 무시되었고, 따라

서 행정부면 담당자들의 건설적인 의견도 상신되지 않았음은 물론, 결과로는 유위유능한 인사들이 도(島) 행정면의 담당자이거나의 협력자이길 원치 않게까지 되었음.

4·3사건의 진압과 군·경의 격멸 및 경인작전으로 시작된 이북 진공(進攻)의 기회에 제주도에는 소강적 평화가 찾아왔었으니 과거 지나친 감시 또는 간섭으로 나타났었던 제주도에 대한 중앙정부의 관심이 사라짐에 자주적인 분위기가 제주도 행정면에 ○○하였으나 반면에 제주도를 위해 기획되었던 사정은 중앙정부의 주의가 이북으로 옮으면서 보류 내지 중지케 된 감이 있었다. 이제 다시 반공(反攻)이 시작될 때까지 제주도는 대한민국의 각광을 입고 있게 되었으나 이에 따라 해·육·공의 3군의 대다수와 무계획적인 다수의 피난민의 잡답(雜踏)은 도 행정을 그곳에 집중시켜도 부족하게 해 놓아버렸다. 도 행정의 역량은 유기적이며 기동적이어서 여론을 반영하는 데 충실하다고 하기보다는 불능률적인 사무에 그치거나 관욕적(官辱的)인데 더 많이 그 역량을 보여주고 있는 것이 현상이라 할 것이다. 이의 개조는 단시일에 기하기 어려우나 우수한 인재의 포섭이 가장 중요하지만 육지부에서의 인사의 래왕은 그간 가장 미개지인 제주도에 오는 것이 좌천당하는 것 같은 선입관을 가지고 오지 않고 개척정신과 제주도의 흙으로써 바칠만한 정체의 소유자이어야만 반도가 아닌 섬으로서의 고유한 오랜 역사와 지리적 환경과 독특한 생활 분위기를 포옹하고 도민의 근면성, 독립진취의 기상을 이용하여 여론을 반영하는 행정을 향유할 수 있을 것이다.

(2) 경제면: 1947년 3월로부터 1949년 4월까지의 약 2개년간, 산간에 숨은 폭도와의 교통을 끊기 위해 해안선으로 4㎞ 이외의 지점의 농민들은 강제로 집과 밭을 버려 해안지대에 집중하지 않으면 안 되었으며, 폭도 발견에 도움하고자 수목은 거의 밀림지대를 제외하고 벌채되었고, 폭도의 선박으로 도주하는 것을 막기 위해 일절 대소 어선의 출어는 금지되었었다. 이것은 제주도민의 경제적 재원인 농업과 어업을 완전히 봉쇄한 결과가 되고 말았다. 제주도민의 81%가 농원(農原)에서 식량을 얻고 임업 및 어업으로써 ○출하여 현금을 얻을 수 있었던 것이므로 이들의 약 2개년간의 생활이 어떻게 유지되었으며, 그 위의 군·경의 군림하는 무보수적 노동 내지 임무를 완수하였는가는 상식으로 생각해도 기적이라 할 수 있으나 그것은 제주도민의 강인한 생활력과 제주도 유사 이래 약 2천년 동안의 외지와의 교통없이 자연과 싸우며 자급자족을 강요된 자주적 단결력임을 알아야 한다. 현재 이들 농민들은 연산 33만 석의 각종 농산물을

주식으로 생활을 영위하고 있으나 행정면의 부족한 역량 내지 부패 때문에 다른 도에서 현명한 농민들이 향유하고 있는 혜택을 다 받고 있다고 할 수 없다.
(3) 문화면: 군·경의 주둔으로 말미암아 대(大)건물로서는 학교 밖에 없으므로 학교는 1947년 3월로부터 1949년 4월까지의 2개년 동안 폐쇄에 가까우리만치 수업을 못 했다. 그 또 하나의 이유는 제주도의 지식층의 대부분을 점유하는 교원 중에 좌익적인 사상을 가진 자가 많았기 때문이었다. 이 사정은 앞으로도 건물 없는 피난민 ○○에 또는 군대 주둔 때문에 계속될 수밖에 없다. 교육활동의 현황은 교사의 부족으로 부족한 자격의 교사의 출현과 대량의 교원 양성으로 인한 질적 저하를 초래하였으나 현재 국민학교 교사는 계속하여 대량 양성되어 있으므로 자연도태가 행하여질 것으로 사료된다. 그러나 이것을 막는 애로로서 시국에 따른 전선에 동원되어 출정하는 사실이 있다. 또 문맹 타파를 위한 성인 교육이 있으나 이것 역시 그 담당자에 적임자를 보지 못하기 때문이다.(원문은 국문: 인용자)

위에서 보듯이 미공보원은 우선 4·3이 행정에 끼친 영향과 관련해 군·경의 과잉진압을 들고 있다. 군·경의 행동이 지방행정을 마비시켰고 제주도의 여론이 무시됐다고 지적했다. 또 전쟁 시기에는 피난민의 대량 유입에 따른 지방행정의 수용 능력 한계, 유능한 관리의 파견 등이 필요하다고 밝혔다. 경제에 끼친 영향은 더욱 컸다. 미공보원은 1947년 3·1사건 이후 2년 남짓 중산간지역 농민들의 경작이 불가능하게 됐고, '폭도'들의 도주를 막기 위해 어선의 출어를 금지해 제주도 경제의 근간인 농업과 어업이 완전히 붕괴됐다고 지적했다. 또 제주도민들은 군·경에 의해 강제동원되는 한편 도민들의 생존 자체를 '기적'이라고 평가했다. 미공보원은 이러한 환경 속에서 제주도민들이 견딜 수 있었던 것은 강인한 생활력과 역사적으로 몸에 배인 단결력이라고 진단했다. 4·3은 또 제주도 내의 학교를 2년 이상 사실상 폐쇄시키는 결과를 가져왔다. 교사가 절대 부족하고, 교사 양성을 하더라도 전쟁으로 인해 전선에 동원돼 출정하는 탓에 어려움이 있다고 지적했다.

4·3 당시 군·경과 도민의 관계

미공보원은 군·경과 도민의 관계에 대해 "과거 어느 도에 비해서도 제주도만치 군·경이 대량으로 왕래한 곳은 없다. 이에 따라 군·경과 대중 사이에 양성된 선입관 내지 그릇된 인식은 대략 다음과 같은 점을 들을 수 있다"며 두 가지를 들고 있다.

> 첫째, 군·경은 도민을 경멸의 눈으로 보기 쉽다. 그 이유는 육지부와 생활환경이 판이한 것, 사투리가 심한 것으로 받는 인상 또는 도민의 자주적 정신이 외부로부터의 친밀감을 갑자기 갖지 못하게 할 뿐 아니라 제주도는 빨갱이 소굴이라는 선입관을 가지고 입도하였기 때문에(좌익의 역이용적 선전이었음) 군·경은 혹종의 경계심을 먼저 가지고 대하게 되고, 그 위에 군·경 개개인의 교양의 부족으로 해서 쉽사리 민중을 위한 군·경이라는 점을 망각하는 행동을 취하게 한 것, 그 밖에 먼 섬에까지 왔다는 생각, 생명의 위험으로서의 싸움을 하기 위해서 왔다는 생각들이 더욱 군·경의 행동을 거칠게 하는 것이다.
> 둘째, 제주도민에게는 제주도가 고유해온 조그만 질서(친척, 인척관계)와 평화에 상기(上記)한 바 태도로써 나타나는 군·경은 언제나 틈입자(闖入者)였다. 그 이유의 하나는 겨우 자급자족할 수 있는 도민의 생활의 첫째로 필요 이상의 경량(輕量)을 지출케 하는 것이며, 둘째로 그들은 권력 또는 무기를 가져 행사할 수 있는 존재이었다. 그러므로, 군·경과 민중 사이에는 공격은 군·경 자체의 주관을 항상 정당하다고 주장할 수 있었으나, 민중은 그 자체의 정당한 주장도 의견도 가질 수 없는 데서 거리가 생기기 시작하는 것이며, 그 거리를 공산주의자들은 교묘히 이용한 것이다. 또 도민은 그를 호소하는 방도를 모르거나 (무식 때문에) 그렇지 않으면 군·경의 계통 이상의 권력을 가지고 있는 권력을 알고 있지 않았다. (특히 중앙정부에 있어서의) 이런 눈에 보이지 않은 거리가 도민을 맹목적으로 하는 것만을 배우게 하였다. 과거 2개년간은 도민으로 하여금 드디어는 천성에 가깝게 했다고까지 할 수 있었다. 이상은 전혀 4·3사건 발발 이후에 비쳐진 것으로 가장 큰 비극이나 이것을 시정하기에는 앞으로 많은 시일을 들이어 도민 자신의 문제를 도민 자신의 손으로 해결할 수 있도록 하는 시책이 중앙정부의 수뇌부에 심심(深甚)히 고려되어야 할 것이다.(원문은 국문: 인용자)

미공보원은 군·경이 제주도를 '빨갱이 소굴'이라는 선입관을 가지고 제주도에 들어왔기 때문에 도민들을 경계하고, 전쟁터로 생각해 거칠게 행동했다고 분석했다. 또 이들은 제주도민들의 생활수준이 자신들보다 열등하고, 언어와 생활방식이 다르다고 간주하고, 정부는 도민과 군·경 간에 있는 반감을 화해시킬 노력을 기울이지 않았다고 평가했다.

> **문:** 군·경은 원주민(제주도민)들을 어떻게 대했는가?
>
> **답:** 지리적으로, 제주도는 고립된 섬이며, 육지사람들이 제주도민들에 대해 생각할 때, 그들은 제주도민들을 공산주의자로 생각하며, 모든 생활면에서 자신들보다 열등하다고 생각한다. 제주도 사람들이 구사하는 언어는 육지의 언어와 확연히 다르고, 생활양식이 요리와 밭에서 일하는 여성 등의 측면에서 다르다는 것은 사실이다. 일반적으로 말하면, 군·경의 교육수준은 낮으며, 그들은 장군처럼 행동했다. 요약컨대, 시민적 자유가 없었고, 군 행정 하의 개인에 대한 존중은 존재하지 않았다. 정부는 도민과 군·경 간에 존재하는 반감을 화해시킬 노력을 기울이지 않았다. 군사작전 기간에 주민들은 어떠한 이유나 판단이 없이 권력에 복종하는 법을 배웠다. 주민들은 문맹이고 무지해서 자신들의 주관적 견해와 의견을 주장하지 못했다.(원문은 영문: 인용자)

앞서 리치가 지적한 바와 같이, 군·경의 태도는 침략자의 태도였으며, 이질적 언어와 풍습으로 제주도민을 이민족적 태도로 대한 반면 정부 차원에서는 이를 해소할 만한 아무런 노력을 기울이지 않았다.

> **문:** 공산주의자들의 소요는 제주도의 행정조직, 경제 및 문화생활에 어떻게 영향을 미쳤는가?
>
> **답:** 가장 활발한 공산주의 소요가 1948년 4월 발생하기 이전에, 2건의 부정적인 소요가 발생했다. 하나는 1947년 3월에 일어났고, 또 다른 하나는 1948년 2월에 일어났다. 1947년 3월부터 1949년 4월까지 2년 동안, 한국 정부의 궁극적인 목표는 제주도에서 모든 공산주의자와 게릴라들을 제거하는 것이었고, 많은 군·경이 숙청작전(purge action)에 동원됐다. 군사작전은 지방행정

조직을 완전히 마비시켰고, 동시에, 도청 건물은 공산주의자들에 의해 불에 탔다. 서울의 중앙정부는 제주도가 단지 공산주의자들의 온상이라고 추측하게 됐다. 정부 대표와 많은 사회단체들을 포함한 제주도 유지들의 건설적인 견해들이 완전히 무시됐고, 주요 직책에 유력인사의 임명 요구도 거부됐다. 최후의 암담한 시기에는, 중앙정부는 피난민 수용소로서의 가능성 때문에 제주도에 대해 일부 관심을 갖게 됐지만, 유엔이 압록강까지 진격하게 되자 취소해야 했다. 그러나 현재 중앙정부는 제주도에 중요한 몇 가지 관심을 집중하기 시작했지만, 제주도민들은 더 이상 반드시 지속될 것이라고 생각하지 않는다. 유능한 사람들은 제주도를 '유배의 섬(island of exile)'으로 간주하기 때문에 결코 제주도에 가려고 하지 않는다. 자연자원을 개발할 목적과 도민들의 생활수준을 촉진할 목적으로 제주도에 가는 사람은 없다. 제주도청은 현존 문제들을 개선하는 데 주도권을 잡고 있지 않다. 그들은 주민들의 좋은 목적을 위한 의지를 현실화하려는 노력을 하지 않는다.; 그들은 기계적으로 움직이고 있다. (중략) 현재의 상황이 계속되는 한, 제주도민들은 도민들의 복지를 위한 향후 발전이 없을 것이라고 생각한다."(원문은 영문: 인용자)

이 보고서는 아무리 동기가 타당하다고 하더라도 제주도 사태 진압에 나선 군 · 경의 행동은 지방행정을 완전히 마비시켰고, 제주도를 '붉은 섬'으로 간주함으로써 제주도 자체의 의견이 묵살되고, 무차별적 살상으로 나타났다고 보고 있다. 더욱이 제주도 중산간 지역에 대한 '적성지역' 설정과 주민 강제소개, 해안선의 봉쇄는 농어업을 기반으로 하는 제주도의 경제를 완전히 봉쇄하는 결과를 가져왔다. 게다가 민보단 활동 등 군 · 경의 토벌에 동원됨으로써 생계수단을 상실한 제주도민들의 '생존'은 그 자체를 '기적'으로 보았다.

4 · 3을 진압하는 데 있어 가혹했다는 보고서는 유엔한국통일부흥위원회 소속으로 왔던 오스트레일리아 대표단도 비슷한 견해를 보였다. 1957년 7월 16~21일 주한서독 총영사 헤르츠Richard Hertz와 함께 제주도의 상황을 시찰하기 위해 제주도에 파견된 오스트레일리아 대표단 관리 애쉬윈Ashwin이 제주도의 가톨릭 신부들(뉴질랜드 출신 1명, 아일랜드 출신 1명, 미국 출신

2명)을 면담한 결과 이들은 제주도민들이 국기, 국가, 대통령을 필요로 하지 않고, 지난 9년 동안(1948년 이후: 인용자) 굶주림과 학대에 대한 도민들의 경험이 일제 때의 경험과 근본적으로 다르지 않으며, 심지어 대한민국 정부하에서 더욱 긴장하고 있다는 견해를 강하게 표명한 것으로 분석했다. 제주도 방문단은 이러한 신부들의 견해에 대해 제주도의 역사를 보면 어느 정도 동조할 수 있다는 입장을 보였다. 보고서는 "어떤 사람들은 제주도가 유배지로 이용됐던 조선시대까지 거슬러 올라가고, 그 후손들은 중앙정부에 대한 애착이 별로 없다는 생각을 한다. 혹은 어떤 사람들은 제주도가 반쯤 진지하게 제2의 대만이 될 가능성을 생각했던 1950년대를 회상할 수 있다. 그러나 보다 확실히 중요한 것은 제헌의회 선거를 전후한 1948년과 1951년부터 1955년까지 간헐적으로 정치적 소요와 반란을 진압하고, 한라산을 중심으로 한 게릴라 활동을 제거하는 데 있어 정부가 채택한 방법이 극단적으로 가혹했다harsh in the extreme는 것이었다. 상당수의 마을주민들이 게릴라들을 숨겨주거나 도와줬다는 의심을 받고 총살됐다. 제주도민들은 이를 잊지 않고 있으며, 앞으로도 잊지 않을 것이다(The islanders have not forgotten and will not forget this)"라고 밝혔다. 이 보고서는 또 "제주도는 상하이에서 270마일 밖에 떨어지지 않아 상당한 전략적 이익이 있다"고 덧붙였다. 이 시기 제주도 내 군병력은 490명으로 육군 180명, 해군 120명, 공군 20명이고, 나머지 170명은 미국 공군 병력이었다.[주467] 가톨릭 신부들은 4·3 이후 제주도민들이 겪어온 굶주림과 학대의 경험이 일제 강점기 때의 경험과 다르지 않고, 오히려 대한민국 체제하에서 더욱 긴장하고 있다는 견해를 보였다. 이러한 가톨릭 신부들의 견해를 들은 오스트레일리아 대표단은 4·3과 관련해 한국정부가 채택한 방법이 극단적으로 가혹했으며, 제주도민들은 이러한 일을 잊지 않을 것이라고 분석했다.

4 · 3과 인구변동

제주4 · 3 당시 제주도민은 얼마나 많이 희생됐는가? 희생자 수를 정확하게 통계 내는 것은 불가능하다. 각종 기록에 나와 있는 통계를 통해 4 · 3 당시의 피해 규모를 가늠해 볼 수 있을 뿐이다. 하지만 4 · 3의 희생자 규모가 큰 만큼 미공보원 관계자들에게도 관심사였다. 이들은 4 · 3이 제주도 인구에 끼친 영향을 분석하고 있다. 제주4 · 3특별법이 제정된 뒤 이뤄진 희생자 신고를 제외하고 당시 대부분의 기록은 2만 명을 넘고 있다. 다음은 미공보원이 조사한 4 · 3 당시 희생자 수 추정이다.

문: 1947년의 공산주의자들의 소요는 인구에 어떤 영향을 미쳤는가?

답: 강력한 게릴라 활동이 1947년 발발해, 5만여 명이 죽거나 부상을 입었다. 이와 관련해 활용할 수 있는 공식 자료는 없으며, 이 숫자는 소요가 일어나기 전 공식적으로 인구가 30만 명이었고, 소요 뒤 인구가 25만여 명으로 줄었다는 사실에서 추정한 것이다. 5만여 명이 모두 공산주의자가 아니라, 그들 대부분은 단지 공산주의자의 파괴적 선동과 선전활동의 희생자들일 뿐이었다. 많은 사례를 보면 게릴라들은 산에서 내려와서 마을주민들에게 군·경이 그들을 모두 체포하러 올 것이기 때문에 산으로 도피하도록 선동했다. (중략) 이렇게 해서 많은 주민들이 산으로 탈출했고, 그들 대부분은 게릴라가 됐다. 군·경이 이러한 사실을 알게 되자 그들은 특정 시간을 지정해 게릴라들에게 귀순명령을 발표했으며, 그들이 특정날짜에 귀순하면 충성스러운 시민들로 간주된다. 그렇지 않으면 경찰은 인구조사기록을 검사하고 마을에서 누가 없어졌는지 찾는다. 가족들이 없어진 사람의 위치를 구체적으로 설명하지 못하면 경찰은 모든 가족을 체포하고, 귀순명령과 함께 그들을 산으로 올려 보낸다. 이러한 함정은 효과적으로 작동한 적이 없다고 그들은 말한다. 서귀포에서 동쪽으로 차로 30분 거리에 있는 토산이라는 곳에서는, 모든 활동할 수 있는 남자들이 공산주의자에 의해 죽었으며, 여전히 지금도 마을에는 남자가 없다는 것이 사실이다. 주민들은 이 마을을 '무남촌'(No man's land)이라고 부른다.(원문은 영문: 인용자)

> 4·3사건으로 인하여 제주도민이 숙청된 수는 약 5만으로 추산되고 있으나 그를 입증하는 하등의 문헌도 찾아 볼 수 없다. 그러한 문헌을 남기고서 숙청된 것이라고 하지 않음이 정당하다. 5만이란 숫자의 근거는 사건 전 30만에 달했던 인구가 사건 후 25만에 불과한 데서 나온 것인데 반드시 그가 숙청으로 인한 것뿐 아니라 그중 3분지 1 또는 2분지 1은 사건으로 인한 생활면 또는 정신면의 고뇌에서 벗어나고자 본도를 떠나 다른 곳에 이주한 수가 포함되고 있을 것이다. 도청의 통계에는 인구수 이외에 인구구성표가 없음으로 숙청된 인구의 연령층은 명백치 않으나 주로 청장년의 남성이 그 대상이 되었음이 상식적으로 판단할 수 있다.(원문은 국문: 인용자)

미공보원은 4 · 3 희생자에 대한 평가에서 제주도민들이 무장대와 군 · 경 사이에서 희생된 상황을 지적했지만, 군 · 경의 입장에서 분석함으로써 사실과 다른 평가를 내리기도 했다. 특히 표선면 토산리의 경우 공산주의자들에 의해 대부분의 남자가 죽어 '무남촌'이라고 부른다고 했으나, 군에 의해 학살된 것으로 사실과 정반대로 왜곡했다. 미공보원은 4 · 3 이전 인구가 30만 명에서 4 · 3이 끝난 뒤 25만 명이기 때문에 5만여 명이 죽거나 부상을 당한 것으로 추정할 뿐이며, 이를 입증할 문헌은 없으며, 남성이 그 대상이 됐다고 지적했다. 이와 함께 이들 가운데 3분의 1 또는 2분의 1은 제주도를 떠났다고 언급했다.

1946년 9월 주한미육군사령부 군정청 보건후생국이 남한인구를 조사할 당시 제주도 인구는 남자 12만 9,679명, 여자 14만 6,469명 등 모두 27만 6,148명으로 기록돼 있다. 1949년 5월 1일 대한민국 최초의 인구조사에서는 제주도 인구가 남자 11만 6,000명, 여자 13만 7,000명 등 모두 25만 3,000명으로 집계됐다. 이를 통해 추정해보면 남자는 1만 3,679명, 여자 9,469명 등 2만3,148명이 줄었다. 여기에는 1949년 5월 이후의 희생자는 포함되지 않았다.[주468] 제주도청의 통계를 통해서도 4 · 3 희생자를 추정할 수 있다. 1946년 28만 2,942명이던 제주도 인구는 1949년 5월 1일 조사 결과 25만 400명으로 3만 2,542명이 감소되고 있다. 주택 소실은 2만여 채, 축우 1만 7천 마리,

〈표 21〉 4·3 희생자 숫자의 다양한 추정

출처	희생자	비고
주한미공보원(1951)	5만 명	사건 전 인구수에서 사건 후 인구수 뺀 단순 숫자. 이중 3분의 1~2분의 1 제주 탈출
군정청 보건후생국(1946.9)과 대한민국 인구조사(1949.5)차이	2만 3,148명	남자: 13,679명, 여자 9,469명 밀항 등 포함
제주도청(1946년과 1949.5월 차이)	3만 2,542명	밀항 등 포함
주한미군사령부(1949.4)	1만 4천~ 1만 5천 명	사망자. 1948년 1년만 집계
연합신문(1949.3.4)	2만여 명	사망자
제주도지사(1950.2)	3만여 명	밀항 등 포함
제주도지사(1950.4)	2만 7,719명	사망자, 공식발표
제주도지사(1950.4)	6만여 명	사망자 추정
제주4·3위원회(2003)	1만 5,100명	희생자(사망·행방불명·후유장애·수형 포함) 신고 접수 결과(2007.6) 세부내역: 사망 1만 729명, 행방불명 3,920명, 후유장애 207명, 수형 244명. 희생자 추정 2만 5천~3만 명

말 6천 마리, 돼지 2만 2천 마리의 피해를 입었다고 밝히고 있다.[주469] 내무차관 장경근과 함께 제주도를 시찰한 기자는 1949년 9월 제주도민 희생자수를 2만 9,702명이라고 했으며, 주택 소실은 3만 9,280채, 가축은 1만 여 마리의 피해를 입었다고 밝혔다. 그러나 여기에는 인적 · 물적 피해를 거론한 구체적인 통계 출처는 밝히지 않았다.[주470]

제주도지사 겸 제주도 부흥위원회 위원장 김충희가 1950년 2월 10일 국무총리에게 제주도 부흥자금 융자를 요청할 때는 희생자 수를 3만 명이라고 언급했다.[주471] 김충희는 이어 4월 17일에는 서울에서 사망 2만 7,719명, 부상 1,044명, 이재민 7만 8,534명, 주택 소실 3만 9,285채라고 언급했으나 실제로 6만 명 이상이 사망했다고 밝혔다. 그는 미대사관 관리들과 만난 자리에서 "제주도에서 반란으로 인한 사상자는 정부 발표보다 훨씬 더 심각하다. 반란 이후 400여개 마을이 170개로 줄어들었다. 공식적으로 2만 7,000명이 사망했다고 공식발표됐다. 그러나 실제 사망자수는 6만 명 이상에 이른다. 전체 재산피해는 수십억 엔이다. (중략) 1949년 5월부터 현재까지 2,000명 이상이 굶어죽었다"라고 밝혔다.[주472] 당시 제주도가 제주도 내 읍 · 면사무소 등을 통해 희생자수를 파악했을 것으로 추정하는데도 도지사 김충희의 4 · 3 희생자수와 관련된 발언은 시기에 따라 큰 차이가 나고 있다.

제주4 · 3위원회가 2000년 6월부터 2007년 11월까지 4차례에 걸쳐 희생자(사망자, 행방불명자, 후유장애자, 수형자 포함)를 접수받은 결과 사망 1만 729명, 행방불명 3,920명, 후유장애 207명, 수형 244명 등 모두 1만 5,100명으로 집계됐다.[주473] 사건 발생 50~60여 년이 지난 뒤의 희생자 수 신고는 시간적 간격과 사망자들의 대끊김, 고령화 등으로 당시 집계보다 부정확할 것으로 보인다. 제주4 · 3위원회는 이를 감안해 희생자 수를 2만 5천~3만 명으로 추정하고 있다.

제4장

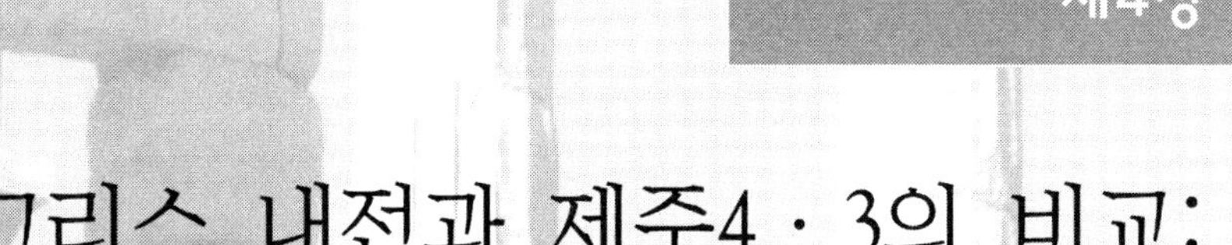

그리스 내전과 제주4·3의 비교: 일치점과 차이점

제1절
냉전체제와 미국의 역할

그리스 내전과 제주4 · 3의 발발로 양 지역에서는 좌파와 우파가 공존할 수 있는 공간은 사라졌다. 공산주의와의 투쟁을 수행한다는 국가안보의 명분은 국가기구의 범죄행위조차 정당화시키고 민간인 학살의 정당화를 가능하게 했다.[주1] 그리스 내전과 제주4 · 3은 2차 세계대전 종전 이후 미 · 소를 중심으로 한 새로운 양극 질서의 출현을 가져온 냉전체제의 형성이라는 국제정치적 맥락에서 일어났다.

1. 일치점

2차 세계대전 종전 이후 새로운 국제질서의 특징은 미 · 소의 대립구도 속에 나타난 미국의 패권적 규정력이었다. 미국은 소련을 공존할 수 있는 파트너로 생각하지 않았다. 1946년 2월 소련 주재 미국 대리대사 케난이 국무부에 보낸 '긴 전문'에서 언급한 바와 같이 "세계 공산주의는 병든 세포에게만 기생하는 악성 기생충"이었고, 소련은 그 기생충의 배양실이었다. 트루먼의 특별고문 클리포드도 같은 해 9월 트루먼에게 제출한 보고서에서 "소련 지도자들은 국가를 궁극적으로 소련에 의한 세계 지배로 나가기 위한 정책을 수행"하고 있으며, "이를 위한 그들의 목표와 정책은 미국민의 이상과 직접 충돌하고 있다"고 할 정도로 2차 세계대전 이후 미국의 관리들은 소련과의 대결을 상정했다. 클리포드는 이 보고서를 작성하기 위해 다양한 전문가들을 만나 의견을 들었다. 그가 만나 의견을 들었던 폴리 대사는 그 해 6월 트루먼 대통령의 특사로 극동을 순방한 경험이 있다. 그는 트루먼에게 "한국은 아시아에서 미국의 성공여부를 좌우할 수 있는 이데올로기의 전쟁터", "한국은 민주체제가 채택될 수 있는지, 아니면 다른 체제 즉 공산주의가 보다 강력해질지를 시험할 장소"라고 보고했다. 따라서 클리포드의 보고서에는 폴리의 남한 상황에 대한 인식도 들어 있다. 클리포드는 이 보고서에서 "미국은 소련으로부터 어떠한 형식으로든지 위협을 받거나 위험에 처한 모든 민주국가들을 지지하고 지원해야 한다. (중략) 예를 들면, 극동에서 미국은 통일되고 경제적으로 안정적인 중국, 재건된 민주주의 국가 일본, 통일독립국가 한국을 유지하기 위한 노력을 계속해서 기울여야 한다"고 밝혔다. 케난은 1947년 7월 「소련 행동의 원천」이라는 논문에서 "미국의 대소정책의 주요 요인은 소련의 팽창적 경향에 맞서 장기적이고 인내심을 갖되 단호하며 조심성 있는 봉쇄정책이어야 한다는 것은 확실하다"며 '봉쇄'라는 용어를 공식화했고, 이 정책은 전후 미국 외교정책의 핵심이 됐다.

유럽의 남동부에 있는 그리스는 2차 세계대전 이후 혼란스러운 상황에 직면해 있었다. 그리스의 경제적 파탄, 정치적 취약성, 사회적 갈등은 전후 세계적인 냉전체제 형성의 토대를 제공했다. 2차 세계대전 시기 나치 독일의 그리스 점령은 그리스를 폐허로 만들었을 뿐 아니라 전후 좌 · 우파의 격렬한 충돌의 장으로 만들어놓았다.

그리스는 미국 관리들의 눈에 보기에 '수 주일 내 (소련의) 손안에 곧 떨어질 썩은 자두'이자 '썩은 사과'였다.[주2] 이러한 상황에서 미국은 1940년대 후반 중동의 엄청난 가치를 주목했고, 그리스는 그 관문으로 인식했다. 미국은 중동에서 소련의 열망이 채워진다면 미국의 이익뿐 아니라 소련과의 일반적인 입장에서도 파국적인 결과를 가져올 것이라고 보고 이 지역에서 소련의 팽창을 봉쇄해야 한다고 생각했다.[주3] 특히 미국은 "동부 지중해와 중동의 안보가 미국의 안보에 사활적 이익이 달려 있다"고 보았으며, 그리스와 터키는 전략적 관점에서 중요한 국가들이었다.[주4]

미국은 '사활적 이익'이 걸린 그리스 문제를 해결해야 했다. 국무차관 애치슨은 1947년 2월 21일 "그리스가 소련의 지배에 무조건 항복하는 것은 궁극적으로 전 근동과 중동, 그리고 북부 아프리카의 손실을 가져올 것이다"고 보고했다.[주5] 이러한 인식 하에서 나온 1947년 3월 12일의 트루먼 독트린은 2차 세계대전 이후 미국의 냉전정책의 공식적 선언이었다. 트루먼 독트린은 미국이 세계경찰의 역할을 자임하면서 외부의 압력이나 무장세력의 봉기가 있는 경우에는 어느 곳이든지 개입할 논리적 근거가 됐다.

1948년 2월 12일 미국 국가안보회의는 NSC 5/2를 통해 "미국은 그리스가 외부의 무력 공격이나 소련이 지배하는 그리스 내부의 공산주의운동을 통한 소련의 지배하에 떨어지는 것을 막기 위해 필요하다면 가장 효과적인 방법으로 정치 · 경제 · 군사력을 최대한 활용해야 한다"고 밝혔다.

유럽에서 진행된 미 · 소 냉전은 한국전쟁 이전부터 전 세계적인 범위로 확산되면서 동북아와 한반도에 영향을 끼쳤다. 미국은 소련의 팽창을 저지하는 반공보루를 남한에 구축하려 했고, 미군정의 정책은 소련의 한반도 지배를 저지하는 동시에 남한의 공산화를 초래할 세력의 확산을 봉쇄하는 데 초점을 맞췄다.[주6] 이승만 또한 이러한 미국의 요구에 부응해 트루먼에게 보낸 서한을 통해 "한국은 그리스와 비슷한 전략적 상황에 놓여있다. (중략) 미 점령지역에 과도 독립정부의 즉각적인 수립은 공산주의 진출에 대한 보루를 세우는 일"이라고 주장했다.

이처럼 미국은 냉전체제 초기 그리스와 한국에서 소련을 봉쇄하고, 반공기지를 세우는 데 주안점을 두었으며, 내정 개입이라는 비난을 피하기 위해 철저하고 신중하게 준비했다. 그리스 주재 미원조사절단장으로 임명된 그리스월드는 1947년 7월 미국 고위 관리들과의 회의를 통해 그리스 내정 개입에 대한 사실상의 동의와 함께 "그리스인들의 적개심을 피하기 위해 신중하게 처리"해야 하며 "제국주의라는 비난을 피하도록 한다"는 데 뜻을 같이 했다. 이는 미고문단이 그리스 내전에 개입하되 제국주의적 개입이라는 비난과 그리스인들과 국제사회의 주목을 피해 신중하게 접근하도록 하는 것이었다.

이러한 '제국주의적 개입'이라는 인상을 피하도록 하는 것은 제주도에서도 마찬가지였다. 1948년 4월 27일 주한미군사령관 하지는 미 6사단 20연대장 브라운 대령을 통해 제주도 민정장관 맨스필드 중령에게 지시사항을 전달하면서 "미군은 개입하지 말라"고 지시했다. 하지는 제주도 작전의 성공을 염원하고, 제주도에서 진압군의 성패에 남한 국민들의 관심이 집중되고 있다고 하면서도 미군의 작전현장 출현을 금지했다. 미군은 하지의 지침에 따라 표면적으로는 현장에 나서지 않은 채 '보이지 않는 손'의 역할을 하면서 작전계획을 세우고, 경비대를 통해 이를 집행했다. 이는 한국전쟁 시기에도 마찬가지였다.

5·10선거 당일 외신기자가 '조선을 그리스 사태의 재현'이라고 한 보도와 미군정의 인식은 제주도와 그리스의 상황을 유사하게 본 것이다. 미국의 대통령과 국무부 관리들도 마찬가지였다. 미국무부 국장 헨더슨은 1948년 1월 "그리스는 새로운 영토와 기지를 노리는 국제공산주의의 공격을 저지하려는 서강의 결의를 확인하기 위해 세계인들이 지켜보고 있는 시험관test tube이다. 미국이 그리스의 정복을 허용하면, 특히 유럽과 중동의 인민들은 오늘날 그리스에서 발견되는 것과 비슷한 불확실성과 좌절감으로 고통을 겪을 것이라고 확신한다"고 말했다. 트루먼은 1949년 6월 7일 남한에 대한 경제원조의 제공과 관련해 의회에 보낸 교서에서 "한국은 민주주의의 이상과 원칙의 효용성과 실제 가치가 북한의 국민들에게 강요되고 있는 공산주의의 이행에 맞서는 시험무대testing ground가 되고 있다. (중략) 공산주의를 저지하는 민주주의의 성공과 불굴의 정신을 보여주는 남한은 북부 아시아

의 국민들에게 그들을 억압하는 공산세력의 통치를 저지하는 횃불로 우뚝 설 것"[주7]이라고 밝혔다. 미국의 관점에서 그리스와 남한은 봉쇄정책의 연장선상에 있었고, 양지역 모두 공산주의에 저항하는 시험무대였다.

1948년 8월 15일 대한민국 정부가 수립된 뒤에는 군사고문단의 형태로 남한에 잔류했다. 그리스에서 게릴라전이 벌어지는 곳곳에서 미군 고문관들이 현장에 나가 작전을 지도하고 자문했다. 남한에서도 미군정 시기 미군들은 고문관 자격으로 연대와 대대 단위까지 파견돼 국방경비대의 조직과 훈련을 책임졌다. 4·3 당시부터 대한민국 정부 수립 이전까지 미군정은 진압작전을 주도했고, 미군 대령이 제주도 최고 지휘관으로 부임해 경비대와 경찰의 작전을 지휘했다. 이들은 정부 수립 이후에도 고문관으로 제주도에 근무하면서 작전 자문을 했으며 미군이 연락기를 직접 조종해 한국군에 정보를 제공했다. 1949년 6월 16일 대한경제원조법안을 심의하기 위한 미국의회 하원외교위원회의 청문회에 참석한 국무부 관리들은 그리스와 남한에서의 미군사고문단의 역할과 기능은 같으며, 미국의 정책이 남한이나 그리스에서 실질적으로 동일하다고 말했다.[주8]

미국은 그리스와 남한에서 내전과 4·3이 끝난 뒤에도 반공-우익 정권

〈표 22〉 두 사건에서 냉전체제 형성과 미국의 역할의 일치점

	비교 요소(그리스·남한/제주)
냉전체제의 구축	A: 냉전체제 초기 특성 a^1: 미·소의 대결구도 a^2: 미국의 패권적 규정력 a^3: 미국의 대소봉쇄정책
미국의 역할	B: 미국의 역할 b^1: 대소봉쇄전략의 구사 b^2: 사절단 및 군사고문단 운영 b^3: 무장투쟁 진압과정에서의 직·간접 개입 b^4: 친미 반공 정권의 수립 및 유지
결과	C: 국가의 미국 의존도 고착화 및 심화

을 지지했으며 유지하는 데 힘을 기울였다. 이러한 결과 양 국가에서는 국가의 미국 의존도가 고착화되고 심화됐다.

2. 차이점

미국은 2차 세계대전 이후 자국의 국가안보에 대한 중요도에서 유럽국가들을 우선순위에 두었다. 롯지 의원이 1949년 6월 대한원조법안 청문회에서 그리스와 남한의 전략적 가치와 관련해 "남유럽의 반도로서 그리스의 중요성과 아시아 동부 연안의 반도로서 남한의 중요성 사이에 전략적으로 상당한 차이가 있다고 생각하느냐?"고 질문하자 울드릿지Wooldrige 제독은 "그렇다. 그리스가 군사적으로 남한에 비해 훨씬 더 중요하다고 생각한다"고 답변했다.[주9] 미국의 국가안보의 중요성에 따른 원조순서를 따질 때 그리스는 10위인 반면 남한은 15위였고, 원조의 긴급성에서는 그리스는 1위, 터키는 2위, 남한은 5위였다. 국무부 관리들은 남한과 그리스를 비교하면서 그리스에 보다 더 전략적 가치를 뒀다.

냉전의 대립 구도 또한 그리스와 남한은 달랐다. 미국은 그리스에서 소련이 지원하는 공산주의자들이 장악하면 지중해와 근동, 중동에까지 영향을 미칠 것이라고 간주하고 대규모의 군사적 · 경제적 지원과 함께 개입했다. 반면 한반도는 미 · 소가 남 · 북한을 분할 점령해 군정을 실시한 지역으로 세계에서 유일하게 직접 대결하는 구도였다. 미 · 소는 한반도 문제를 처리하기 위해 미 · 소 공동위원회를 개최하는 자신의 진영에서 상대방의 이데올로기를 배제하였으며, 남 · 북의 주도적인 정치세력들이 각각의 지역에서 이러한 과정에 적극 협조했다. 1947년 9월 9일 미국무부 동유럽국 부국장 스티븐스가 정책기획국장 케난과 동북아국 부국장 앨리슨에게 보낸 '한국(한반도)에 관한 미국의 정책'이라는 제목의 보고서에서 "한국(한반도)은 소련군과 미군이 직접 접촉하고 있으며 한국(한반도)의 행정을 양분하고 있는 세계 유일의 국가이다. (중략) 한국(한반도)은 결과적으로 영향력과 힘을 위한 동-서 간의 투쟁과 아시아인들의 민족주의적 목표를 지원하는 미국인들의 성실성 양자를 지켜보는 세계의 상징"이라고 말했다.[주10] 그리스는 미국이 전후 실시한 최초의 봉쇄정책의 적용무대로서 '실질적인 전쟁터'인 반면 남한은 '이데올로기의 전쟁터'였다.

미국의 개입 양상도 차이가 있다. 미국은 사전 치밀한 조율 끝에 그리스 정부의 물질적, 기술적 원조요청을 받아들이는 형식을 취해 트루먼 독트린을 발표하고 그리스 원조를 위한 협정문 작성을 통해 그리스에 대한 정치적, 군사적 개입의 논리적 근거를 마련했다. 그리스의 국내 재건 수단에 대한 주도권과 책임은 그리스 정부에 있지만 미국은 원조자금의 사용과 원조 프로그램에 영향을 끼치는 그리스 정부의 정책에 대해 완전한 통제권을 행사했다.

남한에서는 종전 이후 일본 오키나와에 있던 미 24군단이 남한에 파견되는 임무를 띠고 1945년 9월 8일 남한에 진주했고, 곧바로 군정청을 설치해 1948년 8월 15일 대한민국 정부가 수립될 때까지 직접 통치에 들어갔다. 이는 지방에서도 마찬가지였다. 9월 28일 제주도에 진주한 미군은 일본군의 무장해제에 이어 미 59군정중대가 11월 11일부터 군정통치에 들어갔다. 미국은 전후 초기 그리스에서 간접 개입을, 남한에서는 직접 개입하는 정책을 취했던 것이다.

미국의 군사 개입은 그리스 내전이 더욱 심각한 상황으로 치달을수록 소극적 개입에서 적극적 개입으로 바뀌었다. 미국은 그리스 주재 미군사단의 활동에 비해 보다 강력한 체제를 갖춘 미합동군사고문단을 창설했다. 미합동군사고문단은 그리스 정부군의 작전 현장에 동행해 대게릴라전에 대한 작전 자문을 했으며 영국군사사절단과 공동으로 그리스 최고국방위원회에 참가하고, 그리스 정부군의 훈련을 담당했다.

〈표 23〉 두 사건에서 냉전체제 형성과 미국의 역할의 차이점

	비교 요소	그리스	남한/제주도
냉전체제의 구축	미국의 유럽·동아시아 정책	냉전 초기 유럽 중심의 미국 정책	냉전 초기 상대적 동아시아 경시의 미국정책
	대립구도	미·소의 간접 대립	미·소의 직접 대립
	미국의 전략적 고려	상대적 중시	상대적 비(非)중시
	관심도	봉쇄정책의 최초 적용무대이자 원조긴급성 최우선 순위	이념투쟁의 장이자 상대적 낮은 관심
미국의 개입양상	개입수준	초기부터 군사적·경제적 적극 개입	정부 수립 이전 미군정 주도의 진압, 정부 수립 이후 정부 주도 및 미군의 지원
	작전참여의 수준	미군사고문관의 소극적 개입에서 적극적 개입으로의 변화	미군사고문관의 적극적 개입에서 소극적 개입으로의 변화

4·3 무장봉기가 발발하자 미군정은 국방경비대와 해안경비대에 합동작전을 명령하고 제주도 주둔 미군정중대에 모든 권한을 부여했다. 대대급까지 배치된 미군 고문관들은 직접 작전 현장에 나갔으며 경비대의 훈련에서부터 작전까지 모두 참여했다. 그러나 상황이 악화되자 미군정은 무장봉기의 조기 진압과 5·10선거 이후 연기된 6·23 재선거의 성공적 실시를 위해 미육군 보병 연대장을 제주도 최고 지휘관으로 파견했으나 성과를 거두지 못했다. 미국은 남한 정부 수립 이후에는 토벌작전의 자문 등을 통해 꾸준히 4·3의 진압에 개입했다.

제2절
국가 건설과 정치 폭력

그리스에서는 나치가 철수한 뒤 국가건설과정에서 주도권을 잡기 위해 좌·우파 간의 격렬한 상호 정치폭력이 발생했다. 그리스 우파세력은 영국과 미국의 군사적 개입에 힘입어 점령 시기 민족해방투쟁을 벌여온 좌파세력을 탄압하고, 1946년 3월 31일 해방 이후 첫 총선거를 통해 반공-우익정부를 수립했다. 이러한 과정에서 우파의 백색테러는 좌파진영만을 공격 대상으로 삼은 것이 아니라 그들의 동조자 및 무고한 민간인들을 대상으로 벌어지기도 했다. 미국은 종전 이후 점령군으로서 미군정을 통해 남한을 직접 통치하고, 반공-우익정부의 수립을 주도적으로 추진했다. 남한의 국가건설과정도 좌·우파 간의 갈등이 정치폭력으로 확대·심화되는 경로를 따랐다.

1. 일치점

1941년 4월 그리스를 점령한 나치 독일은 이탈리아, 불가리아 와 함께 그리스를 분할 통치했다. 그리스인들의 저항운동은 독일군의 점령 초기 시작됐으며, 저항운동의 선두에는 전전 그리스 정부에 의해 탄압을 받았던 좌파세력이 전면에 나섰다.

민족해방전선 · 민족인민해방군은 추축국을 상대로 민족해방투쟁을 벌여 정당성을 확보하고 저항단체의 주도세력으로 성장했다. 그러나 비슷한 시기 민족민주그리스연맹 등 왕당파 및 극우저항단체들이 출현하면서 민족해방전선 · 민족인민해방군과 대립하고 분열하기 시작했다. 극우저항단체들은 나중에는 친독협력단체로 변신해 민족해방투쟁세력을 탄압하는 선봉에 섰다. 이로 인해 독일군의 점령통치 시기 그리스 내 저항단체들끼리 전투를 벌이는 상황이 나타나고, 왕당파 및 우파단체들은 친독협력자들과 함께 민족해방전선 · 민족인민해방군을 공격했다. 점령 이후 수립된 그리스 협력(매국)정부는 보안부대를 창설해 독일군과 합동으로 민족해방투쟁세력과 그리스인들을 괴롭혔다.

그리스인들의 민족해방투쟁에 대한 독일군의 대게릴라전은 테러와 보복, 초토화로 특징된다. 독일군 최고사령부는 1941년 9월 점령 유럽에서 반란행위 진압을 위한 명령을 통해 독일군 병사에 대한 습격이나 병사 1명이 사망하면 인질 50~100명을 총살하고, 독일군 병사 1명이 부상을 입으면 10명을 총살하도록 했다. 이와 함께 저항활동을 저지하기 위해 마을 파괴를 일상적으로 전개했으며, 산간지대의 수많은 마을들을 잿더미로 만들었다.

일제 강점기 시절 조선의 일본 통치에 대한 저항도 끈질겼다. 일제의 식민지 체제의 강화는 군사력과 경찰력의 증강에서 시작됐다. 이에 맞서 민족해방운동은 식민지 시기 내내 국내외에서 줄기차게 전개됐다. 만주에서의 무장투쟁은 1930년대 들어 대규모화되고 격렬해 16만여 명에 이르는 항일무장부대가 이 지역을 장악하고 있었으며,[주1] 이에 대응해 일본군은 초토화작전을 전개해 수많은 조선인들이 희생됐다.

제주지역에서도 1920~1930년대 제주농업학교의 동맹휴학과 해녀들의 생존권 수호운동이면서 식민지 수탈정책에 저항했던 해녀항쟁 등 조직적인 민족해방운동이 전개됐다. 일제 강점기 침략정책에 맞서 싸운 세력은 사회주의운동세력이었으며 이들은 국내외에서 활발한 활동을 벌였다.

점령 시기 그리스 협력정부의 보안대대원들과 친독협력단체들이 추축국에 맞서 무장저항투쟁을 벌이던 세력을 토벌하다 해방 뒤 새로운 정부의 국가경비대나 우익단체원으로 변신해 좌파 탄압의 선봉에 섰던 것처럼, 남한에서는 일제의 경찰 · 군인으로 활동하던 인사들이 해방 뒤 군정경찰로 변신하거나 국방경비대에 들어갔고, 훗날 좌파 탄압의 선봉에 섰다.

1944년 10월 독일군이 아테네에서 철수하자 이번에는 영국군이 그리스 망명정부와 함께 아테네로 들어왔다. 그러나 아테네에서는 민족해방전선 · 민족인민해방군으로 대변되는 민족해방투쟁세력과 반공 우파성향의 망명정부 간에 국가건설을 둘러싸고 갈등을 빚게 됐다. 국가 내 각종 정치집단 간의 정권 획득을 위한 상호 경쟁과정이기도 한 국가건설과정에서 정치적 갈등의 핵심변수는 이데올로기다.주2

해방 직후 사회경제적 상황 또한 양 지역에서 혼란스러웠다. 그리스에서 나치 독일의 점령 결과 나타난 가장 파국적인 문제 가운데 하나는 각종 군수물자의 징발과 약탈로 1941~1942년 겨울 그리스에 몰아닥친 대기근이었다.주3 이 시기 대기근으로 그리스 전역에서 10만여 명 이상이 사망한 것으로 추정된다.

해방 직후 제주도의 경제 또한 붕괴됐다. 일제 강점기 일본에 진출했던 제주 출신 노동자들의 송금과 정기 여객선의 운항 중단 등 일본과의 관계가 끊기자 일제 강점기 때보다 오히려 경제상황이 악화되고, 전국 최고의 실업률, 파괴된 공장의 미가동, 콜레라의 창궐과 대흉년 등으로 제주사회는 혼돈상태에 빠졌다. 양 지역에서 민중들은 점령과 식민지배 치하에서 고통을 겪었고, 탈점령과 탈식민 치하에서는 경제가 사실상 붕괴돼 굶주림에 허덕였다.

1944년 12월 3일 아테네 신타그마 광장과 1947년 3월 1일 제주읍 관덕정 광장에서 비무장 시위대에 대한 경찰의 발포사건은 양 지역을 뒤흔들어놓은 현대사의 변곡점이었다. 사건의 발생과 진행과정은 너무나 흡사했다. 점령 당시 추축국에 맞서 싸운 민족인민해방군을 해산하려는 데 대한 항의로 민족해방전선이 조직한 비무장 시위대에 대한 경찰의 발포로 많은 사상자가 발생했다. 이어 다음날 아테네에서는 총파업이 벌어졌고, 곧바로 한쪽은 민족해방전선 · 민족인민해방군이, 또 다른 쪽은 영국군과 그리스 정부군, 극우무장단체들이 한편이 돼 전면적인 시가전 형태로 전투가 전개됐다. 민족해방전선 · 민족인민해방군은 영국군의 강력한 지원을 받은 그리스 정부군에 패배하고, 2월 15일 바르키자협정을 통해 사실상 무장해제 및 동원해제를 받아들일 수밖에 없었다. 이는 우파에 의한 '백색테러'의 길을 터놓는 전환점이 됐다.[주4]

데켐브리아나가 일어난 지 2년 3개월 만인 1947년 3월 1일 제주에서 일어난 3 · 1사건 또한 데켐브리아나와 유사한 전개과정을 거쳤다. 좌파가 조직해 제주북국민학교에서 열린 제28주년 3 · 1절 기념 제주도대회에 참가했던 도민들이 거리행진에 나섰고, 경찰의 발포로 이를 구경하던 초등학생과 부녀자를 포함해 6명이 사망하고, 6명이 부상을 입었다. 그러나 미군정 경찰은 진상규명은커녕 오히려 사건 당일부터 경찰력을 증파해 3 · 1기념행사 위원회 간부와 학생 검속에 들어갔다. 진상규명 요구에 당국이 반응을 보이지 않자 3월 10일부터는 좌 · 우파가 참여하는 3 · 10민 · 관총파업이 일어났다. 그러나 미군정 경찰은 강경대응으로 맞섰고, 1948년 4 · 3발발 직전까지 1년여 동안 2,500여 명의 도민이 검거됐다.[주5] 4 · 3과 그리스 내전은 그 전개의 유사성에서 미군정과 남한에 파견된 특파원들의 관심을 끌었다.

국가건설을 위한 총선거 실시 또한 양 지역에서 유사한 경로를 거쳤다. 그리스에서는 영국과 미국이, 남한에서는 미국과 유엔이 주도적으로 추진했다. 영국 정부는 그리스의 총선거를 1946년 3월 치르는 방안을 그리스 정부에 적극 제안했고, 미국의 정책결정자들도 그리스의 질서 회복 수단으로서 연합국 감시하의 선거를 고려했다. 그리스에서는 선거준비 기간 전국 각지에서 경찰과 헌병의 묵인 아래 우파단체들이 테러행위를 자행하자 11명의 각료가 정상적인 선거 조건이 만들어질 때까지 선거 연기를 요구하면서 사임했다. 영국과 미국, 프랑스 소속 1,200명으로 구성된 '연합국 그리스 선거감시사절단'이 투표 절차 감시에 나섰다. 좌파진영의 기권, 중도파의 혼란, 특히 농촌지역에서 계속되는 무질서, 그리고 해방 이후 친독협력자들에 대한 처벌이 이뤄지지 않은 상태에서 치러진 1946년 3월 31일의 총선거는 투표율이 49%에 그쳤고, 예상대로 우파연합이 압도적으로 승리하는 결과를 가져왔다.

연합국 그리스선거감시사절단은 1946년 4월 10일 그리스 선거 보고서에서 "사절단은 선거일 절차가 질서정연하고 만족할 만하다고 확인한다. 대도시의 선거인명부는 들쭉날쭉했지만 중대한 불법투표는 없었다. (중략) 선거 절차가 전체적으로 자유롭고 공정했으며, 그리스 국민의 진실하고 정당한 판단을 대표한다고 보장한다"고 평가했다. 그러나 공정선거였다는 주장에도 불구하고, 선거는 많은 불법과 의혹이 제기된 엉터리 선거였다는 비판을 받았다. 연합국 그리스선거감시사절단은 그리스 상황에 무지했고, 유권자들에 대한 위협을 막을 수도 없었다. 선거인 등록 조작과 유권자 위협이 곳곳에서 벌어졌으며 일부 선거인 명부는 10년 전 것으로서 선거인 등록이 어려웠으며, 1940년 이전 인구조사 시기에 거주했던 선거구에서 투표하도록 돼 있었다. 투표등록 절차도 복잡했다. 탈점령 이후 최초의 선거를 통한 그리스의 국가건설과정은 좌파에 대한 정치적 탄압과 처벌 등 좌파 배제의 과정이었으며, 결과는 친미 반공우익 국가건설로 나타났다.

해방 이후 남한의 국가건설을 위한 첫 선거는 분단체제의 고착화 과정으로 나간 반면 제주도는 남한의 국가건설과정에서 철저하게 배제되는 과정을 겪게 됐다. 유엔은 미 · 소의 대립 속에 격렬한 논쟁을 벌인 끝에 1947년

11월 14일 열린 총회에서 1948년 3월 31일까지 비밀투표와 성인선거법에 따라 선거를 실시하고, 선거는 유엔조선임시위원단의 감시 아래 실시하는 결의안을 통과시켰다. 1948년 1월 남한에 온 유엔조선임시위원단은 분과위원회를 구성해 선거준비에 들어갔다. 유엔조선임시위원단의 선거준비와 감시활동에서 가장 큰 쟁점이 된 것은 선거를 위한 '자유 분위기' 조성과 이에 대한 유엔조선임시위원단의 결정이었다. 남한의 정세와 유엔조선임시위원단의 감시 결과는 상당한 차이가 있는데도 유엔조선임시위원단은 4월 28일 "자유 분위기에 만족한다"며 5월 10일 총선거를 감시키로 결의했다.

미군정으로서도 5·10선거는 미군 점령기의 가장 중요한 임무로 간주할 정도로 초미의 관심사였다. 주한미군사령관 하지는 1948년 4월 2일 "한국인들이 공정선거를 통해 자신들의 대표를 선출하기 위한 노력의 성공여부는 미사절단의 성과에 핵심적인 것"이라고 밝히고 "군정장관은 미국의 선거감시 집행에 책임이 있다"고 규정했다.

그러나 애초부터 유엔조선임시위원단 대표와 사무국의 제한된 인원만으로 남한 총선거를 감시하는 것은 인원의 절대 부족으로 활동 자체가 부분적일 수밖에 없는 것이었다. 또 선거반대를 둘러싼 좌·우파의 공방전이 유엔조선임시위원단의 활동을 위축시켰으며, 폭력상황으로부터 신변을 보호하기 위해 미군과 자신들의 주요 감시 대상으로 지적했던 경찰의 보호를 받을 수밖에 없어 정보의 습득이 구조적으로 제한됐다. 좌파의 선거반대와 대부분의 우파 및 중도파가 불참을 선언한 가운데 5·10선거는 미군정과 이승만 계열에 의해 주도적으로 준비되고 실행됐다.

선거결과 예상했던 대로 이승만 계열과 우파세력이 압도적으로 당선됐다. 미국무부와 주한미군사령부는 이에 대해 '성공적인 선거 결과'라며 적극 환영하는 성명을 발표했다. 이로써 남한의 국가건설 작업은 친미 반공우익 정부의 수립으로 나타났다.

그러나 이처럼 미군정과 유엔조선임시위원단의 "선거가 공정하게 치러졌으며, 자유 분위기가 존재했다"는 주장에도 불구하고 5·10선거 당일에만 45명이 희생됐고, 62명이 부상을 입었으며, 선거사무소 40곳이 습격받았을 정도로 '유혈의 분위기'가 있었다.

정치갈등의 구체적인 발현은 정치시위, 소요, 폭동, 정치적 파업, 지방반란, 혁명, 정치적 암살, 군사 쿠데타 등의 정치현상으로 나타난다.[주6] 거에 따르면 정치폭력은 "정치체제, 그 체제의 행위자들, 또는 그 체제의 정책들에 대한 모든 집합적 공격을 의미"했으며, "폭력을 통해서 성취된 사회정치적 변동으로 정의되는 혁명이나 게릴라전, 쿠데타, 반란 및 폭동"을 포함한다. 폭력이 민중들을 질식시키는 시점에서는 민중들의 저항폭력이 나타나며, 이는 피억압 민중들을 결집시키는 역할을 한다. 그리스에서의 우파의 좌파에 대한 백색테러가 내전으로 발전됐던 것처럼, 제주도에서 정치폭력 또한 우파의 좌파 탄압만이 아니라 일반 주민들에 대한 백색테러로 심화·발전되는 형태로 나타났고, 이에 따른 불만과 억압이 쌓이면서 4·3 무장봉기라는 결과를 초래했다고 볼 수 있다.

독일의 점령통치에서 민족해방투쟁을 전개한 민족해방전선·민족인민해방군은 그리스의 대부분의 지역을 장악했으나 우파 성향의 망명정부가 영국군과 함께 아테네에 진주하면서 이들의 갈등과 대립은 폭발했다. 남한에서도 미군정 통치하의 국가건설과정에서 좌·우파 간의 정치갈등은 폭력으로 확대됐고 좌·우파의 쌍방 테러가 빈발했다. 그러나 우파에 의한 백색테러는 미군정의 공식·비공식적 지원을 받음으로써 좌파의 테러에 비해 규모와 강도면에서 차원이 달랐다.

점령 시기 그리스 친독협력정부를 지원하고, 민족해방투쟁세력을 탄압하던 보안대대나 헌병대원들의 새로운 정부 참여나 식민지 지배체제의 일제 경찰에 복무했던 조선인들이 해방 이후 미군정 경찰로 변신해 좌파 척결을 명분으로 테러를 가한 것도 유사하다. 양 지역에서 협력자들에 대한 처벌은 미흡했고, 극우단체들의 좌파 또는 좌파 혐의자에 대한 테러는 '빨갱이 사냥'이라는 이름 아래 행해졌다.

이러한 주민들에 대한 백색테러는 양 지역에서 똑같이 주민들을 산으로 내몰았다. 1945년 2월 바르키자협정 이후 백색테러는 오히려 주민들을 좌파진영에 동조하도록 하는 결과를 가져왔다. 1947년 공안장관으로 임명된 제르바스와 그의 추종자들에 의한 그리스 내 공산주의자들에 대한 탄압과 테러는 실제의 적이든, 가상의 적이든 무조건 좌파들을 대상으로 했다. 이러한 그의 탄압정책으로 좌파인사들은 물론 평범한 시민들조차 '공산주의자'로 내모는 결과를 가져왔다. 3·1사건 이후 도지사로 부임한 유해진의 극단적 우익편향·강화정책도 그리스의 상황과 크게 다르지 않았다. 3·1사건 이후 제주에서는 경찰과 서북청년단의 백색테러가 자행되고 극우파 도지사의 독단적 행정행위는 제주도민들을 좌파로 몰아가는 결과를 초래했다. 제주도에서의 백색테러는 1948년 4·3 무장봉기의 도화선이 됐다.

제주도 미군정청 법무관 스티븐슨은 "경찰은 제주도민들로 하여금 좌파를 동정하고 좌파 정서를 불러일으키도록 하는 데 상당한 책임이 있다"고 평가할 정도였다. 주한미군사령부 정보참모부의 1948년 1월 23일자 주간요약 보고서는 제주도 상황과 관련해 "우익인사들은 '빨갱이 공포'를 강조하며 주로 청년단체와 공직에서 좌익인사들을 척결하려고 애쓰고 있다"고 분석했다.[주7]

양 지역에서는 정치범들이 양산됐고, 상당수는 수용소서 형무소에서 돌아오지 못했다. 그리스와 제주에서 파농의 주장처럼 "식민지 민중 전체에 대한 전면적인 억압이 자행되는 시기에 무장투쟁이 일어나며, 무장투쟁은 민중을 동원시키고 한쪽 방향을 취하도록 몰고 간다." 이러한 국가건설과정과 정치폭력의 일치점은 〈표 24〉와 같다.

〈표 24〉 두 사건에서 국가건설과정과 정치폭력의 일치점

	비교 요소(그리스·남한/제주)
국가건설 이전의 점령·식민체제	A: 점령·식민체제의 특성 a¹: 점령·식민 국가의 야만적 통치행위 a²: 점령·식민 체제 내의 저항운동 a³: 민족해방운동세력의 정통성 확보
탈점령·탈식민체제의 국가건설과정	B: 국가건설과정 b¹: 점령·식민체제 저항운동세력 간의 갈등 b²: 협력자의 국가관료기구 구성원으로의 변신 b³: 국가건설과정에서 외세의 주도권 확보와 개입, 좌파 배제
정치폭력	C: 정치갈등과 정치폭력 c¹: 협력자 처벌 미흡 c²: 해방 직후 좌·우파 간 갈등의 심화·확대 c³: 비무장 시위대에 대한 경찰 발포와 총파업 c⁴: 우파에 의한 백색테러 및 대량검거 c⁵: 테러로 인한 주민들의 입산 c⁶: 정치범 양산
총선거	D: 총선거 과정 d¹: 외세의 개입 d²: 우파의 탄압 d³: 좌파의 보이콧 d⁴: 선거감시단의 공정선거 주장
결과	E: 친미 반공우익 국가건설

2. 차이점

나치 독일은 그리스를 점령한 뒤 이탈리아, 불가리아와 분할 통치했다. 독일은 친독협력정부를 수립해 간접통치방식을 취했다. 일본은 조선을 35년 동안 강점했으며, 총독부를 설치하고 지배하는 직접 통치방식을 취했다.

그리스의 민족해방운동단체들은 독일군에 맞서 무장투쟁을 벌였을 뿐 아니라 그리스인 민족해방운동단체들 간에도 무력충돌이 일어났다. 점령 시기 저항단체 간의 무력충돌과 이에 따른 심각한 인명손실은 해방 이후에

도 저항단체 간 갈등과 대립을 야기했다. 조선에서는 일제에 맞선 독립운동단체 간 노선을 둘러싼 갈등은 있었으나 저항단체 간에 전면적이고 대규모적인 무력충돌은 없었다. 이는 일제의 극심한 탄압으로 무력투쟁이 조선이 아닌 만주와 중국 등지에서 벌어지고, 친일경찰과 친일관리들을 동원한 고도의 식민통치를 실시했기 때문이라고 할 수 있다.

그리스의 민족해방운동단체들이 영국군으로부터 군사장비를 입수하고 대규모 조직을 만들어 저항활동을 벌이고, '자유 그리스'라는 해방구인 산간지역을 근거지로 저항운동을 전개한 반면 조선 내에서는 게릴라전을 감행할 만큼의 화력을 갖추지 못했다.

독일군은 그리스에서 철수하면서 민족해방전선 · 민족인민해방군의 습격을 받자 초토화작전을 전개하고 민간인 대량학살을 자행했다. 일본은 태평양전쟁에서 패한 뒤 갑작스럽게 항복선언을 함으로써 조선인과의 산발적인 충돌이 벌어졌을 뿐 대규모의 군사적 충돌은 없었다.

독일군 철수 당시 그리스의 민족해방운동단체들은 자국의 영토 안에서 무장투쟁을 전개하다 곧바로 도시로 진입할 수 있었으나 한반도에는 해방 뒤 미군이 진주할 당시 대규모의 일본군 병력이 있었다. 더욱이 제주도는 1945년 11월 12일 일본군이 최종적으로 제주에서 일본으로 떠날 때까지 일본군과 미군, 제주도민이 공존하는 상황이었다.

그리스에서는 해방을 전후한 시점에서도 민족해방전선 · 민족인민해방군과 우파 저항단체들 간에 무력충돌이 일어났으며, 독일군의 철수 뒤 그리스 망명정부가 영국의 도움을 받아 국가건설의 주도권을 장악했다. 반면 남한은 해방 초기 미군정이 점령군으로 진주한 뒤 군정에 의한 직접 통치가 이뤄졌다. 영국은 그리스 해방 초기 망명정부와 함께 아테네에 진주한 뒤 그리스의 정치와 경제에 깊숙하게 개입했고, 나중에는 미국이 개입했다.

그리스의 데켐브리아나와 제주도의 3 · 1사건도 그 이후의 과정이 확연히 달랐다. 데켐브리아나 이후 곧바로 총파업에 들어갔고, 일련의 전투가 도시

전으로 확대돼 영국군이 개입했으며, 쌍방 간에 상당한 사상자를 냈다. 제주에서는 좌 · 우파 진영 모두 3 · 1사건 이후 진상규명 및 희생자 처벌을 요구했다. 그러나 미군정 당국이 물리력을 동원해 제주도민들에 대한 대량검거에 들어가자 3 · 10민 · 관총파업이 벌어졌다. 총파업은 군정경찰의 탄압으로 오래지 않아 끝났고, 이듬해 4 · 3무장봉기가 일어날 때까지 제주도민들에 대한 대량검거와 고문, 학생과 청년들에 대한 고문치사 사건이 잇따라 일어났다. 제주도민들은 육지부에서 파견된 군정경찰과 서청들의 가혹행위에 일방적으로 당했다.

총선거 또한 그리스와 남한/제주도의 상황은 달랐다. 그리스에서는 영국의 주도하에 영국과 미국, 프랑스 대표단으로 구성된 '연합국 그리스선거감시단'이 선거과정을 감시했다. 감시단의 규모는 1,200명으로, 미국은 600명을 파견했다. 미국과 영국은 각각 100개의 감시반을 구성해 그리스 전역에서 선거감시에 나섰고, 프랑스는 40개 감시반을 파견했다. 남한에서는 미국의 주도 하에 유엔 결의안에 따라 구성된 유엔조선임시위원단에 의한 선거감시활동이 전개됐다. 유엔조선임시위원단에는 오스트레일리아, 캐나다, 중국, 엘살바도르, 프랑스, 인디아, 필리핀, 시리아 등 8개국 대표들이 참여했다. 이들은 미군정과 협력해 선거감시활동을 벌였다.

〈표 25〉 두 사건에서 국가건설과정과 정치폭력의 차이점

	비교 요소	그리스	남한/제주도
국가건설 이전의 점령·식민체제	점령·식민 정책유형	독일·이탈리아·불가리에 의한 분할 점령	일본의 단독 지배
	통치유형	친독협력정부에 의한 간접통치	총독부 설치에 따른 직접 통치
	저항운동	국내에서의 무장저항운동	국외에서의 무장저항운동
	탈점령·탈식민 직전의 상황	점령국가의 철수 및 초토화작전	일본의 갑작스런 패망 및 상당기간 잔류
탈점령·탈식민 체제의 국가건설과정	해방 당시의 상황	영국군의 진주에 뒤이은 좌·우파 간 대립·분열	해방 직후 좌·우파의 주도권 다툼
	영·미의 진주 성격	후견국으로서 영국의 활동	점령군으로서 미군정의 직접 통치
정치폭력	저항세력의 무장력	저항세력의 강고한 무장력	저항세력의 빈약한 무장력
	점령·식민체제하의 내부적 무력충돌 유무	점령 시기 저항세력과 친독협력정부·단체 간 무력충돌 발생	식민 지배 시기 조선인 간의 대규모 무력충돌 비발생
	경찰발포사건에 대한 대응유형	즉각적 총파업 및 좌·우파 간 전투와 영국군의 직접 개입	진상조사 및 책임자 처벌 요구·총파업과 미군정의 일방적 탄압
총선거	외세의 개입	영국의 주도와 연합국 선거감시단 구성	미국 주도와 유엔의 감시단 구성
	선거감시단의 규모와 역할	대규모의 영·미·프 감시단 파견 및 감시	유엔의 감시단 파견 및 미군정의 적극 지원

제3절
군사적 동원과정과 민간인 학살

그리스 내전과 제주4 · 3은 전후 미국의 반공주의를 시험하는 시험대였으며, 이데올로기의 충돌은 대량학살이라는 결과를 가져왔다. 양 지역에서 정부군의 대응은 대게릴라전으로 구현됐다. 무장충돌에서 민간인은 양쪽으로부터 폭력에 노출되며, 폭력의 강도는 정부군의 대게릴라전에 의한 것이 훨씬 강력하다. 그리스와 남한/제주도의 반공주의는 사건의 전개과정에서 더욱 심화 · 확대됐다.

1. 일치점

그리스 정부는 바르키자협정 체결 이후 민족해방전선 · 민족인민해방군 출신자들에 대한 대대적인 체포에 들어갔다. 그리스에서 정부군과 극우단체들에 의한 가공할 만한 백색테러는 좌파 및 좌파 동조자는 물론 일반 주민들에게까지 '공산주의자'라는 색깔을 덧씌웠다. 반공주의자들로 구성된 국가경비대와 극우테러단체 키는 전국 곳곳에서 좌파인사나 협의자들을 체포하고 테러를 일삼았으며, 유치장과 형무소는 수감자들로 가득찼다. 제주에서는 3 · 1사건 이후 제주도민들에 대한 대량검거와 잇따른 고문치사

사건, 우파단체의 테러 등이 일어났다.

양 지역에서 무장투쟁의 대의명분은 차곡차곡 쌓여갔다. 그리스공산당은 1945년 6월 제12차 전체회의에서 백색테러에 저항하기 위한 대중 자위조직 건설을 호소했다. 그리스공산당 서기 자카리아디스는 1945년 8월 24일 테살로니키에서 "근본적이고도 민주적인 발전방향으로 상황이 신속하고 효율적으로 바뀌지 않으면, 우리는 똑같은 수단을 사용해 왕당파-파시스트에 대응할 것"이라고 공개적으로 밝혔다.

4·3 무장봉기 결정회의에 참석했던 이삼룡도 "서북청년들과 경관들이 너무 악독했다. 무자비하게 심하게 때리고, 죽이고, 고문치사가 많았다. 우리도 앉아서는 그대로 죽을 것 같았다. '앉아서 죽느냐, 서서 죽느냐'하는 (선택의) 순간이 왔다"고 말했다.

양 지역에서 내전과 무장투쟁이 본격화되자 그리스 정부군과 미군정은 게릴라들을 단시일 안에 제거할 수 있다며 호언장담했다. 그리스 정부군은 1946년 10월 토벌작전에 나서면서 "20일이면 게릴라는 한 번에 그리고 영원히 없어질 것"이라고 장담했으나 정부군 최초의 작전은 참담한 실패로 끝났다.

4·3 무장봉기가 발발한 이후 미군정과 경비대는 사태의 조기진압을 확신했으나 점점 꼬여가기만 했다. 1948년 5월 제주도 최고 지휘관으로 부임한 브라운 대령은 제주도 사태의 조기진압을 천명했으나 사태를 정상화시키는 데 실패했다.

양 지역에서 미군은 표면적으로 불개입정책을 표명했다. 미군 고문관들의 실전 참가를 제한한 것은 미국이 전쟁에 개입하고 있다는 빌미를 제공할 수 있었기 때문이었다. 트루먼 행정부는 미군의 출현이 공산주의자들의 비난을 살 것이라며 직접 개입을 반대했다. 따라서 미국의 공식 입장은 미군 고문관들이 전투 현장에 나가지 않는 것이었다. 그러나 양 지역에서 미군이 지원한 지프는 곳곳을 누볐다. 그리스 주재 미합동군사고문단장 밴 플리트가 작전 지역을 직접 시찰하고 자문한 것처럼, 군정장관 딘과 미 6사단장 워드의 제주도 작전지역 시찰, 브라운 대령의 제주도 파견 및 진두 지휘 등을 통해 직접 개입했다.

양 지역의 대게릴라전은 강제소개와 특정지역에 대한 '무인지대'화 또는 '무주지역' 설정으로 특징된다. 그리스에서 강제 소개는 미군의 요구에 따라 이뤄졌는데 미군 고문관들은 강제소개정책을 고무했다.[주1] 결과적으로 강제소개는 남부와 중부 그리스 지역에서 '그리스 민주군대'의 소탕에 큰 효과를 가져왔으나, 그리스인들의 삶을 박탈하는 가혹하고 야만적인 정책이었다. 이러한 소개정책으로 인해 1949년 말이 되자 그리스 전체 인구의 10%인 70만여 명이 소개됐으며 코린토스만 북쪽의 산간지대 주민들은 대부분 소개됐다.[주2] 1948년 그리스 정부군에 의한 주민소개는 그리스인들을 최악의 상태로 몰아넣었다. 당시 한 취재기자는 "우리가 무서워 한 것은 내란 자체가 아닌 것이다. 내란으로 인하여 발생하는 피난민들의 목불인견의 참상은 실로 최대의 불행사인 것이다"라고 지적했다.

제주도에서 제9연대장 송요찬은 1948년 10월 17일 포고령을 발포하고 10월 20일 이후 해안선으로부터 5㎞ 이외의 내륙지역에 대해 통행금지를 선포했다. 5㎞ 이내의 내륙지역은 '적성지역'으로 간주해 이를 위반한 자에 대해서는 총살에 처하겠다는 것이었다. 이러한 정책은 그리스에서와 마찬가지로 주민은 물론 그들의 생존수단까지도 파괴했다.[주3] 주한미군사령부 정보참모부는 1948년 한 해 동안 제주도민 30만여 명 가운데 25%에 해당하는 4분의 1이 자신들의 마을이 파괴돼 해안으로 소개됐다고 분석했다.[주4] 로버츠 준장은 1949년 2월 7일 육군장관 로얄에게 보내는 보고서에서 "제9연대의 기습공격은 산간마을의 주민들을 해안지역으로 소개시킴으로써 비효율적이었다. 수많은 무고한 민간인들이 죽어갔고, 그들의 대부분은 게릴라의 공격으로 피살됐으며, 일부는 확실히 한국군에 의해 피살됐다"고 밝혔다.[주5] 양 지역에서 좌파세력에 의한 민간인 테러와 살상도 우파세력의 그것에는 미치지 못하지만 가혹했다.

그리스와 제주도에서는 '반란군' 또는 그 지지자들을 처벌하기 위한 군사법원이 설치됐고 계엄령이 실시됐다. 계엄령의 선포는 초토화작전과 이에 따른 민간인 학살을 정당화하는 도구가 됐다. 그리스의 좌파 또는 좌파 혐의자들이 섬의 강제수용소에 수감돼 고문과 가혹한 생활조건을 견뎌야 했듯이 제주에서도 좌파 또는 좌파 혐의자들이 형식적인 절차를 거쳐 다른 지방 형무소에서 수감생활을 했다. 정확한 숫자를 파악하는 것은 불가능하지만, 그리스에서는 1947년 7월 1일부터 1949년 8월 1일까지 1년 동안 군법회의를 받은 사람만(일반법이나 재판 없이 추방된 사람을 제외한) 3만 6,920명이나 됐다. 이들 가운데 2만 78명이 무혐의로 풀려난 것은 체포가 얼마나 무모한 것인지를 보여주는 것이다.[주6] 4·3 당시 1948년 12월 제1차 군법회의에서 871명이 사형이나 징역형을 선고(이 가운데 징역 15년 이상은 464명으로 53.2%)받았고, 1949년 6월 제2차 군법회의에서는 1,659명이 사형이나 징역형(이 가운데 징역 15년 이상은 891명으로 53.7%)을 선고 받았다.[주7] 또 1949년 10월 2일에는 이승만의 승인에 따라 제주도에서 249명이 군법회의 선고 결과에 따라 집단처형됐다. 이 집단처형은 4·3 무장봉기가 사실상 진압된 상태에서 이뤄진 것으로, 국제적으로도 유례가 없는 대규모 처형이었으나 언론에는 보도되지 않았다. 양 지역에서 사건의 결과는 민간인 학살과 총체적 파괴를 수반했다. 그리스와 남한/제주도에서의 학살은 쿠퍼의 주장처럼 이데올로기에 의한 순응을 강요하는 신생국가 체제에서 일어났으며, 로저 스미스가 언급한 바와 같이 희생자들은 이데올로기적 관점에서 비인간적 존재로 규정돼 민간인 대량학살로 귀결됐다. 권귀숙은 국가가 침묵을 강요한 이러한 사건들은 "전제주의 국가에서 공식 역사 외의 발언은 처벌되며, 일부 체험자와 그 가족에게는 '빨갱이' '반동' 등의 낙인이 찍힌다. 기억한다는 자체가 공포인 것이다"라고 말했다.[주8]

〈표 26〉 두 사건에서 군사적 동원과 민간인 학살의 일치점

	비교 요소(그리스·남한/제주)
군사적 동원	A: 군사적 동원과정 a¹ : 백색테러와 무장봉기 대의명분 축적 a² : 정부군의 초기 군사적 동원 실패와 미국의 우려 a³ : 좌익의 초기 공세와 군·경 및 우익단체의 무차별 보복 a⁴ : 미군의 표면적 불개입 지시 a⁵: 미군 지휘부의 작전 지역 시찰 및 자문 a⁶: 좌익의 민간인 테러
초토화작전의 전개	B: 초토화 b¹ : 강제소개정책 b² : 무인지대의 설정과 적성지역 규정 b³ : 계엄령 선포와 민간인 학살
결과	C: 민간인 학살과 총체적 파괴

2. 차이점

그리스와 제주도의 군사적 동원과정에서 많은 유사점이 나타나고 있으나 차이점 또한 뚜렷하다. 그리스의 무장투쟁 주체세력인 민족인민해방군(1946년 12월부터는 '그리스 민주군대')은 추축국 점령 당시부터 무장저항투쟁을 벌였으며, 영국군의 지원으로 많은 무기가 있었다. 이들은 점령 시기부터 풍부한 전투경험과 영국군의 도움으로 게릴라 전술을 습득할 수 있었다. 또 산간지대에 '자유 그리스'라는 해방구를 만들어 추축국 군대가 접근을 두려워할 정도로 강력한 무장력과 조직력을 갖췄다. 해방 직후 이들은 아테네 등 주요 도시를 제외한 대부분의 지역을 장악할 정도로 강고한 세력을 형성했다.

반면 제주도의 경우는 무장대가 갖고 있는 무기는 절대적으로 빈약했고, 인원 또한 적었다. 무장투쟁 주체세력 가운데도 군사전략적 지식을 가진

이는 지극히 적은 것으로 추정된다.

내전의 전개과정에서 그리스의 좌파는 인근 유고슬라비아, 알바니아, 불가리아 등지로부터 무기와 훈련을 지원받았다. 이러한 외부로부터의 지원은 그리스 내전에서 좌파가 전투를 지속할 수 있는 동인이 됐다. '그리스 민주군대'에 지원을 하던 유고슬라비아의 티토가 스탈린과 불화를 빚으면서 1949년 7월 국경선을 폐쇄하고 유고슬라비아에서 치료를 받던 4천여 명의 게릴라들을 고립시키자 민주군대의 전투수행 능력은 크게 떨어졌다.

제주도의 경우 미국 관리들과 남한 관리들이 북한 및 소련과의 연계설을 되풀이해서 주장하고 국내외 언론에 보도됐으나 북한이나 소련으로부터 지원을 받았다는 증거는 나타나지 않았다. 사건이 발발한 제주도는 미군과 해안경비대가 제주도 연안을 봉쇄하면서 고립무원의 섬이 됐고, 무차별 학살이 일어났지만 정부가 언론을 완전 통제함으로써 외부세계에는 알려지지 않았다.

그리스에서는 1944년 12월 3일 경찰의 발포 사건 직후 총파업을 단행하고 교전상태에 들어간 반면 제주도에서는 1947년 3월 1일 경찰의 발포 사건 이후 진상조사와 책임자 처벌을 먼저 요구했다. 그러나 이러한 요구가 받아들여지지 않자 좌 · 우파가 참여하는 3 · 10민 · 관총파업이 전개됐으며, 미군정의 강력한 탄압으로 단기간에 끝났다.

그리스에서는 무장투쟁세력이 험준한 산악지역을 근거지로 확보하고 물자를 보급 받아 지속적인 투쟁이 가능했다. 반면 제주도는 지역이 상대적으로 작고 섬이라는 특수성 때문에 근거지 확보가 이뤄지지 않은 채 토벌대에 쫓겨 자주 이동해야 했다.

정부군의 동원도 양 지역에서는 달랐다. 그리스에서는 사실상의 전쟁이나 다름없는 전투에서 민주군대를 저지하기 위해 정부군에 총동원령을 내렸다. 제주도에서는 4 · 3 무장봉기 초기 활발한 활동을 벌이던 무장대가 토벌대의 강경진압작전으로 크게 약화됐으며 정부는 일부 병력의 지속적인 파견을 통해 제주도 사태를 진압했다.

작전의 전개과정을 보면 그리스는 초기 민주군대의 대의명분, 규모와 전술면에서 정부군을 압도했다. 그러나 시일이 지나면서 정부군은 대게릴라 전술을 익히고, 전투경험을 쌓은 반면 민주군대는 게릴라전에서 재래전으로 전략을 바꾸는 전략적 오류를 범하고 유고슬라비아가 국경선을 폐쇄함으로써 결정적으로 패배하게 됐다.

제주도에서는 토벌대의 공세 속에 조직과 무기가 절대적으로 취약한 무장대가 기습과 매복작전을 반복했다. 무장대는 게릴라전에 대한 경험이 없었으며 훈련도 부족했다. 시간이 흐르면서 게릴라전 전술을 습득해 정부군을 괴롭혔지만 파괴적이지는 못했다. 무장대의 세력이 이미 와해된 상태에서 1949년 6월 7일 제주도인민유격대 사령관 이덕구의 죽음은 사실상 무장봉기의 종결을 의미했다. 그 뒤의 무장대는 사실상 '도망자' 수준이었다.

그리스에서 좌파나 좌파 혐의자들은 본토에서 격리된 섬으로 유배됐다. 그들은 그곳의 수용소에서 고문과 강제노동 등 가혹한 조건 속에서 살아가야 했다. 제주에서는 좌파나 산으로 피신했다가 귀순한 제주도민들 가운데 상당

〈표 27〉 두 사건에서 군사적 동원과정과 민간인 학살의 차이점

	비교 요소	그리스	남한/제주도
군사적 동원	무장투쟁세력 수준	강력한 조직력과 무장, 풍부한 전투경험	빈약한 조직력과 무장, 빈약한 전투경험
	육지와 섬의 관계	게릴라들의 넓은 활동공간	무장대의 좁은 활동공간
	외부 지원 수준	인근 국가의 지원	독자적 생존
	무장투쟁세력의 근거지	산간지대의 '해방구'화	산간지대 근거지 빈약
초토화 작전의 전개	정부군 동원수준	전면적 동원	부분적 동원
	공세의 수준	민주군대의 상대적 강함과 정부군과의 공방	무장대의 상대적 취약과 정부군의 일방적 공세
	유형과 형무소	좌파 및 좌파 혐의자들에 대한 섬으로의 유형	좌파 및 좌파 혐의자들에 대한 다른 지방 형무소 수감

수가 고문을 받은 뒤 다른 지방 형무소로 이송돼 열악한 환경 속에서 수감생활을 했으며, 한국전쟁 발발 뒤 죽거나 행방불명되는 사례가 많았다.

제5장

그리스 내전에서 제주4·3을 보다

그리스 내전은 그리스의 정치 · 사회경제를 통째로 흔들어놓았다. 제주에서도 4 · 3의 영향은 그 이전의 모든 과거의 비극적 역사를 뒤덮고도 남을 만큼 컸다. 왜 그리스와 제주는 서로 다른 듯하면서도 유사한 경로를 밟았을까. 2012년 8월 경제위기 혼란 속에 휩싸였던 아테네는 뜨거웠다. 점령과 내전 시기의 현장 하나하나가 새롭게 다가왔다.

그리스 아테네 중심부에 있는 신타그마 광장에서 바라본 그리스 국회의사당.

1. 신타그마 광장에서 '동양의 그리스' 제주4 · 3의 비극 떠올리다

플라타너스 나무들이 광장 양쪽 옆으로 도열해 있다. 그 아래 긴 의자에 시민들과 관광객들이 담소를 나누거나 쉬고 있다. 광장 분수대에서는 비둘기들이 앞다퉈 물을 마시고 있다. 이곳이 아테네의 중심지 신타그마 광장이다. 1843년 최초의 헌법 공포를 기념해 조성한 광장은 수많은 집회와 기념행사 열기로 뜨겁다.

근대 그리스 국가 건설의 주역인 '엘레프테리오스 베니젤로스'의 이름을 딴 국제공항에서 신타그마행 버스X95에 올랐다. 차창 밖으로 건너다 본 풍경이 낯설지 않다. 마치 한국의 도시를 가는 듯한 느낌이다. 올리브 나무는 감귤나무처럼 곳곳에 보인다. 50여 분이 지나자 신타그마 광장 옆 종점에 도착했다. 관공서와 가게, 호텔들이 몰려 있는 이곳은 전 세계 관광객들이 즐겨 찾는 장소다.

여기저기 웃통을 벗고 골판지를 깐 채 그늘을 찾아 누워 있는 노숙인들의 무기력한 모습이 눈에 들어온다. 신타그마 광장만이 아니라 번화가의 길가에도, 거리의 뒷골목에도 노숙인들이 보였다. 말로만 듣던 그리스 경제의 그늘을 직접 확인하는 듯하다. '무명용사의 묘'는 광장 위 도로 건너쪽에 있다. 그 뒤로는 신문·방송에서 보던 그리스 국회의사당이 서 있다. 무명용사의 묘 앞에서 벌어지는 의식 장면은 관광객들의 필수 코스다.

호텔 그랜드 브레타뉴. 호텔 맞은편이 신타그마 광장이다.

광장 한쪽의 그랜드 브레타뉴 호텔. 이 하얀색 호텔은 점령과 내전 시기 연구서에 빠짐없이 등장한다. 그랜드 브레타뉴 호텔은 그리스의 관덕정이다. 관덕정이 제주도의 근현대사를 목격했듯이, 신타그마 광장과 함께 아테네의 그랜드 브레타뉴 호텔도 그리스의 근·현대사를 오롯이 지켜봐 온 산 증인이다. 2차 세계대전 때는 독일군 본부가 있었고, 1944년 12월 3일의 발포사건 이후 아테네에서 시가전이 벌어졌을 때는 정부 각료들의 피난처였다던가. 이 광장을 흔들었던 그날의 잿빛 총성은 어디로 갔을까.

1944년 12월 3일 일요일, 비무장 시위대를 겨냥한 경찰의 발포는 그리스 사회를 뒤흔들어놓았다. 이른 아침부터 많은 시민들이 아테네 근교에서 걷거나 트럭이나 승용차를 타고서 신타그마 광장으로 향했다. 아테네에서 꽤 멀리 떨어진 피래우스에서도 모여들었다. 좌파가 조직한 이날 집회 참가자들은 2차 대전 때의 추축국, 특히 독일과 맞서 싸운 저항단체(민족해방전선·민족인민해방군)를 해산하고 새로운 군대로 대치하려는 정부의 발표에 항의하러 삶터를 나섰다. 경찰은 모든 도로를 봉쇄했다. 바리케이드를 이용해 광장으로 연결된 도로들을 차단했다. 그러나 파네피스티우 거리와 신그루 거리 등 신타그마 광장으로 이어지는 도로를 가득 메운 사람들의 물결을 가로막을 수는 없었다. 어마어마한 시위대 숫자만으로도 그들을 압도했으니!

오전 10시 30분께, 시위대가 협력자 처벌과 민족통일정부 수립을 요구하며 깃발을 흔들면서 무명용사의 묘로 접근하고 있었다. 이어 시위대의 한 행렬이 신타그마 광장으로 들이닥쳤다. 시위대와 경찰청 사이에는 20여 명의 겁에 질린 경찰관들이 있었다. 이들은 자신들의 행위와 관계없이 시위대에 의해 친독협력자로 규정됐다. 시위대는 비무장상태였다. 경찰이 설정한 경계선 가까이 시위대가 접근했다. 경찰의 두려움은 공포로 바뀌었다. 시위대가 경찰이 설정한 비상선 가까이 다가가자 갑자기 제복을 입은 한 남자가 경찰청 밖으로 뛰쳐나오면서 한쪽 무릎을 꿇고 시위대를 향해 발포하기 시작했다. 조금 뒤 공황상태에 빠진 경찰들이 잇따라 사격했다.

이 사건은 그리스 현대사의 비극을 알리는 총성이었다. 30여 분에 걸친 사격이 끝나자 시위대 가운데 12명이 숨졌다. 이날 하루 동안 어떤 이는 15명이, 어떤 이는 28명이, 또 다른 이는 22명이 죽었다고 한다. 20여 명 안팎의 시민들이 경찰의 총에 맞아 희생된 이날의 사건은 기나긴 내전의 신호탄이나 다름없었다. 그 뒤의 상황, 좌익 대 영국의 싸움이 전개됐다. 우익은 약했다.

신타그마 광장에 서서 눈을 감았다. 당시를 떠올렸다. 낯선 이방인의 귀에도 그들의 함성이 들리는 듯하다.

이들이 스러진 곳은 어디쯤일까. 광장을 찬찬히 살펴봤다. 정부 각료와 외교사절들은 저 그랜드 브레타뉴 호텔 창가에서 혼란의 현장을 지켜보고 있었으리라. 이 혼란의 정체는 무엇인가. 신타그마 광장의 계단에 서서 당시를 떠올렸다. 구걸하는 행인과 노숙인들, 단체의 주장을 알리는 이들, 넘쳐나는 관광객들의 모습이 그날의 혼란과 겹쳐졌다. 그들의 함성이 들려오는 듯하다. 아테네에서 일어난 전투 당시의 사진을 보니, 광장은 그다지 변하지 않은 것 같다.

신타그마 광장을 중심으로 일어난 비무장 시위대에 대한 경찰의 발포! 이 사건의 장면부터 한반도의 결절된 섬 제주도의 4·3은 너무나 닮았지 않은가. 그날의 뜨거웠던 열기가 아스팔트를 뚫고 숨 막히게 다가왔다. 어쩌면 그날도 그랬으리라. 아니, 그날은 그런 생각조차 하지 못한 채 총탄을 피해 흩어졌으리라.

1947년 3월 1일 제주읍 제주북국민학교에서 열린 제27주년 3·1절 기념대회에도, 경찰의 참가 방해를 피해 제주도 곳곳에서 제주도민 2만 5,000~3만여 명이 모였다. 관덕정 광장 부근에서 시위대를 향해 경찰서 앞에서 경계를 서던 경찰이 발포했다. 이날의 발포로 시위행렬을 구경하던 초등학생부터 젖먹이 안은 부녀자까지 6명이 희생됐다. 제주도민들은 진상조사 및 책임자 처벌을 요구했으나, 미군정 경찰은 대량검거로 대응하면서 사태를 악화시켰다.

1948년 5월 주한미군사령부나 서울의 외신 특파원들은 그리스와 남한·제주도 사태의 유사한 전개에 관심을 가졌다. '조선은 희랍사태의 완전한 재연'이라고 보도한 당시 서울에 있던 『유피』 특파원 제임스 로퍼의 안목이 새삼 놀랍다. 1940년대 2년 3개월의 시차를 두고 머나먼 땅에서 어떻게 이렇게도 비슷한 상황이 전개됐을까.

관덕정 광장이 각종 행사와 축제의 장소가 되듯이, 신타그마 광장도 각종 행사가 열리고 국내외 관광객들이 하루 종일 붐비는 만남의 장소가 됐다. 신타그마 광장의 계단을 올라 무명용사의 묘 앞으로 갔다. 에브조네스가 총을 들고 차렷 자세로 뜨거운 태양 아래 미동도 하지 않는다. 무명용사의 묘에는 점령 시기에도 그랬던 것처럼 지금도 매일 의장대의 의식이 치러진다. 묘에 새겨진 'KOPIA한국'라는 글이 눈에 들어온다. "'KOPIA'라는 단어 앞에는 뭐라고 쓴 것이지요?" 옆에 있던 의장대 지휘관에게 물었다. 발칸전쟁 등 전쟁이 일어난 장소라고 한다. 국내외 전쟁터에서 죽어간 자국의 무명용사들을 기리는 것이다. 이 지휘관은 에브조네스에 대해 또박또박 설명했다. "한국전쟁 때 그리스의 에브조네스가 파견됐어요. 과거 특수부대였지요. 많은 군인들이 한국에서 희생됐습니다. 하지만 지금은 특수부대가 아니라 보시는 바와 같이 의장대나 마찬가지라고 보면 됩니다."

그리스는 한국전쟁에 파병한 유엔 참전국이다. 내전이 사실상 끝나던 즈음, 산악전과 게릴라전 경험이 풍부한 그리스 병사들은 낯선 땅 한국에 파병됐다. 주그리스 미합동군사고문단장 밴 플리트 장군은 한국전쟁 당시 미 8군 사령관으로 참전했고, 그와 함께 그리스에서 활동했던 미군 참모는 그리스에서의 게릴라 토벌 경험으로 지리산 빨치산 토벌부대에 배치돼 토벌을 지원했다.

의장대원들은 어느 동화에나 나올법한 신발을 신고, 텔레비전의 느린 화면처럼 천천히 발을 들어올렸다 내렸다 하는 동작을 반복했다. 관광객들이 사진 찍으려고 몰려들었다. 전 세계 의장대 가운데 이들만큼 관광객의 카메라 세례를 받는 이들이 또 있을까. 관광대국 그리스의 관광종사원인 듯하다. 젊은 의장대원들은 그리스 내전을 알고 있을까.

2. 그리스 산간마을에서 제주의 비극을 떠올리다

그리스는 '산의 나라'다. 보기만 해도 아찔한 협곡과 산등성이들. 협곡을 따라 아슬아슬하게 난 도로, 나귀와 노새들만이 다녔던 길, 교통수단이 없던 1940년대만 해도 그리스의 산간마을들은 소규모 공동체들이었다. 전깃불이 들어오자 입김을 불어 끄려 한 이도 있었다고 한다. 지형적으로 서로의 왕래가 사실상 어려웠던 이런 곳에서 고대 폴리스도시국가나 다름없었다. 제주도의 중산간 마을들이 작은 공동체를 이루었듯이.

펠로폰네소스의 칼라브리타로 가려고 우연히 거리에서 만난 택시기사 디미트리와 동행했다. 차를 몰던 그가 말을 건다.

"나는 아테네에서 태어났지만 우리 할아버지, 할머니, 아버지도 크레타 출신이에요."

"그래요? 크레타 출신 가운데 유명한 사람들이 있죠?"

"아테네의 대통령 베니젤로스, 그리고 니코스 카잔차키스가 있지요. 매우 좋은 섬이에요."

'아, 베니젤로스가 크레타 출신이었지!' 국회의사당 오른쪽에도 그의 동상이 서 있다. 아테네의 국제공항 이름이 엘레프테리오스 베니젤로스 국제공항이다. 그는 근대 그리스의 국가를 형성한 위대한 정치가이지만, 민족분열의 한 축을 이뤘던 인물이기도 하다.

코린토스 운하를 지나자마자 도로 양쪽에 농업지대가 나타났다. 그리스의 상징 올리브나무와 감귤나무들이 끝없이 펼쳐졌다. 지중해의 따뜻한 햇살을 받은 감귤류를 외국에 수출한다고 한다. 고속도로 양쪽으로는 협죽도가 꽃을 피우고 멀리 지중해를 오가는 화물선도 눈에 들어왔다.

칼라브리타로 가는 길이 갑자기 좁아졌다. 나무가 우거져 차창을 때리더니 산악지대가 펼쳐지고 조그마한 길들이 선처럼 보인다. 발아래 거대하고 웅장한 협곡과 계곡이 나타났다.

칼라브라타로 가는 길목에서 지중해 바다를 배경으로 가로놓인 거친 산악지형을 보면 그리스가 게릴라투쟁에 적합한 이유를 한눈에 알 수 있다. 그리스의 산간마을들은 또 다른 그리스다. 내전 시기 민족해방전선·민족인민해방군은 산간마을에 '자유 그리스'를 구축했다. 4·3 때 무장대나 피난민들이 토벌대의 손길이 미치지 않았던 중산간 깊숙한 곳을 찾아 해방구로 삼았듯이, 그리스의 깊숙한 산간마을들은 해방구였다.

그리스 정부군은 해방구로의 진격을 두려워했다. 내전 시기에는 민족해방전선·민족인민해방군이 그리스 산악지대에 임시정부 수립을 선언했다. 투표가 이뤄졌고, 각종 위원회가 구성됐으며, 인민법정도 운영됐다. 사실상 폴리스, 도시국가였던 셈이다. 수천 년 이어져온 그들의 전통이었을까. 해방 이전 점령 당시 독일군도 해방구에 함부로 발을 내딛지 못했다. 산간마을로 진입하다 각종 저항에 가로막혔기 때문이다.

잠시 멈춰 산악지형과 지중해를 바라봤다. 까마득하다. 발밑을 내려 보니 현기증이 날 정도로 깊은 계곡이다. 아테네와는 전혀 다른 분위기, 전혀

칼라브리타로 가는 길에 있는 메가 스필레오 사원에서 바라본 협곡의 모습이다.

다른 공간이다. 교통이 없다면 단절된 곳이었으리라. 4·3 때 중산간 주민들이 오름에 올라 해안마을을 보는 기분이 이런 기분이었을까.

하지만 산에 나무가 별로 없다. 소나무나 올리브나무들이 드문드문 보일 뿐, 숲이 우거지지는 않았다. 디미트리가 몇 년 전 대화재로 나무들이 모두 불에 탔다고 했다. 그리스의 산불은 종종 국내 언론에도 보도된다. 그리스 산이 벌거벗은 이유는 산불 때문이란다.

가는 길은 황량했다. 그들은 무슨 생각을 했을까? 이름 모를 풀 사이로 크지 않은 키의 올리브나무들이 듬성듬성 이어졌다. 마을에는 사람들이 보이지 않았다. 끝없이 펼쳐진 산등성이를 보며 가다 칼라브리타를 10여 km를 남겨두고 자클로루마을 부근에 있는 메가 스필레오 사원에 도착했다. 이 지역에서는 역사적으로 유명한 사원이라고 디미트리가 말한다. 그리스에서 가장 오래된 사원이다. 디미트리는 성호를 긋고 사원 들머리에 있는 약수물을 마신다. 362년 한 목동소녀가 꿈을 꾼 뒤 성모 마리아의 성상을 발견하자 시메온Symeon과 테오도르Theodore 두 형제가 건설했다고 한다. 하지만 그 뒤 여러 차례 화재와 전쟁으로 불에 타고 재건되는 과정을 반복했다. 사원은 깎아지른 듯한 절벽에 붙어 있다. 높이 120m다. 밑에서 보니 거대한 바위가 방문객을 압도하는 것처럼 까마득하게 느껴진다. 스필레오가 '동굴'이라는 뜻이니 일종의 동굴사원쯤 된다. 사원으로 들어가는 계단에는 적당한 옷을 입고 입장해야 한다는 푯말이 서 있다. 사원 안으로 들어가자 그가 기도를 한다. 그리스 관광객들도 관광을 와서 사원을 둘러보는 모습들이 보인다. 조용조용한 안내자의 설명에 관광객들은 경건하게 경청하는 모습이다. 디미트리는 이곳을 잘 아는 모양이다. 설명에 자신감이 넘친다. "이곳이 오스만 튀르크에 맞선 독립전쟁 때 임신한 여성이 뛰어내린 곳입니다." 사원 앞마당에 푯말이 붙어 있다.

디미트리의 해석에 따르면 내용은 대충 이렇다. "1827년 6월 24일 2만 명

카피언덕에 조성된 추모공원에서 바라본 칼라브리타의 모습. 1943년 12월 13일 독일군은 그리스 저항단체의 공격에 대한 보복으로 칼라브리타의 12살 이상 남성 498명을 카피언덕에서 학살하고 마을을 잿더미로 만들었다.

카피언덕에 있는 추모공원. 위패봉안소와 비슷한 장소가 지하에 있다.

의 병사가 이브라힘 파샤에 맞섰다". 옆의 푯말에는 "1943년 12월 8일 독일군이 점령하고 사제와 수사들을 총살해 바위에서 이곳으로 떨어뜨렸다"고 돼 있다. 12명이 희생됐다고 한다. 또 다른 푯말에는 희생된 사제와 수사들의 이름이 나이와 함께 빼곡히 적혀 있었다. 그러고 보니 메가 스필레오 사원도 그리스의 독립투쟁 운동과 나치 독일의 잔학상을 보여주는 장소이기도 했다. 디미트리가 신부에게 정확한 장소를 확인하고 같이 가보기로 했다. 오름을 오르듯이 그와 함께 산을 올랐다. 20여 분 동안 거친 산길을 올랐지만 찾지 못하고 내려왔다. 산에 오르니 주변이 온통 산악지대로 보인다. 내려와서 다시 위를 쳐다보니 십자가가 보였다. 디미트리가 소리친다. "아, 바로 저곳이 오스만 튀르크에 맞섰던 여성이 뛰어내린 곳이에요!" 어떻게 여성은 120여 m의 절벽 위에서 뛰어내릴 생각을 했을까. 오스만 튀르크 군인들이 무서웠을까? 아니면 그리스인으로서의 정체성을 지키려고 뛰어내렸을까? 메가 스필레오 사원에서 나와 칼라브리타로 가는 길을 묻고 물어 드디어 도착했다.

칼라브리타의 카피언덕. 발 아래로 그림 같은 시골마을의 풍경이 펼쳐진다. 하얀색 벽과 갈색 지붕의 집들은 사진에서 보던 스위스의 산골마을 모습과 비슷한, 평화롭고 목가적인 장면을 연출한다. 펠로폰네소스 남동쪽 아카이아 지방의 산간지대에 있는 칼라브리타는 2차 세계대전 당시 나치가 자행한 최대의 민간인 집단학살 장소 가운데 한 곳이다. 추모기념물이 들어선 곳이 학살현장이다.

4개의 대리석 벽면에 희생자의 나이와 이름, 연혁 등이 빼곡하게 적혀 있다. 12살, 14살 어린이 희생자들도 여럿 보인다. 큰 무덤으로 조성된 곳에는 위패봉안소 같은 곳도 있다. 제주4·3 평화공원의 위패봉안소와 같은 느낌이다. 봉안소 안에는 방문객들이 꽂아놓은 향이 타고 있었다. 향을 꽂고 잠시 추도 묵례를 하며 죽어간 이들을 생각했다. 향로에는 가족들의 이름이 적혀 있다. 봉안소 위로는 무덤이 있고, 하얀색 글씨로 '전쟁은 그만',

'평화'라는 글이 적혀 있다. 희생자들의 안녕을 비는 곳은 그리스 정교회의 냄새가 물씬 풍겼다. 정교회의 나라처럼 마을을 바라보는 추모공원 정상에는 그리스기와 대형 십자가가 설치돼 있다. 추모공원을 방문하는 사람들도 간간이 보인다. 이런 평화로운 곳이 학살터였나 할 정도다. 바닷가를 배경으로 유채꽃이 피어난 제주 북촌리를 보았던 기억이 새롭다.

1943년 가을 이후 저항활동이 강화되자 독일군은 칼라브리타와 그 주변 지역에서 활발하게 이뤄지고 있는 저항활동을 저지하고 민간인들의 사기를 꺾기 위해 작전을 전개했다. 1943년 10월 16~18일 케르피니전투에서 민족인민해방군 게릴라들은 독일군 병사 83명을 포로로 잡고 부상병 3명을 체포했다. 이들은 독일군 병사들을 칼라브리타로 데려가 초등학교에 구금하고 그곳에서 하룻밤을 보냈다. 독일군과 포로 석방 관련 협상을 여러 날 계속했지만, 타협은 이뤄지지 않았다.

독일군은 칼라브리타를 잿더미로 만들기로 했다. 검은 구름이 칼라브리타의 하늘을 뒤덮기 시작했다. 11월 25일 독일군 제117보병사단 사령관 카를 폰 르 수이레 소장은 병사들을 구출하기 위해 '칼라브리타 작전'을 명령하고 민간인들에 대한 보복작전에 나섰다. 12월 7일 저녁, 게릴라들은 독일군 포로 83명을 칼라브리타 인근 헬모스산에서 처형했다. 12월 8일, 독일군은 케르피니, 로기, 자클로루, 수바르도, 브라니 마을과 메가 스필레오 사원에서 대대적인 학살을 자행했다. 이들은 칼라브리타로 진군하면서 닥치는 대로 학살하고 마을을 불태웠다.

12월 13일 월요일 새벽, 독일군이 친 교회의 종소리가 이른 새벽의 침묵을 깨뜨렸다. 주민들은 종소리에 공포를 느꼈다. '검은 월요일'의 서리 낀 겨울 새벽, 칼라브리타는 짙은 안개로 덮여 있었다. 한치 앞을 볼 수 없었던 주민들의 심정처럼.

독일군은 주민들을 초등학교에 모이도록 명령했다. 12살 이상 남자들은 오른쪽 2개 방으로 들어갔고, 여자와 어린이, 노인들은 왼쪽 2개 방으로 격리됐다. 자신에게 놓인 운명을 감지한 남자들은 부인과 아이들에게 입을 맞추고 눈물 그렁그렁한 눈으로 지켜보고 있었다. 그들은 영원한 작별인사를 하고 있었다. 그들 가운데 일부는 아이들에게 속삭이고 있었다.

"엄마를 부탁해."

그것이 마지막 인사였다. 12살 어린 소년은 자기가 가는 길을 알았을까? 독일군은 칼라브리타의 남자들을 카피언덕으로 행진토록 했다. 마을은 약탈되고 파괴됐다. 정오가 조금 지나자 녹색 섬광이 하늘을 뒤덮었다. 처형 개시를 알리는 신호였다. 독일군의 기관총은 불을 뿜었다. 사격이 끝난 시간은 2시 34분을 가리켰다. 498명이 학살됐다. 13명만이 학살 현장에서 살아남았다.

1967년 카피언덕에 '희생자의 장소'라는 뜻의 '토포스 티시아스Topis Thisias' 기념물이 세워졌다. 위패봉안소에서 그리스 정교회 신부와 함께 방문한 그리스인은 "해마다 12월 13일 추모식을 거행한다. 생존자와 그 가족들이 이 추모공원을 만들었다"고 말했다.

12월 13일, 그날은 일본군이 자행한 중국 난징대학살 추모식이 열리는 날이다. 어떻게 우연히도 같은 날 학살이 일어났을까. 그리스와 중국은 같은 날 추모식을 연다. 한 곳에서는 독일군에게, 또 다른 곳에선 일본군에게 희생된 이들의 넋을 기린다.

카피언덕에서 제주 북촌리를 떠올렸다. 1949년 1월 북촌리에서도 주민들을 모두 초등학교 운동장으로 모이도록 명령하고 집들을 방화했다. 운동장에서는 학살할 대상자들을 분리해냈고, 인근 밭으로 끌고 가 학살했다. 추모공원을 나와 기념관으로 무거운 발걸음을 옮겼다.

'칼라브리타 홀로코스트 기념관'은 애초 초등학교 건물이었다. 당시 독일군에 의해 여자와 어린이들, 노인들이 갇혔던 학교 건물은 1986년 정부가 사적지로 지정했고 2005년 1월 9일 '칼라브리타 홀로코스트 기념관'으로 문

조각가 니코스 디모풀로스의 '전쟁은 이제 그만'이라는 제목의 조각상. 칼라브리타 홀로코스트 기념관인 옛 칼라브리타 초등학교 마당에 설치돼 있다.

을 열어 학살의 역사를 후세대들에게 가르치고 있다. 기념관 정문은 노천카페, 식당과 연결돼 있다. 점심을 먹는 주민들과 관광객들이 있었다.

기념관 안에는 학교 건물 사진과 독일군의 명령서 등이 전시돼 있다. 학교 앞에서 찍은 학생들의 사진 설명에는 '당시 독일군에 학살됐다'고 적혀 있다. 불에 탄 칼라브리타 마을 사진, 독일군 기관총과 철모도 있다. 모니터에서는 생존자들의 증언이 계속 흘러나온다. 기념관에는 희생자들의 얼굴 사진이 벽면 가득하게 전시돼 있다. 가만히 서서 그들의 얼굴 사진을 쳐다본다. 해맑게 웃는 얼굴들. 그들은 무슨 말을 하고 있을까. '전쟁 반대', '평화'라고 외치고 있을까.

박물관 뜰에 있는 '전쟁은 이제 그만'이라는 제목의 동상이 눈에 들어왔다. 아이들이 어머니에게 매달리고, 어머니는 죽은 남편을 끌며 울부짖는 모습이다. 마음을 아리게 하는 동상의 모습은 중국 난징대학살 기념관 앞에 비탄에 빠진 모습으로 길게 서 있는 동상들을 떠올리게 했다.

칼라브리타는 독일군에 의해 한꺼번에 마을의 남자들이 집단학살된 '무남촌'이다. 마치 4·3 당시 조천면 북촌리, 표선면 토산리가 '무남촌'이 됐듯이. 6년의 시차만 있을 뿐, 시기와 희생자수도 비슷하다. 갔던 길을 되돌아가는 시간, 칼라브리타와 북촌리가 또다시 포개지고 겹쳐졌다.

3. 마크로니소스 섬과 4·3 '수형인들'

> 카테리니행 기차는 8시에 떠나가네/11월은 내게 영원히 기억 속에 남으리/내 기억 속에 남으리….

'기차는 8시에 떠나네'를 작곡한 세계적인 작곡가 미키스 테오도라키스.[주1] 애잔하고 비장감 어린 이 노래의 선율은 그리스의 우울한 색채를 드러내는 듯하다. 그는 2004년 여름 그리스 언론 『엘레프테로티피아Eleftherotypia』와의 인터뷰에서 "지금도 마크로니소스를 생각하면 여전히 등줄기에 식은 땀이 흐른다"고 토로했다. 그는 독일군 점령 시기인 1943년 청년 게릴라민족인민해방군로 활동했고, 군부독재 기간인 이른바 '대령들의 정권1967~1974' 시기까지 투옥과 석방, 망명생활을 거듭했다. 그리스의 악명 높은 정치범수용소에 수용됐던 '행동하는 저항음악가'이기도 하다.

그리스 내전 시기 체포된 그는 에게해의 이카리아 섬으로 추방된 뒤 마크로니소스 섬으로 이송됐다. 그러나 그에게 마크로니소스 섬은 '악몽의 섬'이었다. 그곳에서 그는 심하게 고문당했고, 2차례나 생매장당할 뻔했다. 척추가 부러지고 턱이 탈구돼 아테네의 군병원으로 후송됐다가 어느 정도 상태가 호전되자 다시 마크로니소스로 되돌아왔다. 또다시 이어진 고문 속에,

그리스 아티카 반도의 끝 수니온 곶에 있는 포세이돈 신전. 이곳에서 정치범수용소로 사용했던 마크로니소스 섬이 보인다.

1949년 8월 민족인민해방군의 후신인 '그리스 민주군대'의 패배 이후 부친의 도움으로 가까스로 석방됐다. 이후 10여 년 동안 잠을 자다가 한밤중에 식은땀과 공포로 옷이 흠뻑 젖어 깨어나곤 했다고 말했다.

얼마나 고통스럽고 공포스러웠길래 긴 세월동안 그곳에서의 기억이 지워질 수 없었던 걸까?

그가 수용됐던 에게해의 마크로니소스 섬은 아티카 지방의 해안 가까운 곳에 있다. 그리스를 방문하기 전부터 그곳에 가고 싶었다. 아테네의 니키스거리에 있는 한 여행사를 찾았다. 여행사 앞 나무의자에 걸터앉아 관광객을 호객하는 이 여행사 직원에게 물었다. 다가가자 부채를 부치던 그가 환하게 웃으며 일어났다.

"마크로니소스 섬으로 가는 여행상품은 없나요?"

갑자기 그의 안색이 변했다.

"어디라고 했어요?"

"마크로니소스!"

갑자기 그가 결박당한 자처럼 양손이 묶인 채 뒤뚱거리는 시늉을 하면서 말한다.

"마크로니소스는 이런 곳이에요. 왜 거기 가려고 해요?"

되레 이상하다는 듯한 투다.

"그곳에 가는 여행상품은 없어요. 사람이 살지 않는 곳이에요."

다른 곳에 가서 알아보라며 사무실 안으로 휑하니 들어가 버렸다. 몇 곳의 여행사를 들러봤다. 그곳에 가는 배편은 없었다. 지도를 보니 수니오Sunio 곶에 가면 마크로니소스 섬을 볼 수 있을 것 같았다.

버스X95 종점 부근에서 서성이며 버스를 기다렸다. 배낭을 맨 나이든 사람이 서 있었다.

"여기서 수니오행 버스 타는 게 맞나요?"

맞다는 듯 고개를 끄덕이지만 무뚝뚝하다. 다시 40대 후반 또는 50대 초반은 되어 보이는 아주머니에게 물었다. 친절했다.

"이 버스를 타고 종점에서 내리면 수니오에 도착합니다."

"몇 시간이나 걸려요? 마지막 버스가 몇 시에 있죠?"

잇따라 질문을 던졌는데도 친절하게 또박또박 답변을 해줬다.

그리스와 제주의 운명이 그래서 닮았던 걸까? 그리스도 제주도처럼 빼어난 절경지나 유명한 관광지는 역사적 상흔을 안고 있다. 아테네에서 사로니코스만을 따라 수니오로 가는 길에 협죽도, 소철, 측백나무가 곳곳에 보였다. 개인주택 정원에는 용설란도 보였다. 와싱토니아 야자는 제주도에 있는 것처럼 가늘고 길쭉하다. 제주도에서 쉽게 볼 수 있는 나무들이어서 낯설지 않았다. 데켐브리아나 이후 민족해방전선 · 민족인민해방군과 그리스 정부가 바르키자협정을 체결했던 바르키자 마을도 지났다. 이 협정은 정부와 우파단체에 의한 백색테러의 길을 여는 계기가 됐고, 그리스 내전의 도화선이 됐다. 해수욕장이 끝없이 이어진다. 급경사면을 깎고 개설된 도로는 아슬아슬하다.

멀리서 바닷가 쪽으로 툭 튀어나온 곳에 우뚝 솟은 신전이 보였다. 버스로 2시간 걸려 아티카 반도의 끝 수니오 곶에 도착했다. 고대 그리스인들이

악명 높았던 마크로니소스 섬의 정치범수용수 건물의 흔적이 보인다. 좌파나 좌파 혐의자들로 지목된 그리스인들은 이곳에서 가혹한 고문에 시달렸다.

바다의 신 포세이돈에게 봉헌하기 위해 만들었다는 포세이돈 신전을 잠깐 들렀다.

바람이 거세다. 이런 곳에 어떻게 거대 신전을 만들었을까? 복원공사가 한창이었다. 신전을 찬찬히 둘러보는데 관광객들이 여기저기서 신전을 배경으로 사진을 찍는다. 지도를 꺼내놓고 멀리 보이는 섬이 마크로니소스가 아닐까 추측했다.

신전에서 나와 수니오 곳에 있는 카페를 찾아 종업원에게 물었다. 신전을 구경하는 사람보다 바닷가를 배경으로 카페에서 차를 마시거나 식사를 하는 사람들이 더 많다. 무뚝뚝하게 보이는 종업원이 메뉴판을 들고오자 "마크로니소스 섬이 어디 있느냐"고 물었다.

그 종업원, "저게 마크로니소스 섬이요"라고 퉁명스럽게 말한다.

아, 바로 그 섬. 그리스에서 가장 악명 높았다는 정치범수용소가 눈 앞에 있다. 카페에서 일어나 마크로니소스를 가깝게 보려고 절벽 위까지 갔다. 멀리 무인도처럼 보이는 섬이다. 칙칙한 색채다. 카메라를 들이대니 그 섬 안의 건물들이 희미하게나마 보였다. 마크로니소스는 남북 길이 10㎞, 동서 너비 500m인 긴 섬이다.

1947년 2월 19일, 막시모스 정부는 마크로니소스 섬, 야로스 섬(기우라 섬), 트리케리 섬 등 3곳에 정치범수용소를 설치했다. 내전이 한창이던 1947년 한 해에만 1만 명 이상의 좌익 혐의자와 공산주의자들을 체포해 본토는 물론 섬 지역의 수용소에 수감했다. 마크로니소스 섬 수용소는 정치범수용소 가운데 가장 악명 높았던 섬이다. 이곳은 수감자들에 대한 '계몽과 교육을 통한 갱생'을 목적으로 설치됐지만 많은 수감자들이 고문과 노동에 시달린 끝에 죽어나갔다. 섬에 수용된 정치범들은 날마다 고문과 폭행에 시달리고 반성문 작성을 강요당했으며, 공산주의를 공개비판하는 전향선언문을 작성해야 했다. 일부 수감자들은 동료 수감자들을 폭행하도록 하는 고문을 강요받기도 했다. 내전 이후 많은 그리스의 문학은 마크로니소스 섬에서 나왔는데, 이곳에 수용됐던 야니스 리초스Yiannis Ritsos, 아리스 알렉산드루Aris Alexandrou, 타소스 레이바디티스Tasos Leivaditis, 티토스 파트리키오스Titos Patrikios, 미키스 테오도라키스 등은 머릿속에 기억으로 시를 남기거나 깨알 같은 글씨로 종이에 써 병 같은 것에 숨기는 등 문학과 예술에의 열정을 놓지 않았다.[주2] 마크로니소스 섬에 수용됐던 그리스인들은 가혹했던 나치 독일의 점령에서 벗어나면 희망의 빛을 볼 수 있을 것이라고 생각했었으리라.

나뭇가지가 흔들릴 정도로 바람이 거센 수니오 곶에서 마크로니소스를 바라보았다. 신념이란 무엇인가? 아니면 아무것도 모른 채 어느 날 '빨갱이'로 둔갑돼 저곳까지 가게 된 것일까? 그들은 나치 점령 당시 동료들을 고문하고 학살한 친독협력자들이 해방 이후 아테네 거리를 활보하는 것을 인정하기 어려웠으리라. 섬에서 고문당하고 강제노동에 시달리던 그리스인들은 포세이돈 신전을 바라보며 무슨 생각을 했을까? 그들은 신의 존재를 믿었을까?

제주4·3 시기 살기 위해 산으로 피신했다가 귀순하거나 체포된 제주도민들은 가혹한 고문을 받은 끝에 공산주의자로 둔갑됐다. 적법한 절차도 거치지 않은 채 육지 형무소로 끌려갔다. 그들은 어디로 가는지도 몰랐다. 그렇게 다른 지방 형무소로 간 제주도민은 2,500여 명 이상이다.

지금은 고인이 된 어떤 이는 4·3 당시 자신이 살던 중산간 마을이 소개되자 1948년 11월 해안마을로 내려왔다. 그는 그곳에서 불순분자를 색출한다는 명목으로 우익 청년단원들이 지목한 소개민들이 학살당하는 것을 보고 1949년 1월 가족들을 데리고 산속으로 들어갔다. 피난생활을 하다 같은 해 4월 '귀순'했다. 군법회의에서 징역 15년형을 선고받았다. 해안마을이 불타는 것을 봤다는 게 이유였다. 하지만 자신이 무슨 죄를 지었는지, 형은 얼마나 받았는지를 몰랐다. 말해주는 사람이 없었다. 같이 끌려간 사람들도 마찬가지였다. 형무소에 도착하고서도 보름이나 지난 뒤에야 15년형을 받았다는 사실을 알게 됐다. 일제 강점기 때 강제징병 돼 일본에서 미군의 공습을 피해 구사일생으로 살아나 고향에 돌아왔지만, 이번에는 피난생활을 하다 '빨갱이'로 둔갑한 것이었다. 그는 형무소에서 옆에서 동료가 죽어도 간수에게 얘기하지 않았다. 굶주림을 피하기 위해 그 사람에게 배급될 식사라도 더 받아내려고 그렇게 했다고 한다.

많은 제주도민들이 육지 형무소로 끌려갔지만, 고향에서는 살았는지 죽었는지 알 수 없었다. 그러다 한국전쟁이 발발하면서 예비검속 명목으로 집단처형됐다. 그 속에서 천운으로 살아난 사람들은 고향으로 되돌아왔다. 이들을 '무덤에서 살아난 4·3 수형인들'이라고 한다. 4·3 당시 육지 형무소들은 한국의 마크로니소스 섬이었다. 마크로니소스 섬에서 그리스의 이른바 '정치범'이 강제노동과 고문을 당하고 죽어간 그 시간, 우리나라의 육지 형무소에 수감된 '4·3 수형인'들도 비슷한 경로를 밟았다.

4. 신화의 나라 저항의 나라

파르테논 신전이 아침 햇살을 받으며 눈앞에 펼쳐졌다. 신과 인간의 경계, 프로필레아를 통해 파르테논 신전이 있는 아크로폴리스에 들어갔다. 아크로폴리스는 군사적 요새일 뿐 아니라 그리스인들의 원초적 고향이자 정치·종교의 중심지였다. 아크로폴리스 아래로는 인간의 세상, 아테네 시내가 한눈에 들어온다.

아테네를 수호하는 신이자 지혜의 여신인 아테나를 모신 파르테논 신전은 복원공사가 한창이었다. 신전 안에는 대형 크레인이 설치돼 있고, 아크로폴리스 언덕과 파르테논 신전에서는 노동자들이 기둥을 보수하거나 돌을 깎는 등 복원공사를 하느라 바쁜 모습이었다. 한쪽에서는 복원 전문가들

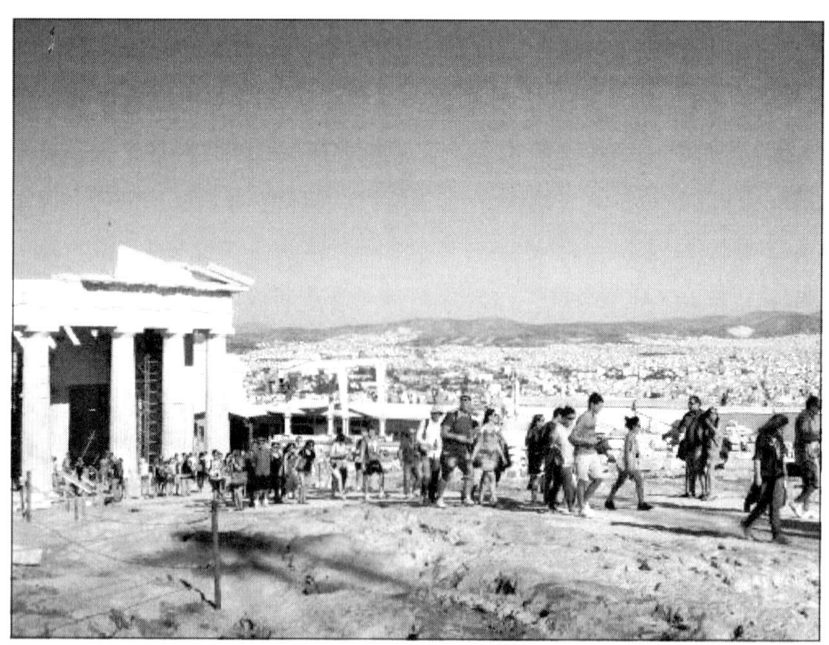

이른 아침부터 파르테논 신전을 보려는 전 세계 관광객들이 줄을 잇는다.

로 보이는 듯한 사람들이 도면을 펼쳐놓고 이야기를 나누고 있다. 고대부터 현대에 이르기까지 아테네를 방문하는 사람들은 한 번쯤 들렀던 아크로폴리스는 무수한 사람들의 발길 탓인지 돌들이 반질반질할 정도로 윤기를 띠었다.

오전 9시 30분이 되자 관광객들이 서서히 밀려들기 시작했다. 파르테논 신전 앞에 그리스 국기가 펄럭였다. 아테네의 어디에서나 보인다. 아테네에서는 높은 지점마다 국기를 걸어놓는 듯하다. 국기게양대는 역사가 깊다. 점령 시기 독일군들도 이곳에 올랐다. 그들도 파르테논 신전만큼은 건드리지 않았다. 그들은 그리스 국기가 걸렸던 그 자리에 나치 독일기를 내걸었다. 그리스의 상징 아크로폴리스에 기를 내걸면 그것 자체가 주는 상징성이 크다고 생각했으리라.

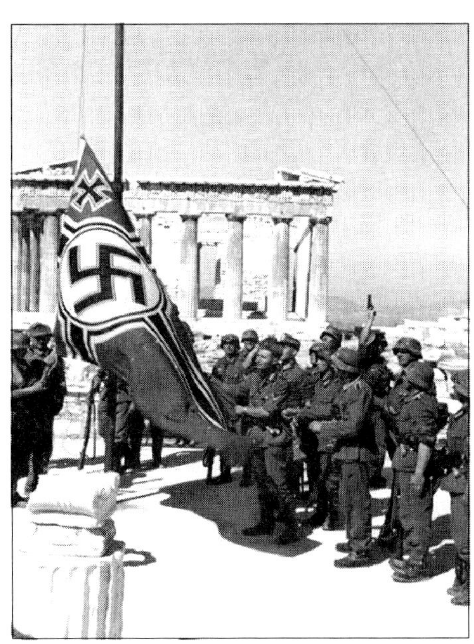

1941년 5월 독일군이 파르테논 신전 앞에 있는 국기게양대에서 나치 독일기를 게양하고 있다. 위키피디아

1941년 5월 30일 새벽, 20살 청년 마놀리스 글레조스Manolis Glezos와 아포스톨로스 산타스Apostolos Santas가 아크로폴리스 절벽을 기어올랐다. 아크로폴리스에 오른 이들은 독일군의 눈을 피해 그곳에 나부끼는 독일기를 끌어내렸다. 기를 떼어낸 그들은 순식간에 사라졌다. 이는 나치 독일의 아테네 진주 이후 벌어진 최초의 저항운동으로 기록됐다. 이들의 행위는 그리스 전역에 삽시간에 퍼졌고, 그리스인들을 고무시켰다.

그러나 글레조스와 산타스는 점령 시기는 물론 해방 이후에도 조국으로부터 박해를 받았다. 일제 강점기 일제에 저항했던 사회주의 운동가들이 해방 이후 이 땅에서 인정을 받지 못한 채 서슬 퍼런 반공의 사슬 아래 박해를 받았던 것과 유사하다.

그들의 이력을 보자. 아크로폴리스 위의 나치 독일기가 훼손되자 독일군 점령 당국은 분노했다. 그들을 체포하지 못한 독일군은 궐석재판을 열고 그들에게 사형을 선고했다.

글레조스는 이듬해인 1942년 3월 24일 독일군에 체포돼 고문을 당하고 투옥됐다가 결핵으로 석방됐다. 그러나 이탈리아 점령군에 1943년 4월 21일 체포돼 3개월 투옥생활을 했다. 1944년 2월 7일 또다시 체포됐다. 이번에는 나치 부역자들에게 체포돼 9월 21일 탈출할 때까지 7개월 넘게 투옥생활을 견뎌내야 했다.

그러나 그의 시련은 계속됐다. 2차 세계대전이 독일의 패배로 끝나고 철수한 시기, 희망으로 가득찰 것 같았던 그리스 사회는 혼란에 빠졌다. 강대국의 개입과 독일군에 협력했던 친독협력자들이 애국자로 변해 그리스 사회를 장악했다. 점령 시기 독일군에 맞서 무장저항투쟁을 전개했던 좌파는 망명에서 돌아온 정부와 극우단체의 백색테러에 속수무책이었다.

백색테러는 주민들을 좌파로 내몰았다. '탄압이면 항쟁이다'라는 4·3 무장투쟁의 구호처럼, 1946년이 되자 좌파는 본격적인 게릴라전을 전개하면서 내전의 길로 나아갔다. 그리스 내전이 한창이던 1948년 3월 글레조스는 좌파적 정치신념을 갖고 있다는 이유로 재판을 받고 우파 정부에 의해 사형선고를 받았다. 두 번째 사형선고였다. 한번은 저항행위로 독일군에 의해, 또 한 번은 좌파라는 이유로 정부에 의해. 국제적인 비난 여론 때문에 정부는 사형을 집행하지 못했다. 정부의 공산주의자 또는 공산주의 혐의자 등에 대한 박해는 무차별적이었다.

글레조스는 1950년에는 사형에서 종신형으로 감형됐다. 투옥 중이던 1951년 그는 통일민주좌파EDA 소속 국회의원에 선출됐다. 그 뒤 투옥되거나 섬으로 유배된 통일민주좌파 소속 국회의원들의 석방을 요구하며 단식농성을 벌여 7명을 석방하는 데 견인차 구실을 했다. 그는 1954년 7월 석방됐다. 1950년대에는 그리스공산당 기관지 『리조스파스티스』의 편집장을 지냈다. 1958년 12월에는 간첩 혐의로 체포됐다. 국내외의 비난 여론으로 그리스 정부는 그를 1962년 12월 석방할 수밖에 없었다. 두번째 투옥중인 1961년에도 국회의원에 출마해 통일민주좌파 소속 국회의원으로 당선됐다.

그리스군 대령들이 쿠데타를 일으킨 1967년 4월 21일 그는 정치지도자들과 함께 체포됐다. 게오르기오스 파파도풀로스Georgios Papadopoulos 대령이 이끄는 군부독재 정권인 '대령들의 정권' 시기에 그는 4년의 투옥과 유배생활 끝에 1971년 석방됐다. 글레조스가 정치적 박해로 투옥된 기간은 2차 세계대전부터 그리스 내전과 '대령들의 정권' 시기까지 전체 11년 4개월, 유형기간은 4년 6개월에 이른다.

1974년 군부독재 정권이 무너진 뒤 그는 통일민주좌파의 부활운동에 참여했으며, 1981년과 1985년에는 범그리스사회주의운동PASOK 소속으로 국회의원에 당선됐다. 1984년에는 유럽의회 의원을 지냈다. 그 이후에도 그는 풀뿌리 민주주의 운동을 전개하는 등 일생을 민주주의를 위해 헌신했다. 긴 세월 그는 점령에 맞섰고, 민주주의를 위해 헌신해왔다.[주3]

파르테논 신전 앞 나치 독일기를 게양했던 곳에 그리스 국기가 나부끼고 있었다. 바람에 휘날리는 그리스 국기를 보며 70여 년 전 그들의 영웅적 행위와 정부와 극우단체들에 의한 박해를 생각한다. 그들이 사랑한 그리스는 어떠한 국가였을까? 4 · 3 때도 얼마나 많은 제주도민들이 극우단체에 희생됐는가?

그런 전설적인 저항의 상징인 그가 살아있다니! 2012년 2월 영국 언론 『옵서버*Observer*』지가 글레조스와 인터뷰한 내용이 보도됐다. 전설적인 저항의 상징, 그가 살아있다니!

그리스가 파산의 상태에 놓인 상황에서 그는 또다시 저항의 정신을 말하기 위해 대중 앞에 섰다. 신문에 나온 사진으로 본 그의 모습은 여전히 20대의 열정이 살아 숨 쉬는 듯했다. "부패한 체제를 뒤집어야 한다. 우리는 오로지 돈을 섬기는 (독일 등 유럽) 정부들에 의해 강요된 긴축정책의 실험대상이 되고 있다. 그리스가 나치 독일의 점령 이래 이토록 위기였던 적은 없다." 대중 앞에 선 그의 모습에서 그리스인들의 저항정신이 묻어났다. 2011년 11월에는 『시엔엔CNN』과의 인터뷰에서 "독일은 전쟁 이후 지금까지 그리스에 빚을 지고 있다"고 목소리를 높이기도 했다.

또 다른 저항의 주인공 산타스. 글레조스와 같은 나이인 그는 아테네대학 법학부 출신이다. 그는 1942년 독일 점령 당국에 맞서 무장저항운동을 주도한 민족해방전선에 합류했다. 1년 뒤에는 민족인민해방군의 전사로 중부 그리스에서 추축국에 맞서 여러 차례 전투에 참가했다. 하지만 해방 이후 그의 삶도 글레조스와 비슷한 굴곡을 겪었다.

내전 시기 좌파 저항운동을 했던 많은 이들이 정부와 극우단체에 의해 박해를 받은 것처럼 그도 예외가 아니었다. 그는 1946년 에게해 이카리아 섬으로 유형에 처해진 뒤 1947년에는 피래우스 해안 사로니코스만의 프시탈레아Psyttaleia 섬으로 이송돼 유형생활을 계속했다. 이어 1948년에는 그리스의 정치범수용소 가운데 가장 악명 높은 마크로니소스 섬으로 옮겨졌다. 그는 가까스로 이탈리아로 탈출했고, 그곳에서 캐나다로 정치적 망명을 떠났다. 1962년까지 캐나다에서 살았던 그는 그리스로 돌아와 2011년 4월 세상을 떠날 때까지 아테네에 살았다.[주4]

그리스는 보는 위치, 시각에 따라 여러 가지 색깔을 입는다. 산을 이야기할 때면 '산의 나라'가 되고, 섬을 이야기할 때는 '섬의 나라'가 된다. 아크로폴리스에 오르면 '신화의 나라'가 된다. 글레조스와 산토스의 저항행위도 신화가 됐다. 이들의 저항정신은 여전히 숨 쉬고 있는 걸까?

파르테논 신전을 한 바퀴 돌고 왔던 길로 나서려 하자 신전 앞에는 단체

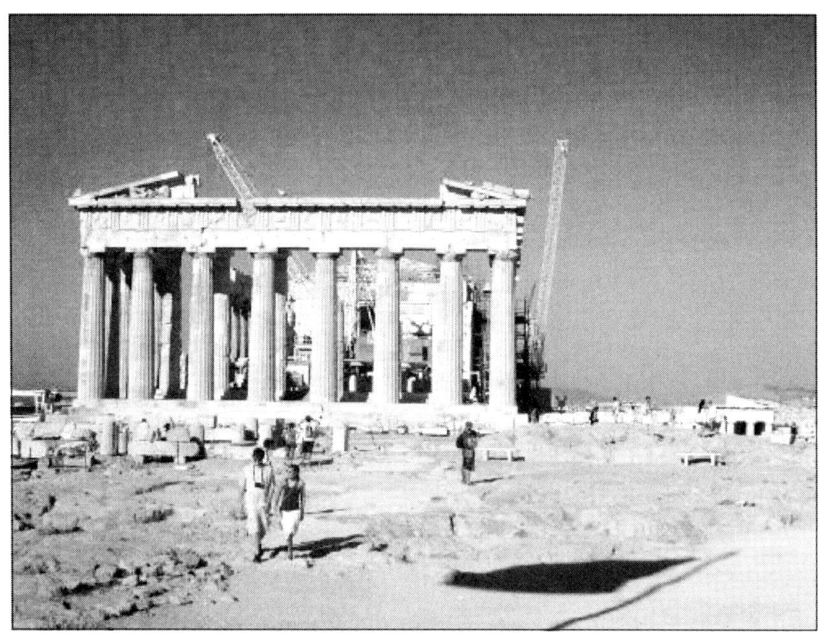

그리스의 상징 아크로폴리스 위에 게양된 그리스 국기의 그림자가 드리워져 있다. 마놀리스 글레조스와 아포스톨로스 산토스는 이곳에 걸린 나치 독일기를 끌어내리기 위해 아크로폴리스 절벽을 기어올랐다.

관광객들로 붐비기 시작했다. 여기저기서 헤드마이크를 낀 관광안내원들이 목소리를 높여 파르테논의 영광을 설명하고 있는 진풍경이 연출됐다. 영어가 나오고 프랑스어, 독일어가 튀어나온다. 서로 잘 들리지 않자 목소리를 높이는 모습도 연출된다.

전 세계 관광객들이 유네스코 지정 세계문화유산 1호인 파르테논 신전을 보기 위해 몰려든다. 아크로폴리스에서 아테네를 내려다보면 세속적인 인간의 모습이 보인다. 수천 년 전 고대 그리스인들은 이곳에서 아테네를 내려다봤고, 지금도 내려다보고 있다. 신화 속에 살았던 그리스는 여전히 신화를 먹고 산다.

5. 저항과 비극의 서사, 스코페프티리오

1944년 4월 30일 아테네 근교 하이다리수용소에 수감된 그리스인들은 자신들의 마지막 순간을 직감했다. 독일군 수용소장 카를 피셔Karl Fischer는 수감자들에게 다른 수용소로 옮길 것이라며 소지품을 챙기도록 명령했다. 처형될 것이라는 소문이 수용소 안에 이미 퍼져 있었다. 독일군 장군 프란츠 크레흐Franz Krech와 3명의 장교가 펠로폰네소스 라코니아 몰라오이에서 민족인민해방군 전사들에게 살해된 데 대한 보복이 있을 것이라는 말이 떠돌았기 때문이었다.

5월 1일 오전, 아침식사가 끝나자 피셔는 보복조처로 처형될 200명의 수감자 명단을 읽어 내려갔다. 이들은 기타와 바이올린을 켜며 눈시울을 붉히는 수감자들과 생애 마지막 작별인사를 나눴다. 트럭에 실리기 직전 그들은 나치 앞에서 그리스 국가 '자유를 향한 찬가'를 부르기 시작했다. 연장자들이 먼저 부르자 젊은이들이 뒤따랐다. 수감자들은 흐느꼈다. 독일군은 노래를 중단시키지 못했다. 이윽고 이들은 트럭에 실려 케사리아니의 스코페프티리오로 끌려갔다. 그곳에서 그들은 스러져갔다.

1944년 6월 16일에는 10명의 게릴라들이 친독협력부대와 독일군에 체포돼 이곳에서 처형됐다.[주5]

또 한 사람의 희생자, 니콜라스 글레조스. 그는 자신의 죽음을 직감했는지 어머니에게 보내는 이 세상 마지막 글을 모자에 적어놓았다. 그리고는 스코페프티리오로 이송되는 도중에 그것을 떨어뜨렸다. 나중에 혹시라도 누가 보면 알 수 있도록 하기 위해. 마치 한국전쟁 당시 예비검속돼 제주 모슬포의 절간고구마창고에 수감됐다가 트럭에 실려 섯알오름으로 끌려가던 주민이 신발을 떨어뜨려 자신의 죽음 소식을 알렸던 것처럼.

모자를 떨어뜨렸던 그는 아크로폴리스 위에 나부끼는 나치 독일기를 끌어내렸던 마놀리스 글레조스의 형이다. 스코페프티리오에서는 1942년 13명

그리스 케사리아니 스코페프티리오 공원 안에 독일군 점령 당시 저항활동을 하다 이곳에서 처형된 그리스인들의 이름과 희생일자가 적혀 있는 각명비가 서 있다.

의 게릴라들이 총살된 것을 시작으로 1943년에는 147명이, 1944년에는 440명이 총살됐다.[주6]

나치는 독일군 병사 1명이 죽으면 그리스인 50명을, 1명이 부상을 입으면 10명을 총살에 처하겠다는 포고령을 내릴 정도로 그리스인들의 저항활동에 가혹하게 대응했다. 그만큼 그리스인들의 저항활동을 두려워했던 반증이기도 했다.

스코페프티리오 공원은 케사리아니시에 있다. 그리스 문화부는 1984년 저항과 비극의 역사가 담긴 스코페프티리오 공원 44만 5,165㎡를 사적지로 지정했다. 아테네 신타그마 광장역에서 지하철을 타고 에반겔리스모스역에서 내려 224번 버스로 갈아탔다.

20여 분을 가자 운전기사가 '케사리아니!' 하면서 내려 똑바로 가라는 손짓을 한다. 200여 m 정도 걸어가니 공원이 나타났다. 사람들은 거의 보이지 않았다. 공원 벤치에 앉아 있는 청년에게 스코페프티리오의 사진을 보여주며 "여기를 아느냐"고 하자 바로 이곳이라고 한다. 가로수 길을 따라 들어가다 보니 왼쪽에 사진에서 봤던 장소가 나타났다. 철문이 잠겨있다. 철문

안에는 각명비처럼 수백여 명의 희생자 이름과 날짜가 적힌 검은 색 비석이 보였지만 물어볼 사람이 없었다. 2개의 황금색 동으로 만든 직사각형 모양의 기둥도 눈에 들어왔다.

설명문이 없어 아쉬움을 뒤로하고 나오다 우연히 케사리아니 출신 드미트리를 만났다. 가로수로 심어진 감귤나무 사진을 찍고 있는 내게 다가와 묻는다. 감귤 이야기를 하다가 자연스럽게 케사리아니에 온 이유를 설명하게 됐다.

"점령이나 내전시기 기념물을 찾아 스코페프티리오까지 왔는데 문이 닫혀서 시내로 돌아가는 중이에요."

그가 씩 웃는다. "따라와요. 같이 갑시다!" 30여 년 동안 관광가이드를 했다고 한다. '여기서 이런 사람도 만나네'하는 생각에 같이 웃으며 스코페프티리오로 갔다. 비석과 기념물이 있는 철문 안쪽을 바라보며 그가 말했다. "사실 이 공간은 처형장이 아니라 게릴라들을 수용했던 공간이지요. 그런데 이곳에서 기념행사를 하기 위해 기념물을 만들었어요."

저항의 전사들을 수용했던 장소와 총살장소는 훼손될 우려가 있어 케사리아니시로 연락해야 개방된다고 한다.

스코페프티리오 기념물 전경. 황금색 동으로 만든 곳이 각명비가 설치된 곳이며, 오른쪽이 그리스인들이 처형된 장소다.

그가 기념물 뒤쪽 울타리가 있는 곳으로 걸어가며 "이 공간을 아느냐"고 말을 건넸다. "여기가 바로 처형장으로 사용된 곳이지요. 사실 그리스인들의 저항활동은 케사리아니에서 시작됐어요." 말을 마치자 큰 키의 그가 울타리를 짚고 훌쩍 뛰어 안으로 들어갔다. 그를 따라 넘었다. 마치 설명을 준비했던 것처럼 그가 자세하게 설명을 이어나갔다.

"이곳이 처형장이었던 곳이지요. 여기 직사각형 모양의 콘크리트 구조물이 바로 독일군이 기관총을 거치해 발사했던 장소입니다. 당시의 모습 그대로입니다."

기관총 거치대로 사용됐던 앞 쪽에는 울타리 벽을 뒤로 하고 나무들이 가지런히 서 있다.

"수용소가 있던 왼쪽에 좁은 회랑이 보이죠? 독일군은 게릴라들을 저쪽으로 끌고 와 앞에 보이는 나무가 있는 곳쯤에 세워놓고 총살했습니다. 기념물이 설치된 장소와 이곳은 서로 연결된 곳이죠. 저 회랑을 통해서 걸어왔을 그들을 한번 생각해보세요."

그 장면을 떠올려본다. 밝은 대낮이지만 높은 담으로 둘러싸여 침침하게 보이는 회랑을 걸어 나오면서 그들은 무슨 생각을 했을까? 조국 그리스를 생각하면서 자랑스럽게 죽어갔을까? 아니면 고향의 부모 형제 자식들을 생각하고 그리며 죽어갔을까? 독일군이 뿜어댄 기관총의 불빛은 그리스인들을 관통하고 무수히 벽에 처박혔으리.

게릴라들이 서 있던 곳에는 조그만 시멘트 위에 글이 쓰여 있다.

> 인민과 순교자를 위하여, 1942~1944년. 모든 이들을 영원히 기억하기 위해서.

한참을 그곳에서 설명을 듣고 서성이다 나왔다. 초등학생 시절에는 삼촌들과 함께 사냥을 올 정도로 스코페프티리오 주변에 집들이 없었다고 한다. 하지만 지금은 주변에 높은 건물들이 들어서 있다. 그만큼 시대가 변한 걸까.

독일군이 그리스의 '저항의 전사'들을 처형한 장소다. 앞에 보이는 직사각형 모양의 콘크리트 구조물 5개가 기관총이 거치됐던 곳이고, 나무가 서 있는 곳에서 그리스인들이 희생됐다.

그가 케사리아니를 소개시켜주겠다며 길을 나섰다.

"우리는 사실 스미르나에서 왔어요. 할아버지 할머니가 스미르나에서 이주한 이주민이죠."

"그럼 1922년 '소아시아 파국'일 때 케사리아니로 왔다는 말입니까? 주민 교환이 벌어질 때 이곳으로 왔군요!"

"어떻게 그런 역사를 아세요?"

그가 놀란 시늉을 하며 웃었다.

케사리아니는 1922년 이른바 '소아시아 재앙' 당시 터키의 스미르나에서 건너온 그리스인 난민들이 거주했던 난민수용소가 있던 곳이다.

'대그리스주의'를 표방했던 그리스가 터키와의 전쟁에서 패배함에 따라 이뤄진 인구의 강제 교환은 그리스의 정치, 경제, 사회 전반에 격변을 몰고 왔으며 '민족분열'의 기원이 됐다. 스미르나에서 상업활동과 전문직종에 종사했던 그리스인들은 '소아시아 재앙' 이후 그리스로 돌아와 핍박과 차별 속에 보내야 했다.

오전 숙소에서 그리스 국영방송 『에르트EPT』를 켜자 '소아시아 파국' 90주년 기념 특집기획물이 방송되고, 국립역사박물관에서는 특별전을 할 정도로 이 사건은 관심사였다. "조부모님에 대한 얘기를 해 달라"는 말에 "아주 긴 얘기예요. 아주 길어요"라며 말을 다른 곳으로 돌렸다. "사실 아까 케사리아니에서 게릴라 활동이 시작됐다고 했는데 곳곳에 그런 기념물이 남아 있어요."

그가 케사리아니 시내 길가로 나서자 낡은 이층집들이 눈에 들어왔다. 외벽은 너덜너덜하고 이층에는 유리창 대신 나무 창틀이 있는 집들이다.

"오래된 집으로 보이죠? 대부분 1920년대에 지어진 집들입니다."

난민들을 수용하기 위해 지어진 집들이다.

그의 말처럼, 점령 시기 게릴라 활동의 전설적 지도자 아리스 벨루키오티스는 이곳에서 처음으로 저항단체를 조직했다. 그와 함께 나중에 최후를 같이한 마놀리스 차포스는 케사리아니 출신이다. 그가 길가 키오스크 옆의 허름한 이층집 앞으로 갔다. 조그만 동판이 벽에 붙어있다. "무슨 뜻이냐"고 물었다. 그의 태도가 진지하다. '1944년 8월 18일 죽어간 카람팔리키스와 무명의 동지를 위하여, 그리고 국가와 자유를 위하여'라는 뜻이란다. 아테네에서 독일군이 철수하기 직전에 학살이 있었던 장소다.

해방 이후 케사리아니의 역사는 더욱 슬프다.

1944년 12월 민족해방전선 · 민족인민해방군 대 정부군 · 영국군이 전투를 벌였던 시기 케사리아니의 대다수 주민들은 민족인민해방군에 가담했다. 영국군과 정부군은 무차별적으로 박격포와 기관총을 쏘며 케사리아니를 포격했다. 전투가 끝난 뒤 영국군과 정부군은 '점령군'으로 케사리아니에 진주하고, 이들은 점령 시기 게릴라들이 처형당했던 스코페프티리오에서 사격연습을 해 시민들을 분노하게 만들었다. 이에 항의하다 많은 사상자가 발생했고, 마크로니소스 섬으로 유배되거나 투옥됐다. 케사리아니는 정부에 의해 '요주의 지역'으로 찍혀 감시하에 놓였다.

이번에는 그가 바로 옆의 조그마한 광장으로 안내한다. "독일군 점령 당시 학살 기념물은 그리스 어디에서든지 볼 수 있어요. 그리스 전체가 독일군의 커다란 피해를 봤으니까요. 그리고 그리스인들의 저항활동도 치열했으니까요." 그의 말이다.

광장의 한쪽 구석에 설치된 조형물을 가리키며 독일군의 점령에 저항한 그리스인들을 기념하는 기념물이라고 한다. 과거를 잊지 않기 위해 3인의 인물을 형상화한 조형물을 설치한 것이 와 닿았다.

케사리아니가 해방 이후 버림받았듯이, 4·3 이후 제주도는 '반역의 땅'이었고, '소외받은 땅'이었다. 많은 제주도민들이 연좌제의 그늘 아래 수십 년 동안 고통을 겪지 않았던가. 오죽하면, 5·16 군사쿠데타 이후 김영관 제주지사 조차 부임하면서 "4·3사건 이래로 10여 년 동안 정부 시책에서 버림받아 왔다는 것은 사실"이라고 말했을까. 케사리아니는 또 다른 '제주도'였다.

6. 기억하라, 죽음으로부터의 구원을

> 여기 잠시 멈춰 서서 눈을 감고 기억을 떠올려보라/ 여기저기서 평화와 신뢰 속에 모여 살던 사랑하는 이들이 체포돼 굴욕을 당하고, 우리의 문명을 수치스럽게 할 수용소로 추방돼 학살된 날들을 영원히 기억하라/ 유대인이라는 이유로, 600만 유대인들이 자유롭고 행복할 권리도, 희망을 이야기하고 웃고 기도할 권리도, 마침내 살아갈 권리도 거부됐느니/ 그들을 기억하라. 그들의 분노와 죽음을 기억하라. 공포로 뒷걸음질 치지 말라. 인간이 인간에게 저지른 비인도의 행위로 절망에 빠지지 말라/ 그저 기억하라. 기억한다는 것은 우리가 그들의 죽음을 기리는 것이리라. 망각 속에서 그들을 다시 죽음으로부터 구원하는 것이리니.

그리스 유대인박물관의 마지막 전시관 앞에 걸린 노벨평화상 수상자 엘리 위젤의 글이다. 그는 유대인 홀로코스트에서 극적으로 살아나 나치의 만행을 세계인에게 알려왔다. 그리스의 홀로코스트. 나치가 유럽 여러 나라에서 홀로코스트를 자행했지만, 국가별로 보면 그리스에서 일어난 홀로코스트 비율이 가장 높다.

유대인박물관은 아테네 니키스 거리에 있다. 에르무거리에서 니키스거리로 들어서 20여 분쯤 지나자 자그마한 간판에 유대인박물관이라고 쓰여 있는 박물관이 자리 잡고 있었다. 좁은 일방통행 도로 양 옆에는 승용차와 오토바이들이 주차돼 있다. 주변 도로변에는 싱싱하게 보이는 바나나와 청포도를 실은 노점상들이 보이고, 청소차량들도 바쁘게 움직였다. 콧수염을 양 옆으로 보기 좋게 기른 노인들은 작은 식당 앞에 모여 담소를 나누는 모습도 있다.

그런데 박물관의 정문과 매표소가 보이지 않았다. 마침 옆에 있는 작은 철문으로 들어가는 사람이 보였다.

"이곳이 입구가 맞아요?"

"그럼요. 먼저 들어가세요."

입구가 소박한 박물관이다.

유대인박물관은 1977년 그리스 유대인의 역사에 대한 각종 자료를 수집하고 보관하고 연구할 목적으로 만들어졌다. 박물관 팸플릿에는 수세기에 걸친 유대인들의 생활과 문화의 생생한 사진을 보여주는 것이 주목적이라고 한다. 하지만 전시물의 많은 부분은 나치 점령 시기 그리스 유대인 박해에 관한 내용으로 채워져 있다.

유대인의 그리스 정착을 보여주는 전시관들을 둘러보고, 홀로코스트와 관련된 전시관에 들어서니 음악이 엄숙하고 비장하다. 아우슈비츠 수용소에서 입었던 의복과 사진들, 서류와 신문자료들은 홀로코스트의 공포를 보여주었다. '죽음의 수용소'에 수용됐다가 해방돼 그리스로 돌아오는 모습도 전시돼 있다. 마지막 전시관은 생존자들의 증언으로 구성돼 있다.

전시관에는 1944년 6월 9일 코르푸 섬의 유대인 추방과 재산 압류를 담은 반유대주의 포고령, 1943년 10월 3일 아테네의 나치 및 경찰 최고사령관

유대인박물관에는 아우슈비츠에 수용됐던 유대인들이 입었던 의복과 '다윗의 별' 등이 전시돼 있다.

슈트루프 장군이 발행한 거주지 등록 및 제한 법률과 독일 점령 지역 유대인에 대한 명령, 점령 시기 테살로니키에서 발행한 강제 노동자격에 관한 지시, 1943년 3월 그리스 내 유력인사 30명의 서명대표로 나치의 그리스 유대인 박해와 추방에 항의했던 다마스키노스 대주교의 항의문 등도 전시돼 있다.

전시관의 설명문을 읽다보면 숨이 막힌다. 사진 한 장 한 장이, 자료 하나 하나가 모두 절망과 체념이라는 표현으로는 부족하다.

나치 독일의 그리스 유대인들에 대한 박해가 강화될수록 많은 그리스 정교회 신자들은 죽음을 무릅쓰고 유대인들을 보호하는 데 애썼다. 정교회 사원들은 나치의 손아귀에서 벗어나려는 유대인들, 특히 어린이들을 받아들이려고 문을 개방했고 이들을 적극적으로 숨겼다.

테살로니키의 대주교 겐나디오스Gennadios는 독일군이 '다윗의 별'을 유대인들에게 부착하게 하자 사제들을 통해 신자들에게 유대인을 차별하거나 경멸하는 일이 없도록 호소했다. 그는 또 테살로니키의 유대인 추방을 중지하도록 독일군 지도부에 호소하기도 했다. 볼로스의 주교 이오아킴Ioakim은 신자들에게 피신처를 조직해 유대인들을 구하고, 유대인들에게는 탈출하

2010년 5월 조성된 아테네 홀로코스트공원은 테시오역 부근에 있다. 부서진 '다윗의 별'을 상징으로 한 홀로코스트 기념물인 6개의 부서진 삼각형 조형물은 홀로코스트가 일어난 지역을 가리킨다.

도록 촉구했다. 박물관에는 이들 사제들의 유대인 구출을 위한 헌신적 노력이 담겨 있다.

그리스 정교회 수장인 다마스키노스 대주교는 공식적으로 독일 점령 당국에 그리스 유대인들에 대한 박해를 중단하라고 요구한 유럽 교회의 유일한 대표였다. 그는 1943년 3월 23일 그리스의 친독협력정부 총리 로고테토풀로스에게 그리스인의 이름으로 점령 당국에 유대인 박해를 중지하도록 개입할 것을 요청하는 비망록을 전달했다. 다음날에는 그리스 주재 독일 전권대사 알텐부르크를 직접 만나 같은 내용의 비망록을 건넸다. 성직자들과 저항운동단체, 아테네 경찰 책임자 앙겔로스 에베르트와 그 지휘 아래 있는 일부 경찰관들은 그의 탄원에 동조했다. 많은 그리스 정교회 신자들은 죽음을 무릅쓰고 유대인들을 구했다. 에베르트는 가짜 신분증을 만들어 정교회 신자들의 이름을 유대인들에게 제공했다. 다마스키노스, 이오아킴 등의 그리스 정교회 사제들의 사진을 보며 이들의 활동을 기억한다. 박물관 한 쪽에는 당시 유대인들을 구출하는 데 헌신적으로 기여한 인물을 기리는 그리스의 '의인義人' 명단이 적혀 그들의 노력을 보여주고 있다.

마지막 전시관에는 나치 점령 시기를 겪은 유대인들의 증언이 사진자료와 함께 전시돼 있다. 이곳에 소개된 많은 이들은 나치의 박해를 피해 그리스의 민족해방투쟁에 활발하게 참가했다. 이들은 1943년 초부터 민족인민해방군 등 저항단체에 가담해 독일군과의 전투에 참가했다. 저항단체와 함께 활동한 유대인은 9,000여 명으로 추정된다. 650여 명의 유대인들은 남녀를 막론하고 친지들에 대한 박해에 복수하고 그리스를 해방시키기 위해 싸웠다. 영어를 구사할 수 있는 유대인들은 영국과 저항단체 간의 연락책을 맡기도 했다.

그러나 해방 이후 내전 시기에는 민족인민해방군으로 활동했다는 이유로 저항활동을 인정받기는커녕 보안기구와 극우단체로부터 고통을 겪었고, 일부는 투옥되거나 유형에 처해지는 고통을 겪었다.

전시관을 둘러보는 4시간 남짓 동안 다른 방문자는 없었다. 의아했다. 사리타라는 박물관 여직원 한 명밖에 보이지 않았다.

"하루에 몇 명이나 관람해요? 방문자들은 주로 어떤 사람이 많아요?"

사리타가 미소를 띠며 대답했다.

"요즘은 하루 10여 명 정도 오지요. 주로 유대인들이죠. 그리스인들은 별로 오지 않아요."

세계의 관광객들이 연중 찾는 아테네. 그곳에는 그리스 유대인들의 아픔이 서려 있었다. 이곳을 찾는 이가 드물다는 건 홀로코스트가 점점 잊혀져 가고 있다는 것인가.

[주 석]

제1장 제1절

주1 김종성 · 박옥임, 「국가체제형성기의 민간인 학살과 국가폭력-여순사건을 중심으로」, 순천대 남도문화연구소, 『남도문화연구』 제9집, 2003, 170쪽.

주2 Theodore A. Couloumbis, John O. Iatrides, eds., Greek-American Relations: A Critical Review (New York: Pella, 1980), p.24.

주3 권용립, 「미국의 외교정책」, 이상우 · 하영선 공편, 『현대국제정치학』, 나남출판, 2001, 464쪽.

주4 James I. Matray, The Reluctant Crusade: American Foreign Policy in Korea, 1941-1950/구대열 옮김, 『한반도의 분단과 미국-미국의 대한 정책, 1941-1950』, 을유문화사, 1989, 50쪽.

주5 U.S. House of Representative, *United States Policy in the Far East Part 2, Selected Executive Session Hearings of the Committee, 1943-50*, Vol. Ⅷ (Washington: U.S. Government Printing Office, 1976), pp.101-102.

주6 오재완, 『미국의 대한정책과 미군정의 국내정치적 역할: 1945-1948』, 고려대 정치외교학과 박사학위 논문, 1991, p.164; James I. Matray, 『한반도의 분단과 미국』, 13쪽.

주7 Lawrence S. Wittner, American Intervention in Greece, 1943-1949: A Study in Counterrevolution (New York: Columbia University Press, 1982), p.307.

주8 「김일평 교수 회고록-미국 유학 50년 비화」, 『월간조선』 4월호, 2003, 536쪽.

주9 제주4 · 3위원회, 『제주4 · 3사건 진상조사보고서』, 동위원회, 2003, 371, 373-376쪽.

제1장 제2절

주1 이삼성, 『세계와 미국: 20세기의 반성과 21세기의 전망』, 한길사, 2001, 217쪽.

주2 박태균, 『한국전쟁』, 책과 함께, 2005, 115쪽.

주3 James I. Matray, *The Reluctant Crusade: American Foreign Policy in Korea, 1941-1950* (Honolulu: University of Hawaii Press, 1985), pp.1-2.

주4 SWNCC 282, "Basis for the Formulation of a U.S. Military Policy, September 19, 1945," Thomas H. Etzold & John L. Gaddis, eds., *Containment: Documents of American Policy and Strategy, 1945-1950* (New York: Columbia University Press, 1978), p.40.

주5 "Election Speech by Premier Stalin on Capitalism and Communism in the Postwar World," February 9, 1946, Arthur M. Schlesinger, Jr., ed., *The Dynamics of World Power: A Documentary History of United States Foreign Policy 1945-1973*, Vol. Ⅱ (New York: Chelsea House Publishers, 1973), pp.191-192.

주6 George F. Kennan, *Memoirs, 1925-1950* (Boston: Little Brown, 1967), pp.292-293.

주7 Moscow Embassy Telegram #511: "The Long Telegram," February 22, 1946, Thomas H. Etzold & John L. Gaddis, eds., *Containment: Documents of American Policy and Strategy*, 1945-1950, pp.51-63.

주8 Clark Clifford, *Counsel to the President: A Memoir* (New York: Random House, 1991), p.102.

주9 "Report to President Truman by Clark M. Clifford, Special Counsel to the President, on United Sates-Soviet Relations", September 1946, Arthur Schlesinger, Jr. & Walter LaFeber, eds, *The Dynamics of World Power*, p.268.

주10 Clark Clifford, *Counsel to the President: A Memoir*, p.124.

주11 "Report to President Truman by Clark M. Clifford, Special Counsel to the President, on United Sates-Soviet Relations", September 1946, pp.269 · 273 · 300-301.

주12 George F. Kennan, "The Sources of Soviet Conduct," *Foreign Affairs*, Vol. 25, No. 4(July 1947), pp.566-582. 이 논문은 George F. Kennan, *American Diplomacy*, expanded ed. (Chicago and London: The University of Chicago Press, 1984), pp.107-128에 재수록됐다.

주13 George F. Kennan, *American Diplomacy*, p.119.

주14 George F. Kennan, *American Diplomacy*, p.126.

주15 Howard Jones, *A New Kind of War: America's Global Strategy and the Truman Doctrine in Greece* (New York: Oxford University Press, 1989), pp. 29-30.

주16 Harry S. Truman, *Memoirs: Years of Trial and Hope*, Vol. II (Garden City: Doubleday, 1956), p.99; Howard Jones, *A New Kind of War*, pp.29-30; Richard Barnet, *Intervention & Revolution* (New York and Scarborough: A Mentor Book, 1968), p.98; Joseph Marion Jones, "Curbing Communist Expansion: The Truman Doctrine", Thomas G. Paterson, ed., *The Origins of the Cold War*, 2nd ed (Lexington: Health and Company, 1974), p.139.

주17 The Ambassador in Greece (MacVeagh) to the Secretary of State, February 11, 1947, *FRUS* 1947, Vol. Ⅴ, p.17.

주18 The United States Representative on the Commission of Investigation (Ethridge) to the Secretary of State, February 17, 1947, *FRUS* 1947, Vol. Ⅴ, p.24.

주19 The Chief of the American Economic Mission to Greece (Porter) the Secretary of State, *FRUS* 1947, Vol. Ⅴ, p.26.

주20 The Ambassador in Greece (MacVeagh) to the Secretary of State, February 20 1947, *FRUS* 1947, Vol. Ⅴ, pp.28-29.

주21 Daniel Yergin, *Shattered Peace: The Origins of the Cold Wr and the National Security State* (Boston: Houghton Mifflin Company, 1978), p.279.

주22 Joseph Marion Jones, *The Fifteen Weeks: February 21-June 5, 1947* (New York · Chicago · Burlingame: Harcourt, Brace & World, Inc, 1955), p.131.

주23 Memorandum by the Under Secretary of State (Acheson) to the Secretary of State, February 21,

1947, *FRUS* 1947, Vol. Ⅴ, pp.29-31; Dean Acheson, *Present at the Creation: My Years in the State Department* (New York: Norton, 1969), p.217.

주24 André Gerolymatos, *Red Acropolis, Black Terror: The Greek Civil War and the Origins of Soviet-American Rivalry, 1943-1949* (New York: Basic Books, 2004), p.216.

주25 Minutes of a Meeting of the Secretaries of State, War, and Navy, February 26, 1947, *FRUS* 1947, Vol. Ⅴ, p.57; Memorandum by the Secretary of State to President Truman, February 26, 1947, *FRUS* 1947, Vol. Ⅴ, p.58; Memorandum by the Under Secretary of State (Acheson) to the Director of the Office of Near Eastern and African Affairs (Henderson), February 27, 1947, *FRUS* 1947, Vol. Ⅴ, p.63; Joseph Jones, *The Fifteen Weeks*, pp.137-138.

주26 Statement by the Secretary of State, undated. *FRUS* 1947, Vol. Ⅴ, pp.60-62.

주27 Harry S. Truman, *Memoirs: Years of Trial and Hope*, pp.103-104; Joseph Jones, *The Fifteen Weeks*, pp.138, 141-142; Tom Connally, *My Name Is Tom Connally* (New York: Thomas Y. Crowell Company, 1954), p.318; Dean Acheson, *Present at the Creation*, p.219.

주28 Joseph Jones, *The Fifteen Weeks*, pp.185-186.

주29 The Secretary of State to the Embassy in Greece, February 28, 1947, *FRUS* 1947, Vol. Ⅴ, p.70; 애치슨의 회고록에는 "그리스는 친척들과 의사들이 생명을 살릴 수 있는 지의 여부를 논의했었던 위독자 명단에 있는 반의식 상태의 환자의 입장이었다. 3월 3일, 친절한 친구의 지원과 그들의 박약한 손의 안내로 그리스 정부는 원조를 요청하는 글을 썼다"고 돼 있다. Dean Acheson, *Present at the Creation*, p.221.

주30 The Secretary of State to the Embassy in Greece, February 28, 1947, *FRUS* 1947, Vol. Ⅴ, pp.69-71.

주31 The Secretary of State to the Embassy in Greece, March 4, 1947, *FRUS* 1947, Vol. Ⅴ, p.87.

주32 The Ambassador in Greece (MacVegh) to the Secretary of State, March 4, 1947, *FRUS* 1947, Vol. Ⅴ, pp.89-90.

주33 http://www.trumanlibrary.org/publicpapers/index.php?pid=2189&st=&st1=(검색일: 2009.10.8).

주34 오재완, 앞의 논문, pp.159-160; 1945~1946년 백악관 해군 보좌관으로 근무했고, 1946~1950년 대통령 특별 고문으로 근무한 클리포드는 "미국은 당시 소련의 통제에 들어간 지역보다 그 외의 지역에 대한 통제를 막는 데 관심을 쏟았다"며 "소련은 자신들이 진주할 수 있는 모든 취약한 지역을 찾아내는 데 노력을 기울이고 압력을 넣고 있었다"고 말했다. Oral History Interview with Clark M. Clifford, March 16, 1972, http://www.trumanlibrary.org/oralhist/cliford6.htm (검색일: 2009.10.9).

주35 Mark Mazower, Review Essay: "Violence and the State in the Twentieth Century," *The American Historical Review*, Vol. 107, No. 4(2002), p.1172.

주36 Memorandum Prepared in the Department of State, undated, *FRUS* 1947, Vol. Ⅴ, pp.511-514.

주37 Memorandum Prepared in the Department of State, October 16, 1947, *FRUS* 1947, Vol. Ⅴ, pp.563-564.

주38 미국백서는 "동부 지중해와 중동의 안보는 미국의 안보에 사활적 이익이 걸려 있다. 동부

지중해와 중동의 안보는 소련이 이탈리아, 그리스, 터키, 이란 가운데 어느 한 국가라도 통제를 장악하는 데 성공한다면 위태로울 것이다"고 언급하고 있다. *The American Paper,* Memorandum prepared in the Department of State, undated, *FRUS* 1947, Vol. Ⅴ, p.575.

주39 *NSC 5: The Position of the United States with respect to Greece, Report to the National Security Council by the Executive Secretary of the Council (Souers)*, January 6, 1948, *FRUS* 1948, Vol. Ⅳ, pp.2-5.

주40 Report by the National Security Council to President Truman, NSC 5/2, February 12, 1948, *FRUS* 1948, Vol. Ⅳ, pp.46-51. 1947년 9월 5일 육군장관 로얄(Kenneth C. Royall)과 해군장관 포레스탈(James Forrestal)은 공산주의로 나가는 그리스의 영향을 언급하면서, "극단적인 역효과는 확실하다. 우호적인 세력의 지배 아래 없다면, 소련은 중동에 있게 될 것이다. (중략) 경제적 복지와 군사적 잠재력이 있는 중동의 석유 생산에 대한 미국과 영국의 접근은 위태롭게 될 것이다"라고 말했다. The Secretary of War (Royall) and the Secretary of the Navy (Forrestal) to the Secretary of State, 5 September 1947, *FRUS* 1947, Vol. Ⅴ, p.328.

주41 James I. Matray, 『한반도의 분단과 미국』, pp.49-50.

주42 하영선, "냉전체제 · 제3세계 · 한국", 김진균 외 지음, 『제3세계와 한국의 사회학: 현대한국사회론』, 돌베개, 1986, p.44. 개디스는 2차 세계대전 후 미국과 소련이 지녔던 압도적인 권위, 그들이 세력권을 획정할 때 가졌던 정확성, 그리고 그러한 과정을 정당화할 때 가졌던 보편주의적 이데올로기들에도 불구하고, 1949년 말까지는 냉전이 주로 유럽에서의 갈등에 머무르고 있었다고 말한다. John Lewis Gaddis, *We Now Know: Rethinking Cold War History*, New York: Oxford University Press, 1997(박건영 옮김, 『새로 쓰는 냉전의 역사』, 사회평론, 2002, p.102).

주43 Ito Takayuki, "The Genesis of the Cold War, Confrontation over Poland 1941-1944," Yonosuke Nagai and Akira Iriye, eds., *The Origins of the Cold War in Asia* (Tokyo: University of Tokyo Press, 1977), p.147.

주44 '항복 후 미국의 초기 일본 정책'(*The United States Initial Post-Surrender Policy for Japan*)은 일본 국회도서관 인터넷 자료에 원문 이미지와 함께 실려 있다. The United States Initial Post-Surrender Policy for Japan (SWNCC 150/4), 6 September 1945, http://www.ndl.go.jp/constitution/shiryo/01/022/022tx.html (검색일: 2013.5.10).

주45 '일본 점령 및 관리를 위한 연합국최고사령관에 대한 항복 후 초기 기본 지령'(*Basic Initial Post-Surrender Directive to Supreme Commander for the Allied Powers for the Occupation and Control of Japan*) 원문은 일본 국회도서관 자료실 인터넷 홈페이지에 원문 이미지와 함께 실려 있다. *Basic Initial Post-Surrender Directive to Supreme Commander for the Allied Powers for the Occupation and Control of Japan* (JCS 1380/15), 3 November 1945, http://www.ndl.go.jp/constitution/e/shiryo/01/036/036tx.html (검색일: 2013.5.10).

주46 PPS 23: Review of Current Trends U.S. Foreign Policy, February 24, 1948, *FRUS* 1948, Vol Ⅰ (Part 2), pp.509-529.

주47 George Kennan, *Memoirs: 1925-1950*, pp.374-375.

주48 NSC 49: Strategic Evaluation of the United States Security Needs in Japan, 9 June 1949, *FRUS* 1949, Vol. Ⅶ (Part 2), p.774.

주49 박태균, 『한국전쟁』, 116쪽.

주50 William W. Stueck, Jr., *Rethinking the Korean War: A New Diplomatic and Strategy History* (New Jersey: Princeton University Press, 2002)/서은경 역, 『한국전쟁과 미국외교정책』, 나남출판, 2005, 14-15쪽.

주51 Political Advisor in Korea (Benninghoff) to the Secretary of State, 15 September, 1945, *FRUS* 1945, Vol. Ⅵ, pp.1049-1953.

주52 박명림, 『한국전쟁의 발발과 기원Ⅱ』, 나남출판, 1996, 164쪽.

주53 진덕규, 『한국 현대정치사 서설』, 지식산업사, 2000, 109-110쪽.

주54 Ambassador Edwin W. Pauley to President Truman, June 22, 1946, *FRUS* 1946, Vol. Ⅷ, pp.706-709.

주55 President Truman to Ambassador Edwin W. Pauley, July 16, 1946, *FRUS* 1946, Vol. Ⅷ, p.713, SWNCC 176/30, Report by Ad Hoc Committee on Korea, August 4, 1947, *FRUS* 1947, Vol. Ⅵ, pp.738-741.

주56 "Report to President Truman by Clark M. Clifford, Special Counsel to the President, on United Sates-Soviet Relations", September 1946, Arthur Schlesinger, Jr. & Walter LaFeber, eds, *The Dynamics of World Power*, pp.301-302.

주57 김운태, 『미군정의 한국통치』, 박영사, 1992, 151쪽.

주58 Memorandum by the Assistant Chief of the Division of Eastern European Affairs (Stevens), September 9, 1947, *FRUS* 1947, Vol. Ⅵ, pp.784-785.

주59 William W. Stueck, Jr., 『한국전쟁과 미국 외교정책』, pp.64-65.

주60 미국의 국가안보의 중요성에 따른 원조순서를 따질 때 한국은 15위(영국 1위, 프랑스 2위, 독일 3위, 그리스 10위, 일본 13위, 중국 14위, 필리핀 16위)였고, 원조의 긴급성에서는 한국이 5위(그리스 1위, 터키 2위), 미국의 안보에 대한 각국의 중요성과 원조의 긴급성을 종합하면 한국은 13위(영국 1위, 프랑스 2위, 독일 3위, 일본 8위, 중국 14위, 필리핀 15위)였다. JCS 1769/1: United States Assistance to Other Countries From the Standpoint of National Security, April 29, 1947, Thomas H. Etzold and John Lewis Gaddis, *Containment: Documents on American Policy and Strategy, 1945-1950*, pp.71-84.

주61 Lisle A. Rose, *Roots of Tragedy: The United States and the Struggle for Asia 1945-1953* (Connecticut: Greenwood Press, 1976), p.133.

주62 오재완, 『미국의 대한정책과 미군정의 국내정치적 역할: 1945-1948』, 고려대 정치외교학과 박사학위 논문, 1991, 163쪽.

주63 이승만이 트루먼에게 보내는 서한, 1948년 3월 13일. 제주4·3위원회, 『제주4·3자료집』 11, 193쪽.

주64 Harry S. Truman, *Memoirs: Years of Trial and Hope*, p.325.

주65 NSC 8: Report by the National Security Council on the Position of the United States with respect to Korea, April 2, 1948, *FRUS* 1948, Vol. Ⅵ, pp.1164, 1168.

주66 "Message from the President of the United States transmitting a recommendation that the Congress authorize the Continuation of Economic Assistance to the Republic of Korea for the Fiscal year Ending June 30, 1950", June 7, 1949, U.S. House of Representative, *United States Policy in the Far East Part 2*, p.387.

주67 Bruce Cummings, *The Origins of the Korean War: Liberation and the Emergence of the Separate Regimes*, 1945-1947 (New Jersey: Princeton University Press, 1981), p.xxvi.

주68 "Korea Aid Act of 1949", June 16, 1949, U.S. House of Representative, *United States Policy in the Far East Part 2*, pp.24-25.

주69 U.S. Senate Committee on Foreign Relations, *Economic Assistance to China and Korea: 1949-1950: Hearings held in executive session before the Committee on Foreign Relations, United States Senate, 81st Congress, 1st and 2nd sessions* (Washington, D.C.: U.S.G.P.O, 1974), pp.118-121.

주70 Bruce Cumings, *The Origins of the Korean War*, pp.xx, xxiv.

주71 김운태, 『미군정의 한국통치』, 153쪽.

주72 송광성, 『미군점령4년사』, 평민사, 1993, 12쪽.

제1장 제3절

주1 박명림, 「한국의 국가형성, 1945-48: 시각과 해석」, 한국정치학회, 『한국정치학회보』 제29집 제1호, 1995, 199쪽.

주2 Theda Skocpol, *States and Social Revolutions: A Comparative Analysis of France, Russia, and China* (Cambridge: Cambridge University Press, 1979), pp.21-23.

주3 Andréw J. Birtle, *U.S. Army Counterinsurgency and Contingency Operations Doctrine 1942-1976* (Washington, D.C.: Center of Military History, United Sates Army, 2006), p.31.

주4 김동춘, 『전쟁과 사회』, 돌베개, 2000, 246쪽.

주5 George A. Kourvetaris, *Political Sociology: Structure and Process*/박형신 · 정헌주 옮김, 『정치사회학』, 일신사, 1998, p.118.

주6 Max Weber, trans. H. H. Gerth & C. W. Mills, eds., *From Max Weber: Essays in Sociology* (New York: Oxford University Press, 1958), p.78.

주7 Charles Tilly, *Coercion, Capital, and European States: A.D. 990-1990* (Oxford: Basil Blackwell, 1990)/이향순 옮김, 『국민국가의 형성과 계보: 강압, 자본과 유럽국가의 발전』, 학문과 사상사, 1994, 156쪽.

주8 Cameron G. Thies, "Public Violence and State Building in Central America", *Comparative Political Studies*, Vol. 39, No. 10(2006), pp.1264-1265.

주9 Charles Tilly, 『국민국가의 형성과 계보: 강압, 자본과 유럽국가의 발전』, pp.326-329.

주10 조희연 편, 『국가폭력, 민주주의 투쟁 그리고 희생』, 함께 읽는 책, 2002, 24쪽.

주11 박종성, 『한국정치와 정치폭력 - 해방 후 권력과 민중의 충돌』, 서울대 출판부, 2001, 134-135쪽.

주12 Hannah Arendt, *Crises of the Republic* (New York: Harcourt Brace Jovanovich, 1972)/김동식 옮김, 『공화국의 위기』, 두레, 1997, 175쪽.

주13 안청시, "정치폭력의 개념화에 관한 실증적 연구", 한국정치학회, 『한국정치학회보』 제11집, 1977, 222쪽.

주14 Ted R. Gurr, *Why Men Rebel* (Princeton: Princeton University Press, 1970), pp.37-46 · 235-236.

주15 Ted R. Gurr, *Why Men Rebel*, pp.3-4.

주16 Charles Tilly, 『동원에서 혁명으로』, p.254.

주17 Charles Tilly, "Collective Violence in European Perspective", Hugh Davis Graham and Ted Robert Gurr, eds., *The History of Violence in America* (New York: Bantam, 1969), p.4.

주18 Charles Tilly, 『동원에서 혁명으로』, pp.238-239.

주19 Earl Contech-Morgan, *Collective Political Violence: An Introduction to the Theories and Cases of Violent Conflicts* (New York and London: Routledge, 2004), p.163.

주20 Charles Tilly, *From Mobilization to Revolution*/양길현 외 공역, 『동원에서 혁명으로』, 서울프레스, 1995, 116쪽.

주21 Franz Fanon, *Les damnés de la terre*/남경태 옮김, 『대지의 저주받은 사람들』, 그린비, 2007, 82, 113-117쪽.

주22 Earl Conteh-Morgan, *Collective Political Violence*, pp.29-36.

주23 Irving Louis Horowitz, 「제노사이드와 사회이론의 구축: 집단적 희생의 배타성에 관한 고찰」, Isidor Wallimann & Michael N. Dobkowski, eds., *Genocide and the Modern Age* (Westport, Conn.: Greenwood Press, 1987)/장원석 외 옮김, 『현대사회와 제노사이드』, 2005, 137쪽.

주24 Roger Smith, 「인간의 파괴와 정치: 제노사이드의 시대로서 20세기」, Isidor Wallimann & Michael N. Dobkowski, eds., 『현대사회와 제노사이드』, p.72.

주25 렘킨(1900~1959)은 폴란드 영토였던 현재의 벨로루시에서 태어나 법학을 전공했다. 박사학위를 받은 뒤 폴란드에서 공직생활을 했고 나중에는 공공검사로 활동했다. 그는 법학을 전공하면서 아르메니아인에 대한 오스만제국의 공격과 반유대주의 학살과 같은 집단표적화된 폭력의 역사에 많은 관심을 기울였다. 이들 사건에 대한 검토를 통해 그는 위험에 처한 집단들에 대한 법률적 보호의 필요성을 절감했다. 1933년 초가 되자 렘킨은 유럽에서 열린 여러 국제포럼에서 아르메니아인 절멸과 이스탄불 재판을 토대로 발전했던 법률적 보호제도를 개발하고 주의를 환기시켰다. 그러나 세계의 관심을 촉구하려던 그의 시도는 실패했다. 1939년 독일의 폴란드 침공 이후 렘킨은 산림지대로 6개월 동안 피신했으며, 그 뒤 리투아니아와 발틱해를 거쳐 스웨덴으로 탈출하는 데 성공했다. 독일의 잔학상을 폭로하기 위해 나치의 많은 문서들을 가져갔다. 그는 스톡홀름대학에서 연구하고 출판을 계속하다 미국 듀크대학의 초청을 받고 1941년 미국으로 떠났다. 그는 자신의 출판물에 대한 반응이 미지근하자 보다 체계적이고 집단표적화된 범죄 및 처벌문제에 대한 법률적 명문화를 발전

시키는 데 진력했다. 망명 폴란드 정부를 대신한 렘킨은 1943년 독일의 범죄 처벌과 관련한 법률 초안을 만들었다. 홀로코스트로 친·인척을 잃은 그는 처음으로 'lidobojstwo'라는 용어를 사용했다. 이 용어는 '인민'이라는 폴란드어 'lud'와 '살인'이라는 뜻의 'zabojstwo'라는 단어를 조합한 것이다. 그는 1944년 출판된 저서 『점령 유럽의 추축국 통치』(*Axis Rule in Occupied Europe*)에서 폴란드 용어 'ludubojstwo'를 'genocide'라는 신조어로 바꿨다. 1945년 전쟁이 끝나자 렘킨은 제노사이드의 예방과 처벌을 위한 국제협약 초안을 학계와 정치계에 제시했지만 반응을 얻지 못했다. 그 뒤 그는 뉘렘베르크 재판을 준비하는 Robert H. Jackson을 중심으로 한 미국팀을 지원하는 데 임명받았고, 기소과정에서 'genocide'라는 용어를 포함시키는 데 성공했다. 뉘렘베르크에 체류하는 동안 렘킨은 자신의 가족 가운데 49명이 홀로코스트로 희생됐고, 자신의 형인 Elias와 형수 Liza만이 생존한 사실을 알게 됐다. 나치 지도부에 대한 배심원의 판결문 작성 최종 기일이 다가오자 유엔은 1946년 제노사이드 문제에 대한 국제협약을 채택하기로 결정하고, 렘킨이 초안 작성을 맡았다. 초안은 사실 그가 15년 동안 준비한 것이었다. 1948년 12월 9일 유엔이 '제노사이드 예방과 처벌에 관한 협약'을 승인하면서 그의 노력은 보상을 받았다. 그러나 렘킨은 협약이 채택된 뒤에도 부단하게 국제사회와 국가들에 적어도 제노사이드를 효과적으로 처벌하기 위한 법률을 추가 채택하도록 촉구했다. 제노사이드를 없애기 위한 각고의 노력을 통해 수많은 상과 수차례 노벨평화상 후보에 오르기도 했다. 결혼을 하지 않은 그는 1959년 뉴욕에서 후손도 없이 가난하게 생을 마감했다. 그는 퀸즈 마운트 헤브류(Queen's Mount Hebrew) 공동묘지에 묻혔고, 그의 묘비에는 '제노사이드협약의 아버지'라고 새겨져 있다. The International Research and Documentation Centre for War Crimes Trials(ICWC) at the Philipps University in Marburg, The Genocide Convention International Conference commemorating its 60th Anniversary, 4-6 December 2008, Marburg, Germany, 'Raphael Lemkin, Father of the Genocide Convention', pp.4-5.
http://www.genocide-convention2008.de/Genocide-Conference-Reader.pdf (검색일 2009. 4. 19); Christian Schmidt-Häuer, "Genocide in 20th Century", 제주4·3연구소, 『4·3과 역사』 제3호, 2003, 52-67쪽.

주26 Raphael Lemkin, *Axis Rule in Occupied Europe: Laws of Occupation, Analysis of Government, Proposals for Redress*, 2nd ed. Introduction to the Second Edition by William A. Schabas (New Jersey: The Lawbook Exchange. Ltd. 2008), p.79.

주27 Irving Louis Horowitz, *Taking Lives: Genocide and State Power*, 4th ed (New Brunswick, N.J.: Transaction Publishers, 1997), pp.13-14.

주28 http://www.un.org/millennium/law/iv-1.htm (검색일: 2013.8.6).

주29 Irving Louis Horowitz, *Taking Lives: Genocide and State Power*, pp.3·12·20-21.

주30 Irving Louis Horowitz, 「제노사이드와 사회이론의 구축: 집단적 희생의 배타성에 관한 고찰」, Isidor Wallimann & Michael N. Dobkowski, eds., 『현대사회와 제노사이드』, 139쪽.

주31 Barbara Harff, 「제노사이드의 발생원인」, Isidor Wallimann & Michael N. Dobkowski, eds., 『현대사회와 제노사이드』, pp.92-94.

주32 Frank Chalk, Kurt Jonassohn, 「제노사이드의 유형과 인권의제」, Isidor Wallimann & Michael N. Dobkowski, eds., 『현대사회와 제노사이드』, p.52.

주33 Leo Kuper, *Genocide: Its Political Use in the Twentieth Century* (New Haven: Yale University Press, 1982), pp.11-18 · 57-59 · 138-160.

주34 Helen Fein, *Accounting for Genocide* (New York: The Free Press, 1979), pp.7-8.

주35 곽재성, 「중미의 정치변동 - 정치적 폭력에 대한 기원을 중심으로」, 서울대 스페인중남미연구소, 『이베로아메리카연구』 8, 1997; 권문술, 「과테말라의 정치와 사회」, 한국외대 중남미문제연구소, 『중남미문제연구』 9, 1992.

주36 Benjamin A. Valentino, *Final Solutions: Mass Killing and Genocide in the Twentieth Century* (Ithaca and London: Cornell University Press, 2004)/장원석 · 허호준 옮김, 『20세기의 대량학살과 제노사이드』, 제주대 출판부, 2006, 25-27쪽.

주37 Benjamin A. Valentino, 『20세기의 대량학살과 제노사이드』, pp.28-34; 칼리바스는 무장집단의 상근 조직원이 아닌 모든 사람들, 따라서 비상근자의 모든 형태와 협력자들도 민간인들로 간주한다. Stathis N. Kalyvas, *The Logic of Violence in Civil War* (New York: Cambridge University Press, 2006), pp.19, 415.

주38 Roger Smith, 「인간의 파괴와 정치: 제노사이드의 시대로서 20세기」, Isidor Wallimann & Michael N. Dobkowski, eds., 『현대사회와 제노사이드』, pp.68 · 74 · 80-81.

주39 Leo Kuper, *Genocide: Its Political Use in the Twentieth Century*, p.86.

주40 Lotta Harbom & Peter Wallensteen, "Armed Conflict and Its International Dimensions, 1946-2004," *Journal of Peace Research*, Vol 42, No. 5(2005), pp.623 · 627.

주41 Irving Louis Horowitz, *Foundations of Political Sociology* (New York: Harper & Row, 1972), p.282; Benjamin A. Valentino, 『20세기의 대량학살과 제노사이드』, p.151.

주42 히로나카는 희생자 1천 명 이상을 기준으로 할 경우 1944년부터 1997년까지 104건의 내전이 있었으며 1816년부터 1997년까지는 213건의 내전이 있었던 것으로 집계했다. Ann Hironaka, *Neverending Wars: The International Community, Weak States, and the Perpetuation of Civil War* (Mass.: Harvard University Press, 2005), pp.2-3.

주43 Arno J. Mayer, *The Furies: Violence and Terror in the French and Russian Revolutions* (Princeton, N.J.: Princeton University Press, 2000), pp.207, 323.

주44 Stanley G. Payne, *The Franco Regime, 1936-1975* (Madison: University of Wisconsin Press, 1987), p.209.

주45 Thomas David Mason, *Caught in the Crossfire: Revolution, Repression, and the Rational Peasant* (Lanham, Md.: Rowman & Littlefield Publishers, 2004), pp.17-18.

주46 Kalevi J. Holsti, *The State, War, and the State of War* (New York: Cambridge University Press, 1996), p.37.

주47 Human Rights Watch, *Slaughter Among Neighbors: The Political Origins of Communal Violence* (New Haven: Yale University Press, 1995), pp.13-32.

주48 Benjamin A. Valentino, 『20세기의 대량학살과 제노사이드』, pp.345-346.

주49 Robert B. Asprey, *War in the Shadows: The Guerrilla in History*, revised (New York: William Morrow and Company, 1994), p.81; 김무용, 「제주4·3 토벌작전의 민간인 희생화 전략과 대량학살」, 제주4·3연구소, 『4·3과 역사』 8, 2008, p.168.

주50 Russell F. Weigley, *The American Way of War: A History of United States Military Strategy and Policy* (Bloomington: Indiana University Press, 1973), p.xiv.

주51 Robert B. Asprey, *War in the Shadows: The Guerrilla in History*, p.113.

주52 Stathis N. Kalyvas, *The Logic of Violence in Civil War*, p.20.

주53 정일권·예관수 공편, 『공산군의 유격전법과 경비와 토벌』(서울: 병학연구사, 1948), pp.16-18; 경찰교양협조회가 펴낸 책자에도 유격전을 "일체(一切) 혁명성을 띤 전쟁의 필요한 조성(組成)부분으로서 더구나 광대한 영토에서 작전하는 민족해방전쟁에 있어서 광범한 민중성을 가진 유격전쟁의 발전은 필요한 것이며 또 필연적인 것"이라며 "피압박 민족 혹은 인민과 그들을 압박하는 자 사이의 모순이 발전해 일정한 역사적 단계에 이르렀을 때의 불가피적 산물"이라고 규정하고 있다. 김일수, 『적화전술: 조국을 좀먹는 그들의 흉계』(서울: 경찰교양협조회, 1949), p.1

주54 Benjamin A. Valentino, Paul Huth and Dylan Balch-Lindsay, "Draining the Sea: Mass Killing and Guerrilla Warfare," *International Organization* 58 (Spring 2004), pp.383-384.

주55 Bard E. O'Neil, *Insurgency and Terrorism: Inside Modern Revolutionary Warfare* (Washington: Brassey's, 1990), pp.70-89; Timothy P. Wickham-Crawley, *Guerrillas and Revolution in Latin America: A Comparative Study of Insurgents and Regimes since 1956* (Princeton, N.J.: Princeton University Press, 1992), p.8.

주56 Roger Trinquier, *Modern Warfare: A French View of Counterinsurgency* (New York: Praeger, 1964), p.8.

주57 Mao Tse-Tung, *On Guerrilla Warfare*, trans. Samuel B. Griffith (New York: Praeger, 1961), pp.43-44·92-93.

주58 Department of the Army, *U.S. Army Counterguerrilla Operations Handbook* (Conn.: The Lyons Press, 2004), pp.1·4-1·5.

주59 김무용, 「제주4·3 토벌작전의 민간인 희생화 전략과 대량학살」, 제주4·3연구소, 『4·3과 역사』 8, 171-172쪽.

주60 Stathis N. Kalyvas, *The Logic of Violence in Civil War*, p.173.

주61 Roger Trinquier, *Modern Warfare*, pp.44·63-64·92-93.

주62 Benjamin A Valentino, Paul Huth and Dylan Balch-Lindsay, "Draining the Sea: Mass Killing and Guerrilla Warfare," *International Organization* 58, pp.384-385.

제2장 제1절

주1 http://www.visitgreece.gr (검색일: 2013.9.20).

주2 David H. Close, *The Origins of the Greek Civil War*, p.6; Edgar O'ballance, *The Greek Civil War 1944-1949* (London: Faber and Faber, 1966), pp.20-21; L.S. Stavriaons, *Greece: American Dilemma and Opportunity* (Chicago: Henry Regnery Company, 1952), p.24.

주3 Anthone C. Colovas, *A Quick History of Modern Greece* (Baltimore: Publish America, 2007), p.17; Richard Clogg, *A Concise History of Greece*, 2nd ed. (Cambridge: Cambridge University Press, 2002), pp.7-10.

주4 http://en.wikipedia.org/wiki/Millet_(Ottoman_Empire) (검색일: 2013.9.29).

주5 http://en.wikipedia.org/wiki/Patriarch_Gregory_V_of_Constantinople (검색일: 2013. 9.26).

주6 http://en.wikipedia.org/wiki/Greek_War_of_Independence (검색일: 2013.9.16).

주7 Anthone C. Colovas, *A Quick History of Modern Greece,* pp.24-38; Edgar O'ballance, *The Greek Civil War 1944-1949*, pp.25-26; Richard Clogg, *A Concise History of Greece*, pp.7-45. 그 외에 그리스 국립역사박물관 설명문을 참조했다.

주8 http://en.wikipedia.org/wiki/Greek_War_of_Independence (검색일: 2013.9.16).

주9 André Gerolymatos, *Red Acropolis, Black Terror*, p.23.

주10 http://en.wikipedia.org/wiki/English_Party_(Greece) (검색일: 2013.9.16).

주11 http://en.wikipedia.org/wiki/Russian_Party_(Greece) (검색일: 2013.9.16).

주12 http://en.wikipedia.org/wiki/French_Party_(Greece) (검색일: 2013.9.16).

주13 Richard Clogg, A Concise History of Greece, pp.43, 46;
http://en.wikipedia.org/wiki/Megali_Idea (검색일: 2013.9.17).

주14 http://en.wikipedia.org/wiki/Eleftherios_Venizelos (검색일: 2013.9.17).

주15 http://en.wikipedia.org/wiki/Balkan_Wars (검색일: 2013.9.17).

주16 http://en.wikipedia.org/wiki/Balkan_Wars#First_Balkan_War (검색일: 2013.9.17).

주17 http://en.wikipedia.org/wiki/2nd_balkan_war (검색일: 2013.9.18).

주18 Richard Clogg, *A Concise History of Greece*, pp.75-81.

주19 http://en.wikipedia.org/wiki/National_Schism (검색일: 2013.9.18).

주20 http://en.wikipedia.org/wiki/Eleftherios_Venizelos (검색일: 2013.9.19).

주21 David H. Close, *The Origins of the Greek Civil War*, p.3; Richard Clogg, *A Concise History of Greece*, pp.83-90.

주22 http://en.wikipedia.org/wiki/Eleftherios_Venizelos (검색일: 2013.9.19).

주23 David H. Close, *The Origins of the Greek Civil War*, p.3; Richard Clogg, *A Concise History of Greece*, pp.83-90.

주24 Richard Clogg, *A Concise History of Greece*, pp.93-97.

주25 http://en.wikipedia.org/wiki/Nationalist_Party_(Greece) (검색일: 2013.9.17).

주26 http://en.wikipedia.org/wiki/People%27s_Party_(Greece) (검색일: 2013.9.17).

주27 Richard Clogg, *A Concise History of Greece*, p.95.

주28 http://en.wikipedia.org/wiki/Greco-Turkish_War_(1919%E2%80%9322) (검색일: 2013.9.20).

주29 Richard Clogg, *A Concise History of Greece*, pp.93-97,
http://en.wikipedia.org/wiki/Great_Fire_of_Smyrna (검색일: 2013.9.20).

주30 http://en.wikipedia.org/wiki/Revolution_of_1922 (검색일: 2013.9.20).

주31 André Gerolymatos, *Red Acropolis, Black Terror*, pp.1-4.

주32 Richard Clogg, *A Concise History of Greece*, pp.100-101,
http://en.wikipedia.org/wiki/Megali_Idea (검색일: 2013.9.17).

주33 David H. Close, *The Origins of the Greek Civil War*, pp.4-17.

주34 http://en.wikipedia.org/wiki/Leonardopoulos-Gargalidis_coup_attempt (검색일: 2013. 9.20).

주35 http://en.wikipedia.org/wiki/Greek_legislative_election,_1923,
http://en.wikipedia.org/wiki/Greek_plebiscite,_1924 (검색일: 2013.9.20).

주36 http://en.wikipedia.org/wiki/Theodoros_Pangalos_(general) (검색일: 2013.9.20).

주37 http://en.wikipedia.org/wiki/Greek_legislative_election,_1926 (검색일: 2013.9.20).

주38 http://en.wikipedia.org/wiki/Eleftherios_Venizelos (검색일: 2013.9.20).

주39 Richard Clogg, *A Concise History of Greece*, pp.106-113; André Gerolymatos, *Red Acropolis, Black Terror*, pp.25-27.

주40 David H. Close, *The Origins of the Greek Civil War*, pp.23-24.

주41 Polymeris Voglis, "Political Prisoners in the Greek Civil War, 1945-50: Greece in Comparative Perspective," *Journal of Contemporary History*, Vol. 37, No. 4 (Oct, 2002), p.527.

주42 http://en.wikipedia.org/wiki/Idionymon (검색일: 2013.9.20).

주43 David H. Close, *The Origins of the Greek Civil War*, pp.25-27.

주44 L.S. Stavrianos, *Greece: American Dilemma and Opportunity*, p.29.

주45 Giannis Ioannidis, Anamniseis: provlimata tis politikis tou KKE stin Ethniki Antistasi 1940(To praktiko mias syzitisis), ed., *A. Papapanagioutou* (Athens, 1979), 25-55, Richard Clogg, ed., *Greece 1940-1949: Occupation, Resistance, Civil War - A Documentary History* (New York: Palgrave Macmillan, 2002), p.55.

주46 David H. Close, *The Origins of the Greek Civil War*, p.40. 메탁사스 정권 때 중단된 의회는 2차 세계대전이 끝난 뒤인 10년 뒤인 1946년에야 회복됐다.

주47 Edgar O'ballance, *The Greek Civil War 1944-1949*, p.29.

주48 L.S. Starvrianos, *Greece: American Dilemma and Opportunity*, p.31.

주49 Polymeris Voglis, *Becoming a Subject: Political Prisoners during the Greek Civil War* (New York and Oxford: Berghahn Books, 2002), pp.39-40.

주50 Richard Clogg, *A Concise History of Greece*, p.117.

주51 A despatch of 6 August 1936 from Sir Sydney Waterlow, British Minister in Athens, to Sir Anthnony Eden, British Foreign Secretary, Public Record Office, FO371/20390, R4815, Richard Clogg, ed., *Greece 1940-1949: Occupation, Resistance, Civil War*, p.24.

주52 Ioannis Metaxas, *Logoi kai skepseis 1936-1941*. I (1936-1938) 44-52, Richard Clogg, ed., *Greece 1940-1949: Occupation, Resistance, Civil War*, pp.26-31.

주53 David. H. Close, *The Origins of the Greek Civil War*, pp.42-43.

주54 Polymeris Voglis, *Becoming a Subject*, p.40.

주55 David. H. Close, *The Origins of the Greek Civil War*, pp.42-43.

주56 André Gerolymatos, *Red Acropolis, Black Terror*, pp.4-5.

주57 D. George Kousoulas, *Revolution and Defeat: The Story of the Greek Communist Party* (London, 1965), p.130.

주58 http://inter.kke.gr/ (검색일: 2013.2.6).

주59 Edgar O'ballance, *The Greek Civil War 1944-1949*, p.30.

주60 David H. Close, *The Origins of the Greek Civil War*, p.19-20; C.M. Woodhouse, *The Struggle for Greece 1941-1949*, p.14.

주61 John Loulis, *The Greek Communist Party*, 1940-1944, pp.4-5.

주62 André Gerolymatos, *Red Acropolis, Black Terror*, p.30.

주63 David H. Close, *The Origins of the Greek Civil War*, pp.22-23.

제2장 제2절

주1 André Gerolymatos, *Red Acropolis, Black Terror*, p.34; Richard Clogg, *A Concise History of Greece*, p.118; Edgar O'ballance, *The Greek Civil War 1944-1949*, p.33-37.

주2 David H. Close, *The Origins of the Greek Civil War*, pp.51-52.

주3 Richard Clogg, ed., *Greece 1940-1949: Occupation, Resistance, Civil War*, p.68.

주4 André Gerolymatos, *Red Acropolis, Black Terror*, p.38; C.M. Woodhouse, *The Struggle for Greece 1941-1949*, p.17; Edgar O'ballance, *The Greek Civil War 1944-1949*, pp.38-44; L.S. Starvrianos, *Greece: American Dilemma and Opportunity*, p.61.

주5 Richard Clogg, *A Concise History of Greece*, p.119.

주6 Edgar O'ballance, *The Greek Civil War 1944-1949*, pp.44-46.

주7 William H. McNeill, *The Greek Dilemma: War and Aftermath* (London: Victor Gollancz Ltd, 1947), p.95

주8 Richard J. Barnet, *Intervention & Revolution*, p.130.

주9 David H. Close, *The Origins of the Greek Civil War*, p.61; Richard Clogg, *A Concise History of Greece*, p.121.

주10 Raphael Lemkin, *Axis Rule in Occupied Europe*, pp.187-189.

주11 André Gerolymatos, *Red Acropolis, Black Terror*, pp.46-47; William H. McNeill, *The Greek Dilemma*, p.41.

주12 David H. Close, *The Origins of the Greek Civil War*, pp.60-61.

주13 Frank Smothers, William Hardy McNeill, Elizabeth Darbishire McNeill, *Report on the Greeks* (New York: The Twentieth Century Fund, 1948), p.19.

주14 L.S. Stavrianos, *Greece: American Dilemma and Opportunity*, p.64.

주15 1890년 테살리 출생의 시안토스는 청년시절 담배노동자로 일했고, 1911~1920년 군 하사관으로 복무했으며, 1927년부터 그리스공산당 정치국원이 됐다. 그는 이론이 빈약하고, 1929~1931년 좌파 분파주의로 일탈한 혐의로 모스크바로부터 검열을 받는 치욕을 당하기도 했지만 당에서는 온화하고 쾌활한 성격으로 많은 존경을 받았다. 비슷한 시기 이오안니디스도 당 지도부에 합류했다. 1900년 불가리아에서 태어난 이오안니디스는 1909년 가족과 함께 피난민으로 그리스의 볼로스에 정착했다. 그의 어린 시절은 박탈과 굶주림의 시기였으며, 1915~1917년 생존을 위해 아테네에서의 생활은 그를 사회주의 운동가로 변신시켰다. 그는 1917년 여름 볼로스로 돌아갔다. 당시 볼로스의 담배노동자들은 물론 그리스 전역의 담배노동자들은 노동조합과 사회주의운동의 선봉에 있었다. 1917년 2월 러시아 혁명은 그에게 강력한 영향을 끼쳤으며, 볼로스로 돌아간 뒤 친구, 친지들과의 토론을 통해 같은 해 9월 담배제조업자조합의 도움으로 '볼로스 노동청년'을 발족했다. 그 뒤 이 조직은 당 조직에 합류되고, 그는 구속과 고문을 반복하며 그리스공산당 활동에 참여했다. 훗날 당에서 특별신임을 얻어 1931년 정치국원에 임명됐다. 1941년에는 자카리아디스에 이어 당내 2인자로 간주됐다. 그는 동료들에게 무관심하고 무모한 성격으로 보였지만, 조직 및 전략가로서 탁월한 능력을 인정받았다. Giannis Ioannidis, Anamniseis: provlimata tis politikis tou KKE stin Ethniki Antistasi 1940(To praktiko mias syzitisis), ed., *A. Papapanagioutou* (Athens, 1979), 25-55, Richard Clogg, ed., *Greece 1940-1949: Occupation, Resistance, Civil War*, pp.43-67; David H. Close, *The Origins of the Greek Civil War*, p.70.

주16 C.M. Woodhouse, *The Struggle for Greece 1941-1949*, p.21; Edgar O'ballance, *The Greek Civil War 1944-1949*, pp.49-50.

주17 William H. McNeill, *The Greek Dilemma*, p.62; L.S. Stavrianos, *Greece: American Dilemma and Opportunity*, p.65.

주18 Edgar O'ballance, *The Greek Civil War 1944-49*, p.50.

주19 C.M. Woodhouse, *The Struggle for Greece 1941-1949*, p.21.

주20 Frank Smothers, ed., *Report on the Greeks*, p.20.

주21 L.S. Starvrianos, *Greece: American Dilemma and Opportunity*, pp.68-72.

주22 William H. McNeill, *The Greek Dilemma: War and Aftermath*, p.63.

주23 L.S. Starvrianos, *Greece: American Dilemma and Opportunity*, pp.65-66.

주24 Dimitris Glinos, *Ti einai kai ti thelei to EAM* (September 1942), Richard Clogg, ed., *Greece*

1940-1949: Occupation, Resistance, Civil War, pp.76-97.

주25 Frank Smothers, ed., *Report on the Greeks*, pp.50-52.

주26 William Hardy McNeill, *The Greek Dilemma*, pp.63-64; L.S. Stavrianos, *Greece: American Dilemma and Opportunity*, pp.86-87; David H. Close, *The Origins of the Greek Civil War*, pp.75-78; Richard Clogg, *A Concise History of Greece*, p.123.

주27 André Gerolymatos, *Red Acropolis, Black Terror*, pp.73 · 255; William H. McNeill, *The Greek Dilemma*, p.64.

주28 John L. Hondros, *Occupation and Resistance: The Greek Agony 1941-44* (New York: Pella, 1983), p.113; Dominique Eudes, *Les Kapetanios* (Paris: Librairie Arthème Fayard, 1970)/John Howe, translated from the French, *The Kapetanios: Partisans and Civil War in Greece, 1943-1949* (London: NLB, 1972), p.6.

주29 André Gerolymatos, *Red Acropolis, Black Terror*, p.59.

주30 David H. Close, *The Origins of the Greek Civil War*, p.100.

주31 David H. Close, *The Origins of the Greek Civil War*, p.101; Edgar O'ballance, *The Greek Civil War 1944-49*, pp.58-59 · 70-71.

주32 Edgar O'ballance, *The Greek Civil War 1944-49*, p.52.

주33 John L. Hondros, *Occupation and Resistance*, p.144; David H. Close, *The Origins of the Greek Civil War*, p.100.

주34 Frank Smothers, ed., *Report on the Greeks*, pp.19-20.

주35 L.S. Starvrianos, *Greece: American Dilemma and Opportunity*, p.75.

주36 Edgar O'ballance, *The Greek Civil War 1944-1949*, pp.60-65.

주37 L.S. Starvrianos, *Greece: American Dilemma and Opportunity*, p.83.

주38 Mark Mazower, *Inside Hitler's Greece: The Experience of Occupation 1941-44* (New Haven and London: Yale University Press, 1993), pp.265 · 269-275.

주39 'British Policy and Resistance Movement in Greece. Report by Major D.J. Wallace on his visit to Greece,' 14 July-9 August 1943, Public Record Office, FO 371/37213, R8419, Richard Clogg, *Greece 1940-1949; Occupation, Resistance, Civil War*, p.118.

주40 Lars Baerentzen, ed., *British Reports on Greece: 1943-1949* (Copenhagen: Museum Tusculanum Press, 1982), pp.2-3 · 28.

주41 John L. Hondros, Occupation and Resistance, pp.105-106; British Policy and Resistance Movement in Greece. Report by Major D.J. Wallace on his visit to Greece,' 14 July-9 August 1943, Public Record Office, FO 371/37213, R8419, Richard Clogg, *Greece 1940-1949; Occupation, Resistance, Civil War*, p.119.

주42 Edgar O'ballance, *The Greek Civil War 1944-1949*, pp.53-60.

주43 David H. Close, *The Origins of the Greek Civil War*, pp.91, 115; John L. Hondros, *Occupation and Resistance*, p.150; Mark Mazower, *Inside Hitler's Greece*, pp.334-349.

주44 Polymeris Voglis, *Becoming a Subject*, p.46.

주45 William H. McNeill, *The Greek Dilemma*, pp.41-42.

주46 Mark Mazower, *Inside Hitler's Greece*, pp.18-19.

주47 André Gerolymatos, *Red Acropolis, Black Terror*, p.41; David H. Close, *The Origins of the Greek Civil War*, p.63.

주48 André Gerolymatos, "The Security Battalions and the Civil War," *Journal of the Hellenic Diaspora*, Vol. 2, No. 1 (Spring 1985), p.18.

주49 David. H. Close, *The Origins of the Greek Civil War*, pp.65 · 89; Mark Mazower, *Inside Hitler's Greece*, pp.323-325.

주50 Edgar O'ballance, *The Greek Civil War 1944-49*, pp.70-71.

주51 *Mark Mazower, Inside Hitler's Greece*, pp.172 · 308.

주52 André Gerolymatos, *Red Acropolis, Black Terror*, p.92.

주53 Mark Mazower, *Inside Hitler's Greece*, pp.341-349; John L. Hondros, *Occupation and Resistance*, p.150; David H. Close, *The Origins of the Greek Civil War*, p.115.

제2장 제3절

주1 André Gerolymatos, *Red Acropolis, Black Terror*, p.43.

주2 'An American view of the situation in Greece, December 1943: Charles Edson, Office of Strategic Services, Cairo,' National Archives and Records Service, OSS Records, RG 226, Entry 48, Box 2, Richard Clogg, *Greece 1940-1949: Occupation, Resistance, Civil War*, p.163.

주3 Procopois Papastratis, *British Policy Towards Greece During the Second World War 1941-1944* (Cambridge: Cambridge University Press, 1984), pp.133-136 · 149-151.

주4 Mark Mazower, *Inside Hitler's Greece*, pp.85-87; John Louis Hondros, *Occupation and Resistance*, pp.95-99.

주5 Edgar O'ballance, *The Greek Civil War 1944-1949*, p.50.

주6 David H. Close, *The Origins of the Greek Civil War*, p.72.

주7 L.S. Stavriannos, *Greece: American Dilemma and Opportunity*, pp.73-74.

주8 Frank Smothers, ed., *Report on the Greeks*, p.22.

주9 D. George Kousoulas, *Revolution and Defeat*, p.155.

주10 Edgar O'ballance, *The Greek Civil War 1944-49*, pp.54-57; D. George Kousoulas, *Revolution and Defeat*, p.156; Procopois Papastratis, *British Policy Towards Greece During the Second World War 1941-1944*, p.129.

주11 André Gerolymatos, *Red Acropolis, Black Terror*, p.81.

주12 Edgar O'ballance, *The Greek Civil War 1944-49*, pp.57-58; D. George Kousoulas, *Revolution and Defeat*, p.156.

주13 "Political Aspects of the Greek Resistance Movement," FO 371/37201 74220 R 2050, André Gerolymatos, *Red Acropolis, Black Terror*, pp.79-81.

주14 John L. Hondros, *Occupation and Resistance*, pp.152-153.

주15 David H. Close, *The Origins of the Greek Civil War*, p.103.

주16 Procopis Papastiratis, *British Policy Towards Greece During the Second World War 1941-1944*, pp.139-142.

주17 John L. Hondros, *Occupation and Resistance*, pp.150-153, 160; David H. Close, *The Origins of the Greek Civil War*, pp.103-104; Edagar O'ballance, *The Greek Civil War 1944-49*, p.64; 'British Policy and Resistance Movement in Greece. Report by Major D.J. Wallace on his visit to Greece,' 14 July-9 August 1943, Public Record Office, FO 371/37213, R8419, Richard Clogg, G*reece 1940-1949: Occupation, Resistance, Civil War*, p.118; André Gerolymatos, *Red Acropolis, Black Terror*, p.84.

주18 Procopis Papastiratis, *British Policy Towards Greece During the Second World War 1941-1944*, pp.198-200; André Gerolymatos, *Red Acropolis, Black Terror*, pp.125-126; Richard Clogg, *A Concise History of Greece*, pp.130-131.

주19 Amikam Nachmani, "Civil War and Foreign Intervention in Greece: 1946-49," *Journal of Contemporary History*, Vol.25(1990), p.496.

주20 Polymeris Voglis, *Becoming a Subject*, p.46.

주21 Lars Baerentzen, ed., *British Reports on Greece 1943-44*, p.28.

주22 C.M. Woodhouse, *Apple of Discord: A Survey of Recent Greek Politics in Their International Setting* (Virginia: W.B. O'Neill, 1985), pp.150-157; David H. Close, *The Origins of the Greek Civil War*, pp.93-94 · 104-105; Edgar O'ballance, *The Greek Civil War 1944-49*, pp.64-67; Lars Baerentzen, ed., *British Reports on Greece 1943-44*, p.51.

주23 John L. Hondros, *Occupation and Resistance*, p.182; Procopis Papastratis, *British Policy Towards Greece During the Second World War 1941-1944*, pp.154-156.

주24 André Gerolymatos, *Red Acropolis, Black Terror*, p.88; C.M. Woodhouse, *Apple of Discord*, p.177; John L. Hondros, *Occupation and Resistance*, pp.183-185.

주25 C.M. Woodhouse, *Apple of Discord*, pp.303-304.

주26 L.S. Stavrianos, *Greece: American Dilemma and Opportunity*, p.105; William H. McNeill, The Greek Dilemma, p.91.

주27 David H. Close, *The Origins of the Greek Civil War*, p.113; John L. Hondros, *Occupation and Resistance*, pp.220-222.

주28 Edgar O'ballance, *The Greek Civil War 1944-49*, pp.73-74.

주29 John L. Hondros, *Occupation and Resistance*, p.150; Mark Mazower, *Inside Hitler's Greece*, pp.341-349.

주30 'The establishment of the Political Committee of National Liberation, 10 March 1944,' Richard Clogg,

Greece 1940-1949: Occupation, Resistance, Civil War, p.171.

주31 Edgar O'ballance, *The Greek Civil War 1944-49*, p.73.

주32 Mark Mazower, *Inside Hitler's Greece*, pp.291-293.

주33 David H. Close, *The Origins of the Greek Civil War*, p.100; L.S. Stavrianos, *Greece: American Dilemma and Opportunity*, pp.84 · 105-106.

주34 André Gerolymatos, *Red Acropolis Black Terror*, pp.88-90; John L. Hondros, *Occupation and Resistance*, pp.189, 213-217; L.S. Stavrianos, *Greece: American Dilemma and Opportunity*, pp.106-111; C.M. Woodhouse, *Apple of Discord*, pp.187-188; William H. McNeill, *The Greek Dilemma*, p.98.

주35 이 글은 그리스 전쟁박물관의 설명문을 참조했다.

주36 Richard Clogg, *A Concise History of Greece*, p.131.

주37 David H. Close, *The Origins of the Greek Civil War*, p.108; 레바논회의에는 25명이 참석했다고 한다. William H. McNeill, *The Greek Dilemma*, p.115; L.S. Stavrianos, *Greece: American Dilemma and Opportunity*, p.115.

주38 John L. Hondros, *Occupation and Resistance*, pp.219-222.

주39 L.S. Stavrianos, *Greece: American Dilemma and Opportunity*, p.116.

주40 C.M. Woodhouse, *Apple of Discord*, pp.305-306; David H. Close, *The Origins of the Greek Civil War*, pp.108-109; William H. McNeill, *The Greek Dilemma*, pp.117-118.

주41 John L. Hondros, *Occupation and Resistance*, pp.224-226.

주42 André Gerolymatos, *Red Acropolis, Black Terror*, p.121.

주43 C.M. Woodhouse, *The Apple of Discord*, p.198.

주44 André Gerolymatos, *Red Acropolis, Black Terror*, pp.121-125.

주45 C.M. Woodhouse, *Apple of Discord*, p.203.

주46 David H. Close, *The Origins of the Greek Civil War*, p.97.

주47 L.S. Stavrianos, *Greece: American Dilemma and Opportunity*, p.122; William H. McNeill, *The Greek Dilemma*, p.123.

주48 C.M. Woodhouse, *Apple of Discord*, pp.306-307. 이 책에는 카세르타협정 원문이 기술돼 있다.

주49 John L. Hondros, *Occupation and Resistance*, pp.230-233.

주50 André Gerolymatos, *Red Acropolis, Black Terror*, p.154.

주51 Mark Mazower, *Inside Hitler's Greece*, pp.173-177; Richard Clogg, *A Concise History of Greece*, pp. 122, 125. R. J. Rummel은 나치 점령 지역에서 게릴라들에 의해 사망할 경우 독일군 병사 1명당 부근의 민간인 100여 명을 학살하고, 부상자 1명당 50명을 학살했다고 말했다. R. J. Rummel, 'Democide: Nazi Genocide and Mass Murder Chapter 1,' http://www.hawaii.edu/powerkills/NAZIS.CHAP1.HTM (검색일: 2008.6.1).

주52 John L. Hondros, *Occupation and Resistance*, pp.96-99; Mark Mazower, *Inside Hitler's Greece*, pp.87, 174; Stathis N. Kalyvas, *The Logic of Violence in Civil War*, p.168.

주53 Mark Mazower, *Inside Hitler's Greece*, pp.177-178.

주54 Hagen Fleisher, *Stemma kai Svastika, I Ellada tis Katokhis kai tis Antistasis, 1941-1944* (Athens, 1995), ii, Richard Clogg, *Greece 1940-1949: Occupation, Resistance, Civil War*, p.101

주55 John L. Hondros, *Occupation and Resistance*, pp.153-159; Mark Mazower, *Inside Hitler's Greece*, pp.169-181.

주56 Panos Nikolaidis, *A Survivor narrates…* (Greece: The Municipal Museum of the Kalavryta Holocaust, 2010); The Municipal Museum of the Kalavryta Holocaust, *"A house for our heroes"-An attempt to approach the tragedy in Kalavryta* (Greece: The Municipal Museum of the Kalavryta Holocaust, 2008); Mark Mazower, *Inside Hitler's Greece*, p.179.

주57 Edgar O'ballance, *The Greek Civil War 1944-49*, pp.80-81; Polymeris Voglis, *Becoming a Subject*, p.43; Mark Mazower, *Inside Hitler's Greece*, p.178.

주58 Stathis N. Kalyvas, *The Logic of Violence in Civil War*, pp.150-152.

주59 "Woodhouse report on the situation in Greece, January to May 44 (5 July 1944)", PRO, FO 371/43689/R10469, Stathis N. Kalyvas, *The Logic of Violence in Civil War*, p.116.

주60 C.M. Woodhouse, *Apple of Discord*, pp.58-59.

주61 David H. Close, *The Origins of the Greek Civil War*, p.116.

주62 Mark Mazower, *Inside Hitler's Greece*, pp.336-339.

주63 David H. Close, *The Origins of the Greek Civil War*, pp.116.

주64 John L. Hondros, *Occupation and Resistance*, p.162.

주65 Mark Mazower, *Inside Hitler's Greece*, p.238; John L. Hondros, *Occupation and Resistance*, p.91.

주66 Richard Clogg, *A Concise History of Greece*, pp.125-126; John L. Hondros, *Occupation and Resistance*, pp.91-92. 혼드로스는 등록일을 7월 13일이 아니라 7월 11일로 적고 있다.

주67 Mark Mazower, *Inside Hitler's Greece*, pp.238-240 · 244; 그리스 아테네의 유대인박물관 설명문 참조.

주68 John L. Hondros, *Occupation and Resistance*, pp.91-92; Mark Mazower, *Inside Hitler's Greece*, pp.241-244; Richard Clogg, *A Concise History of Greece*, pp.125-127, Richard Clogg, *Greece 1940-1949: Occupation, Resistance, Civil War*, pp.104-106.

주69 이 설명은 그리스 아테네의 유대인박물관에 전시된 설명을 참조했다. 혼드로스는 8천여 명이 등록할 것으로 예상했으나 3,500여 명만이 등록하는 데 그쳤다고 한 반면 마조워는 10월 17일로 연기했는데도 8천여 명 가운데 1,200명만이 등록하는 데 그쳤다고 언급했다. John L. Hondros, *Occupation and Resistance*, pp.92-93; Mark Mazower, *Inside Hitler's Greece*, pp.248-252.

주70 이 수치는 그리스 아테네에 있는 유대인박물관의 설명이다.

주71 Mark Mazower, *Inside Hitler's Greece*, p.256; John O. Iatrides and Lind Wrigley, eds., *Greece at the Crossroads: The Civil War and Its Legacy*, p.321.

주72 Public Record Office, SOE Papers, HS5/231, Richard Clogg, *Greece: 1940-1949, Occupation, Resistance, Civil War*, p.107.

주73 2012년 6월 26일 베리아시 주최로 열린 기념행사에는 82살이 된 다니엘 리가 참가한 가운데 이스라엘 정부가 기오르고스와 파나이요타 라나라, 사제 카라미초풀로스 등 3명의 후손들에게 '국가의인상(Righteous Among the Nations Award)'을 수여했다. 이 상을 받은 그리스인은 300여 명이며, 이들 가운데 다마스키노스 대주교와 독일 점령 시기 그리스 아테네 경찰국장이었던 에베르트도 있다.
http://www.ekathimerini.com/4dcgi/_w_articles_wsite6_1_27/06/2012_449341 (검색일: 2012.7.17).

주74 점령하의 그리스의 경제에 관한 자세한 글은 Stavros B. Thomadakis, "Black Markets, Inflation, and Force in the Economy of Occupied Greec", John O. Iatrides, ed., *Greece in the 1940s: A Nation in Crisis* (Hanover, N.H.: University of New England Press, 1981), pp.61-80.

주75 Raphael Lemkin, *Axis Rule in Occupied Greece*, p.190.

주76 John L. Hondros, *Occupation and Resistance*, pp.67-68; C.M. Woodhouse, *Apple of Discord*, p.123.

주77 퀜틴 레이놀드 씀, 전성철 역, "내란에 신음하는 희랍인민들"(『콜리어-스』(*Collier's*) 1948년 9월 21일호에서), 서울신문사, 『신천지』 제4집 제3호(1949.3), 국립중앙도서관, p.102.

주78 Mark Mazower, *Inside Hitler's Greece*, pp.26-30; 'Conditions in occupied Greece: a British intelligence report of 25 August 1943,' Public Record Office, SOE Papers, HS5/242, Richard Clogg, *Greece: 1940-1949, Occupation, Resistance, Civil War*, p.114.

주79 William H. McNeill, *The Greek Dilemma*, pp.42-43.

주80 Anthone C. Colovas, *A Quick History of Modern Greece*, p.89; Raphael Lemkin, *Axis Rule in Occupied Greece*, p.190; Richard Clogg, *A Concise History of Greece*, p.124.

주81 L.S. Starvrianos, *Greece: American Dilemma and Opportunity*, p.65.

주82 Mark Mazower, *Inside Hitler's Greece*, p.38.

주83 David H. Close, *The Origins of the Greek Civil War*, pp.61-62.

주84 Anthone C. Colovas, *A Quick History of Modern Greece*, p.89; André Gerolymatos, *Red Acropolis, Black Terror*, p.57; L.S. Starvrianos, *Greece: American Dilemma and Opportunity*, p.65.

주85 'Conditions in occupied Greece: a British intelligence report of 25 August 1943,' Public Record Office, SOE Papers, HS5/242, Richard Clogg, *Greece: 1940-1949, Occupation, Resistance, Civil War*, p.113.

주86 John L. Hondros, *Occupation and Resistance*, p.66.

주87 Richard Clogg, *A Concise History of Greece*, p.124.

주88 Raphael Lemkin, *Axis Rule in Occupied Greece*, p.191.

주89 C.M. Woodhouse, *Apple of Discord*, p.123.

주90 Richard Clogg, *A Concise History of Greece*, p.121.

제2장 제4절

주1 David H. Close, *The Origins of the Greek Civil War*, pp.89-97 · 117-119; Mark Mazower, *Inside Hitler's Greece*, p.358.

주2 Mark Mazower, *Inside Hitler's Greece*, p.360.

주3 Edgar O'ballance, *The Greek Civil War 1944-49*, pp.87-92.

주4 C.M Woodhouse, *Apple of Discord*, p.214; David H. Close, *The Origins of the Greek Civil War*, pp.120, 127-128; L.S. Stavrianos, *Greece: American Dilemma and Opportunity*, p.64.

주5 C.M. Woodhouse, *Apple of Discord*, pp.214-215; C.M. Woodhouse, *The Struggle for Greece 1941-1949*, p. 114; Edgar O'ballance, *The Greek Civil War 1944-49*, pp.92-93; David. H. Close, *The Origins of the Greek Civil War*, p.131. 우드하우스는 그리스 산악여단의 아테네 입성을 11월 10일로, 클로즈는 11월 9일로 적고 있다.

주6 John O. Iatrides, *Revolt in Athens* (Princeton: Princeton University Press, 1972), pp.157-158.

주7 C.M. Woodhouse, *Apple of Discord*, pp.214-216; C.M. Woodhouse, *The Struggle for Greece 1941-1949*, pp.115; Edgar O'ballance, *The Greek Civil War 1944-49*, p.95.

주8 André Gerolymatos, *Red Acropolis, Black Terror*, p.101.

주9 André Gerolymatos, "The Security Battalions and the Civil War," *Journal of the Hellenic Diaspora*, Vol. 2, NO. 1 (Spring 1985), p.23.

주10 Edgar O'ballance, *The Greek Civil War 1944-49*, pp.93-94.

주11 Christos Hadziiossif, "Economic Stabilization and Political Unrest: Greece 1944-1947", Lars Baerentzen, John O. Iatrides and Ole L. Smith, eds., *Studies in the History of the Greek Civil War 1945-1949*, p.25.

주12 Mark Mazower, *Inside Hitler's Greece*, pp.365-366.

주13 휴 세튼 왓슨(Hugh Seton Watson) 씀, 안종목 역, '希臘의 近政', 서울신문사, 『신천지』 제4집 제3호(1949. 3), p.114. 이 글은 휴 세튼 왓슨이 영국신문 맨체스터 가디언에 쓴 것을 번역해 실은 것이다. 국립중앙도서관.

주14 퀜틴 레이놀드, '내란에 신음하는 희랍인민들'(『콜리어-스』 1948년 9월 21일호에서), 『신천지』 제4집 제3호(1949.3), 국립중앙도서관, p.103.

주15 David H. Close, *The Origins of the Greek Civil War*, pp.167-168; L.S. Stavrianos, *Greece: American Dilemma and Opportunity*, pp.157-159.

주16 이 시기 3개 정부는 파판드레우 정부(1944.5~1945.1) - 니콜라오스 플라스티라스 정부(1945. 1~1945.4) - 페트로스 불가리스 정부(1945.4~1945.10)로 단명정부들이었다.

주17 C.M. Woodhouse, *Apple of Discord*, pp.216-217.

주18 André Gerolymatos, *Red Acropolis, Black Terror*, p. 100.

주19 Mary Henderson, *Xenia-A Memoir: Greece 1919-1949* (Leicestershire: Thrope, 1991), p.274; Wilfred Byford-Jones, *Greek Trilogy: Resistance, Liberation, Revolution* (London: Hutchinson,

1945), p.138.

주20 Neni Panourgiá, *Dangerous Citizens: The Greek Left and the Terror of the State* (New York: Fordham University Press, 2009), p.67.

주21 Mary Henderson, *Xenia*, p.123.

주22 André Gerolymatos, *Red Acropolis, Black Terror*, pp.103-104; Wilfred Byford- Jones, *The Greek Trilogy*, pp.138-139.

주23 John L. Hondros, *Occupation and Resistance*, p.245; Richard Clogg, *A Concise History of Greece*, p.134; Neni Panourgiá, *Dangerous Citizens*, pp.67-68.

주24 Wilfred Byford-Jones, *The Greek Trilogy*, pp.139-140.

주25 정확한 숫자를 파악하기는 어렵다. 맥닐은 6만여 명이 신타그마 광장을 채웠다고 언급한다. William H. McNeill, *The Greek Dilemma*, p.141.

주26 André Gerolymatos, *Red Acropolis, Black Terror*, p.106.

주27 William H. McNeill, *The Greek Dilemma*, pp.165-171; John O. Iatrides, *Revolt in Athens*, pp.187-194.

주28 Mary Henderson, *Xenia*, pp.272-273.

주29 André Gerolymatos, *Red Acropolis, Black Terror*, pp.107-109; 파누르기아는 12월 4일 100여 명이 희생된 것으로 보고 있다. Neni Panourgiá, *Dangerous Citizens*, p.68.

주30 André Gerolymatos, *Red Acropolis, Black Terror*, p.167.

주31 L.S. Stavrianos, *Greece: American Dilemma and Opportunity*, pp.134-135.

주32 'Prime Minister Winston Churchill's order of 5 December 1944 to General Ronald Scobie, General Officer Commanding Forces in Greece, on the outbreak of fighting in Athens', Richard Clogg, *Greece 1940-1949: Occupation, Resistance, Civil War*, p.187.

주33 David H. Close, *The Origins of the Greek Civil War*, pp. 138-139; Mark Mazower, *Inside Hitler's Greece*, pp.369-370; Neni Panourgiá, *Dangerous Citizens*, pp.69-70.

주34 André Gerolymatos, *Red Acropolis, Black Terror*, pp.153-154; John L. Hondros, *Occupation and Resistance*, pp.246-247; Mary Henderson, *Xenia*, pp.278-279.

주35 Neni Panourgiá, *Dangerous Citizens*, p.78.

주36 André Gerolymatos, *Red Acropolis, Black Terror*, pp.177-178; David H. Close, *The Origins of the Greek Civil War*, pp.150, 160; D. George Kousoulas, *Revolution and Defeat*, pp.213-215; Richard Clogg, *A Concise History of Greece*, p.134; William H. McNeill, *The Greek Dilemma*, p.156.

주37 Neni Panourgiá, *Dangerous Citizens*, p.70.

주38 David H. Close, *The Origins of the Greek Civil War*, pp.140-141.

주39 Christos Hadziiossif, "Economic Stabilization and Political Unreset: Greece 1944-1947," Lars Baerentzen, John O. Iatrides and Ole L. Smith, eds., *Studies in the History of the Greek Civil*

War 1945-1949 (Copenhagen: Museum Tusculanum Press, 1987), p.28.

주40 Neni Panourgiá, *Dangerous Citizens*, p.70.

주41 David H. Close, *The Origins of the Greek Civil War*, pp.140-142.

주42 David H. Close, *The Origins of the Greek Civil War*, pp.142-143; D. Kosoulas, *Revolution and Defeat*, pp.215-216; William H. McNeill, *The Greek Dilemma*, pp.157-161.

주43 C.M. Woodhouse, *Apple of Discord*, pp.229-230; Edgar O'ballance, *The Greek Civil War 1944-49*, p.112.

주44 D. Kosoulas, *Revolution and Defeat*, p.216; John L. Hondros, *Occupation and Resistance*, pp.249-250.

주45 C.M. Woodhouse, *Apple of Discord*, pp.308-310. 이 책에는 바르키자협정 원문이 실려 있다.

주46 C.M. Woodhouse, *Apple of Discord*, pp.229-230; David H. Close, *The Origins of the Greek Civil War*, p.144; Edgar O'ballance, *The Greek Civil War 1944-49*, p.112; John L. Hondros, *Occupation and Resistance*, p.250.

주47 류섹은 바르키자협정을 맺게 된 이유에 대해 좌파 쪽이 전투를 계속한다면 우파가 영국과 더욱 결탁할 것을 예상했기 때문이고, 우파 쪽에서도 쁘티부르주아지와 노동진영이 점점 좌파로 기울어지는 것을 알고 전투를 중지함으로서 좌파세력의 증가를 막으려고 했기 때문이라고 분석했다. 또 영국의 입장에서는 군주제를 회복해 왕당파를 내세워 그리스에서의 이익을 보장하고 지중해를 거쳐 중동과 아시아에 이르는 해상로의 안전을 기하려고 했기 때문에 협정이 체결됐다고 분석했다. 죠세프 S. 류섹(Joseph S. Roueck), '希臘의 政治情勢'(Government and Polities Abroad 1947에서), 서울신문사, 『신천지』 제4집 제3호(1949. 3), 85-86쪽.

주48 Polymeris Voglis, "Becoming Communisti: Political Prisoners as a Subject during the Greek Civil War," Philip Carabott & Thanasis D. Sfikas, *The Greek Civil War: Essays on a Conflict of Exceptionalism and Silences* (Hampshire: Ashgate, 2004), p.143.

주49 Charles Tilly, "Collective Violence in European Perspective", p.4.

주50 Amikam Nachmani, *International Intervention in the Greek Civil War*, p.2.

주51 Philip B. Minehan, "What was the Problem in Greece? A Comparative and Contextual View of the National Problems in the Spanish, Yogoslav and Greek Civil Wars of 1936-49," Philip Carabott & Thanasis D. Sfikas, *The Greek Civil War: Essays on a Conflict of Exceptionalism and Silences*, p.51.

주52 L.S. Stavrianos, *Greece: American Dilemma and Opportunity*, p.149.

주53 Subject: The British and the Greek Right, Weekly Report No. 6, National Archives and Records Service, OSS Records, RG 226, Entry I, Box I Office of Strategic Services, Richard Clogg, *Greece 1940-1949: Occupation*, Resistance, Civil War, pp.191-193.

주54 Polymeris Voglis, "Political Prisoners in the Greek Civil War, 1945-50: Greece in Comparative Perspective," *Journal of Contemporary History*, Vol. 37, No. 4(Oct, 2002), p.528.

주55 Edgar O'ballance, *The Greek Civil War 1944-49*, p.115.

주56 David H. Close, "The Changing Structure of the Right, 1945-1950," John O. Iatrides and Linda Wrighley, ed., *Greece at the Crossroads: The Civil War and Its Legacy* (Penn.: The Pennsylvania State University Press, 1995), pp.128-129; Neni Panourgiá, *Dangerous Citizens*, pp.79-80.

주57 Heinz Richter, "The Varkiza Agreement and the Origins of the Civil War," John O. Iatrides, ed., *Greece in the 1940s: A Nation in Crisis* (N.H.: University Press of New England, 1981), p.170.

주58 John O. Iatrides, ed., *Ambassador MacVeagh Reports: Greece, 1933-47* (Princeton, 1980), p.704.

주59 David H. Close, *The Origins of the Greek Civil War*, pp.158 · 171-172.

주60 Subject: The British and the Greek Right. Ⅱ, Weekly Report No. 17, National Archives and Records Service, OSS Records, RG 226, Entry I, Box I Office of Strategic Services, Richard Clogg, *Greece 1940-1949: Occupation, Resistance, Civil War*, pp.193-197.

주61 Polymeris Voglis, "Becoming Communist: Political Prisoners as a Subject during the Greek Civil War," Philip Carabott & Thanasis D. Sfikas, *The Greek Civil War*, p.143.

주62 Mark Mazower, "Three Forms of Political Justice: Greece, 1944-1945", Mark Mazower, ed., *After the War was Over: Reconstructing the Family, Nation, and State in Greece, 1943-1960* (Princeton and Oxford: Princeton University Press, 2000), p.38.

주63 David. H. Close, "The Reconstruction of a Right-Wing State," David H. Close ed., *The Greek Civil War, 1943-50: Studies of Polarization* (New York: Routledge, 1993), p.164.

주64 Procopis Papastratis, "The Purge of the Greek Civil Service on the Eve of the Civil War," Lars Baerentzen, John O. Iatrides and Ole L. Smith, eds., *Studies in the History of the Greek Civil War 1945-1949*, pp.41-52.

주65 L.S. Stavrianos, *Greece: American Dilemma and Opportunity*, p.148; Procopis Papastratis, "The Purge of the Greek Civil Service on the Eve of the Civil War," Lars Bærentzen, John O. Iatrides and Ole L. Smith, eds., *Studies in the History of the Greek Civil War 1945-1949*, p.42.

주66 David H. Close, *The Origins of the Greek Civil War*, p.154.

주67 Mark Mazower, *Inside Hitler's Greece*, p.357.

주68 John L. Hondros, *Occupation and Resistance*, p.253.

주69 Procopis Papastratis, "The Purge of the Greek Civil Service on the Eve of the Civil War," Lars Baerentzen, John O. Iatrides and Ole L. Smith, eds., *Studies in the History of the Greek Civil War 1945-1949*, pp.42-47.

주70 C.M. Woodhouse, *The Struggle for Greece 1941-1949* with a new Introduction by Richard Clogg (Chicago: Ivan R. Dee, 2003), pp.144-145; David H. Close, *The Origins of the Greek Civil War*, p.177.

주71 D. George Kousoulas, *Revolution and Defeat*, p.219.

주72 Edgar O'ballance, *The Greek Civil War 1944-49*, p.116.

주73 Edgar O'ballance, *The Greek Civil War 1944-49*, p.117; Ole L. Smith, "Self-Defence and

Communist Policy 1945-1947," Lars Baerentzen, John O. Iatrides, Ole L. Smith, ed., *Studies in the History of the Greek Civil War 1945-1949*, pp.162-163; Ole L. Smith, "Communist Perceptions, Strategy, and Tactics, 1945-1949," John O. Iatrides and Linda Wrighley, ed., *Greece at the Crossroads*, p.95.

주74 David H. Close, "The Changing Structure of the Right, 1945-1950," John O. Iatrides and Linda Wrighley, ed., *Greece at the Crossroads*, p.136; William H. McNeill, *The Greek Dilemma*, p.165.

주75 C.M. Woodhouse, *Apple of Discord*, pp.308-310.

주76 David H. Close, *The Origins of the Greek Civil War*, pp.163 · 78-179.

주77 C.M. Woodhouse, *Apple of Discord*, pp.251-252; L.S. Stavrianos, *Greece: American Dilemma and Opportunity*, pp.159-163; William H. McNeill, *The Greek Dilemma*, pp.182-183.

주78 Thanasis D. Sfikas, "A Prime Minister for All Time: Themistoklis Sofoulis from Premiership to Opposition to Premiership, 1945-49," Philip Carabot and Thanasis D. Sfikas, ed., *The Greek Civil War*, pp.76-77; *New York Times*, 1945.11.22.

주79 Robert Frazier, *Anglo-American Relations with Greece. The Coming of the Cold War*, 1942-7 (New York, 1991), pp.87-88.

주80 *New York Times*, 1945.12.24.

주81 David H. Close, *The Origins of the Greek Civil War*, p.164; L.S. Stavrianos, *Greece: American Dilemma and Opportunity*, pp.163-164.

주82 William H. McNeill, *The Greek Dilemma*, p.188.

주83 L.S. Stavrianos, *Greece: American Dilemma and Opportunity*, p.167.

주84 *New York Times*, 1946.3.31.

주85 Lawrence S. Wittner, *American Intervention in Greece*, pp.38-39; Thanasis D. Sfikas, "A Prime Minister for All Time: Themistoklis Sofoulis from Premiership to Opposition to Premiership, 1945-49," Philip Carabott & Thanasis D. Sfikas, eds., *The Greek Civil War*, pp.77-78.

주86 L.S. Stavrianos, *Greece: American Dilemma and Opportunity*, pp.163-164; William H. McNeill, *The Greek Dilemma*, p.190.

주87 조세프 S. 류섹(Josep S. Roueck), '希臘의 政治政勢'(Government and Polities Abroad 1947에서), 『신천지』 제4집 제3호(1949.3), 82쪽.

주88 Richard Clogg, *A Concise History of Greece*, p.135.

주89 L.S. Stavrianos, *Greece: American Dilemma and Opportunity*, pp.164-169; Thanasis D. Sfikas, "A Prime Minister for All Time: Themistoklis Sofoulis from Premiership to Opposition to Premiership, 1945-49," Philip Carabott & Thanasis D. Sfikas, eds., *The Greek Civil War*, pp.77-78.

주90 *New York Times*, 1946.2.22.

주91 *New York Times*, 1945.12.16.

주92 연합국 그리스선거감시사절단 선발대는 1945년 11월 말에 아테네에 도착했다. William H. McNeill, *The Greek Dilemma*, p.189.

주93 David H. Close, *The Origins of the Greek Civil War*, pp.174-175; Willaim H. McNeill, *Greek Dilemma*, pp.189-193; Stavrianos, *Greece: American Dilemma and Opportunity*, pp.169-171.

주94 L.S. Stavrianos, *Greece: American Dilemma and Opportunity*, p.168.

주95 Edgar O'ballance, *The Greek Civil War 1944-49*, p.118.

주96 David H. Close, *The Origins of the Greek Civil War*, p.179.

주97 William H. McNeill, *The Greek Dilemma*, pp.192-193.

주98 *New York Times*, 1946.4.4.

주99 http://en.wikipedia.org/wiki/Greek_legislative_election,_1946 (검색일: 2013.9.21); Frank Smothers, William Hardy McNeill, and Elizabeth Darbishire McNeill, Report On the Greeks, p.29; David H. Close, "The Changing Structure of the Right, 1945-1950," John O. Iatrides and Linda Wrighley, eds., *Greece at the crossroads* (Penn.: The Pennsylvania State University Press, 1995), p.136; Richard Clogg, *A Concise History of Greece*, pp.135-137; William H. McNeill, *The Greek Dilemma*, p.193.

주100 David H. Close, *The Origins of the Greek Civil War*, pp.189-190.

주101 *New York Times*, 1946.4.4.

주102 C.M. Woodhouse, *The Apple of Discord*, p.264.

주103 L.S. Stavrianos, *Greece: American Dilemma and Opportunity*, pp.169-170; Frank Smothers, William Hardy McNeill, and Elizabeth Darbishire McNeill, *Report On the Greeks*, p.29; Willaim H. McNeill, *The Greek Dilemma*, p.193.

주104 Frank Smothers, eds., *Report on the Greeks*, p.29.

주105 Andréw J. Birtle, *U.S. Army Counterinsurgency and Contingency Operations Doctrine 1942-1976* (Washington, D.C.: Center of Military History, United States Army, 2006), p.43.

주106 Polymeris Voglis, *Becoming a Subject*, p.5.

제2장 제5절

주1 Lawrence S. Wittner, *American Intervention in Greece*, 1943-1949, p.41; William H. McNeill, *The Greek Dilemma*, p.195.

주2 Ole L. Smith, "Self-Defence and Communist Policy 1945-1947," Lars Baerentzen, John O. Iatrides, Ole L. Smith, ed., *Studies in the History of the Greek Civil War 1945-1949*, pp.168-169.

주3 L.S. Starvianos, *Greece: American Dilemma and Opportunity*, pp.172-175; David H. Close, *The Origins of the Greek Civil War*, p.190.

주4 Smothers, eds., *Report on the Greeks*, pp.29-30.

주5 Edgar O'ballance, *The Greek Civil War 1944-49*, p.118.

주6 David H. Close, *The Origins of the Greek Civil War*, pp.194-195; Howard Jones, *A New Kind of War*, pp.20-24, 65; D. Kousoulas, *Revolution and Defeat*, p.240; David H. Close, *The Origins of the Greek Civil War,* pp.193-197.

주7 Anthony James Joes, *American and guerrilla warfare*, pp.156-157.

주8 André Gerolymatos, *Red Acropolis, Black Terror*, p.222.

주9 Akim Nachmani, *Civil War and Foreign Intervention in Greece: 1946-49*, p.505.

주10 북조선노동당 중앙본부 선전선동부 강연과 강연자료 제13집, 『戰後의 希臘』, 북조선노동당 중앙본부, 1948, 13-14쪽. 이 글은 『세계정치와 경제』 제8호에서 번역한 것이다. 국립중앙도서관.

주11 Lawrence S. Wittner, *The American Intervention in Greece, 1943-1949*, pp.224-225.

주12 Howard Jones, *A New Kind of War*, pp.63-64.

주13 아테네발 UP 보도, *Stars and Stripes* (Pacific), 1947.4.16.

주14 Andréw J. Birtle, *U.S. Army Counterinsurgency and Contingency Operations Doctrine 1942-1976*, pp.44-45.

주15 흐 빠시스, 아 삐니아리스 공저, 야 우쉐렌꼬 로문역, 『희랍민주군』(모스끄바: 쏘련 무력성 군사출판소, 1948), p.25. 이 책자는 미국 내셔널아키브즈의 북한군 노획문서에 있는 것이다. Captured Korean Documents, DOC No. Sa 200711, RG 242, NARA. 국립중앙도서관.

주16 북조선노동당 중앙본부 선전선동부 강연과 강연자료 제13집, 『戰後의 希臘』, 북조선노동당 중앙본부, 1948, 15-16쪽, Captured Korean Documents, Doc No. Sa 2007ll, RG242, NARA, 국립중앙도서관.

주17 David H. Close, *The Origins of the Greek Civil War*, p.209.

주18 Lawrence S. Wittner, *American Intervention in Greece*, 1943-1949, pp.225-226.

주19 Lawrence S. Wittner, American Intervention in Greece, 1943-1949, p.110; L.S. Stavrianos, *Greece: American Dilemma and Opportunity*, pp.172-173.

주20 Edgar O'Ballance, *The Greek Civil War, 1944-49*, pp.118-119; David H. Close, *The Origins of the Greek Civil War*, pp.190-191; L.S. Stavrianos, *Greece: American Dilemma and Opportunity*, pp.172-173; Nikos C. Alivizatos, "The Executive in the Post-Liberation Period, 1944-1949," John O. Iatrides and Linda Wrigley, eds., *Greece at the Crossroads*, p.167.

주21 L.S. Stavrianos, *Greece: American Dilemma and Opportunity*, p.178.

주22 André Gerolymatos, "Greek Democracy on Trial: From Insurgency to Civil War, 1943-1949," *The Review of International Affairs: Center for Eurasian Studies*, Vol. 2, No. 3(Spring 2003), p.132.

주23 Edgar O'ballance, *The Greek Civil War 1944-49*, p.118.

주24 Stathis N. Kalyvas, *The Logic of Violence in Civil War*, p.107.

주25 Memorandum by the Acting Director of the Office of Near Eastern and African Affairs (Villard) to the Secretary of State, August 7, 1947, *FRUS* 1947, Ⅴ, p.284.

주26 The Ambassador in Greece (MacVeagh) to the Secretary of State, May 26, 1947, *FRUS* 1947, Ⅴ, pp. 178-179; Lawrence S. Wittner, *American Intervention in Greece, 1943-1949*, p.106.

주27 죠세프 S. 류섹(Joseph S. Roueck), '希臘의 政治情勢'(Government and Polities Abroad 1947에서), 『신천지』 제4집 제3호(1949.3), 87쪽.

주28 David H. Close, "The Changing Structure of the Right, 1945-1950," John O. Iatrides and Linda Wrigley, eds., *Greece at the Crossroads*, p.137.

주29 Frank Smothers, eds, *Report on the Greeks*, pp.30-32.

주30 북조선노동당 중앙본부 선전선동부 강연과 강연자료 제13집, 『戰後의 希臘』, 북조선노동당 중앙본부, 1948, 27-28 · 32-33쪽, 국립중앙도서관.

주31 Polymeris Voglis, "Political Prisoners in the Greek Civil War, 1945-50: Greece in Comparative Perspective," *Journal of Contemporary History*, Vol.37, No.4 (Oct., 2002), p.530.

주32 David H. Close, *The Origins of the Greek Civil War*, p.189.

주33 Howard Jones, *A New Kind of War*, p.68.

주34 C.M. Woodhouse, *The Struggle for Greece 1941-1949*, p.215; Polymeris Voglis, "Political Prisoners in the Greek Civil War, 1945-50: Greece in Comparative Perspective," pp.529-530.

주35 Neni Panourgiá, *Dangerous Citizens*, pp.89-103.

주36 U.S. Senate Committee on Foreign Relations, *Legislative Origins of the Truman Doctrine* (Washington: U.S.G.P.O, 1973), p.82.

주37 Lowrence S. Wittner, *American Intervention in Greece*, 1943-1949, p.99.

주38 The Secretary of State to the Embassy in Greece, May 31, 1947, *FRUS* 1947, Vol. Ⅴ, p.186.

주39 Memorandum by the Acting Secretary of State to President Truman, May 23, 1947, *FRUS* 1947, Vol. Ⅴ, p.175.

주40 Yiannis P. Roubatis, *Tangled Webs: The U.S. in Greece 1947-1967* (New York: Pella, 1987), p.33; Editorial Note, *FRUS* 1947, Vol. Ⅴ, p.204.

주41 Memorandum by the Coordinator for Aid to Greece and Trukey (McGhee) to the Under Secretary of State (Lovett), July 7, 1947, *FRUS* 1947, Vol. Ⅴ, p.212.

주42 Memorandum of the conversation, by the Deputy Director of the Office of Near Eastern and African Affairs (Villard), July 9, 1947, *FRUS* 1947, Vol. Ⅴ, pp.215-216.

주43 The Secretary of State to Governor Dwight P. Griswold, at Washington, July 11, 1947, *FRUS* 1947, Vol. Ⅴ, pp.219-224.

주44 Lawrence S. Wittner, *American Intervention in Greece, 1943-1949*, pp.104-106; L.S. Stavrianos, *Greece: American Dilemma and Opportunity*, p.186.

주45 C.M. Woodhouse, *The Struggle for Greece 1941-1949*, p.235; Edgar O'ballance, *The Greek Civil War 1944-49*, p.155; Howard Jones, *A New Kind of War*, p.95; Richard J. Barnet, *Intervention & Revolution*, p.148.

주46 Howard Jones, *A New Kind of War*, p.70.

주47 Paul F. Braim, *The Will to Win: The Life of General James A. Van Fleet* (Maryland: Naval Institute

Press, 2001)/육군교육사령부 자료지원처 번역실 옮김, 『승리의 신념: 밴 플리트 장군 일대기』, 봉명, 2002, 223쪽.

주48 Edgar O'Ballance, *The Greek Civil War*, p.141.

주49 Howard Jones, *A New Kind of War*, p. 94; John K. Walmsley, *US Military Advisers in Greece: The Development of United States Military Assistance and Counterinsurgency Operations During the Greek Civil War*, MA, Ohio State University, 2003, p.42.

주50 Andréw J. Birtle, *U.S. Army Counterinsurgency and Contingency Operations Doctrine* 1942-1976, p.46.

주51 Howard Jones, *A New Kind of War*, pp.127-129; Lawerence S. Wittner, *The American Intervention in Greece*, 1943-1949, pp.223-224.

주52 Neni Panourgiá, *Dangerous Citizens*, p.88.

주53 John K. Walmsley, *US Military Advisers in Greece*, pp.43-44.

주54 Editorial Note, *FRUS* 1947, Ⅴ, p.321.

주55 퀜틴 레이놀드, '內亂에서 呻吟하는 希臘人民들'(『콜리어-스』지 1948년 9월 21호에서), 『신천지』 제4집 제3호(1949.3), 105쪽.

주56 The Ambassador in Greece (MacVeagh) to the Secretary of State, August 21, 1947, *FRUS* 1947, Vol. V, pp.303-304.

주57 Lawrence S. Wittner, *The American Intervention in Greece, 1943-1949*, p.232.

주58 Memorandum of Conversation, by the Acting Chief of the Division of Greek, Turkish and Iranian Affairs (Jernegan), December 26, 1947, *FRUS* 1947, Vol. Ⅴ, p.466.

주59 Yiannis P. Roubatis, *Tangled Webs*, pp.49-51.

주60 Governor Dwight P. Griswold to the Secretary of State, Sept. 11, 1947, *FRUS* 1947, Ⅴ, p. 339.

주61 Yiannis P. Roubatis, *Tangled Webs*, p.58.

주62 Governor Dwight P. Griswold to the Secretary of State, October 9, 1947, FRUS 1947, Vol. Ⅴ, pp.361-363; 1948년 5월 이러한 견해들을 반영한 NSC 5/3은 "미국은 현재 상징적 무력(token forces)이나 군사 작전용으로 그리스에 군대를 보내서는 안된다"고 결론을 내렸다. NSC 5/3: The Position of the United States with respect to the Use of US Military Power in Greece, Report to the National Security Council by the Executive Secretary of the Council (Souers), May 25, 1948, *FRUS* 1948, Vol. Ⅳ, p.95.

주63 Memorandum by the Acting Chief of the Division of Greek, Turkish and Iranian Affairs (Jernegen) to the Director of the Office of Near Eastern and African Affairs (Henderson), October 27, 1947, *FRUS* 1947, Vol. Ⅴ pp.383-384.

주64 Yiannis P. Roubatis, *Tangled Webs*, p.55.

주65 Memorandum by Admiral Sidney W. Souers, Executive Secretary of the National Security Council. to the National Security Council, October 30, 1947, *FRUS* 1947, Vol. Ⅴ, pp.391-392.

주66 Yiannis P. Roubatis, *Tangled Webs*, p.60.

주67 Editorial Note, *FRUS* 1947, Ⅴ, p.480.

주68 Paul F. Braim, 『승리의 신념』, p.224.

주69 *Stars and Stripes* (Pacific), 1947.4.3, 4.4.

주70 Memorandum of Conversation, by the Assistance Chief of the Division of Near Eastern Affairs (Jernegan), July 22, 1947, *FRUS* 1947, Vol Ⅴ, pp.253-254.

주71 The Ambassador in Greece (MacVeagh) to the Secretary of State, July 28, 1947, *FRUS* 1947, Vol Ⅴ, p.264.

주72 Governor Dwight P. Griswold to the Secretary of State, August 5, 1947, *FRUS* 1947, Vol Ⅴ, p.280.

주73 Governor Dwight P. Griswold to the Coordinator for Aid to Greece and Turkey (McGhee), undated, *FRUS* 1947, Vol Ⅴ, pp.295-296.

주74 Memorandum of Conversation, by the Secretary of State, August 7, 1947, *FRUS* 1947, Vol Ⅴ, pp.284-286.

주75 The Ambassador in Greece (MacVeagh) to the Secretary of State, August 20, 1947, *FRUS* 1947, Vol Ⅴ, p.303.

주76 The Ambassador in Greece (MacVeagh) to the Secretary of State, August 23, 1947, *FRUS* 1947, Vol Ⅴ, pp.309-310; 아테네발 AP 보도, Stars and Stripes (Pacific), 1947.8.25.

주77 The Ambassador in Greece (MacVeagh) to the Secretary of State, August 25, 1947, *FRUS* 1947, Vol Ⅴ, pp.311-313.

주78 The Ambassador in Greece (MacVeagh) to the Secretary of State, August 27, 1947, *FRUS* 1947, Vol Ⅴ, pp.318-319.

주79 The Ambassador in Greece (MacVeagh) to the Secretary of State, September 2, 1947, *FRUS* 1947, Vol Ⅴ, pp.323-325.

주80 The Ambassador in Greece (MacVeagh) to the Secretary of State, September 9, 1947, *FRUS* 1947, Vol Ⅴ, pp.332-333; The Secretary of State to the Embassy in Greece, September 10, 1947, *FRUS* 1947, Vol Ⅴ, p.334.

주81 휴 세튼 왓슨, '希臘의 近情'(『맨체스터 가디언』지 번역), 『신천지』 제4집 제3호(1949.3), 117쪽.

주82 David H. Close, "The Changing Structure of the Right, 1945-1950," John O. Iatrides and Linda Wrigley, eds., *Greece at the Crossroads*, p.144.

주83 Lawrence S. Wittner, *American Intervention in Greece*, 1943-1949, p.117.

주84 Governor Dwight P. Griswold to the Secretary of State, September 30, 1947, *FRUS* 1947, Vol Ⅴ, pp.355-356.

주85 The Acting Secretary of State to the American Mission for Aid to Greece, October 17, 1947, *FRUS* 1947, Vol. Ⅴ, pp.370-371.

주86 Governor Dwight P. Griswold to the Secretary of State, October 24, 1947, *FRUS* 1947, Vol. Ⅴ, pp.378-379.

주87 The Secretary of State to the American Mission for Aid to Greece, November 4, 1947, *FRUS* 1947, Vol. Ⅴ, p.398.

주88 Statement of Department's Position on Organization of American Activities in Greece, October 23, 1947, *FRUS* 1947, Vol. Ⅴ, pp.393-395.

주89 Lawrence S. Wittner, *The American Intervention in Greece, 1943-1949*, p.119.

주90 C.M. Woodhouse, *Struggle for Greece*, p.208; Edgar O'Ballance, *The Greek Civil War*, pp.131-135 · 142-43; Lawrence S. Wittner, *American Intervention in Greece*, p.225.

주91 Edgar O'ballance, *The Greek Civil War 1944-49*, p.153.

주92 "Greece Security Situation in the Peleponnese; Sir C. Norton to Mr. Bevin (26 June 1947)", PRO, FO 371/67006/R8651, Stathis N. Kalyvas, *The Logic of Violence in Civil War*, p.122.

주93 Memorandum by the Secretary of State to President Truman, July 16, 1947. *FRUS* 1947, Vol. Ⅴ, pp.237-238; 아테네발 AP 보도, *Stars and Stripes* (Pacific), 1947.7.15.

주94 Memorandum Prepared in the Department of Sate, July 17, 1947, *FRUS* 1947, Vol. Ⅴ, pp.238-242.

주95 Howard Jones, *A New Kind of War*, p.75.

주96 The Chargé in Greece (Keeley) to the Secretary of State, September 12, 1947, *FRUS* 1947, Vol. V, p.336.

주97 Edgar O'ballance, *The Greek Civil War 1944-49*, pp.149-151.

주98 C.M. Woodhouse, *The Struggle for Greece 1941-1949*, p.218; Edgar O'ballance, *The Greek Civil War 1944-49*, pp.157-158; 'Communiqué of 'Free Greece' Agency 24 December 1947, printed in 'Free Greece',' Richard Clogg, *Greece 1940-1949: Occupation, Resistance, Civil War*, pp.202-207; Anthony James Joes, *American and guerrilla warfare*, p.175; Alex P. Schmid, *Soviet Military Intervention Since 1945 With Case Studies by Ellen Berends* (N.J.: Transactions Publishers, 1985)/국방대학원 안보문제연구소 옮김, 『1945년 이후의 소련의 군사개입』(서울: 동연구소, 1989), p.111.

주99 Neni Panourgiá, *Dangerous Citizens*, p.86.

주100 Edgar O'Ballance, *The Greek Civil War 1944-49*, p.218.

주101 André Gerolymatos, *Red Acropolis, Black Terror*, p.222.

주102 David H. Close, *The Origins of the Greek Civil War*, pp.215-217; David H. Close, "The reconstruction of a right-wing state," David H. Close, ed., *The Greek Civil War*, pp.173-174.

주103 Memorandum of Conversation, by Mr. William Witman of the Division of Near Eastern Affairs, July 29, 1947, *FRUS* 1947, Ⅴ, pp.265-266.

주104 Governor Dwight P. Griswold to the Secretary of State, November 4, 1947, *FRUS* 1947, Vol. V, pp.396-398.

주105 The Acting Secretary of State to the American Mission for Aid to Greece, December 30, 1947, *FRUS* 1947, Vol. Ⅴ, pp.478-480.

주106 David H. Close, *The Origins of the Greek Civil War*, pp.214-215.

주107 Howard Jones, *A New Kind of War*, p.119.

주108 Polymeris Voglis, *Becoming Subject*, pp.81-82.

주109 André Gerolymatos, *Red Acropolis, Black Terror*, p.211.

주110 Edgar O'ballance, *The Greek Civil War 1944-49*, pp.161-163.

주111 David H. Close, *The Origins of the Greek Civil War*, p.209.

주112 Memorandum by the Director of the Office of Near Eastern and African Affairs (Henderson) to the Secretary of State, January 9, 1948, *FRUS* 1948, Vol. Ⅳ, pp.9-13.

주113 The Secretary of State to the American Mission for Aid to Greece, January 12, 1948, *FRUS* 1948, Ⅳ, pp.26-27.

주114 Paul F. Braim, 『승리의 신념』, pp.216-218.

주115 C.M. Woodhouse, *The Struggle for Greece*, 1941-1949, p.236.

주116 The Secretary of State to the American Mission for Aid to Greece, January 26, 1948, *FRUS* 1948, Vol. Ⅳ, pp.36-37.

주117 Edgar O'Ballance, *The Greek Civil War*, p.166; Lawrence S. Wittner, *The American Intervention in Greece, 1946-49*, pp.241-242.

주118 Paul F. Braim, 『승리의 신념』, p.226.

주119 Andréw J. Birtle, *U.S. Army Conterinsurgency and Contingency Operations Doctrine 1942-1976*, pp.47-48.

주120 Zachary Karabell, *Architects of Intervention* (Louisiana: Louisiana University Press, 1999), pp.18-19.

주121 C.M. Woodhouse, *The Struggle for Greece*, pp.260-261; Paul F. Braim, 『승리의 신념』, pp.229-235.

주122 Rankin to Secretary of State, May 15, 1948, 868.00/5-1548, SD records, Lawrence S. Wittner, *American Intervention in Greece, 1943-1949*, p.134.

주123 Memorandum by the Coordinator for Aid to Greece and Turkey (McGhee) to the Under Secretary of State (Lovett), May 19, 1948, *FRUS* 1948, Vol. Ⅳ, p.88.

주124 Lawrence S. Wittner, *American Intervention in Greece*, 1943-1949, p.117.

주125 The Ambassador in Athens(Grady) to the Secretary of State, 1948. 9. 29, *FRUS* 1948, Ⅳ, pp. 152-153.

주126 PPS 44: Report on U.S. Aid to Greece, Report by the Policy Planning Staff on United States Aid to Greece, November 24 1948, *FRUS* 1948, Vol. Ⅳ, pp.195-199.

주127 씨몽 째리 씀, 송수련 역, '叛亂地區 踏査記 - 希臘의 悲劇', 서울신문사 『신천지』 제4집 제3호

(1949.3), p.111.

주128 Department of the Army, Headquarters, FM 31-21: *Department of the Army Filed Manual, Guerrilla Warfare and Special Forces Operations* (Washington D.C.: Headquarters, Department of the Army, 29 September 1961), p.8.

주129 Stathis N. Kalyvas, *The Logic of Violence in Civil War*, p.104.

주130 Richard Stubb, *Hearts and Minds in Guerrilla Warfare: The Malyan Emergency, 1948-1960* (Singapore: Oxford University Press, 1989), p.2; Nathan Leites and Charles Wolf Jr., *Rebellion and Authority: An Analytic Essay on Insurgent Conflicts* (Chicago: Markham, 1970), p.10.

주131 Department of the Army, *U.S. Army Counterguerrilla Operations Handbook* (Guilford, Conn.: The Lyons Press, 2004), pp.1.4-1.5.

주132 In Foreign Office to Athens, 8 November 1948, PRO, FO 371/72249/R12662, Amikam Nachmani, *International Intervention in the Greek Civil War*, p.6.

주133 Milovan Djilas, *Conversations with Stalin* (New York: Harcourt, Brace & World, Inc., 1962), pp.171 · 182.

주134 Edgar O'ballance, *The Greek Civil War 1944-49*, p.170.

주135 David H. Close, *The Origins of the Greek Civil War*, pp.212-213.

주136 Edgar O'ballance, *The Greek Civil War 1944-49*, p.167.

주137 그는 현장에서 체포됐으나 아테네 지하조직을 폭로해 처형을 면했다. Polymeris Voglis, *Becoming a Subject*, p.81.

주138 Lawrence S. Wittner, *American Intervention in Greece*, 1946-49, pp.145-146.

주139 Nicos C. Alivizatos, "The Executive in the Post-Liberation Period, 1944-1949," John O. Iatrides and Linda Wrigley, eds., *Greece at the crossroads*, p.167; David H. Close, *The Origins of the Greek Civil War*, p.216.

주140 아테네발, 교토-AP보도, *Nippon Times*, 1948.5.6.

주141 Dominique Eudes, *The Kapetanios: Partisans and Civil War in Greece, 1943-1949*, p.321.

주142 Lawrence S. Wittner, *American Intervention in Greece, 1946-49*, pp.250-251.

주143 The Secretary of State to the Embassy in Greece, August 6 1948, *FRUS* 1948, Vol. Ⅳ, pp.118-120.

주144 퀜틴 레이놀드, '內亂에 呻吟하는 希臘人民들'(『콜리어-스』지 1948년 9월 21일호에서), 『신천지』 제4집 제3호(1949.3), 104쪽.

주145 Edgar O'ballance, *The Greek Civil War 1944-49*, pp.168-169.

주146 David Stoll, *Between Two Armies: In the Ixil Towns of Guatemala* (New York: Columbia University Press, 1993), pp.61-91.

주147 Michael McClintock, T*he American Connection: State Terror and Popular Resistance in Guatemala*, Vol. 2 (London: Zed, 1985), pp.83-94.

주148 The Acting Secretary of State to the American Mission for Aid, December 30, 1947, *FRUS* Vol.

Ⅴ, pp.478-479; Edgar O'ballance, *The Greek Civil War 1944-49*, pp.166-167.

주149 Lawrence S. Wittner, *American Intervention in Greece, 1946-49*, pp.167-169.

주150 George Kousoulas, *Revolution and Defeat*, pp.255-258.

주151 Paul F. Braim, 『승리의 신념』, pp.241-242.

주152 Governor Dwight P. Griswold to the Secretary of State, June 16, 1948, *FRUS* 1948, Ⅳ, pp.107-108.

주153 Dominique Eudes, *The Kapetanios: Partisans and Civil War in Greece, 1943-1949*, p.328.

주154 Howard Jones, A New Kind of War, p.169; Paul F. Braim, 『승리의 신념』, pp.244-245.

주155 David H. Close, *The Origins of the Greek Civil War*, p.217; Dominique Eudes, *The Kapetanios: Partisans and Civil War in Greece, 1943-1949*, pp.328-330; Edgar O'ballance, *The Greek Civil War 1944-49*, pp.171-172, 215; Paul F. Braim, 『승리의 신념』, pp.246-247.

주156 Edgar O'Ballance, *The Greek Civil War*, p.174; Draft Report by the Department of State to the National Security Council, November 30, 1948, *FRUS* 1948, Ⅳ, p.206.

주157 JUSMAPG History, Van Fleet Papers, Box 53, Folder 31, Paul F. Braim, 『승리의 신념』, pp.264, 279-280; Lawrence S. Wittner, *American Intervention in Greece*, 1946-49, p.248.

주158 David H. Close, *The Origins of the Greek Civil War*, pp.217-218.

주159 Lawrence S. Wittner, *American Intervention in Greece*, pp.244-245.

주160 C.M. Woodhouse, *The Struggle for Greece*, 1941-1949, p.255; Kenneth Matthews, *Memories of a Mountain War: Greece, 1944-1949* (New York: Longman, 1972), p.247.

주161 "Notes on Conversation with Mr. Kenneth Matthews on the 1st November, 1948," PRO, FO 371/72217/R1237, Stathis N. Kalyvas, T*he Logic of Violence in Civil War*, p.109.

주162 David H. Close, *The Origins of the Greek Civil War*, p.218.

주163 Edgar O'ballance, *The Greek Civil War 1944-49*, p.183; Dominique Eudes, *The Kapetanios: Partisans and Civil War in Greece, 1943-1949*, pp.339-340.

주164 Edgar O'ballance, *The Greek Civil War 1944-49*, p.177; Richard Clogg, *A Concise History of Greece*, p.139.

주165 씨몽 제리, '叛亂地區 踏査記 - 希臘의 悲劇', 『신천지』 제4집 제3호(1949.3), 107-109쪽.

주166 Paul F. Braim, 『승리의 신념』, p.252.

주167 Edgar O'ballance, *The Greek Civil War 1944-49*, p.173.

주168 Lawrence S. Wittner, *American Intervention in Greece*, pp.247-248; D. George Kousoulas, *Revolution and Defeat*, pp.264-265; Paul F. Braim, 『승리의 신념』, pp.256-259.

주169 The Ambassador in Greece (Grady) to the Secretary of State, November 22, 1948, *FRUS* 1948, Ⅳ, pp.187-191.

주170 Lawrence S. Wittner, *American Intervention in Greece*, p.248; Paul F. Braim, 『승리의 신념』, pp.259-260.

주171 André Gerolymatos, *Red Acropolis Black Terror*, p.229; Edgar O'ballance, *The Greek Civil War 1944-49*, pp.214-215.

주172 David H. Close, *The Origins of the Greek Civil War*, p.211.

주173 Angeliki E. Laiou, "Population Movements in the Greek Countryside During the Civil War," Lars Bærentzen, John O. Iatrides and Ole L. Smith, eds., *Studies in the History of the Greek Civil War 1945-1949*, p.63; 벌로우는 20세기 초의 미국-필리핀전쟁을 분석하면서 "필리핀에서 가장 큰 군사문제는 미군이 베트남에서 맞닥뜨렸던 문제였다. 그들은 사격을 시작할 때까지 '물고기'가 누구였는지 파악할 수 없었다. 중대한 과오를 피하기 위해 베트남에서의 미군들처럼 필리핀인들은 과잉살륙됐으며, 달리 입증되지 않는 한 누구든지 적으로 간주됐다"고 말했다. Alan Berlow, *Dead Season: A Story of Murder and Revenge* (New York: Vintage, 1996), p.180.

주174 Andréw J. Birtle, *U.S. Army Counterinsurgency and Contingency Operations Doctrine 1942-1976*, pp.50-51.

주175 Daniel B. Schirmer, Stephen Rosskamm Shalom, *The Philippines Reader: A History of Colonialism, Neocolonialsim, Dictatorship, and Resistance* (Boston, M.A.: South End Press, 1987), pp.16-18; Anthony James Joes, *America and Guerrilla Warfare* (Lexington, Kentucky: University Press of Kentucky, 2000), p.119; Stanley Karnow, *In Our Image: America's Empire in the Philippines* (New York: Ballentine Books, 1989), p.188.

주176 Brian McAllister Linn, *The U.S. Army and Counterinsurgency in the Philippine War, 1899-1902* (Chapel Hill: University of North Carolina Press, 1989), pp.154-155.

주177 Julian Go and Anne L. Foster, eds., *The American Colonial State in the Philippines: Global Perspective* (Durham, NC: Duke University Press, 2003), p.233; Stanley Karnow, *In Our Image: America's Empire in the Philippines*, p.140.

주178 Anthony James Joes, *Resisting Rebellion: The History and Politics of Counterinsrgency*, p.106.

주179 Thomas Pakenham, *The Boer War* (New York: Random House, 1979), p.549.

주180 Gregory Fremont-Barnes, *The Boer War 1899-1902* (Oxford: Osprey Publishing, 2003), p.81; Thomas Pakenham, *The Scramble for Africa: White Man's Conquest of the Dark Continent from 1876 to 1912* (New York: Avon Books, 1991), pp.576-579.

주181 퀜틴 레이놀드, '內亂에 呻吟하는 希臘人民들'(『콜리어-스』지 1948년 9월 21일호에서), 『신천지』 제4집 제3호(1949.3), 106쪽.

주182 씨몽 쎄리, '叛亂地區 踏査記 - 希臘의 悲劇', 『신천지』 제4집 제3호(1949.3), 110쪽.

주183 John J. McCuen, *The Art of Counter-Revolutionary War* (Florida: Hailer Publishing, 2005), p.238.

주184 John J. McCuen, *The Art of Counter-Revolutionary War*, p.302.

주185 L.S. Stavriannos, *Greece: American Dilemma and Opportunity*, pp.196-198.

주186 Paul F. Braim, 『승리의 신념』, pp.274-275.

주187 Richard J. Barnet, *Intervention & Revolution*, p.149.

주188 씨몽 떼리, '叛亂地區 踏査記 - 希臘의 悲劇', 『신천지』 제4집 제3호(1949.3), 109-110쪽.

주189 "Report from Military Attache on the Military Situation in the Peleponnese (visit: 18-21 February 1949)", PRO, FO 371/78357/R2293, Stathis N. Kalyvas, *The Logice of Violence in Civil War*, p.122.

주190 Andréw J. Birtle, *U.S. Army Counterinsurgency and Contingency Operations Doctrine 1942-1976*, pp.53-54.

주191 Dominique Eudes, *The Kapetanios: Partisans and Civil War in Greece, 1943-1949*, p.329.

주192 Akim Nachmani, *Civil War and Foreign Intervention in Greece: 1946-49*, p.510; Edgar O'ballance, *The Greek Civil War 1944-49*, pp.179-182; Milovan Djilas, *Conversations with Stalin*, pp.140-141.

주193 Edgar O'Ballance, *The Greek Civil War*, p.262.

주194 André Gerolymatos, *Red Acropolis, Black Terror*, p.225.

주195 John J. McCuen, *The Art of Counter-Revolutionary War*, pp.301-302.

주196 Paul F. Braim, 『승리의 신념』, pp.282-283; 훗날 자카리아디스는 티토의 반역행위는 그리스 인민민주주의 운동에 있어서 새로운 어려움을 조성했다고 평가했다. 그는 영-미 제국주의자들이 티토를 이용해 발칸에서 자신들의 군사기지를 확충하고 어떠한 희생을 치르더라도 그리스를 고수하겠다는 입장을 강화시켰기 때문이라고 주장했다. 희랍공산당 총비서 니코 · 파하리아지스, "찌또(티토: 인용자)도배는 인민민주 희랍의 배후에 타격을 가하고 있다", 『근로자』 18호, 로동신문사, 1949.9.30, p.119, 국립중앙도서관.

주197 유고슬라비아 일간 *Borba*, 24 July 1949, Akim Nachmani, *Civil War and Foreign Intervention in Greece: 1946-49*, p.511.

주198 C.M. Woodhouse, *The Struggle for Greece, 1941-1949*, p.276; D. George Kousoulas, *Revolution and Defeat*, p.271; L.S. Stavrianos, *Greece: American Dilemma and Opportunity*, pp.201-202; Richard J. Barnet, *Intervention & Revolution*, pp.149-151.

주199 Akim Nachmani, *Civil War and Foreign Intervention in Greece: 1946-49*, p.513.

주200 Edgar O'ballance, *The Greek Civil War 1944-49*, pp.184, 196-197; Howard Jones, *A New Kind of War*, pp.217-218; Paul F. Braim, 『승리의 신념』, pp.290-295.

주201 C.M. Woodhouse, *The Struggle for Greece*, pp.277-278, 284-285; David H. Close, *The Origins of the Greek Civil War*, p.219.

주202 Paul F. Braim, 『승리의 신념』, p.299.

주203 André Gerolymatos, *Red Acropolis, Black Terror*, p.228.

주204 Edgar O'Ballance, *The Greek Civil War*, p.192.

주205 C.M. Woodhouse, *The Struggle for Greece*, pp.285-286.

주206 Lawrence S. Wittner, American Intervention in Greece, 1943-1949, pp.283 · 401.

주207 David H. Close, *The Origins of Greek Civil War*, pp.219-220 · 211.

주208 Howard Jones, *A New Kind of War*, p.220.

주209 Anthony James Joes, *America and guerrilla warfare*, p.180.

주210 D. George Kousoulas, *Revolution and Defeat*, p.270.

주211 André Gerolymatos, *Red Acropolis, Black Terror*, pp.229-230.

주212 Stathis N. Kalyvas, *The Logic of Violence in Civil War*, p.249.

주213 Amikam Nachmani, *International Intervention in the Greek Civil War*, p.23.

주214 Amikam Nachmani, "Civil War and Foreign Intervention in Greece: 1946-49," *Journal of Contemporary History*, Vol.25(1990), pp.491-492.

주215 Polymeris Voglis, "Political Prisoners in the Greek Civil War, 1945-50: Greece in Comparative Perspective," *Journal of Contemporary History*, Vol.37, No.4(Oct., 2002), pp.529-532.

주216 Mando Dalianis & Mark Mazower, "Children in Turmoil during the Civil War: Today's Adults," Mark Mazower, ed., *After the War was Over*, pp.91-104.

주217 David H. Close, *The Origins of the Greek Civil War*, p.220.

주218 Howard Jones, *A New Kind of War*, p.233.

주219 Minas Smamats, "The Populist Phase Of An Underdeveloped Surveillance Society: Political Surveillance In Post-Dictatorial Greece," *Journal of the Hellenic Diaspora*, Vol.19, No.1(1993), pp.34-35.

주220 Peter Siani-Davies and Stefanos Katsikas, "National Reconciliation After Civil War: The Case of Greece," *Journal of Peace Research*, Vol.46, No.4(June 2009), pp.563-567.

주221 Ricard Clogg, *A Concise History of Greece*, pp.142-143.

주222 Amikam Nachmani, *Civil War and Foreign Intervention in Greece: 1946-49*, p.496.

주223 Malcolm Brabant, "Analysis: Greek anti-Americanism", 2007.1.12, http://news.bbc.co.uk/2/hi/europe/6255235.stm (검색일: 2008.6.12).

주224 Daniel Howden, "Greek deserter arrested-53 years later," 2002.2.13., http://news.bbc.co.uk/2/hi/europe/1818256.stm (검색일: 2008.6.12).

주225 Peter Siani-Davies and Stefanos Katsikas, "National Reconciliation After Civil War: The Case of Greece," pp.568-569.

주226 Neni Panourgiá, *Dangerous Citizens*, p.151.

주227 Minas Smamats, "The Populist Phase Of An Underdeveloped Surveillance Society: Political Surveillance In Post-Dictatorial Greece", pp.36-37.

제3장 제1절

주1 *New York Times*, 1885.1.20.

주2 일본 오사카후 오사카시에 본사를 두고 있는 이 신문은 『朝日新聞』이라는 이름으로 1879년 1월 창간됐으나 1889년에는 도쿄에서도 『朝日新聞』이 발간되자 이를 『東京朝日新聞』이라고

하고, 오사카에서 발간되는 신문은『大阪朝日新聞』이라고 불렀다. 제주사정립사업추진협의회 · 제주특별자치도,『자료집 · 일본신문이 보도한 제주도: 1878~1910년』(제주: 제주특별자치도, 2006), p. ii.

주3 『大阪毎日新聞』, 1885.3.12(제주사정립사업추진협의회 · 제주특별자치도, 앞의 자료집, 8쪽에서 재인용).

주4 이 신문은 1875년 2월 창간돼 1910년 5월 폐간됐다.『長崎新聞』이라는 이름으로 창간된 뒤『西海新聞』,『鎭西日報』로 신문 이름이 바뀌었다. 제주사정립사업추진협의회 · 제주특별자치도, 앞의 책, p. i. 이하 신문 이름과 발행일자만 적는다.

주5 나가사키와 사가현 포함.

주6 『鎭西日報』, 1985.4.15.

주7 『大阪朝日新聞』, 1885.6.16.

주8 『大阪毎日新聞』, 1885.5.6.

주9 『鎭西日報』, 1890.1.17.

주10 『大阪毎日新聞』, 1885.5.26.

주11 『鎭西日報』, 1890.6.5.

주12 『大阪毎日新聞』, 1887.3.8;『大阪朝日新聞』, 1887.6.11.

주13 *Washington Post*, 1885.8.14.

주14 "Allen to the Secretary of State, June 7, 1901", Scott S. Burnett, ed., *Korean-American Relations: Documents pertaining to the Far Eastern diplomacy of the United States Vol. Ⅲ, The Period of Diminishing Influence, 1896-1905* (Hawaii: University of Hawaii Press, 1992), pp.268-269.

주15 *New York Times*, 1905.5.30 · 5.31 · 6.10.

주16 임덕순,『지정학: 이론과 실제』, 법문사, 1999, 145쪽.

주17 이는 당시 일본에서 출격해 중국을 공습하고 일본으로 귀환하는 왕복비행을 하기에는 기술력이 부족했기 때문이었다. 츠카사키 마사유키(塚崎昌之),「제주도에서의 일본군의 '본토결전' 준비-제주도와 거대 군사 지하시설」, 제주4 · 3연구소,『4 · 3과 역사』4, 2004, 224-225쪽. 츠카사키의 논문은 그동안 국내 연구진에게 공개되지 않았던 일본 방위청 방위연구소에 보관된『기밀작전일지』(機密作戰日誌)를 국내 연구자들에게 제공함으로써 태평양전쟁 시기 제주도 주둔 일본군 연구에 도움을 주었다.

주18 영락리 향토지추진위원회,『영락리지』, 태화인쇄사, 2006, 212쪽.

주19 *New York Times*, 1910.8.22, 8.23, 11.17.

주20 『한성일보』,『자유신문』,『조선일보』, 1946.10.22.

주21 Hq. USMGIK, Subj: Report of trip to the Province of Cheju during the period 4-6 December 1946, 9 Dec 1946, Arthur N. Feraru, Assistant Chief, Opinion Sampling Section, Department of Public Information. Box No. 64, RG 332, NARA.

주22 UN1083 Assembly 140. Korea, Australian Delegation, United Nations Assembly to Department of External Affairs, 5th Nov, 1947. Australia National Archives.

주23 Enclosure No. 1. Copy of address delivered by Senator Arranz at the Town Hall Conference, Dispatch No. 242, Subj: Transmitting Copies of Two Speeches of Senator Melecio Aranz, the Philippine Delegate to the Korean Commission, American Embassy in Manila to the Secretary of State, Mar 4, 1948. 국사편찬위원회, 『대한민국사 자료집』 39, 1998, 17-26쪽.

주24 Enclosure No. 9. Article *Manila Chronicle*, February 15, 1948, Dispatch No. 192, Subj: Philippine Press Comment upon the Work of the Korean Commission, Americna Embassy in Manila to the Secretary of State, February 24, 1948.

주25 Enclosure No. 2, Copy of address delivered by Senator Arranz over Manila radio station KZFM, Dispatch No. 242, Subj: Transmitting Copies of Two Speeches of Senator Melecio Aranz, the Philippine Delegate to the Korean Commission, American Embassy in Manila to the Secretary of State, Mar 4, 1948. 국사편찬위원회, 『대한민국사 자료집』 39 , 1998, 17-26쪽.

주26 *HUSAFIK* 1, p.531.

주27 The Political Adviser in Korea (Jacobs) to the Secretary of State, March 30, 1948, *FRUS* 1948, Vol. Ⅵ, p.1163.

주28 *New York Times*, 1969.9.28.

주29 Author(s) not indicated, "Notes on the Question of Former Japanese Colonies and Mandated Territories", September 1945, AVP RF, Fond 043I, Opis 1, Delo 52, Papka 8, 1. 40-43 (Kathryn Weathersby, Soviet Aims in Korea and the Origins of the Korean War, 1945-1950: New Evidence from Russian Archives, Working Paper No. 8 (Washington, D.C., November 1993), p.14에서 재인용).

주30 Author(s) not indicated, "An Understanding on the Question of a Provisional Policy for the Laperuz, Sangarsky and Korean Straits," September 1945, AVP RF, Fond 0431I, Opis 1, Delo 52, Papka 8, 11. 47-48 (Ibid., p.17에서 재인용).

주31 References PCPS D/13, National Archives of Australia.

주32 Memorandum by Mr. Marshall Green, of the Office of Northeast Asian Affairs, July 29, 1949, FRUS 1949, Vol. Ⅶ (Part 2), p.821.

주33 주한미대사관 관리가 9월 12일 한국 외무장관과 대화를 하던 중 이와 관련된 문제를 제기했으나 외무장관은 이를 부인했다고 보고서는 밝혔다. The Ambassador in Korea (Muccio) to the Secretary of State, September 19, 1949, *FRUS* 1949, Vol. Ⅶ (Part 2), pp.1080-1082.

주34 藤原 彰, 엄수현 옮김, 『日本軍事史』, 시사일본어사, 1994, 266-277쪽.

주35 John R. Skates, *The Invasion of Japan: Alternative to the bomb* (SC: University of South Carolina Press, 1994), pp.100-103.

주36 신주백, 「1945년 한반도에서의 일본군의 '본토결전'준비 - 편제와 노무동원을 중심으로」, 한국역사연구회, 『역사와 현실』 제49호(2003), p.186.

주37 藤原 彰, 『日本軍事史』, 277-278쪽.

주38 신주백, 「1945년 한반도에서의 일본군의 '본토결전'준비」, 189쪽; 츠카사키 마사유키, 「제주도에서의 일본군의 '본토결전' 준비」, 232쪽; 임종국, 『일본군의 조선침략사Ⅱ』, 일월서각, 1989, 138쪽.

주39 機密作戰日誌(乙綴), 昭和 20.4.9, 電報文 33; 4.21, 電報文 96.

주40 츠카사키 마사유키, 「제주도에서의 일본군의 '본토결전' 준비」, 233쪽.

주41 機密作戰日誌(乙綴), 昭和 20. 4.11, 電報文 45.

주42 Hq. USAFIK, G-2 W/S No. 3, Incl#1, 2 Oct. 1945.

주43 機密作戰日誌(乙綴), 昭和 20.4.17, 電報文 81.

주44 XXIV Corps, G-3 P/R No. 70, 12 Nov 1945. 민간인 61명은 610명의 오타로 보인다.

주45 Hq. USAFIK, G-2 P/R No. 68, 17 Nov 1945.

주46 징집해제자 1만7161명 가운데 58군 소속은 7,990명, 12포병 사령부 4,243명, 96사단 2,428명, 111사단 1,328명, 121사단 685명, 108 독립혼성여단 487명이며, 이 가운데 조선인은 1만 1,884명, 일본인 5,277명이다. Hq. USAFIK, G-2 W/S No. 4, Incl#1, 9 Oct. 1945.

주47 朝鮮軍殘務整理部, 附 表 第三, 濟州島 部隊 一覽表. 備考, 昭和 20年8月15日.

주48 終戰後における朝鮮軍 電報綴, 昭和 20.9.21, 電報文 0543.

주49 자세한 내용은 허호준, 「태평양전쟁과 제주도」, 『사회와 역사』 제72집(2006. 12), 37-72쪽.

주50 Hq. USAFIK, P/R No. 5, 15 Sept. 1945.

주51 終戰後における朝鮮軍 電報綴, 昭和 20. 9.21, 電報文 0543.

주52 John R. Skates, *The Invasion of Japan: Alternative to the bomb* (S.C.: University of South Carolina Press, 1994), p.43.

주53 Richard B. Frank, *Downfall: The End of Imperial Japanese Empire* (New York: Penguin Books, 1999), p.156.

주54 http://www.ibiblio.org/hyperwar/USN/USN-Chron/USN-Chron-1942.html (검색일: 2011.11.20).

주55 http://www.ibiblio.org/hyperwar/USN/USN-Chron/USN-Chron-1944.html (검색일: 2011.11.20).

주56 http://www.history.navy.mil/photos/pers-us/uspers-s/g-street.htm (검색일: 2011.9.10); Admiral Ernest J. King, Commander in Chief, United States Fleet, Third Report to the Secretary of the Navy covering the period 1 March 1945 to 1 October 1945, pp. 201-202, 3 Dec, 1945, http://www.ibiblio.org/hyperwar/USN/USNatWar/USN-King-3.html (검색일: 2011.9.10).

주57 신주백, 「1945년 한반도에서의 일본군의 '본토결전'준비」, 190-191쪽.

주58 박두실 채록, 2005.12.17.

주59 장봉영 채록, 2005.10.23.

주60 문상진 채록, 2006.9.17.

주61 임두병 채록, 2006.1.18.

주62 고석돈 채록, 2005.9.12.

주63 *Washington Post*, 1945.8.9.

주64 고태완 채록, 2006.1.15.

주65 김대종 채록. 2006.5.27.

주66 고태인 채록, 2005.12.17.

주67 강성대 채록, 2005.12.4; 고태완 채록, 2006.1.15.

주68 현남인 채록. 2006.1.15.

주69 문상진 채록, 2006.9.17.

주70 김영춘 채록, 2006.4.8.

주71 *Los Angeles Times*, 1945.8.3.

주72 김우품 채록, 2006.7.1. 김씨는 자리돔을 잡다 숨진 허○○의 시신은 닷새 뒤인 가파도 인근 해상에서 발견됐고, 당시 같이 갔던 오○○는 배 갑판에 들어갔다가 엉덩이에 총을 맞았으나 목숨을 건졌다고 말했다. 『공천포지』에는 8월 1일 낮 12시께 B-29 폭격기 편대가 제주도 남부지역을 무차별 공습해 지귀도 부근에서 고기잡이를 하던 허수택이 총탄에 맞아 실종됐다가 가파도에서 시신을 인양했고, 하례교 서쪽 조밭에서 검질(김)을 매던 김문백 등 3명의 여성이 사망했다고 밝히고 있다(제주신례2리, 『공천포지』, 1994, 140쪽).

주73 김성방 채록, 2006.5.20.

주74 문상진 채록, 2006.9.17.

주75 허찬부 채록, 2006.4.29.

주76 고창옥, 앞의 채록.

주77 *HUSAFIK* 1, pp.32, 39; 미육군 태평양방면 총사령관 명의의 포고문 전문은 점령군임을 명백히 하고 있다. FRUS 1945, Vol. Ⅵ, pp.1043-1044. 군정은 협의의 의미로 교전국의 일방의 군대가 타방의 육지상의 지역에 진주하여 피점령국의 권력을 배제하고 자국 고유의 권력을 수립 · 행사하는 것을 말하며 광의로는 군사적 · 정치적 목적 달성을 위하여 주민의 생명 · 재산을 보호하고 공공질서를 유지하는 행정작용 이외에 입법, 사법의 작용까지 전부를 행사하는 경우의 점령지역의 통치를 의미한다. J.W. Bishop, Jr., "Military Law", L. Sills, ed., *International Encyclopedia of the Social Science*, Vol. 10 (New York: The MacMillan Co. & The Free Press, 1974), p.316, 김운태, 『미군정의 한국통치』, p.71에서 재인용.

주78 *HUSAFIK* 1, pp.31-33. 박찬표는 여기서 '다른 세력'이라 함은 북의 소련과 남한 내 변혁세력의 존재라며, 미점령군의 남한 점령은 변혁세력이 세력을 확장할 수 있는 시간적 · 지리적 공간을 가능한 한 빨리 제거하기 위한 것이라고 분석했다. 따라서 미군의 남한 군사점령은 일본군 무장해제라는 군사적 목적이 아니라, 우선적으로는 소련의 남한 점령을 저지하고, 일제 패망 후 좌익세력의 현지 장악을 저지하기 위한 정치적 목적 아래 전개된 것으로 해석했다. 박찬표, 『한국의 국가형성과 민주주의: 미군정기 자유민주주의의 초기제도화』, 고려대 출판부, 1997, 30-31쪽.

주79 *HUSAFIK* 1, pp.478-486.

주80 The Political Advisor in Korea (H. Merrell Beninghoff) to the Secretary of State, 15 September, 1945, *FRUS: diplomatic papers, 1945. The British Commonwealth, the Far East.* Vol. Ⅵ, p.1052.

주81 Hq. 24th Corps, G-3 Operations Report No. 25, 28 Sept 1945, Box No. 16, RG 338, NARA.

주82 *HUSAFIK* 1, pp.527-528; *New York Times*, 1945. 9.29; Eyewitness Account by XXIV Corps Historian, Box No. 158, RG 319, NARA.

주83 Hq. 24th Corps, G-3 Operations Report No. 25, 28 Sept, 1945, Box No. 16, RG 338, NARA.

주84 Harry S. Truman, Memoirs: Years of Trial and Hope, p.317.

주85 *HUSAFIK* 1, pp.488-496.

주86 Hq. USAFIK, G-2 P/R No. 20, 30 Sept 1945.

주87 일제 강점기 때부터 물질을 한 중엄리의 한 해녀 할머니는 깊은 바다에서 물질하면서 버려진 총이 햇볕에 반사돼 번쩍번쩍 빛났으나 건져내지 못할 정도로 깊은 바다였다고 말했다. 고창현 채록, 2006.1.18.

주88 *HUSAFIK* 1, pp.495-496.

주89 Hq. 24th Corps, G-3 Operations Report No. 25, 28 Sept, 1945, Box No. 18, RG 338, NARA.

주90 Hq. 24th Corps, G-3 Operations Report No. 32, 5 Oct 1945, Box No. 18, RG 338, NARA.

주91 *HUSAFIK* 1, pp.530-531 · 555-556.

주92 Hq. 24th Corps, G-3 Operations Report No. 62, 19 April, 1946, Box No. 18, RG 338, NARA.

주93 Subj: Conditions in Korea, Jooh R. Hodge, Lt. General to Commander-in-Chief, United States Army Forces, Pacific, 13 Sept 1945, 국사편찬위원회, 『대한민국사자료집』 27, 1-8쪽.

주94 *HUSAFIK* 1, p.544; XXIV Corps, G-3 Report No. 50, 23 Oct. 1945.

주95 Hq. USAFIK, G-2 P/R No. 45, 25 Oct 1945; XXIV Corps G-3 Report No. 51, 24 Oct. 1945; XXIV Corps G-2 P/R No. 45, 25 Oct. 1945, p.2.

주96 Hq. USAFIK, G-2 P/R No. 64, 13 Nov. 1945, p. 1; Hq. USAFIK, G-2 W/S No. 10, 18 Nov. 1945.

제3장 제2절

주1 박재환, 『사회갈등과 이데올로기』, 나남, 1992, 96쪽.

주2 최장집 · 정해구, 「해방 8년사의 총체적 인식」, 최장집 외, 『해방전후사의 인식』 4, 한길사, 1989, 21쪽.

주3 Samuel P. Huntington 지음/민준기 · 배성동 역, 『정치발전론』, 을유문화사, 1971, 326 · 328쪽.

주4 존슨은 제주도 인민위원회가 공산주의 지향이 아니라 사회주의 지향이었다고 말했다. Charlmers A. Johnson, *Blowback: The Costs and Consequences of American Empire* (New York: Henry Holt and Company, 2000), p.99.

주5 『제주신문』, 1989.9.28.

주6 김옥련(부산 봉래동) 채록, 1995.8.30.

주7 Hq. 24th Corps, G-3 Operations Report No. 25, 28 Sept, 1945, Box No. 16, RG 338, NARA.

주8 김대종 채록. 2006.5.27.

주9 허찬부 채록, 2006.4.29.

주10 終戰後における朝鮮軍 電報綴, 昭和 20.9.23. 電報文 0597.

주11 김윤옥, 『초창기 제주 언론의 주역들 - 허공에 탑을 쌓을 수는 없다』, 도서출판 21기획, 2000, 173-174쪽.

주12 최장집, 『한국현대정치의 구조와 변화』, 까치, 1989, 121쪽; 건준의 결성에 대해 박명림은 그람시(Antonio Gramsci)의 표현을 빌려 민족적 민중적 집합의지(national popular collective will)의 실현을 위한 '역사적 블록'(historical bloc)이라고 말한다. 박명림, "한국의 국가형성, 1945-1948: 시각과 해석", 한국정치학회, 『한국정치학회보』 제29집 제1호, 1995, 197-198쪽.

주13 E. Grant Meade, *American Military Government in Korea* (New York: King's Crown Press, 1951), p.54.

주14 커밍스는 "건준은 한국인들이 스스로 자기의 일을 처리해 나갈 수 있음을 보여주고, 장기적 미국의 후원이나 미국의 환심을 산 다른 한국인들의 권력 장악을 사전에 방지하기 위해 표면상의 한국정부를 세우고자 한 것"이라고 평가했다. Bruce Cummings, *The Origins of the Korean War*, p.84.

주15 Samuel P. Huntington, 『정치발전론』, p.355.

주16 민주주의 민족전선 편집, 『조선해방1년사』, 문우인서관, 1946, 90쪽; 리처드 E. 라우터백, 국제신문사 출판부 옮김, 『한국미군정사』, 돌베개, 1984, 36쪽.

주17 김희재, 『미군정기 민중의 꿈과 좌절-인민위원회 운동을 중심으로』, 부산대 사회학과 박사학위 논문, 1997, 131쪽.

주18 『매일신보』, 1945.10.11.

주19 정용욱, 『해방 전후 미국의 대한정책』, 서울대출판부, 2004, 135쪽.

주20 Hq. USAFIK, G-2 W/S No. 83, 13 April 1947.

주21 조남수, 『4·3진상』, 관광제주, 1988, 10쪽.

주22 제주4·3연구소, 「제주지방 건국준비위원회와 인민위원회의 조직과 활동」, 『4·3장정』 5, 11-18쪽.

주23 김봉현·김민주, 『제주도 인민들의 4·3 무장투쟁사』, 16쪽; 金奉鉉, 『濟州島血の歷史 - 〈4·3〉 武裝鬪爭の記錄』(東京: 國書刊行會, 1978), p.28.

주24 終戰後における朝鮮軍 電報綴, 昭和 20.9.21. 電報文 0543.

주25 제주시 아라동 양경찬도 구장이었던 부친이 마을 인민위원장을 맡았다가 위험해가자 그만뒀으며, 인민위원회도 폐쇄됐다고 말했다. 양경찬 증언, 제주4·3연구소, 『무덤에서 살아나온 4·3수형자들』, 역사비평, 2002, 158쪽.

주26 고창옥 채록, 2005.10.22.

주27 김효종 채록, 2005.8.16.

주28 제주4·3연구소, 「제주지방 건국준비위원회와 인민위원회 조직과 활동」, 『4·3장정』 5,

14-16쪽.

주29 제주4·3연구소, 「손 내놓으랜 허영 손이 판찍허게 고우민 빨갱이라고…: 대정읍 구억리」, 『4·3장정』 1, 동소, 1990, 68쪽.

주30 김대종 채록, 2006.5.27.

주31 제주4·3연구소, 「제주지방 건국준비위원회와 인민위원회의 조직과 활동」, 『4·3장정』 5, 14쪽.

주32 고성화 증언, 제주4·3연구소 편, 『그늘 속의 4·3』, 63쪽.

주33 추순선 증언, 제주4·3연구소 편, 『그늘 속의 4·3』, 291-292쪽.

주34 고경흡(당시 한림면 청년동맹위원장) 채록, 2003.5.3.

주35 Bruce Cumings, *The Origins of the Korean War: Liberation and the Emergence of Separate Regimes, 1945-1947* (New Jersey: Princeton University Press, 1981)/김주환 역, 『한국전쟁의 기원』 上, 청사, 1986, 204쪽.

주36 『동아일보』, 1946.12.21.

주37 金奉鉉, 『濟州島血の歷史』, 28-29쪽.

주38 애월면 청년동맹 기관지 『신광』 창간호(1946년 4월), 36쪽, 제주4·3기념관 전시자료.

주39 이운방 증언, 제주4·3연구소, 『이제사 말햄수다』 2, 한울, 1989, 243쪽.

주40 김효종 채록, 2005.8.16.

주41 해방 직후 제주지역의 청년운동단체에 대해서는 제주4·3연구소, 「8·15 직후 제주지역의 진보적 청년운동」, 『4·3장정』 5, 24-43쪽.

주42 제민일보사, 『4·3은 말한다』 1, 전예원, 1994, 148-149쪽.

주43 Subj: Unit History, Thurman A. Stout, Senior Military Govt. Officer of 59th Military Government Company to the Adjutant General, Washington, 23 January 1946, Box No. 21878, RG 407, NARA.

주44 E. Grant Meade, American Military Government in Korea, p.185.

주45 Hq. XXIV Corps, G-3 Operations Report No. 64, 6 Nov 1945, No. 68, 10 Nov 1945, No. 70, 12 Nov 1945, Box No.16, RG 338, NARA.

주46 Subj: Unit History, Thurman A. Stout, Senior Military Govt. Officer of 59th Military Government Company to the Adjutant General, Washington, 23 January 1946, Box No. 21878, RG 407, NARA; Subj: Unit History for Calendar Year 1947, 12 January 1948, John S. Mansfield to Commanding General, USAMGIK, Box No. 21878, RG 407, NARA; XXIV Corps, G-3 Operations Report No. 64, 6 Nov. 1945; No. 68, 10 Nov. 1945; No. 70, 12 Nov. 1945.

주47 Hq. USMGIK, Subj: Report of trip to the Province of Cheju during the period 4-6 December 1946, 9 Dec, 1946, Arthur N. Feraru, Assistant Chief, Opinion Sampling Section, Department of Public Information, Box No.64, RG 332, NARA.

주48 E. Grant Meade, *American Military Government in Korea*, pp.185-186.

주49 Arthur N. Feraru, Assistant Chief, Opinion Sampling Section, Department of Public Information,

USAMGIK, Subj: Report of the trip to the Province of Cheju during the period 4-6 December 1946, 9 Dec, 1946.

주50 E. Grant Meade, *American Military Government in Korea*, p.99.

주51 Departmental Despatch No. 23/1949, Australian Mission in Japan to Australia, Subj: United States Commission on Korea, 25th February 1949, A 1838, National Archives of Australia.

주52 Gregory Henderson, 『소용돌이의 한국정치』, pp.226-227.

주53 안진, 『미군정기 국가기구 형성과정에 관한 연구』, 서울대 사회학과 박사학위논문, 1990, 112-113 · 115쪽.

주54 박찬표, 『한국의 국가형성: 반공체제 수립과 자유민주주의 제도화, 1945-45』, 고려대 정치외교학과 박사학위 논문, 1995, 111-112쪽.

주55 Gregory Henderson, 『소용돌이의 한국정치』, pp.226-229.

주56 Arthur N. Feraru, Assistant Chief, Opinion Sampling Section, Department of Public Information, USAMGIK, Subj: Report of the trip to the Province of Cheju during the period 4-6 December 1946, 9 Dec. 1946.

주57 『동아일보』, 1946.12.8; 『경향신문』, 1947.4.4; 『동광신문』, 1947.2.18.

주58 Hq USAFIK CIC, Subj: Counter Intelligence Corps Semi-Monthly Report No. 21, 31 October 1947, Box. 18342, RG 407, NARA.

주59 양기하, '제주도 이모저모', 『경향신문』, 1948.7.18.

주60 Hamza Alavi, "The State in Postcolonial Societies: Pakistan and Bangladesh", 1972/임영일 · 이성형 편역, 『국가란 무엇인가: 자본주의와 그 국가이론』, 까치, 1985, 346 · 348-349쪽.

주61 Mark Gayn 지음, 까치 편집부 옮김, 『해방과 미군정』, 까치, 1986, 68쪽.

주62 제주도청, 『제주도세요람』, 조선인쇄주식회사, 1939, 11쪽.

주63 이 통계는 중앙경제위원회와 남조선과도정부 부처의 협조를 얻어 국무부 주한경제사절단이 작성한 것이다. Despatch No. 6, Subj: The Economic Potential of an Independent Korea, Arthur C. Bunce, Office of Advisor to the Commanding General, USAFIK to the Secretary of State, June 26th, 1947. 『미국무성 한국관계문서』 14, 아름출판사, 1999, 429-430쪽.

주64 John R. Merrill, *Internal Warfare in Korea, 1948-1950: The Local Setting of the Korean War*, University of Delaware, Ph. D. Dissertation, 1982, p.120.

주65 제주도청, 『제주도세요람』, 17쪽.

주66 출처: [1]濟州島廳, 『濟州島勢要覽』, 朝鮮印刷株式會社, 1939, p.7. 이는 일본인과 기타 국적의 인구를 합한 수치로 순수 한국인은 202,241명이다. [2]Committee on Population and Census Statistics, South Interim Government Activities, No.32, May 1948. p.7. [3]미군정청 보건후생부 조사, Despatch No 6, Subj: The Economic Potential of An Independent Korea, Arthur C. Bunce to the Secretary of State, June 26, 1947; 『미국무성 한국관계문서』 14, 아름출판사, 487쪽. [4]『남조선(38도이남) 지역급 성별 현주 인구』, 미군정청 보건후생부 생정국(1946년 9월), p.70. [5]『경제연감』(1947), Ⅳ-p.20 (『4 · 3은 말한다』 1, 제민일보사, 43쪽에서 재인용).

[6]Inclosure No. 4, Total Population of South Korea as of 1 Apr. 1948, 출처: 보건후생부. [7]대한민국 공보처 집계 1949년 5월 1일 현재, Despatch No. 715, American Embassy to the Secretary of State, Nov. 10, 1949; 『미국무성 한국관계문서』 18, 아름출판사, 410-433쪽. [8]1950년 5월말 현재 제주도청 서무과 조사. 1월 12일 현재로 약 4만 7천 명의 피난민을 추가하면 30만을 넘을 것임. 각 부락별 인구는 실지(實地)답사로 조사할 수밖에 없음. 제주도의 평균 1세대의 식구는 4.7인(弱)임, Eugene Irving Knez papers 1940s-1970s, Anthropological Archives, Smithonian Institution, USA. [9]1951년 1월 19일 현재 제주도 인구는 제주도민 245,861명, 피난민 44,040명, 한국 육군 17,000, 해군 800명, 공군 2,000명 등 모두 309,707명이다. 인구에 대한 출처는 없지만, 이 보고서는 해군제주경비부 사령관 겸 민사부장 남상휘 해군 대령이 유엔통일부흥위원회에 제출한 것이다. Notes on visit to CHEJU-DO, 30th January 1951, Series No. A1838, Item No. 3/23/11/1, National Archives of Australia. [10]대한민국 국세조사결과 인구수 속보, 단기 4293년(1960) 12월 1일 현재, 내무부 통계국, American Embassy, Seoul to the Department of State, Washington, June 12, 1961, File 895B, RG 59, 국회도서관 소장.

주67 Selected Economic Statistics for South Korea, April 1947, Despatch No. 18, Subj: Selected Economic Statistics for South Korea, No 4, Arthur C. Bunce, Office of Advisor to the Commanding General, USAFIK to the Secretary of State, July 16, 1947, 아름출판사, 『미국무성 한국관계문서』 14, p.579

주68 Arthur N. Feraru, Assistant Chief, Opinion Sampling Section, Department of Public Information, USAMGIK, Subj: Report of the trip to the Province of Cheju during the period 4-6 December 1946, 9 Dec, 1946.

주69 Audit New Korea Company, Cheju Pure Alcohol Plant, 8 August 1945~31 August 1946, Box No. 184, RG 331.

주70 Subj: POW Interrogation on Cheju Island and on Political Conditions in Korea, Nicholas L. Deak, 1st Lt., AUS, New Delhi, to Director, OSS, Washington, D.C., WAR200400001, RG 208, 국립중앙도서관 영인.

주71 『독립신보』, 1946.12.19.

주72 Hq. USAFIK, G-2 W/S No. 48, 15 August 1946; Hq. USAFIK, G-2 P/R No 317, 30 August 1946, No. 256, 18 June 1946, No. 298, 7 August 1946, No. 317, 30 August 1946.

주73 Subj: Weekly Military Occupational Activities Report, Alexander Abair, Colonel, Provincial Military Governor to Military Governor, USAMGIK, 4 September 1946, 일본 국회도서관 헌장자료실.

주74 신례2리, 『공천포지』, p.141.

주75 김병석 채록, 2006.9.20.

주76 Edgar A.J. Johnson, *American Imperialism In the Image of Peer Gynt* (Minneapolis: University of Minnesota Press, 1971), p.148.

주77 Subj: Weekly Military Occupational Activities Report, Thornton R. Thornhill, Capt, Adjutant to Military Governor, USAMGIK, 7 October 1946, 일본 국립국회도서관 헌정자료실.

주78 김민주(당시 17세, 일본 도쿄) 증언, '일본으로 간 4 · 3영혼', 제주문화방송, 2001.5.10.

주79 Hq. USAFIK, G-3 Operations Report No. 78, 26 July 1946, Box No. 16, RG 338, NARA.

주80 Hq. USAFIK, G-2 P/R No. 319, 3 September 1946; G-3 Operations Report No. 82, 23 Aug 1946, Box No. 16, RG 338, NARA.

주81 『제주신보』, 1947.5.24.

주82 조선은행, 『조선경제연보』, 1948, 4쪽.

주83 『제주신보』, 1947.2.2 · 3.28 · 4.12 · 6.14 · 7.16 · 8.20 · 12.18.

주84 『제주신보』, 1947.4.8.

주85 Peter J. Carroll, Administrative Assistant to Chee, Yong Eun, Director of National Food Administrator & Carroll V. Hill, Advisor, Subj: Operation of Rationing Program in Cheju Do, 3 January 1948, *Report of Special Investigation-Cheju Do Political Situation, 12 November 1947-28 February 1948*, Conducted by Lawrence A. Nelson, Lt. Col., Special Investigator, Hq. USAMGIK (이하 Nelson Report), Box. No. 83, RG 332, NARA.

주86 김동일(당시 15세 · 조천중학원 출신 · 일본 도쿄 거주)은 학생 시절 이 노래를 만들어 불렀다고 증언했다. '일본으로 간 4 · 3영혼', 제주문화방송, 2001.5.10.

주87 『자유신문』, 1946.12.18.

주88 Subj: Operation of Rationing Program in Cheju Do, Peter J. Carroll, Administrative Assistant to Chee, Yong Eun, Director of National Food Administrator, Carroll V. Hill, Advisor, 3 January 1948, Nelson Report.

주89 『대동신문』, 1946.10.31.

주90 『제주신보』, 1947.2.16.

주91 『제주신보』, 1947.4.12 · 5.10.

주92 『제주신보』, 1947.5.8 · 10.22.

주93 Subj: Operation of Rationing Program in Cheju Do, Peter J. Carroll, Administrative Assistant to Chee, Yong Eun, Director of National Food Administrator, Carroll V. Hill, Advisor, 3 January 1948, Nelson Report.

주94 Despatch No. 39, Subj: Land Reform in Korea, Arthur C. Bunce, Office of Economic Advisor to the Commanding General, Hq. XXIV Corps to the Secretary of State, 23 February 1948, 『미국무성 한국관계문서』 20, 아름출판사, p.160.

주95 'Extracted from "Cheju Do and Its Economy", published by the Pusan Chamber of Commerce, in 1930, Eugene Irving Knez papers 1940s-1970s, Anthropological Archives, Smithonian Institution, USA.

주96 박찬식, 『4 · 3과 제주역사』, 도서출판 각, 2008, 219-220쪽.

주97 『경향신문』, 1947.4.2.

주98 Eugene Irving Knez papers 1940s-1970s, Anthropological Archives, Smithonian Institution, USA.

주99 Gregory Henderson, 『소용돌이의 한국정치』, pp.211-212.
주100 *HUSAFIK* 3, p.317.
주101 『동아일보』, 1946.2.2.
주102 남인희 채록, 2005.9.20.
주103 Despatch No. 119, Subj: Food Report for South Korea as of March 1948, Arthur C. Bunce, Office of Economic Advisor, Hq. XXIV Corps to the Secretary of State, May 21, 1948, 아름출판사, 『미국무성 한국관계문서』 18, p.548.
주104 『제주신보』, 1947.2.10.
주105 *HUSAFIK* 3, p.320.
주106 *Republic of Korea Statistical Summation* No. 7, July 1949. p.12, 『미국무성 한국관계문서』 17, 아름출판사, p.370.
주107 Despatch No. 213, Arthur C. Bunce, Office of Economic Advisor to the Secretary of State, Subj: Estimate of 1948 Summer-Grain Production in South Korea, 14 July 1948. 아름출판사, 『미국무성 한국관계문서』 22, pp.199-204.

제3장 제3절

주1 金奉鉉, 『濟州島血の歷史』, 70쪽.
주2 『독립신보』, 1947.4.5.
주3 강상문 증언,『무덤에서 살아나온 4·3수형인들』, 122쪽.
주4 Hq. 6th Inf. Div, G-2 P/R No. 500, 2 March 1947. 『제주신보』, 1947.3.26.
주5 Hq. USAFIK, G-2 P/R No. 469, 2 March 1947; No. 479, 13 March 1947.
주6 『제주신보』, 1947.3.8·3.10·4.22.
주7 허두헌 채록, 2007.3.2.
주8 나머지 56명은 징역 10월에서 벌금 1천 원(징역 4월에 집행유예 3년 포함)까지 선고받았다. 『제주신보』, 1947.4.28.
주9 Subj: Weekly Military Occupational Activities Report, Samuel J. Stevenson, Capt, Adjutant to Military Governor in Korea, 5 March 1947, 일본 국회도서관 헌정자료실.
주10 Hq. 6th Inf. Div, G-2 P/R No. 497, 27 Feb 1947, No. 500, 2 March 1947.
주11 Subj: Weekly Military Occupational Activities Report, 12 March 1947, Box No. 68, RG 338, NARA.
주12 『제주신보』, 1947.3.12.
주13 Hq. USAFIK, G-2 P/R No. 479, 13 March 1947; Hq. USAFIK CIC, Subj: Counter Intelligence Corps Semi-Monthly Report No. 6, 15 March 1947.
주14 Hq. USAFIK CIC, Subj: Counter Intelligence Corps Semi-Monthly Report No. 7, 31 March 1947.
주15 『제주신보』, 1947.3.12.

주16 Hq. USAFIK, G-2 P/R No. 482, 18 March 1947.

주17 Hq. 6th Inf. Div, G-2 P/R No. 525, 27 March 1947.

주18 Hq. USAFIK, G-2 P/R No. 494, 1 April 1947.

주19 Hq. USAFIK, G-2 W/S No. 79, 16 March 1947.

주20 Arthur C. Bunce, Office of Adviser to the Commanding General, United States Army Forces in Korea to Edwin M. Martin, Chief, Division of Japanese & Korean Economic Affairs, Department of State, 24 Feb 1947, 아름출판사, 『미국무성 한국관계문서』1, pp.189-196.

주21 Hq. USAFIK, G-2 W/S No. 79, 16 March, 1947.

주22 Hq. USAFIK, G-2 P/R No. 489, 26 March, 1947.

주23 『제주신보』, 1947.3.14.

주24 『제주신보』, 1947.3.20, 『현대일보』, 1947.3.14.

주25 『한성일보』, 1947.3.15.

주26 김형중(당시 제주도청 공무원) 증언, 제주4·3위원회, 『제주4·3조사보고서』, 122쪽.

주27 『중외신보』, 1947.3.16.

주28 『제주신보』, 1947.3.18.

주29 『독립신보』, 1947.3.21; 『대동신문』, 1947.3.21.

주30 『제주신보』, 1947.4.4.

주31 Hq. USAFIK, G-2 P/R No. 601, 7 August 1947; 『제주신보』, 1947.4.22.

주32 Hq. USAFIK, G-2 P/R No. 489, 26 March 1947, No. 521, 3 May 1947, No. 525, 8 May 1947.

주33 Nelson Report.

주34 Memorandum, Russel D. Barros, Lt. Col., CCAO to Lt. Col. Nelson(OSI), Nelson Report.

주35 Subj: Opinion of Political Situation in Cheju Do as of 15 November 1947, Samuel J. Stevenson, Captain, Adjutant, 21 November 1947, Nelson Report.

주36 Hq. 6th Inf. Div, G-2 P/R No. 729, 17 October 1947.

주37 Subj: Governor RYU, Hai Chin, Activities of. Henry C. Merritt. CIC, to Lt. Col. Nelson, OSI, USAMGIK, 21 November 1947, Nelson Report.

주38 『동아일보』, 1948.5.8.

주39 Hq. USAFIK, G-2 P/R No. 698, 2 Dec 1947. 딘(William F. Dean) 소장은 1947년 10월 군정장관 겸 24군단 부사령관으로 부임했다. 1948년 8월 15일 대한민국 정부수립으로 군정장관직을 끝내고 서울 주둔 7사단장으로 있다가 1949년 1월 일본 삿포로로 부대를 이동했다. 이어 같은 해 5월 요코하마의 8군 참모장으로 있다가 10월에 규슈 고쿠라에 있는 공석중인 24사단장으로 부임했다. 한국전쟁이 발발하자 7월 2일 24사단을 이끌고 참전했다가 8월 25일 북한군에 포로로 붙잡힌 뒤 1953년 9월 4일 석방됐다. William F. Dean, *General Dean's Story* (New York: Viking Press, 1954).

주40 Hq. USAFIK, G-2 P/R No. 708, 13 Dec 1947.

주41 양승훈 채록, 2007.6.12.

주42 김생민 채록, 2001.7.13(채록자: 양조훈, 장윤식, 김은희).

주43 Hq. USAFKIK, G-2 W/S No. 123, 23 January 1948.

주44 Subj: Prosecution of Communist in Cheju Do, Inter-Office Memorandum, Department of Justice, USAMGIK, 15 Oct. 1947, From Gilliam to Major Connelly, Nelson Report.

주45 『제주신보』, 1947.4.8.

주46 Subj: Report of Special Investigation - Governor RYU, Hai Chin of Cheju-do Island, Lawrence A. Nelson, Lt. Col., Special Investigator to the Commanding General, USAMGIK, 11 March 1948, Nelson Report.

주47 MGOCG 333.5, William F. Dean, Major General, March 23 1948, Nelson Report.

주48 Inter-Staff Routing Slip, Memo No. 1, Deputy Military Governor to OCA, 3 Dec 1947, Nelson Report.

주49 Hq. USAFIK CIC, Subj: Counter Intelligence Corps Semi-Monthly Report No. 7, 31 March 1947.

주50 Allan R. Millett, 'The Korean People: Missing in Action in the Misunderstood War, 1945-1954,' William Stueck, ed., *The Korean War In World History* (Kentucky: The University Press of Kentucky, 2004), p.40.

주51 Despatch No. 175, Subj: Prison Population in South Korea, W. R. Langdon, American Consulate General, Office of Political Adviser, Hqs, XXIV Corps to the Secretary of State, December 19, 1947, 아름출판사, 『미국무성 한국관계문서』 2, pp.144-146.

주52 Hq. USAFIK, G-2 P/R No. 601, 7 August, 1947; No. 602, 8 August, 1947, No. 640, 23 Sept. 1947.

주53 Hq. USAFIK, G-2 P/R No. 632, 13 Sept, 1947.

주54 Subj: Governor RYU, Hai Chin, Activities of. 21 November 1947, From Henry C. Merritt, CIC to Lt. Col. Nelson, OSI, Nelson Report.

주55 『제주신보』, 1947.12.22.

주56 『제주신보』, 1948.3.12.

주57 제주4·3위원회, 『제주4·3조사보고서』, p.154, 김생민 증언, 국방부 군사편찬연구소, 『4·3 사건토벌작전사』, p.243.

주58 Hq. USAFIK CIC, Subj: Counter Intelligence Corps Semi-Monthly Report No. 3, 15 February 1947; Hq. USAFIK, G-2 P/R No. 752, 6 February 1948, No. 753, 7 February 1948.

주59 『제주신보』, 1948.2.4.

주60 Subj: Report of Special Investigation - Governor RYU, Hai Chin of Cheju-do Island, Lawrence A. Nelson, Lt. Col., Special Investigator to the Commanding General, USAMGIK, 11 March 1948, Nelson Report.

주61 Charles Tilly, 『동원에서 혁명으로』, p.254.

제3장 제4절

주1 Inclosure No. 1, Telegram, Hodge to CG. 6th Division, 7th Division, Military Government, Korea Base Command, April 2, 1948. Despatch No. 85, Subj: Orders Issued by USAFIK and USAMGIK Regarding South Korean Elections, Joseph E. Jacobs, United States Political Adviser to the Secretary of State, April 9, 1948, 국사편찬위원회, 『대한민국사 자료집』 39, pp.286-288.

주2 "Report of the Military Governor of holding of elections in South Korea on 10 May 1948, leading to the establishment of a Korean National Assembly and Government under the observation of the United Nations Temporary Commission on Korea(UNTCOK)" p.1 (이하 MG Report); W. F. Dean to Hodge, *Subj: Report of the Holding of Elections in South Korea*, 10 July 1948, 아름출판사, 『미국무성 한국관계문서』 7.

주3 MG Report, p.3.

주4 유엔조선위원단, 『UN조선위원단보고서』, pp.63-64.

주5 『조선일보』, 1948.3.14.

주6 『동아일보』, 1948.3.26.

주7 Inclosure No. 17, Address delivered through Seoul Central Broadcasting Station, Subj: The duties of the National Police during the general election, by Dr. P. O. Chough, Director, Dept. of Police, 27 March 1948, MG Report.

주8 MG Report, p.19.

주9 Inclosure No. 18, Address delivered through Seoul Central Broadcasting Station, Subj: The atmosphere of freedom of the police, by Dr. P. O. Chough, Director, Dept. of Police, 2 April 48, MG Report.

주10 James I. Matray, 『한반도의 분단과 미국』, p.166.

주11 Airgram, Subj: Political Summary for period April 1st through April 30th, 1948, Jacobs to Department of State, May 17, 1948, 아름출판사, 『미국무성 한국관계문서』 3, pp.381-385.

주12 제목: 법과 질서유지에 관한 건, 남조선과도정부, 1948.4.20, RG 338, NARA.

주13 『동아일보』, 1948.5.10.

주14 『경향신문』, 1948.5.18.

주15 『경향신문』, 1948.5.19; 『동아일보』, 1948.5.19; 향보단의 활동에 대한 비판의 목소리가 거세지자 5·10선거가 끝난 뒤인 5월 22일 군정장관 딘의 승인에 따라 남조선과도정부 민정장관 안재홍이 해산했다. 이와 함께 곤봉과 완장 등 향보단원들이 갖고 있던 무기를 해당 지방 경찰당국에 즉시 반환할 것을 지시했다. 『서울신문』, 1948.5.26; 『경향신문』, 1948.5.26.

주16 Spec. Report 118, Memorandum for General Hodge, Subj: Group 1 on Cheju Do 9-10 April (Source: Manet 11 April), John Weckerling to Hodge, 12 April 1948, Box No. 3, RG 338, NARA.

주17 Spec. Report 121, Memorandum for General Hodge, Subj: UN Observation of Registration, 12 April, 1948, Box No. 3, RG 338, NARA.

주18 『동아일보』, 『조선일보』, 1948.4.30.

주19 『서울신문』, 『조선일보』, 1948.5.9.

주20 순양함은 서울의 항구 인천에, 구축함은 부산에 정박할 것이라고 보도했다. 『동아일보』, 1948.4.30; 『경향신문』, 1948.4.30.

주21 『경향신문』, 1948.4.15; 『조선일보』, 1948.4.14.

주22 『경향신문』, 1948.4.14 · 4.15; 『동아일보』, 1948.4.14; 『조선일보』, 1948.4.14.

주23 『조선일보』, 1948.4.15 · 4.16.

주24 『동아일보』, 1948.5.14.

주25 『경향신문』, 1948.5.30; 『조선일보』, 1948.5.30.

주26 Despatch No. 336, Jacobs in Seoul to the Secretary of State, 9 May 1948, 국사편찬위원회, 『대한민국사 자료집』 39, 381-383쪽.

주27 Enclosure, Memorandum on Elections(Vice Consul David E. Mark), Despatch No. 124, Subj: Observation of Elections in South Korea, May 12, 1948, Jacobs, Office of U.S. Political Advisor, Hq. XXIV Corps to the Secretary of State, May 12 1948, 아름출판사, 『미국무성 한국관계문서』 3, pp.391-395.

주28 유엔조선임시위원단 공보 제59호 발표(1948.5.12), 『경향신문』, 1948.5.12.

주29 『동아일보』, 1948.5.11.

주30 『경향신문』, 1948.5.11.

주31 이에 대해 정치고문관 제이콥스는 이 정도의 폭력행위는 인구 2천만 명을 고려할 때 중요하지 않다며 평가절하했다. Despatch No. 124, Subj: Observation on Elections in South Korea, Joseph E. Jacobs, United States Political Adviser to the Secretary of State, May 12, 1948, 아름출판사, 『미국무성 한국관계문서』 3, pp.391-395.

주32 USAMGIK, *South Korean Interim Government Activities*, No. 32, May 1948, p.143.

주33 UP 서울특파원 제임스 로퍼의 5 · 10선거 논평 기사. 『경향신문』, 『동아일보』, 1948.5.10; 『서울신문』, 『조선일보』, 1948.5.11.

주34 중국 『대공보』기사. 주한미군사령부 정보참모부는 이 기사가 6월 27일자 『조선중앙일보』와 6월 30일자 영자지 *Seoul Times*에 실린 기사로, *Seoul Times*는 '불온내용'을 삭제해 발행했고, 여기 인용된 기사는 『조선중앙일보』에 실린 것이라고 밝혔다. Hq. USAFIK, G-2 W/S No. 146, 2 July 1948.

주35 Gregory Henderson, 『소용돌이의 한국정치』, p.245.

주36 Inclosure No. 46, Report of General Observation of MG Election Observation Teams, Cheju Island, MG Report.

주37 Inclosure No. 46A, Report of Election Observation-Cheju Do(Capt Speer), MG Report, Records of the State Department Decimal File 895 LM 80 Roll 3, NARA.

주38 Inclosure No. 46B, Report of Election Observation-Cheju Do(Capt. Taylor), MG Report.

주39 Inclosure No. 46C, Log of Election Activities, Kuja Myun(Mr. Bernheisel), MG Report.

주40 Hq. USAFIK, G-2 W/S No. 138, 7 May 1948; No. 139, 14 May 1948.

주41 MG Report, p.43.

주42 Hq. USAFIK, G-2 P/R No. 831, 12 May 1948.

주43 출처: ① Hq. 6th Inf. Div, G-2 P/R No. 925, 1 May 1948 ② Hq. 6th Inf. Div, G-2 P/R No. 927, 3 May 1948 ③ Hq. 6th Inf. Div, G-2 P/R No. 928, 4 May 1948 ④ Hq. 6th Inf. Div, G-2 P/R No. 930, 6 May 1948 ⑤ Hq. 6th Inf. Div, G-2 P/R No. 931, 7 May 1948 ⑥ Hq. 6th Inf. Div, G-2 P/R No. 933, 9 May 1948 ⑦ Hq. 6th Inf. Div, G-2 P/R No. 934, 10 May 1948 ⑧ Hq. 6th Inf. Div, G-2 P/R No. 935, 11 May 1948 ⑨ Hq. USAFIK, G-2 P/R No. 824, 3 May 1948 ⑩ Hq. USAFIK, G-2 P/R No. 826, 5 May 1948 ⑪ Hq. USAFIK, G-2 P/R No. 827, 6 May 1948 ⑫ Hq. USAFIK, G-2 P/R No. 831, No. 11 May 1948.

주44 USAMGIK, *South Korean Interim Government Activities* No. 32, May 1948, p.43.

주45 허두구(당시 오현중 교사) 증언, 제민일보사, 『4·3은 말한다』 2, 218쪽.

주46 Despatch No. 85, Inclosure No. 1, Telegram, Subj: Orders Issued by USAFIK and USAMGIK regarding South Korean elections, 9 April 1948, Hodge, CG, USAFIK to CG, 6th Division, 7th Division, Military Government, Korea Base Command, Joseph E. Jacobs to the Secretary of State,

주47 김봉석(당시 안덕면 부면장) 증언, 제민일보사, 『4·3은 말한다』 2, 211-212쪽.

주48 Hq. USAFIK, G-2 Periodic Report No. 831, 11 May 1948, 국사편찬위원회, 『대한민국사 자료집』 39, 286-288쪽.

주49 USAMGIK, *South Korean Interim Government Activities*, No. 32, p.43.

주50 김민규(당시 조천면장) 증언, 제민일보 4·3취재반, 『4·3은 말한다』 2, 211쪽.

주51 Inclosure No. 54, Subj; Re the Invalidation of the Elections made in some Electoral District of Che Choo Do, Ro Chin Sul, Chairman, National Election Committee to Maj. Gen. W. F. Dean, Military Governor, MG Report.

주52 Despatch No. 387, Jacobs to the Secretary of State, 25 May 25 1948, 국사편찬위원회, 『대한민국사 자료집』 39, 497쪽.

주53 『서울신문』, 1948.5.21.

주54 Memorandum for General Hodge, Subj: UNTCOK's Daily Activities, Tuesday, 11 May, John Weckerling to Hodge, 12 May 1949, RG 338, NARA; 당시 국내 일간지도 "제주도와 같이 계엄 상태하에서 선거위원의 반수 이상이 피신납치되어 수라장을 이루면서도 도민의 선거열의는 미동도 하지 않고 70%의 투표를 완료하였다 한다"며 고무적으로 보도했다. 『조선일보』, 1948.5.12.

주55 Inclosure No. 54A, Subj: Invalidation of the Elections, W.F. Dean, Major General, United States Military Governor to the National Election Committee, Seoul, Korea, 24 May 1948, MG Report, 아름출판사, 『미국무성 한국관계문서』 7, p.492.

주56 Despatch No. 389, Jacobs to the Secretary of State, May 26 1948, 국사편찬위원회, 『대한민국사

자료집』 39, 498-499쪽; Hq, USAFIK, G-2 P/R No. 845, 27 May 1948.

주57 Subj; Report of U.S. Liaison Officer with the United Nations Temporary Commission on Korea(UNTCOK), Litigation and Complaints of Election Irregularities, pp.386-387, John Weckerling, Brigadier General, U.S.A to Commanding General, United States Army Forces in Korea, 26 August 1948, 국사편찬위원회, 『대한민국사 자료집』 41, 462-463쪽.

주58 출처: [1], [2]는 Despatch No. 118, Subj: List of Korean Election Candidates, Jacobs to the Secretary of State, May 8 1948, 『미국무성 한국관계문서』 3, 아름출판사, 359쪽; Inclosure No. 54, Letr, Subj; Invalidation of the Elections made in some Electoral Districts of Che Choo Do, Ro Chin Sul, Chairman, National Election Committee, to Maj Gen W.F. Dean, Military Governor, 19 May 1948, MG Report. [3]Despatch No. 159, Subj: Final Registration and Voting figures for Korean Election, Jacobs to the Secretary of State, June 8, 1948, 『미국무성 한국관계문서』 3, 아름출판사, 563-564쪽, [4]는 Memorandum for Mr. CHU, HUNG-TI, Acting Principal Secretary, United Nations Temporary Commission on Korea, Subj: Election Results, 18 May 1948, John Weckerling, Brigadier General, U.S.A, Box No. 4, RG 338.

주59 Subj: Summary of Political Situation, 28 May, 1948, O. F. Erbe to JCS, Info: CINCFE, Box No. 121, RG 338, NARA.

주60 『동아일보』, 1948.12.10.

주61 "Falsification of elections in Southern Korea under the cloak of the U.N.O. Commission", Speech by the U.S.S.R. Delegate Y.A. Malik in the Political Committee on December 8, 1948, *Soviet News, The Soviet Union and the Korean Question(Documents)* (London: Farleigh Press, 1950), p.71.

주62 김익렬, 「4·3의 진실」, 제민일보 4·3취재반, 『4·3은 말한다』 2, 312-313쪽.

제3장 제5절

주1 『경향신문』, 1949.6.25.

주2 경찰 출신 문창송은 이 보고서를 엮어 『한라산은 알고 있다. 묻혀진 4·3의 진상』(1995)이라는 제목의 책자를 발간했다.

주3 제주4·3위원회, 『제주4·3조사보고서』, 157쪽.

주4 문창송 편, 『한라산은 알고 있다. 묻혀진 4·3의 진상』, 1995, 16-17쪽.

주5 제주4·3위원회, 『제주4·3조사보고서』, 157-165쪽.

주6 김생민 채록, 2001.7.13.

주7 양정심, 『제주4·3항쟁』, 90쪽

주8 제주MBC TV제작팀, 『재일 제주인』, 미간행, 2006, 177쪽.

주9 제주4·3위원회, 『제주4·3조사보고서』, 158쪽.

주10 양은하 가족의 비극은 계속됐다. 남편의 갑작스런 죽음에 실성하다시피 한 부인 문옥련(27살)

은 3살 난 아들을 업고 지서를 찾아다니며 "내 남편을 살려내라"고 항의하다 1948년 11월 28일 토벌대에 의해 총살됐고, 형 양윤하는 민보단 단원으로 무장대를 막기 위해 죽창을 들고 성을 지키면서 고향에 살았지만 한국전쟁 직후 사촌 양기하와 함께 잡혀 섯알오름에서 희생됐다. 영락리 향토지추진위원회, 『영락리지』, 태화인쇄사, 2006, 227 · 231쪽.

주11 조규창 증언(일본 도쿄), 1995.5.3, 양정심, 『제주4 · 3항쟁』, 89쪽.

주12 제주4 · 3연구소 편, 『그늘 속의 4 · 3』, 290-296쪽.

주13 Hq. USAFIK, G-2 P/R No. 708, 13 Dec. 1947.

주14 김달삼의 해주인민대표자대회 토론문(1948.8.25),『남조선인민대표자대회중요문헌집』(1948. 10.30), p.104, 국립중앙도서관 영인.

주15 『로동신문』, 1950.4.3, 박찬식, 『4 · 3과 제주역사』, 358쪽.

주16 유격대 중대장의 증언, 「내가 겪은 4 · 3」, 제주4 · 3연구소, 『4 · 3장정』 6, 나라출판, 1993.

주17 제민일보 4 · 3취재반, 『4 · 3은 말한다』 4, 전예원, 1996, 210쪽.

주18 김생민 채록, 2001.7.13.

주19 제주4 · 3위원회, 『제주4 · 3조사보고서』, 160쪽.

주20 제주MBC TV제작팀, 『재일 제주인』, 183-184쪽.

주21 김생민 채록, 2001.7.13.

주22 김봉현, 김민주 공편, 『제주도 인민들의 4 · 3무장투쟁사』, 85쪽.

주23 971st CIC Detachment, Annual Progress Report 1948, p.450, Box No. 64, RG 319, NARA.

주24 Irving Louis Horowitz, *Foundations of Political Sociology* (New York: Harper & Row, 1972), p.285.

주25 김익렬, "동족의 피로 물드린 제주참전기", 『국제신문』, 1948.8.6.

주26 유격대 중대장의 증언, 「내가 겪은 4 · 3」, 제주4 · 3연구소, 『4 · 3장정』 6.

주27 문창송편, 『한라산은 알고 있다. 묻혀진 4 · 3의 진상』, 11-29쪽.

주28 김봉현 · 김민주 공편, 『제주도 인민들의 4 · 3무장투쟁사』, 88쪽.

주29 조덕송, 「流血의 濟州島」, 『新天地』, 1948년 7월호, 91쪽.

주30 Hq. 6th Inf. Div, G-2 P/R No. 916, 22 April 1948.

주31 육군본부, 『공비토벌사』, 육군본부 편찬, 1954, 11쪽.

주32 『서울신문』, 『경향신문』, 1948.4.7.

주33 Memorandum for General Hodge, Subj: Daily Report of UNTCOK Activities, Thursday, 8 April, John Weckerling to Hodge, 9 April 1948, Box No. 3, RG 338, NARA.

주34 Memorandum for General Hodge, Subj: Daily Report of UNTCOK Activities, Thursday, 9 April, John Weckerling to Hodge, 10 April 1948, Box No. 3, RG 338, NARA.

주35 『동광신문』, 1948.4.13.

주36 Subj: Police Situation on Chejudo Island, Lester Chorpening, Advisor, Detectvie Bureau, Dept. of Police to Director of Police, 19 April 1948, Box No. 26, RG 332, NARA.

주37 『제주신보』, 1948.4.10 · 4.18 · 4.20.

주38 Subj: Police Situation on Chejudo Island, Lester Chorpening to Director of Police, 19 April 1948.

주39 『중외신보』, 1947.4.3, 『제주신보』, 1947.4.12.

주40 William F. Dean, *General Dean's Story*, p.92.

주41 국방부 전사편찬위원회, 『한국전쟁사 제1권 - 해방과 건군』, 동위원회, 1967, 301쪽.

주42 Subj: Weekly Military Occupational Activities Report, Thornton R. Thornhill, Capt, Adjutant to Military Governor, USAMGIK, 18 November 1946, 일본 국회도서관 헌정자료실.

주43 Hq. USAFIK, G-2 W/S No. 124, January 30, 1948.

주44 이치업, 『번개장군-이치업』, 원민 Publishing House, 2001, 97-101쪽.

주45 고남준 증언, 1967.4.13, 국방부 군사편찬연구소, 『4 · 3사건토벌작전사』, 동연구소, 2002, 288-292쪽.

주46 강덕윤 증언, 2002.12.4, 국방부 군사편찬연구소, 『4 · 3사건토벌작전사』, 252-254쪽.

주47 이치업, 『번개장군 - 이치업』, 97-98쪽.

주48 U.N. Document, A/AC.19/SC./SR.4, 17 April 1948, Box No. 3, RG 338, NARA.

주49 Memorandum for General Hodge, Subj: Report of Daily UNTCOK Activities for Thursday, 15 April, John Weckerling, 16 April 1948, Box No. 3, RG 338, NARA.

주50 MGJDS 68, From John W. Connelly Jr. to Officer, 2nd Platoon, F Company, 20th Regiment, X Mar, 1948, Box No. 119, RG 338, NARA.

주51 『강원일보』, 1948.5.8.

주52 Memorandum for General Hodge, Subj: Report of Daily UNTCOK Activities for Thursday, 15 April, John Weckerling, 16 April 1948, Box No. 3, RG 338, NARA.

주53 Hq. 24th Corps, G-3 Operations Report No. 21, 24 April 1948, Box No. 16, RG 338, NARA.

주54 MGDIS 93 170919Z, MESSAGE, Terrill E. Price, Advisor to Director, Department of Internal Security, USAMGIK to CG, 11th Medium Port, Pass to: Captain Clarence D. DeReus, Advisor, 3rd Brigade, Korean Constabulary, Info: CG. 6th Div, 17 April 1948, Box No. 119, RG 338, NARA.

주55 MGDIS 92 170917Z, MESSAGE, Terrill E. Price, Advisor to Director, Department of Internal Security, USAMGIK to CG, 11th Medium Port, Pass to: Captain Clarence D. DeReus, Advisor, 3rd Brigade, Korean Constabulary, Info: CG. 6th Div, 17 April 1948, Box No. 119, RG 338, NARA.

주56 Subj: Cheju-Do Operations, William F. Dean, Major General, Military Governor to Chief Civil Affairs Officer, 59th Military Government Company, 18 April 1948, Box No. 71, RG 338, NARA.

주57 CG. XXIV Corps to CG. 6th Inf. Div, Co, Pass to 59th MG (Chejudo), undated, Box No. 25, RG 338, NARA.

주58 James Roper, AP 보도, *Stars and Stripes* (Pacific), 1948.4.26; 교토 - UP 보도, *Nippon Times*,

1948. 4.26; Hq. 6th Inf Div, G-2 P/R No. 918, 24 April 1948, Hq. USAFIK, G-2 P/R No. 819, 27 April 1948; 경무부 공보실장 김대봉도 4월 23일부터 경찰은 도내의 치안만을 담당하고, 반동분자의 소탕은 국방경비대에서 실시하고 있다고 밝혔다. 『동아일보』, 1948.5.6.

주59 *Washington Post*, 1948.4.24.

주60 *New York Times*, 1948.4.24.

주61 *Los Angeles Times*, 1948.4.24.

주62 『독립신보』, 1948.4.27.

주63 타이첸 대령은 1947년 4월 11일 주한미군사령부 작전참모로 임명돼 활동하다가 1949년 1월 1일 업햄(John S. Upham) 중령으로 교체됐다. Historical Outline G-3 Section, Box No. 16, RG 338, NARA.

주64 Subj: Report of Activities at Chejudo Island. Lt. Col. Schewe, G-3 to Col. A. C. Tychen, A/C of G-3, 29 April, 1948, Box No. 68, RG 338, NARA(이하 Schewe Report).

주65 『동아일보』, 1948.4.28; 『서울신문』, 1948.4.28.

주66 Schewe Report.

주67 Hq. 24th Corps, G-3 Operations Report No. 23, 1 May 1948, Box No. 16, RG 338, NARA.

주68 *New York Herald Tribune*, 30 April 1948, Series A1838, Item 506/1, National Archives of Australia.

주69 A-58, Political Adviser in Seoul to Department of State, 4 May 1948, 아름출판사, 『미국무성 한국관계문서』 3, p.284.

주70 『우리신문』, 1948.5.8.

주71 『동아일보』, 1946.5.6; 『경향신문』, 1948.5.8.

주72 *Washington Post*, 1948.5.7.

주73 Outgoing Telegram, Department of State, Article of *Washington News*, 5 May 1948, 아름출판사, 『미국무성 한국관계문서』 3, pp.288-289.

주74 『독립신보』, 1948.4.30; 『서울신문』, 1948.5.3; 『조선일보』, 1948.5.3.

주75 『국제신문』, 1948.8.6.

주76 『서울신문』, 1948.4.29.

주77 김익렬, 「4 · 3의 진실」, 제민일보 4 · 3취재반, 『4 · 3은 말한다』 2, 312 · 316-317쪽.

주78 김익렬, 「4 · 3의 진실」, 제민일보 4 · 3취재반, 『4 · 3은 말한다』 2, 326-329쪽.

주79 이운방, 「이른바 '4 · 28평화협상'합의설에 대하여 - 김익렬 회고록 '4 · 3의 진실'에 대한 비판」, 제주4 · 3연구소, 『4 · 3연구회보』(1989.12), 80-90쪽; 김익렬, 「4 · 3의 진실」, 제민일보 4 · 3취재반, 『4 · 3은 말한다』 2, 321-322쪽.

주80 장창국, 『육사졸업생』, 중앙일보사, 1984, 117-118쪽.

주81 김달삼 이력서 사진, 신복룡, 『한국분단사연구』, 한울, 2006, 541쪽.

주82 제민일보 4 · 3취재반, 『4 · 3은 말한다』 2, 135쪽.

주83 『국제신문』, 1948.8.7.

주84 김익렬, 「4·3의 진실」, 제민일보 4·3취재반, 『4·3은 말한다』 2, 319쪽.

주85 『국제신문』, 1948.8.7.

주86 김익렬, 「4·3의 진실」, 319쪽.

주87 『국제신문』, 1948.8.8.

주88 김익렬, 「4·3의 진실」, 331쪽.

주89 양정심, 『제주4·3항쟁』, 100-102쪽.

주90 『국제신문』, 1948.8.14.

주91 Hq. 7th Inf Div, G-2 P/R No. 105, 5 May 1948.

주92 『한성일보』, 1948.8.14.

주93 김익렬, 「4·3의 진실」, 316쪽.

주94 CG, USAFIK to CINCFE, undated, Box No. 121, RG 338, NARA.

주95 MGGDS 115, CG. USAFIK to Co. 59th Mil. Govt. Co, 8 May, 1948, Box No. 119, RG 338, NARA.

주96 GHQ. FEC, Military Intelligence Section, G-2 Intelligence Summary, No. 2105, 13 May 1948, Box No. 2992, RG 319.

주97 GHQ. FEC, Military Intelligence Section, G-2 Intelligence Summary, No. 2111, May 20, 1948, Box No. 3005, RG 319.

주98 CG. USAFIK to CINCFE, Box No. 121, RG 338, NARA.

주99 미극동군사령부 해군사령관이 구축함 크레이그호 함장에게, 작전명령, 1948.5.12, 제주4·3위원회, 『제주4·3자료집』 10, 143-144쪽.

주100 Radiogram, Col. Terrill E. Price, Department of Internal Security to American Advisor, 9th Regiment, Korean Constabulary, 12 May 1948, Box No. 119, RG 338, NARA.

주101 MGDIS 121, CG USAMGIK to Co. 59th MG Co.(Pass to Advisor 9th Counstabulary Regt. Capt. Leach), Box No. 119, RG 338, NARA.

주102 군사고문단장 로버츠 준장이 육군장관 로얄(Kenneth C. Royall)에게 보내는 보고서. 제목: 국방경비대 역사, 1949.2.7, 제주4·3위원회, 『제주4·3자료집』 8, 103쪽.

주103 Subj: Report of U.S. Liaison Officer with United Nations Temporary Commission on Korea(UNTCOK), John Weckerling, Brigadier General, U.S.A. to Commanding General, USAFIK, 7 June 1948, p.152; 국사편찬위원회, 『대한민국사 자료집』 40, 347쪽.

주104 Letter, Orlando Ward, Major General, U.S. Army to Colonel Rothwell H. Brown, Cheju Do, 19 May 1948, Box No. 3, *The Rothwell H. Brown Papers*, U.S. Army Military Institute, Caslie, USA.

주105 찰스 웨솔로스키 채록. 2001.10.22~23.

주106 USAMGIK, *South Korean Interim Government Activities*, No. 33, 30 June 1948, p.159, 아름출판사, 『미국무성 한국관계문서』 4, 581쪽.

주107 제임스 리치 채록 (채록자: 유철인).

주108 http://cbi-theater-6.home.comcast.net/~cbi-theater-6/1ptg/1ptg.html (검색일: 2011.2.22).

주109 제주4·3위원회, 『제주4·3조사보고서』, 213쪽. 슈 중령의 보고서를 보면, 브라운 대령은 적어도 4월 27일에는 제20연대 참모들과 함께 제주도에 있었다. 또 『현대일보』 1948년 6월 3일자 기사와 『조선중앙일보』 1948년 6월 8일자 기사에서는 둘 다 제주도 특파원 보도를 통해 브라운 대령이 10일전에 부임했다고 나와 있고, 『자유신문』 1948년 6월 18일자는 약 2주일 전에 부임했다고 나와 있다.

주110 CG. USAFIK to 59th MG Group, Chejudo, undated, RG 338, NARA.

주111 웨솔로스키 채록.

주112 *South Korean Interim Government Activities*, No. 32, 31 May 1948, Hq. USAFIK, G-2 P/R No. 141, 28 May 1948.

주113 Inclosure. Subj: Report of Activities on Cheju-Do Island from 22 May 1948, to 30 June 1948, Col. Rothwell H. Brown to CG. USAMGIK, 1 July 1948, W. F. Dean, Maj. Gen. to Edgar A. Noel, Major, CCAO, 59th MG Company, 17 July 1948 (이하 Brown Report), *The Rothwell H. Brown Papers*, U.S. Army Military Institute, Caslie, USA.

주114 웨솔로스키 채록.

주115 『경향신문』, 1948.6.3.

주116 제주4·3연구소, 『제주4·3자료집Ⅱ-미국무성 제주도관계문서』, 481쪽.

주117 Letter, Orlando Ward, Major General, U.S. Army to Colonel Rothwell H. Brown, Cheju Do, 19 May 1948, Box No. 3, *The Rothwell H. Brown Papers*, U.S. Army Military Institute, Caslie, USA.

주118 『현대일보』, 1948.6.3.

주119 『조선중앙일보』, 1948.6.8.

주120 『현대일보』, 1948.6.3.

주121 Hq. USAFIK, G-2 P/R No. 141, 28 May 1948.

주122 Brown Report.

주123 제임스 리치의 제주4·3과 관련한 증언은 애초 'Mattew Hermes, Jimmie Leach, Back in the day: Col. Jimmie Leach, a former U.S. officer, recalls the Cheju-do insurrection in 1948'라는 제목으로

http://dwb.beaufortgazette.com/local_news/military/story/5443010p-4914264c.html (검색일: 2007.7.20)에 실려 있었으나 삭제됐다. 그러나

http://www.leatherneck.com/forums/archive/index.php/t-25086.html (이하 Back in the day) (검색일: 2013.10.12)에서 전문을 볼 수 있다.

주124 USAMGIK, *South Korean Interim Government Activities*, No. 32, 31 May 1948, p.156, 아름출판사, 『미국무성 한국관계문서』 4, p.379.

주125 『조선중앙일보』, 1948.6.10.

주126 USAMGIK, *South Korean Interim Government Activities*, No. 32, 31 May 1948, p.156, 아름출판

사, 『미국무성 한국관계문서』 4, p.379.

주127 USAMGIK, *South Korean Interim Government Activities*, No. 33, 30 June 1948, p.160, 아름출판사, 『미국무성 한국관계문서』4, p.582.

주128 趙德松, 「流血의 濟州島」, 『新天地』(1948.7), 89쪽, 『조선중앙일보』, 1948.6.8.

주129 『조선중앙일보』, 1948.6.13.

주130 이 기간의 작전은 작전명령 제4호까지 있는 것으로 보인다. Hq. USAFIK, G-2 W/S No. 144, 18 June 1948.

주131 Coulter Report. 이 문서는 미국 국무부에 보낸 문서에 포함됐다. 제24군단사령부 정치고문관 제이콥스가 국무부로 보낸 문서로, 제이콥스는 이 비망록을 정독하면 제주도의 상황에 대해 보다 정확히 이해할 것이며, 공산분자들의 소요 원인을 이해할 것이라고 설명했다. Inclosure. Memorandum for CG, Subj: Visit on Cheju Do, 15 June 1948, Coulter to Hodge(이하 Coulter Report), Despatch No. 199, Subj: Disturbances on Cheju Island, Joseph E. Jacobs, U.S. Political Advisor to the Secretary of State, July 2, 1948, 아름출판사, 『미국무성 한국관계문서』 4, pp.277-280.

주132 제민일보사, 『4 · 3은 말한다』 3, p.142.

주133 양성팔(당시 제9연대 4기생) 증언, 제민일보사, 『4 · 3은 말한다』 3, 146쪽.

주134 『조선중앙일보』, 1948.7.11.

주135 강서수 증언, 제주4 · 3연구소, 『무덤에서 살아나온 4 · 3수형자들』, 역사비평사, 2002, 207쪽.

주136 Hq. USAFIK, G-2 P/R No. 868, 24 June 1948.

주137 『조선중앙일보』, 1948.6.6.

주138 Brown Report.

주139 Letter, Rothwell H. Brown, Colonel, Cavalry to Major General Orlando Ward, Commanding General, 6th Infantry Division, 2 July 1948, *The Rothwell H. Brown Papers*, U.S. Army Military Institute, Caslie, USA.

주140 http://www.islandpacket.com/2009/12/17/1074124/heart-attack-claims-james-leach.html (검색일: 2011.2.22).

주141 그는 1944년 프랑스 상륙작전을 개시했을 때 탱크대대 중대장으로 활약한 공로로 2009년 프랑스 정부가 주는 최고훈장인 레종도뇌르 훈장을 받았다. http://www.islandpacket.com/2010/08/22/1346429/france-to-bestoy-legion-of-honor.html (검색일: 2011.2.22.).

주142 Back in the day.

주143 제임스 리치 채록.

주144 제민일보 4 · 3취재반, 『4 · 3은 말한다』 2, 344쪽.

주145 김익렬, '4 · 3의 진실', 제민일보 4 · 3취재반, 『4 · 3은 말한다』 2, 245쪽.

주146 김태집 증언, 제민일보 4·3취재반, 『4·3은 말한다』 3, 109쪽.

주147 국방부 전사편찬위원회, 『대비정규전사』, 동위원회, 1988, p.54; 백선엽, 『실록 지리산』, 고려원, 1992, 118쪽; *New York Times*, 1948.6.19.

주148 제민일보 4·3취재반, 『4·3은 말한다』 3, 106쪽.

주149 Hq. USAFIK, G-2 W/S No. 141, 28 May 1948.

주150 제주4·3위원회, 『제주4·3조사보고서』, 쪽217.

주151 Back in the day.

주152 제임스 리치 채록.

주153 Back in the day.

주154 제임스 리치 채록; 리치 대위는 박진경이 돌아오자 자신에게 "한국인들이 우리를 지지하지 않는다는 것을 믿을 수 없다. 우리 주위의 모든 사람들이 적이다"라고 쪽지에 적어줬으며, 그 메모지를 갖고 있다고 말했다. Back in the day.

주155 제주4·3위원회, 『제주4·3사건자료집』 5, 82쪽.

주156 Back in the day.

주157 오진근·임성채, 『해군창설의 주역 손원일 제독(상)』, 한국해양전략연구소, 2006, 187-188쪽.

주158 강기천, 『강기천 회고록-나의 인생 여로』, 계몽사, 1996, 29-30쪽.

주159 국방부 전사편찬위원회, 『대비정규전사』, 55쪽.

주160 국방부 군사편찬연구소, 『4·3사건토벌작전사』, 224-226쪽.

주161 국방부 군사편찬연구소, 『4·3사건토벌작전사』, 306-311쪽.

주162 국방부 군사편찬연구소, 『4·3사건토벌작전사』, 287쪽.

주163 제임스 리치 채록.

주164 백선엽, 『실록 지리산』, 118쪽.

주165 Back in the day.

주166 제임스 리치 인터뷰. 앞의 인터넷 사이트.

주167 Back in the day.

주168 Hq. USAFIK, G-2 P/R No. 863, 18 June 1948.

주169 제임스 리치 인터뷰. 앞의 사이트.

주170 Hq. 6th Inf. Div. G-2 P/R No. 967, 20 June 1948.

주171 『조선중앙일보』, 1948.8.14.

주172 『한성일보』, 1948.8.14.

주173 『조선중앙일보』, 1948.8.15.

주174 『조선일보』, 1948.8.15; 『한성일보』, 1948.8.19.

주175 『경향신문』, 1948.8.15·9.24·9.25.

주176 김점곤 증언, 2000.10.13 · 2001.3.30 · 2001.10.30.

주177 국방부 전사편찬위원회, 『한국전쟁사1-해방과 건군』, 441쪽; 백선엽, 『실록 지리산』, 119쪽.

주178 최경록 증언, 1966.11.21, 국방부 군사편찬연구소, 『4 · 3사건토벌작전사』, 372-375쪽.

주179 제주4 · 3위원회, 『제주4 · 3사건조사보고서』, 230쪽.

주180 Hq. USAFIK, G-2 P/R No. 871, 28 June 1948.

주181 『조선일보』, 1948.7.29.

주182 『조선중앙일보』, 1948.7.29.

주183 『조선중앙일보』, 1948.7.13.

주184 국방부 전사편찬위원회, 『대비정규전사』, 57쪽; 국방부 군사편찬연구소, 『4 · 3사건토벌작전사』, 122쪽.

주185 제임스 리치 채록.

주186 행정명령 제22호, 1948.6.10.

주187 GHQ. FEC, G-2 Intelligence Summary No. 2134, 17 June 1948.

주188 Historical Outline G-3 Section, Box No. 16, RG 338, NARA.

주189 『동아일보』, 1948.6.19.

주190 『현대일보』, 1948.7.3.

주191 제주4 · 3연구소, 『제주4 · 3자료집Ⅱ-미국무성 제주도관계문서』, 2002), 482쪽. 이 유인물은 이규배 제주국제대 교수가 일본 유학 시절 일본인 교수로부터 입수한 것이다.

주192 『강원일보』, 1948.7.21.

주193 Hq. USAFIK, G-2 W/S No. 155, 3 Sept 1948.

주194 John Merrill, *Korea: The Peninsular Origins of the War* (Newark: University of Delaware Press, 1989), p.95.

주195 웨솔로스키가 밀레트에게 보낸 서한, 1996.3.6 및 웨솔로스키 채록.

주196 그가 제주도에서 촬영한 사진들을 보면 한라산 윗세오름까지 작전을 벌였던 것으로 추정된다.

주197 경찰은 서광리에서 8월 2일 무장대와 교전을 벌여 무장대 2명이 사살되고, 경찰 1명이 부상당했다. Hq. USAFIK, G-2 P/R No. 907, 10 Aug 1948.

주198 켈소가 필자에게 보내온 편지 및 이메일, 2001.9.6 · 9.10 · 10.1 · 11.21.

주199 『동아일보』, 1948.7.13.

주200 총사령부 특명 제88호(1948년 7월 6일), 제주4 · 3위원회, 『제주4 · 3자료집』 5, 84쪽.

주201 이 보고서는 제9연대 전투일지로, 제9연대 고문관인 피쉬그룬드(Harold S. Fischgrund) 예비역 대령이 소장하고 있던 것을 오하이오 주립대 밀레트(Allan R. Millett) 교수에게 건네 준 것으로 필자가 입수해 표로 구성한 것이다.

주202 KMAG, Roberts Personal Correspondence, Miscellaneous issues about Korea Constabualry, Box No. 4, RG 338, NARA.

주203 당시 연대 고문관으로 현장에 있었던 웨솔로스키도 이들이 탈영과 살인죄로 사형선고를 받았고, 경비대의 사격술이 나빠 여러 차례에 걸쳐 사격이 이뤄졌다고 말했다.

주204 조셉은 Joseph M. Motizer로, 필자는 그를 2002년 10월 미국 버지니아에서 만났으나 그는 제주도 상황을 거의 기억하지 못했다.

주205 Subj: Notes on G-2 Visit to Cheju Do, John P. Reed, Capt, FA, G-2, DIS to Capt. Hausman, 7 August 1948, Box No. 2, RG 338.

주206 Subj: Police comment on Guerrilla Situation, Millard Shaw, Major, Acting Adviser to Military Governor, 6 August 1948, U.S. Army Military History Institute, Carlisle, Pa, USA.

주207 Brown Report.

주208 웨솔로스키가 밀레트에게 보낸 서한, 1996.9.16; 브라운 대령은 부임 초기 제주경찰청장과의 회의에서 경찰이 제주도민들을 다루는 데 신중하게 처신하고 무고한 민간인들을 희생시키지 않도록 강조하면서 그렇지 않으면 서울로 돌려보내겠다고 말했다. 웨솔로스키는 칸막이가 쳐진 옆방에서 브라운 대령과 경찰청장 간의 대화를 들어 알게 됐다고 말했다. 웨솔로스키 채록.

주209 웨솔로스키 채록.

주210 USAMGIK, Major General W. F. Dean to Major Edgar A. Noel, CCAO, 59th Military Government Company, 17 July 1948, Box No. 68, RG 338, NARA.

주211 Memorandum for Director of National Police, Subj: A Summary Report on the Jei-Ju Police, W. F. Dean, Military Governor to Director, National Police, Thru: Advisor, National Police, 30 July 1948.

주212 웨솔로스키 채록 및 웨솔로스키가 밀레트에게 보낸 서한, 1996.9.16.

주213 제11연대가 최종적으로 제주도를 떠난 것이 7월 24일이고, 그의 보고서가 7월 21일 작성된 점을 고려하면, 제11연대의 철수는 단계적으로 이뤄졌을 것으로 보인다.

주214 W.F. Dean, Maj. Gen to Edgar Noel, 8, August 1948, Box 68, RG 338, NARA.

주215 국방부 전사편찬위원회, 『국방조약집』 제1집, 동위원회, 1981, 34-36쪽; The Political Adviser in Korea (Jacobs) to the Secretary of State, FRUS 1948, Vol. Ⅵ, pp.1282-1283.

주216 Robert K. Sawyer, *Military Advisors in Korea: KMAG in Peace and War* (Washington D.C.: Office of the Chief of the Military History, 1962), pp.34-35 · 45.

주217 KMAG, *The United States Military Advisory Group to the Republic of Korea: KMAG, 1945-1955* (Tokyo: KMAG Public Information Office, 1955), p.2.

주218 안정애, 「미군정기 군사고문단의 성격과 기능에 관한 연구 - 한국군 창군에 미친 영향을 중심으로」, 『군사』 제32호, 1996, 255쪽.

주219 Despatch No. 679, Subj: Transmitting copies of *KMAG Advisor's Handbook*, United States Military Advisory Group to the Republic of Korea, American Embassy to the Foreign Service of the USA, Oct. 28, 1949, 국사편찬위원회, 『대한민국사 자료집』 26, 470-472쪽.

주220 하우스만 · 정일화 공저, 『한국 대통령을 움직인 미국 대위』, 한국문원, 1995, 164쪽.

주221 통위부 고문관 로버츠 준장이 국무총리 이범석에게 보내는 서한, 1948.9.29, 제주4·3위원회, 『제주4·3자료집』 8, 90-91쪽.

주222 미군사고문단장 로버츠 준장이 주한미군사령관에게, 미군사고문단 주간활동, 1948.9.13, 제주4·3위원회, 『제주4·3자료집』 8, 71쪽.

주223 제주-목포 간 정기여객선편 여행증명제도는 7월 5일자로 폐지됐다가 다시 부활됐다. 『동광신문』, 1948.8.25·9.2, 『조선중앙일보』, 1948.9.1, 『동아일보』, 1948.9.7, 『서울신문』, 1948.9.3·9.7.

주224 로버츠 준장이 트레드웰 대위에게 보낸 서한, 제목: 제5여단 소속 미군 고문관의 지위 및 능력, 1948.10.9, 제주4·3위원회, 『제주4·3자료집』 8, 91-92쪽.

주225 제59군정중대 노엘 소령이 고문단장에게 보낸 전문, 1948.10.6, 제주4·3위원회, 『제주4·3자료집』 9, 85쪽.

주226 Despatch No. 81, Subj: Review of and Observations on the Yosu Rebellion, John J. Muccio, American Mission in Korea to the Secretary of State, Nov 4, 1948, p.6, 아름출판사, 『미국무성한국관계문서』 5, p.348.

주227 John Merrill, *Korea: The Peninsular Origins of the War*, p.116.

주228 Liaison Office, KMAG to Major General C. L. Mullins, Jr, Headquarters, 2nd Army, 28 July 1949, *The Jay D. Vanderpool Papers*, U.S. Army Military History Institute, Carlisle, Pa, USA.

주229 John Merrill, *Korea: The Peninsular Origins of the War*, pp.122-123·130.

주230 Radio 32, Message, West, Advisor, G-3 to Capt. Burgess, Chejudo, 1250 22 Oct 1948. Box No. 16, RG 338, NARA.

주231 Radio 36, Message to Chejudo, 1400 22 Oct. 1948. Box No. 16, RG 338, NARA.

주232 Subj: Yosu Report No. 68, Received 221055 Oct 1948, Chief of 8th District Police, 22 Oct. 1948. Box No. 16, RG 338, NARA.

주233 이에 대해 군사고문단장 로버츠 준장은 육군성 기획작전국장 찰스 볼테(Charles L. Bolte) 소장에게 보낸 서한에서 "송호성 준장은 전술을 모르며 여수에서 실패했다. 우리가 비록 그에게 모든 찬사를 보내지만 풀러(Fuller) 대령이 실제 중요한 일을 했다"고 언급했다. Roberts to Major Gen. Charles L. Bolte, Director of Plans and Operations, Department of the Army, 19 Aug. 1949.

주234 한국군 고문관 하우스만(James H. Hausman) 대위 보고서, 국방경비대 역사, 군사고문단장 로버츠 준장이 육군성장관 로얄(Kenneth C. Royall)에게 보내는 보고서, 1949.2.7, 제주4·3위원회, 『제주4·3자료집』 8, 100-104쪽.

주235 Hq. USAFIK, JOINT WEEKA No. 34, 21 Aug. 1948.

주236 "본도의 치안을 파괴하고 양민의 안주를 위협하여 국권 침범을 기도하는 일부 불순분자들에 대하여 군은 정부의 최고 지령을 봉지(奉持)하여 차등(此等) 매국적 행동에 단호 철추를 가하여 본도의 평화를 유지하며 (중략) 군은 한라산 일대에 잠복하여 천인공노할 만행을 감행하는 매국 극렬분자를 소탕하기 위하여 10월 20일 이후 군 행동 종료기간 중 전도

해안선부터 5㎞ 이외 지점 및 산악지대의 무허가 통행금지를 포고함. 만일 차(此) 포고에 위반하는 자에 대하여서는 그 이유 여하를 불구하고 폭도배로 인정하여 총살에 처할 것임." 『조선일보』, 1948.10.20.

주237 Judith Gail Gardam, *Non-combatant Immunity as a Norm of International Humanitarian Law* (Dordrecht, Boston and London: Martinus Nijhoff Publishers, 1993), p.57.

주238 James William Gibson, *The Perfect War: Technowar in Vietnam* (New York: Atlantic Monthly Press, 2000), pp.85 · 135.

주239 국방부 군사편찬연구소, 『4 · 3사건토벌작전사』, 224-226쪽.

주240 강덕윤 증언, 2002.12.4, 국방부 군사편찬연구소, 『4 · 3사건토벌작전사』, 252-254쪽.

주241 김생민 채록, 2001.7.13.

주242 채명신, 『채명신 회고록-사선을 넘고 넘어』, 71쪽.

주243 백선엽, 『실록 지리산』, 126쪽.

주244 김봉현 · 김민주 공편, 『제주도 인민들의 4 · 3무장투쟁사』, 166쪽.

주245 Subj: Summary of the Situation on Cheju Do, F. V. Burgess, Capt. Inf, PMAG Advisor 9th Regiment K.C., Cheju Do, 30 Ocotober 1948, Box No. 4, RG 338, NARA.

주246 로버츠 준장이 참모총장 채병덕 대령에게 보내는 전문, 1948.10.28, 제주4 · 3위원회, 『제주4 · 3자료집』 8, 95쪽.

주247 Hq. USAFIK, 971th CIC to G-2, Corps, Flash No. 289, 022210 Nov. 1948, Box No. 16, RG 338, NARA.

주248 CG. USAFIK to CINCFE, G-2 Highlight 325, 6 Nov. 1948, Box No. 120, RG 338, NARA.

주249 Irving Louis Horowitz, *Foundations of Political Sociology*, p.289.

주250 Hq. USAFIK, 971st CIC, Flash No. 403, 2040, 21 Nov, 1948, File No. 306, RG 407.

주251 Hq. USAFIK, G-2 P/R No. 989, 16 Nov. 1948.

주252 제민일보 4 · 3취재반, 『4 · 3은 말한다』 4, 299-301쪽.

주253 출처: ① Hq. USAFIK, G-2 Periodic Report, No. 979, 3 Nov 1948 ② Hq. USAFIK, G-2 Periodic Report, No. 981, 5 Nov 1948 ③ Hq. USAFIK, G-2 Periodic Report, No.982, 6 Nov 1948 ④ Hq. USAFIK, G-2 Periodic Report, No. 983, 8 Nov 1948 ⑤ Hq. USAFIK, G-2 Periodic Report, No. 987, 13 Nov 1948 ⑥ Hq. USAFIK, G-2 Periodic Report, No. 988, 15 Nov 1948 ⑦ Hq. USAFIK, G-2 Periodic Report, No. 986, 12 Nov 1948 ⑧ Hq. USAFIK, G-2 Periodic Report, No. 989, 16 Nov 1948 ⑨ Hq. USAFIK, G-2 Periodic Report, No. 995, 23 Nov 1948 ⑩ Hq. USAFIK, G-2 Periodic Report, No. 994, 22 Nov 1948.

주254 허영선, 『제주4 · 3사기 아동학살 연구 - 생존자들의 구술을 중심으로』, 제주대 한국학협동과정 석사학위 논문, 2006, 30쪽.

주255 국방부 군사편찬연구소, 『4 · 3사건토벌작전사』, 300-301쪽.

주256 국방부 군사편찬연구소, 『4 · 3사건토벌작전사』, 335쪽.

주257 『관보』 제14호, 1948.11.17.

주258 POL 13452, Mission No. 226, CG. USAFIK to State Dept, Info: JCS, CINCFE, 22 Nov, 1948, Box No. 119, RG 338, NARA.

주259 『자유신문』, 1948.11.30.

주260 『관보』 제26호, 1948.12.31.

주261 藤原 彰, 『일본군사사』, 138쪽.

주262 Frank M. Afflitto & Paul Jesilow, *The Quiet Revolutionaries: Seeking Justice in Guatemala* (T.X.: University of Texas Press, 2007), pp.25 · 29.

주263 김정무 증언, 제주4 · 3위원회, 『제주4 · 3조사보고서』, 293쪽.

주264 『서울신문』, 1948.12.14.

주265 Hq. USAFIK, G-2 P/R No. 1097, 1 April 1949.

주266 이는 피쉬그룬드 예비역 대령이 보관해오다가 오하이오주립대 알란 밀레트 교수에게 넘겨준 자료를 필자가 입수해 표로 재구성한 것이다.

주267 Subj: Weekly Cheju Do Operation Report, W. L. Roberts, Brig. Gen, USA, Chief, PMAG to G-3, XXIV Corps, Info copy: CG, 7th Inf Div, 3 December 1948, Box No. 4, RG 338, NARA.

주268 제주4 · 3위원회, 『제주4 · 3조사보고서』, p.371

주269 *Washington Post*, 1948.11.19.

주270 Hq. USAFIK, G-2 P/R No. 1021, 24 Dec. 1948.

주271 공국진, 『선곡 공국진 회상록』, p.43; 『한성일보』, 1948.6.22; 『한국일보』, 2006.10.12.

주272 『한겨레』, 1989.1.12.

주273 『동아일보』, 1989.1.19.

주274 조영갑, 『한국민군관계론』, 한원, 1993), 413-414쪽.

주275 이계홍 정리, 『최갑석 장군 이야기-장군이 된 이등병』, 99-116쪽.

주276 국방부 군사편찬연구소, 『태극무공훈장에 빛나는 6 · 25 전쟁 영웅』, 동소, 2003, 93-94쪽.

주277 『경향신문』, 1958.8.27 · 1976.12.15; 『한겨레』, 2011.11.29.

주278 제목: 제주도 방문, 주한미대사관 드럼라이트, 1949.5.18, 제주4 · 3위원회, 『제주4 · 3자료집』 11, 111쪽.

주279 황인성, 『나의 짧은 한국 기행 - 회곡 황인성 회고록』, 황씨중앙종친회, 2002, 91-100쪽.

주280 Hq. USAFIK, G-2 P/R No. 1097, April 1 1948.

주281 백선엽, 『실록 지리산』, 126쪽.

주282 "Notes on Anti-guerrilla Warfare", by The Prime Minister of the Republic of Korea Song, Yo-Chan(1916-), Box No. 14, *The Orlando W. Ward Papers*, U.S. Army Military History Institute, Carlisle, Pa, USA.

주283 『국회속기록』 제1회 제124호, 1948. 12.8, 제주4 · 3위원회, 『제주4 · 3자료집』 4, 106쪽.

주284 국방부 군사편찬연구소, 『4 · 3사건토벌작전사』, 330-333쪽.

주285 Neil Sheehan, *A Bright Shining Lie: John Paul Vann and America in Vietnam* (New York: Random House, 1988), p.109.

주286 홍순봉 증언, 1967.4.1, 국방부 군사편찬연구소, 『4·3사건토벌작전사』, 347-350쪽.

주287 毛澤東 저·김승일 옮김, 『모택동선집』 2, 범우사, 2002, 114쪽.

주288 국방부 군사편찬연구소, 『4·3사건토벌작전사』, 334쪽.

주289 김무용, 「제주4·3 토벌작전의 민간인 희생화 전략과 대량학살」, 제주4·3연구소, 『4·3과 역사』 8, 188쪽.

주290 정병준, 『한국전쟁: 38선 충돌과 전쟁의 형성』, 돌베개, 2006, 237쪽.

주291 강성현, 『한국 사상통제기제의 역사적 형성과 '보도연맹 사건', 1925-50』, 서울대 대학원 사회학과 박사학위논문, 2012, 323쪽.

주292 『서울신문』, 1948.5.18; 『동아일보』, 1948.5.18.

주293 『동아일보』, 1948.5.18.

주294 Benjamin A. Valentino, 『20세기의 대량학살과 제노사이드』, p.33.

주295 채명신, 『채명신 회고록-사선을 넘고 넘어』, 매일경제신문사, 1994, 49-50·54·70쪽.

주296 『강원일보』, 1948.7.21. 국립중앙도서관 영인.

주297 국방부 군사편찬연구소, 『4·3사건토벌작전사』, 281-284쪽.

주298 박정석, 「상이군인과 유가족의 전쟁경험」, 표인주 외, 『전쟁과 사람들 - 아래로부터의 한국전쟁 연구』, 한울, 2003, 177-178쪽.

주299 김생민 채록, 2001.7.13.

주300 제민일보 4·3취재반, 『4·3은 말한다』 5, 122-130쪽.

주301 국방부 군사편찬연구소, 『4·3사건토벌작전사』, 306-311쪽.

주302 국방부 군사편찬연구소, 『4·3사건토벌작전사』, 330-333쪽.

주303 이치업, 『번개장군-이치업』, 99-103쪽.

주304 Departmental Despatch No. 1/1949, Australian Delegation to the UN Commission on Korea, Subj: Summaries of Activities - 5th to 12th February, 1949, 12th February 1949, Series No. A1838(A1838/283), National Archives of Australia.

주305 A-438, Muccio to the Secretary of State, Dec 20, 1949, 아름출판사, 『미국무성 한국관계문서』 7, p.529.

주306 Departmental Despatch No. 23/1948: From Australian Mission in Japan Subj: United Nations Commission on Korea, 25th February, 1949, p.18. Series No. A1838(A1838/283), National Archives of Australia.

주307 Neil Sheehan, *A Bright Shining Lie*, p.110.

주308 Mark Mazower, Review Essay: "Violence and the State in the Twentieth Century," p.1171.

주309 신복룡, 『한국분단사연구, 1943-1953』, 185쪽.

주310 Hq. USAFIK, G-2 W/S No. 90, 1 June 1947.

주311 전두열, 『삶과 사랑, 자유의 초상-정암 전두열 자서전』, 53 · 56쪽.

주312 고성화 증언, 제주4 · 3연구소 편, 『그늘 속의 4 · 3』, 66-67쪽.

주313 백선엽, 『실록 지리산』, 111 · 113쪽.

주314 Hq. USAFIK, G-2 P/R No. 693, 25 November 1947.

주315 Hq. USAFIK, G-2 P/R No. 691, 22 November 1947; No. 692, 24 November 1947; Hq. USAFIK CIC, Subj: Counter Intelligence Corps Semi-Monthly Repor, No. 25, 31 December 1947.

주316 이경남, '청년운동반세기' 11회, 『경향신문』, 1987.1.21.

주317 양봉철, 「제주4 · 3과 '서북대대'」, 『4 · 3과 역사』 8, 66-67쪽.

주318 Hq. USAFIIK, G-2 P/R No. 1003, 3 Dec. 1948.

주319 로버츠 준장이 주한미군사령관에게, 군사고문단 주간활동, 1948.11.15, 제주4 · 3위원회, 『제주4 · 3자료집』 8, 72-73쪽.

주320 Hq. USAFIK, G-2 P/R No. 1011, 13 Dec. 1948.

주321 Hq. USAFIK, G-2 P/R No. 1023, 28 Dec. 1948.

주322 제주4 · 3위원회, 『제주4 · 3조사보고서』, 270쪽.

주323 이기선 · 고성중 증언, 제민일보 4 · 3취재반, 『4 · 3은 말한다』 5, 68-69쪽.

주324 제주4 · 3위원회, 『제주4 · 3조사보고서』, 268-271쪽.

주325 Hq. USAFIK, G-2 P/R No. 951, 1 Oct. 1948.

주326 김윤옥, 『초창기 제주언론의 주역들 - 허공에 탑을 쌓을 수는 없다』, 66-68 · 197-201쪽.

주327 고치돈(당시 외도지서 특공대원) 증언, 제주4 · 3위원회, 『제주4 · 3조사보고서』, 271-272쪽.

주328 이경남, '청년운동반세기' 12회, 『경향신문』, 1987.1.28.

주329 『동아일보』, 1958.9.21.

주330 Military Governor, USAMGIK to CCAO, 59th Military Government Company, undated, Box No. 119, RG 338.

주331 국방부 군사편찬연구소, 『4 · 3사건토벌작전사』, 330-333쪽.

주332 국방부 군사편찬연구소, 『4 · 3사건토벌작전사』, 312-315쪽.

주333 Hq. USAFIK, G-2 P/R No. 1097, 1 April 1949.

주334 제주4 · 3위원회, 『제주4 · 3조사보고서』, 274-275쪽.

주335 채정옥 채록, 1992.4.4 · 2012.3.12 · 3.20.

주336 주한미군사령관이 육군성 정보국에, 국가보안법/국군조직법, 1948.12.5, 제주4 · 3위원회, 『제주4 · 3자료집』 7, 263쪽.

주337 Hq. USAFIK, G-2 P/R No. 1097, April 1, 1949.

주338 Chalmers A. Johnson, *Peasant Nationalism and Communist Power* (Calif.: Stanford University Press, 1962), pp.55-56.

주339 1948년 8월 23일 한국에 부임한 주한미사절단 대표 무초는 1949년 3월 21일 대한민국의 초대 대사로 임명됐다. 주한미군사고문단은 주한미사절단 대표(대사)의 행정 통제와 육군

부의 작전통제를 받았다. 따라서 주한미사절단의 위상이 주한미군사고문단에 견줘 상대적으로 높았다. GHQ, USAF, Pacific, G-2 Intelligence Summary, No. 2389, Box No. 3511, RG 319; Despatch No. 679, Subj: Transmitting copies of *KMAG Advisor's Handbook*, United States Military Advisory Group to the Republic of Korea, American Embassy to the Foreign Service of the USA, Oct 28, 1949, 국사편찬위원회, 『대한민국사 자료집』26, pp.470-472.

주340 Despatch No. 14, Inclosure No. 1, Report on the Internal Insurrections after April, 1948, Made by Minister of Defense, Lee Bum Suk, Subj: Report of Minister of National Defense, Lee Bum Suk, on Internal Insurrections after April, 1948, Everett F. Drumright, Counselor of Mission to the Secretary of State, Jan 10, 1949, 아름출판사, 『미국무성 한국관계문서』 5, pp.439-451.

주341 『국도신문』, 1949.4.21.

주342 백선엽, 『실록 지리산』, 126쪽

주343 제목: 제주도 방문, 주한미대사관 드럼라이트, 1949. 5.18, 제주4·3위원회, 『제주4·3자료집』 11, 111쪽.

주344 Hq. USAFIK, G-2 P/R No.1018, 21 Dec. 1948.

주345 로버츠 준장이 주한미군사령관에게, 군사고문단 주간활동, 1949.1.4, 제주4·3위원회, 앞의 책 8, p.76; 주한미군사령부 G-2는 이 기간 463명이 사살됐다고 보고했다. Hq. USAFIK, G-2 P/R No. 1026, 31 Dec. 1948.

주346 이계홍 정리, 『최갑석 장군 이야기-장군이 된 이등병』, 114쪽

주347 국방부 군사편찬연구소, 『4·3사건토벌작전사』, 306-311쪽.

주348 이계홍 정리, 『최갑석 장군 이야기-장군이 된 이등병』, 99쪽.

주349 『조선중앙일보』, 1949.1.6; 극동군사령부 군사정보국 정보요약 제2321호, 1949. 1.6, 제주4·3위원회, 『제주4·3자료집』 10, pp.93-94; Hq. USAFIK, G-2 P/R No. 1030, 6 Jan 1948, No. 1029, 5 Jan. 1948.

주350 국방부 전사편찬위원회, 한국전쟁사 제1권 - 해방과 건군』, p.445; P.C. Woosters to the Chief of KMAG, Reports of Ordnance Advisor's trip to 2nd Regt- Cheju, 10 Feb, 1949, Box No. 13, RG 338.

주351 제12회 국무회의록, 1949.1.21, 제주4·3위원회, 『제주4·3자료집』 4, 17쪽.

주352 국방부 총참모장 채병덕 준장이 군사고문단장에게, 서한, 1949.1.26. 제주4·3위원회, 『제주4·3자료집』 10, 203쪽.

주353 제36회 국무회의록, 1949. 3.30, 제주4·3위원회, 『제주4·3자료집』 4, 26쪽.

주354 공군본부 정훈감실, 『공군사 제1집 - 自1949년 10월 1일 至1953년 7월 27일』, 동실, 1962, 64·444쪽.

주355 Hq. USAFIK, G-3 Operations Report No. 5, 5 Feb. 1949.

주356 국방부 전사편찬위원회, 한국전쟁사 제1권 - 해방과 건군』, 446쪽.

주357 Hq. USAFIK, G-2 P/R No. 1097, 1 April 1949.

주358 『국회속기록』 제2회 제56호, 1949.3.7, 제주4·3위원회, 『제주4·3자료집』 4, 131-132쪽.

주359 『동광신문』, 1949.3.15.

주360 Hq. USAFIK, G-2 W/S No. 1092, 21 March 1949.

주361 The Chargé of the American Mission in Korea (Drumright) to the Secretary of State, March 28, 1949, *FRUS, 1949, The Far East and Australia* (Part 2): Vol.Ⅶ, p.979.

주362 김경종 저, 백규상 역, 『白首餘音』, 북제주문화원, 2006, 440-447쪽.

주363 피쉬그룬드 채록.

주364 Subj: Travel Orders, 1 October 1948, J. M. Clymea, Captain, Cav, Asst Adjutant to 1st Lt. Harold S. Fischgrund, 037183, Cml C, Box No. 2, RG 338, NARA.

주365 피쉬그룬드는 1950년 6월 귀국했으며, 베트남전에 참전한 뒤 1960년대 대령으로 전역했다. 정일권 전 국무총리와는 평생 친하게 지냈다고 밝혔다. 그는 커밍스의 4·3에 대한 견해에 대해서도 강하게 반박했다. 그는 "커밍스는 제주도 문제에 대해 미국인들을 비난하고 있다. 이것은 진실이 아니다. 나는 현장에서 직접 목격했다. 내가 알고 있는 견지에서, 위협과 협박 전술을 통해 제주도민들을 선동한 것은 공산주의자들과 북한인들이었다. 예를 들어 훈련받은 공산주의자들의 작전을 제주도에 가져왔고, 유엔 감시하의 선거, 합법성을 저지하려 했고, 마을의 경찰을 공격했으며, 한라산 오름에 봉홧불을 넣어 두려움에 떨게 했다. 이범석 총리가 직접 사태를 보기 위해 왔다. 나의 전임자와 신부들이 언급한 제주도 내의 가난한 주민들이 처한 위험한 상황을 무시하지 않았다. 남한 정부는 제주도민들과 함께 외부세력이 이끄는 반란을 진압하려고 노력했다"고 말했다. 피쉬그룬드 채록, 필자와 교환한 이메일, 2001.10.22, 11.20; 피쉬그룬드가 밀레트에게 보낸 편지, 1997.6.2; http://articles.dailypress.com/2007-04-25/news/0704250116_1_franklin-historical-society-classmates-turkey (검색일: 2011.2.22.).

주366 김생민 채록, 2001.7.13.

주367 피쉬그룬드가 필자에게 보낸 이메일, 2001.11.21.

주368 피쉬그룬드 채록.

주369 섀클턴이 필자에게 보낸 편지, 2002.1.8.

주370 피쉬그룬드가 밀레트에게 보낸 편지, 1997.6.2.

주371 Despatch No. 180, Muccio to Secretary of State, Nov 3, 1948, 아름출판사, 『미국무성 한국관계 문서』 5, pp.341-342.

주372 군사고문단장 로버츠 준장이 제24군단 사령관에게, 군사고문단 주간활동, 1948.11.8, 11.15, 제주4·3위원회, 『제주4·3자료집』 8, pp.72-73, Box No. 2, RG 338.

주373 Song, Yochan to KMAG, Commanding of 1st. Fred M. Erricson 01823279, Box No. 1, RG 338, NARA.

주374 105명을 사살한 것은 12월 13일 9연대 3대대가 민보단 3천여 명을 동원해 대정에서 신예리에 이르는 산간지역을 소탕할 때였다.

주375 Subj: Operations on Cheju Do, W. L. Roberts, Brig. Gen, USA, Chief, PMAG to Lee Bum Suk, 18 Dec. 1948, Box No. 4, RG 338, NARA.

주376 Despatch No. 11, Inclosure No. 1, Subj: Political Survey, 971 CIC Cheju, 21 Nov. 1948, Subj: Transmitting Report of Developments on Cheju Island, Drumright to the Secretary of State, Jan 7, 1949, 아름출판사, 『미국무성 한국관계문서』 5, 421-424쪽.

주377 Nr: ZGBI 1944 220528Z, COMGENUSAFIK to CINCFE, Tokyo Japan for G-2 at수 Col. Dodge, Info: Dept of Army(CINCFE passes), 21 November 1948, 정용욱 편, 『JOINT WEEKA』, 영진문화사, 1993, 316쪽.

주378 Departmental Despatch No. 23/1949, Australian Mission in Japan to Australia, Subj: United Nations Commission on Korea, 25th February 1949. Series No. A 1838, National Archives of Australia.

주379 Despatch No. 142, Subj: Political Summary for February 1949, Everett F. Drumright, Counselor of Mission to the Secretary of State, March 14, 1949, 아름출판사, 『미국무성 한국관계문서』 5, pp.508-524.

주380 Liaison Office, KMAG to Major General C. L. Mullins, Jr, Headquarters, 2nd Army, 28 July 1949, The Jay D. *Vanderpool Papers*, U.S. Army Military History Institute, Carlisle, Pa, USA.

주381 *New York Times*, 1950.2.1.

주382 *New York Times*, 1950.3.6.

주383 제26회 국무회의록, 1949.3.8, 제주4·3위원회, 『제주4·3자료집』 4, 23쪽.

주384 드럼라이트가 로버츠 장군에게, 제목: 제주도 상황, 1949.3.10, 제주4·3위원회, 『제주4·3자료집』 11, 64쪽.

주385 주한미군사령관 로버츠 준장이 드럼라이트에게, 제목: 제주도 상황, 1949.3.11, 제주4·3위원회, 『제주4·3자료집』 11, 64-66쪽.

주386 Despatch No. 222, Subj: Political Summary for March, 1949, John J. Muccio, Special Representative, American Mission in Korea to the Secretary of State, April 18, 1949, p.13, 아름출판사, 『미국무성 한국관계문서』 5, 590쪽.

주387 Despatch No. 200, Inclosure No. 1, Conversation Memorandum, April 4, 1949, Subj: Transmitting a Memorandum of Conversation on Military Aid to Korea and Withdrawal of United States Troops, American Mission in Korea to the State Department, April 5, 1949, 국사편찬위원회, 『대한민국사 자료집』 26, 192-196쪽.

주388 South China Morning Post, 16 Oct. 1948, Series A1838, Item 506/1, National Archives of Australia.

주389 PCAG to Co. 59th MG CO, undated, Box No. 119, RG 338, NARA.

주390 *Washington Post*, 1949.1.9.

주391 *South China Morning Post*, 8 Jan 1949, Series A1838, Item 506/1, National Archives of Australia.

주392 DZRH Manila, in English to the Philippines, Jan. 7, 1949, Series A1838, Item 506/1, National Archives of Australia.

주393 *Christian Science Monitor*, 1949.3.16.

주394 서울발 INS보도, *Stars and Stripes* (Pacific), 1949.3.17.

주395 *Singapore*, 17/3/1949, Series A1838, Item 506/1, National Archives of Australia.

주396 Hq. USAFIK, G-2 P/R No. 1097, 1 May 1949.

주397 Certified Official Translation. Subj: Control of Illegal Entry into Ehime Prefecture, British Commonwealth Occupation Force, 25 Oct. 1948. 1948 Series No. AWM 114, Control Symbol 423/10/42, Australian War Memorial, Canberra, Australia. 이 자료는 오스트레일리아국립대학교 모리스 스즈키(Tessa Morris-Suzuki) 교수가 필자에게 제공한 것이다.

주398 Hq. USAFIK, G-2 P/R No. 1097, 1 April 1949.

주399 『국도신문』, 1949.4.8; 『자유신문』, 1949.4.10.

주400 Telegram, The Special Representative in Korea (Muccio) to the Secretary of State, April 9, 1949, *FRUS, 1949, The Far East and Australasia* (Part2): Vol. Ⅶ, 1949, pp.981-982.

주401 Airgram, The Special Representative in Korea (Muccio) to the Secretary of State, April 9, 1949, *FRUS, 1949, The Far East and Australasia* (Part2): Vol. Ⅶ, 1949, pp.983-984.

주402 군사고문단장이 주한미군사령관에게, 군사고문단 주간활동, 1949.4.19, 제주4·3위원회, 『제주4·3자료집』 8, 84쪽.

주403 로버츠 장군이 신성모 장관에게, 4월 16일 회담 의사록, 1949.4.16, 제주4·3위원회, 『제주4·3자료집』 8, 112쪽.

주404 양봉철, 「제주4·3과 '서북대대'」, 『4·3과 역사』 8, 53-97쪽.

주405 Hq. USAFIK, G-2 P/R No. 1113, 9 May 1949.

주406 A-160, Muccio, American Embassy to the Secretary of State, May 2, 1949, 아름출판사, 『미국무성 한국관계문서』 6, p.5.

주407 드럼라이트, 제목: 제주도 방문, 1949. 5.18, 제주4·3위원회, 『제주4·3자료집』 11, 110-114쪽.

주408 Despatch No. 211, Subj: President's Rhee's Visit to Cheju and Military Aid for Korea, American Mission in Korea to the Foreign Service of the U.S.A, April 12, 1948, 국사편찬위원회, 『대한민국사 자료집』26, pp.218-222; *New York Times*, 1949.4.12.

주409 Despatch No. 211, Inclosure No. 1, Memorandum of Conversation, Subj: President Rhee's visit to Cheju and military aid for Korea, Participants: President Rhee, Mr. Muccio, April 11, 1949, Muccio to the Secretary of State, 12 April, 1949, 국사편찬위원회, 『대한민국사 자료집』 26, 218-222; 『자유신문』, 1949.4.12.

주410 『경향신문』, 1949.4.28.

주411 『동광신문』, 1949.5.14; 『국도신문』. 1949.5.14; Despatch No. 346, Subj: Political Summary for May, 1949, American Embassy to the Secretary of State, June 13, 1949, pp.13-14, 아름출판사, 『미국무성 한국관계문서』 6, pp.85-86.

주412 A-171, American Embassy to the Secretary of State, 14 May, 1949, 아름출판사, 『미국무성 한국관계문서』 6, p.33.

주413 Despatch No. 277, Subj: Transmittal of Copies of Press Release No. 16 Issued by the United Nations Commission on Korea, American Embassy to the Foreign Service of U.S.A, May 19, 1949, 국사편찬위원회, 『대한민국사 자료집』 43, pp.349-351.

주414 Despatch No. 358, Inclosure No. 1, U.N. Document, A/AC.26/SC.2/15, (Extract) UNCOK, Sub-Committee Ⅱ, Subj: Report on Trips to the Provinces Affected by Recent Disturbances, 9 June 1949, Subj: Transmitting Excerpt from UNCOK Report on Visit to Cheju Island, Muccio to the Secretary of State, June 17, 1949, 국사편찬위원회, 『대한민국사 자료집』 43, pp.477-485.

주415 『경향신문』, 1949.6.25.

주416 국방부 전사편찬위원회, 『한국전쟁사 제1권 - 해방과 건군』, 448쪽.

주417 『동광신문』, 1949.5.15.

주418 『동광신문』, 1949.5.17.

주419 Despatch No. 303, Subj: Transmittal of Memorandum of Conversation Covering Discussion with Mr. Kim Yong Ha, Governor of Cheju-do, American Embassy to the Secretary of Sate, Decimal File 895, Reel No. 3, NARA.

주420 Despatch No. 354, Inclosure No. 1, Memorandum of Conversation No. 63, June 14, 1949, Subj: Views of Governor's affairs in Chejudo, American Embassy to the Secretary of State, 16 June 1949, Records of the U.S. Department of State Relating to the Internal Affairs of Korea 1945-1949, Decimal File 895, Reel No. 3-5, NARA.

주421 Despatch No. 607, Muccio to Department of State, 26 May, 1949, 국사편찬위원회, 『대한민국사 자료집』 26, 337-338쪽.

주422 Letter, Syngman Rhee, Office of the President to General MacArthur, May 22, 1949, 국사편찬위원회, 『대한민국사 자료집』 29, 56-57쪽.

주423 『연합신문』, 1949.5.18.

주424 Telegram No. 1023, Muccio to the Secretary of State, 14 Aug 1949, Decimal File 895, Reel No. 3-5, NARA.

주425 Despactch No. 635, The Ambassador in Korea (Muccio) to the Secretary of State, October 13, 1949, *FRUS, 1949, The Far East and Australasia* (Part2): Vol. Ⅶ, 1949, pp.1086-1087.

주426 http://trove.nla.gov.au/ndp/del/article/49592377?searchTerm=cheju&searchLimits=sortby=dateDesc (검색일: 2013.3.1).

주427 『안재홍 유고집』, 조국통일사, 1965, 제주4·3위원회, 『제주4·3사건자료집』 12, 154-156쪽.

주428 William F. Dean, *General Dean's Story*, pp.142-148.

주429 Goodfellow Papers, Box 1, draft of letter to Rhee, no date but late 1948, Bruce Cumings, The Question of American Responsibility for the Suppression of the Chejudo Uprising, Presented at the 50th Anniversary Conference of the April 3, 1948 Chejudo Rebellion, Tokyo, March 14, 1998, p.11에서 재인용.

주430 Letter, Syngman Rhee, President, Office of the President to Col. Goodfellow, February 2, 1949, 국사편찬위원회, 『대한민국사 자료집』 29, 20-22쪽.

주431 로버츠 준장이 육군성장관 케네스 로얄에게, 보고서, 1949.2.7, 제주4·3위원회, 『제주4·3 자료집』 8, 99-108쪽.

주432 JOINT WEEKA No. 9, 12 Aug. 1949.

주433 『동아일보』, 1949.6.10.

주434 제주4·3위원회, 『제주4·3조사보고서』, 334쪽.

주435 『한겨레』, 1990.4.6. 필자는 1990년 4월 초 이 일을 했다는 김이완 할머니로부터 증언을 직접 들었다.

주436 JOINT WEEKA No. 17, 7 Oct. 1949.

주437 Despatch No. 704, Subj: Summary of Political Affairs of the Republic of Korea, October, 1949, Muccio to the Secretary of State, Nov 7, 1949, 아름출판사, 『미국무성 한국관계문서』 6, pp.567-568.

주438 Despatch No. 749, Inclosure. Subj: Tour of CHEJU DO - by Capt. Fischgrund, 22 Nov 1949, Capt. Harold Fischgrund, Asst. Adv. G-3 to Chief, KMAG, Subj: Transmitting report by Captain FISCHGRUND(KMAG) on trip to Cheju Island, American Embassy to Department of State, Nov 28, 1949, Box No. 8, RG 338, NARA.

주439 A-376, Muccio to the Secretary of State, Nov 18, 1949, 아름출판사, 『미국무성 한국관계문서』 7, pp.599-600.

주440 Despatch No. 749, Inclosure. Subj: Tour of CHEJU DO - by Capt. Fischgrund, 22 Nov 1949, Capt. Harold Fischgrund, Asst. Adv. G-3 to Chief, KMAG.

주441 『한성일보』, 1950.4.18.

주442 김성은, 『김성은 회고록 - 나의 잔이 넘치나이다』, ㈜아이템플코리아, 2008, 149-153쪽.

주443 Memorandum for the record, Subj: Conditions on Cheju Island, August 17, 1950, John F. Seifert, Commander, United States Navy Naval Attache, Donald S. Macdonald, Second Secretary of Embassy, Philip C. Rowe, Vice Consul (이하 John P. Seifert Report). Everett F. Drumright, American Embassy, Taegu Office to John M. Allison, Esquire, Department of State, Aug 29, 1950, 국회도서관 소장.

주444 『제주신보』, 1950.8.26.

주445 『제주신보』, 1950.9.6.

주446 Air Pouch, Inclosure No. 1, Memorandum for the record, Subj: Conversation with Lee Sung-Choo, Chief of Police, Cheju-do, Philip C. Rowe, Vice Consul, Nov 14, 1950, Everett F. Drumright, Charge d'Affaires a.i. to the Department of State, Nov 15, 1950. File No. 795, RG 59, 국회도서관 소장.

주447 Inclosure No. 1, Subj: Conditions on Cheju Island, John E. MacDonald, Third Secretary, Subj: Transmitting Report on Conditions on Cheju Island, Everett F. Drumright, Counselor of Embassy to the Department of State, Nov 21, 1950, File No. 795, RG 59, 국회도서관 소장.

주448 Subj: Use of Cheju Island as a Seat for the Government of the Republic of Korea in Case of General Military Evacuation of the Korean Mainland, Unknown, Dec 29. 1950, File No. 795, RG 59, 국회도서관 소장.

주449 *New York Times*, January 1, 1951.

주450 *Chicago Daily Tribune*, Jan 5, 1951.

주451 *New York Times*, January 15, 1951.

주452 Subj: Cheju Island, Everett F. Drumright, Counselor of Embassy to Department of Sate, January 18, 1951. File No. 795, RG 59, 국회도서관 소장.

주453 Subj: Report of Activities, Cheju-Do Provincial Police, George H. Brown, Captain, Armor, UNCAC Team to Commanding Officer, UNCAC Team, Cheju-Do, 1 Feb 1951, Box No. 17, RG 338, NARA.

주454 Subj: Anti-bandit Operation on Cheju-Do, Gaylord H. Mosure, WOJG, USA, Asst Adjutant General to Chief, Korean Military Advisory Group to the Repulic of Korea, 6 Nov 1952, Entry No. 1321(A1), RG 554, 국립중앙도서관 소장.

주455 제주도경찰국, 『제주도경찰사』, 동국, 1990, 318쪽.

주456 Series WAR200602382, RG 554, NARA, 국립중앙도서관 소장.

주457 Tom Connally, *My Name is Tom Connally* (New York: Thomas Y. Crowell Company, 1954), p.343. 트루먼이 제주도 사건에 대해 인지하고 있었다는 것이 언급된 자료는 아직까지 이 회고록이 유일하다.

주458 U.S. Senate Committee on Foreign Relations, *Economic Assistance to China and Korea: 1949-1950*, p.167.

주459 국방부 전사편찬위원회, 『대비정규전사 1945-1960』, 동위원회, 1988, 47쪽.

주460 U.S. House of Representative, *United States Policy in the Far East Part 2*, pp.170-172.

주461 E. A. J. Johnson, *American Imperialism in the Image of Peer Gynt*, pp.148 · 208-209.

주462 *New York Times*, 1950.7.6.

주463 U.S. House of Representative, *United States Policy in the Far East Part 2*, pp.49-50.

주464 U.S. House of Representative, *United States Policy in the Far East Part 2*, pp.101-102.

주465 Lawrence S. Wittner, *American Intervention in Greece, 1943-1949*, p.307; Howard Jones, *A New Kind of War*, p.234.

주466 Eugene Irving Knez papers 1940s-1970s, Anthropological Archives, Smithonian Institution, USA.

주467 Series No. A 1838, Item No. 3/23/11/1, National Archives of Australia.

주468 The Economic potential of an independent Korea, *Despatch No. 6*, 26 June 1947; *Airgram A-204*, American Embassy to Department of State, 17 June 1949.

주469 『조선중앙일보』, 1949.6.28.

주470 『서울신문』, 1949.9.1.

주471 제주4·3위원회, 『제주4·3자료집』 4, 61쪽.

주472 Subj: Situation on Cheju do, American Embassy to the State Department, 23 May 1950; G-2, Intelligence Reports 1950-51, Current Condition in Saishuto Island, Box No. 23, RG 338 NARA.

주473 http://www.jeju43.go.kr/sub/catalog.php?CatNo=5 (검색일: 2013.8.8).

제4장 제1절

주1 박명림, 「전쟁과 인민: 통합과 분화와 학살」, 『아시아문화』 제16호, 한림대 아시아문화연구소, 2000, 139쪽.

주2 The United States Representative on the Commission of Investigation (Ethridge) to the Secretary of State, February 17, 1947, *FRUS* 1947, Vol. Ⅴ, p.24; Dean Acheson, Present at the Creation, p.219.

주3 Memorandum Prepared in the Department of State, undated, *FRUS* 1947, Vol. Ⅴ, pp.511-514.

주4 Memorandum Prepared in the Department of State, October 16, 1947, *FRUS* 1947, Vol. Ⅴ, pp.563-564.

주5 Memorandum by the Under Secretary of State (Acheson) to the Secretary of State, February 21, 1947, *FRUS* 1947, Vol. Ⅴ, pp.29-31; Dean Acheson, *Present at the Creation*, p.217.

주6 Lisle A. Rose, *Roots of Tragedy: The United States and the Struggle for Asia 1945-1953*, pp.104-105.

주7 "Message from the President of the United States transmitting a recommendation that the Congress authorize the Continuation of Economic Assistance to the Republic of Korea for the Fiscal year Ending June 30, 1950", June 7, 1949, U.S. House of Representatives, U.S. House of Representative, *United States Policy in the Far East Part 2*, p.387.

주8 U.S. House of Representative, *United States Policy in the Far East Part 2*, pp.80-81.

주9 U.S. House of Representative, *United States Policy in the Far East Part 2*, pp.186.

주10 Memorandum by the Assistant Chief of the Division of Eastern European Affairs (Stevens), September 9, 1947, *FRUS* 1947, Vol. Ⅵ, pp.784-785.

제4장 제2절

주1 Bruce Cumings, *The Origins of the Korean War*, p.34.

주2 이데올로기는 물적, 정신적 자원의 동원을 활성화 하는 데 필수불가결한 요건이며, 그 자체가 갈등을 촉발시키는 동인이 된다. 박재환, 『사회갈등과 이데올로기』, 387쪽.

주3 점령하의 그리스의 경제에 관한 자세한 글은 Stavros B. Thomadakis, "Black Markets, Inflation, and Force in the Economy of Occupied Greece," John O. Iatrides, ed., *Greece in the 1940s: A Nation in Crisis*, pp.61-80.

주4 David H. Close, *The Origins of the Greek Civil War*, p.144; John L. Hondros, *Occupation and Resistance*, p.250; C.M. Woodhouse, *Apple of Discord*, pp.229-230.

주5 제주4 · 3위원회, 『제주4 · 3사건진상조사보고서』, 107-128쪽.

주6 신명순, 『제3세계정치론』, 법문사, 1993, 344쪽.

주7 Hq. USAFKIK, G-2 W/S, No. 123, 23 January 1948.

제4장 제3절

주1 André Gerolymatos, *Red Acropolis Black Terror*, p.229.

주2 David H. Close, The Origins of the Greek Civil War, p.211.

주3 Judith Gail Gardam, *Non-combatant Immunity as a Norm of International Humanitarian Law* (Dordrecht, Boston and London: Martinus Nijhoff Publishers, 1993), p.57.

주4 Hq. USAFIK, G-2 P/R, No. 1097, 1 April 1949.

주5 로버츠 준장이 육군성장관 케네스 로얄에게, 보고서, 1949.2.7, 제주4 · 3위원회, 『제주4 · 3자료집』 8, 99-108쪽.

주6 Lawrence S. Wittner, *American Intervention in Greece*, p.141

주7 제주4 · 3위원회, 『제주4 · 3사건진상조사보고서』, 449-461쪽.

주8 권귀숙, 『기억의 정치: 대량학살의 사회적 기억과 역사적 진실』, 문학과 지성사, 2006, 20-21쪽.

제5장

주1 http://en.wikipedia.org/wiki/Mikis_Theodorakis.

주2 Neni Panourgiá, Dangerous Citizens, pp.101-103.

주3 http://en.wikipedia.org/wiki/Manolis_Glezos.

주4 http://en.wikipedia.org/wiki/Apostolos_Santas.

주5 http://en.wikipedia.org/wiki/Haidari_concentration_camp;
http://en.wikipedia.org/wiki/Kaisariani; Mark Mazower, Inside Hitler's Greece, pp.226-230.

주6 http://portal.kessariani.gr/portal/page/portal/Index/English%20Version/Our%20City/National%20Resistance;
http://usa.greekreporter.com/2012/11/02/glezos-tells-cnn-of-nazi-war-crimes.

1. 1차 자료

(1) 미출간 자료

〈미국〉

Eugene Knez Papers, National Anthropological Archives, Smithsonian Institution, USA.

Hq. USAFIK.. G-3 Operations Report.

Korean Army, *9th Regiment Daily Activities*.

RG 319, 332, 338, 407, Decimal File 895, Reel No. 3, NARA.

The Orlando W. Ward Papers, The Rothwell H. Brown Papers, U.S. Army Military History Institute, Carlisle, Pa.

〈오스트레일리아〉

Series No. A 1838(Australia National Archives).

UN1083 Assembly 140(Australia National Archives).

Series No. AWM 114, Control Symbol 423/10/42(Australian War Memorial, Canberra, Australia).

〈일본〉

Weekly Military Occupational Activities Report, 1946～1947 (일본 국립국회도서관 헌정자료실).

機密作戰日誌(乙綴)(일본 방위청 방위연구소).

(2) 출간 자료

Burnett, Scott S. ed., *Korean-American Relations: Documents pertaining to the Far Eastern diplomacy of the United States Vol. Ⅲ, The Period of Diminishing Influence, 1896-1905* (Hawaii: University of Hawaii Press, 1992).

Department of the Army, Headquarters, *FM 31-21: Department of the Army Filed Manual, Guerrilla Warfare and Special Forces Operations* (Washington D.C.:

Headquarters, Department of the Army, 29 September 1961).

Department of the Army, *U.S. Army Counterguerrilla Operations Handbook* (Conn.: The Lyons Press, 2004).

Etzold, Thomas H., & John L. Gaddis, eds. *Containment: Documents of American Policy and Strategy, 1945-1950* (New York: Columbia University Press, 1978).

Hq. USAFIK. G-2 Periodic Report(『주한미군 정보일지』, 한림대 아시아문화연구소 영인, 1988).

Hq. USAFIK. JOINT WEEKA(『JOINT WEEKA』, 정용욱 편, 영주문화사 영인, 1997).

Hq. USAFIK. G-2 Weekly Summary(『주한미군 주간정보요약』, 한림대 아시아문화연구소 영인, 1988).

KMAG, *The United States Military Advisory Group to the Republic of Korea: KMAG, 1945-1955* (Tokyo: KMAG Public Information Office, 1955).

Sawyer, Robert K., *Military Advisors in Korea: KMAG in Peace and War* (Washington D.C.: Office of the Chief of the Military History, 1962).

Schlesinger, Arthur M. Jr. & Walter LaFeber, eds., *The Dynamics of World Power: A Documentary History of United States Foreign Policy, 1945-1973, Vol. II (Eastern Europe and the Soviet Union)* (New York: Chelsea House Publishers, 1973).

Soviet News, *The Soviet Union and The Korean Question(Documents)* (London: Farleigh Press, 1950).

U.S. House of Representative, *United States Policy in the Far East Part 2, Selected Executive Session Hearings of the Committee, 1943-50, Vol. VIII* (Washington, D.C.: U.S.G.P.O, 1976).

U.S. Senate Committee on Foreign Relations, *Economic Assistance to China and Korea: 1949-1950: Hearings held in executive session before the Committee on Foreign Relations, United States Senate, 81st Congress, 1st and 2nd sessions on S. 1063, S. 2319, S. 2845* (Washington, D.C.: U.S.G.P.O, 1974).

U.S. Senate Committee on Foreign Relations, *Legislative Origins of the Truman Doctrine* (Washington: U.S.G.P.O, 1973).

United States Army Government in Korea. *Official Gazette* (『미군정청 관보』 전4권, 원주문화사 영인, 1993).

United States, State Department. *FRUS* 1945, VI.

__________________________. *FRUS* 1948, Vol I (Part 2).

____________________. *FRUS* 1949, Vol. Ⅶ (Part 2).

____________________. *FRUS* 1946, Ⅶ

____________________. *FRUS* 1946, Ⅷ.

____________________. *FRUS* 1947, Ⅵ.

____________________. *FRUS* 1947, V.

____________________. *FRUS* 1948, Ⅳ.

United States, State Department. *Records Relating to the Internal Affairs of Korea 1945-1949*, Scholarly Resources Inc.(『미국무성 한국관계문서』 전23권. 아름출판사 영인, 1995).

USAFIK. *History of the United States Armed Forces in Korea(HUSAFIK)*, Compiled under the supervision of Harold Larson, chief historian, Tokyo and Seoul, 1947, 1948. Manuscript in the Office of the Chief of the Chief of Military History, Washington, D.C.(『주한미군사』, 돌베개 영인, 1988).

USAMGIK. *South Korean Interim Government Activities* (『미군정활동보고서』 전6권. 이길상 편, 원주문화사 영인, 1990).

공군본부 정훈감실, 『공군사 제1집 - 自1949년 10월 1일 至1953년 7월 27일』(서울: 동실, 1962).

국방부 군사편찬연구소, 『4·3사건토벌작전사』(서울: 동연구소, 2002).

국방부 전사편찬위원회, 『국방조약집』 제1집(서울: 동위원회, 1981).

________________, 『대비정규전사 1945-1960』(서울: 동위원회, 1988).

________________, 『한국전쟁사 제1권 - 해방과 건군』(서울: 동위원회, 1967).

국사편찬위원회, 『대한민국사 자료집 Ⅰ: U.N. 한국임시위원단 관계문서』Ⅱ(서울: 동위원회, 1989).

__________, 『대한민국사자료집』 39(서울: 동위원회, 1998).

유엔조선위원단, 임명삼 옮김, 『UN조선위원단 보고서』(서울: 돌베개, 1984).

육군본부, 『공비토벌사』(서울: 육군본부 편찬, 1954).

제주4·3연구소, 『제주4·3자료집Ⅱ-미국무성 제주도관계문서』(제주: 각, 2002).

제주4·3사건 진상규명 및 희생자 명예회복 위원회, 『제주4·3사건 진상조사보고서』(서울: 동위원회, 2003).

제주4·3사건 진상규명 및 희생자 명예회복 위원회, 『제주4·3자료집』 전12권(서울: 동위원회, 2001~2002).

제주도경찰국, 『제주도경찰사』(제주: 동경찰국, 1990).

제주사정립사업추진협의회·제주특별자치도, 『자료집·일본신문이 보도한 제주도:

1878~1910년』(제주: 제주특별자치도, 2006).
濟州島廳, 『濟州島勢要覽』(京城: 朝鮮印刷株式會社, 1930).
중앙선거관리위원회, 『대한민국선거사』(서울: 동위원회, 1968).

2. 단행본

Acheson, Dean, *Present at the Creation: My Years in the State Department* (New York: Norton, 1969).

Afflitto, Frank M., & Paul Jesilow, *The Quiet Revolutionaries: Seeking Justice in Guatemala* (T.X.: University of Texas Press, 2007).

Arendt, Hannah, *Crises of the Republic* (New York: Harcourt Brace Jovanovich, 1972)/ 김동식 옮김, 『공화국의 위기』(서울: 두레, 1997).

Asprey, Robert B., *War in the Shadows: The Guerrilla in History*, revised (New York: William Morrow and Company, Inc., 1994).

Baerentzen, Lars, ed., *British Reports on Greece: 1943-1949* (Copenhagen: Museum Tusculanum Press, 1982).

Baerentzen, Lars, John O. Iatrides and Ole L. Smith, eds., S*tudies in the History of the Greek Civil War 1945-1949* (Copenhagen: Museum Tusculanum Press, 1987).

Barnet, Richard, *Intervention & Revolution* (New York and Scarborough: A Mentor Book, 1968).

Berlow, Alan, *Dead Season: A Story of Murder and Revenge* (New York: Vintage, 1996).

Birtle, Andréw J., *U.S. Army Counterinsurgency and Contingency Operations Doctrine 1942-1976* (Washington, D.C.: Center of Military History, United States Army, 2006).

Braim, Paul F., *The Will to Win: The Life of General James A. Van Fleet* (Maryland: Naval Institute Press, 2001)/육군교육사령부 자료지원처 번역실 옮김, 『승리의 신념: 밴 플리트 장군 일대기』(서울: 봉명, 2002).

Byford-Jones, Wilfred, *Greek Trilogy: Resistance, Liberation, Revolution* (London: Hutchinson, 1945).

Carabott, Philip, & Thanasis D. Sfikas, eds., *The Greek Civil War: Essays on a Conflict of Exceptionalism and Silences* (Hampshire: Ashgate, 2004).

Carmack, Robert M., ed., *Harvest of Violence: The Maya Indians and the Guatemalan Crisis* (Norman: University of Oklahoma Press, 1988).

Clifford, Clark, *Counsel to the President: A Memoir* (New York: Random House, 1991).

Clogg, Richard, *A Concise History of Greece*, 2nd ed. (Cambridge: Cambridge University Press, 2002).

Clogg, Richard, ed., *Greece 1940-1949: Occupation, Resistance, Civil War - A Documentary History* (New York: Palgrave Macmillan, 2002).

Close, David H., ed., *The Greek Civil War, 1943-50: Studies of Polarization* (New York: Routledge, 1993).

Close, David H., *The Origins of the Greek Civil War* (London: Longman, 1995).

Colovas, Anthone C., *A Quick History of Modern Greece* (Baltimore: Publish America, 2007).

Connally, Tom, *My Name Is Tom Connally* (New York: Thomas Y. Crowell Company, 1954).

Contech-Morgan, Earl, *Collective Political Violence: An Introduction to the Theories and Cases of Violent Conflicts* (New York and London: Routledge, 2004).

Couloumbis, Theodore A., John O. Iatrides, eds., *Greek-American Relations: A Critical Review* (New York: Pella, 1980).

Cumings, Bruce, *The Origins of the Korean War: Liberation and the Emergence of Separate Regimes, 1945-1947* (New Jersey: Princeton University Press, 1981)/김주환 역, 『한국전쟁의 기원』 上 (서울: 청사, 1986).

Dean, William F., *General Dean's Story* (New York: The Viking Press, 1954).

Djilas, Milovan, *Conversations with Stalin* (New York: Harcourt, Brace & World, Inc., 1962).

Etzold, Thomas H., & John L. Gaddis, eds., *Containment: Documents of American Policy and Strategy, 1945-1950* (New York: Columbia University Press, 1978).

Eudes, Dominique, *Les Kapetanios* (Paris: Librairie Arthème Fayard, 1970)/John Howe, translated from the French, *The Kapetanios: Partisans and Civil War in Greece, 1943-1949* (London: NLB, 1972).

Fanon, Franz, *Les damnés de la terre*/남경태 옮김, 『대지의 저주받은 사람들』(서울: 그린비, 2007).

Fein, Helen, *Accounting for Genocide* (New York: The Free Press, 1979).

Frank, Richard B., *Downfall: The End of Imperial Japanese Empire* (New York: Penguin Books, 1999).

Fremont-Barnes, Gregory, *The Boer War 1899-1902* (Oxford: Osprey Publishing, 2003).

Gaddis, John Lewis, *We Now Know: Rethinking Cold War History* (New York: Oxford University Press, 1997)/박건영 옮김, 『새로 쓰는 냉전의 역사』(서울: 사회평론, 2002).

Gardam, Judith Gail, *Non-combatant Immunity as a Norm of International Humanitarian Law* (Dordrecht, Boston and London: Martinus Nijhoff Publishers, 1993).

Gerolymatos, Andre, *Red Acropolis, Black Terror: The Greek Civil War and the Origins of Soviet-American Rivalry, 1943-1949* (New York: Basic Books, 2004).

Gibson, James William, *The Perfect War: Technowar in Vietnam* (New York: Atlantic Monthly Press, 2000).

Go, Julian, and Anne L. Foster, eds., *The American Colonial State in the Philippines: Global Perspective* (Durham, NC: Duke University Press, 2003).

Gottfried, Ted, *Heros of the Holocaust* (Connecticut: Twenty-First Cen.tury Books, 2001).

Gurr, Ted R., *Why Men Rebel* (Princeton: Princeton University Press, 1970).

Henderson, Mary, *Xenia - A Memoir: Greece 1919-1949* (Leicestershire: Thrope, 1991).

Hironaka, Ann, *Neverending Wars: The International Community, Weak States, and the Perpetuation of Civil War* (Mass.: Harvard University Press, 2005).

Holsti, Kalevi J., *The State, War, and the State of War* (New York: Cambridge University Press, 1996).

Hondros, John L., *Occupation and Resistance: The Greek Agony 1941-44* (New York: Pella, 1983).

Horowitz, Irving Louis, *Taking Lives: Genocide and State Power*, 4th ed. (New Brunswick, N.J.: Transaction Publishers, 1997).

Horowitz, Irving Louis. *Foundations of Political Sociology* (New York: Harper & Row, 1972).

Human Rights Watch, *Slaughter Among Neighbors: The Political Origins of Communal Violence* (New Haven: Yale University Press, 1995).

Human Rights Watch/Americas, *Human Rights in Guatemala During President de León Carpio's First Year* (New York/Washington/Los Angeles/London: Human Rights

Watch/Americas, 1994).
Huntington, Samuel P./민준기 · 배성동 역, 『정치발전론』(서울: 을유문화사, 1971).
Iatrides John O., and Linda Wrighley, eds., *Greece at the crossroads* (Penn.: The Pennsylvania State University Press, 1995).
Iatrides, John O., ed., *Greece in the 1940s: A Nation in Crisis* (N.H.: University Press of New England, 1981).
Iatrides, John O., *Revolt in Athens* (Princeton: Princeton University Press, 1972).
Joes, Anthony James, *America and Guerrilla Warfare* (Lexington, Kentucky: University Press of Kentucky, 2000).
Johnson, Chalmers A., *Peasant Nationalism and Communist Power* (Calif.: Stanford University Press, 1962).
__________________, *Blowback: The Costs and Consequences of American Empire* (New York: Henry Holt and Company, 2000).
Johnson, Edgar A.J., *American Imperialism In the Image of Peer Gynt* (Minneapolis: University of Minnesota Press, 1971).
Jones, Howard, *A New Kind of War: America's Global Strategy and the Truman Doctrine in Greece* (New York: Oxford University Press, 1989).
Jones, Joseph Marion, *The Fifteen Weeks: February 21-June 5, 1947* (New York · Chicago · Burlingame: Harcourt, Brace & World, Inc, 1955).
Kalyvas, Stathis N., *The Logic of Violence in Civil War* (New York: Cambridge University Press, 2006).
Karabell, Zachary, *Architects of Intervention* (Louisiana: Louisiana University Press, 1999).
Karnow, Stanley, *In Our Image: America's Empire in the Philippines* (New York: Ballentine Books, 1989).
Kennan, George F., *American Diplomacy*, expanded ed. (Chicago and London: The University of Chicago Press, 1984).
________________., *Memoirs: 1925-1950* (Boston: Little Brown, 1967).
Kofas, Jon V., *Intervention and Underdevelopment: Greece During the Cold War* (University Park and London: The Pennsylvania State University Press, 1989).
Kourvetaris, George A., *Political Sociology: Structure and Process*/박형신 · 정헌주 옮김, 『정치사회학』(서울: 일신사, 1998).
Kousoulas, D. George, *Revolution and Defeat: The Story of the Greek Communist Party*

(London, 1965).

Kuper, Leo, *Genocide: Its Political Use in the Twentieth Century* (New Haven: Yale University Press, 1982).

Leites, Nathan, and Charles Wolf Jr., *Rebellion and Authority: An Analytic Essay on Insurgent Conflicts* (Chicago: Markham, 1970).

Lemkin, Raphael, *Axis Rule in Occupied Europe: Laws of Occupation, Analysis of Government, Proposals for Redress, 2nd ed. Introduction to the Second Edition by William A. Schabas* (New Jersey: The Lawbook Exchange. Ltd. 2008).

Linn, Brian McAllister, *The U.S. Army and Counterinsurgency in the Philippine War, 1899-1902* (Chapel Hill: University of North Carolina Press, 1989).

Loulis, John, *The Greek Communist Party, 1940-1944* (London: CroomHelm, 1982).

Manz, Beatriz, *Refugees of a Hidden War: The Aftermath of Counterinsurgency in Guatemala* (New York: State University of New York Press, 1988).

Mao Tse-Tung, *On Guerrilla Warfare*. trans. Samuel B. Griffith (New York: Praeger, 1961).

Mark Gayn 지음, 까치 편집부 옮김, 『해방과 미군정』(서울: 까치, 1986).

Mason, Thomas David, *Caught in the Crossfire: Revolution, Repression, and the Rational Peasant* (Lanham, Md.: Rowman & Littlefield Publishers, 2004).

Matray, James I., *The Reluctant Crusade: American Foreign Policy in Korea, 1941-1950* (Hawaii: University of Hawaii Press, 1985)/구대열 역, 『한반도의 분단과 미국-미국의 대한정책, 1941-1950』(서울: 을유문화사, 1989).

Mayer, Arno J, *The Furies: Violence and Terror in the French and Russian Revolutions* (Princeton. N.J.: Princeton University Press, 2000).

Mazower, Mark, *Inside Hitler's Greece: The Experience of Occupation 1941-44* (New Haven and London: Yale University Press, 1993).

Mazower, Mark, ed., *After the War was Over: Reconstructing the Family, Nation and State in Greece, 1943-1960* (Princeton and Oxford: Princeton University Press, 2000).

McClintock, Michael, *The American Connection: State Terror and Popular Resistance in Guatemala*, Vol. 2 (London: Zed, 1985).

McCuen, John J., *The Art of Counter-Revolutionary War* (Florida: Hailer Publishing, 2005).

McNeill, William H., *The Greek Dilemma: War and Aftermath* (London: Victor Gollancz

Ltd, 1947).

Meade, E. Grant, *American Military Government in Korea* (New York: King's Crown Press, 1951).

Merrill, John R., Korea: *The Peninsular Origins of the War* (Newark: University of Delaware Press, 1989).

Nagai, Yonosuke, and Akira Iriye, eds., *The Origins of the Cold War in Asia* (Tokyo: University of Tokyo Press, 1977).

Nikolaidis, Panos, *A Survivor narrates…* (Greece: The Municipal Museum of the Kalavryta Holocaust, 2010).

O'ballance, Edgar, *The Greek Civil War 1944-1949* (London: Faber and Faber, 1966).

O'Neil, Bard E., *Insurgency and Terrorism: Inside Modern Revolutionary Warfare* (Washington: Brassey's, 1990).

Pakenham, Thomas, *The Boer War* (New York: Random House, 1979).

Panourgiá, Neni, *Dangerous Citizens: The Greek Left and the Terror of the State* (New York: Fordham University Press, 2009).

Papastratis, Procopois, *British Policy Towards Greece During the Second World War 1941-1944* (Cambridge: Cambridge University Press, 1984).

Paterson, Thomas G., ed., T*he Origins of the Cold War*, 2nd ed (Lexington: Health and Company, 1974).

Payne, Stanley G., *The Franco Regime, 1936-1975* (Madison: University of Wisconsin Press, 1987).

Rose, Lisle A., *Roots of Tragedy: The United States and the Struggle for Asia 1945-1953* (Connecticut: Greenwood Press, 1976).

Roubatis, Yiannis P., *Tangled Webs: The U.S. in Greece 1947-1967* (New York: Pella, 1987).

Schirmer, Daniel B., Stephen Rosskamm Shalom, *The Philippines Reader: A History of Colonialism, Neocolonialsim, Dictatorship, and Resistance* (Boston, M.A.: South End Press, 1987).

Schirmer, Jennifer, *Guatemalan Military Project: A Violence Called Democracy* (Philadelphia: University of Pennsylvania Press, 1998).

Schlesinger, Jr. Arthur M., ed., *The Dynamics of World Power: A Documentary History of United States Foreign Policy 1945-1973*, Vol. Ⅱ (New York: Chelsea House Publishers, 1973).

Schmid, Alex P., *Soviet Military Intervention Since 1945 With Case Studies by Ellen Berends* (N.J.: Transactions Publishers, 1985)/국방대학원 안보문제연구소 옮김, 『1945년 이후의 소련의 군사개입』(서울: 동연구소).

Sheehan, Neil, *A Bright Shining Lie: John Paul Vann and America in Vietnam* (New York: Random House, 1988).

Skates, John R. *The Invasion of Japan: Alternative to the bomb* (SC: University of South Carolina Press, 1994).

Skocpol, Theda, *States and Social Revolutions: A Comparative Analysis of France, Russia, and China* (Cambridge: Cambridge University Press, 1979).

Smothers, Frank, William Hardy McNeill, Elizabeth Darbishire McNeill, *Report on the Greeks* (New York: The Twentieth Century Fund, 1948).

Stavriaons, L.S., *Greece: American Dilemma and Opportunity* (Chicago: Henry Regnery Company, 1952).

Stoll, David, *Between Two Armies: In the Ixil Towns of Guatemala* (New York: Columbia University Press, 1993).

Stubb, Richard, *Hearts and Minds in Guerrilla Warfare: The Malyan Emergency, 1948-1960* (Singapore: Oxford University Press, 1989).

Stueck, William W. Jr., *Rethinking the Korean War: A New Diplomatic and Strategy History* (New Jersey: Princeton University Press, 2002)/서은경 역, 『한국전쟁과 미국외교정책』(서울: 나남출판, 2005).

Stueck, William, ed., *The Korean War In World History* (Kentucky: The University Press of Kentucky, 2004).

The Municipal Museum of the Kalavryta Holocaust, *"A house for our heroes"-An attempt to approach the tragedy in Kalavryta* (Greece: The Municipal Museum of the Kalavryta Holocaust, 2008).

Tilly, Charles, *Coercion, Capital, and European States: A.D. 990-1990* (Oxford: Basil Blackwell, 1990)/이향순 옮김, 『국민국가의 형성과 계보: 강압, 자본과 유럽 국가의 발전』(서울: 학문과 사상사, 1994).

__________, *From Mobilization to Revolution*/양길현 외 공역, 『동원에서 혁명으로』 (서울: 서울프레스, 1995).

Trinquier, Roger, *Modern Warfare: A French View of Counterinsurgency* (New York: Praeger, 1964).

Truman, Harry S., *Memoirs: Years of Trial and Hope*, Vol. II (Garden City: Doubleday,

1956).

Voglis, Polymeris, *Becoming a Subject: Political Prisoners during the Greek Civil War* (New York and Oxford: Berghahn Books, 2002).

Wallimann, Isidor, & Michael N. Dobkowski, eds., *Genocide and the Modern Age* (Conn.: Greenwood Press, 1987)/장원석 외 옮김, 『현대사회와 제노사이드』(제주: 각, 2005).

Weber, Max, trans. H. H. Gerth & C. W. Mills, eds. *From Max Weber: Essays in Sociology* (New York: Oxford University Press, 1958).

Weigley, Russell F., *The American Way of War: A History of United States Military Strategy and Policy* (Bloomington: Indiana University Press, 1973).

Wickham-Crawley, Timothy P., *Guerrillas and Revolution in Latin America: A Comparative Study of Insurgents and Regimes since 1956* (Princeton, N.J.: Princeton University Press, 1992).

Wittner, Lawrence S., American *Intervention in Greece, 1943-1949: A Study in Counterrevolution* (New York: Columbia University Press, 1982).

Woodhouse, C.M., *Apple of Discord: A Survey of Recent Greek Politics in Their International Setting* (Virginia: W.B. O'Neill, 1985).

Woodhouse, C.M., *The Struggle for Greece 1941-1949* with a new Introduction by Richard Clogg (Chicago: Ivan R. Dee, 2003).

Yergin, Daniel *Shattered Peace: The Origins of the Cold Wr and the National Security State* (Boston: Houghton Mifflin Company, 1978).

藤原彰 저, 엄수현 역, 『日本軍事史』(서울: 시사일본어사, 1994).

毛澤東 저, 김승일 역, 『모택동선집』 2(서울: 범우사, 2002).

강기천, 『강기천 회고록-나의 인생 여로』(서울: 계몽사, 1996).

공국진, 『선곡 공국진 회상록 - 한 노병의 애환』(서울: 원민 Publishing House, 2001).

권귀숙, 『기억의 정치: 대량학살의 사회적 기억과 역사적 진실』(서울: 문학과 지성사, 2006).

金奉鉉, 『濟州島血の歷史 - 〈4·3〉 武裝鬪爭の記錄』(東京: 國書刊行會, 1978).

김동춘, 『전쟁과 사회』(서울: 돌베개, 2000).

김봉현·김민주 공편, 『제주도 인민들의 4·3 무장투쟁사』(대판: 문우사, 1963).

김성은,『김성은 회고록 - 나의 잔이 넘치나이다』(서울: ㈜아이템플코리아. 2008).
김운태,『미군정의 한국통치』(서울: 박영사, 1992).
김윤옥,『초창기 제주언론의 주역들 - 허공에 탑을 쌓을 수는 없다』(서울: 도서출판 21기획, 2000).
김일수,『적화전술: 조국을 좀먹는 그들의 흉계』(서울: 경찰교양협조회, 1949).
김진균 외 지음,『제3세계와 한국의 사회학: 현대한국사회론』(서울: 돌베개, 1986).
라우터백, 리처드 E. 저, 국제신문사 출판부 역,『한국미군정사』(서울: 돌베개, 1995).
문창송 편,『한라산은 알고 있다. 묻혀진 4 · 3의 진상』(1995).
민주주의 민족전선 편집,『조선해방1년사』(경성: 문우인서관, 1946).
박명림,『한국전쟁의 발발과 기원Ⅱ』(서울: 나남, 1996).
박재환,『사회갈등과 이데올로기』(서울: 나남, 1992).
박종성,『한국정치와 정치폭력-해방 후 권력과 민중의 충돌』(서울: 서울대 출판부, 2001).
박찬식,『4 · 3과 제주역사』(제주: 각, 2008).
박태균,『한국전쟁』(서울: 책과 함께, 2005).
백선엽,『실록 지리산』(서울: 고려원, 1992).
북조선노동당 중앙본부 선전선동부 강연과 강연자료 제13집,『戰後의 希臘』(평양: 북조선노동당 중앙본부, 1948).
서중석,『한국현대민족운동연구: 해방후 민족국가 건설운동과 통일전선』(서울: 역사비평사, 1991).
송광성,『미군점령4년사』(서울: 평민사, 1993).
신례2리 향토지발행추진위원회,『공천포지』(1994).
신명순,『제3세계정치론』(서울: 법문사, 1993).
신복룡,『한국분단사연구, 1943-1953』(서울: 한울, 2006).
양정심,『제주4 · 3항쟁-저항과 아픔의 역사』(서울: 선인, 2008).
오재완,『미국의 대한정책과 미군정의 국내정치적 역할: 1945-1948』, 고려대 정치외교학과 박사학위 논문, 1991.
오진근 · 임성채,『해군창설의 주역 손원일 제독(상)』(서울: 한국해양전략연구소, 2006).
이계홍 정리,『최갑석 장군 이야기-장군이 된 이등병』(서울: 화남, 2005).
이삼성,『세계와 미국: 20세기의 반성과 21세기의 전망』(서울: 한길사, 2001).
이상우 · 하영선 공편,『현대국제정치학』(서울: 나남출판, 2001).

이치업, 『번개장군-이치업』(서울: 원민 Publishing House, 2001).
임덕순, 『지정학: 이론과 실제』(서울: 법문사, 1999).
임종국, 『일본군의 조선침략사Ⅱ』(서울: 일월서각, 1989).
장창국, 『육사졸업생』(서울: 중앙일보사, 1984).
전두열, 『삶과 사랑, 자유의 초상-정암 전두열 자서전』(서울: 예진문화, 2006).
전상인, 『고개숙인 수정주의』(서울: 전통과 현대, 2001).
정병준, 『한국전쟁: 38선 충돌과 전쟁의 형성』(서울: 돌베개, 2006).
정용욱, 『존 하지와 미군 점령통치 3년』(서울: 중심, 2003).
_____, 『해방 전후 미국의 대한정책』(서울: 서울대출판부, 2004).
정일권 · 예관수 공편, 『공산군의 유격전법과 경비와 토벌』(서울: 병학연구사, 1948).
제민일보사 4 · 3취재반, 『4 · 3은 말한다』 전5권 (서울: 전예원, 1994~1998).
제주4 · 3연구소, 『4 · 3과 역사』 1~8권 (제주: 각, 2001~2008).
_____________, 『4 · 3장정』 1~6권 (제주: 동연구소. 1990~1993).
_____________, 『그늘 속의 4 · 3』(서울: 선인, 2009).
_____________, 『무덤에서 살아나온 4 · 3수형자들』(서울: 역사비평, 2002).
_____________, 『이제사 말햄수다』2 (서울: 한울, 1989).
제주MBC TV제작팀. 『재일 제주인』(미간행, 2006).
조남수, 『4 · 3진상』(제주: 관광제주, 1988).
조희연 편, 『국가폭력, 민주주의 투쟁 그리고 희생』(서울: 함께 읽는 책, 2002).
진덕규, 『한국 현대정치사 서설』(서울: 지식산업사, 2000).
채명신, 『채명신 회고록-사선을 넘고 넘어』(서울: 매일경제신문사, 1994).
최장집, 『한국현대정치의 구조와 변화』(서울: 까치, 1989).
하우스만 · 정일화 공저, 『한국 대통령을 움직인 미국 대위』(서울: 한국문원, 1995).
황인성, 『나의 짧은 한국 기행 - 회곡 황인성 회고록』(서울: 황씨중앙종친회, 2002).
흐 빠시스, 아 뻬니아리스 공저, 야 우쉐렌꼬 로문역, 『희랍민주군』(모스끄바: 쏘련 무력성군사출판소, 1948).

3. 논문

Alavi, Hamza, "The State in Postcolonial Societies: Pakistan and Bangladesh", 1972/임영

일 · 이성형 편역, 『국가란 무엇인가: 자본주의와 그 국가이론』(서울: 까치, 1985).

Cumings, Bruce, *The Question of American Responsibility for the Suppression of the Chejudo Uprising*, Presented at the 50th Anniversary Conference of the April 3, 1948 Chejudo Rebellion, Tokyo, March 14, 1998.

Gerolymatos, André, "Greek Democracy on Trial: From Insurgency to Civil War, 1943-1949," *The Review of International Affairs: Center for Eurasian Studies*, Vol. 2, No.3(Spring, 2003).

Gerolymatos, André, "The Security Battalions and the Civil War," *Journal of the Hellenic Diaspora*, Vol. 2, No. 1 (Spring 1985).

Harbom, Lotta, & Peter Wallensteen, "Armed Conflict and Its International Dimensions, 1946-2004", *Journal of Peace Research*, Vol 42, No. 5 (2005).

Mazower, Mark, Review Essay: "Violence and the State in the Twentieth Century," *The American Historical Review*, Vol. 107, No. 4 (2002).

Merrill, John R., *Internal Warfare in Korea, 1948-1950: The Local Setting of the Korean War*, University of Delaware, Ph. D. Dissertation (1982).

Nachmani, Amikam, "Civil War and Foreign Intervention in Greece: 1946-49," *Journal of Contemporary History*, Vol.25(1990).

Siani-Davies, Peter and Stefanos Katsikas, "National Reconciliation After Civil War: The Case of Greece," *Journal of Peace Research*, Vol.46, No.4(June 2009).

Smamats, Minas, "The Populist Phase Of An Underdeveloped Surveillance Society: Political Surveillance In Post-Dictatorial Greece," *Journal of the Hellenic Diaspora*, Vol.19, No.1(1993).

Thies, Cameron G., "Public Violence and State Building in Central America", *Comparative Political Studies*, Vol. 39, No. 10 (2006).

Valentino, Benjamin A., Paul Huth and Dylan Balch-Lindsay, "Draining the Sea: Mass Killing and Guerrilla Warfare," *International Organization*, 58 (Spring 2004).

Voglis, Polymeris, "Political Prisoners in the Greek Civil War, 1945-50: Greece in Comparative Perspective," *Journal of Contemporary History*, Vol. 37, No. 4 (Oct, 2002).

Walmsley, John K., *US Military Advisers in Greece: The Development of United States Military Assistance and Counterinsurgency Operations During the Greek Civil War*, MA, Ohio State University, 2003.

Weathersby, Kathryn, *Soviet Aims in Korea and the Origins of the Korean War, 1945-1950: New Evidence from Russian Archives,* Working Paper No. 8 (Washington, D.C., November 1993).

강성현, 『한국 사상통제기제의 역사적 형성과 '보도연맹 사건', 1925-50』, 서울대 대학원 사회학과 박사학위논문, 2012.

곽재성, 「중미의 정치변동-정치적 폭력에 대한 기원을 중심으로」, 서울대 스페인중남 미연구소, 『이베로아메리카연구』 8 (1997).

권문술, 「과테말라의 정치와 사회」, 한국외대 중남미문제연구소, 『중남미문제연구』 9 (1992).

김무용, 「제주4 · 3 토벌작전의 민간인 희생화 전략과 대량학살」, 제주4 · 3연구소, 『4 · 3과 역사』 8 (제주: 각, 2008).

김종성 · 박옥임, 「국가체제형성기의 민간인 학살과 국가폭력 - 여순사건을 중심으로」, 순천대 남도문화연구소, 『남도문화연구』 제9집(2003).

김희재, 『미군정기 민중의 꿈과 좌절-인민위원회 운동을 중심으로』, 부산대 사회학과 박사학위 논문, 1997.

박명림, 「한국의 국가형성, 1945-48: 시각과 해석」, 한국정치학회, 『한국정치학회보』 제29집 제1호(1995).

______, 『제주도 4 · 3민중항쟁에 관한 연구』, 고려대 정외과 석사학위 논문(1988).

박정석, 「상이군인과 유가족의 전쟁경험」, 표인주 외, 『전쟁과 사람들 - 아래로부터의 한국전쟁 연구』(서울: 한울, 2003).

박찬표, 『한국의 국가형성: 반공체제 수립과 자유민주주의 제도화, 1945-45』, 고려대 정치외교학과 박사학위 논문(1995).

신주백, 「1945년 한반도에서의 일본군의 '본토결전'준비 - 편제와 노무동원을 중심으로」, 한국역사연구회, 『역사와 현실』 제49호(2003).

안정애, 「미군정기 군사고문단의 성격과 기능에 관한 연구 - 한국군 창군에 미친 영향을 중심으로」, 『군사』 제32호(1996).

안진, 『미군정기 국가기구 형성과정에 관한 연구』, 서울대 사회학과 박사학위논문 (1990).

안청시, "정치폭력의 개념화에 관한 실증적 연구", 한국정치학회, 『한국정치학회보』 제11집(1977).

양봉철, 「제주4 · 3과 '서북대대'」, 『4 · 3과 역사』 8(2008).

오재완, 『미국의 대한정책과 미군정의 국내정치적 역할: 1945-1948』, 고려대 정치외교학과 박사학위 논문(1991).

최장집 · 정해구, 「해방 8년사의 총체적 인식」, 최장집 외, 『해방전후사의 인식』 4 (서울: 한길사, 1989).

츠카사키 마사유키(塚崎昌之), 「제주도에서의 일본군의 '본토결전' 준비-제주도와 거대 군사 지하시설」, 제주4 · 3연구소, 『4 · 3과 역사』 제4호(제주: 각, 2004).

허영선, 『제주4 · 3사기 아동학살 연구-생존자들의 구술을 중심으로』, 제주대 한국학협동과정 석사학위 논문.

허호준, 「태평양전쟁과 제주도」, 『사회와 역사』 제72집(2006.12).

4. 신문 및 방송, 저널 기사

『경향신문』, 『국도신문』, 『국제신문』, 『대동신문』, 『독립신보』, 『동광신문』, 『동광신문』, 『동아일보』, 『로동신문』, 『매일신보』, 『서울신문』, 『연합신문』, 『자유신문』, 『제주신문』, 『조선인민보』, 『조선일보』, 『한겨레』, 『한성일보』, 『한성일보』, 『자유신문』, 『조선일보』, 『현대일보』, 『조선중앙일보』, 『현대일보』.

제주문화방송, '일본으로 간 4 · 3영혼', 제주문화방송, 2001.5.10.

『大阪毎日新聞』, 『大阪朝日新聞』, 『鎭西日報』, *Nippon Times, Chicago Daily Tribune, Christian Science Monitor, Los Angeles Times, New York Herald Tribune, New York Times, South China Morning Post, Stars and Stripes(Pacific), Washington Post.*

씨몽 쎄리 씀, 송수련 역, '叛亂地區 踏査記 - 希臘의 悲劇', 서울신문사 『신천지』 제4집 제3호 (1949.3) (이 기사는 1948년 10월 프랑스 파리에서 쓴 것이다).

죠세프 S. 류섹(Joseph S. Roueck), '希臘의 政治情勢'(Government and Polities Abroad 1947에서), 서울신문사, 『신천지』 제4집 제3호(1949.3).

퀜틴 레이놀드 씀, 전성철 역, "내란에 신음하는 희랍인민들"(『콜리어-스』(Collier's) 1948년 9월 21일호에서), 서울신문사, 『신천지』 제4집 제3호(1949.3).

휴 세튼 왓트슨(Hugh Seton Watson) 씀, 안종목 역, '希臘의 近政', 서울신문사, 『신천지』 제4집 제3호(1949.3).

5. 기타

(1) 채록

강성대 채록, 2005.12.4, 고경흡 채록, 2003.5.3, 고만규 채록, 2006.1.22, 고석돈 채록, 2005.9.12, 고윤섭 채록, 1997.6.20, 고창옥 채록, 2005.10.22, 고창현 채록, 2006.1.18, 고태완 채록, 2006.1.15, 고태인 채록, 2005.12.17, 김대종 채록. 2006.5.27, 김병석 채록, 2006.9.20, 김생민 채록(채록자: 양조훈 · 장윤식 · 김은희), 2001.7.13, 김성방 채록, 2006.5.20, 2006.7.8, 김영춘 채록, 2006.4.8, 김옥련 채록, 1995.8.30, 김우품 채록, 2006.7.1, 김효종 채록, 2005.8.16, 남인희 채록, 2005.9.20, 박두실 채록, 2005.12.17, 양경서 채록, 2006.1.14, 양승훈 채록, 2007.6.12, 이성진 채록, 2006.1.21, 임두병 채록, 2006.1.18, 장봉영 채록, 2005.10.23, 채정옥 채록, 1992.4.4, 2012.3.12, 3.20, 허두헌 채록, 2007.3.2, 허찬부 채록, 2006.4.29, 현남인 채록. 2006.1.15.

웨솔로스키(Charles L. Wesolowsky) 인터뷰. 2001.10.22-23.

피쉬그룬드(Harold S. Fischgrund) 인터뷰. 2001.10.18.

리치(James H. Leach) 인터뷰(채록자: 유철인).

(2) 서한 및 이메일

섀클턴(Robert L. Shackleton)이 필자에게 보낸 편지, 2002.1.8.

웨솔로스키가 필자에게 보낸 편지.

웨솔로스키가 밀레트에게 보낸 서한, 1996.9.16.

켈소(Minor L. Kelso)가 필자에게 보내온 편지 및 이메일, 2001.9.6, 9.10, 10.1, 11.21.

피쉬그룬드가 필자에게 보내온 이메일, 2001.10.22, 11.20, 11.21.

피쉬그룬드가 밀레트에게 보낸 편지, 1997.6.2.

(3) 인터넷 검색

http://articles.dailypress.com/2007-04-25/news/0704250116_1_franklin-historical-society-classmates-turkey (검색일: 2011.2.22).

http://dwb.beaufortgazette.com/local_news/military/story/5443010p-4914264c.html (검색일: 2008.11.20).
http://en.wikipedia.org/wiki/2nd_balkan_war (검색일: 2013.9.18).
http://en.wikipedia.org/wiki/Balkan_Wars (검색일: 2013.9.17).
http://en.wikipedia.org/wiki/Balkan_Wars#First_Balkan_War (검색일: 2013.9.17).
http://en.wikipedia.org/wiki/Eleftherios_Venizelos (검색일: 2013.9.17).
http://en.wikipedia.org/wiki/French_Party_(Greece) (검색일: 2013.9.16).
http://en.wikipedia.org/wiki/Great_Fire_of_Smyrna (검색일: 2013.9.20).
http://en.wikipedia.org/wiki/Greco-Turkish_War_(1919%E2%80%9322) (검색일: 2013.9.20).
http://en.wikipedia.org/wiki/Greek_legislative_election,_1923 (검색일: 2013.9.20).
http://en.wikipedia.org/wiki/Greek_legislative_election,_1926 (검색일: 2013.9.20).
http://en.wikipedia.org/wiki/Greek_plebiscite,_1924 (검색일: 2013.9.20).
http://en.wikipedia.org/wiki/Greek_War_of_Independence (검색일: 2013.9.16).
http://en.wikipedia.org/wiki/Idionymon (검색일: 2013.9.20).
http://en.wikipedia.org/wiki/Leonardopoulos-Gargalidis_coup_attempt (검색일: 2013.9.20).
http://en.wikipedia.org/wiki/Megali_Idea (검색일: 2013.9.17).
http://en.wikipedia.org/wiki/National_Schism (검색일: 2013.9.18).
http://en.wikipedia.org/wiki/Russian_Party_(Greece) (검색일: 2013.9.16).
http://en.wikipedia.org/wiki/Theodoros_Pangalos_(general) (검색일: 2013.9.20).
http://inter.kke.gr/ (검색일: 2013.2.6).
http://news.bbc.co.uk/2/hi/europe/1818256.stm (검색일: 2008.6.12).
http://news.bbc.co.uk/2/hi/europe/6255235.stm(검색일: 2008.6.12).
http://trove.nla.gov.au/ndp/del/article/49592377?searchTerm=cheju&searchLimits=sortby =dateDesc (검색일: 2013.3.1).
http://www.ekathimerini.com/4dcgi/_w_articles_wsite6_1_27/06/2012_449341 (검색일: 2012.7.17).
http://www.hawaii.edu/powerkills/NAZIS.CHAP1.HTM (검색일: 2008.6.1).
http://www.history.navy.mil/photos/pers-us/uspers-s/g-street.htm (검색일: 2011.9.10).
http://www.ibiblio.org/hyperwar/USN/USNatWar/USN-King-3.html (검색일: 2011.9.10).
http://www.ibiblio.org/hyperwar/USN/USN-Chron/USN-Chron-1942.html (검색일: 2011.11.20).
http://www.ibiblio.org/hyperwar/USN/USN-Chron/USN-Chron-1944.html (검색일: 2011.11.20).

http://www.ibiblio.org/hyperwar/USN/USN-Chron/USN-Chron-1945.html (검색일: 2011.9.10).
http://www.islandpacket.com/2009/12/17/1074124/heart-attack-claims-james-leach.html (검색일: 2011.2.22).
http://www.islandpacket.com/2010/08/22/1346429/france-to-bestoy-legion-of-honor.html (검색일: 2011.2.22).
http://www.jeju43.go.kr/sub/catalog.php?CatNo=5 (검색일: 2013.8.8).
http://www.ndl.go.jp/constitution/e/shiryo/01/036/036tx.html (검색일: 2009.9.10).
http://www.ndl.go.jp/constitution/e/shiryo/01/036/036tx.html (검색일: 2013.5.10).
http://www.ndl.go.jp/constitution/shiryo/01/022/022tx.html (검색일: 2009.9.10).
http://www.ndl.go.jp/constitution/shiryo/01/022/022tx.html (검색일: 2013.5.10).
http://www.trumanlibrary.org/publicpapers/index.php?pid=2189&st=&st1= (검색일: 2009.10.8).
http://www.un.org/millennium/law/iv-1.htm (검색일: 2013.8.6).
http://www.visitgreece.gr (검색일: 2013.9.20).
http://en.wikipedia.org/wiki/English_Party_(Greece) (검색일: 2013.9.16).
http://en.wikipedia.org/wiki/Greco-Turkish_War_(1919%E2%80%9322 (검색일: 2013.9.20).
http://en.wikipedia.org/wiki/Nationalist_Party_(Greece) (검색일: 2013.9.17).
http://en.wikipedia.org/wiki/People%27s_Party_(Greece) (검색일: 2013.9.17).
http://en.wikipedia.org/wiki/Revolution_of_1922 (검색일: 2013.9.20).
http://www.un.org/millennium/law/iv-1.htm (검색일: 2013.8.6).
Mattew Hermes, Jimmie Leach, Back in the day: Col. Jimmie Leach, a former U.S. officer, recalls the Cheju-do insurrection in 1948. Beaufort Gazette (검색일: 2007.7.20).

(4) 참조

그리스 국립역사박물관, 전쟁박물관, 유대인기념관 설명문.

인명 〉

[ㄱ]

[ㄴ]

[ㄷ]

[ㄹ]

[ㅁ]

[ㅂ]

[ㅅ]

[ㅇ]

[ㅈ]

[ㅊ]

[ㅋ]

[ㅌ]

[ㅍ]

[ㅎ]

일반 〉

[ㄴ]

[ㄷ]

[ㅂ]

[ㅅ]

[ㅇ]

[ㅈ]

[ㅊ]

[ㅋ]

[ㅌ]

[ㅍ]

[ㅎ]

지은이

허호준

제주대학교 대학원 정치외교학과에서 4·3 연구로 석·박사 학위를 받았다. 한겨레신문 사회2부 기자로 근무하고 있다. 번역서로 『현대사회와 제노사이드』(공동, 2005), 『20세기의 대량학살과 제노사이드』(공동, 2006)가 있다. 구술집으로는 『무덤에서 살아나온 4·3 수형인들』(공동, 2002), 『빼앗긴 시대 빼앗긴 시절-제주도 민중들의 이야기』(공동, 2007), 『그늘 속의 4·3』(공동, 2009) 등이 있다.